Mängelexemplar

VORWORT

Dieser Band präsentiert 360 großartige Rekorde der Menschheit. Gezeigt werden die beeindruckenden Höhepunkte und Superlative in Religion, Kultur, Städtebau, Architektur, Transport und Verkehr und auf vielen anderen Gebieten. Der Leser wird auf eine faszinierende, bildreiche Reise rund um die Welt eingeladen.

SYDNEY OPERA
AUSTRALIEN

Die größten Opernhäuser der Welt | Das Opernhaus von Sydney wurde auf dem Bennelong Point, einer in den Hafen der Metropole hineinragenden Landzunge, errichtet. Die kühne Dachkonstruktion erinnert viele an die aufgeblähten Segel eines Fünfmasters. Der grandiosen Bau des dänischen Architekten Jørn Utzon umfasst 5618 Sitzplätze und ist das größte Opernhaus der Welt.

HONGKONG
CHINA

Die imposantesten Skylines der Welt | Mit 87 Wolkenkratzern ist Hongkong die Skysraper City No 2. Jeden Abend um 20 Uhr Ortszeit werden rund um den Victoria-Hafen auf beiden Seiten der Meerenge über 40 Wolkenkratzer, die dicht gedrängt auf engstem Raum stehen, mit LEDs, Scheinwerfern und Lasern bei passender musikalischer Untermalung für etwa 15 Minuten eindrucksvoll in Szene gesetzt.

EIFFELTURM
PARIS, FRANKREICH

Die höchsten Türme Europas | 1887 war der Eiffelturm der höchste Turm der Welt. In nur 16 Monaten wurde die über 300 Meter hohe Eisenkonstruktion unter der Federführung des Ingenieurs Gustave Eiffel erbaut. Etwa 3000 Metallarbeiter fügten die Stahlfachwerkkonstruktion aus knapp 20 000 industriell vorgefertigten Einzelteilen und 2,5 Millionen Nieten zusammen.

SCHLOSS VERSAILLES
FRANKREICH

Die größten Palastgebäude der Welt | Mit 110 000 Quadratmetern ist Schloss Versailles der sechstgrößte Palast überhaupt. Nachdem im Revolutionsjahr 1789 das Schloss verwaiste, blieb der Spiegelsaal Schauplatz wichtiger historischer Ereignisse, wie der Proklamation des Deutschen Kaiserreichs (1871) und der Unterzeichnung des Friedensvertrags von Versailles im Jahr 1919. Er ist einer der größten und berühmtesten Palasträume weltweit.

PARLAMENTS-PALAST

BUDAPEST, UNGARN

Die größten Parlamentsgebäude der Welt | Das im neugotischen Stil errichtete ungarische Parlamentsgebäude wurde zwischen 1885 und 1904 erbaut und ist dem Londoner Palace of Westminster, dem Sitz des britischen Parlaments, nachempfunden. Das fast 270 Meter lange und 130 Meter breite Gebäude liegt direkt an der Donau und ist neben dem Burgpalast das zweite Wahrzeichen der ungarischen Hauptstadt.

50 LET POBEDY
RUSSLAND

Der stärkste Eisbrecher der Welt | Die nuklearbetriebenen Giganten der russischen Arktika-Klasse sind die einzigen Eisbrecher, die mehrere Meter dickes Eis zerstampfen können. Das mit einer Verdrängungsleistung von 25 840 Tonnen größte Schiff der Klasse wurde 2007 in den Dienst gestellt. Ausgestattet mit zwei Kernreaktoren und zwei Dampfturbinen, bringt es der Koloss auf eine Geschwindigkeit von 21,4 Knoten pro Stunde.

BET MEDHANE ALEM

ÄTHIOPIEN

Die größten Kirchen der Welt | Im Herzen des Hochlands von Äthiopien befinden sich elf aus dem Fels herausgearbeitete mittelalterliche Kirchen, die Felsenkirchen von Lalibea. Eine davon, Bet Medhane Alem, ist die größte monolithische Kirche der Welt, sie umfasst insgesamt fünf Kirchenschiffe. Alle gehören sie zum UNESCO-Weltkulturerbe und sind auch heute noch ein beliebtes Wallfahrtsziel für die äthiopisch-orthodoxen Gläubigen.

MEDINET HABU
ÄGYPTEN

Die bedeutendsten Totentempel des alten Ägypten | Prachtvolle Tempelanlagen und Grabstätten zeugen vom einstigen Glanz Thebens, der Stadt des Gottes Amun, die während des Mittleren Reiches Hauptstadt Ägyptens war. Am Westufer des Nils befinden sich die Totentempel und die Grablegen von Hatschepsut, Ramses II. und Ramses III. Wandbilder und Hieroglyphen schmücken den Totentempel Ramses' III. in Medinet Habu.

LOUVRE
PARIS, FRANKREICH

Die größten Palastbauten der Welt | Acht Jahrhunderte lang diente der Louvre den französischen Monarchen als Residenz und fast jeder französische Herrscher ließ an dem Gebäude weiterbauen, bis es zu seiner Hufeisenform mit 210 000 Quadratmeter Fläche herangewachsen war. Berühmt ist es vor allem wegen des im Inneren beheimateten Museums, dessen Haupteingang Ieoh Ming Peis 1989 fertiggestellte Glaspyramide markiert.

SPRACHEN

Die meistgesprochenen Sprachen der Welt | Wissenschaftler schätzen, dass es 6000 aktiv genutzte natürliche Sprachen weltweit gibt. Die meistgesprochene Sprache der Welt, gemeint ist die Muttersprache, ist chinesisch, das 845 Millionen Menschen sprechen, gefolgt von Hindi mit 370 Millionen sowie Englisch und Spanisch mit je 340 Millionen Sprechenden.

Lang·try (lăng'...
1929. British actr...
affair with Edwar...

lan·guage (lăng...
beings of voice s...
these sounds, in ...
express and com...

NATIONALES ZENTRUM FÜR DARSTELLENDE KÜNSTE

PEKING, CHINA

Die größten Opernhäuser und Theater Asiens | Das im Dezember 2007 eröffnete Gebäude des Nationalen Zentrums für Darstellende Künste ist das zweitgrößte Theater der Welt und bietet 5452 Besuchern Platz. Es beherbergt Opern-, Konzertsaal und die Räumlichkeiten für die berühmte Pekingoper. Allein das riesige Foyer bietet vielen Hundert Besuchern Platz.

SHINKANSEN
JAPAN

Die schnellsten Züge der Welt | Bereits 1964 fuhren in Japan die ersten Hochgeschwindigkeitszüge, damals mit einer Reisegeschwindigkeit von 200 km/h. Heute beträgt die maximale Geschwindigkeit 360 km/h. Die Züge verfügen über Unterflurantriebseinheiten und teils auch über Neigetechnik. Das extrem aerodynamische Design mit lang ansteigender Bugnase sieht nicht nur gut aus, sondern wirkt auch dem Tunnelknall entgegen.

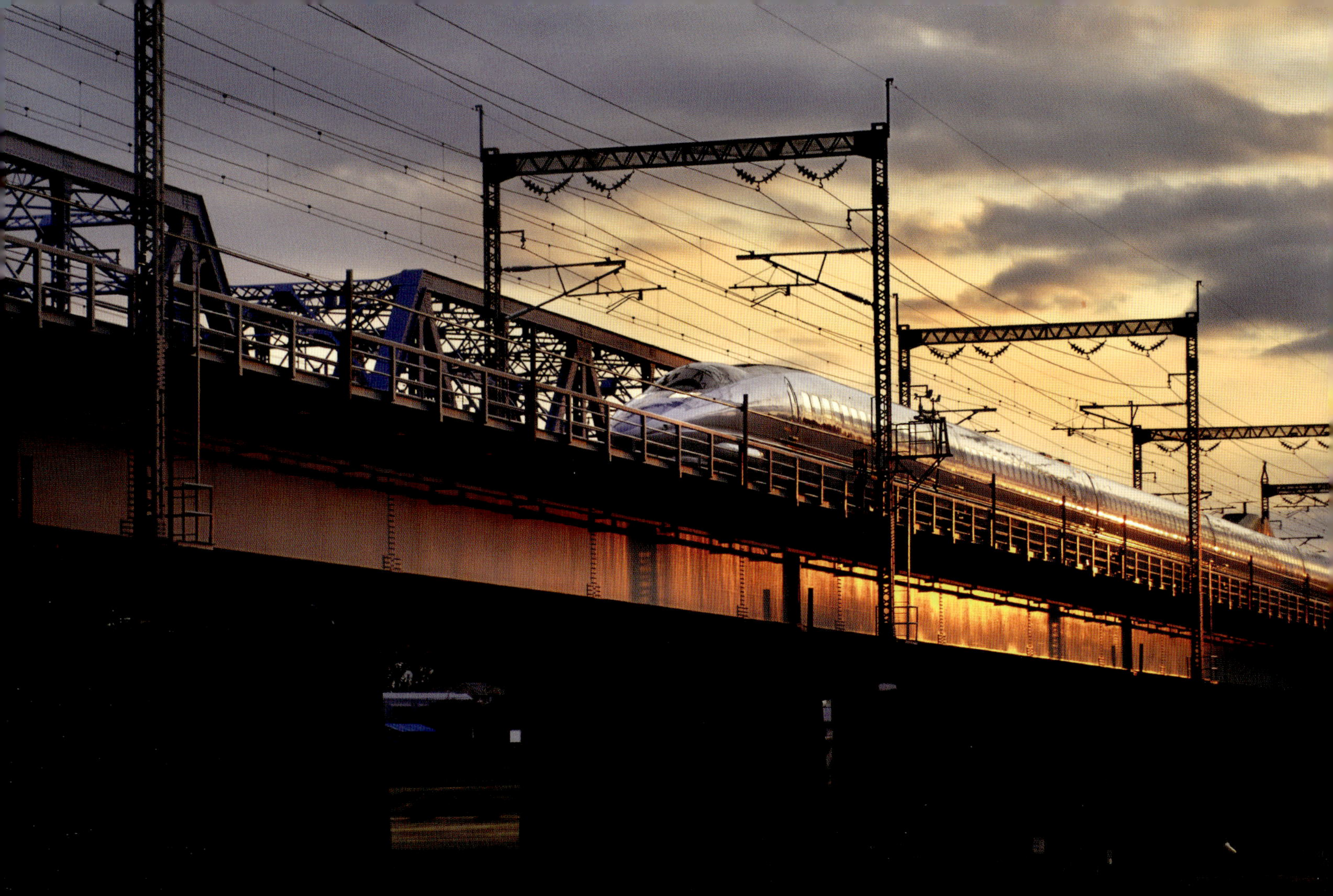

KATAR

Die reichsten Staaten der Welt | Nach dem Bruttoinlandsprodukt, kaufbereinigt im Jahr 2012, ist Katar mit 102 211 US-Dollars der reichste Staat der Erde. Die Ölförderung hat Katar zum reichsten Land der Welt gemacht. Früher war es die Perlentaucherei, woran das Austernmonument in Doha, der Hauptstadt von Katar, erinnert. Auf dem zweiten Platz folgt Luxemburg mit 79 785 US-Dollars, gefolgt von Singapur mit 60 410 US-Dollars.

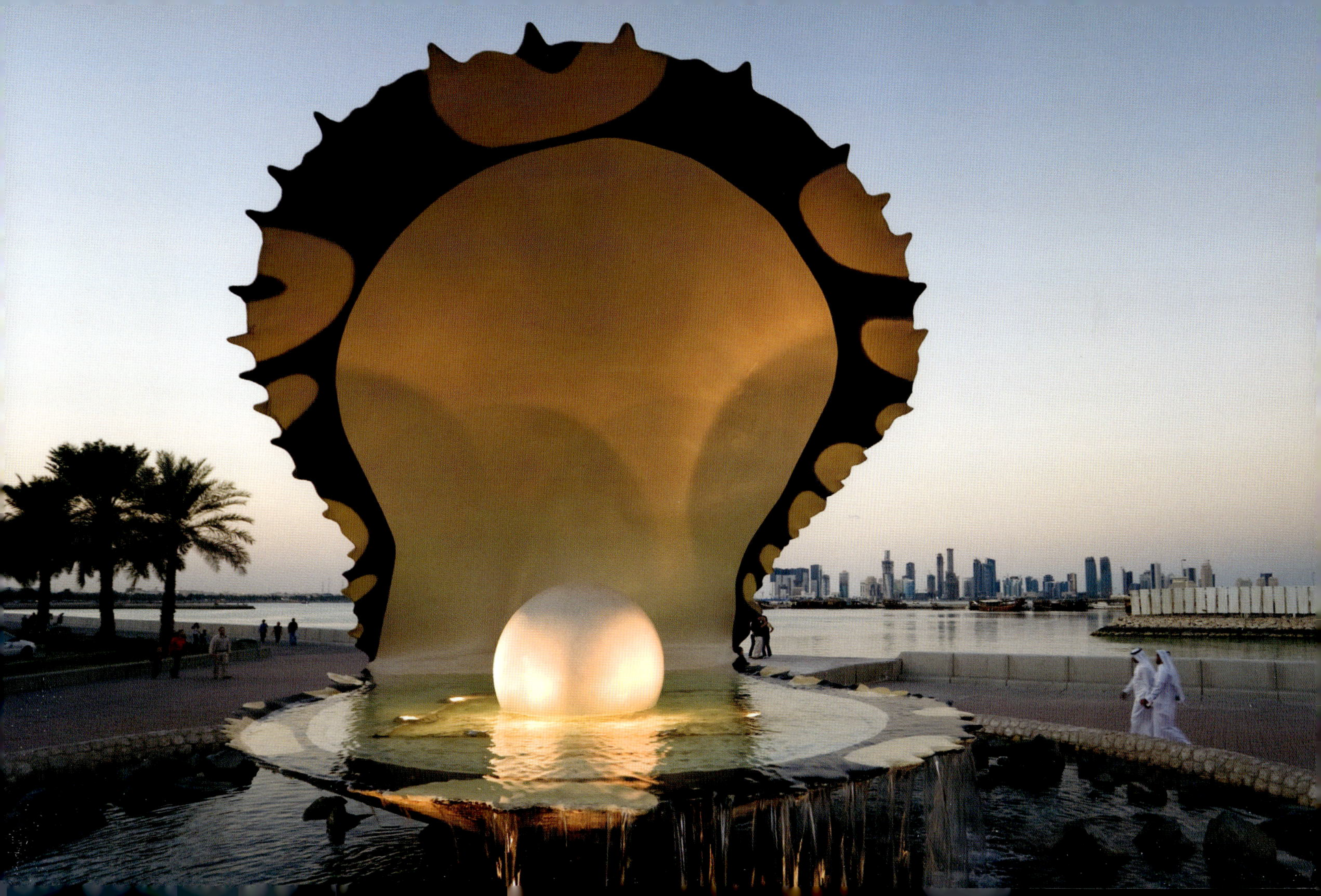

HARMANDIR SAHIB

AMRITSAR, INDIEN

Die bedeutendsten Tempelanlagen des Hinduismus | Seit 400 Jahren spiegelt sich der Goldene Tempel von Amritsar im Nektarsee. Das bedeutendste Tempelheiligtum der Religionsgemeinschaft der Sikhs, die im 15. Jahrhundert in Nordindien gegründet wurde und 23 Millionen Anhänger hat, wurde unter deren fünftem Guru Arjan Dev (1563–1606) errichtet.

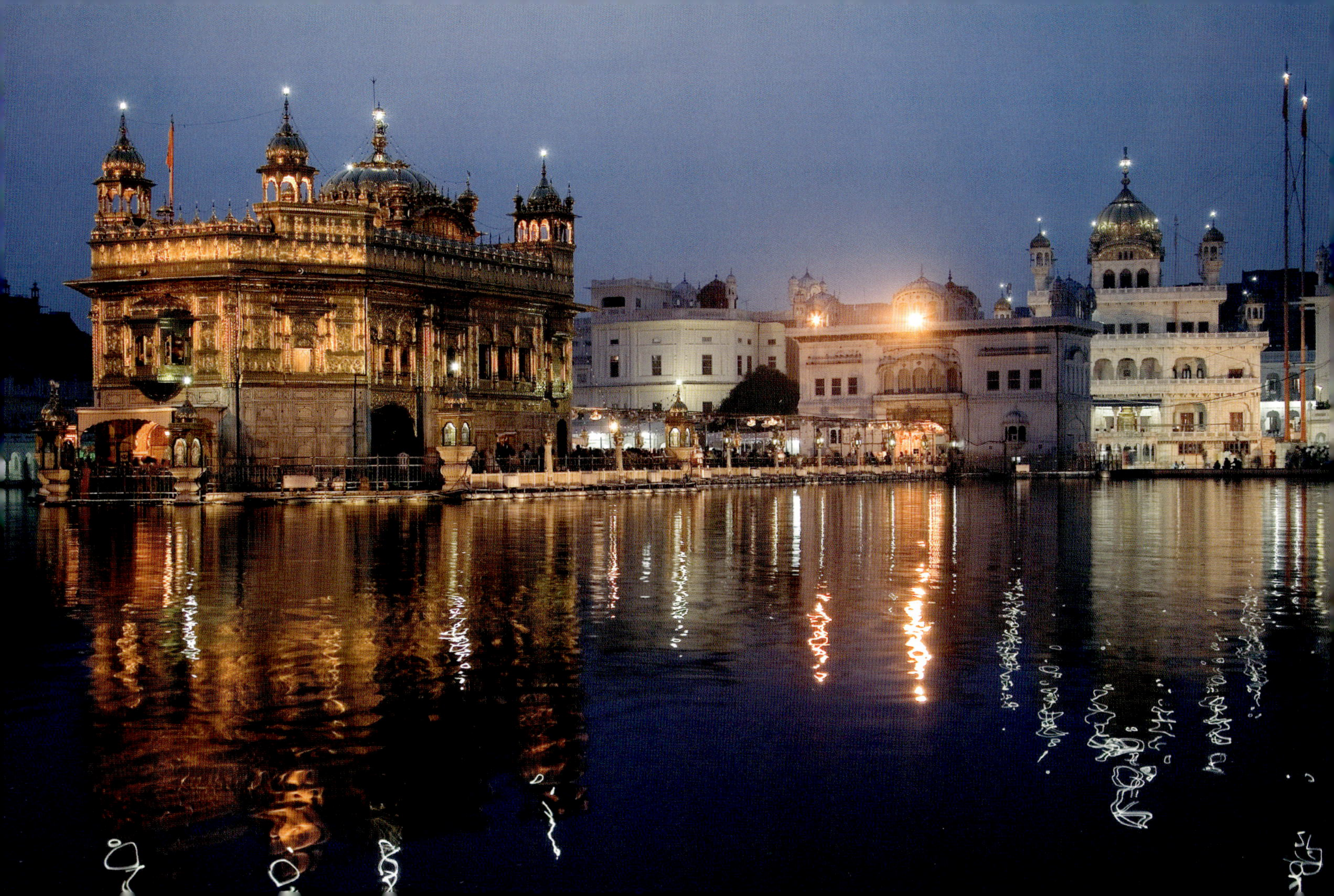

MUSÉUM D'HISTOIRE NATURELLE
PARIS, FRANKREICH

Die bedeutendsten Naturkundemuseen der Welt | Das während der Französischen Revolution gegründete Museum war im 19. Jahrhundert über Frankreich hinaus das bedeutendste Zentrum zur Erforschung der Formen des Lebens. Noch heute genießt es weltweite Anerkennung. Ziel der Ausstellungen ist es, die Vielfalt der Arten sichtbar zu machen. Faszinierend ist die Prozession afrikanischer Tiere in der Grande Galerie des Museums.

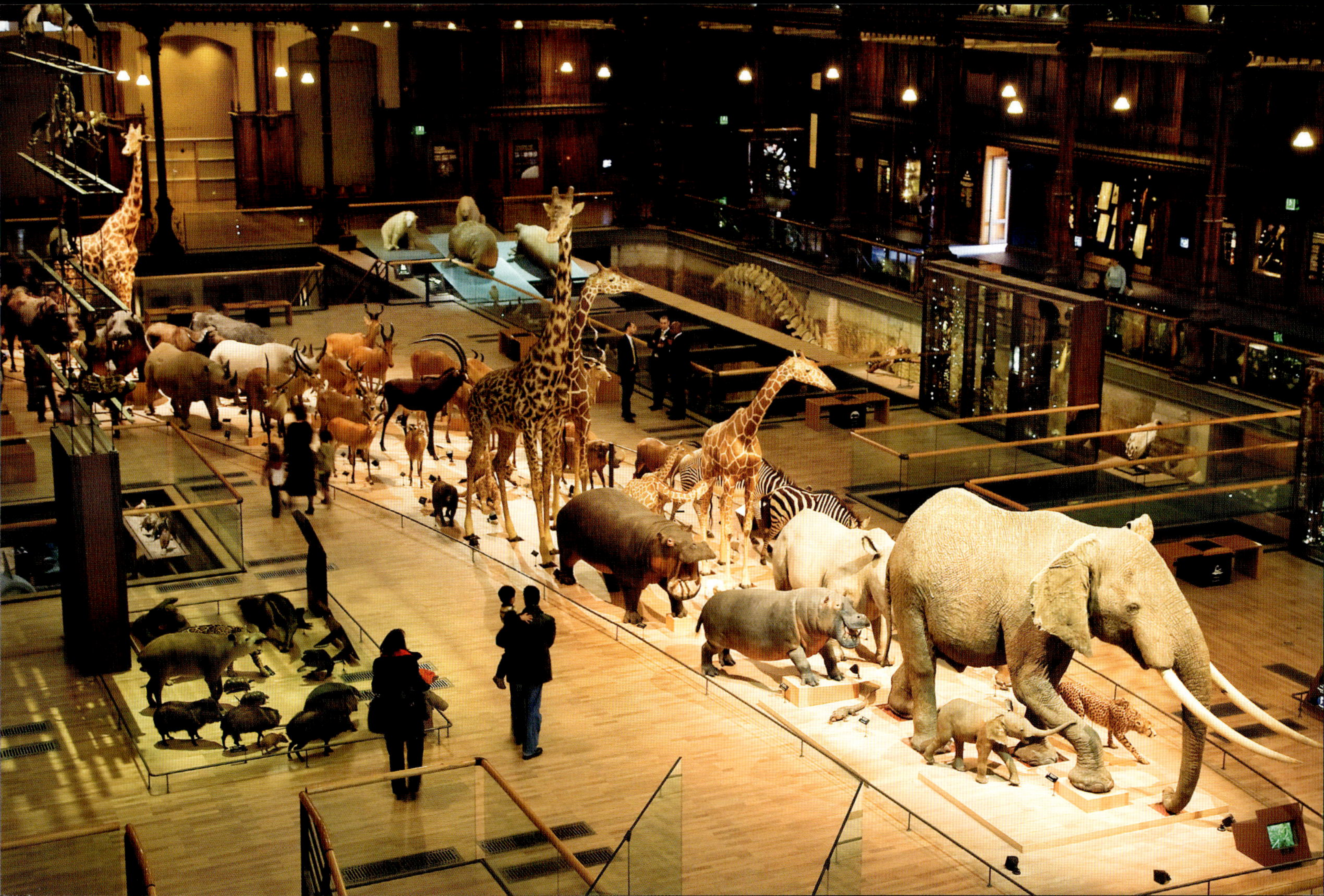

LOCKHEED SR-71A

USA

Die Flugzeuge mit den größten Flughöhen | Zu schnell und zu unsichtbar, um abgeschossen zu werden, ist die Lockheed SR-71A. Von 1966 bis 1968 wurden 29 Exemplare des Hochleistungsaufklärers gebaut und es kam bereits die Tarnkappentechnik zum Einsatz. Die Verwendung gekrümmter Formen und das Vermeiden von rechten Winkeln reduzierten die Radarsignatur. Im Horizontalflug erreichte der »Überflieger« 26 213 Meter Höhe.

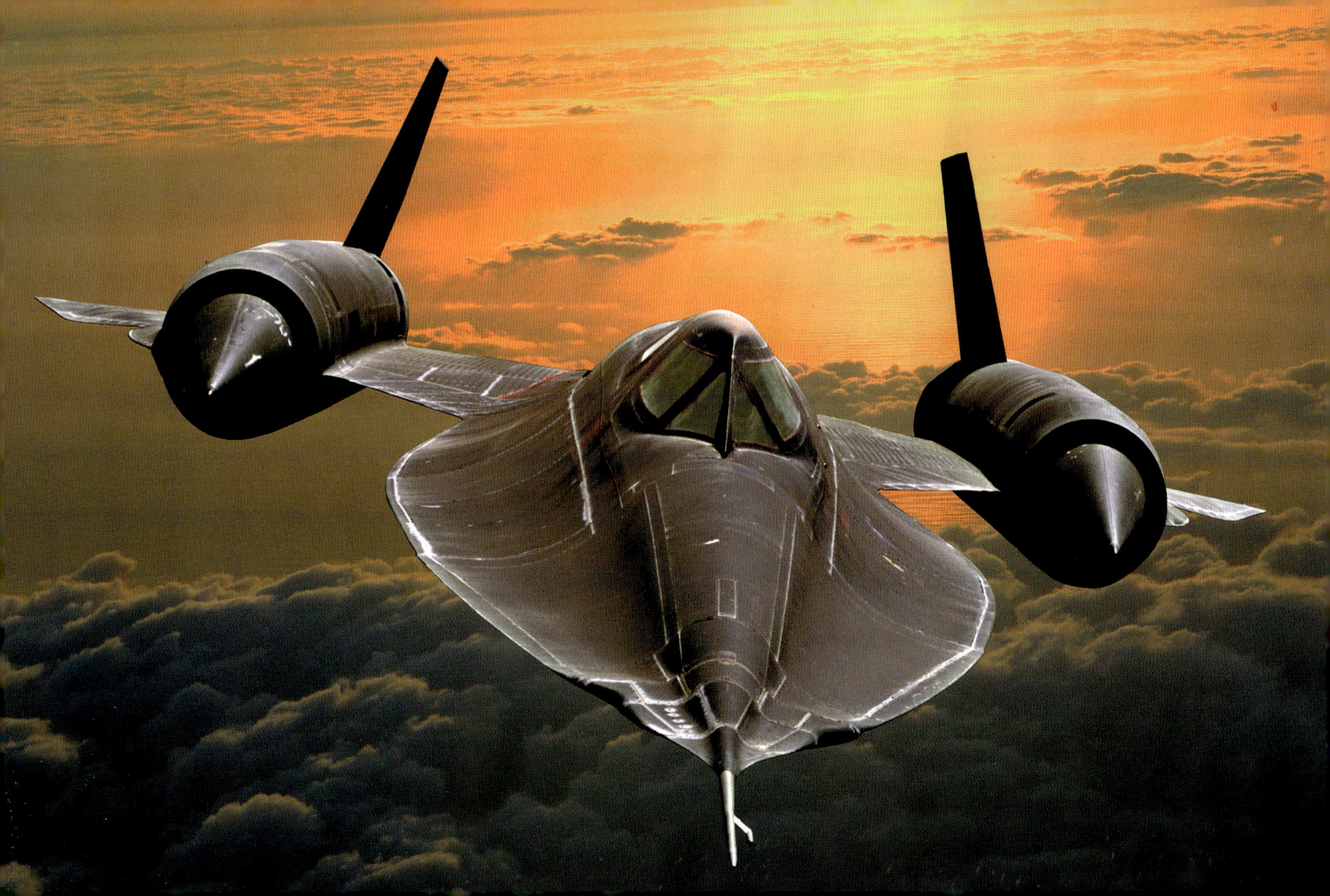

NEW YORK
USA

Die größten Metropolregionen Nord- und Mittelamerikas | Big Apple, gern als die »Hauptstadt der Welt« bezeichnet, ist hinter Mexiko-Stadt die zweitgrößte Metropolregion von Nord- und Mittelamerika mit knapp 20 Millionen Einwohnern. Die Stadt ist der wichtigste Handels- und Finanzplatz der Welt und Sitz der Vereinten Nationen. Auf der Liste der imposantesten Skylines der Welt steht New York City auf Platz 4.

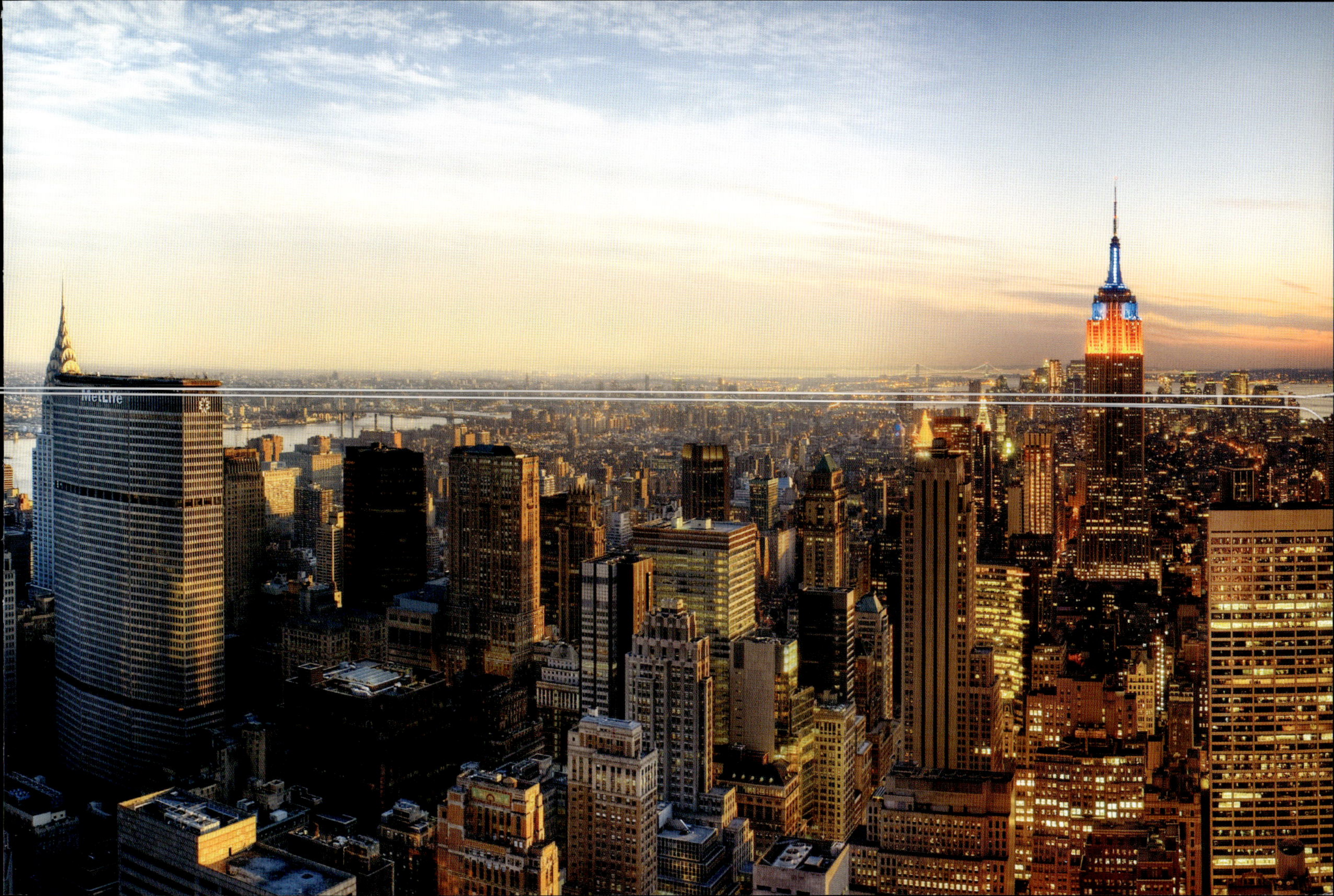
MetLife

QUEEN MARY 2

GROSSBRITANNIEN

Die größten Kreuzfahrtschiffe der Welt | Der größte Atlantikliner der Welt, die »Queen Mary 2«, ist das einzige Kreuzfahrtschiff, das regelmäßig den Atlantik überquert und damit die Tradition der Oceanliner fortführt. Als eines der größten beweglichen von Menschen gebauten Objekte bietet sie in 1310 Kabinen bis zu 3090 Passagieren Platz. Die Besatzung umfasst 1253 Personen. An Bord befinden sich Restaurants, Theater und ein Planetarium.

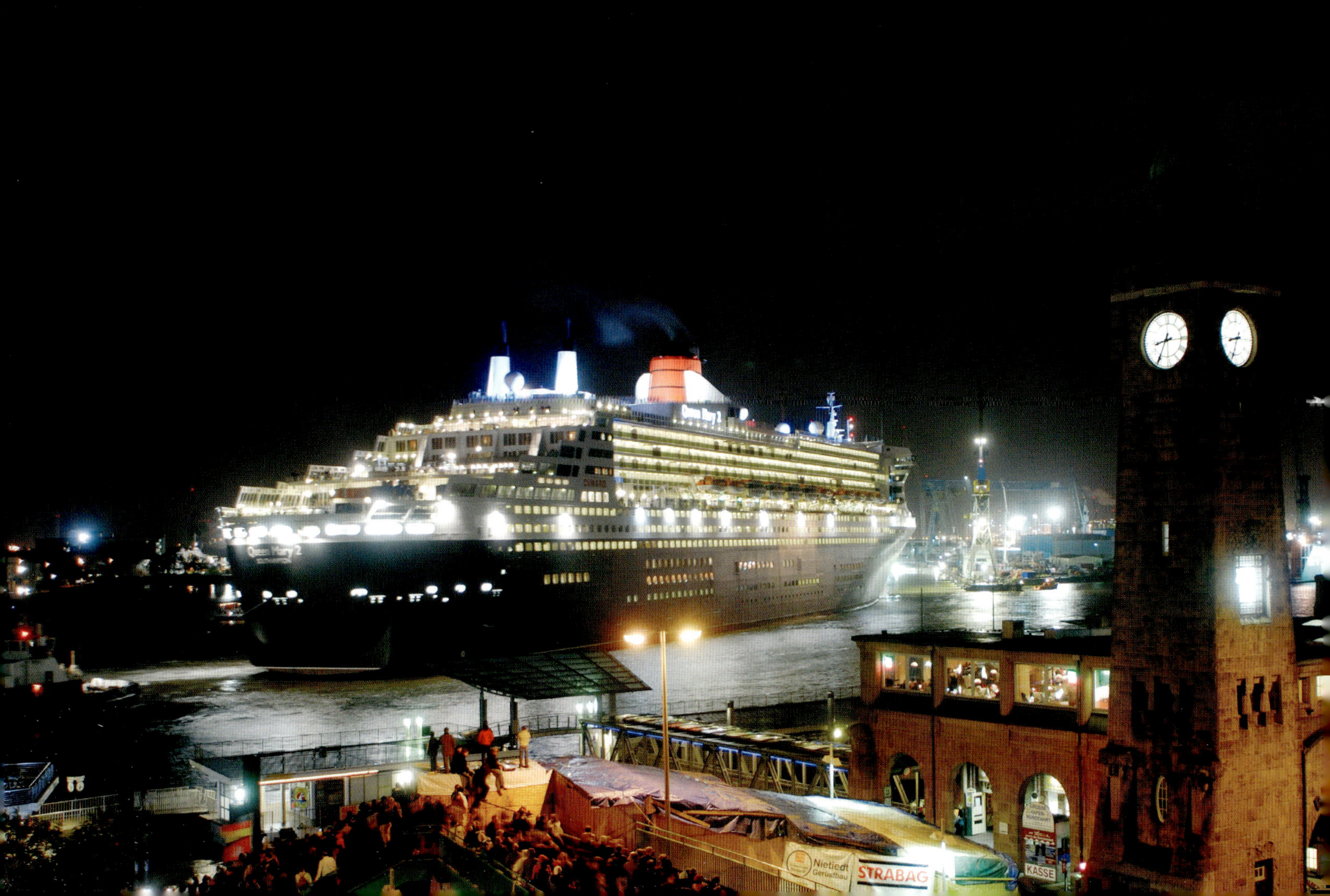
Nietiedt
Gerüstbau
STRABAG
KASSE

TRINITY COLLEGE
DUBLIN, IRLAND

Die größten Bibliotheken der Welt | Die berühmte Bibliothek des Trinity College in Dublin ist aus der privaten Sammlung eines Kirchenfürsten hervorgegangen. James Ussher, Erzbischof von Armagh, vermachte seine aus mehreren Tausend Büchern und Handschriften bestehende Bibliothek nach seinem Tod 1659 der irischen Universität. Heute umfasst sie mehr als vier Millionen Bände und hat den Status einer Nationalbibliothek.

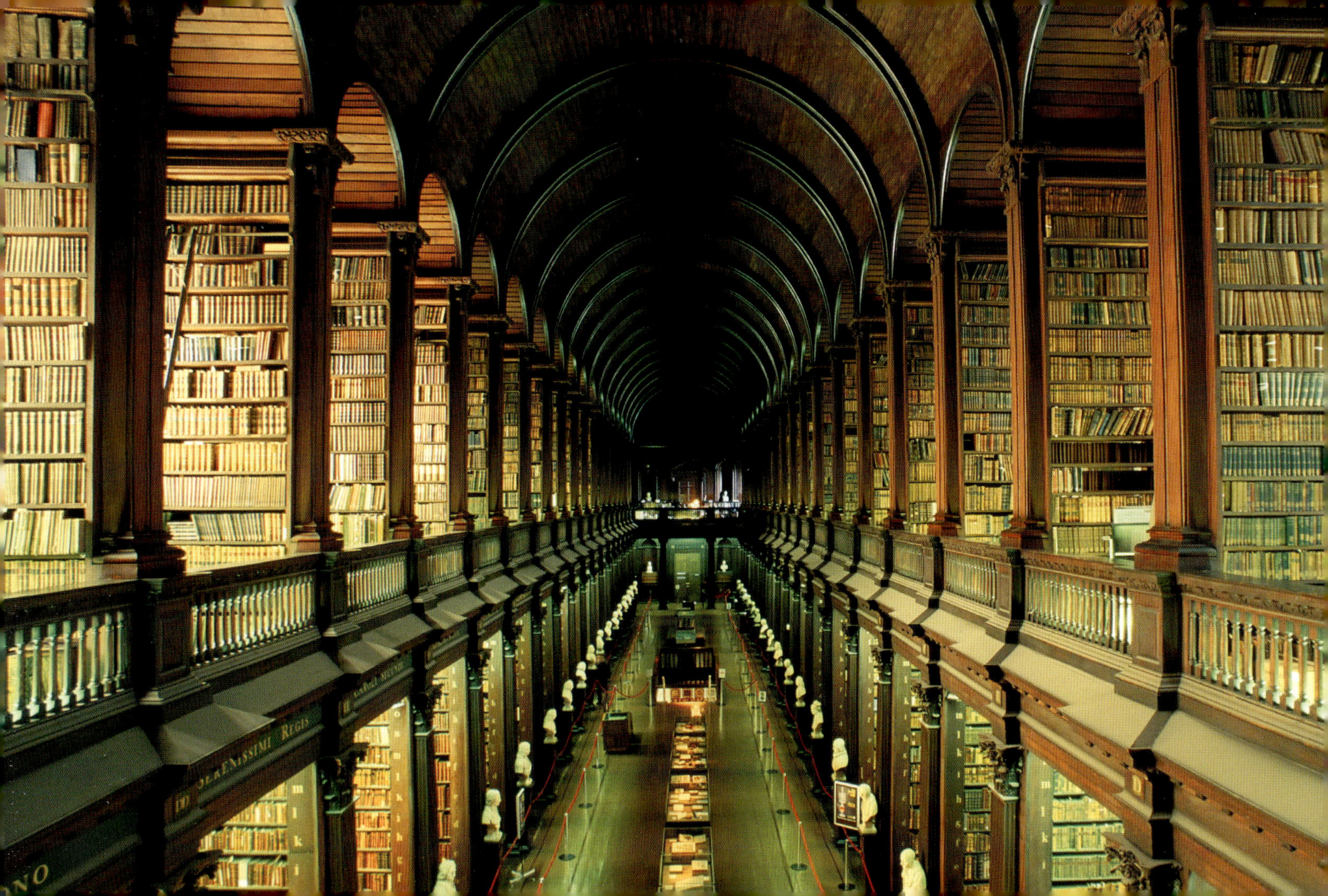
SERENISSIMI Regis

MAHABODHI-TEMPEL

BODHGAYA, INDIEN

Die bedeutendsten klassischen Pilgerstätten des Buddhismus | Die vergoldete Statue des meditierenden Buddha im Mahabodhi-Tempel zu Bodhgaya befindet sich im indischen Bundesstaat Bihar. Der Ort, an dem Siddhartha Gautama der Überlieferung zufolge »erwachte« und einen Weg zur Erlösung vom Leiden fand, ist eine der vier bedeutendsten buddhistischen Pilgerstätten.

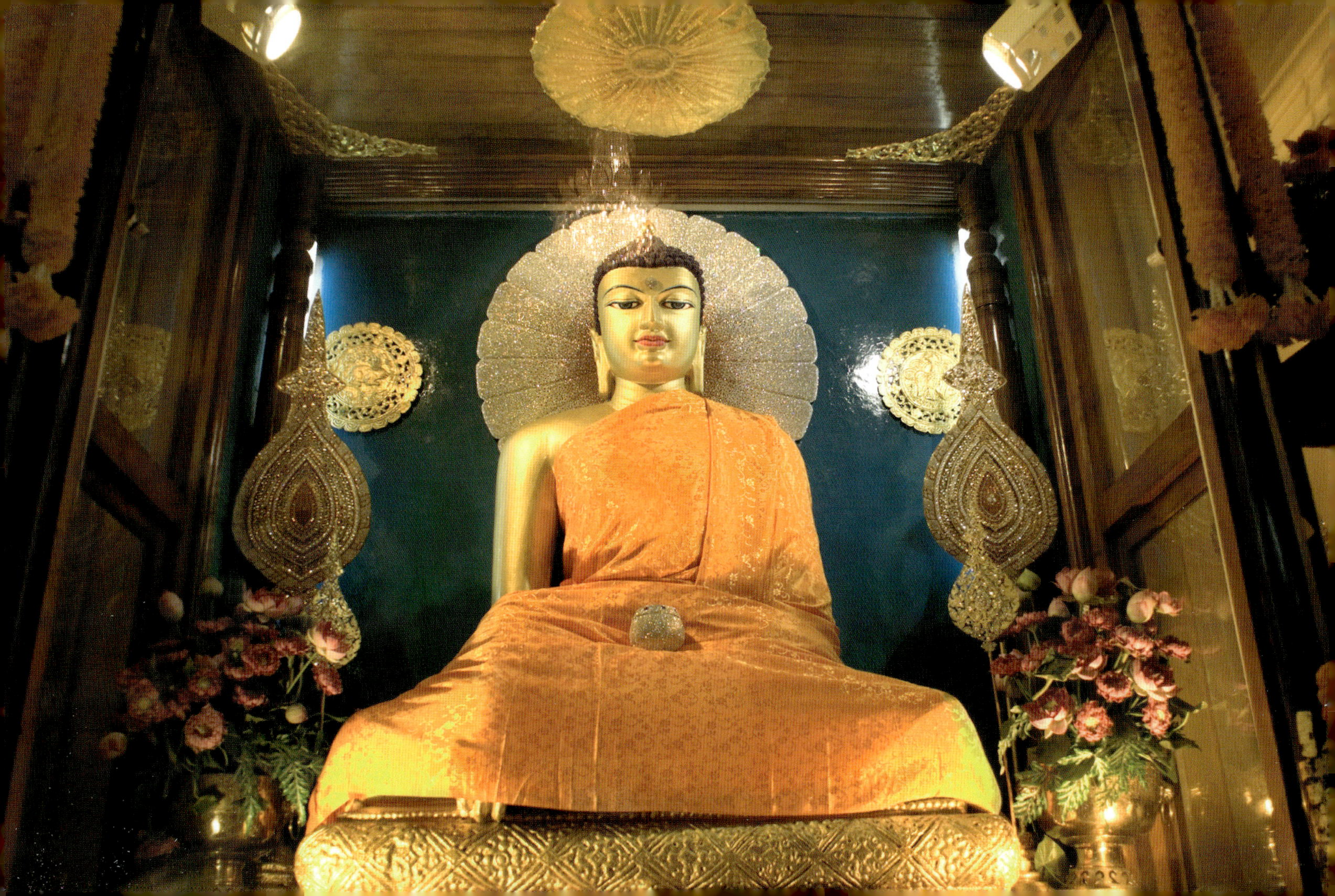

MUSEUM OF MODERN ART
NEW YORK CITY, USA

Die bedeutendsten Sammlungen moderner Kunst weltweit | Die wichtigsten Impressionisten und Vertreter der klassischen Moderne sowie der Gegenwartskunst werden im Museum of Modern Art in New York präsentiert. Der Gesamtbestand umfasst gegenwärtig etwa 150 000 Gemälde, Plastiken, Drucke, Fotografien und Filme. Die Exponate gehören zu den weltweit bedeutendsten Sammlungen moderner Kunst.

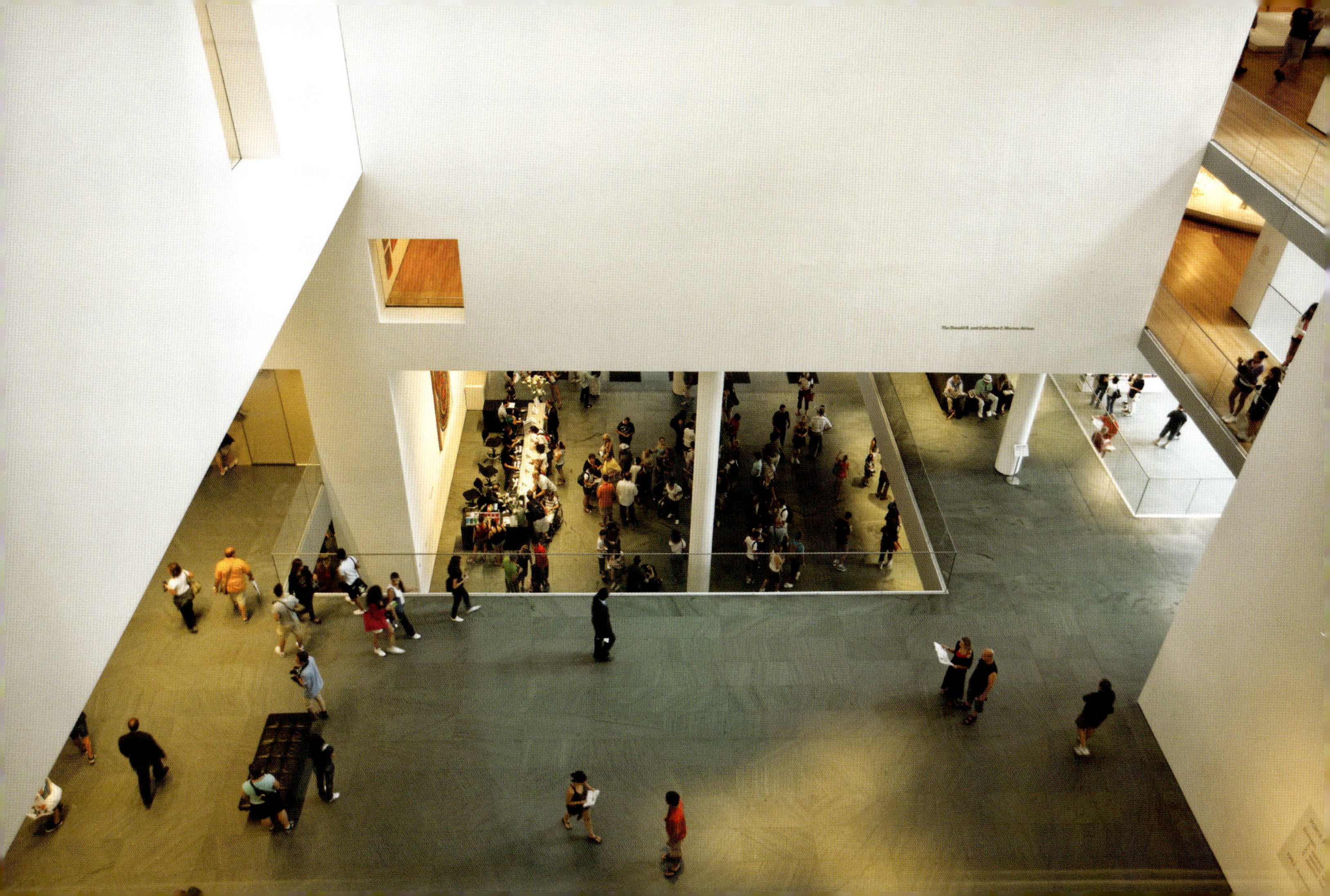

USA
VEREINIGTE STAATEN VON AMERIKA

Die größten Wirtschaftsmächte der Welt | Trotz des Einbruchs, den die amerikanische Volkswirtschaft während der Finanz- und Wirtschaftskrise 2008/2009 erlebte, ist sie die mit Abstand produktivste der Welt. Im Jahr 2011 erwirtschafteten die 317 Millionen Amerikaner ein Bruttoinlandsprodukt von 14 Billionen US-Dollar. Sie erbrachten damit ein Fünftel der Weltwirtschaftsleistung. Der US-Dollar ist die wichtigste Leitwährung der Welt.

NEW YORK STOCK EXCHANGE

ST. PETERSBURG
RUSSLAND

Die größten Metropolregionen Europas | Nach Moskau ist St. Petersburg mit ihrem Umland die zweitgrößte Stadt Russlands mit insgesamt fünf Millionen Einwohnern. Sie ist einer der bedeutendsten Industriestandorte und dank der großen Handelshäfen auch Russlands Tor zur Welt. Die Wirtschaft wächst durchschnittlich um zehn Prozent jedes Jahr. Nicht nur russische Industriekonzerne, auch internationale Unternehmen sind hier ansässig.

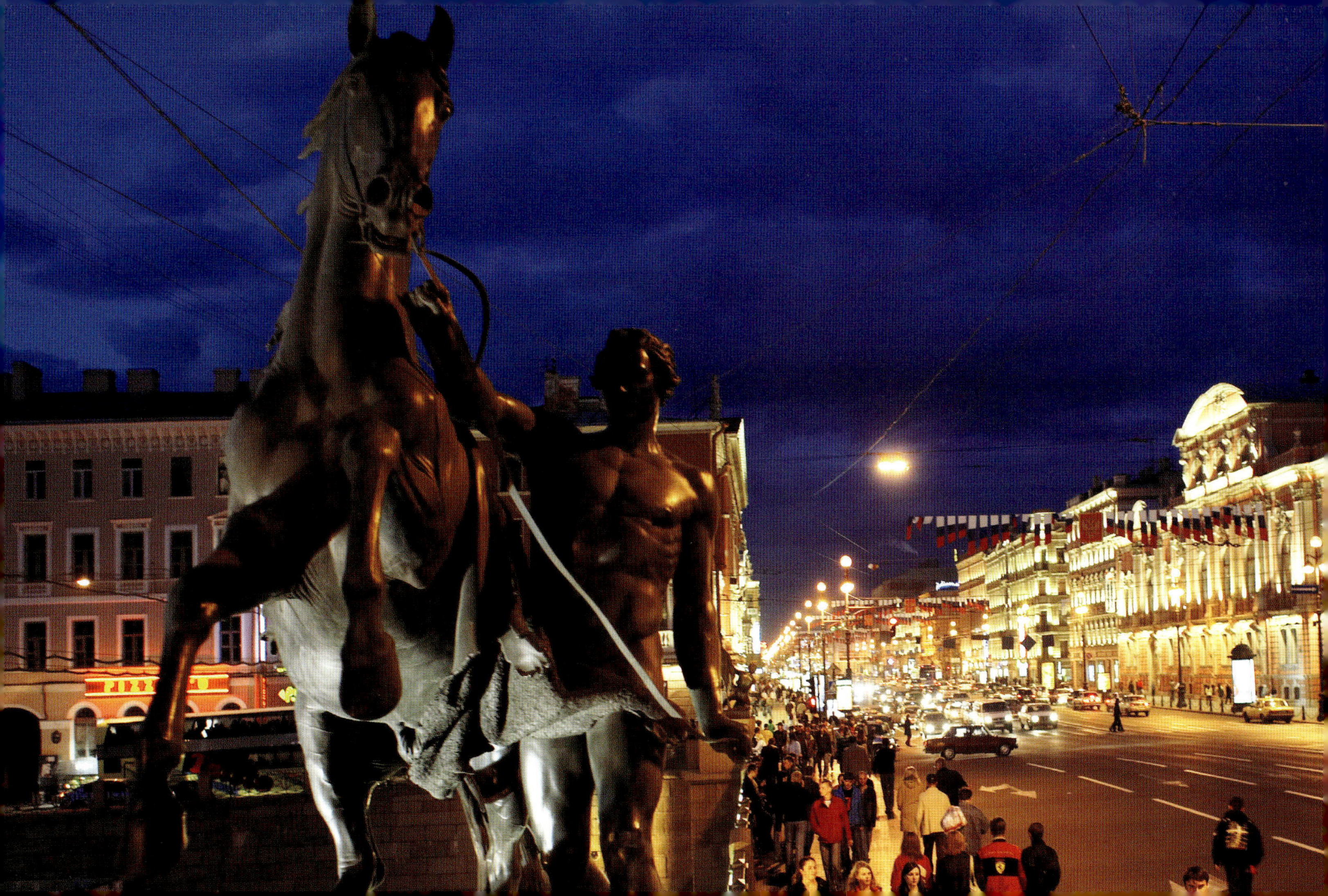

ORIENTAL PEARL TOWER
SHANGHAI, CHINA

Die höchsten Türme Asiens | Im Shanghaier Stadtteil Pudong ragt der Oriental Pearl Tower in die Höhe. Er ist das zweithöchste Bauwerk von Shanghai sowie von China und Asiens dritthöchster Turm. Die markanten Kugeln haben einen Durchmesser von 50 bzw. 45 Metern. Die höchste Aussichtsplattform befindet sich auf der oberen Kugel in 342 Meter Höhe. Darüber ist noch eine 118 Meter hohe Antenne platziert.

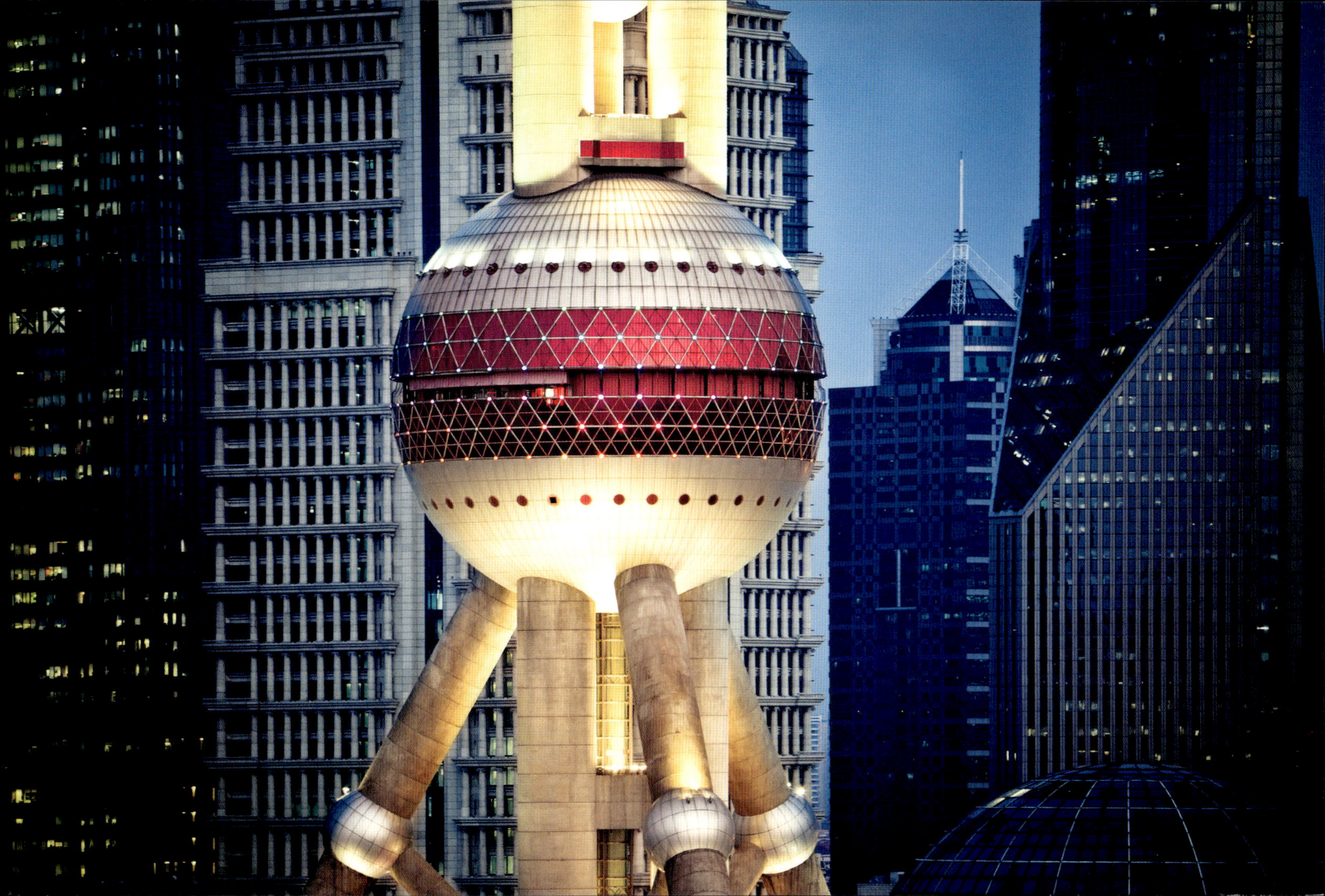

FORTH ROAD BRIDGE
SCHOTTLAND

Die längsten Hängebrücken Europas | An der Ostküste Schottlands überspannt die über 2,5 Kilometer lange Autobahnbrücke Forth Road Bridge den Meeresarm Firth of Forth, hier im Vordergrund. Bei ihrer Fertigstellung im Jahr 1964 war sie mit einer Stützweite von 1006 Metern die Rekordhalterin außerhalb der USA. Für die einst viertlängste Hängebrücke der Welt wurden über 40 000 Tonnen Stahl und 125 000 Kubikmeter Beton verbaut.

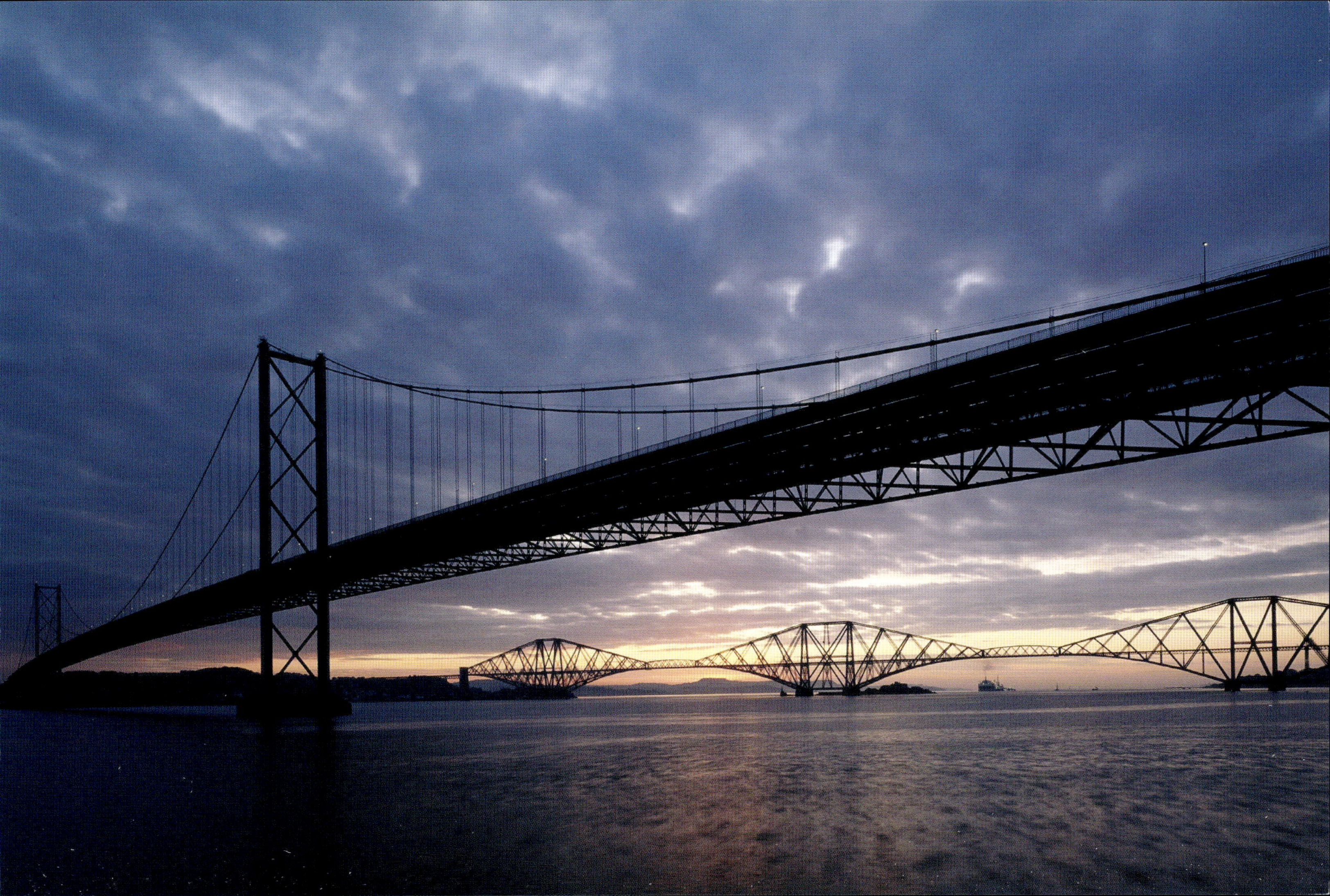

GÖBEKLI TEPE
TÜRKEI

Die ältesten historischen Tempel der Welt | Der prähistorische Fundort liegt in Südanatolien und ist seit den 1990er-Jahren ein Ausgrabungsort. Wissenschaftler fanden Steinkreisanlagen, die auf eine rituelle Nutzung schließen lassen, außerdem lässt sich eine längere Besiedelung des Ortes, vor 11 500 Jahren und ein zweites Mal während der klassischen Antike, nachweisen.

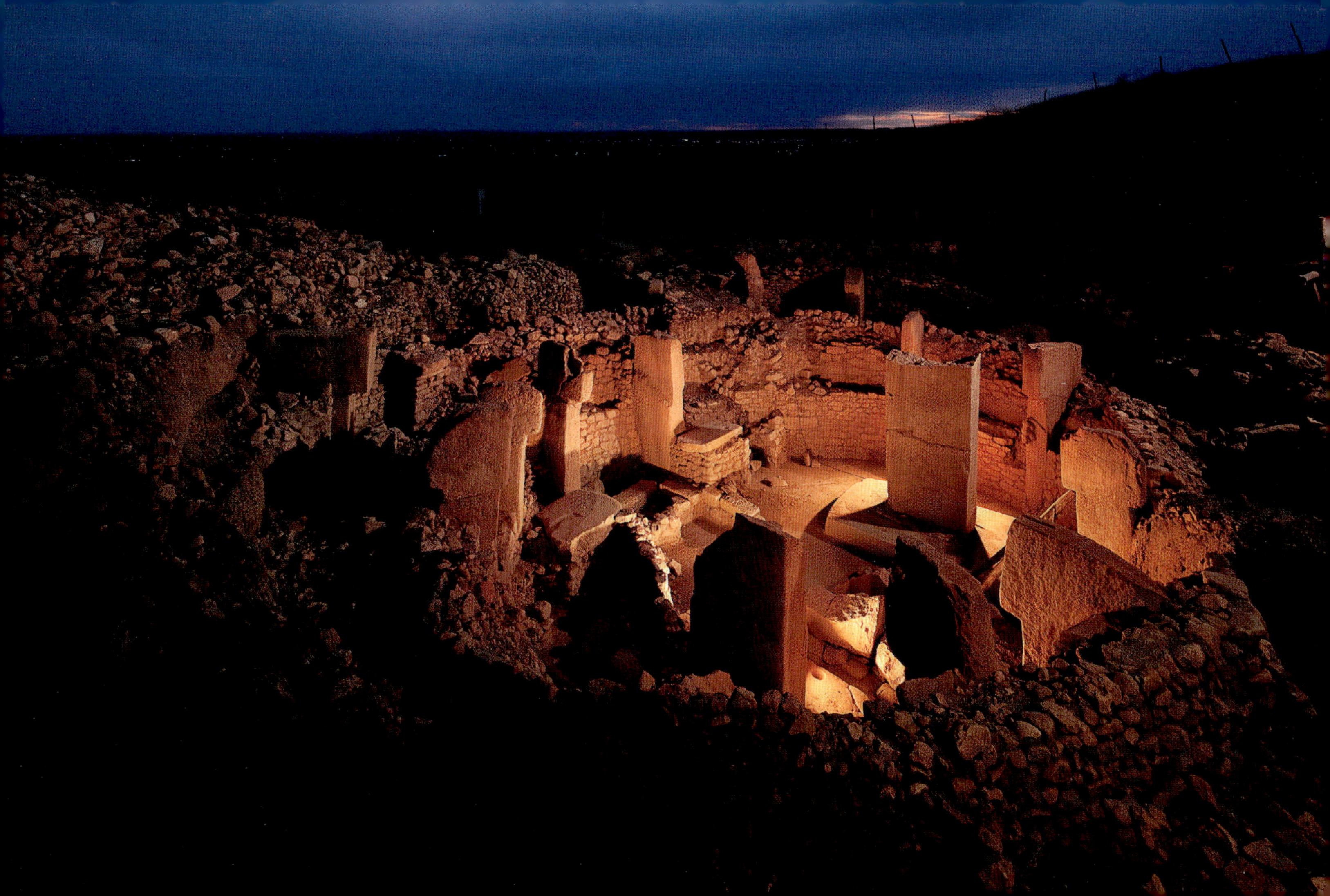

NATIONALSTADION BEIJING
CHINA

Die größten Stadien Asiens | Das Nationalstadion in Peking wurde für die Olympischen Sommerspiele 2008 von dem Schweizer Architekturbüro Herzog & de Meuron unter Mitwirkung des chinesischen Künstlers und Dissidenten Ai Wei Wei errichtet. Es bietet 91 000 Sitzplätze und ist damit Asiens sechstgrößtes Stadion. Wegen seiner Hülle aus ineinander verschlungenen Stahlbändern heißt es im Volksmund auch »Vogelnest«.

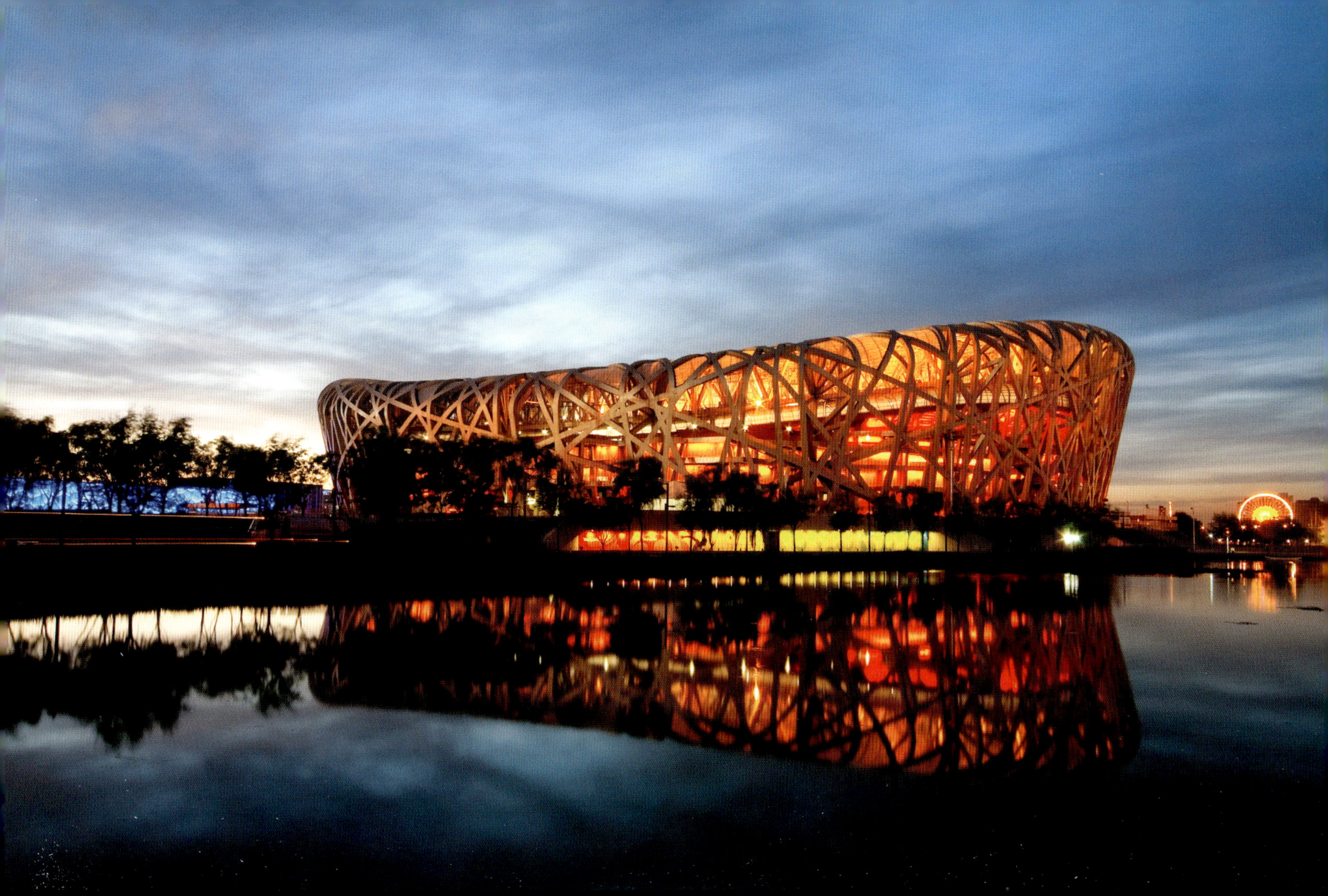

ISCHTAR-TOR
BABYLON

Die bedeutendsten Bauwerke des antiken Babylon | Die Berliner Museumsinsel umfasst ein einzigartiges Areal mit fünf Museen, die mehr als 5000 Jahre Menschheitsgeschichte repräsentieren. Das babylonische Ischtar-Tor und die Prozessionsstraße wurden im Pergamonmuseum rekonstruiert. Es ist das berühmteste Tor, das sich unweit des in der Antike bedeutsamen Königspalastes Nebukadnezars befand.

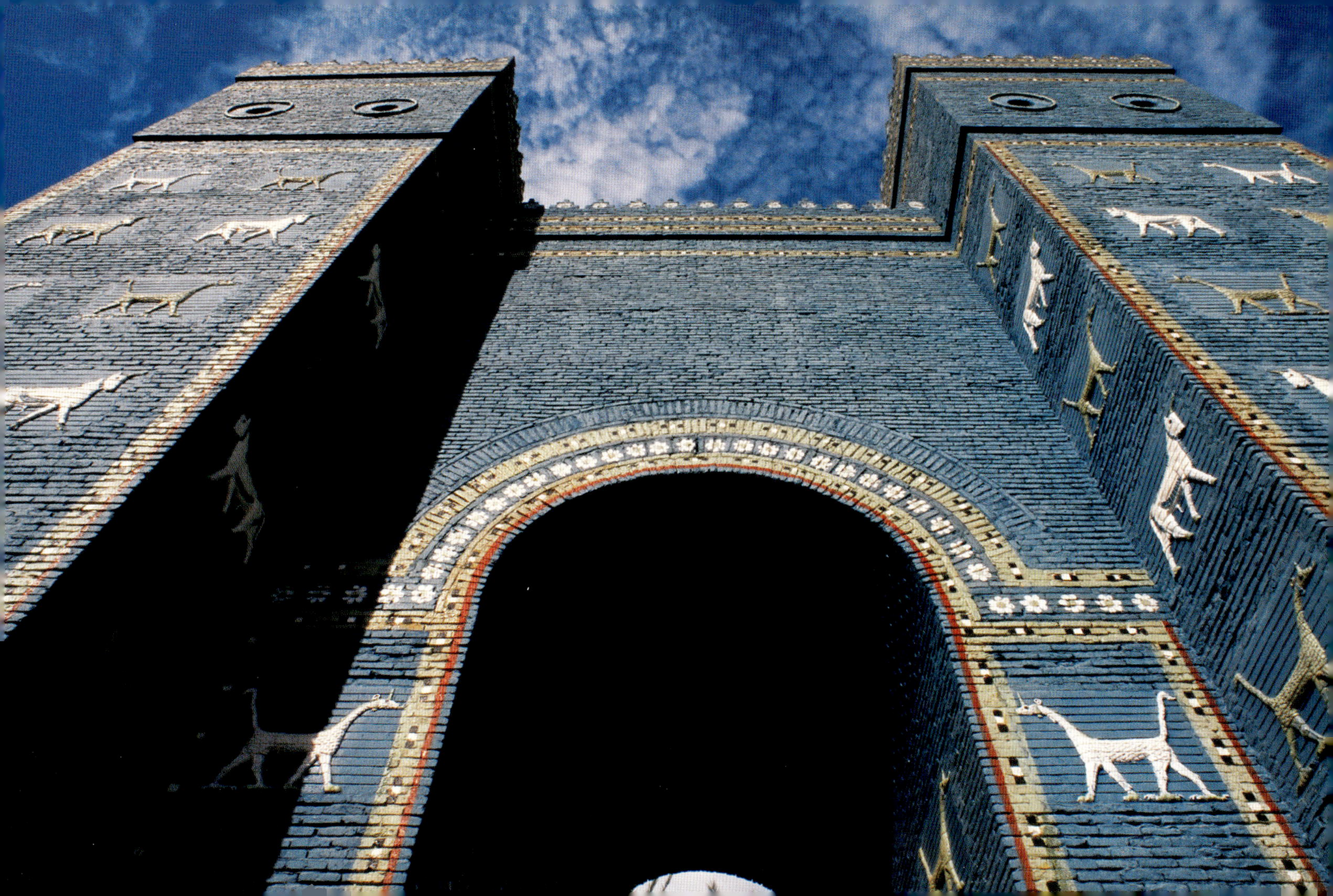

SYDNEY HARBOUR BRIDGE
AUSTRALIEN

Die berühmteste Bogenbrücke der Welt | Mitten in der Stadt überspannt die Sydney Harbour Bridge die tief in das Land einschneidende Bucht Port Jackson. Wie das berühmte Opernhaus der Stadt gehört die Brücke mit dem Spitznamen »Old Coat Hanger« (alter Kleiderbügel) zu den Wahrzeichen Australiens. Seit 2007 ist sie ein offizielles Nationaldenkmal. Abenteuerlustige können sogar an einer Führung über die Stahlbögen teilnehmen.

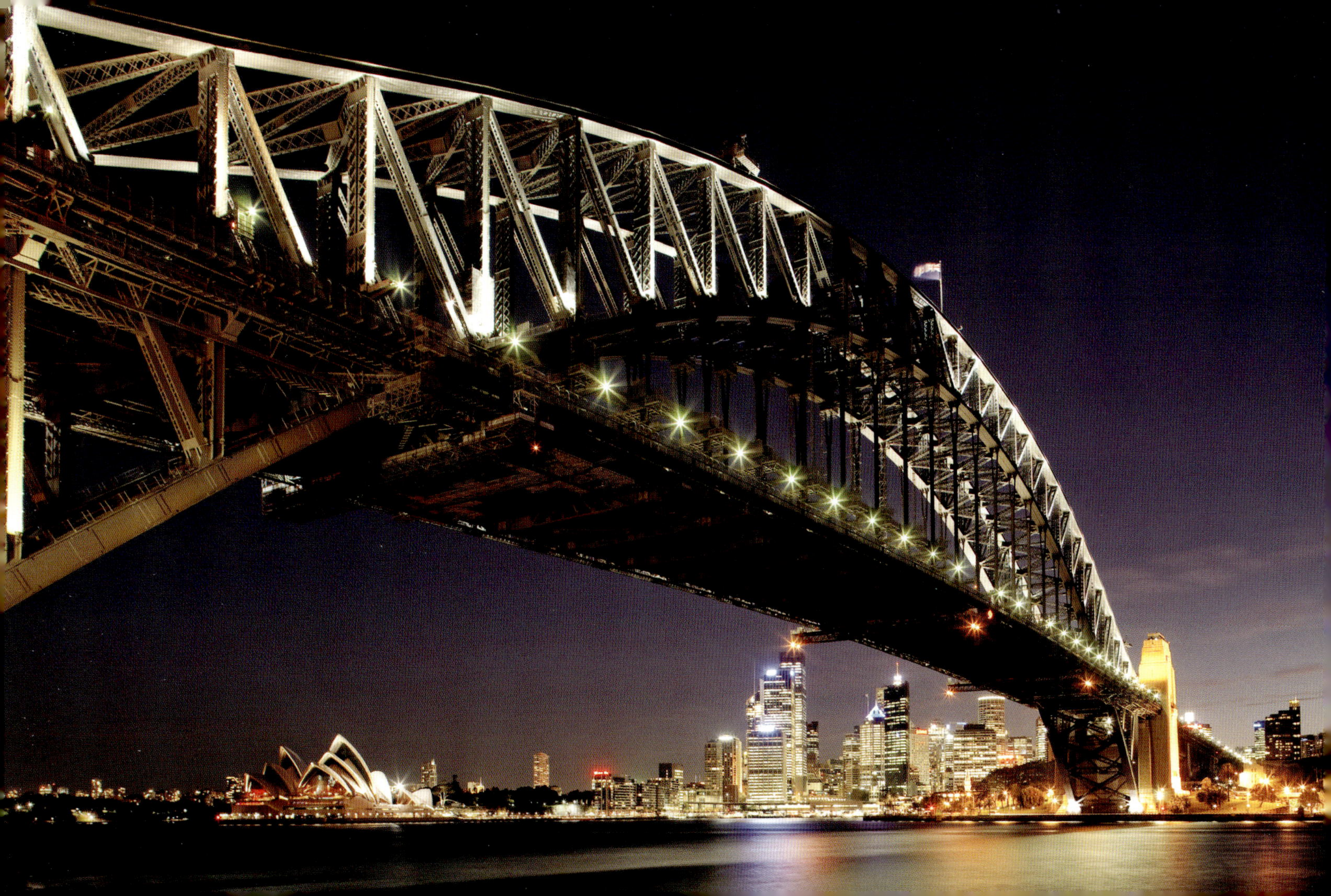

ST. JOHN THE DIVINE
NEW YORK CITY, USA

Die größten Kirchen der Welt | 1892 wurde in der Upper Westside von Manhattan der Grundstein für St. John the Divine gelegt. Ursprünglich im byzantinisch-romanischen Stil geplant, wurde der Bau dann im neugotischen Stil ausgeführt und zitiert vor allem Elemente der französischen Hochgotik. Mit einer überbauten Grundfläche von 11 200 Quadratmetern ist sie das siebtgrößte Gotteshaus der Welt.

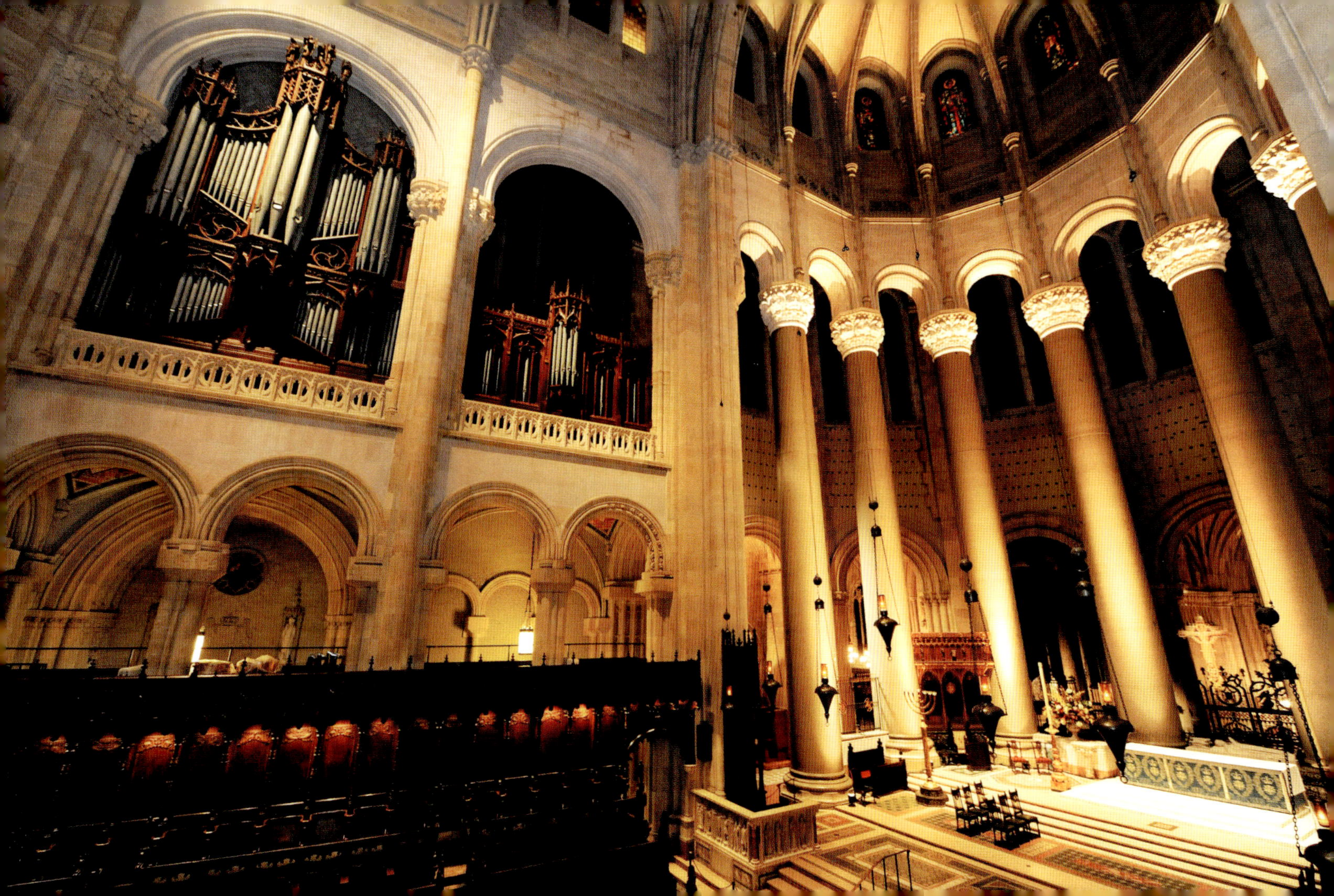

CENTRE SPATIAL GUYANAIS

FRANZÖSISCH-GUAYANA

Die berühmtesten Weltraumbahnhöfe der Welt | Einer der bedeutendsten Weltraumbahnhöfe der Welt wird vom französischen Centre national d'études spatiales gemeinsam mit der europäischen Raumfahrtbehörde und dem Unternehmen Arianespace betrieben. Bis 2011 wurde er ausschließlich als Startplatz für Ariane-Raketen genutzt.

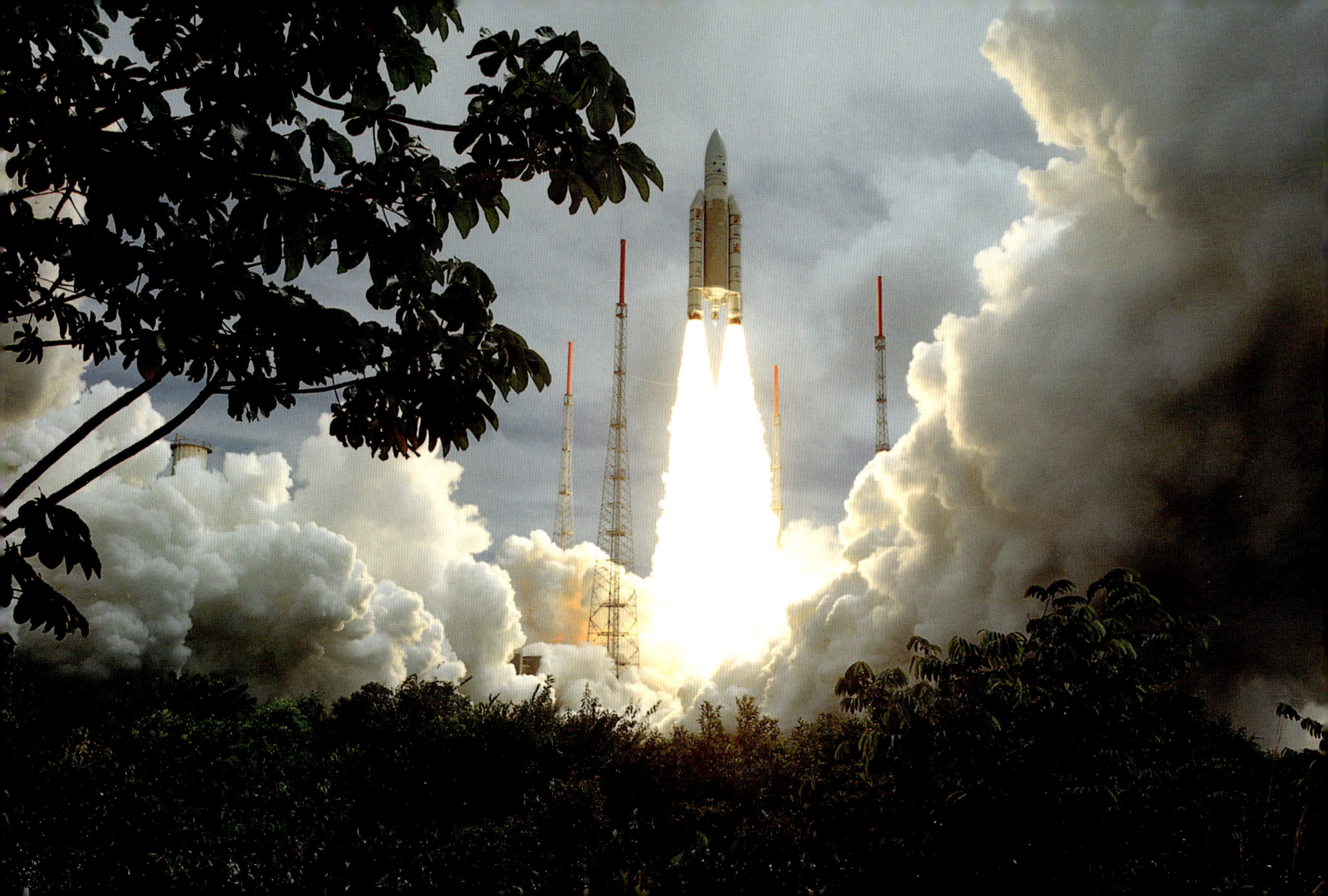

TADSCH MAHAL

AGRA, INDIEN

Das schönste islamische Grabmal der Welt | Gemeinhin wird das Tadsch Mahal als schönstes Bauwerk der Welt gerühmt und gilt als der Höhepunkt mogulzeitlicher Architektur. Der Weg zum Mausoleum führt durch einen Garten, der nach dem Vorbild persischer Gärten durch Kanäle symmetrisch gegliedert ist. Nach dem Willen seines Erbauers Shah Jahan soll das Tadsch Mahal das Paradies und zugleich die Stärke des Islam symbolisieren.

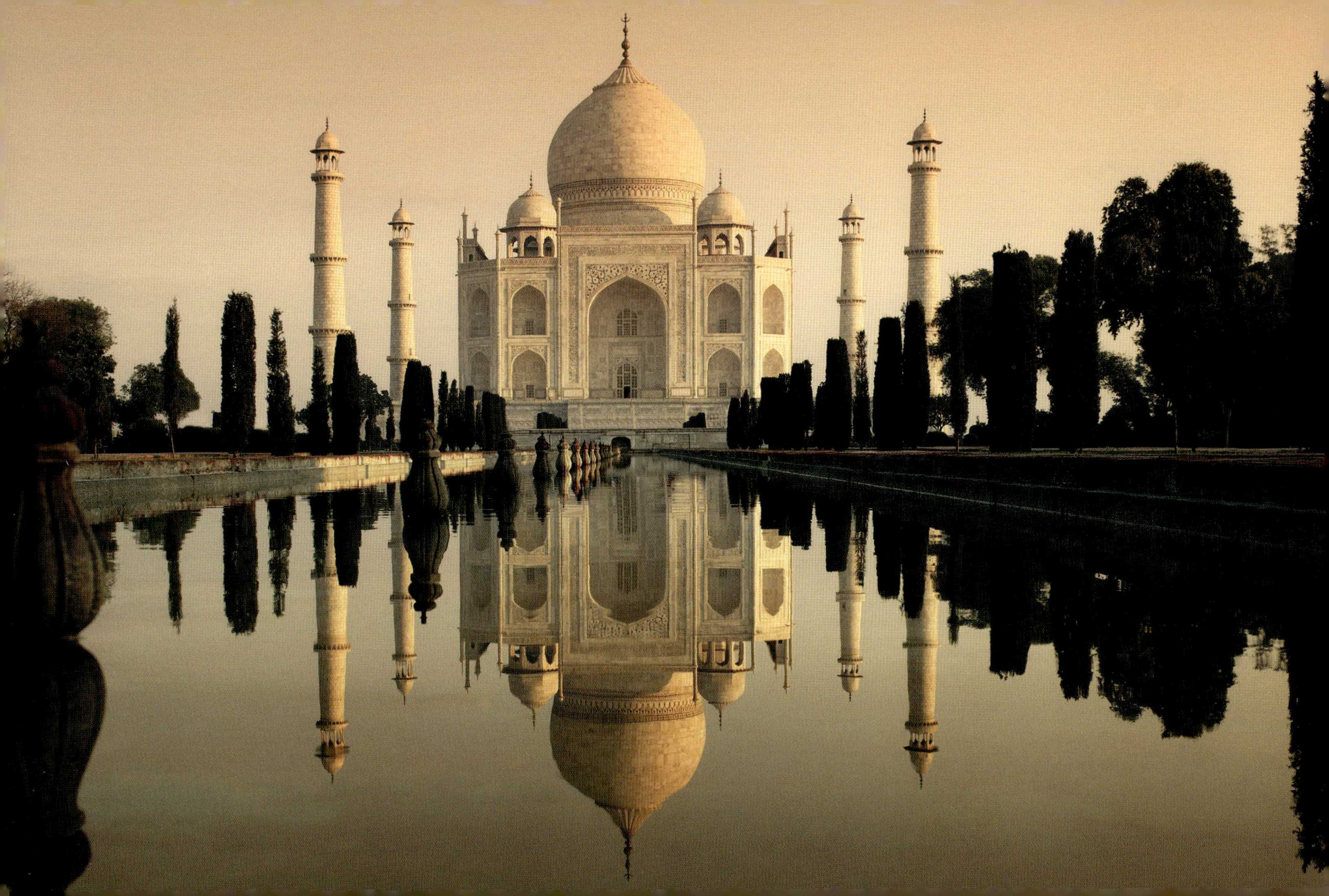

DALLAS/ FORT WORTH
USA

Die größten Metropolregionen Nord- und Mittelamerikas | Dallas mit über einer Million Einwohnern und die Städte Irving, Plano, Arlington und Fort Worth bilden die siebtgrößte Metropolregion der USA. So kommt auf einer Fläche von rund 1000 Quadratkilometern die stolze Einwohnerzahl von rund sieben Millionen Menschen zusammen. Dallas ist ein ökonomisches Zentrum von globaler Bedeutung.

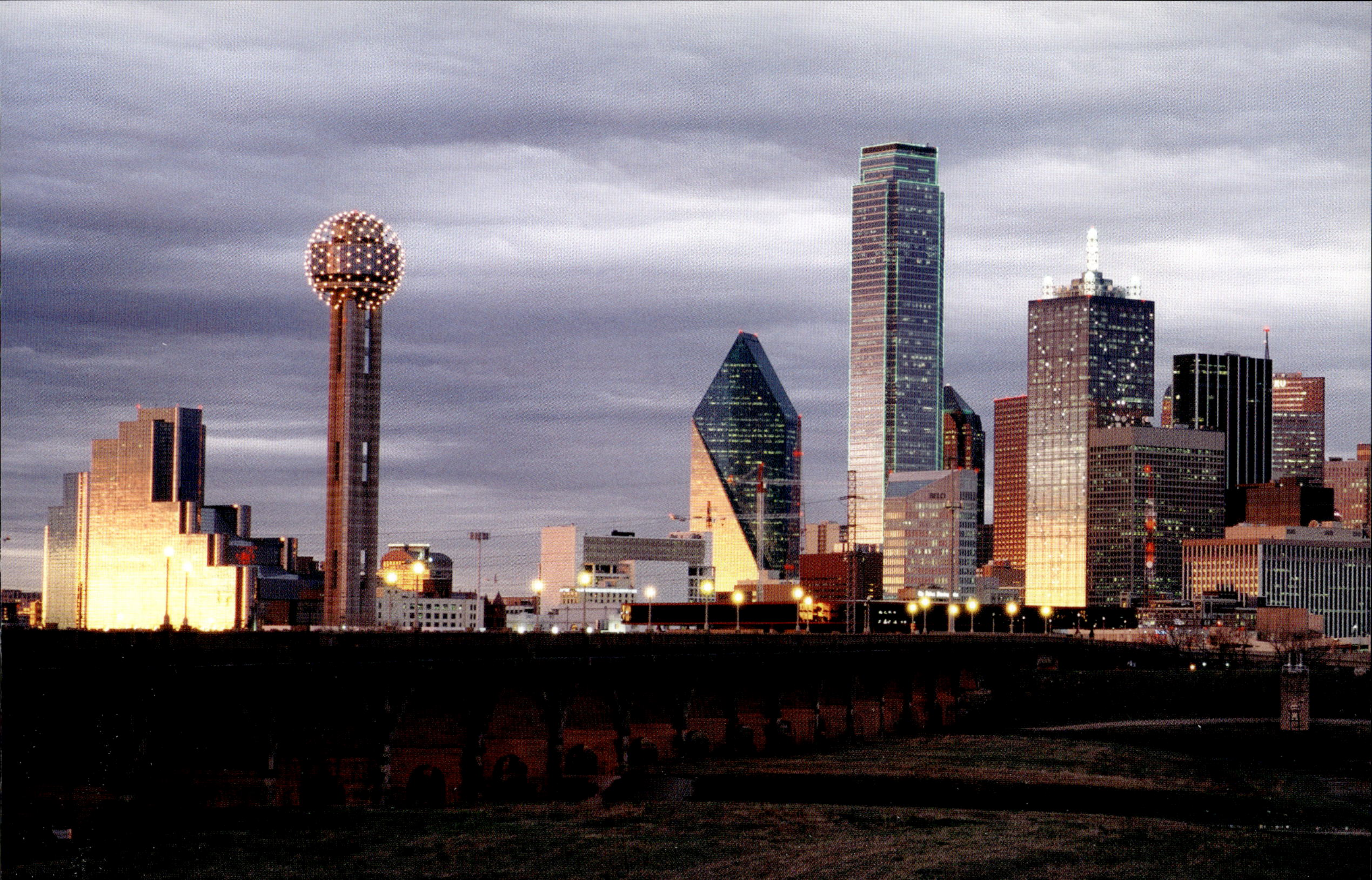

FORUM ROMANUM

ROM, ITALIEN

Die bedeutendsten Sakralbauten der römischer Antike | Das Forum Romanum war das eigentliche Zentrum des antiken Roms. Heute zeugen dort Ruinen kaiserlicher Monumentaldenkmäler von der Vergänglichkeit weltlicher Macht: der Triumphbogen des Septimius Severus, Vespasiantempel und Saturntempel, außerdem die einst prächtigen Heiligtümer des Volcanos und der Concordia.

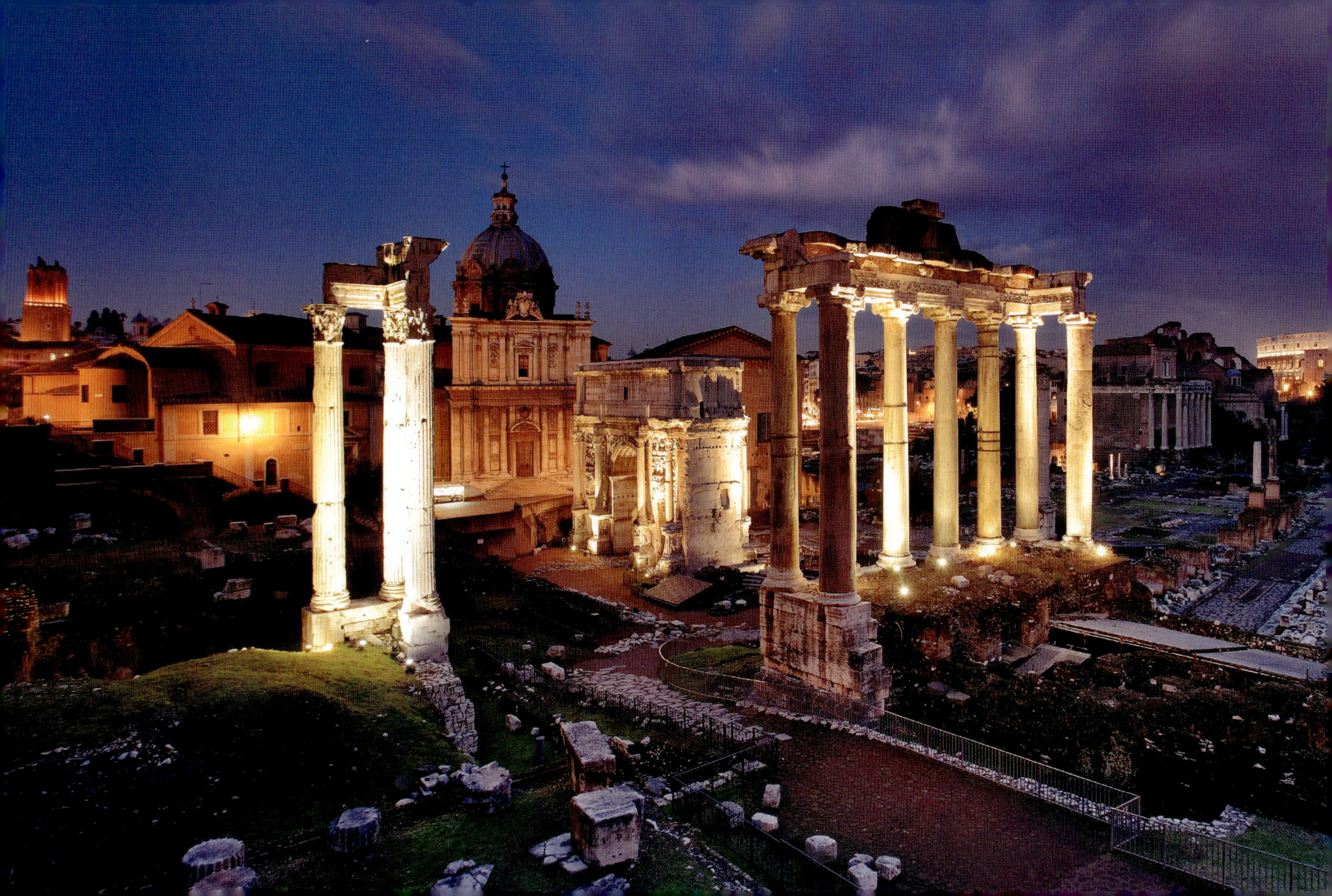

CHINESISCHES NATIONALMUSEUM

PEKING, CHINA

Das größte Museum der Welt | Das neue chinesische Nationalmuseum ist aus dem Zusammenschluss des Museums der Geschichte Chinas und des Museums der chinesischen Revolution entstanden. Das Gebäude im Zentrum Pekings am Tian'anmen-Platz hat heute eine Ausstellungsfläche von 200 000 Quadratmetern zur Verfügung, auf der die Kostbarkeiten der vieltausendjährigen Geschichte des Landes gezeigt werden.

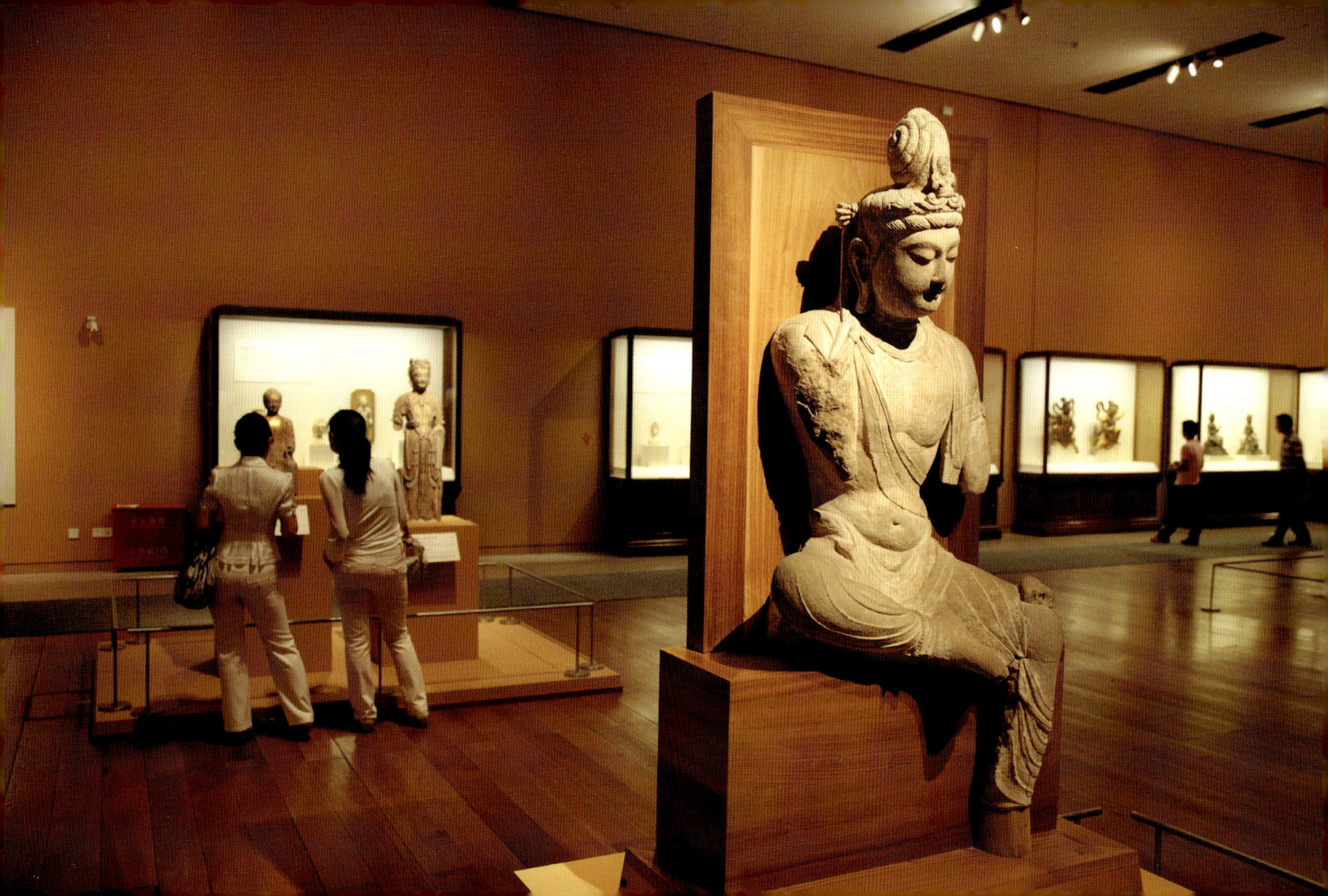

PANAMERICANA
AMERIKANISCHER KONTINENT

Die längsten Straßen der Welt | Die Panamericana erstreckt sich über den gesamten amerikanischen Kontinent – von Alaska bis nach Feuerland. Sie besteht aus einer Vielzahl miteinander verbundener Fernstraßen – mit nur einer kleinen Lücke in Panama. Ihre gesamte Länge beträgt 27 750 Kilometer, mit vielen spektakulären Abschnitten, etwa an der kalifornischen Pazifikküste bei Big Sur, wo die Bixby Bridge ein Streckenabschnitt ist.

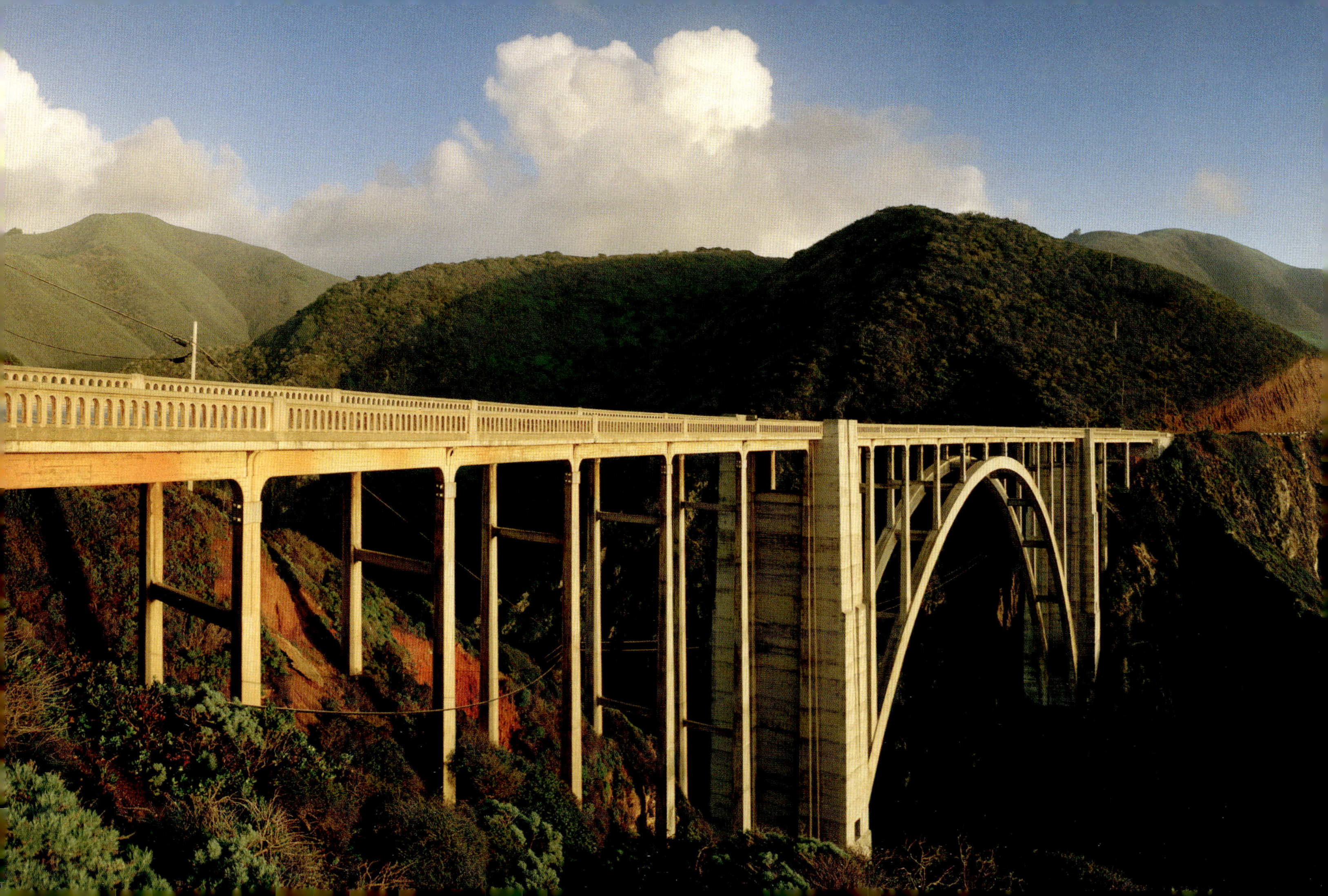

SÃO PAULO
BRASILIEN

Die größten Metropolregionen Südamerikas | Der Ballungsraum rund um die Megalopolis São Paulo ist die bevölkerungsreichste Metropolregion der südlichen Hemisphäre und mit rund 21 Millionen Einwohnern die sechstgrößte der Erde. Dieser Complexo Metropolitano Expandido zählt heute bereits rund 30 Millionen Einwohner, seine Städte werden in Zukunft zu dem dann wohl größten urbanen Ballungsraum der Welt verschmelzen.

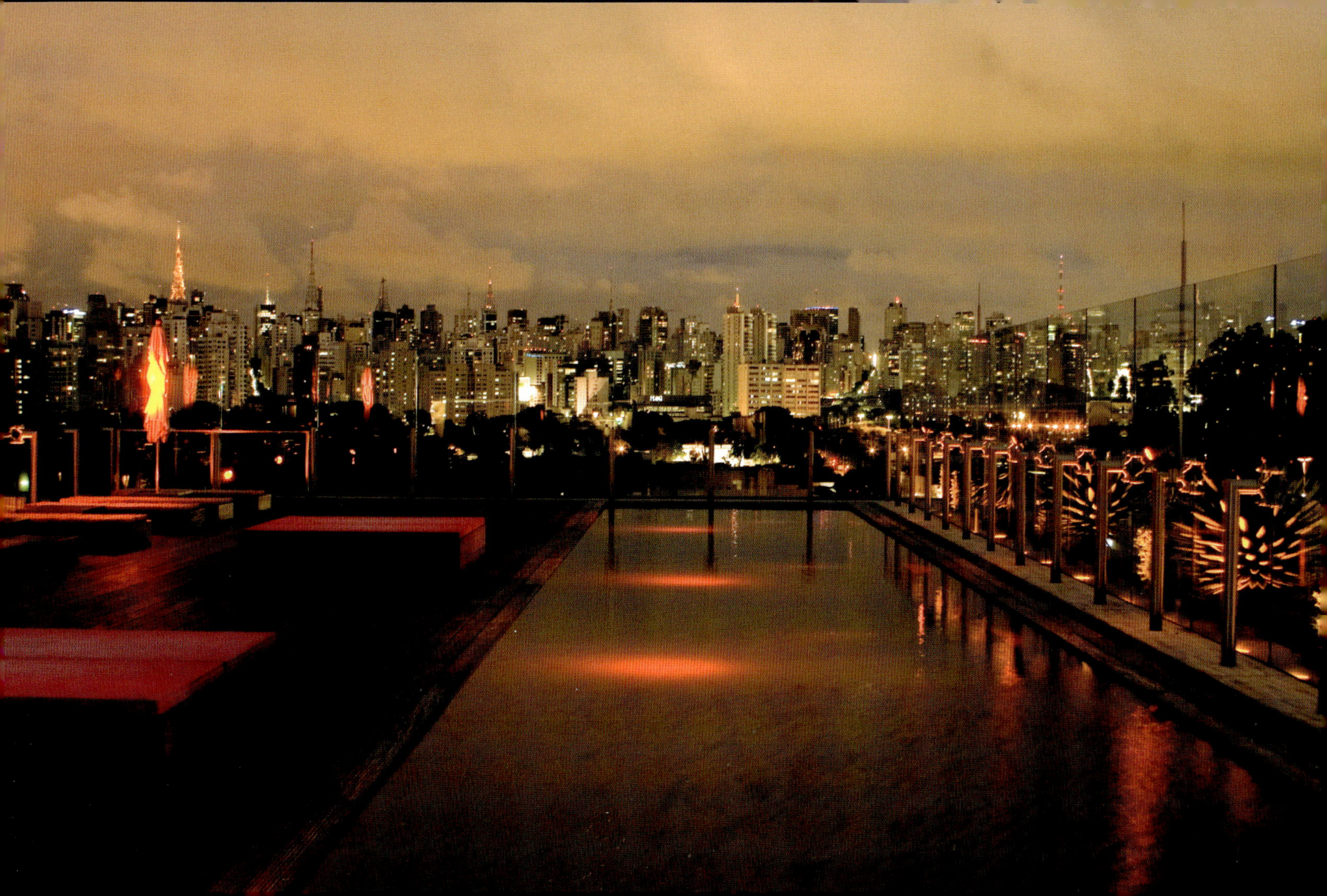

TEMPELANLAGEN VON ANGKOR
KAMBODSCHA

Das größte Sakralbauwerk der Welt | Die größte Tempelstadt weltweit, nahe der Stadt Siem Reap in Kambodscha, war einst ein rund 200 Quadratkilometer großer Siedlungs- und Tempelkomplex des legendären Khmer-Reichs (9. bis 15. Jahrhundert). Zur Blütezeit war Angkor die größte Stadt der Welt, auf deren Areal riesige Tempelanlagen errichtet wurden.

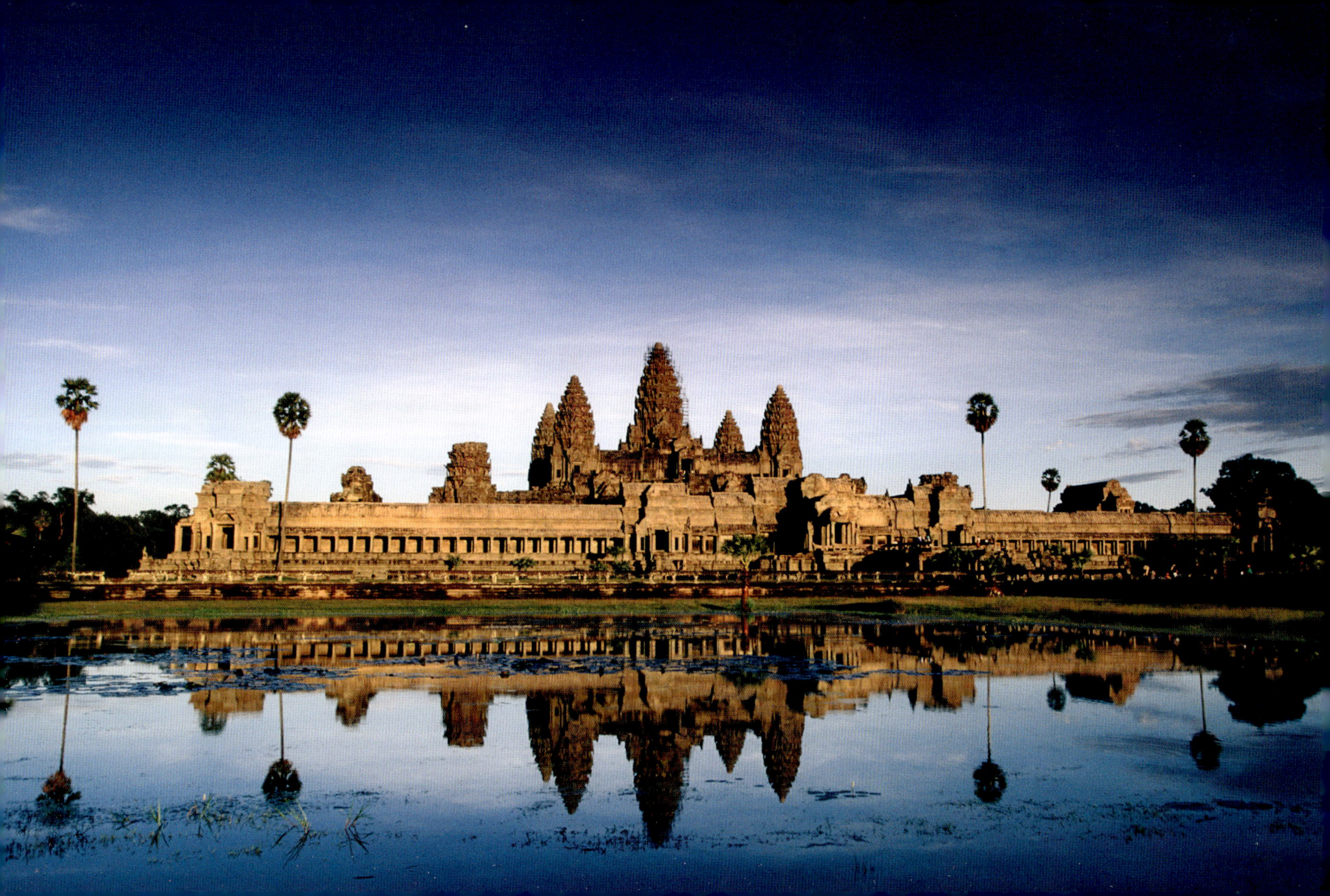

GROSSE SPHINX
ÄGYPTEN

Die bedeutendsten ägyptischen Bauwerke der Welt | Die Große Sphinx, monumentales Zeugnis der altägyptischen Hochkultur, und die Pyramiden von Giseh, Cheops, Chephren und Mykerinos gehören zu den eindrucksvollsten Monumenten, die je erschaffen wurden. Die Große Sphinx ist 20 Meter hoch, 73 Meter lang und allein ihr Gesicht ist vier Meter breit.

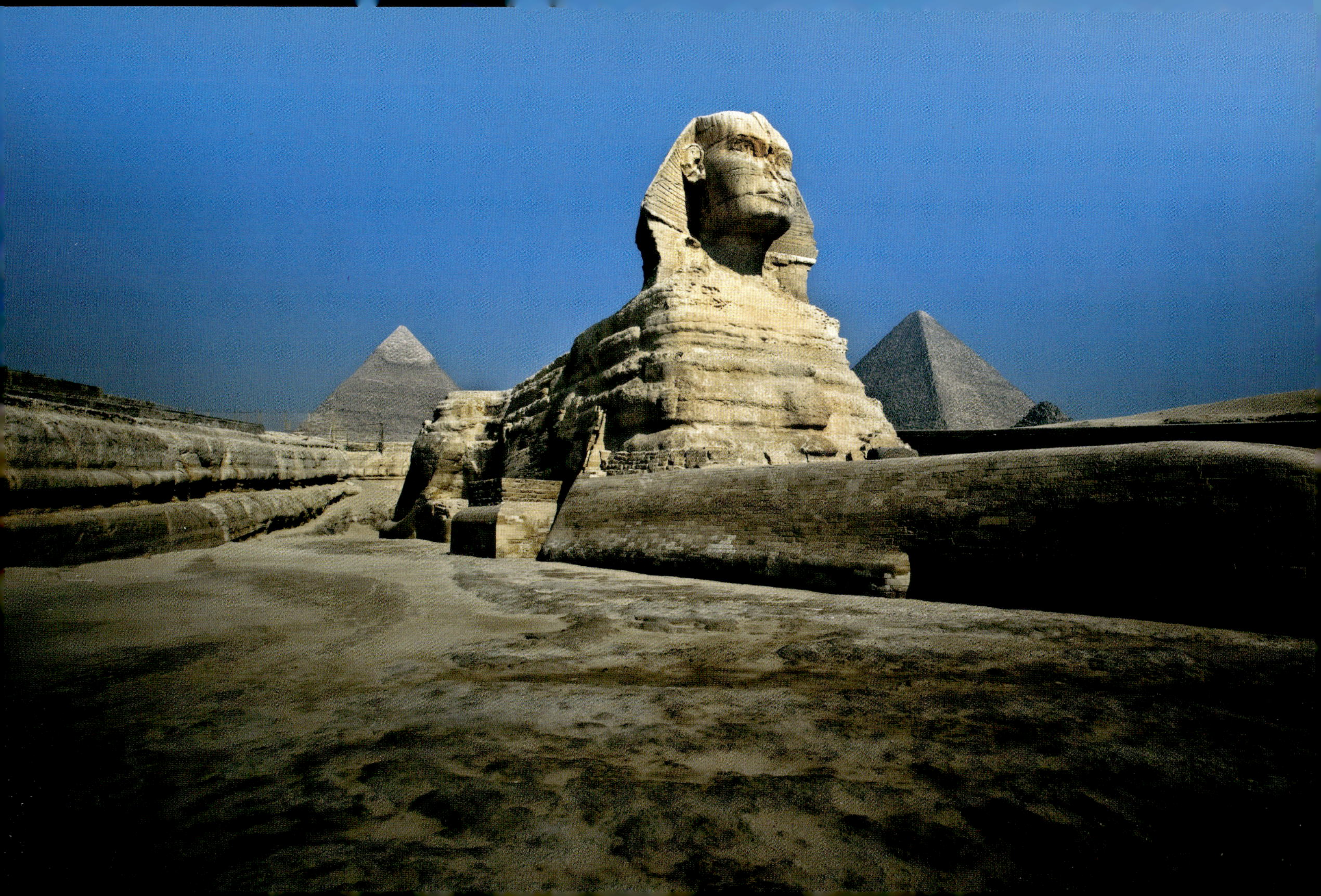

RUSSLAND

Der größte Staat der Welt | Mit einer Ausdehnung von 17 075 800 Quadratkilometern ist die Russische Föderation das flächenmäßig größte Land der Erde. Das Staatsgebiet dehnt sich über zwei Kontinente aus. Es erstreckt sich von der Ostsee im Westen über 9000 Kilometer bis zum Pazifischen Ozen im Osten. Noch ein landschaftlicher Rekord: Der Baikalsee ist mit 1642 Metern der tiefste See und zugleich das größte Süßwasserreservoir der Erde.

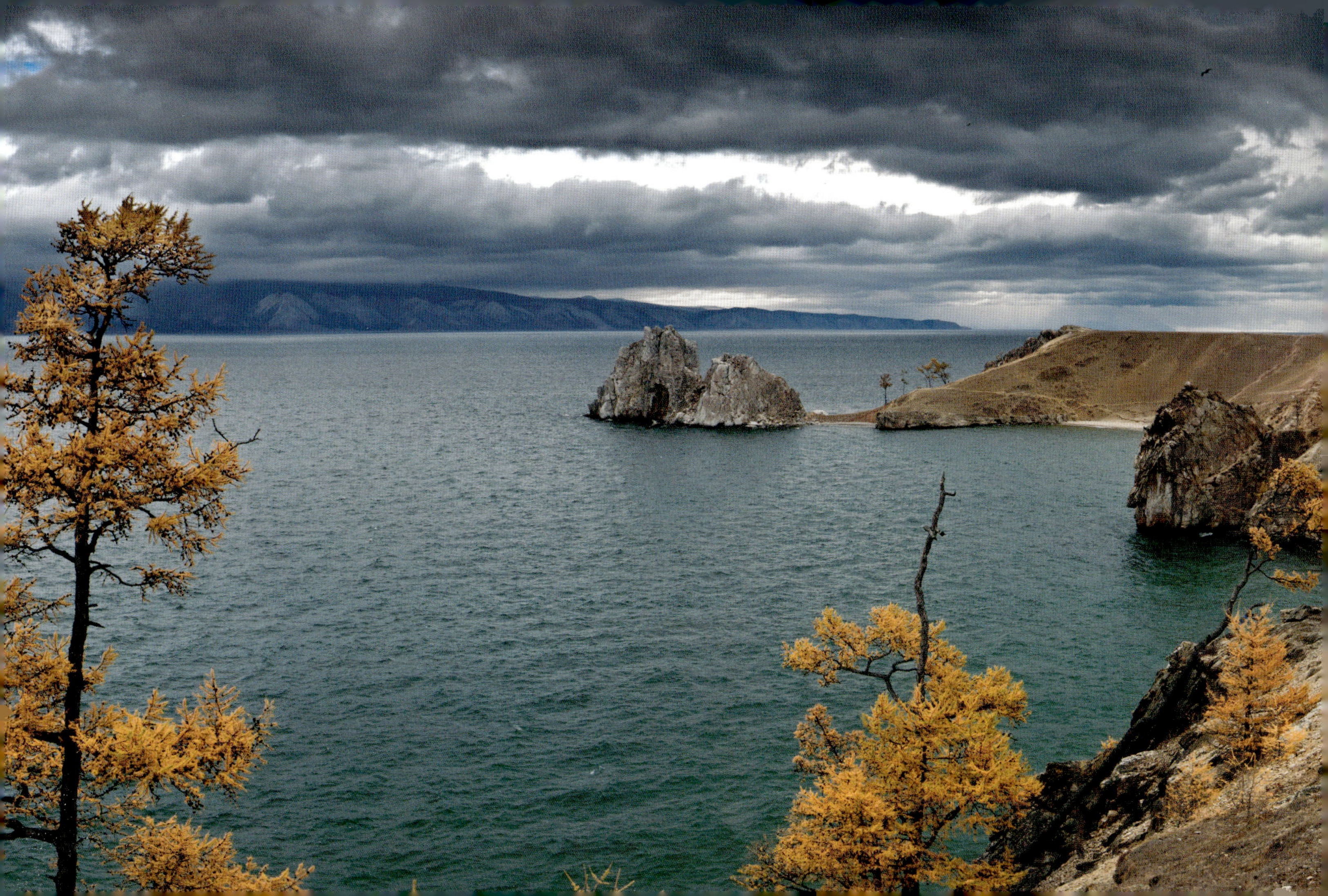

ISTANBUL
TÜRKEI

Die größten Metropolregionen Europas | Die Metropole an der Nahtstelle zwischen Asien und Europa zählt zu den schnell wachsenden Großstädten der Welt. Lag ihre Einwohnerzahl 1955 noch bei rund 2,5 Millionen, so hat sie in der Metropolregion heute die 15-Millionen-Grenze weit überschritten. Die Galatabrücke überspannt hier das Goldene Horn an der Einmündung in den Bosporus, die Neue Moschee stammt aus dem 17. Jahrhundert.

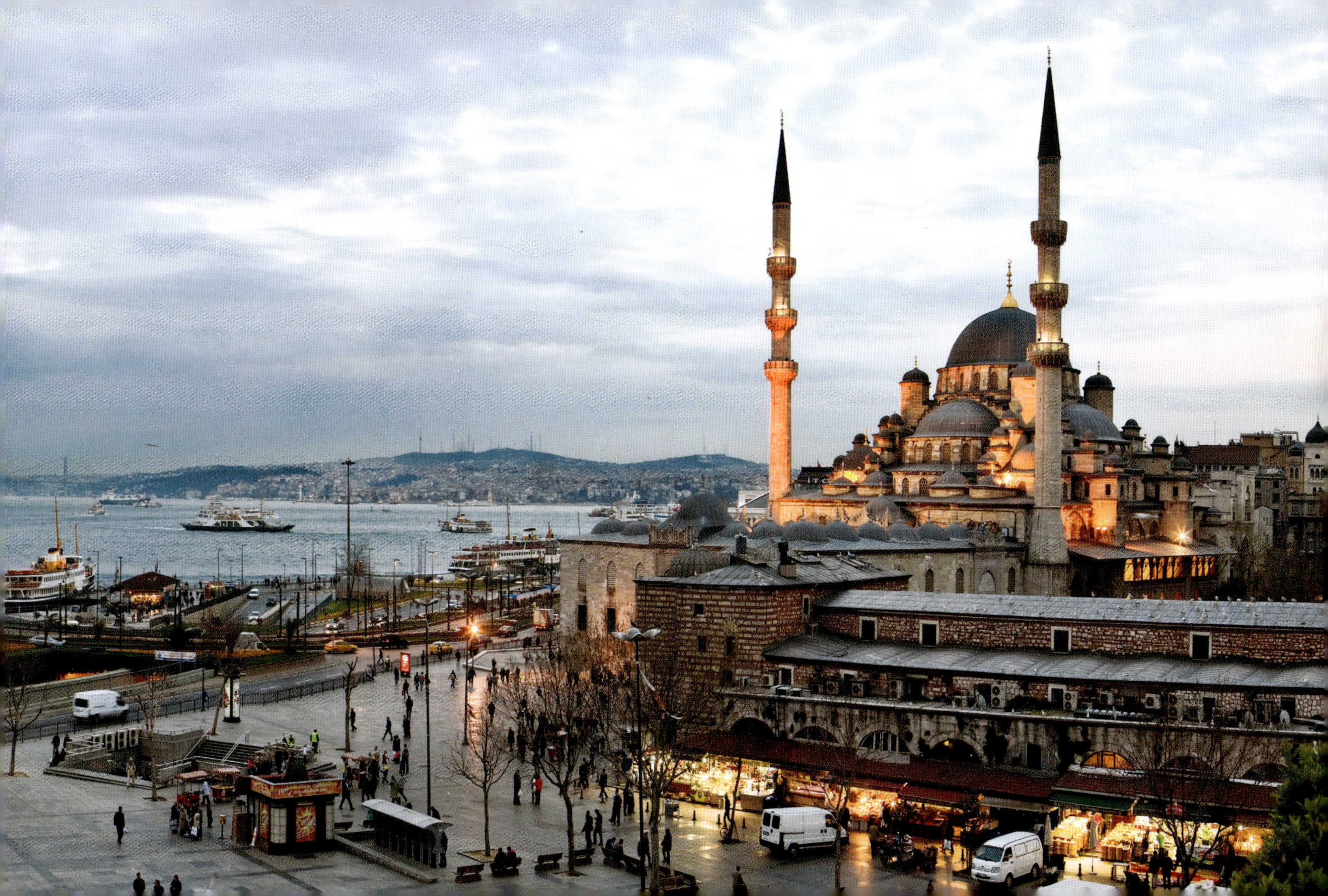

BOEING EVERETT, USA

Die größte Produktionshalle der Welt | Seit 1967/68 wird die Boeing 747 gebaut, das über viele Jahre hinweg größte Verkehrsflugzeug der Welt. Ein Ende dieser Produktionsreihe ist bis heute nicht in Sicht. Ebenso alt ist die eigens dafür errichtete Produktionshalle in Everett nahe Seattle. Mit 13 Millionen Kubikmetern umbautem Raum ist dies die größte Halle der Welt. Darin stehen mehrere Exemplare des »Jumbojet« für die Endmontage bereit.

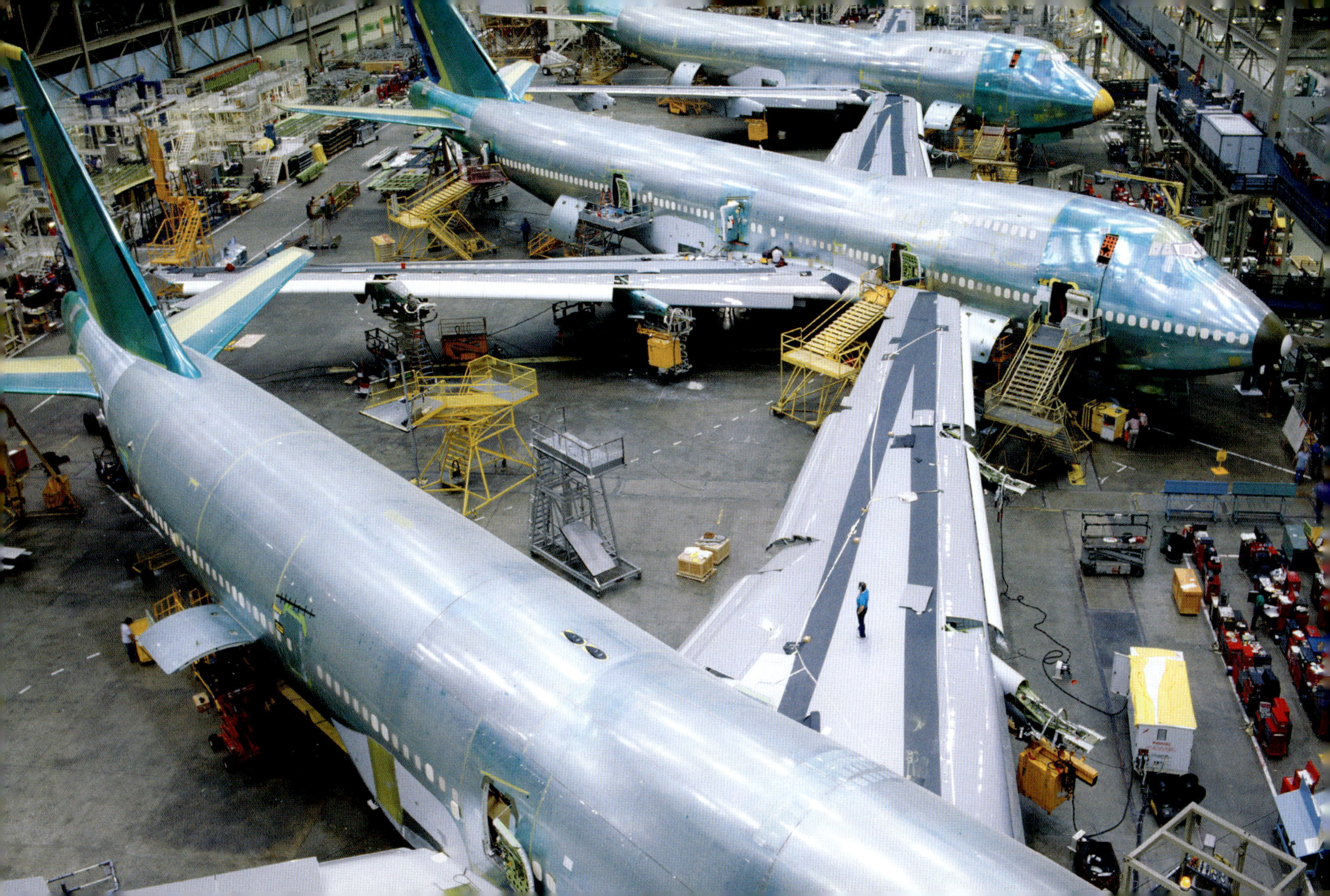

PONT JACQUES CARTIER
KANADA

Die längsten Fachwerkbrücken der Welt | Die 2687 Meter lange Pont Jacques Cartier ist zwar nicht die längste überhaupt, sicher aber eine der schönsten Fachwerkbrücken. Sie überquert den Sankt-Lorenz-Strom zwischen Montreal und Longueuil in Ostkanada. Die Spannweite der Hauptbrücke ist mit 334 Metern beachtlich. Der Pulaski Skyway, die längste Fachwerkbrücke, steht in Newark, USA und hat eine Spannweite von 381 Metern.

Boul. Ville-Marie E
Av. Viger
Aut. Ville-Marie OUEST

THE SHARD
LONDON, GROSSBRITANNIEN

Die höchsten Skyscrapers Europas | Der zweithöchste Wolkenkratzer Europas, dessen Form von den Namensgebern an eine Glasscherbe erinnert: The Shard. In London wird vermutlich so bald kein höheres Gebäude mehr gebaut werden, weil die Luftfahrtbehörde den Beginn des Luftraums auf 1000 Fuß festgelegt hat. The Shard misst knapp 310 Meter, also 1016 Fuß.

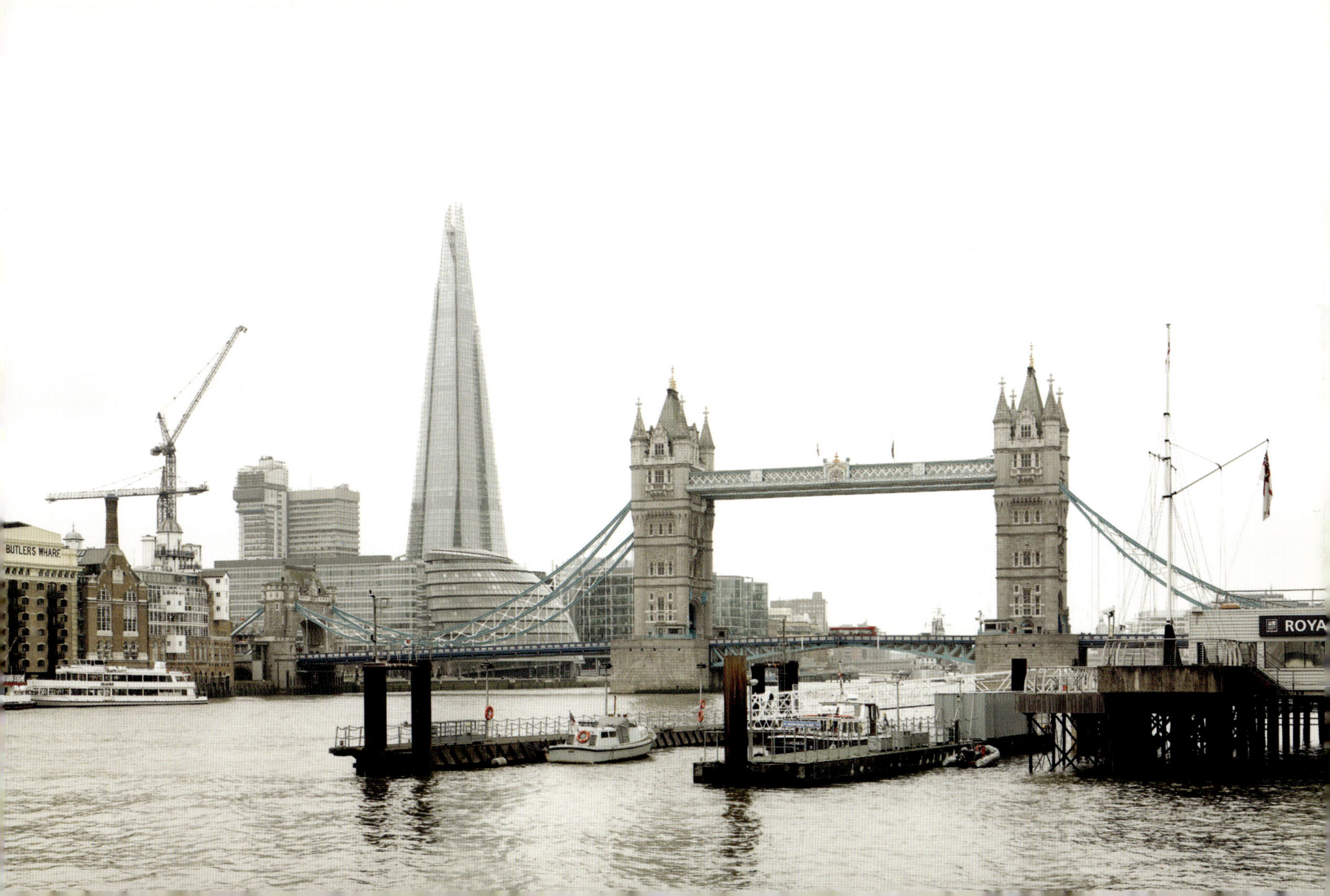
BUTLERS WHARF
ROYA

NEW YORK CITY SUBWAY

USA

Die längsten U-Bahn-Systeme der Welt | Die New Yorker Subway ist eine der ältesten U-Bahnen der Welt und wurde 1904 eröffnet; sie ist das drittlängste U-Bahn-System der Welt mit 368 Kilometern und wird jährlich von 1,5 Milliarden Fahrgästen genutzt. Von Anfang bis heute stark frequentiert ist die 1918 erbaute U-Bahn-Station Whitehall Street mitten in der Stadt.

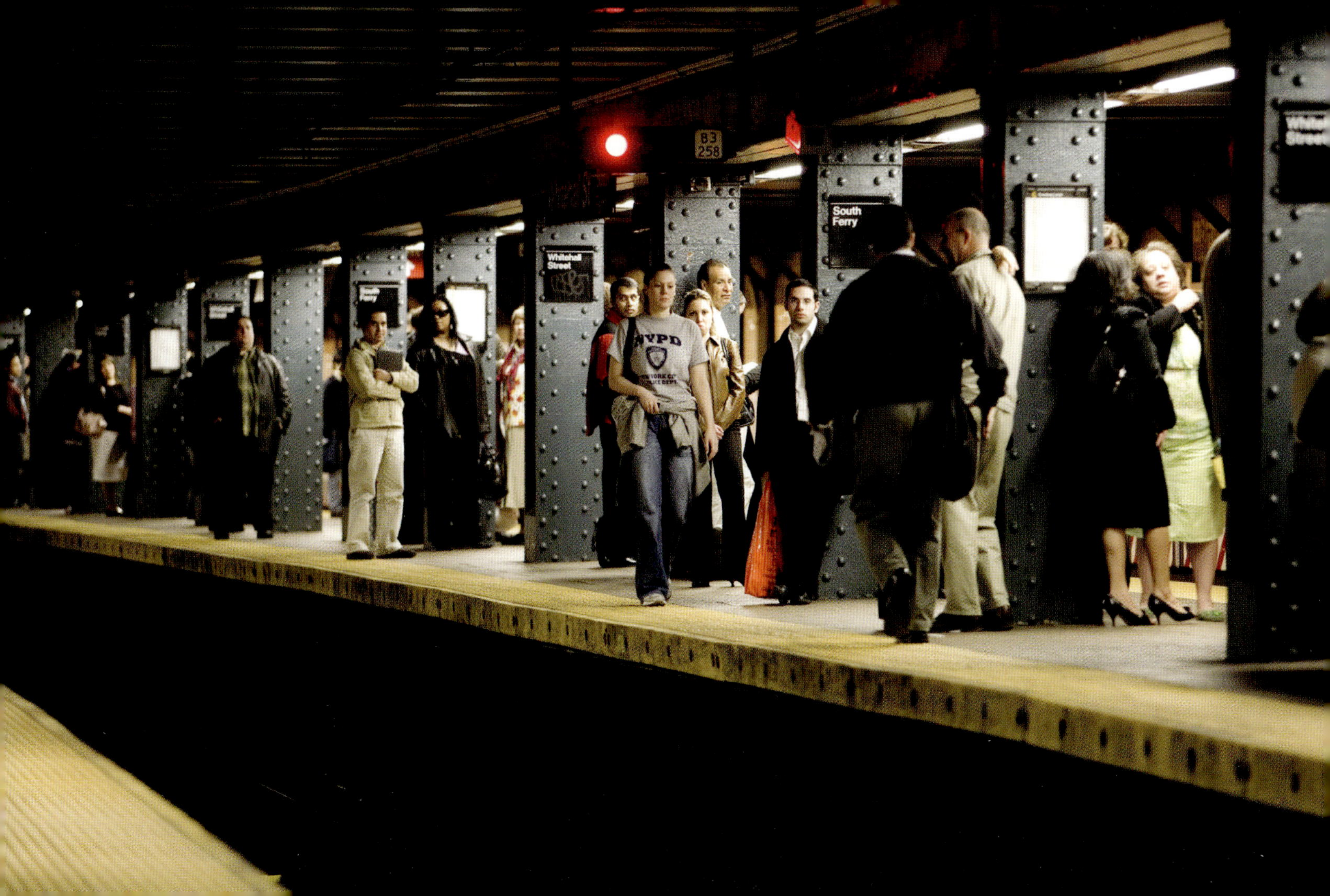
B3
258
South
Ferry
Whitehall
Street
NYPD

WAIGAOQIAO-WERFT
SHANGHAI, CHINA

Die größten Trockendocks der Welt | Trockendocks sind bis zu 670 Meter lange Becken, in denen Schiffe gebaut, repariert und zu Wasser gelassen werden können. Im Vergleich zu dem riesigen Schiffsrumpf auf dem Trockendock der Waigaoqiao-Werft in Shanghai wirken die Arbeiter winzig klein. Die Werft am Jangtsekiang hat sieben Docks und ist der größte Schiffsbauer der Volksrepublik China.

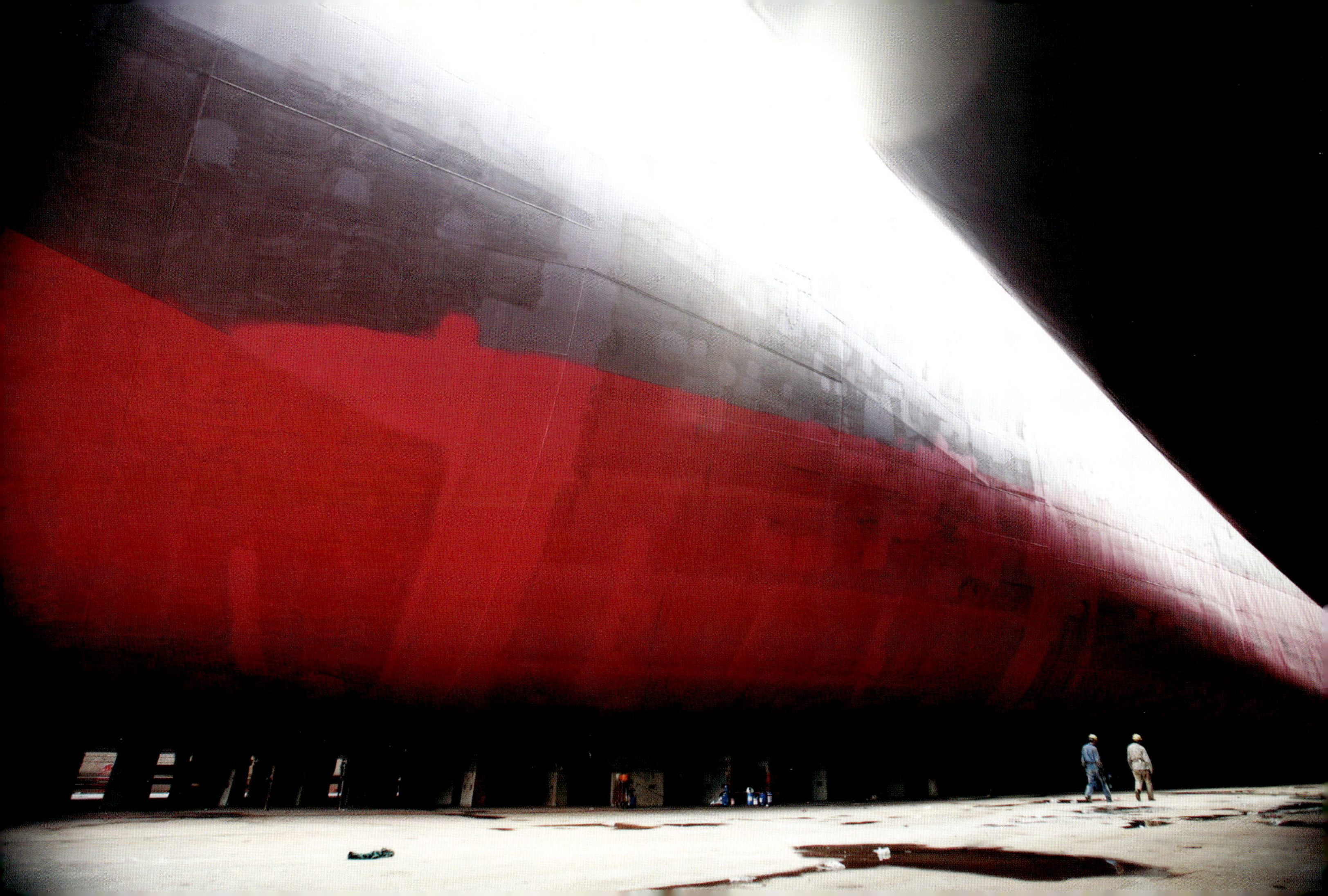

PALACIO REAL
MADRID, SPANIEN

Die größten Palastgebäude der Welt | Das königliche Burgschloss in der spanischen Hauptstadt gehört mit einer Fläche von 135 000 Quadratmetern zu den zehn größten Palastgebäuden weltweit. Felipe V. plante einen Neubau, der den Königspalästen Europas, etwa Versailles, in nichts nachstehen sollte. Das Gebäude war mit mehr als 2000 Räumen so kolossal, dass sich die Bauarbeiten über 17 Jahre hinzogen.

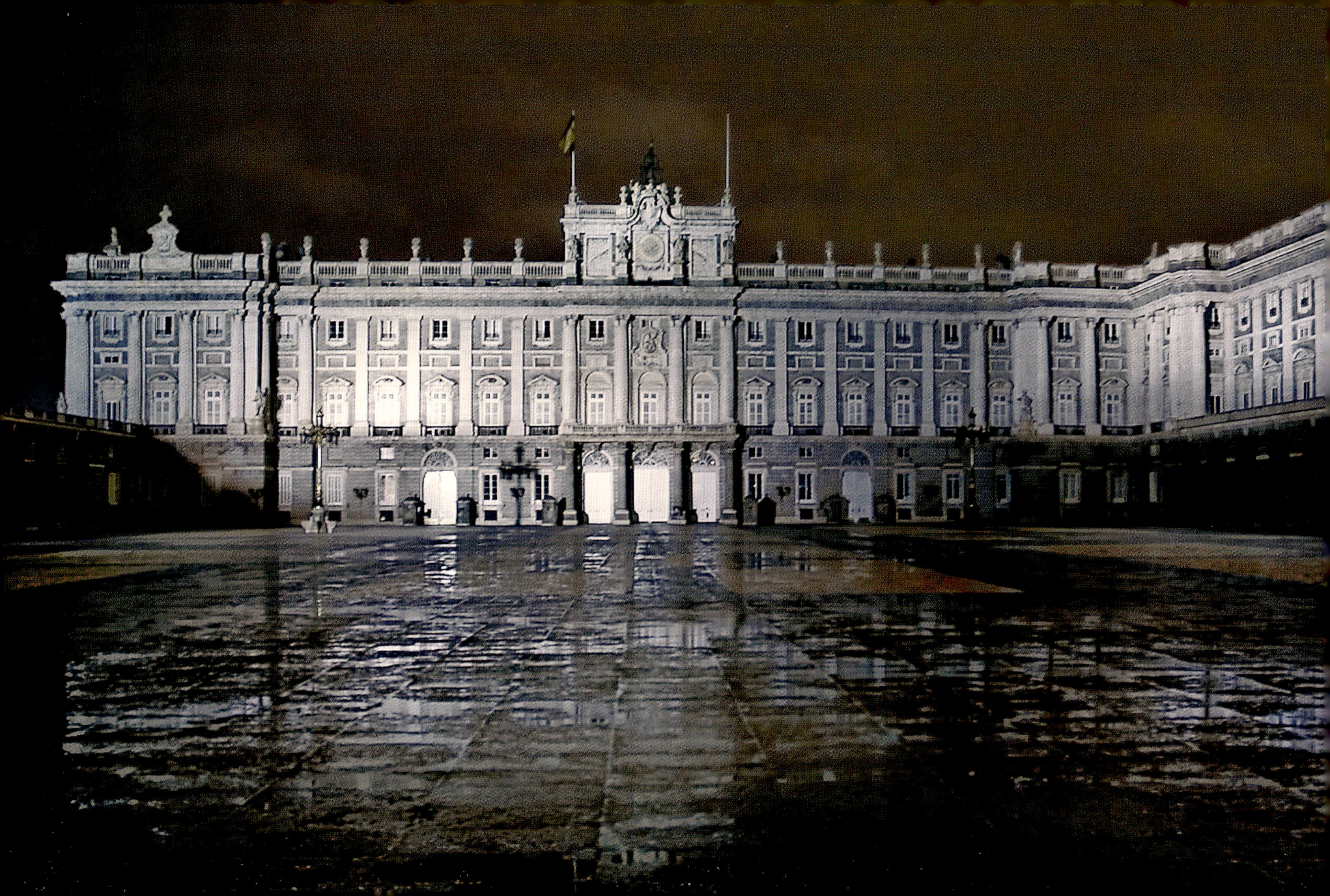

ASIAN HIGHWAY 1
ASIEN

Die längsten Straßen der Welt | Der AH 1 (Asian Highway 1) ist eine von acht Fernstraßenverbindungen, die zum asiatischen Fernstraßenprojekt gehören. Mit einer Länge von 20 557 Kilometern ist sie die längste Straßenverbindung Asiens. Der AH 1 verläuft von Tokio in Japan über Korea, Südostasien, Indien, Iran bis in die Türkei. Dort führt er über den Bosporus und hat Anschluss an die E 80, die über Bulgarien nach Portugal führt.

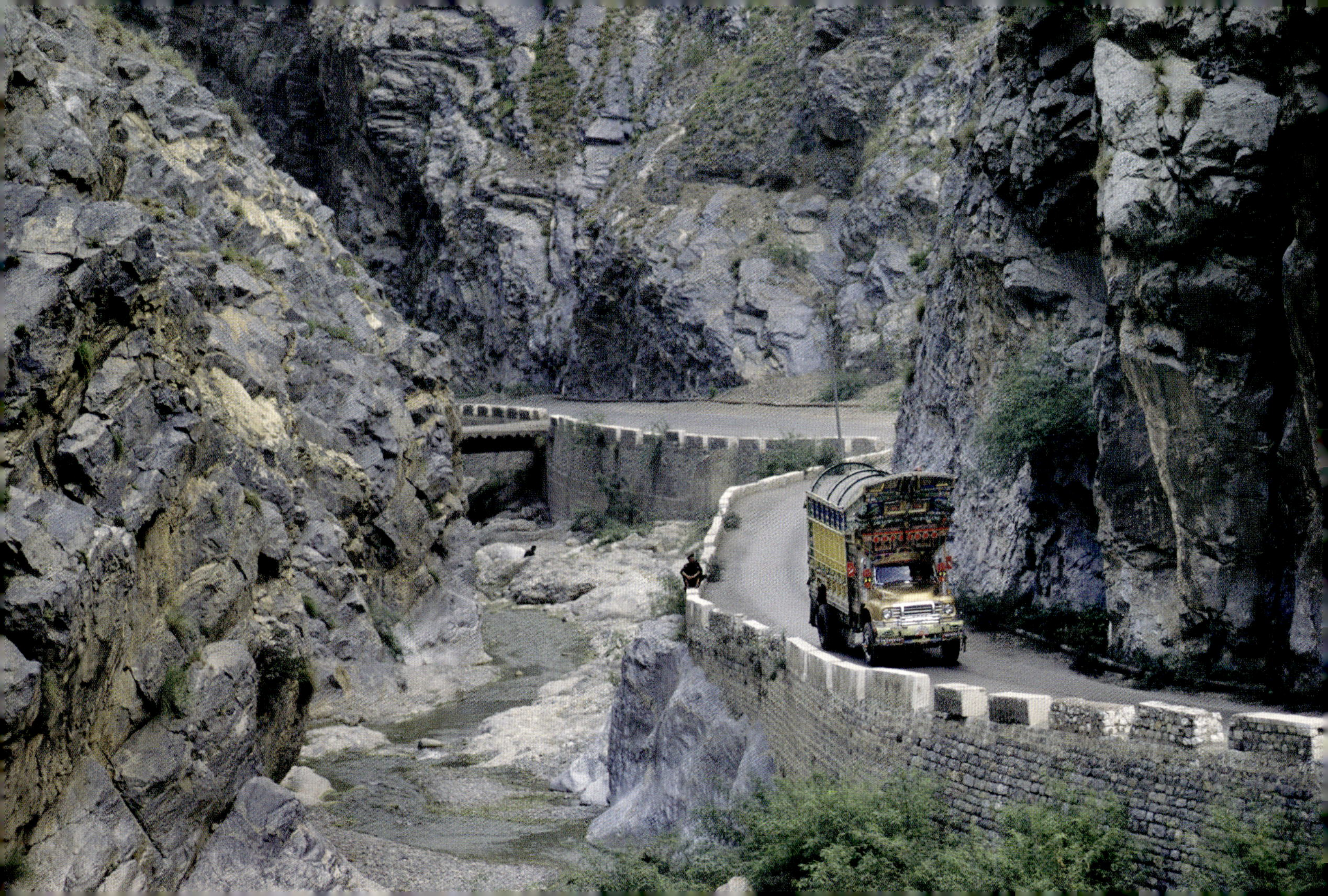

CERN LARGE HADRON COLLIDER
GENF, SCHWEIZ

Die größte Forschungsanlage weltweit | Im CERN, dem weltweit größten Forschungszentrum, forschen seit 1954 über 10 000 Wissenschaftler aus 90 Nationen. Für die Experimente stehen die größten und kompliziertesten Geräte zur Verfügung: Teilchenbeschleuniger und der 12 500 Tonnen schwere Teilchendetektor (CMS). Dieser analysiert die Teilchen, die bei den Kollisionen im Large Hadron Collider entstehen.

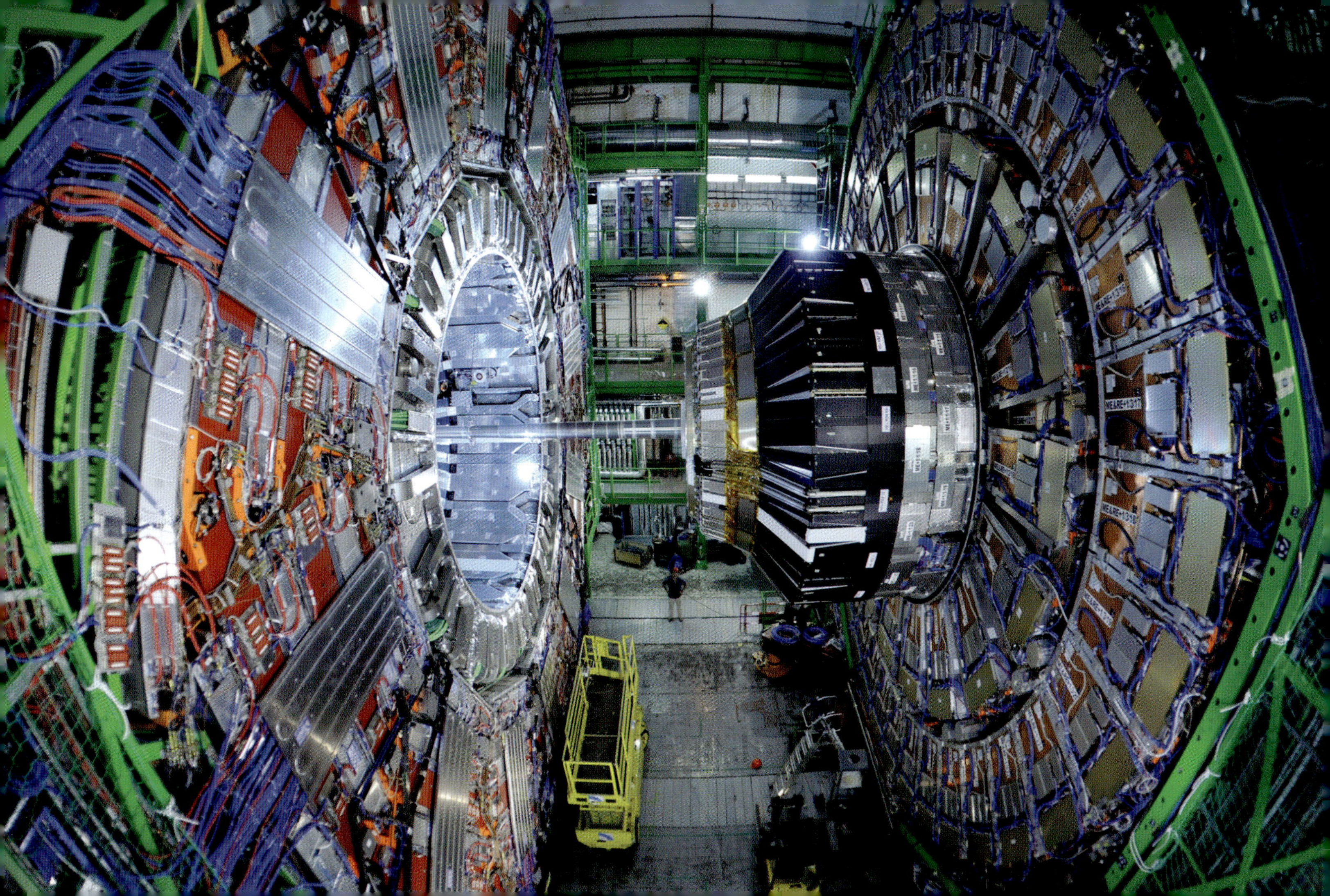

TROPICAL ISLANDS
BRANDENBURG, DEUTSCHLAND

Die größte überdachte Freizeitanlage Europas | Der riesige Hangar der ehemaligen Cargolifter AG wurde 2003 von einem malaiischen Unternehmen gekauft und in einen Freizeitpark umgewandelt. Mit »Tropical Islands« entstand mitten im kühlen Europa auf einer Fläche von 66 000 Quadratmetern eine tropische Bilderbuchlandschaft mit Regenwald, Lagunen, Stränden und Temperaturen von ganzjährig 26° Celsius.

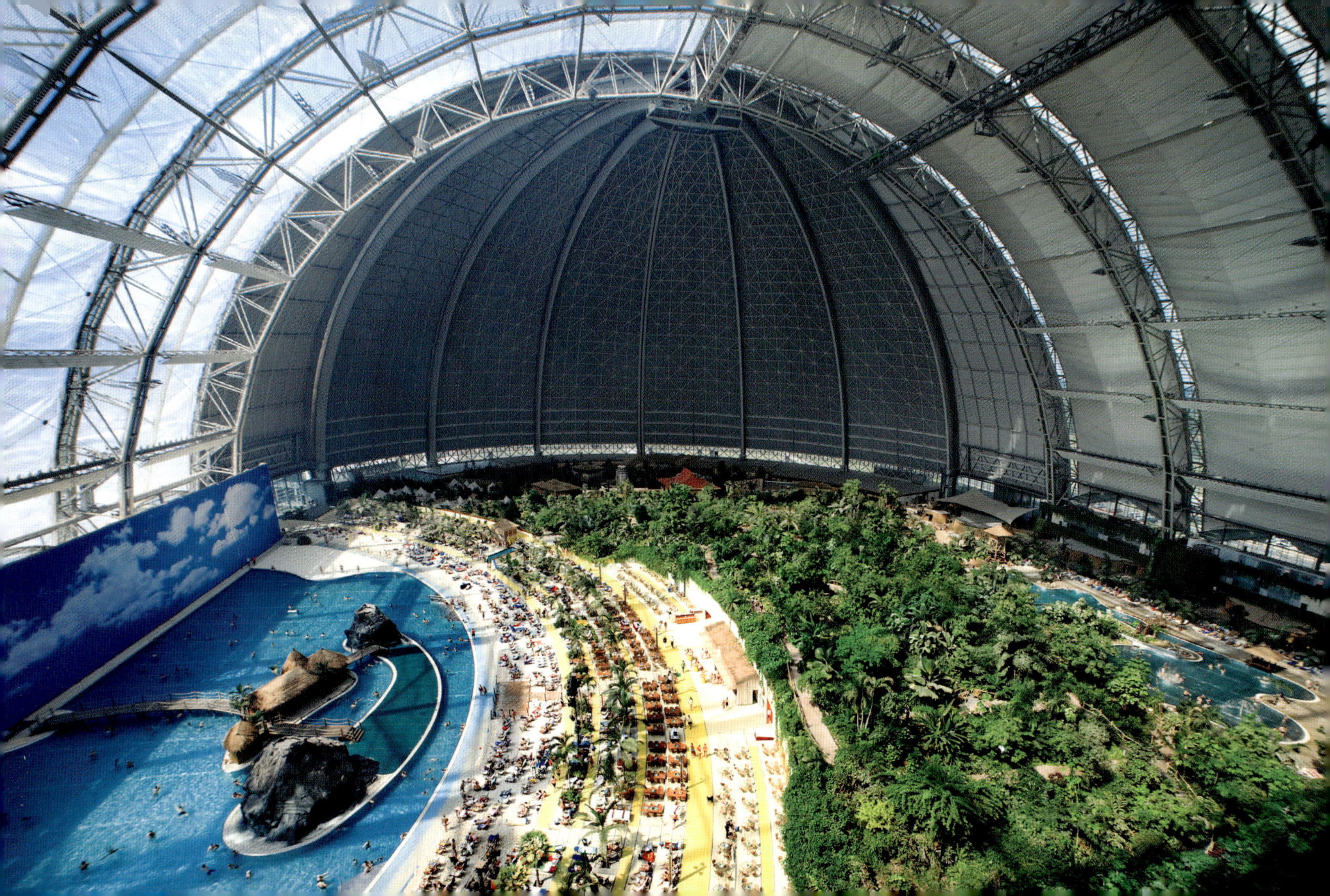

ENGLISCH

Die meistgesprochene Zweitsprache der Welt | Englisch ist die wichtigste Verkehrssprache weltweit. Es wird heute fast überall auf der Welt gelehrt und gelernt, denn die Sprache ist vergleichsweise leicht zu erlernen. Experten schätzten, dass heute etwa 1,5 Milliarden Menschen über Englischkenntnisse verfügen. Als Muttersprache bezeichnen etwa 340 Millionen Menschen die englische Sprache.

the leaf fish is carried along (by the currents)
[until it comes near a smaller fish.]

AL-HARAM-MOSCHEE

MEKKA, SAUDI-ARABIEN

Die größten Moscheen der Welt | Die Al-Haram-Moschee (Masjid al-Haram) in Mekka ist die größte Moschee weltweit, hier finden 820 000 Besucher Platz. Außerdem ist sie das bedeutendste Gotteshaus der muslimischen Welt und beherbergt die Kaaba. Das in ein schwarzes Tuch gehüllte quaderförmige Gebäude ist das zentrale Heiligtum des Islam.

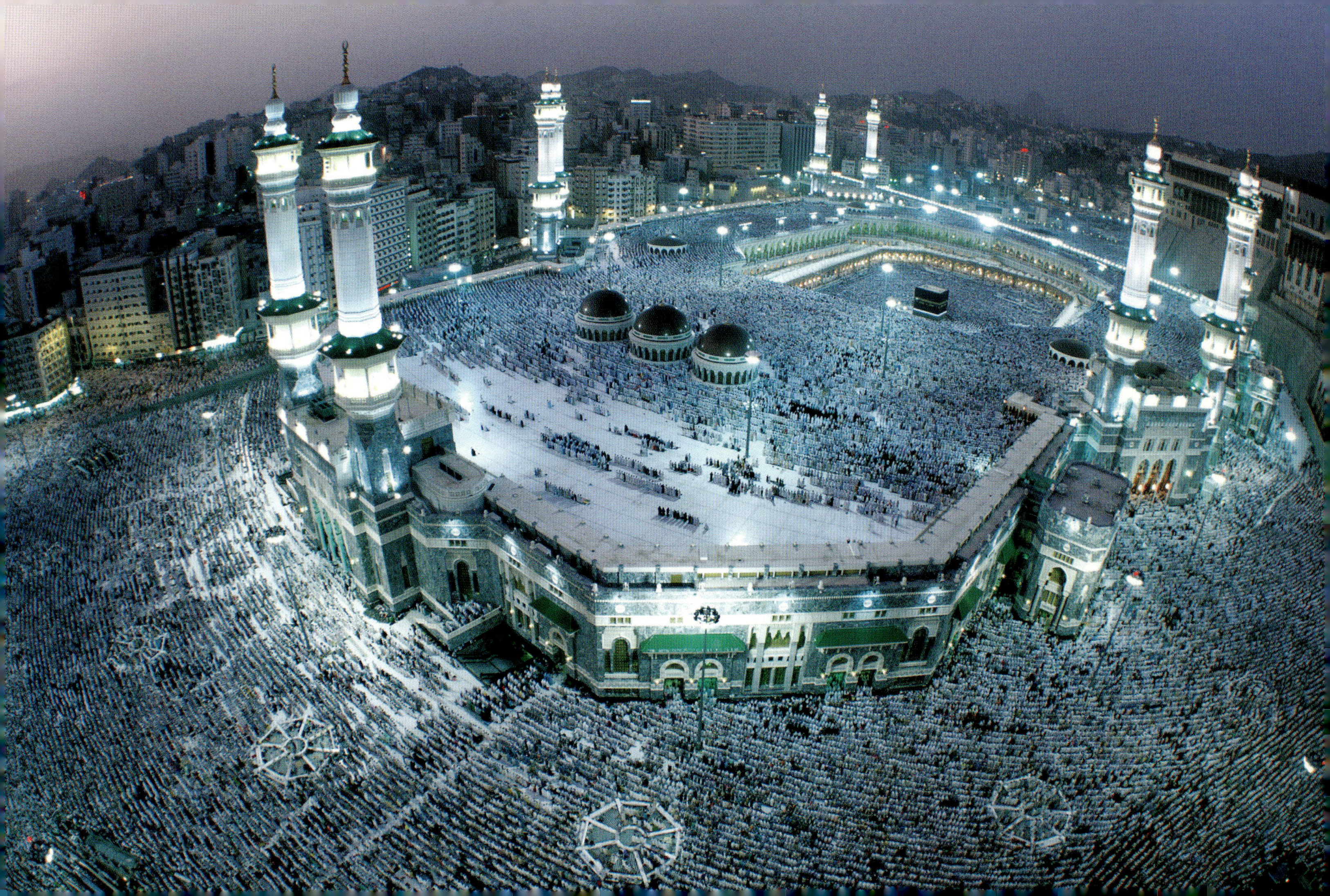

DFW AIRPORT
DALLAS/FORT WORTH, USA

Die größten Flughäfen der Welt | Obwohl in der texanischen Provinz gelegen, ist der Flughafen Dallas/Fort Worth dank seiner nationalen Drehkreuzfunktion (Verbindungen zu 130 US-Zielen) mit rund 58 Millionen Passagieren der viertgrößte der USA und steht weltweit auf Platz 8. Mitten durch Dallas/Fort Worth verläuft der Texas Highway 97. Er teilt den Flughafen in zwei annähernd symmetrische Hälften.

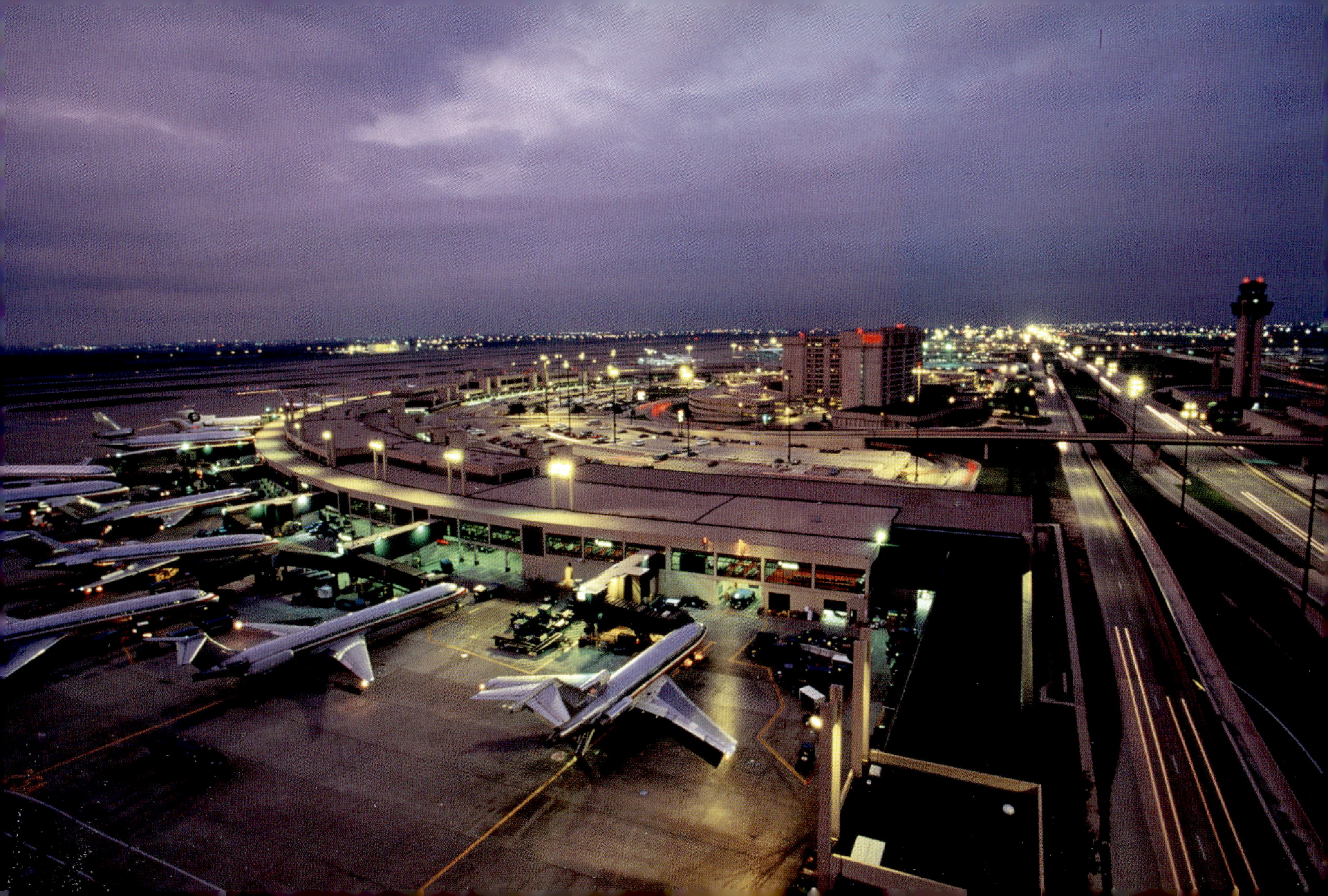

MENARA TOWER
KUALA LUMPUR, MALAYSIA

Die höchsten Türme Asiens | Der Menara Tower (rechts im Bild) mit seinen 421 Meter Höhe dient als Sendeturm für Richtfunk, Radio- und Fernsehprogramme, außerdem steht er der Öffentlichkeit als Aussichtsturm zur Verfügung. Er ist der fünfthöchste Turm Asiens. Die Besucher werden entweder mit vier Schnellaufzügen nach oben befördert oder können zu Fuß die 2058 Stufen erklimmen.

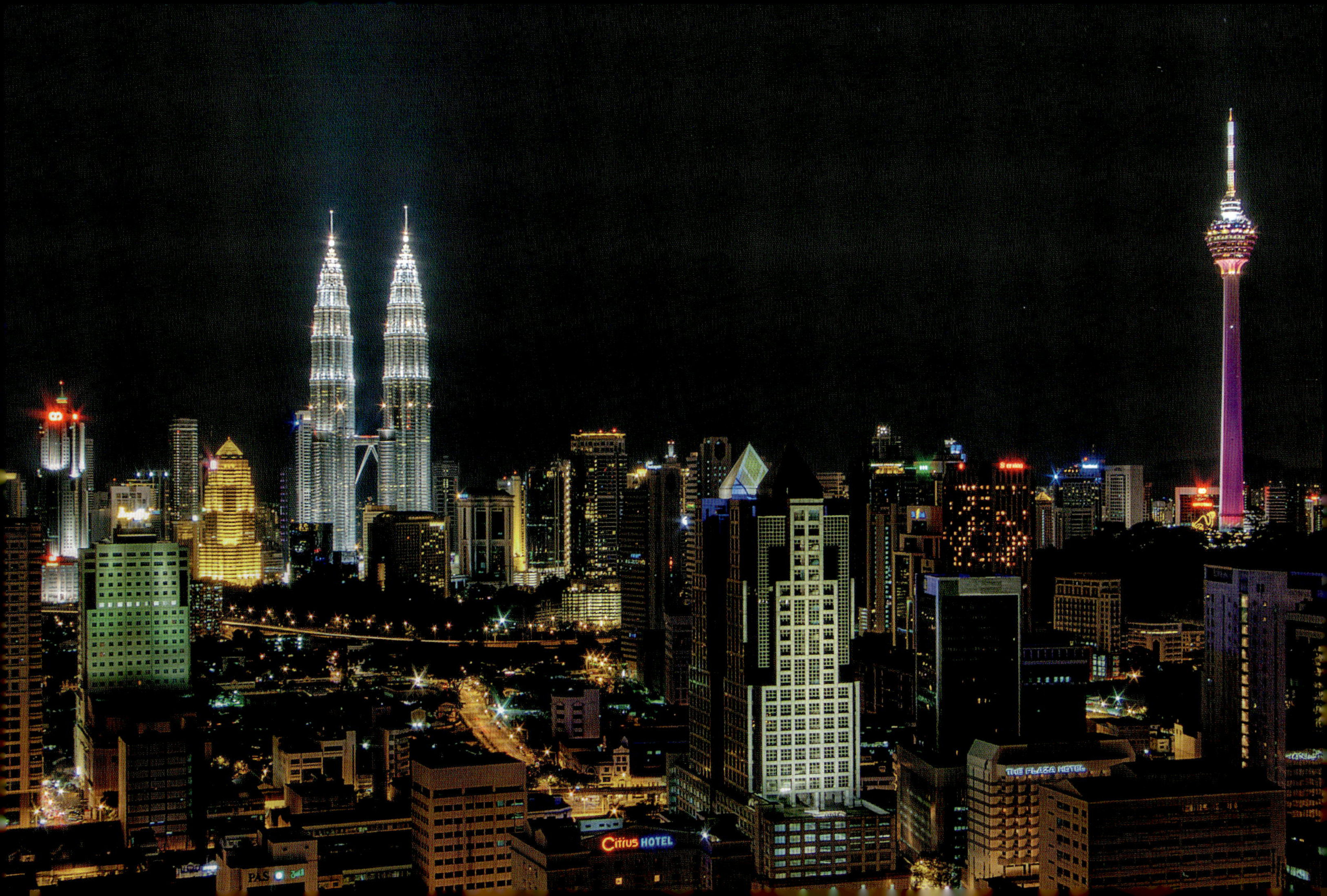
THE PLAZA HOTEL
Citrus HOTEL

HINDUISMUS

Die drittgrößte Glaubensgemeinschaft der Welt | Der Hinduismus zählt etwa 875 Millionen Anhänger weltweit. Mehrere Millionen Gläubige nehmen an dem alle drei Jahre an wechselnden Orten stattfindenden größten hinduistischen Fest, der Kumbh Mela, teil. Im Rahmen der Festlichkeiten werden rituelle Waschungen an einem heiligen Ort zu einer besonders günstigen Zeit vorgenommen.

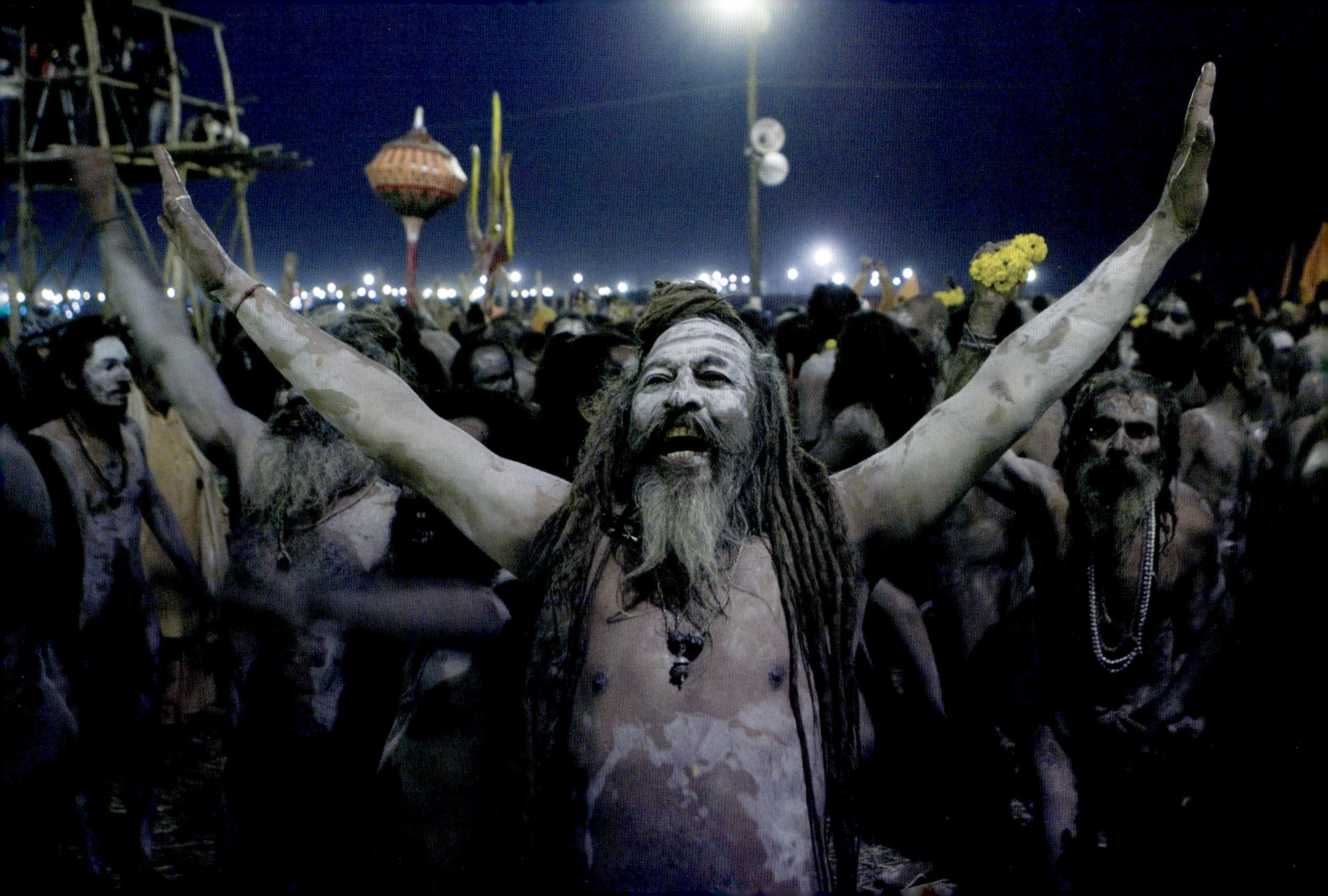

POULNABRONE-DOLMEN

IRLAND

Die bedeutendsten Megalithmonumente der Welt | In einer von Heide gesäumten Landschaft finden sich im Burren-Nationalpark immer wieder frühzeitliche Funde. Es ist heute kaum mehr nachvollziehbar, wie die tonnenschwere Deckplatte des Poulnabrone-Dolmen ohne moderne technische Geräte bewegt werden konnte. In dem 5000 Jahre alten Megalithengrab sind die Gebeine von 33 Menschen gefunden worden.

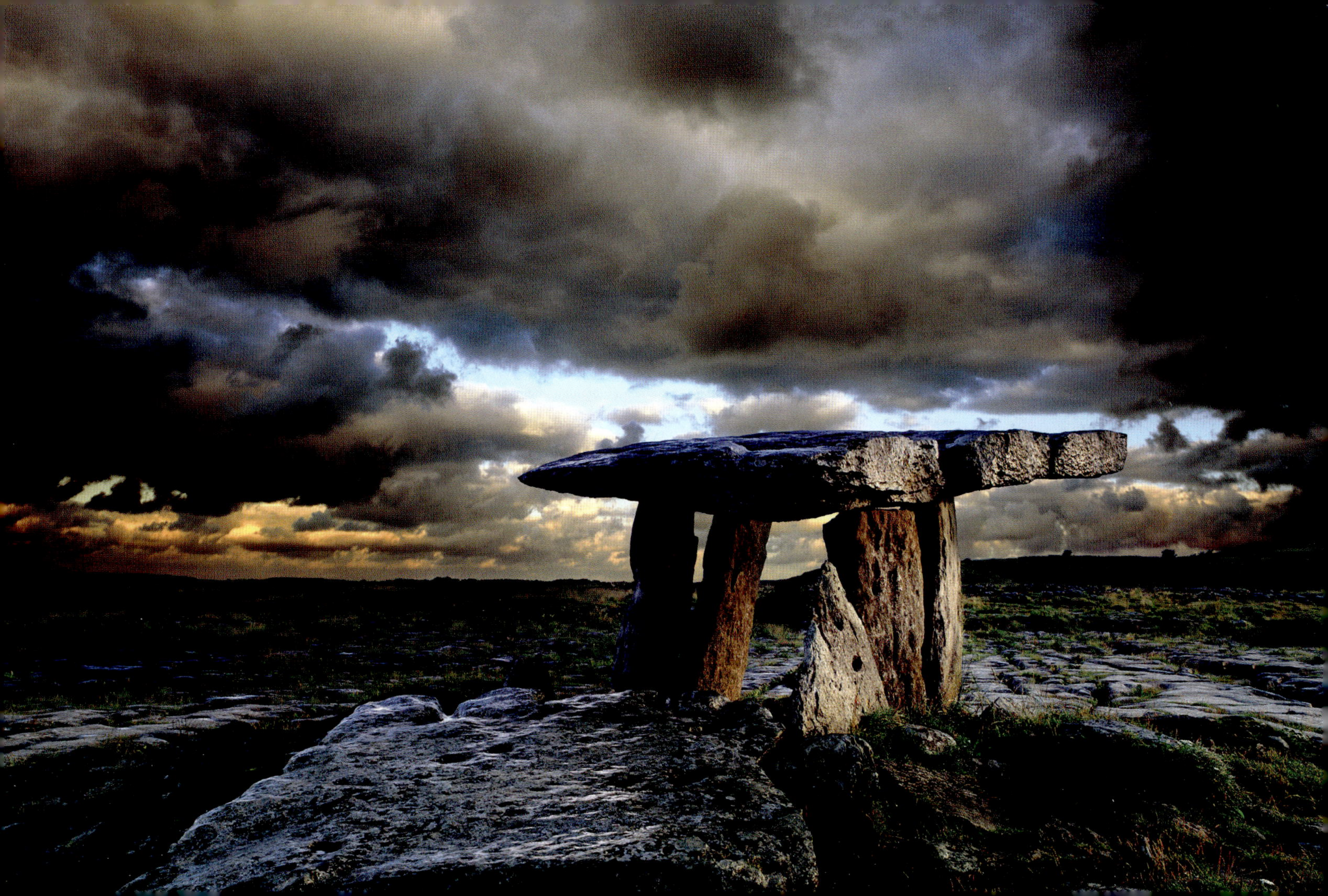

TAIPEI 101
TAIPEH, TAIWAN

Die höchsten Skyscrapers Asiens | Das Hochhaus Taipei 101 mit 508 Metern, vierthöchster Skyscraper der Welt, muss großen Belastungen standhalten, denn Taiwan gehört zu den aktivsten Erdbebenregionen der Welt. Es befindet sich zwischen dem 88. und dem 92. Stockwerk eine 660 Tonnen schwere Stahlkugel, die mit hydraulischen Dämpfungselementen den Schwankungen des Gebäudes entgegenwirkt.

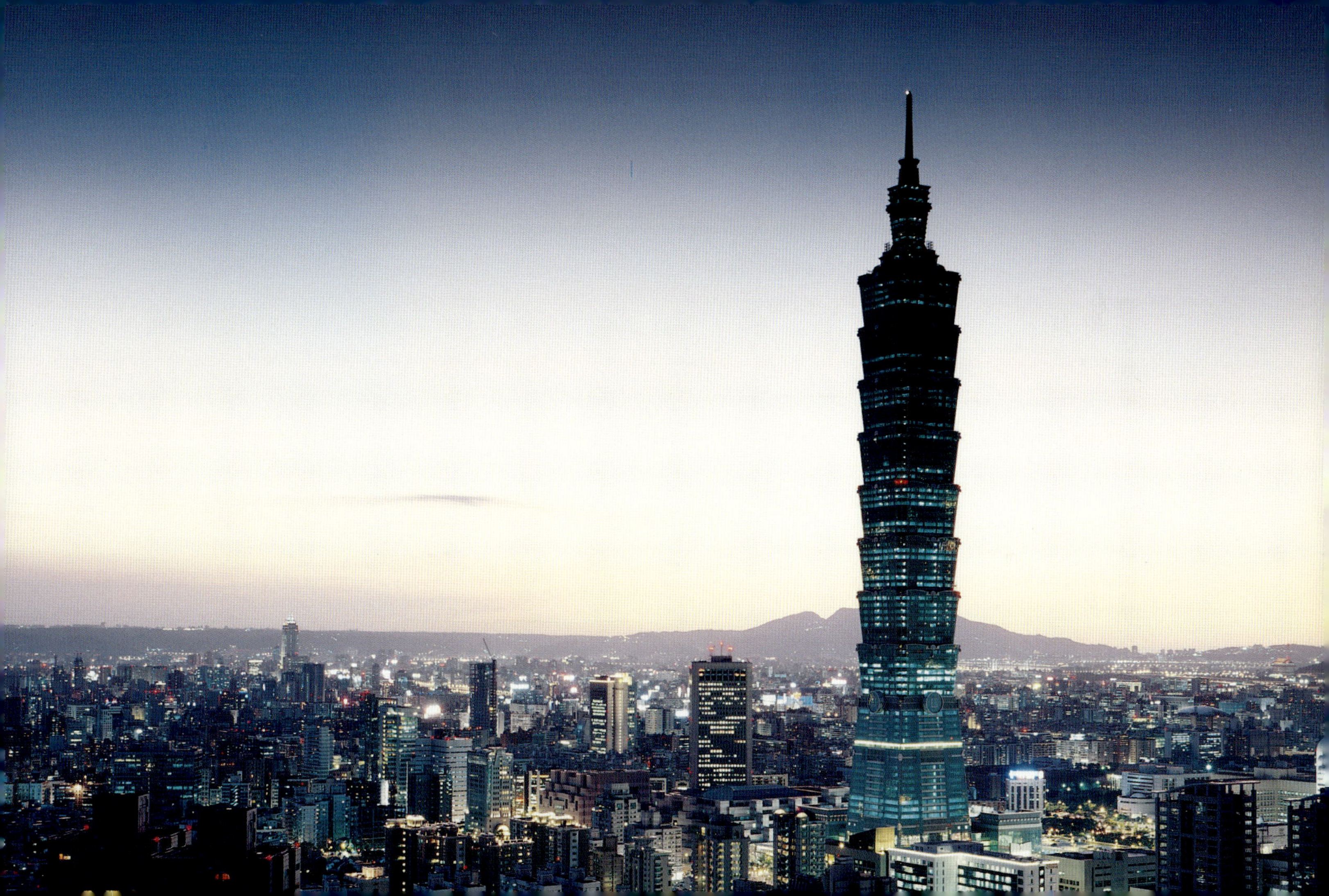

KENNEDY SPACE CENTER
FLORIDA, USA

Die bedeutendsten Weltraumbahnhöfe der Welt | Der in unmittelbarer Nachbarschaft der Cape Canaveral Air Force Station gelegene Weltraumbahnhof bildete den Ausgangspunkt für viele bemannte Flüge ins All. Von hier aus brachen zwischen 1968 und 1972 die Apollo-Missionen zu ihren spektakulären Mondlandeunternehmen auf. Auch die Startrampen und eine Landebahn für die Spaceshuttles befinden sich hier.

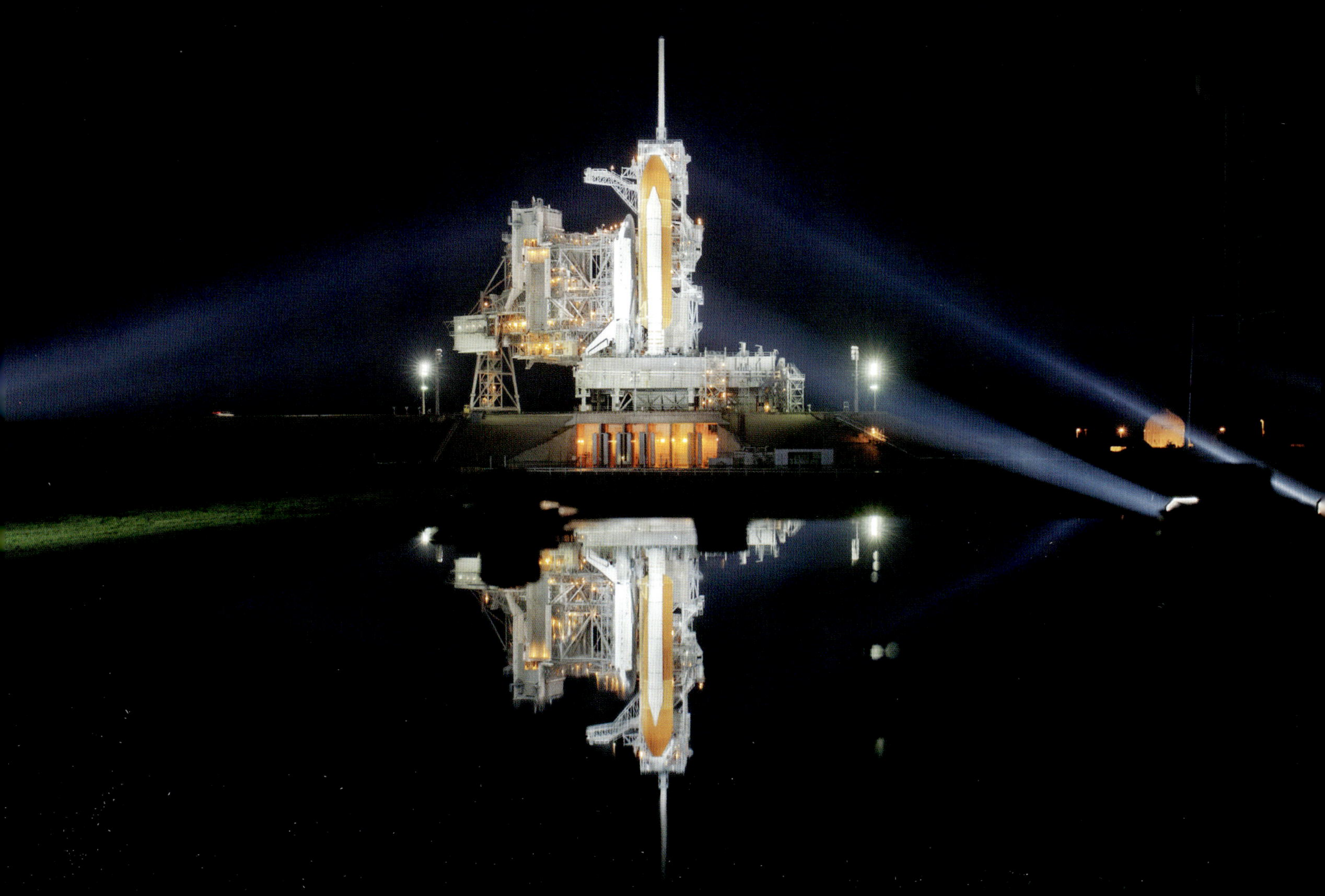

POTALA-PALAST
LHASA, CHINA

Die wichtigsten Pilgerstätten des tibetischen Buddhismus | In dem 110 Meter über dem Tal von Lhasa aufragenden Bauwerk manifestiert sich eine einzigartige politisch-religiöse Kultur. Sein Hauptteil, der 320 Meter lange Weiße Palast, wurde im 17. Jahrhundert unter dem fünften Dalai Lama erbaut. Das Gebäude birgt 1000 Räume auf einer Grundfläche von fast 130 000 Quadratmetern.

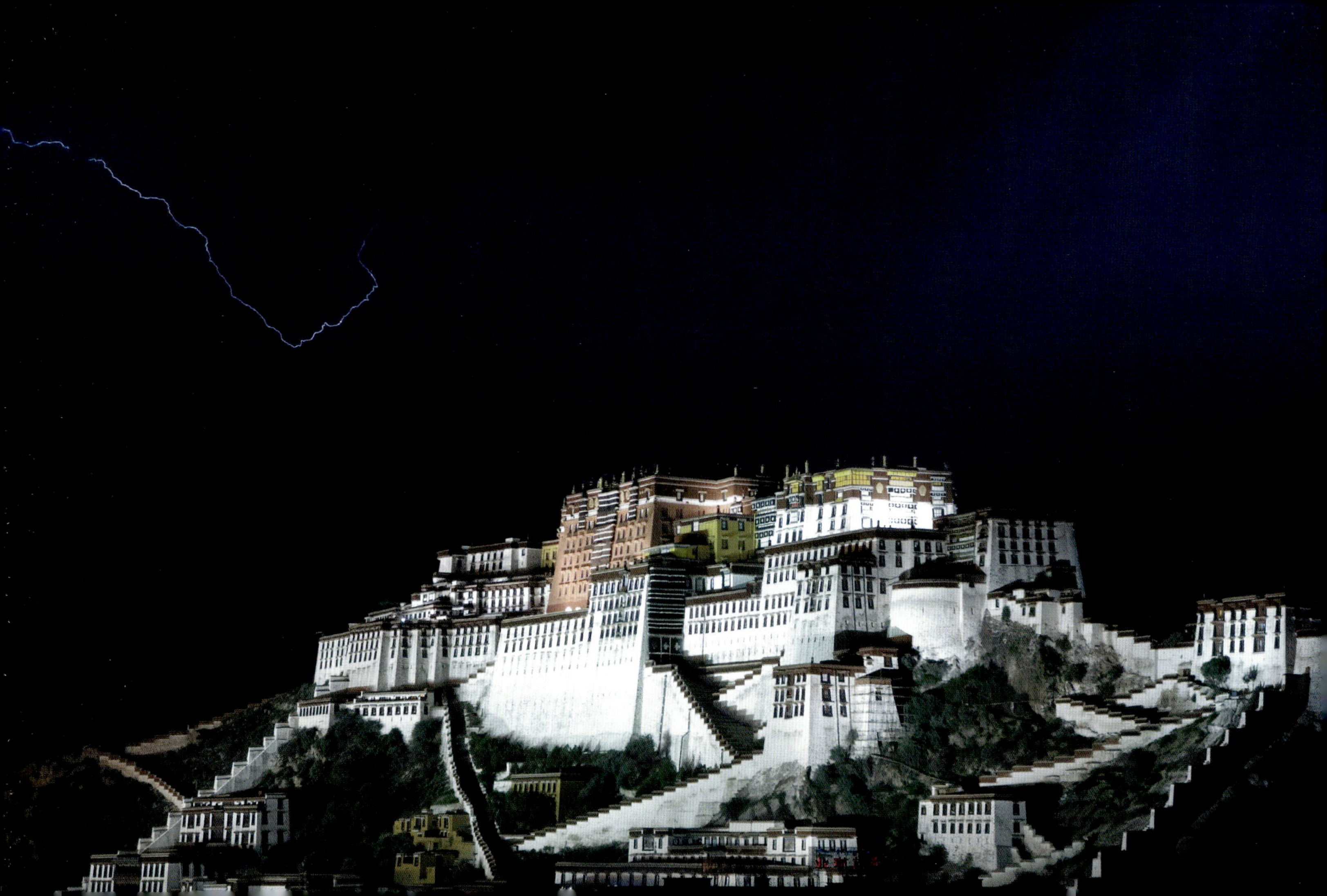

INTERNATIONAL SPACE STATION ISS

Die größte Raumstation der Welt | Die ISS wird von der NASA, der ESA sowie den Raumfahrtagenturen Russlands, Kanadas und Japans betrieben. Seit 1998 wird sie aus Modulen, die russische Trägerraketen und Spaceshuttles in den Orbit bringen, aufgebaut. Sie wiegt derzeit etwa 400 Tonnen. Die ISS bewegt sich in einer Höhe zwischen 350 und 400 Kilometern um die Erde. Ein Umlauf dauert 91 Minuten.

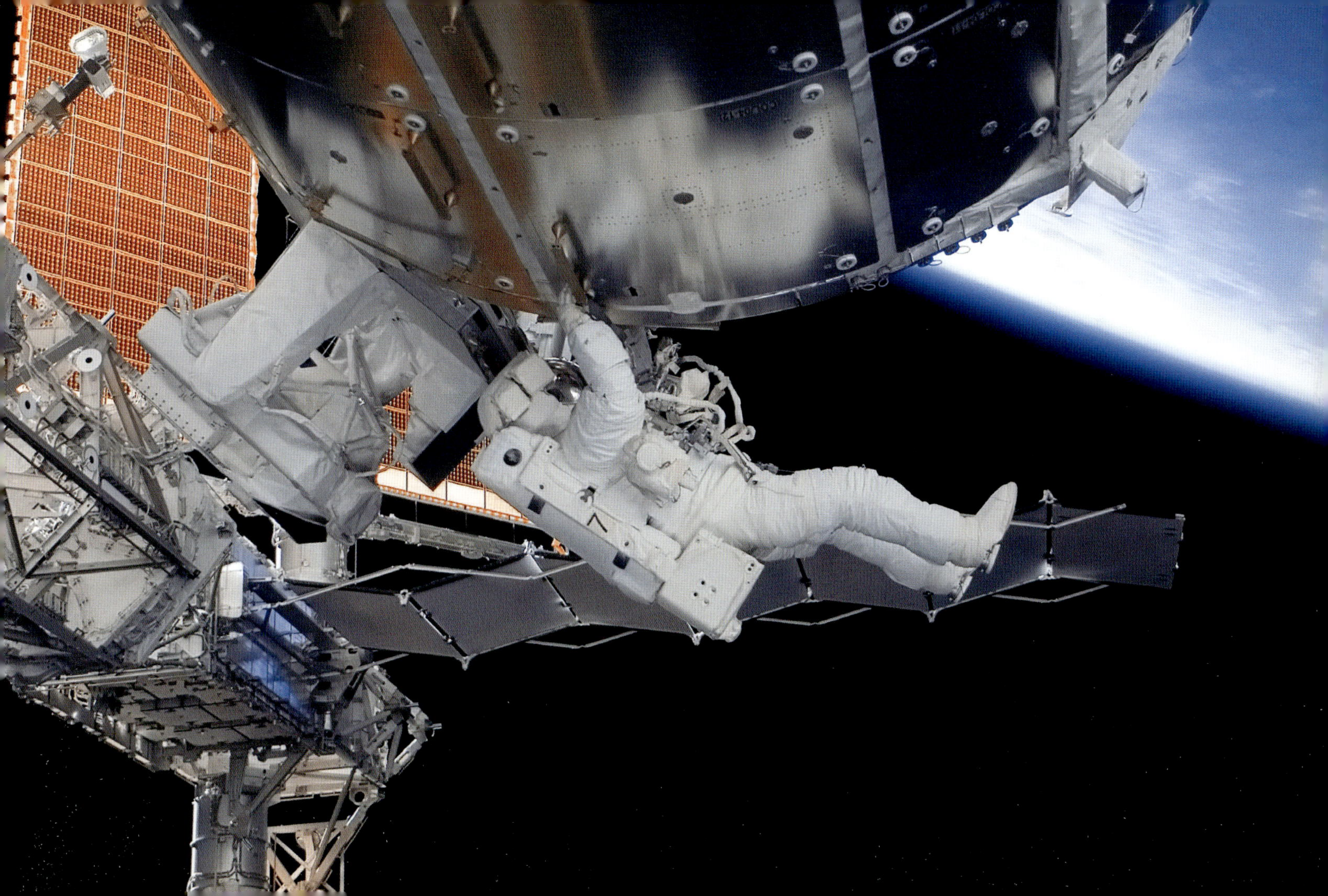

VOLKSREPUBLIK CHINA

Der bevölkerungsreichste Staat der Welt | Mit 1,35 Milliarden Einwohnern ist die Volksrepublik China das bevölkerungsreichste Land der Erde und ein Vielvölkerstaat, in dem verschiedene Nationalitäten leben. Die Han-Chinesen stellen mit 1,189 Milliarden Menschen die große Mehrheit der Bevölkerung. 8,4 Prozent gehören einer der 55 ethnischen Minderheiten an.

亨達利鐘表
HENG DALI
AND WATCHES
上海泰康食品公司
茂昌眼镜公司
OPTICAL
Beijing 2008
上海市第一食品商店
BIG ECHO
BAO DA XIANG SHOPPING FOR KIDS

GOLDEN GATE BRIDGE
SAN FRANCISCO, USA

Die längsten Hängebrücken der Welt | Zwischen San Francisco und dem Marin County überspannt eine der berühmtesten Brücken der Welt die Meerenge Golden Gate. Mit einer Hauptspannweite von 1280 Metern war sie bei ihrer Fertigstellung im Jahr 1937 die längste Hängebrücke auf dem Globus. Diesen Rekord sollte sie immerhin bis zum Bau der Verrazano Narrows Bridge im Jahr 1964 halten.

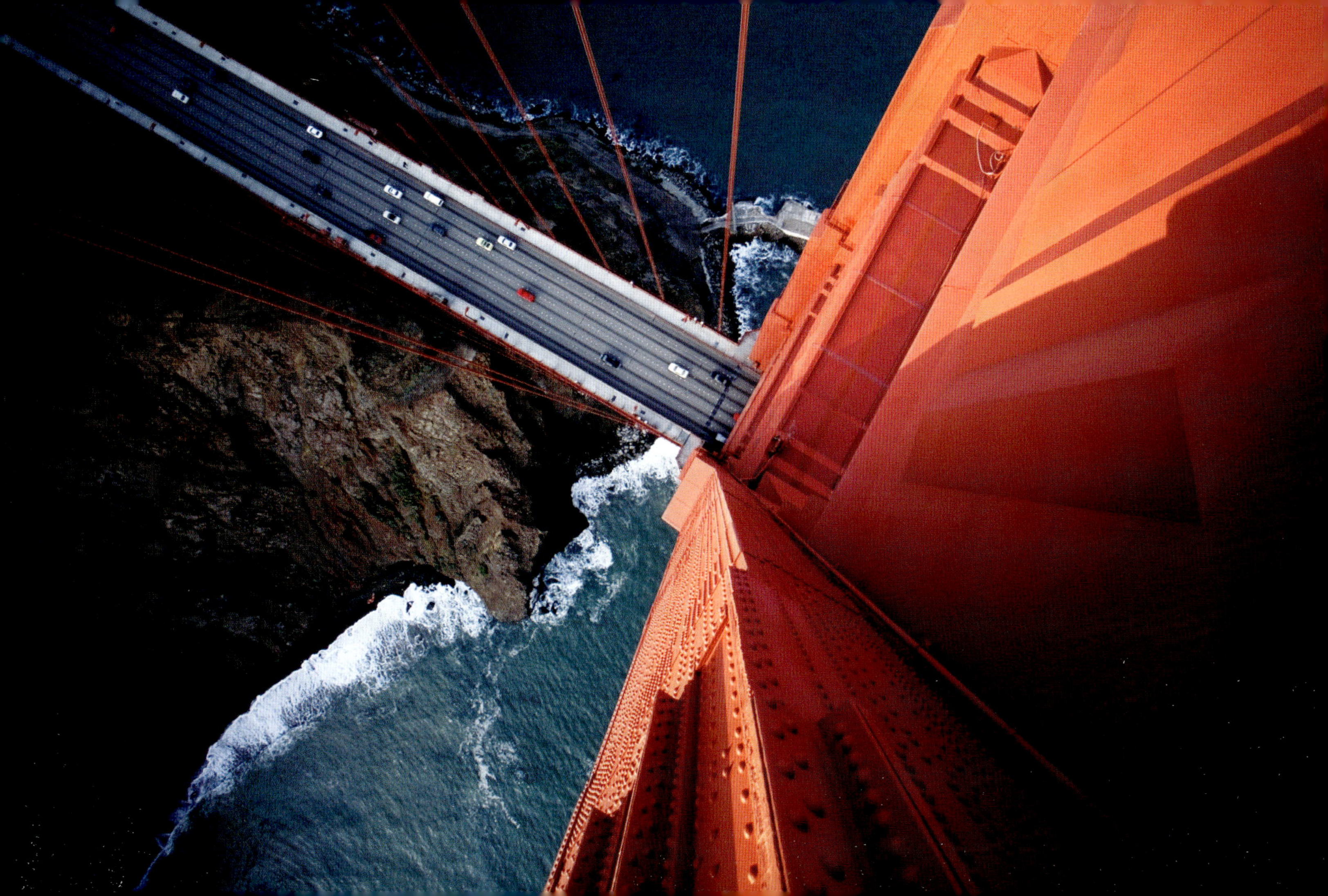

PROPHETEN-MOSCHEE

MEDINA, SAUDI-ARABIEN

Die größten Moscheen der Welt | Das Gotteshaus zählt zu den größten Moscheen der Welt und bietet 600 000 Gläubigen Platz; damit ist sie die drittgrößte Moschee der Welt. Sie wurde bereits zu Lebzeiten Mohammeds in der Nachbarschaft seines Wohnhauses errichtet und über die Jahrhunderte immer wieder ausgebaut und verschönert.

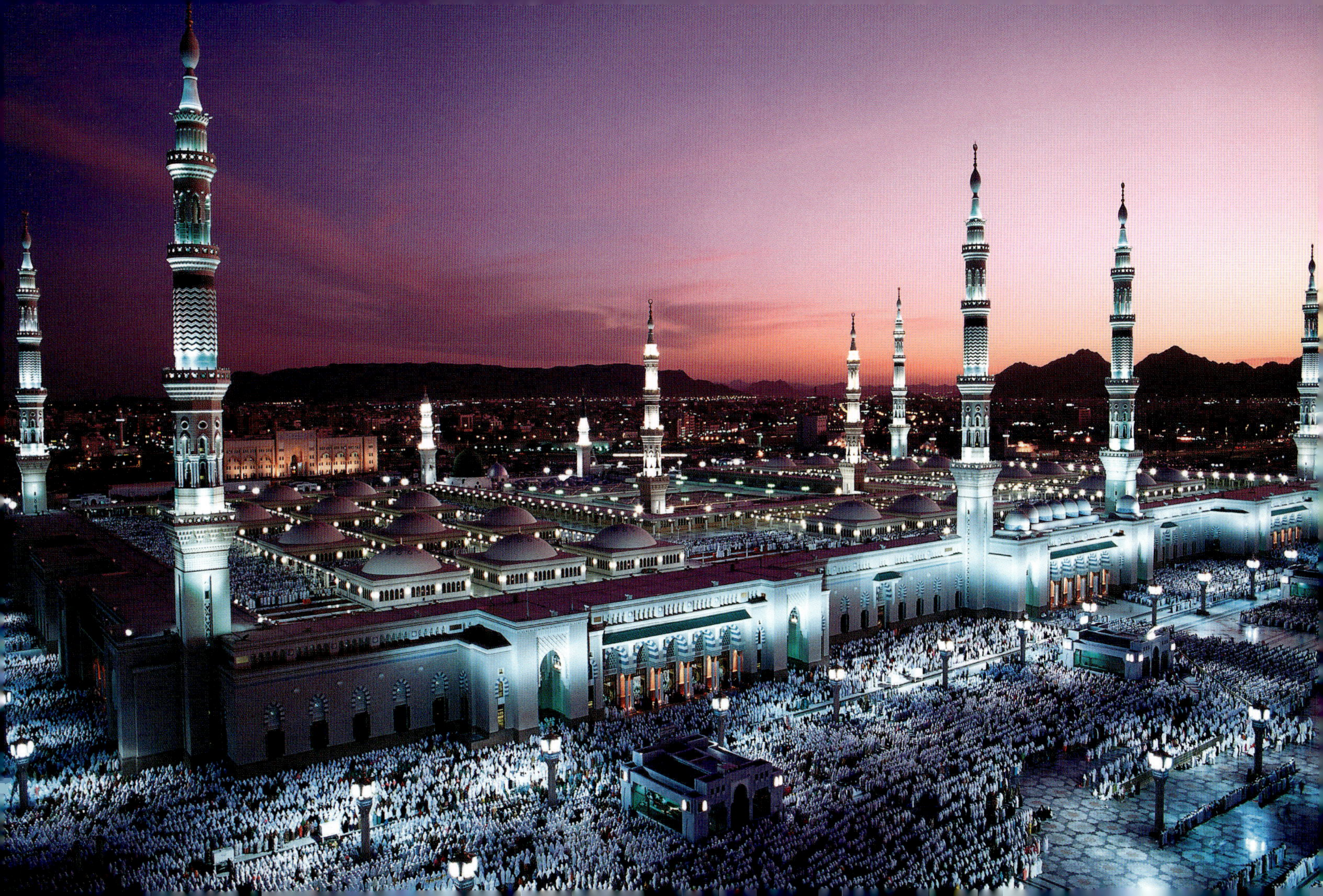

LONDON UNDERGROUND

LONDON, GROSSBRITANNIEN

Das älteste U-Bahn-System der Welt | Die Londoner U-Bahn wurde am 10. Januar 1863 als unterirdische dampfbetriebene Eisenbahnstrecke eröffnet. Der Großteil der Bahn verläuft oberirdisch, etwa 45 Prozent der Strecken befinden sich in Tunneln. Das unverkennbare Logo der Londoner U-Bahn wurde bereits 1908 entworfen. Das Schienennetz umfasst 402 Kilometer, damit ist es das zweitlängste der Welt.

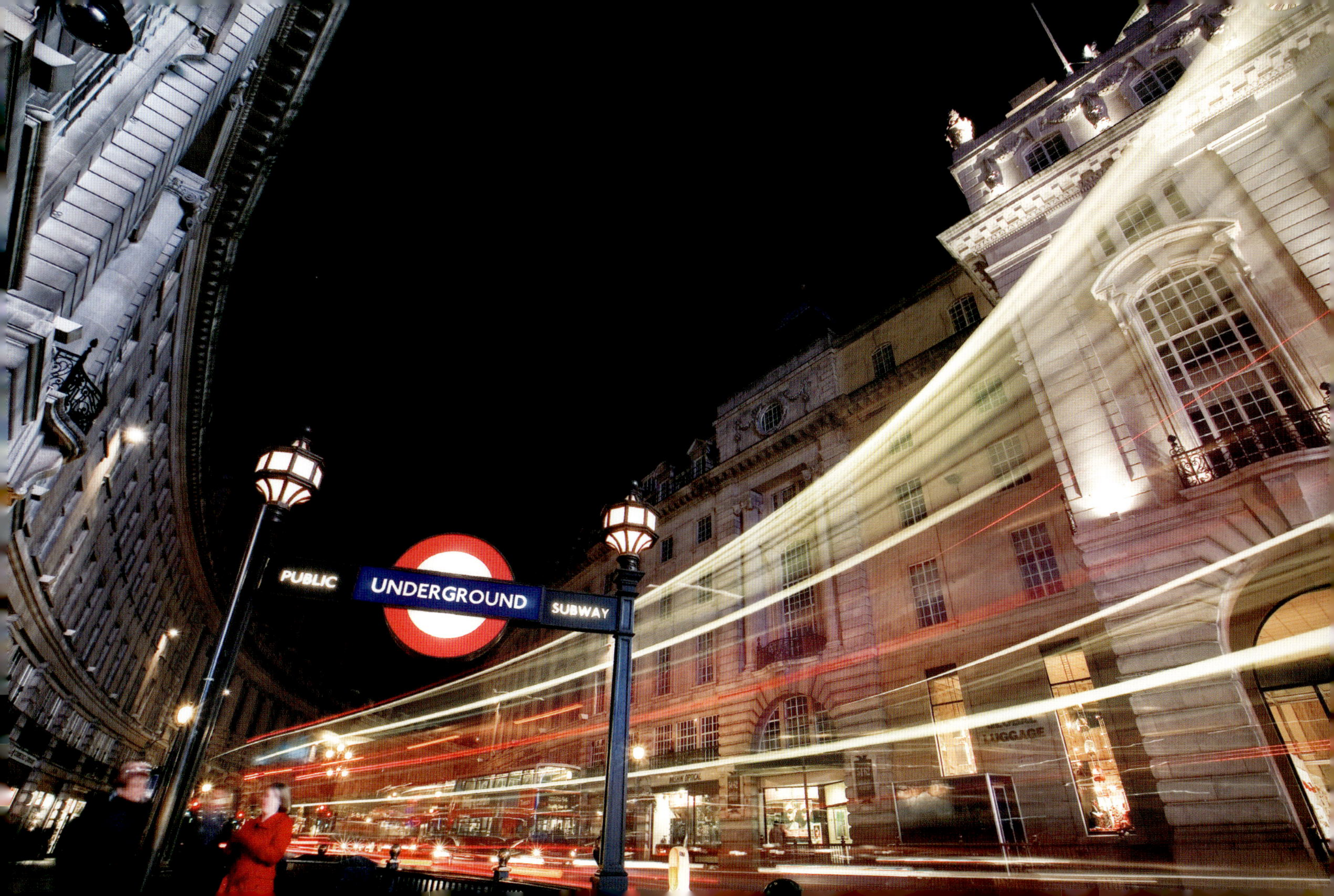
PUBLIC
UNDERGROUND
SUBWAY
LUGGAGE

GROSSE SYNAGOGE

BUDAPEST, UNGARN

Die größten Synagogen der Welt | Die vom Wiener Baumeister Ludwig Förster in Zusammenarbeit mit den beiden ungarischen Architekten Frigyes Feszl und József Hild 1854 bis 1859 im maurisch-orientalischen Stil erbaute Synagoge in der Budapester Elisabethstadt hat zwei jeweils 44 Meter hohe Zwiebeltürme. Im Inneren verfügt sie über insgesamt 3000 Sitzplätze. Demnach ist sie die zweitgrößte Synagoge der Welt.

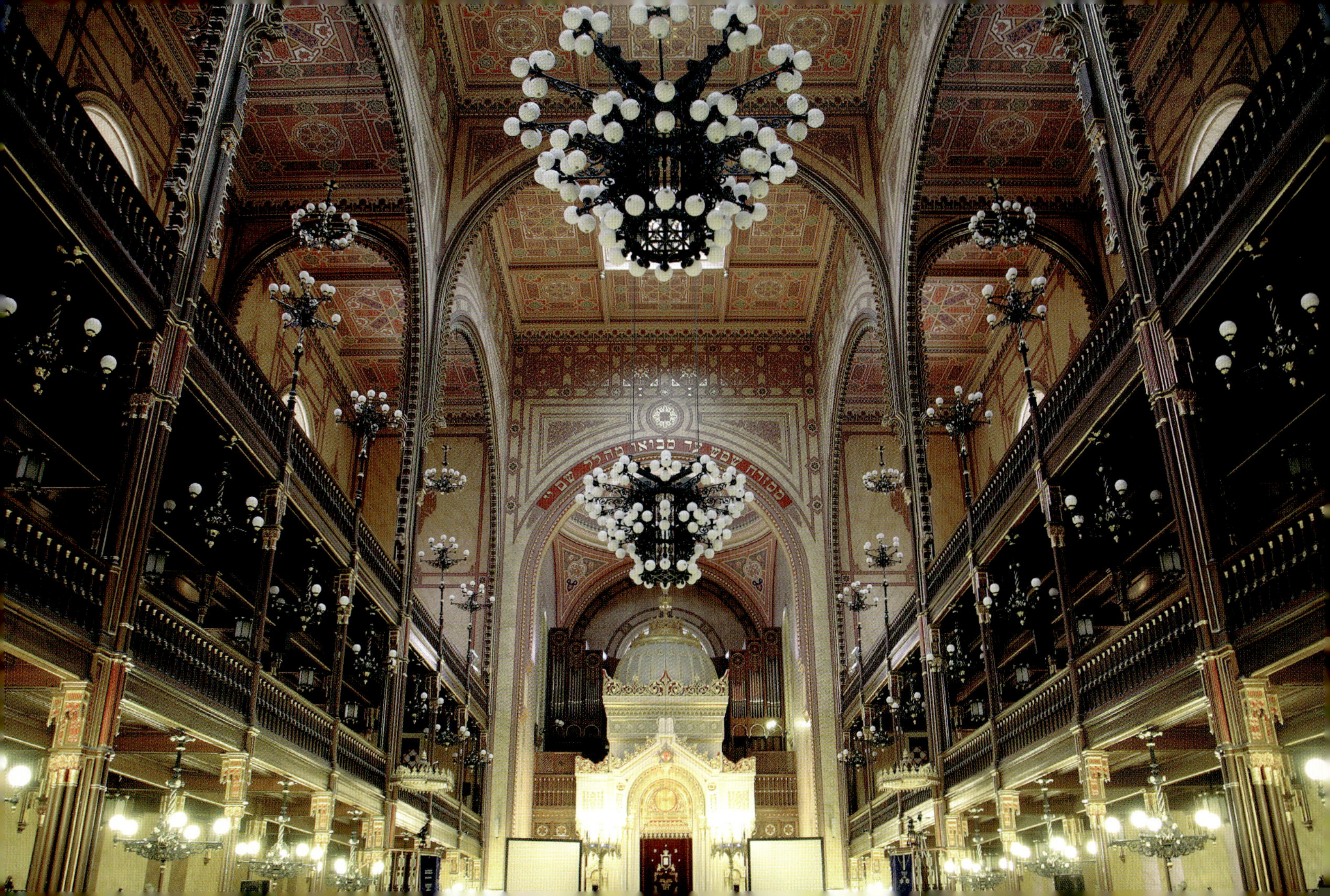
ממזרח שמש עד מבואו מהלל שם יי

HINDI UND URDU

Die am häufigsten gesprochenen Sprachen der Welt | Unter den mehr als 100 Sprachen des indischen Subkontinents ragt das Hindi (Hindustani) besonders hervor. Es ist die Muttersprache von rund 370 Millionen Menschen und damit die nach dem Hochchinesisch meistgesprochene Erstsprache der Erde. Urdu ist heute die Sprache der muslimischen Minderheit in Indien, mit 58 Millionen Muttersprachlern und 100 bis 150 Millionen Zweitsprachlern.

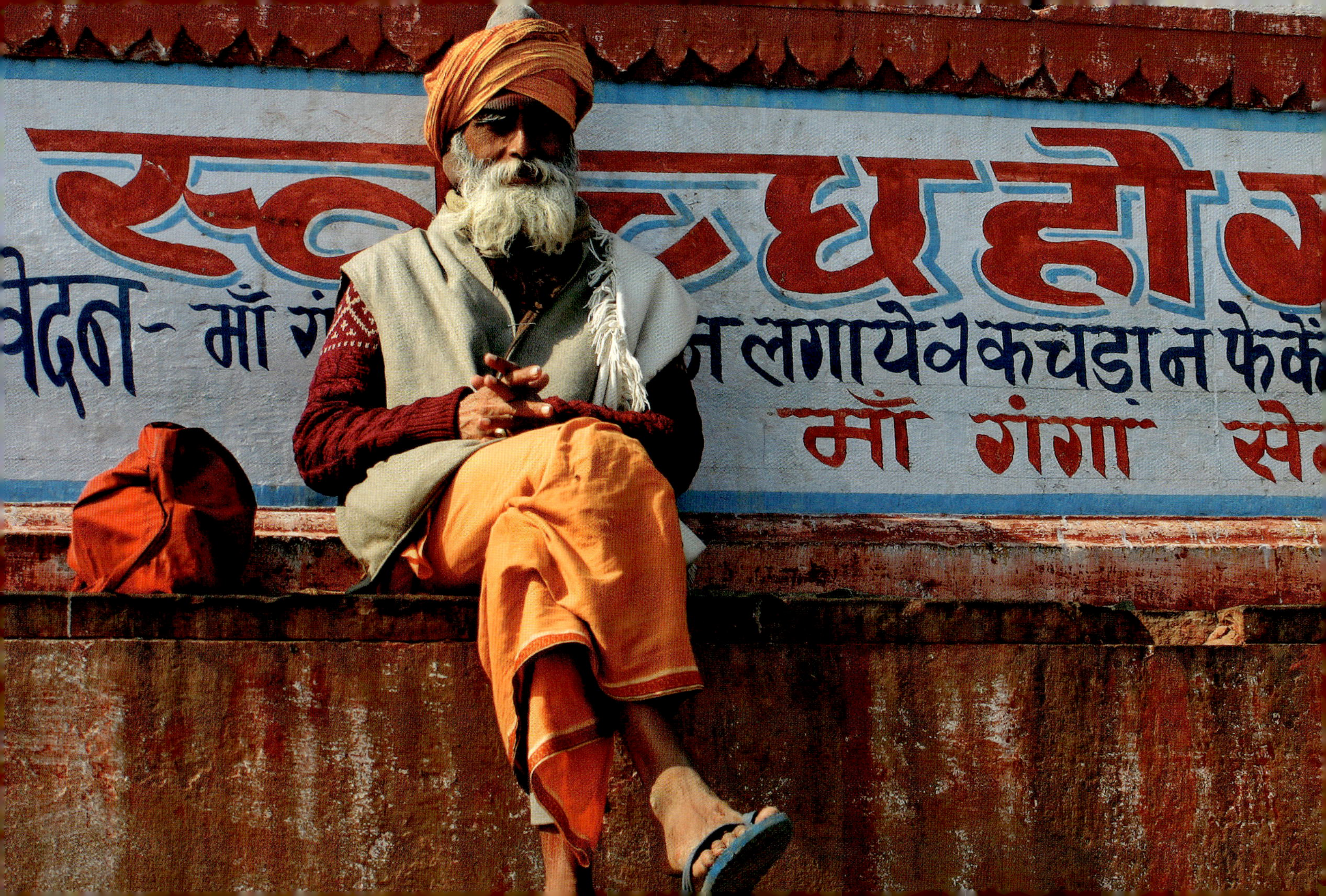
मॉं
लगाये व कचडा न
मॉं गंगा

FERROCARRIL CENTRAL ANDINO

PERU

Die höchstgelegenen Schienenverbindungen der Welt | Eine der spektakulärsten Hochgebirgsbahnen verkehrt zwischen Lima und Huancayo in Peru. Die heute von der peruanischen Eisenbahngesellschaft Ferrocarril Central Andino S. A. betriebene Andentrasse ist die höchstgelegene normalspurige Eisenbahnstrecke Amerikas und die zweithöchste der Welt. Ihr Scheitelpunkt befindet sich auf 4781 Meter Höhe.

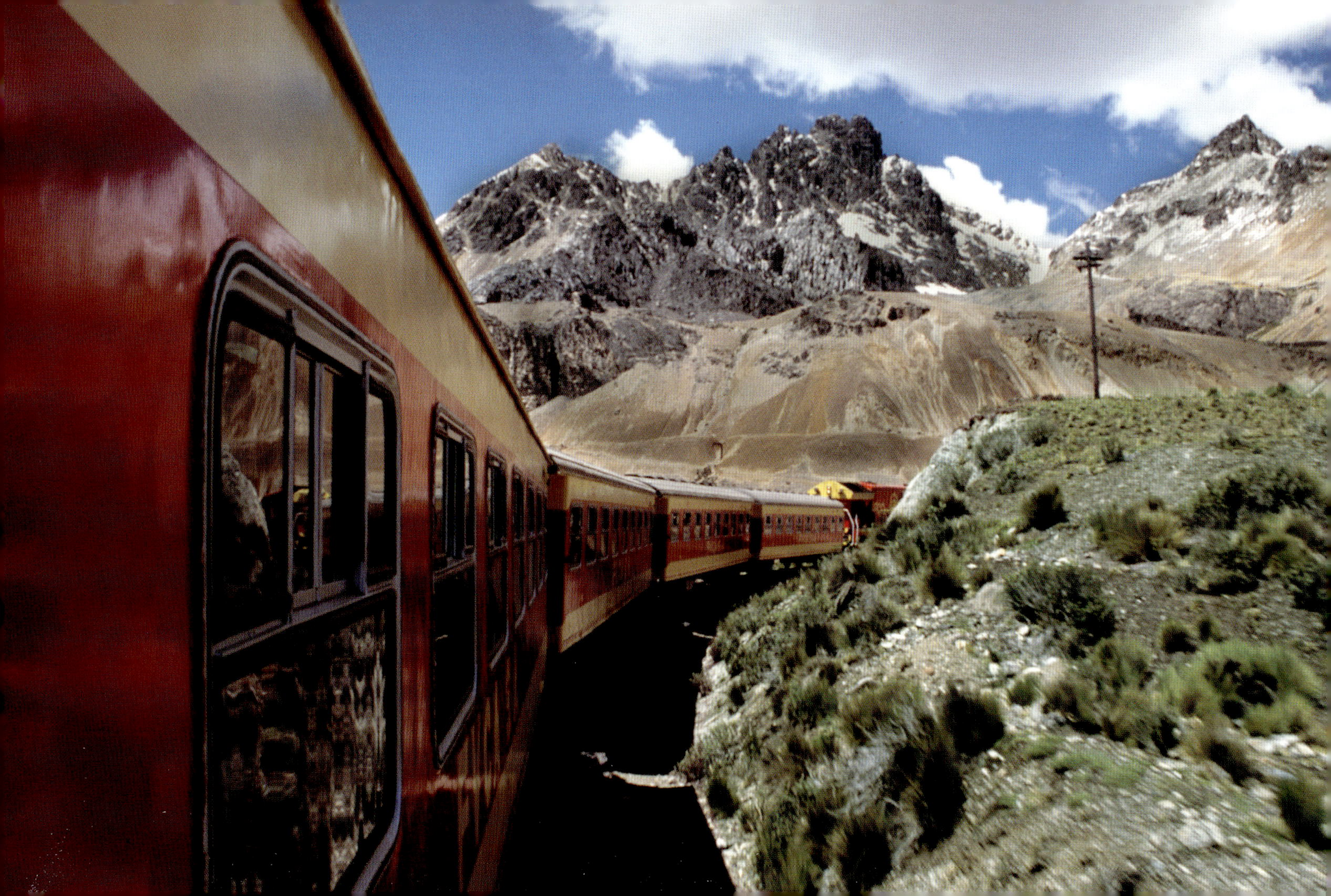

FUSHIMI-SCHREIN
KYOTO, JAPAN

Der bedeutendste Schrein des Shintoismus | Dieser Schrein im Südosten der japanischen Kaiserstadt Kyoto ist der Fruchtbarkeitsgöttin geweiht und zählt zu den beliebtesten Shinto-Heiligtümern des Landes. Kilometerlange Gänge aus roten Torii, die von Pilgern gestiftet wurden, führen zu ihm hin. Das Allerheiligste des Schreins steht offen und ist für alle frei zugänglich.

東京都墨田区京島三ノ四五ノ二
(有)高島工務店
高島 健吉
株式会社
大久保自動車教習所
東京都台東区浅草橋二・二五・六
札幌市北区屯田六条十一丁目三ノ一〇
井家律子
東京都世田谷区砧二ノ五ノ三
裕和産業
川崎市多摩区
株式会社ミズモリ
東京都北区滝野川七ー四八ー一八
河内屋紙株式会社
東京都世田谷区
恩田伊都子
広島県呉市阿賀南三丁目
有限会社向設備
成十九年五月吉日建之
平成十二年十一月吉日建之
年十二月吉日建之

BURJ AL-ARAB

DUBAI CITY, DUBAI

Die höchsten Hotels der Welt | Auf einer künstlichen Insel vor dem Strand von Dubai City befindet sich das Hotel Burj Al-Arab (deutsch: Turm der Araber). Gut zu erkennen sind die kreisrunde Plattform des Hubschrauberlandeplatzes rechts am Gebäude sowie links der Ausleger mit dem Aussichtsrestaurant in rund 200 Metern Höhe. Das Gebäude hat die Form eines Segels und ist mit 321 Metern das vierthöchste Hotel weltweit.

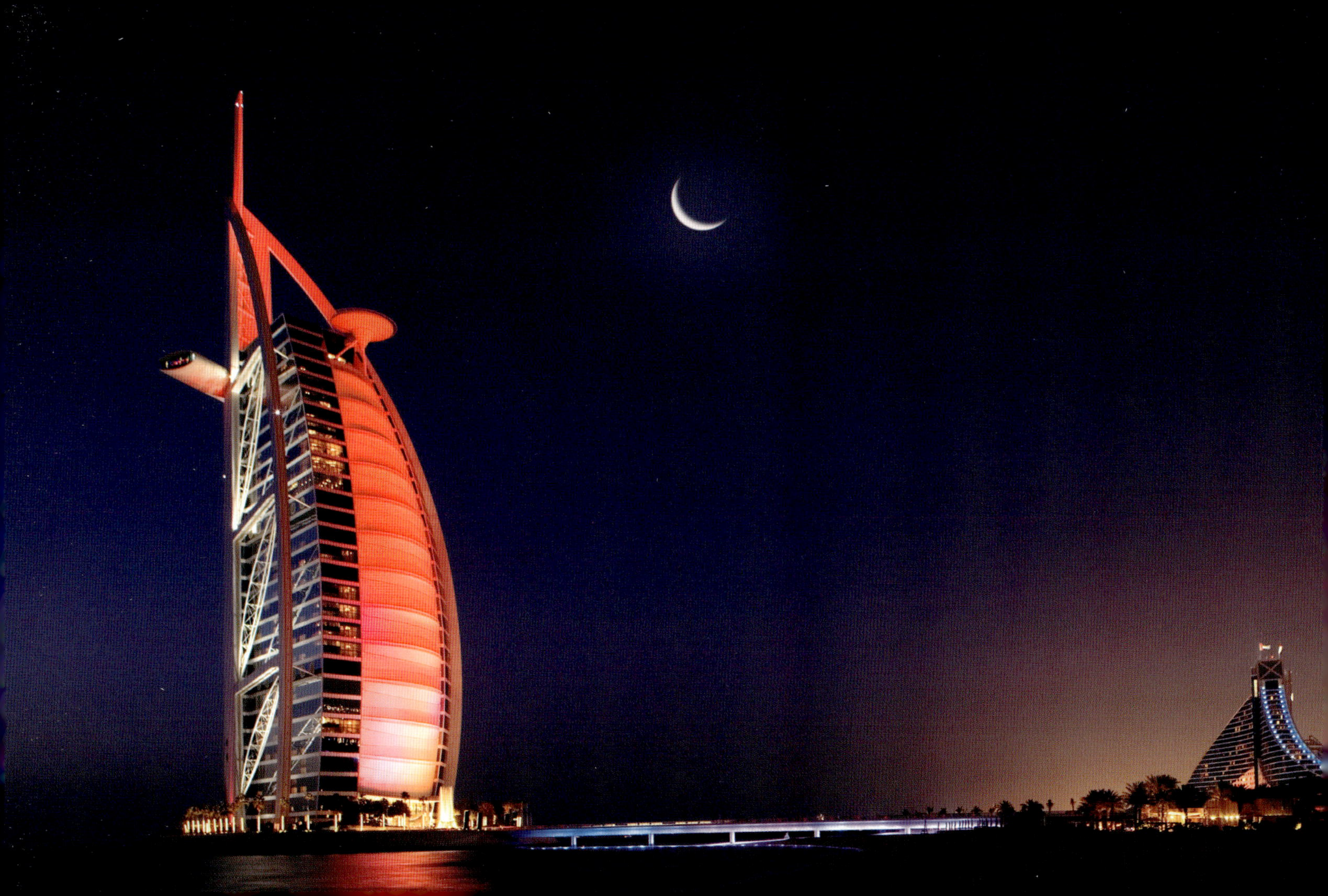

PONTE VASCO DA GAMA
LISSABON, PORTUGAL

Die längste Brücke Europas | Die Brücke Vasco da Gama über den Tejo wurde zwischen 1995 und 1998 zur Weltausstellung Expo errichtet, um Lissabon vom Nord-Süd-Verkehr zu entlasten. Über die Brücke erreicht man den Flughafen von Lissabon und das Expo-Gelände. Die sechsspurige Autobahnbrücke ist 17,2 Kilometer lang, ihre Stützpfeiler sind 155 Meter hoch.

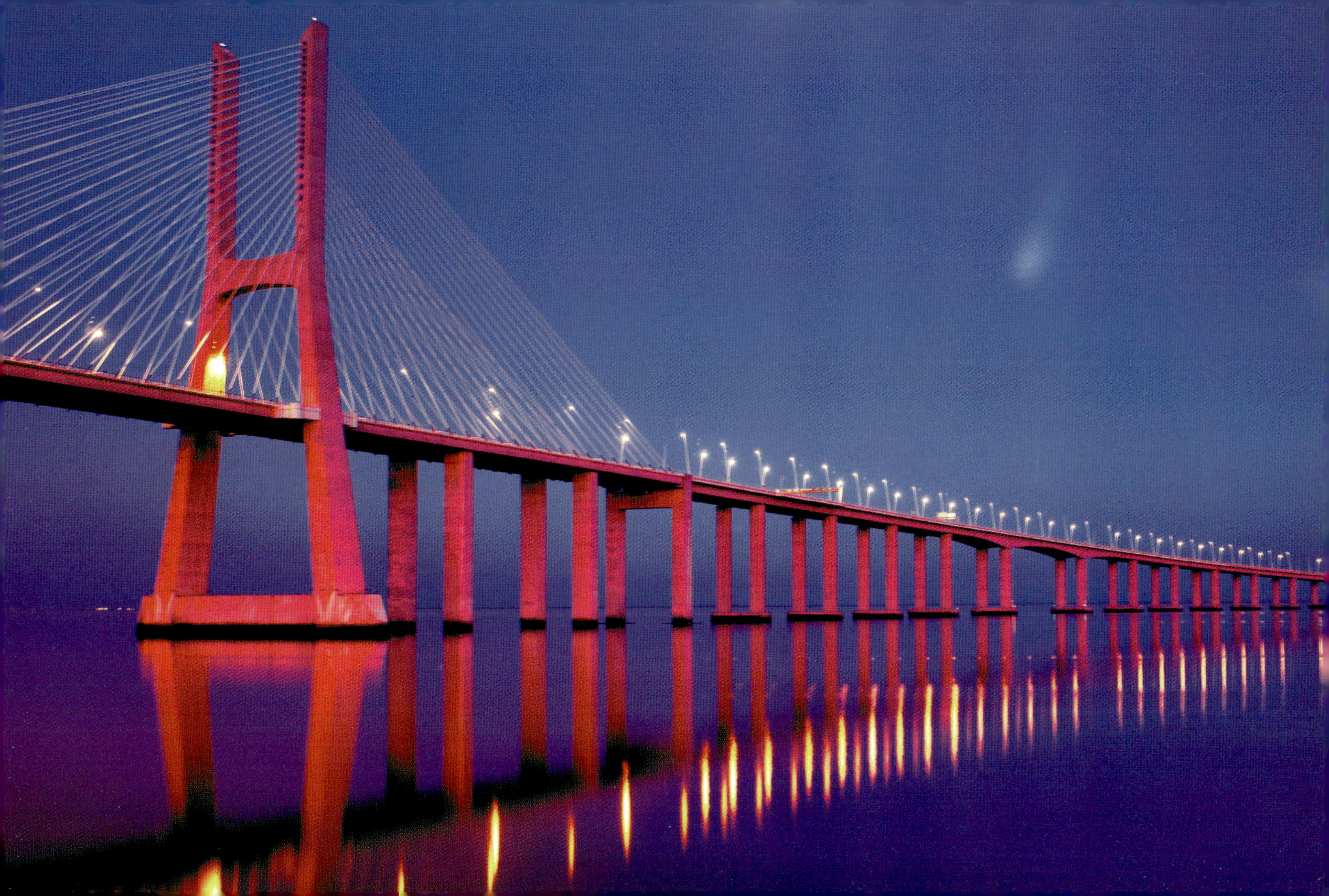

DUBAI
VEREINIGTE ARABISCHE EMIRATE

Die imposantesten Skylines der Welt | Dubai, die Hauptstadt des gleichnamigen Emirats der Vereinigten Arabischen Emirate, ist nicht nur eine der am schnellsten wachsenden Metropolen, sondern auch die Welthauptstadt der Skyscraper. Derzeit weist die Stadt über 400 Hochhäuser auf. Jedes davon hat mindestens eine Höhe von 100 Metern. Mehr als 100 Wolkenkratzer sind über 200 Meter hoch.

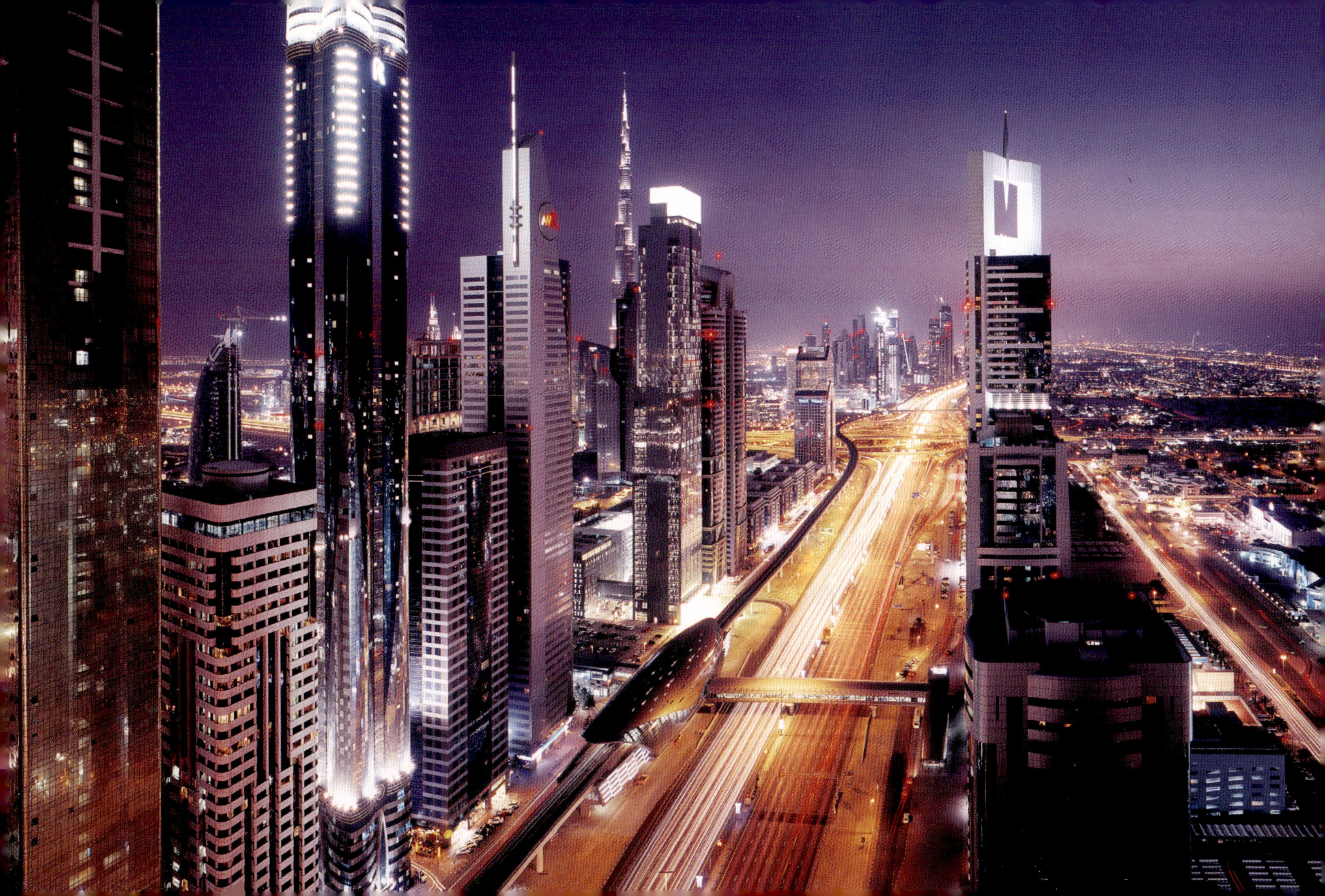

WASHINGTON/ BALTIMORE
USA

Die größten Metropolregionen Nord- und Mittelamerikas | Die Metropolregion Washington/Baltimore, umfasst die US-amerikanische Hauptstadt und ihr weitläufiges Umland sowie den Ballungsraum Baltimore im US-Bundesstaat Maryland mit rund 8 Millionen Einwohnern. In den Statistiken des »Office of Management and Budget« wird sie als wohlhabendste Region der Vereinigten Staaten geführt.

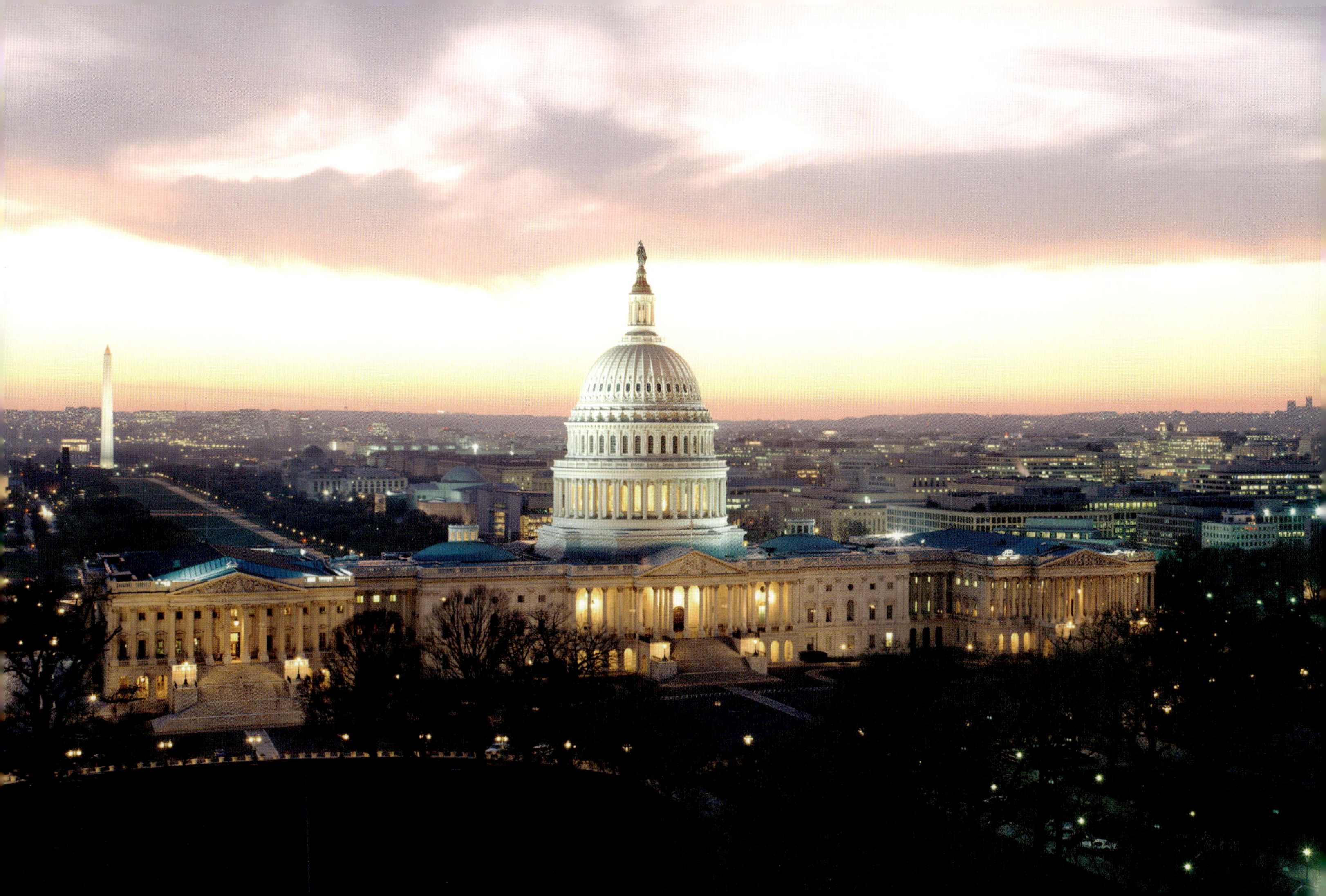

RING OF BRODGAR

MAINLAND, ORKNEY

Die bedeutendsten Megalithmonumente der Welt | Der »Ring of Brodgar« ist das berühmteste neolithische Monument der Orkney-Inseln. Ursprünglich bestand dieser Steinkreis aus 60 Monolithen. Er hat einen Durchmesser von knapp 104 Metern, die einzelnen Steine waren zwischen zwei und 4,5 Meter hoch. 36 Steine stehen heute noch an ihrem Platz. Bis heute konnte nicht geklärt werden, wozu genau der Platz genutzt wurde.

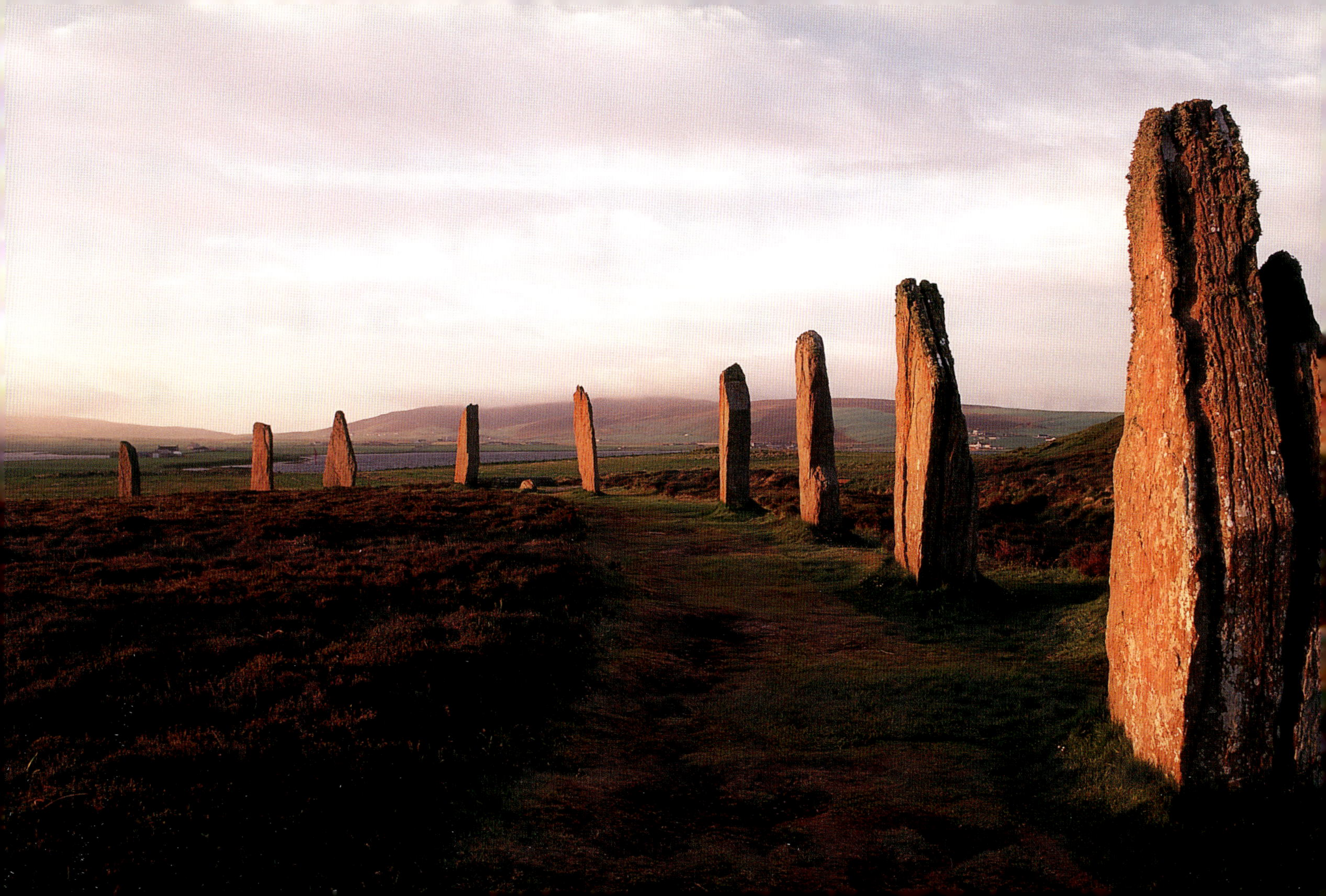

BARCELONA
SPANIEN

Die größten Metropolregionen Europas | Die Metropolregion um die katalanische Hauptstadt, mit rund 4 Millionen Einwohnern, zählt zu den wirtschaftlich leistungsfähigsten in Europa. Während Madrid das Finanzzentrum Spaniens ist, kommt in Barcelona immer noch dem industriellen Sektor eine immense Bedeutung für die wirtschaftliche Entwicklung zu.

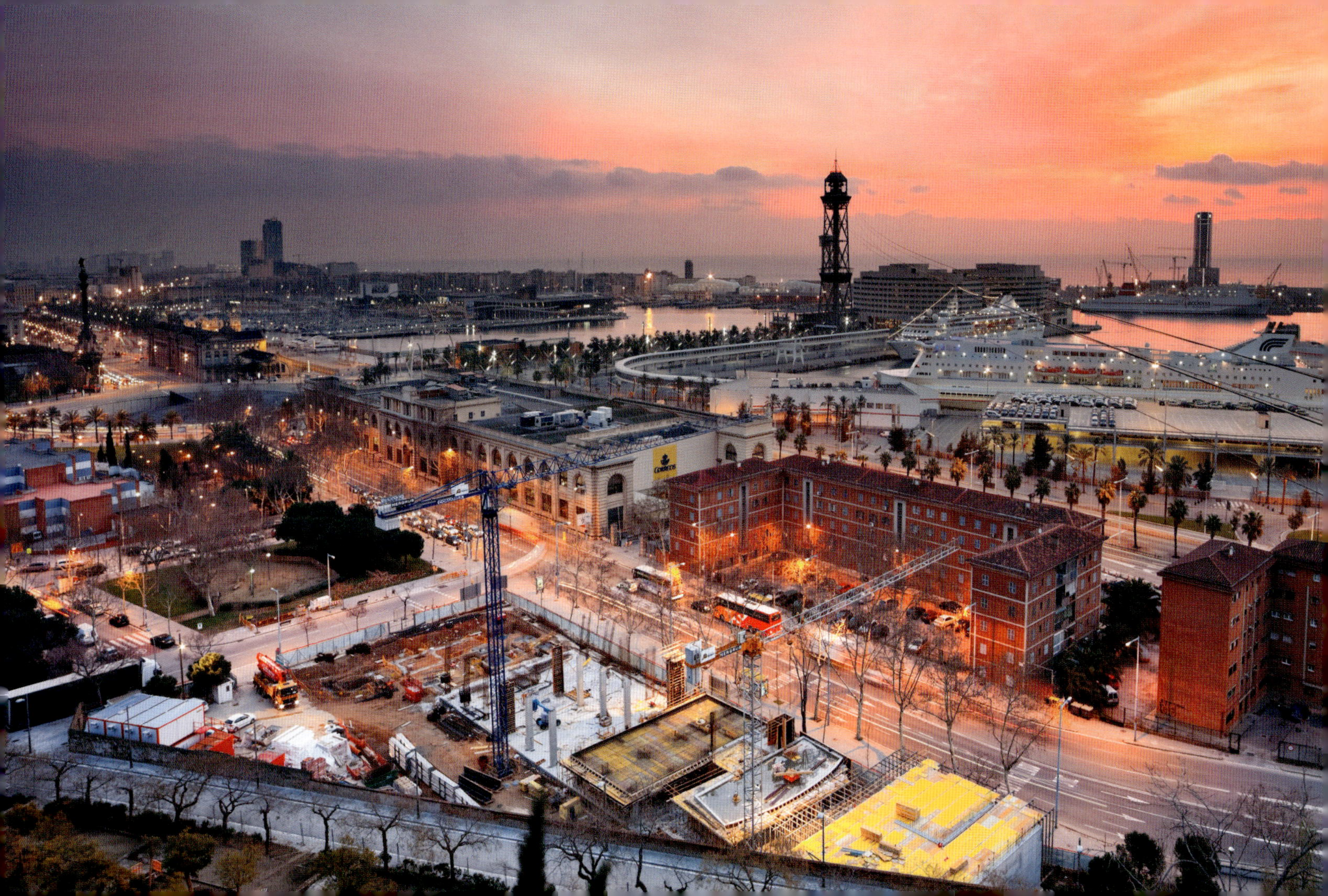

SAN PETRONIO
BOLOGNA, ITALIEN

Die größten Kirchen der Welt | Die gotische Basilica di San Petronio wurde ab 1390 erbaut. Ihre uneinheitliche Fassade verrät, dass sie unvollendet geblieben ist: Nur der untere Teil ist mit Marmor verziert, darüber zeigt sich die nackte Backsteinfassade. Viele Baumeister wirkten an den Planungs- und Bauarbeiten des 7800 Quadratmeter großen Gotteshauses mit. Die um 1470 erbaute Orgel ist die älteste ihrer Art, die noch in Gebrauch ist.

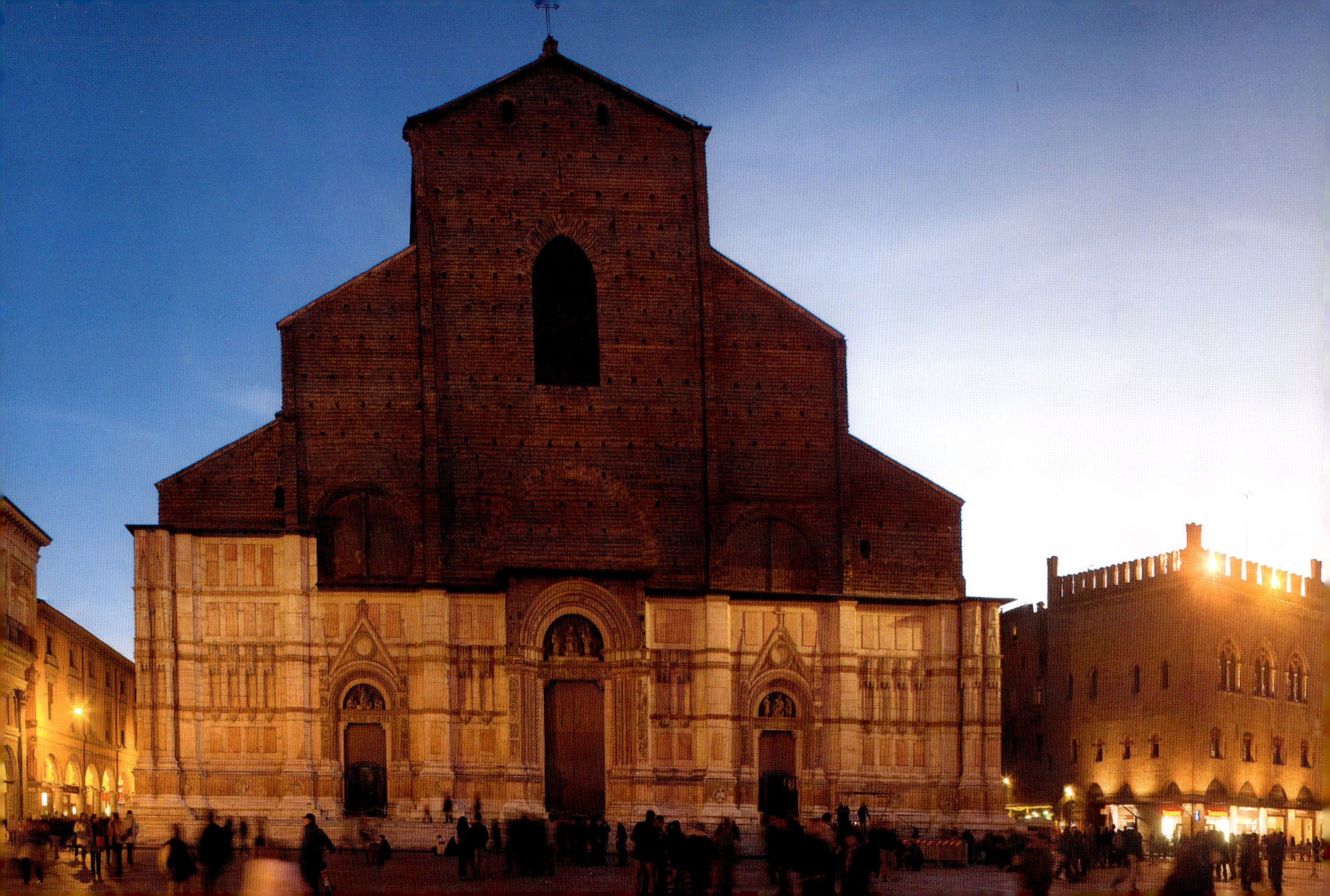

VARANASI
GHATS
INDIEN

Die bedeutendsten Pilgerstätten des Hinduismus | Unter den heiligen Städten des Landes ragt die Metropole am Ganges hervor. Eine Wallfahrt nach Varanasi ist das höchste Ziel eines jeden Hindu. Die Gläubigen pilgern hierher, um im heiligen Fluss zu baden und sich von allen Sünden reinzuwaschen. Sie glauben, dass, wer hier stirbt und am Ganges eingeäschert wird, Erlösung aus dem Kreislauf von Tod und Wiedergeburt finden wird.

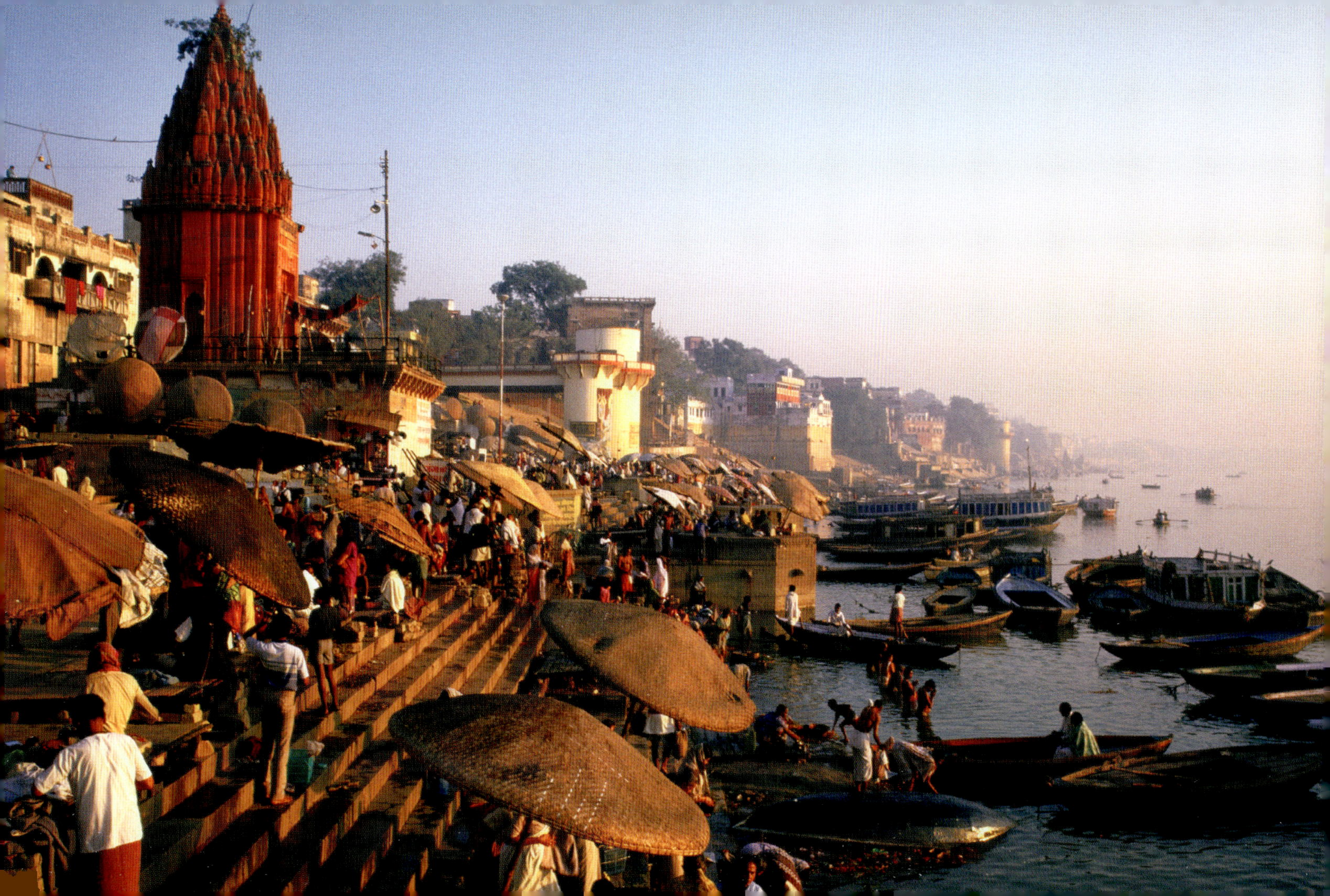

VERBOTENE STADT

PEKING, CHINA

Die größten Palastanlagen der Welt | Der 150 000 Quadratmeter große, ummauerte Kaiserpalast in Peking galt als zentraler Punkt im Reich der Mitte. Es ist die viertgrößte Palastanlage der Welt. Der chinesische Name Gugong bedeutet korrekt übersetzt »Purpurne Verbotene Stadt«, und dies bezieht sich nicht nur auf die Farbe der Gebäude und Mauern, sondern die Farbe Purpur wird in China mit Macht und Herrschaft verbunden.

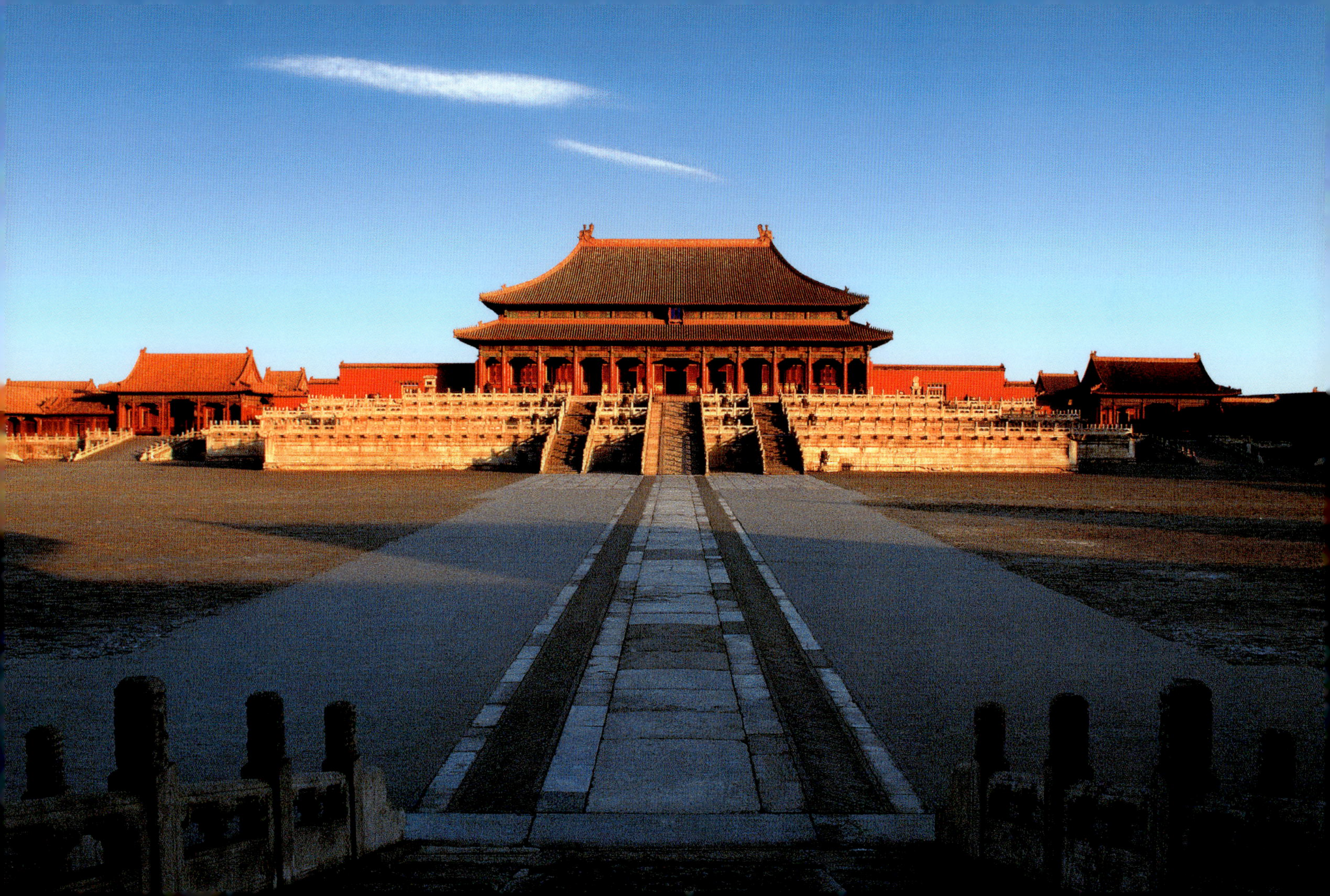

OPÉRA GARNIER

PARIS, FRANKREICH

Die größten Opernhäuser und Theater Europas | Das prachtvolle Opernhaus hat 2150 Plätze. Blick in den prunkvoll ausgestatteten Zuschauerraum der Opéra Garnier, die bei ihrer Einweihung das größte Theater in ganz Europa war und später zum Vorbild anderer großer Opernbauten wie des Teatro Amazonas in Manaus wurde. Heute wird hier fast ausschließlich klassisches Ballett dargeboten.

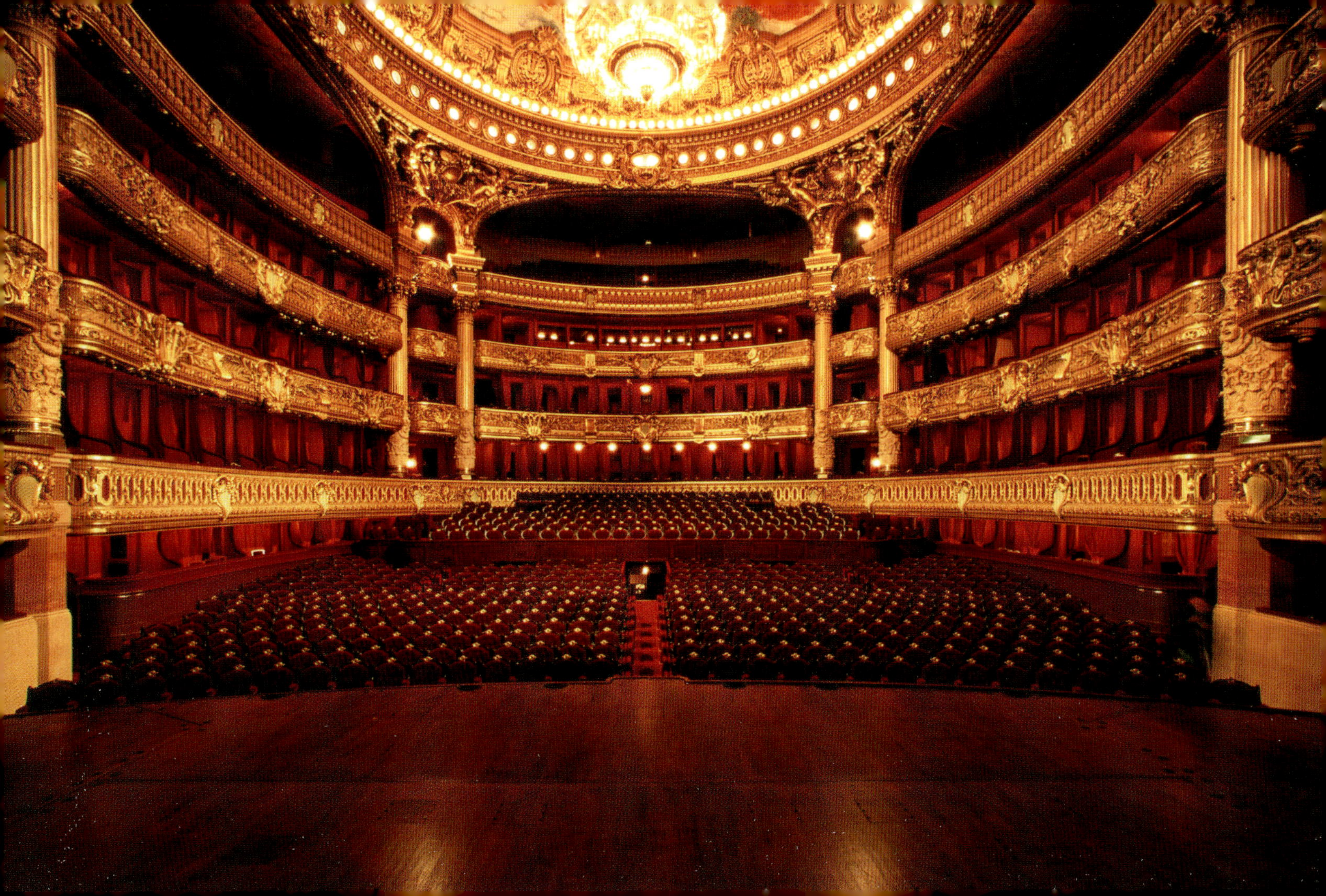

MUSEUMS-INSEL
BERLIN, DEUTSCHLAND

Der bedeutendste Museumskomplex weltweit | Das an der Nordspitze der Spreeinsel im Zentrum Berlins gelegene Ensemble besteht aus fünf imposanten Museen und gilt als einzigartige architektonische Meisterleistung. Der Prachtbau des Alten Museums, ein Meisterwerk des berühmten Karl Friedrich Schinkel, gilt als Höhepunkt klassizistischer Architektur in Deutschland. Die Sammlungen im Innern gehören zu den bedeutendsten der Welt.

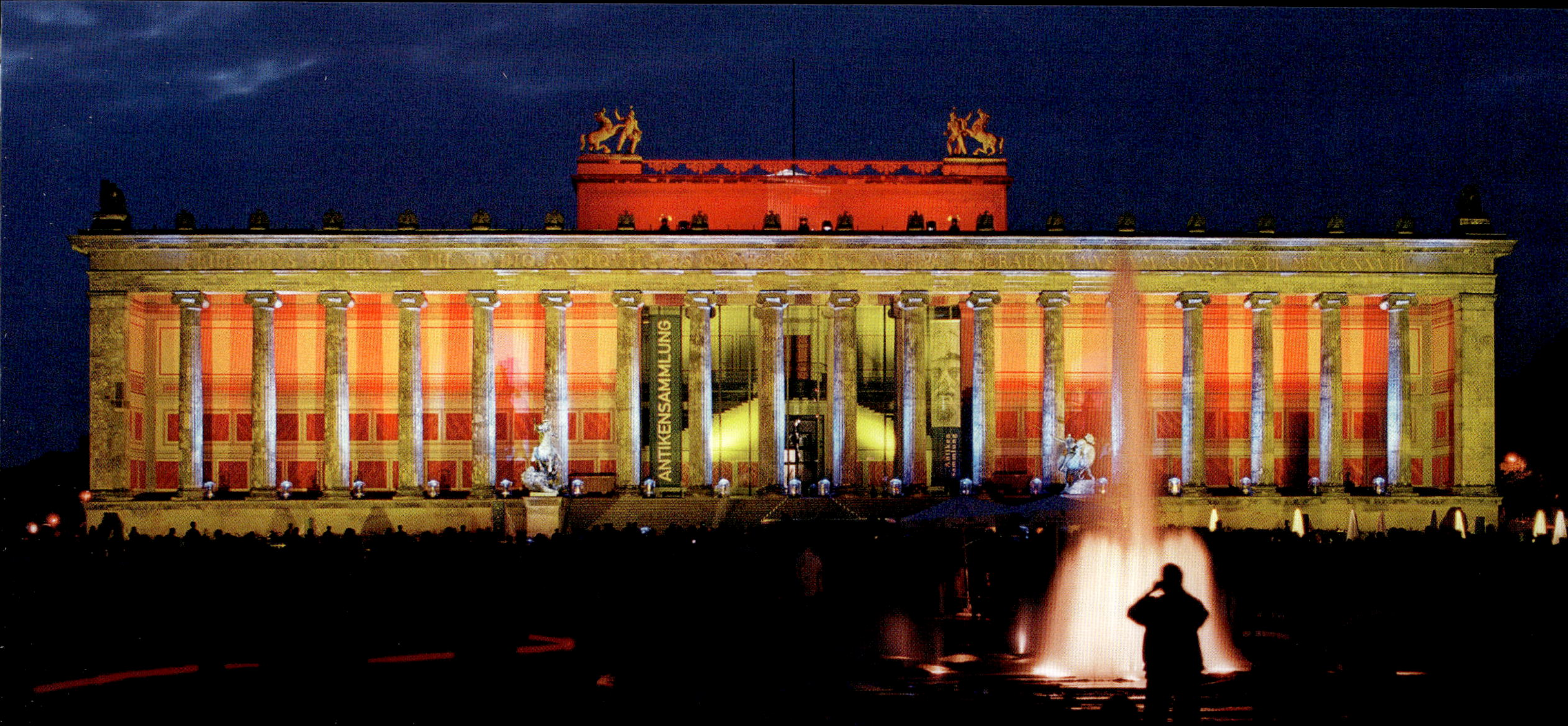
ANTIKENSAMMLUNG

JIUHUA SHAN

ANHUI, CHINA

Die bedeutendsten Tempelanlagen des Buddhismus | Der Jiuhua Shan in der Provinz Anhui gehört zu den vier heiligen Bergen des chinesischen Buddhismus. Besucher finden in der Bergregion Dutzende von Klöstern und Tempeln, von denen heute über 90 zugänglich sind. Die meisten Gotteshäuser sind dem Bodhisattva Ksitigarbha geweiht, der in China bis heute sehr populär ist. Bedeutungsvoll ist der Qiyuan-Tempel auf dem Jiuhuan.

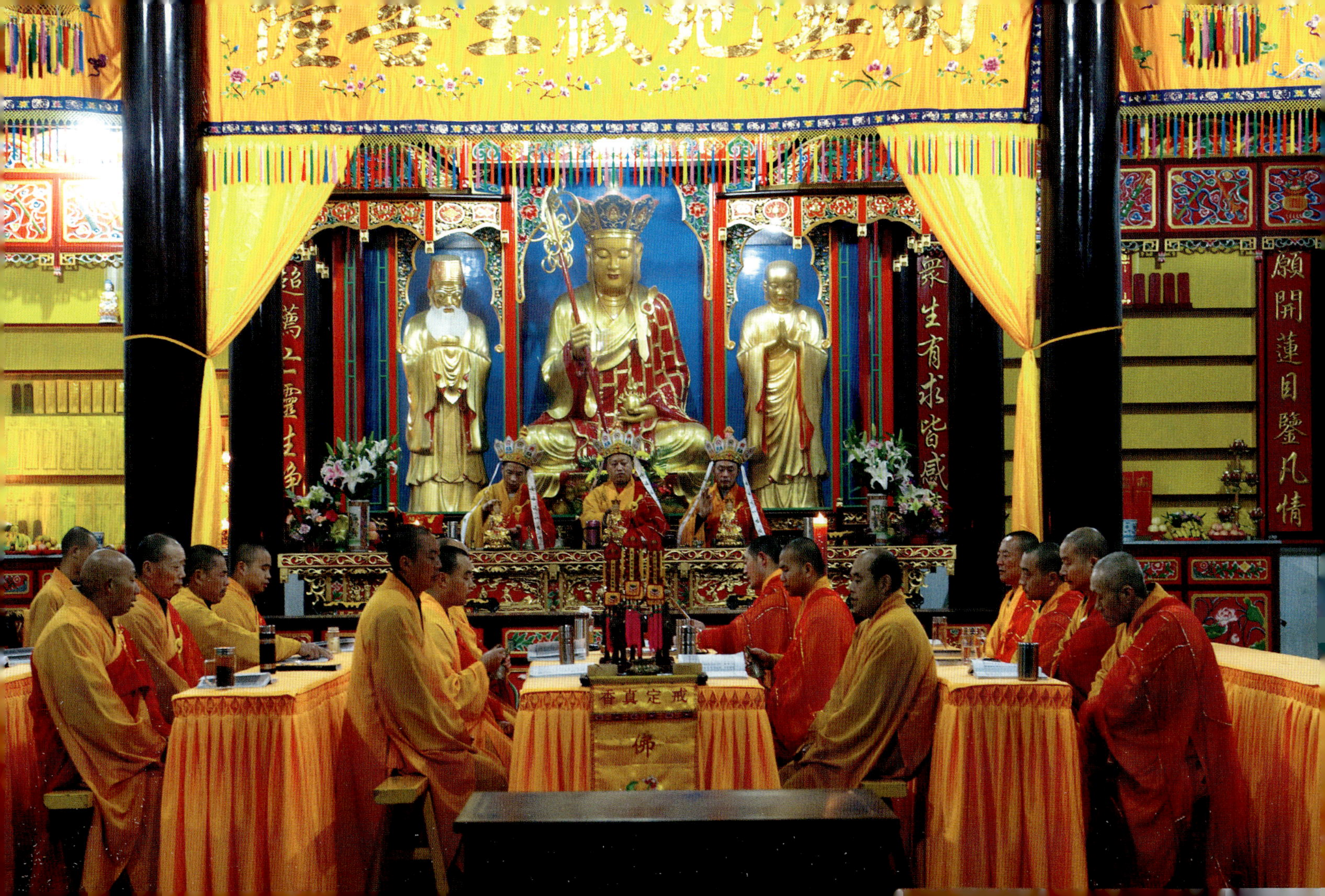
眾生有求皆感
願開蓮目鑒凡情
戒定真香
佛

SHANGHAI HAFEN
CHINA

Der größte Hafen der Welt | Mit dem 2005 teileröffneten Tiefseehafen Yangshan verfügt der Hafen von Shanghai über modernste Containerterminals, an denen zurzeit alljährlich mehr als zehn Millionen Standardcontainer umgeschlagen werden. Die Liegeplätze sind für die größten Containerschiffe der Welt ausgelegt. Das Hafengebiet umfasst eine Fläche von 3619 Hektar und besteht mittlerweile aus fünf Häfen insgesamt.

上港集團
832
80T
ZPMC
上海振华
827
80T
ZPMC
上海振华
80T
ZPMC
MAERSK
tex
330
436
316
438

JUNGFRAUBAHN

BERN, SCHWEIZ

Die höchste Eisenbahn Europas | Vor 100 Jahren wurde im Berner Oberland mit der Jungfraubahn die höchste Eisenbahn Europas in Betrieb genommen. Ausgehend von der Kleinen Scheidegg auf 2061 Meter, fährt sie durch die Gebirgsmassive von Eiger und Mönch zum Jungfraujoch, wo sich auf 3454 Metern über dem Meer der höchste Bahnhof Europas befindet. Auf einer Strecke von 9,34 Kilometern überwindet sie fast 1400 Höhenmeter.

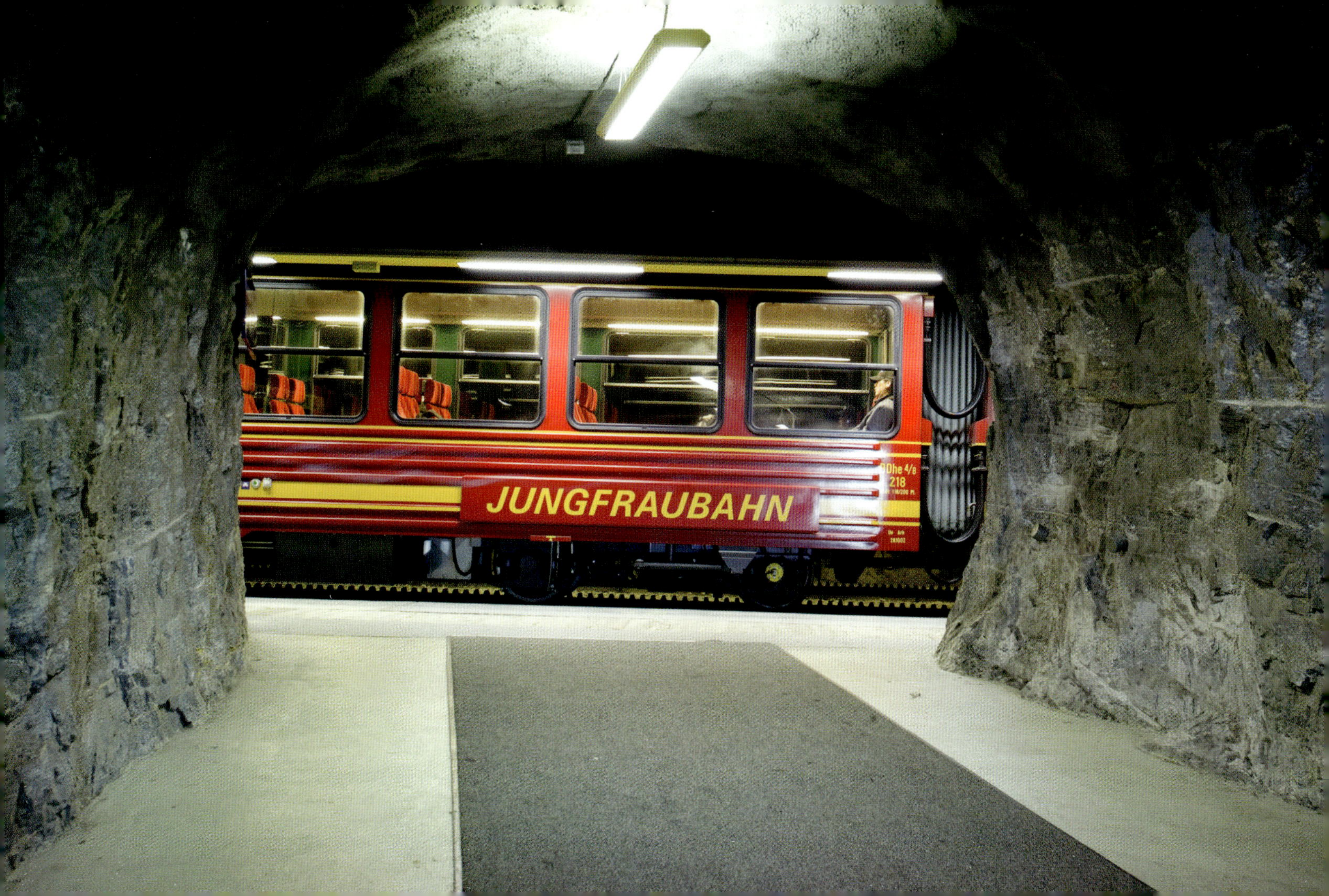
JUNGFRAUBAHN

GATÚN-SCHLEUSEN

PANAMA

Die größten Kanalschleusen der Welt | Nur dank dreier Schleusensysteme können Schiffe, die den Panamakanal passieren, die insgesamt 26 Meter Höhenunterschied überwinden. Die Gatún-Schleusen sind das größte der drei Schleusensysteme des Panamakanals. Daneben gilt die Pedro-Miguel-Schleuse ebenso als Meisterwerk der Ingenieurskunst.

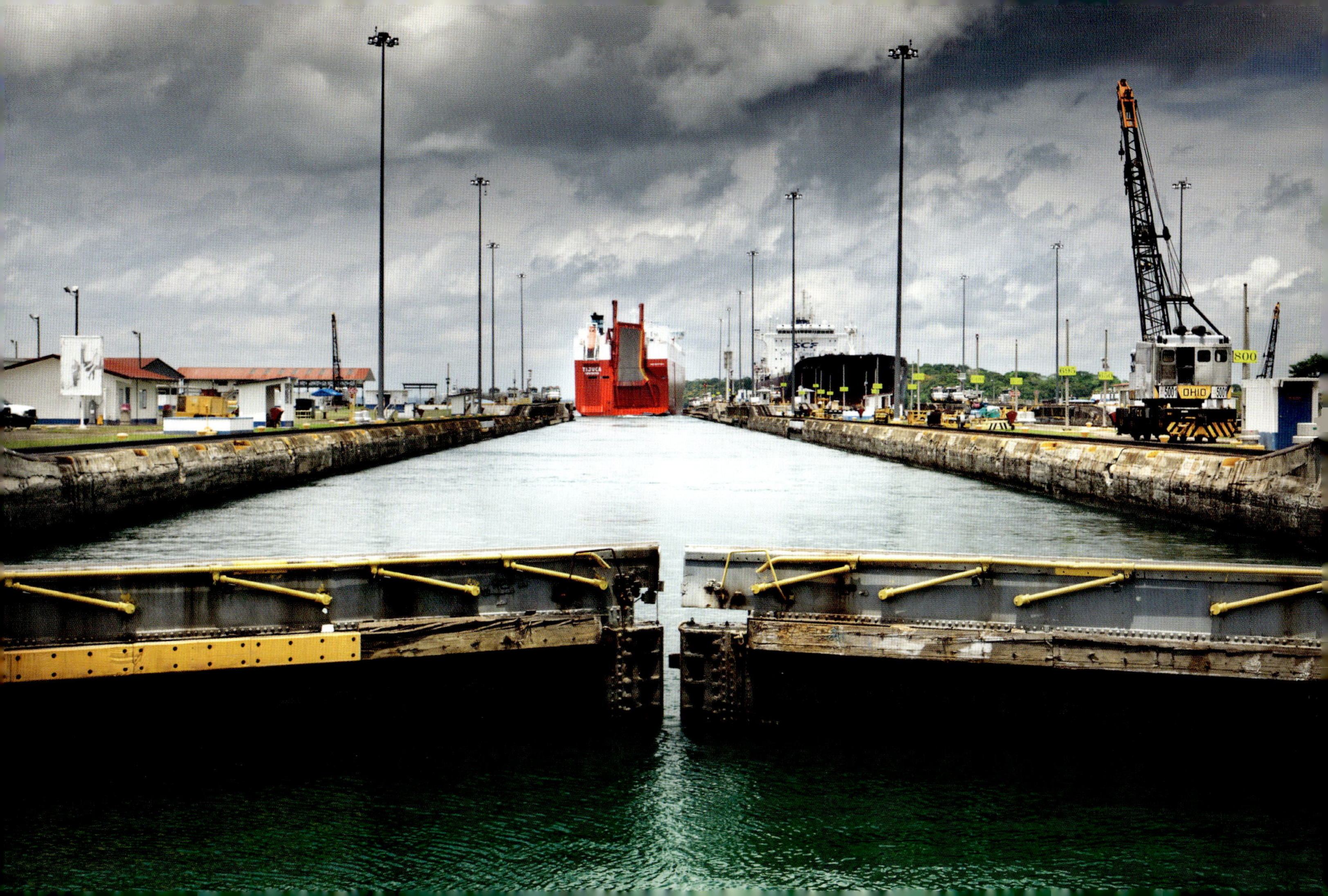
TIJUCA
SCF
800
5001
OHIO
5001

KINGSFORD SMITH INTERNATIONAL AIRPORT

SYDNEY, AUSTRALIEN

Die größten Flughäfen Australiens | In Australien verfügen die größten Städte über die meistfrequentierten Flughäfen, wobei sich die Reihenfolgen von Einwohnerzahl und Passagierdurchsatz entsprechen: Sydney, Melbourne, Brisbane, Perth, Adelaide. Der International Airport in Sydney, mit drei Rollbahnen für kontinentale und interkontinentale Flüge, gehört mit 35 Millionen abgefertigten Passagieren zu den 30 größten Flughäfen der Welt.

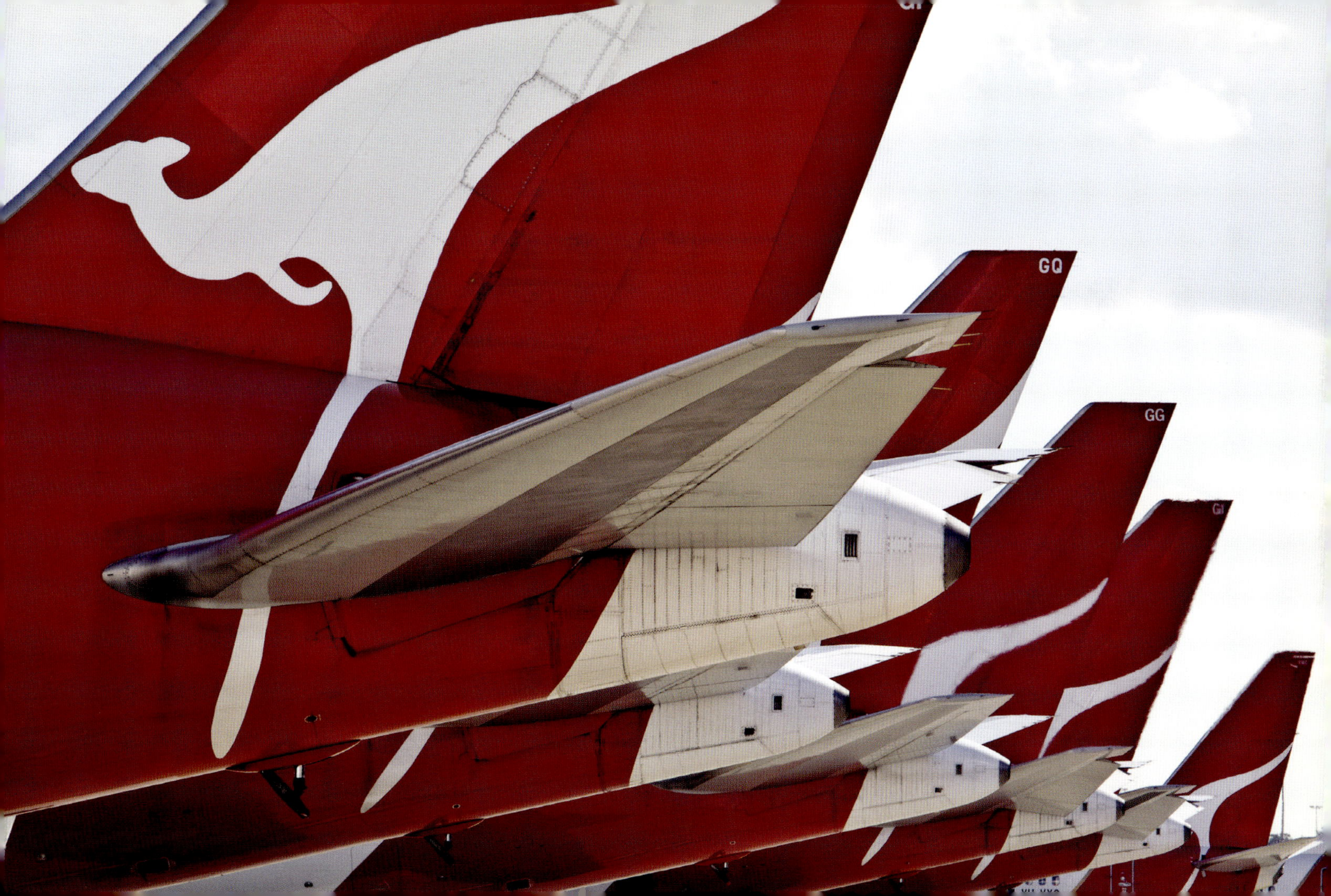
GQ
GG

CHAOTIANMEN-JANGTSE-BRÜCKE
CHONGQING, CHINA

Die längste Bogenbrücken der Welt | Die Chaotianmen-Jangtse-Brücke in Chongqing hat eine Spannweite von 552 Metern und erreicht am Bogenscheitel eine Höhe von 142 Metern. Sie besitzt zwei Ebenen mit jeweils 36,5 Meter Breite. Auf der oberen befinden sich insgesamt sechs Spuren für Autos und an den Rändern zwei Gehwege, über die untere führen zwei Gleise und zwei Spuren für Autos.

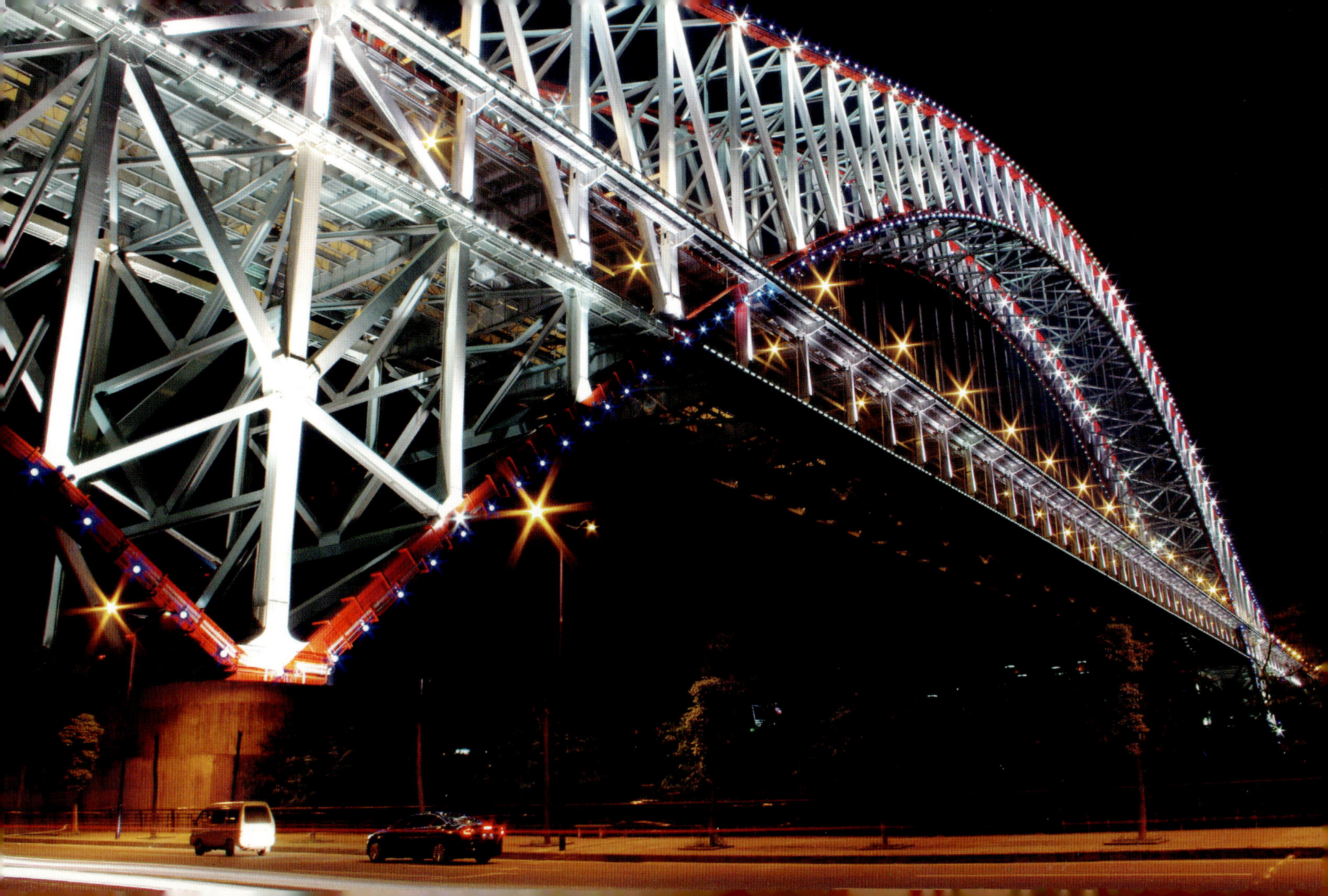

TOKIO
YOKOHAMA
JAPAN

Die größte Metropolregion der Welt | Die derzeit größte Metropolregion weltweit, Tokio mit Yokohama, umfasst nicht nur die Kapitale, sondern mit Kawasaki, Saitama weitere Megacitys sowie 20 Gemeinden mit mehr als 200 000 Einwohnern. Insgesamt leben in dem über 13 500 Quadratkilometer umfassenden Ballungsraum Tokios rund 35 Millionen Menschen. Hier präsentiert sich der Bezirk Shibuya – ein Einkaufsparadies der Luxusklasse.

Hey! Say! JUMP
Hisamitsu
サロンパス
コンタクト
武富士
武富士
浜崎あゆみ
ニューアルバム
Rock'n Roll Circus
4·14
発売
109
H&M
hamasaki

BEIJING INTERNATIONAL AIRPORT
CHINA

Das längste Flughafengebäude der Welt | Sein jüngstes rapides Wachstum verdankt der Beijing International Airport dem anlässlich der Olympischen Spiele 2008 errichteten Terminal 3. Mit einer Länge von 3000 Metern ist die Stahl-Aluminium-Glas-Konstruktion das längste Gebäude der Welt. Der Feng-Shui-konforme Bau soll an einen fliegenden Drachen erinnern.

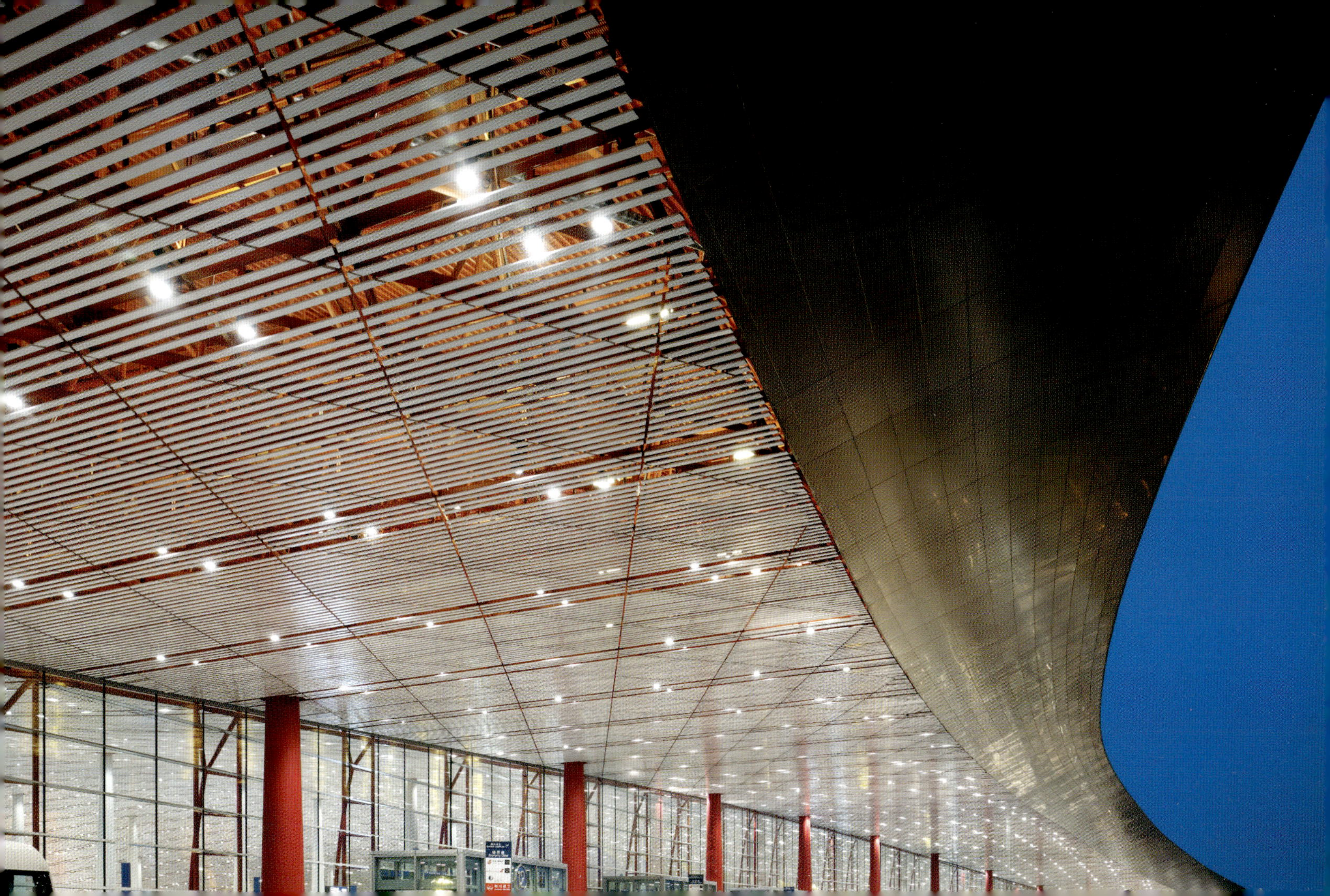

BRITISH LIBRARY
LONDON, GROSSBRITANNIEN

Die größten Bibliotheken der Welt | Mit einem Bestand von rund 150 Millionen Medien, darunter fast 20 Millionen Bücher, konkurriert die Nationalbibliothek des Vereinigten Königreichs mit der Library of Congress um den Titel »größte Bibliothek der Welt«. Die British Library, hier mit einer Ansicht von Isaac Newton, ist 1973 aus der bis dahin als Nationalbibliothek fungierenden British Museum Library hervorgegangen.

EDUARDO PAOLOZZI · 1995

ROTTERDAM HAFEN
NIEDERLANDE

Der größte Seehafen Europas | Im letzten Jahrzehnt ist der Hafen von Rotterdam im Ranking der weltweit umschlagsstärksten Häfen weit hinter Shanghai und Singapur zurückgefallen. Die Liste der größten europäischen Handelshäfen führt er jedoch mit weitem Abstand vor Antwerpen und Hamburg an. Es wurden in Rotterdam im Jahr 2010 11,6 Millionen Container und 429 Millionen Tonnen Cargo umgeschlagen.

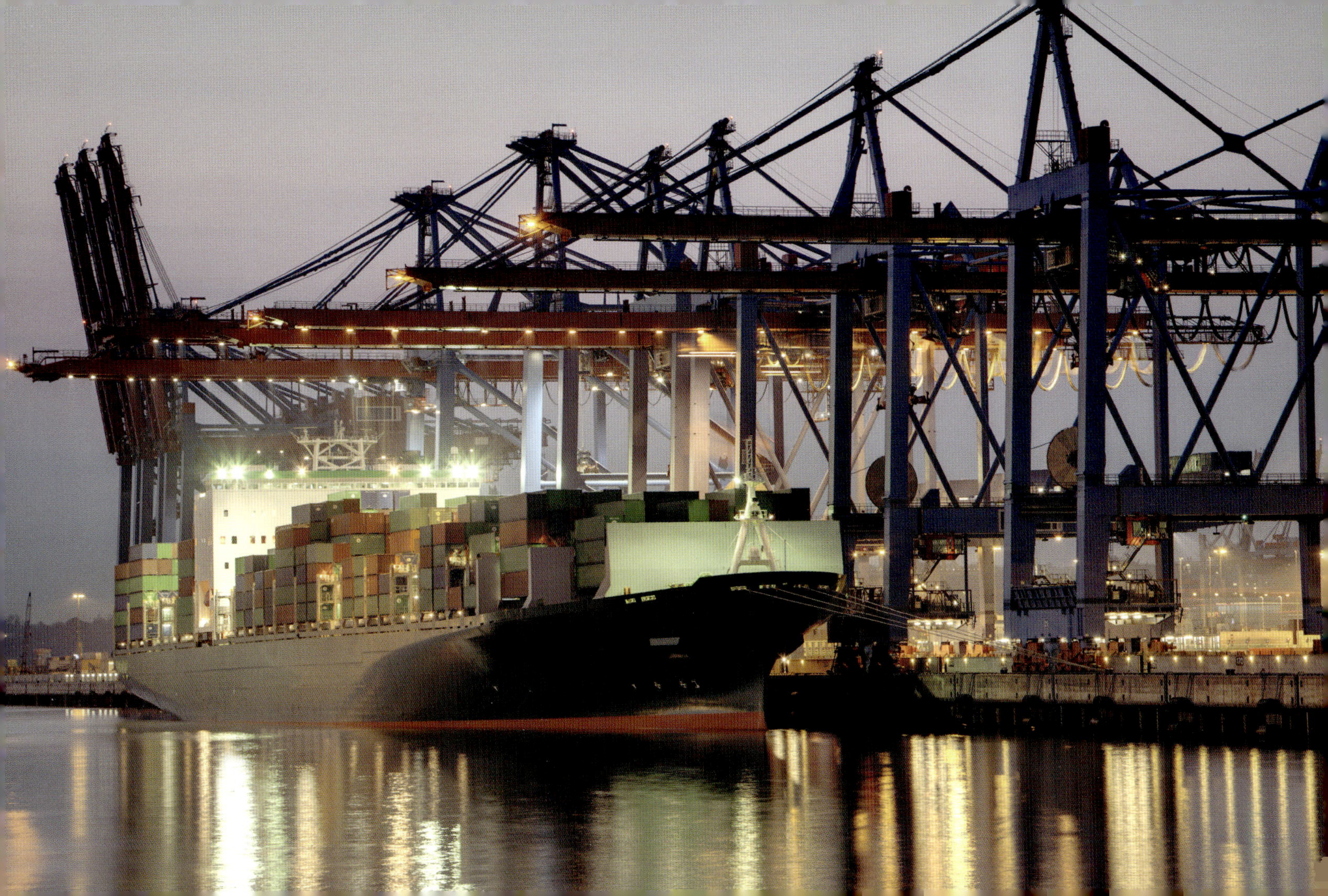

MOSKAU
RUSSLAND

Die höchsten Skyscraper Europas | Moskau ist zu einer neuen Skyscraper City Europas geworden. Die Aufnahme zeigt alte und neue Wolkenkratzer der »Sieben Schwestern« und des Moscow International Business Center. In diesem Hochhausviertel steht derzeit Europas höchster Wolkenkratzer, der Mercury City Tower, mit einer Höhe von 339 Metern. Nur unwesentlich niedriger ist mit 302 Metern der Capital City Moscow Tower.

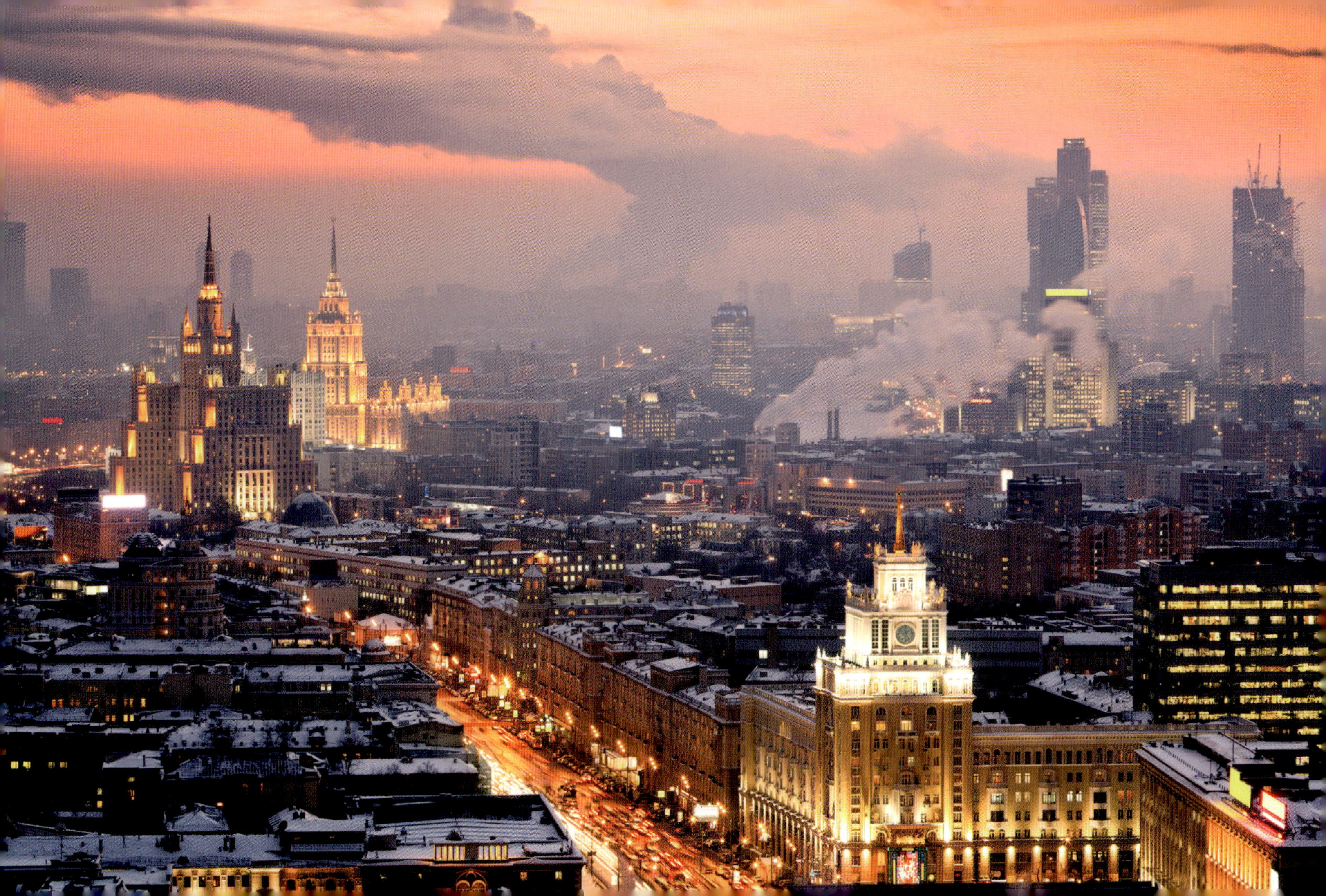

SHWEDAGON-PAGODE

MYANMAR

Die »wertvollste« Stupa der Welt | Beim Bau der Shwedagon-Pagode, ein Wahrzeichen Myanmars, wurden nur kostbarste Materialien verwendet. Während die Unter- und Aufbauten der Stupa mit Blattgold belegt sind, wurden bei der Verkleidung Goldplatten mit einem Gewicht von insgesamt 60 Tonnen verwendet. Schirm und Fahne der Stupa wurden mit Diamanten und Rubinen besetzt. Der Diamant an seiner Spitze hat 76 Karat.

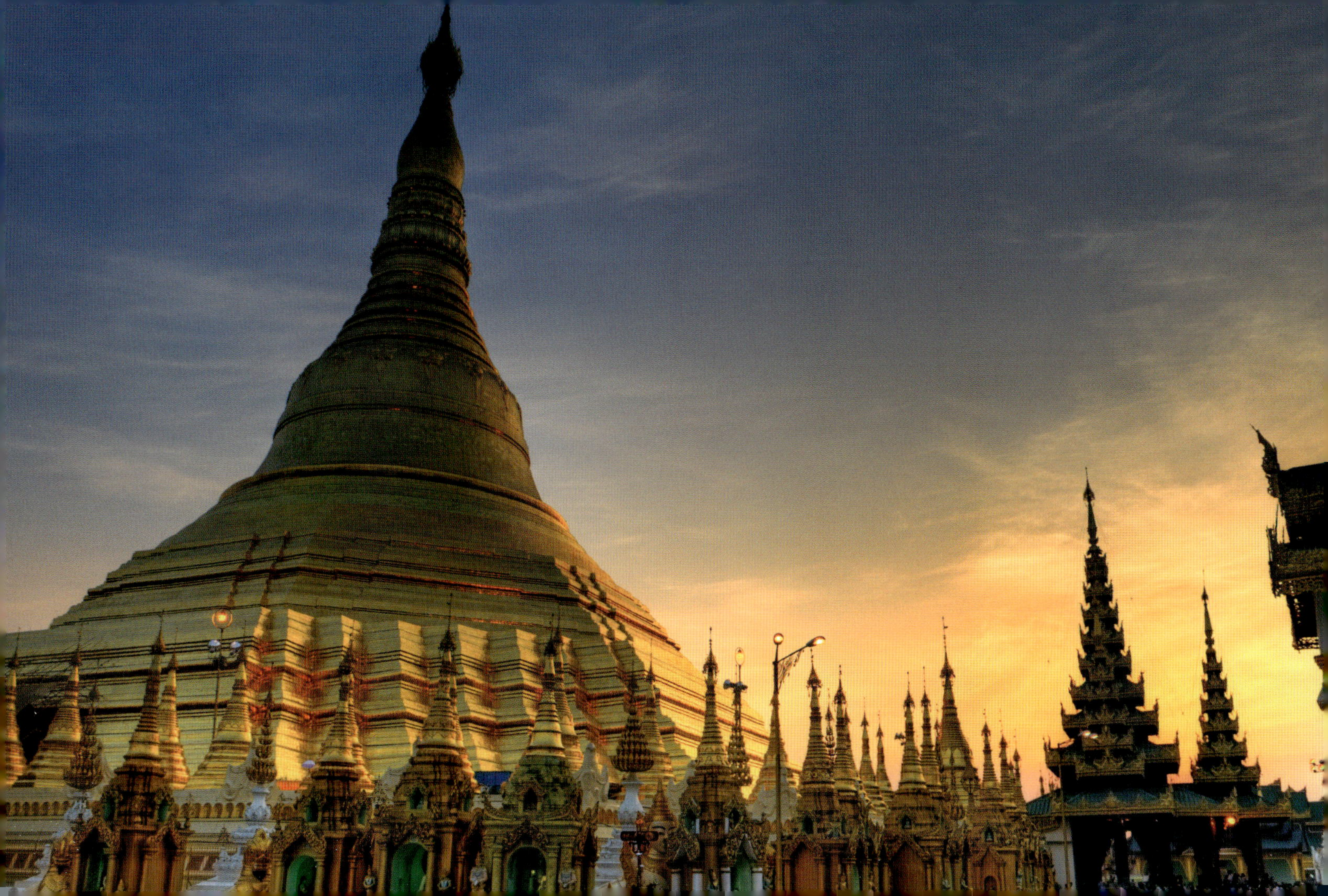

ONE WORLD TRADE CENTER

NEW YORK CITY, USA

Der höchste Skyscraper Nordamerikas | Das One World Trade Center – rote Fassade – das bis 2009 unter der Bezeichnung Freedom Tower firmierte, entsteht auf Ground Zero, genau an der Stelle, an der bis zum 11. September 2001 das bei einem Terroranschlag zerstörte erste World Trade Center stand. Inklusive Antenne ist das One World Trade Center 541 Meter hoch und damit das höchste Gebäude Amerikas und das dritthöchste der Welt.

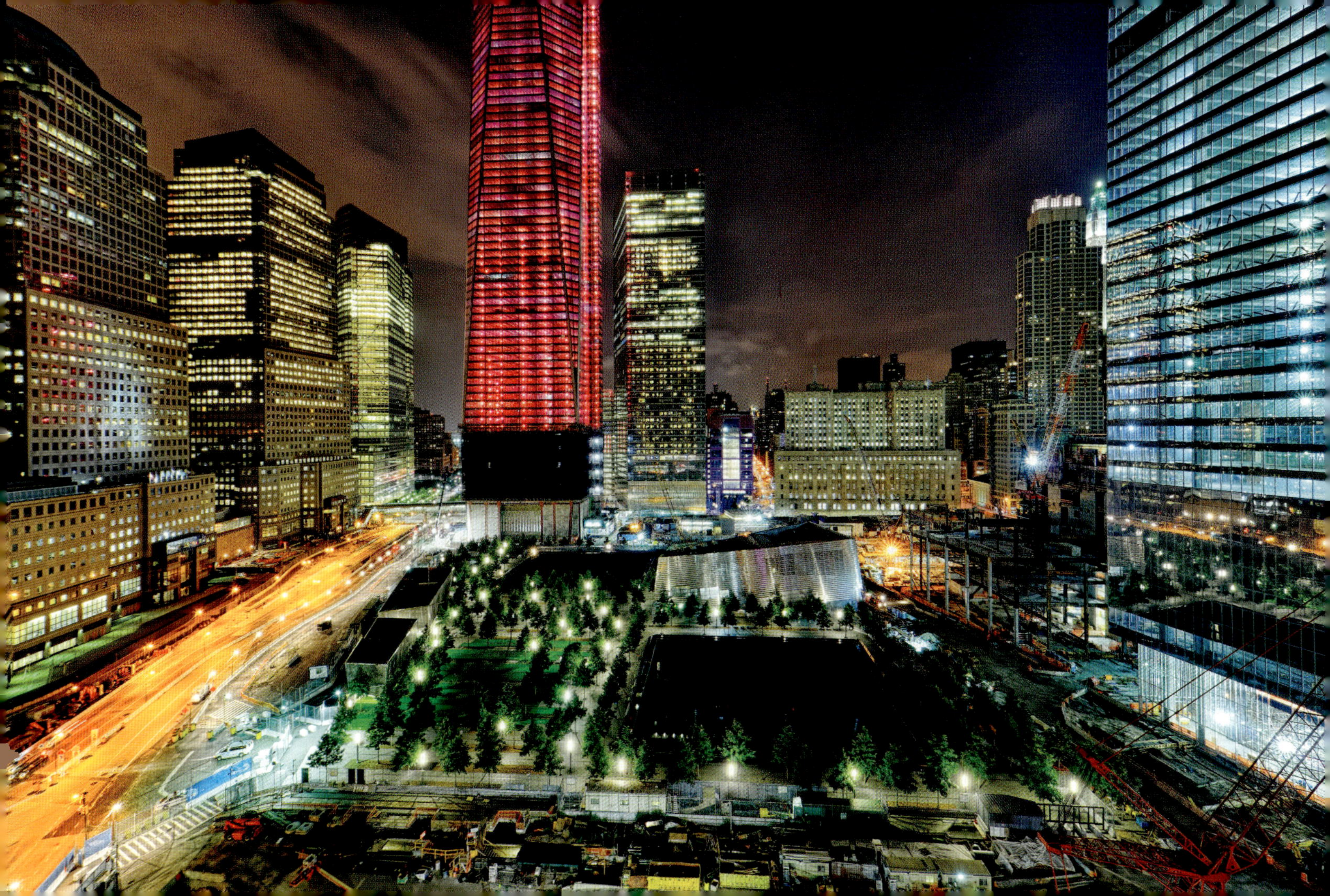

CELSUS-BIBLIOTHEK
EPHESOS TÜRKEI

Die bedeutendsten Bibliotheken der Antike | Die Überreste des Celsus-Bibliotheksgebäudes befindet sich in Ephesos, der antiken Stadt an der Westküste Kleinasiens, in der heutigen Türkei. Die Bibliothek wurde von 114 bis 125 n. Chr. zu Ehren des Tiberius Iulius Celsus Polemaeanus, eines Politikers der römischen Kaiserzeit, erbaut. Die prachtvoll gestaltete Bibliothek beherbergte damals etwa 12 000 Schriftstücke in Rollenform.

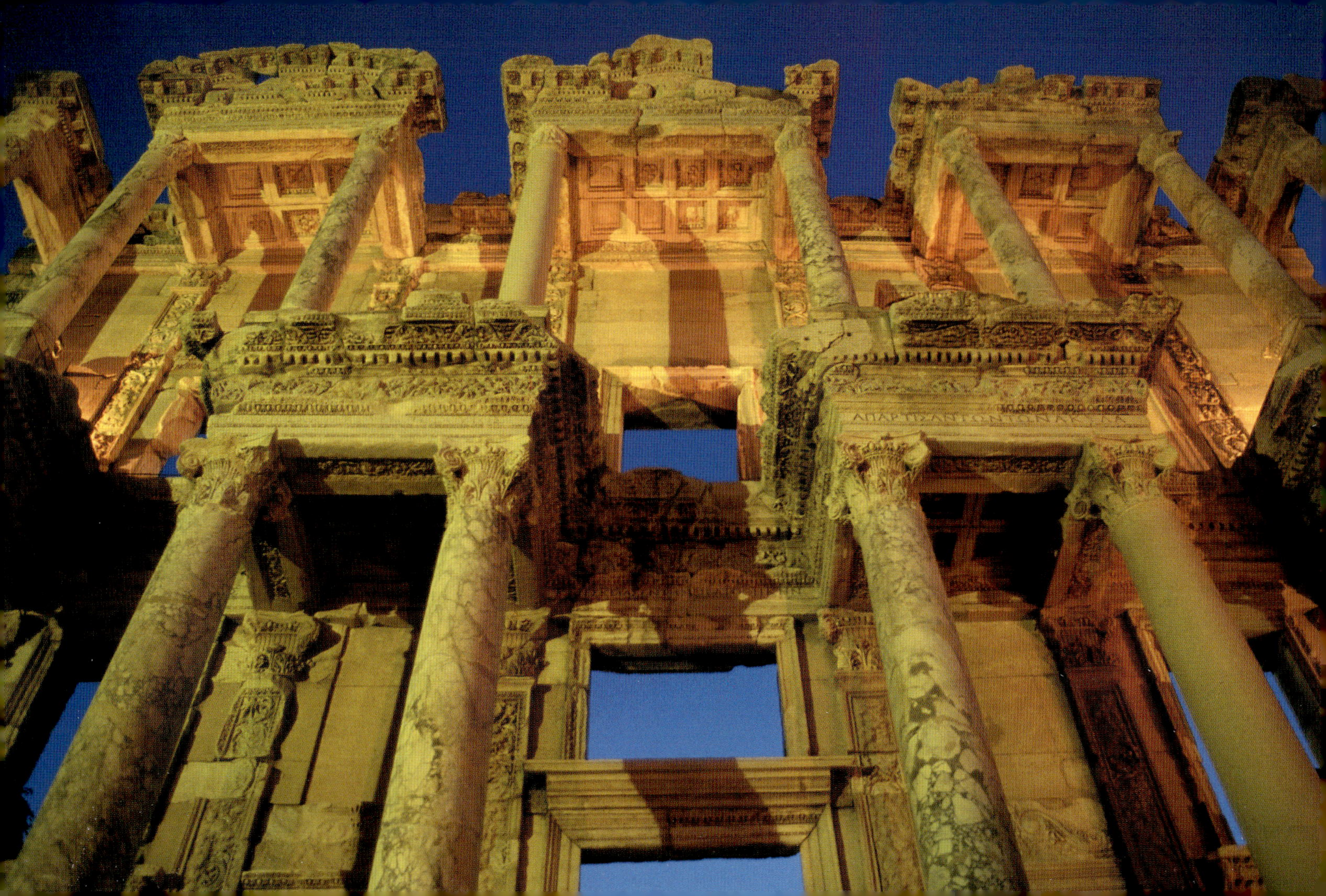

BRITISH MUSEUM
LONDON, GROSSBRITANNIEN

Die bedeutendsten Museen der Welt | Das Museum zählt zu den größten Universalmuseen der Welt. Seine Sammlungen umfassen Kunstwerke, Gebrauchsgegenstände und Artefakte aus allen Epochen der Geschichte und allen Teilen der Welt. Die großen Kolossalstatuen stammen aus dem alten Ägypten. Das Museum verfügt nach dem Ägyptischen Museum in Kairo über die größte Sammlung an Schätzen des Pharaonenreichs.

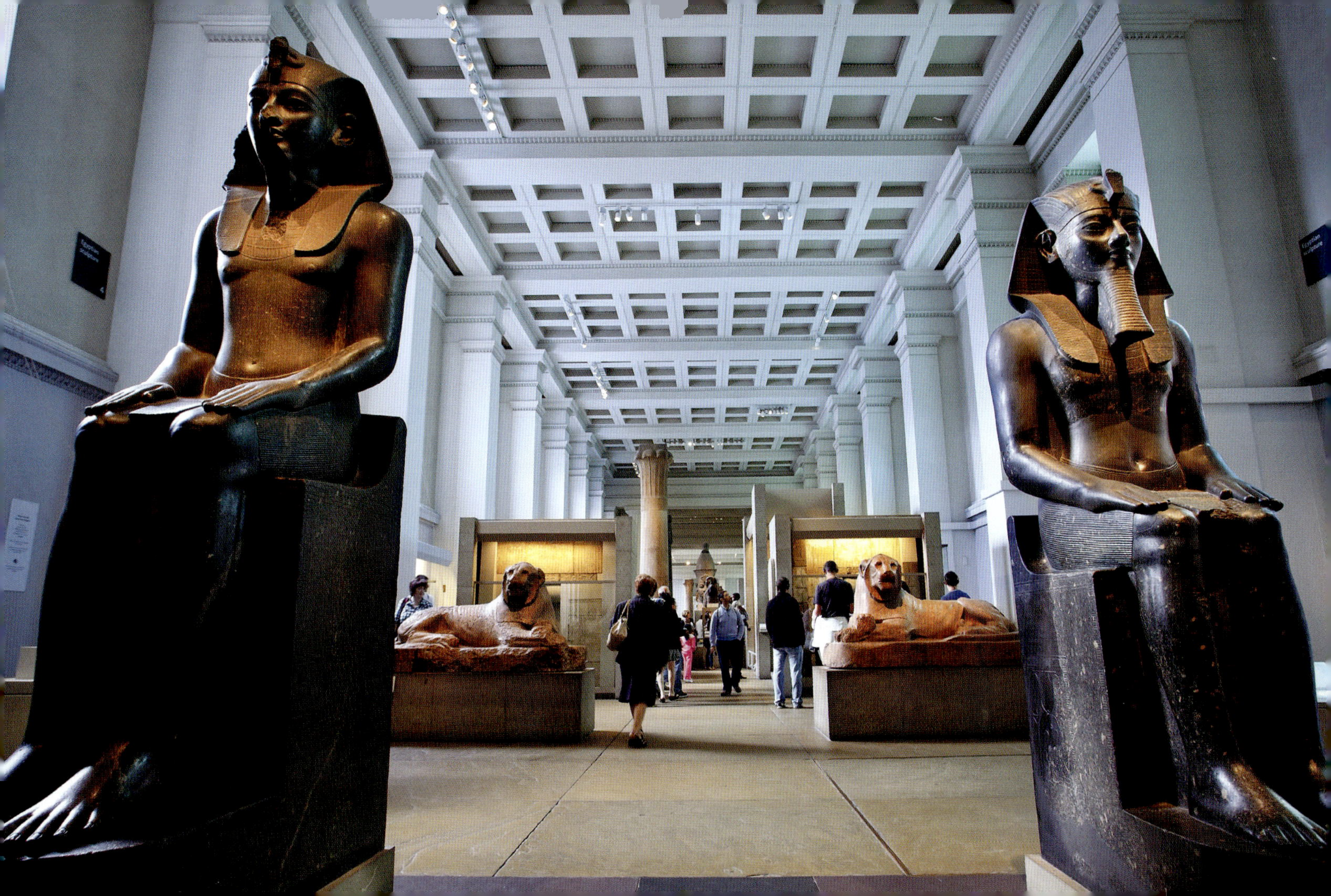

CAMP NOU
BARCELONA, SPANIEN

Das zweitgrößte Stadion Europas | Das Heimstadion des FC Barcelona wurde 1957 eröffnet und hat seitdem viele bedeutende Fußballspiele gesehen. Bis heute fanden in Camp Nou nicht nur vier Europapokal-Finals, sondern auch das Eröffnungsspiel der Weltmeisterschaft von 1982 und das Endspiel des olympischen Turniers von 1992 statt. Über 99 300 Fans finden in der Sportarena Sitzplätze.

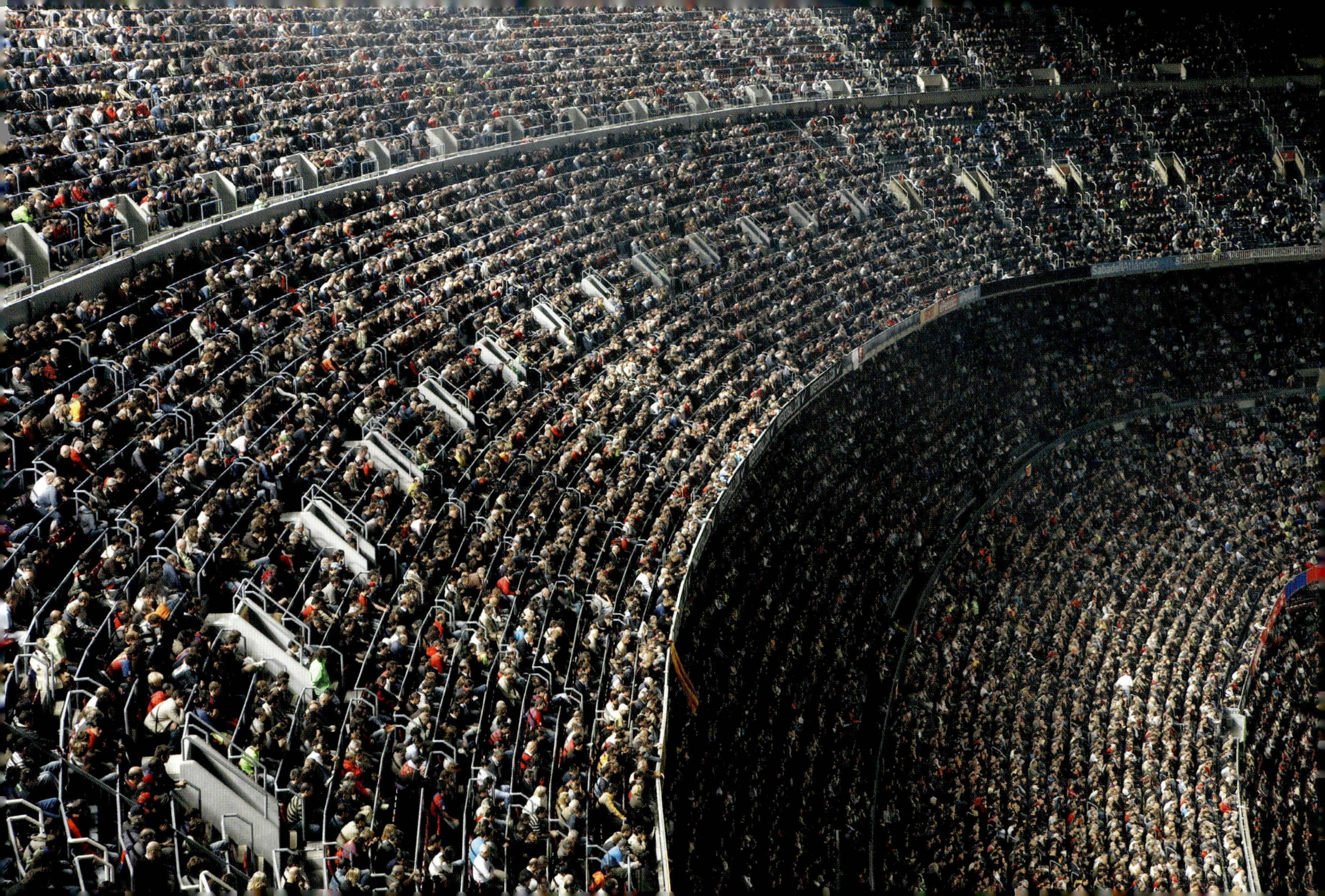

CAPITOL
WASHINGTON, USA

Die größten Parlamentsgebäude der Welt | Senat und Repräsentantenhaus sind im Capitol untergebracht. George Washington legte 1793 den Grundstein für den Bau. Bis zu seiner Fertigstellung 1826 ließen sechs US-amerikanische Präsidenten und deren Architekten ihre Vorstellungen in die Planung und in die Bauarbeiten einfließen. Das Bauwerk ist immer wieder erweitert worden und umfasst heute 23 000 Quadratmeter.

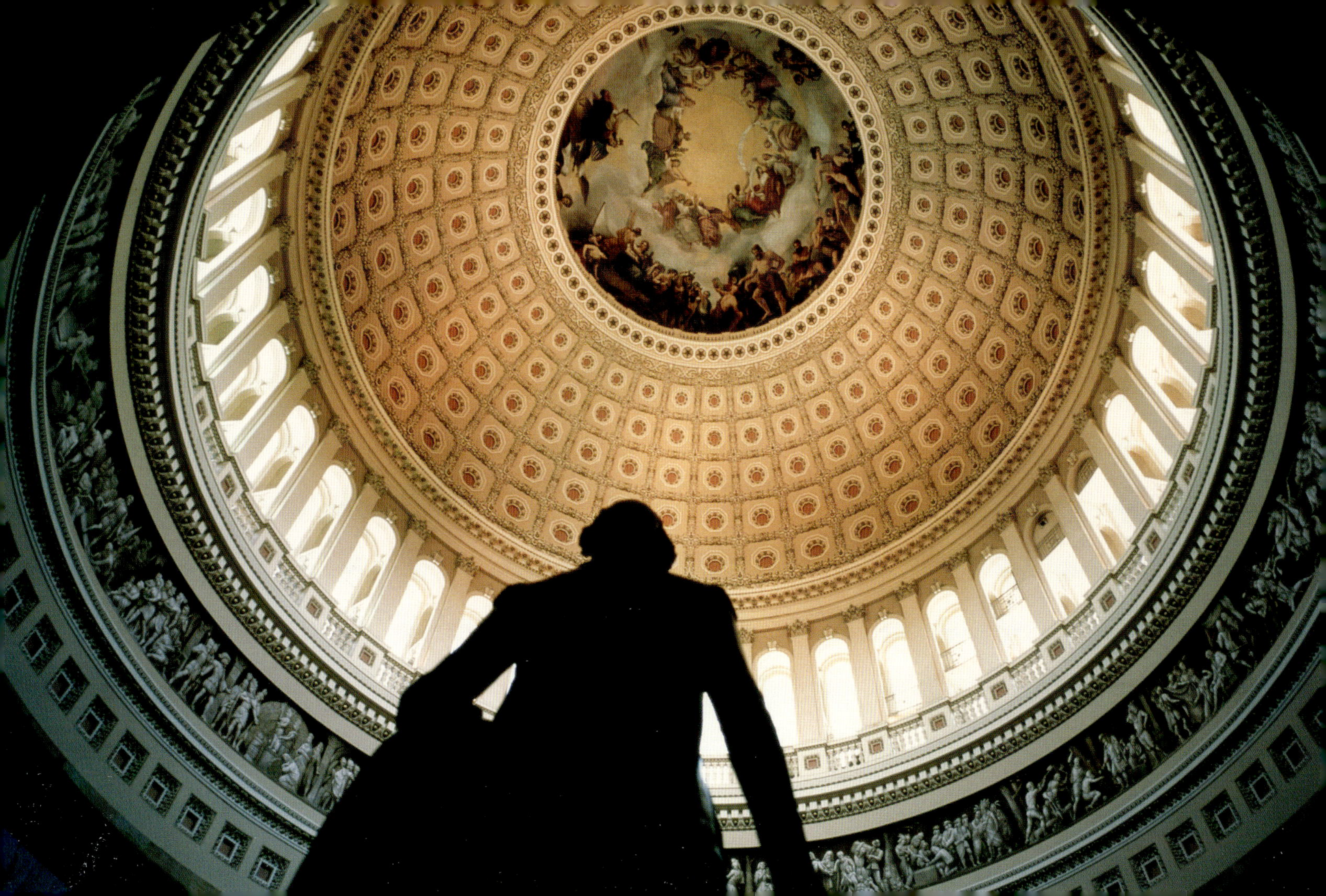

VERY LARGE ARRAY

NEW MEXIKO, USA

Die zweitgrößte Radioteleskopanlage der Welt | Die Radioteleskopanlage Very Large Array steht auf einem Plateau in 2124 Meter Höhe. Die 27 einzelnen Riesenantennen mit jeweils 25 Meter Durchmesser können auch sehr schwache Signale in einem breiten Wellenbereich empfangen. Auf Schienen werden die Kolosse bewegt, um in zahlreichen Positionskombinationen bestmöglich ins Weltall zu lauschen.

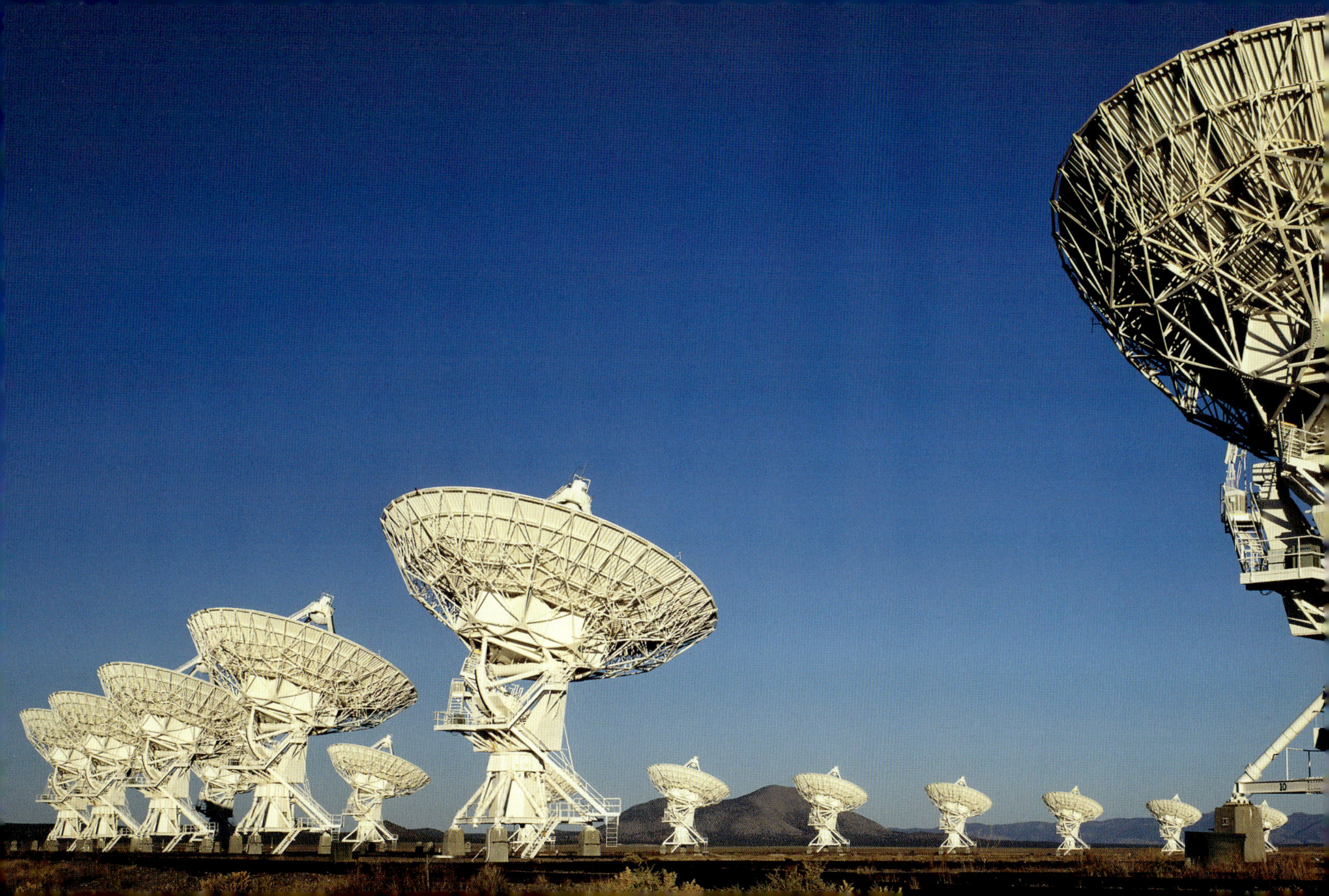
10

STONEHENGE
ENGLAND

Das bedeutendste Megalithbauwerk der Welt | Der jungsteinzeitliche, 5000 Jahre alte Steinkreis gibt bis heute Rätsel auf, denn wie konnten diese meterhohen Monolithe überhaupt bewegt werden und welchem Zweck diente der Steinkreis? Forscher vermuten heute eine Kombination aus kultischen Zwecken und astronomischer Funktion, weil die Steine exakt auf den Sonnenaufgang bei der Sommer- und Wintersonnwende ausgerichtet sind.

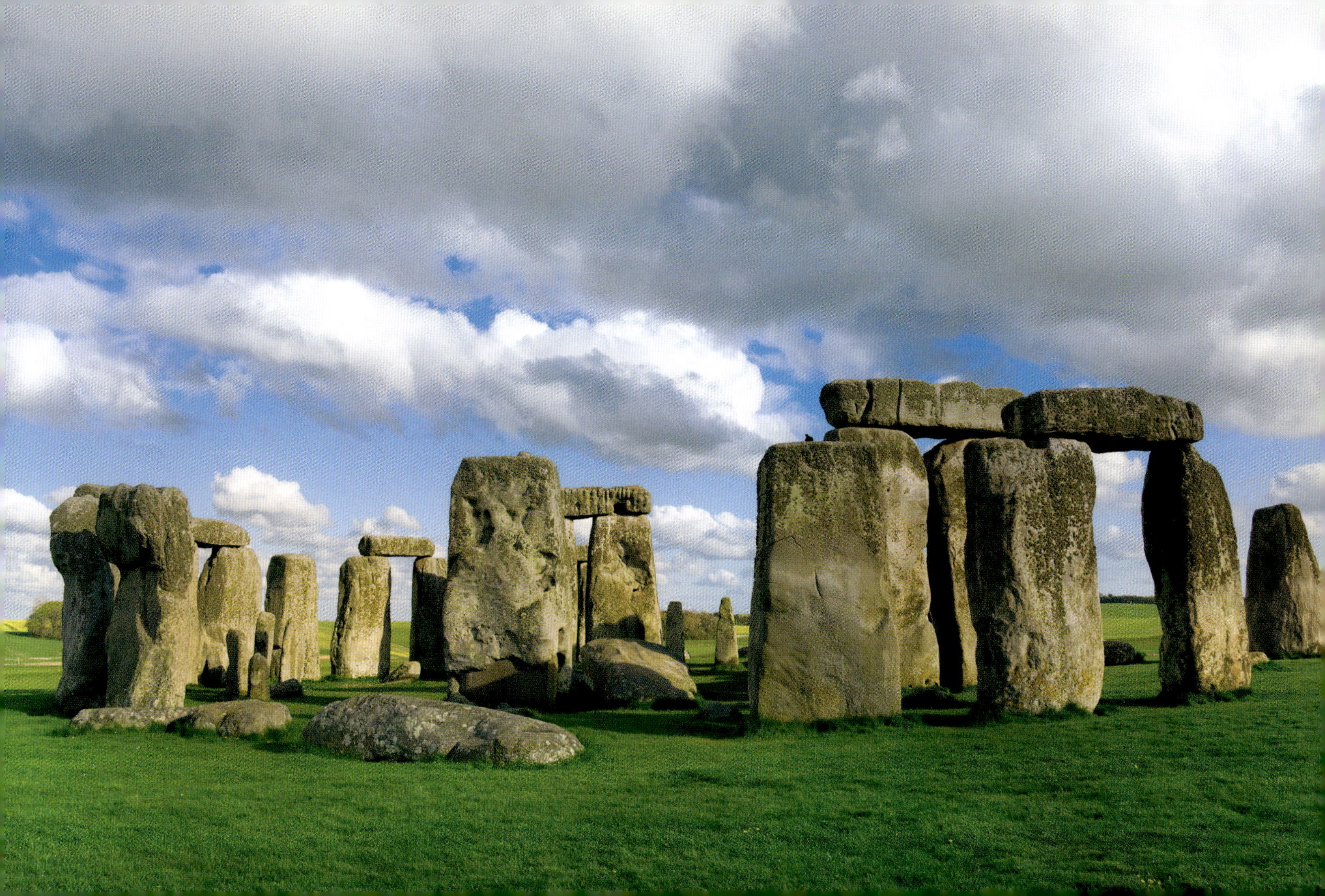

TIZI-N-TICHKA
ATLASGEBIRGE, MAROKKO

Die höchsten Passstraßen Afrikas | Die Passhöhe der höchsten Passstraße Marokkos liegt im Atlasgebirge und befindet sich auf 2260 Metern über dem Meeresspiegel. Der Pass ist einer von zwei wichtigen Pässen über den Hauptkamm des Hohen Atlas und Teil der Verbindungsstraße zwischen Marrakesch und Ouarzazate, sie führt vom Atlantik Richtung Sahara.

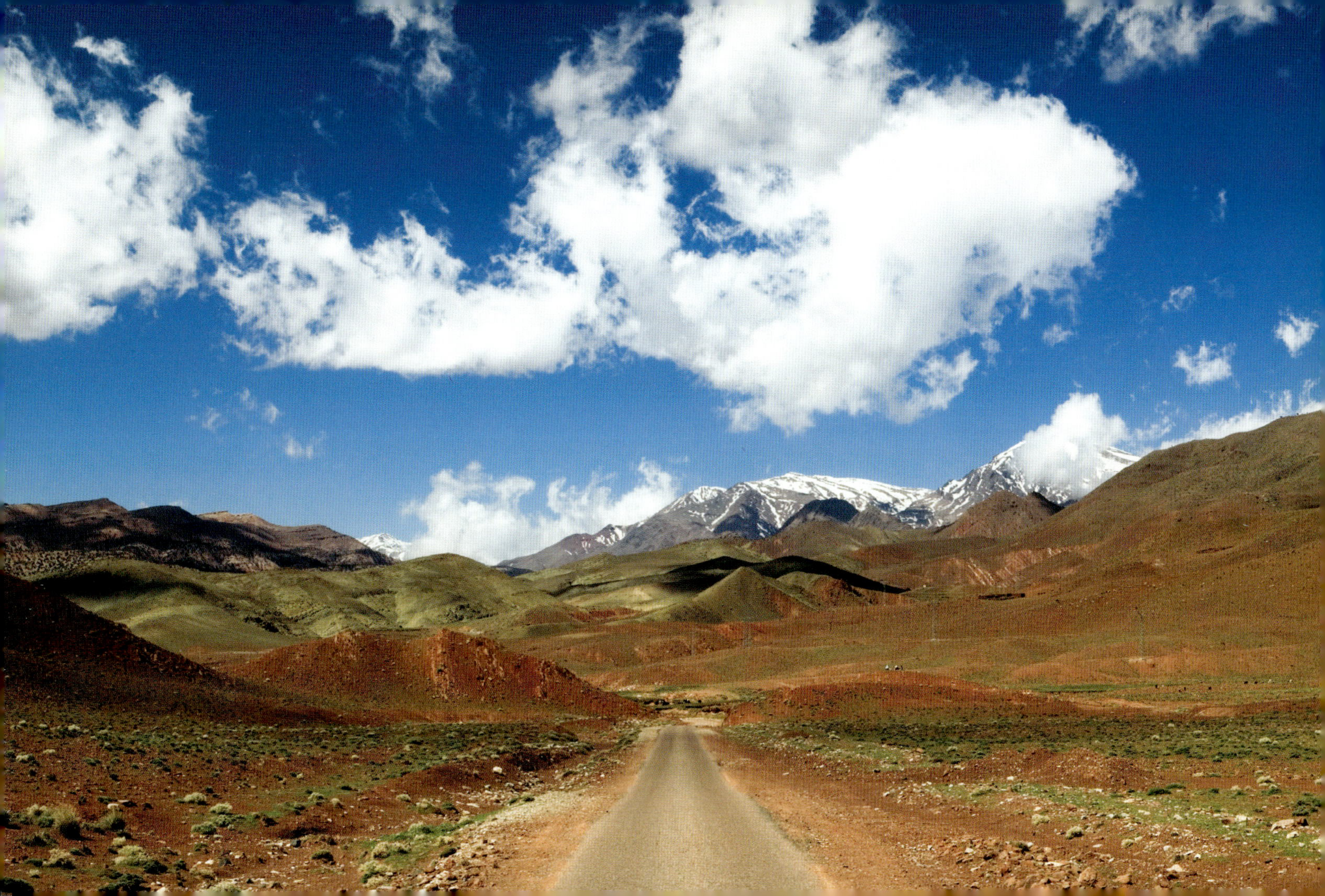

CHINA RAILWAY HIGH-SPEED
CHINA

Das schnellste Schienensystem der Welt | Am 3. Dezember 2010 erreichte ein Zug des Typs CRH 380A auf der Strecke Shanghai-Hangzhou mit 486,1 km/h die höchste Geschwindigkeit, die bei einem Serientriebwagenzug je gemessen wurde. China verfügt über eine imposante Flotte von Hochgeschwindigkeitszügen. Derzeit sind fünf Baureihen mit Betriebsgeschwindigkeiten von über 200 km/h im Verkehr.

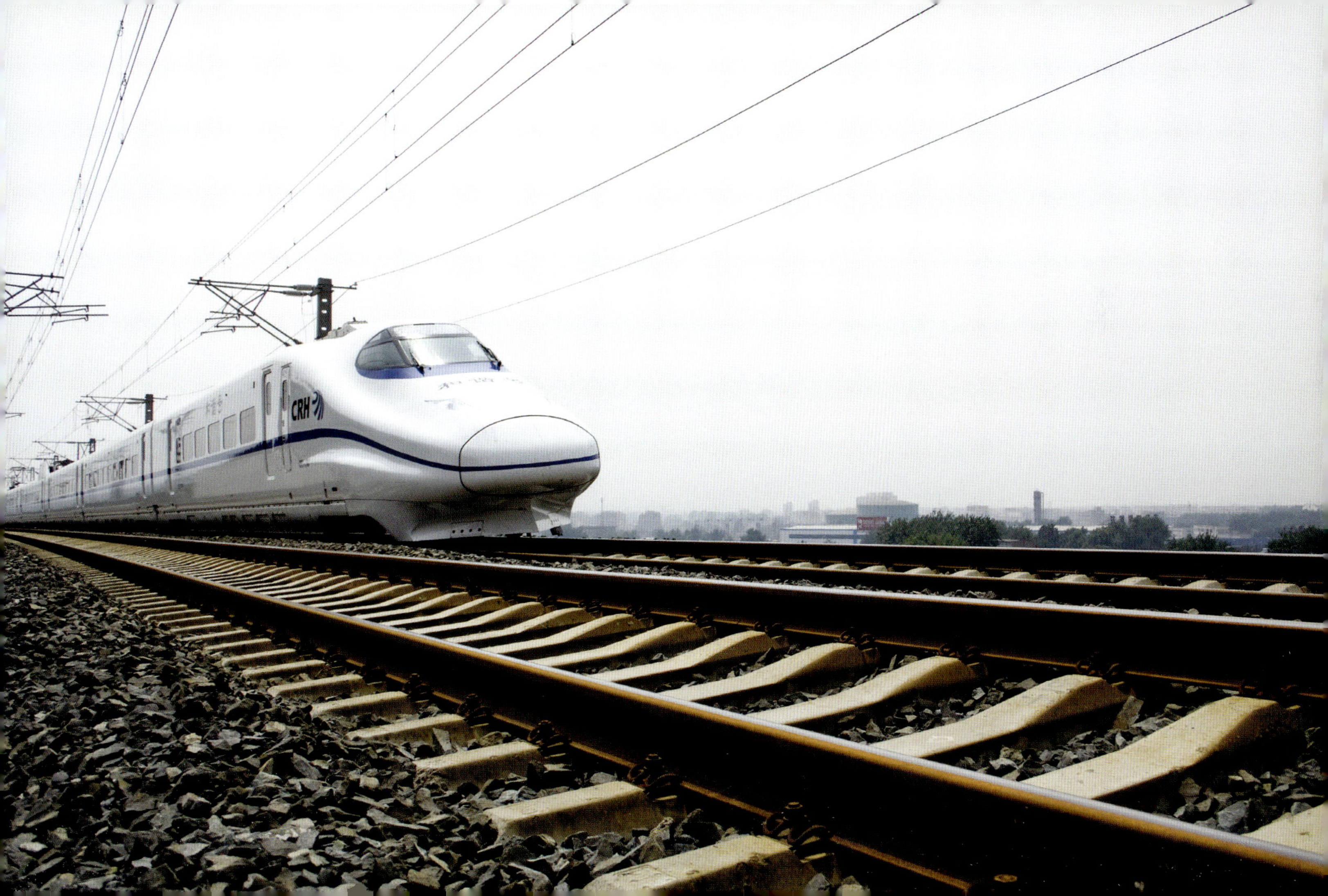
CRH

VIADUC DE MILLAU
FRANKREICH

Die längste Schrägseilbrücke der Welt | Wie ein Faden durch ein Nadelöhr führt die Autobahn durch die gespaltenen Pfeiler des Viaduc de Millau. Diese mit 2460 Metern längste Schrägseilbrücke der Welt erstreckt sich zwischen zwei unterschiedlich hohen Plateaus über die hügelige Landschaft des Tarn-Tals in Südwestfrankreich. Einen weiteren Rekord weisen die Brückenpfeiler auf: Sie sind 343 Meter hoch und somit die höchsten weltweit.

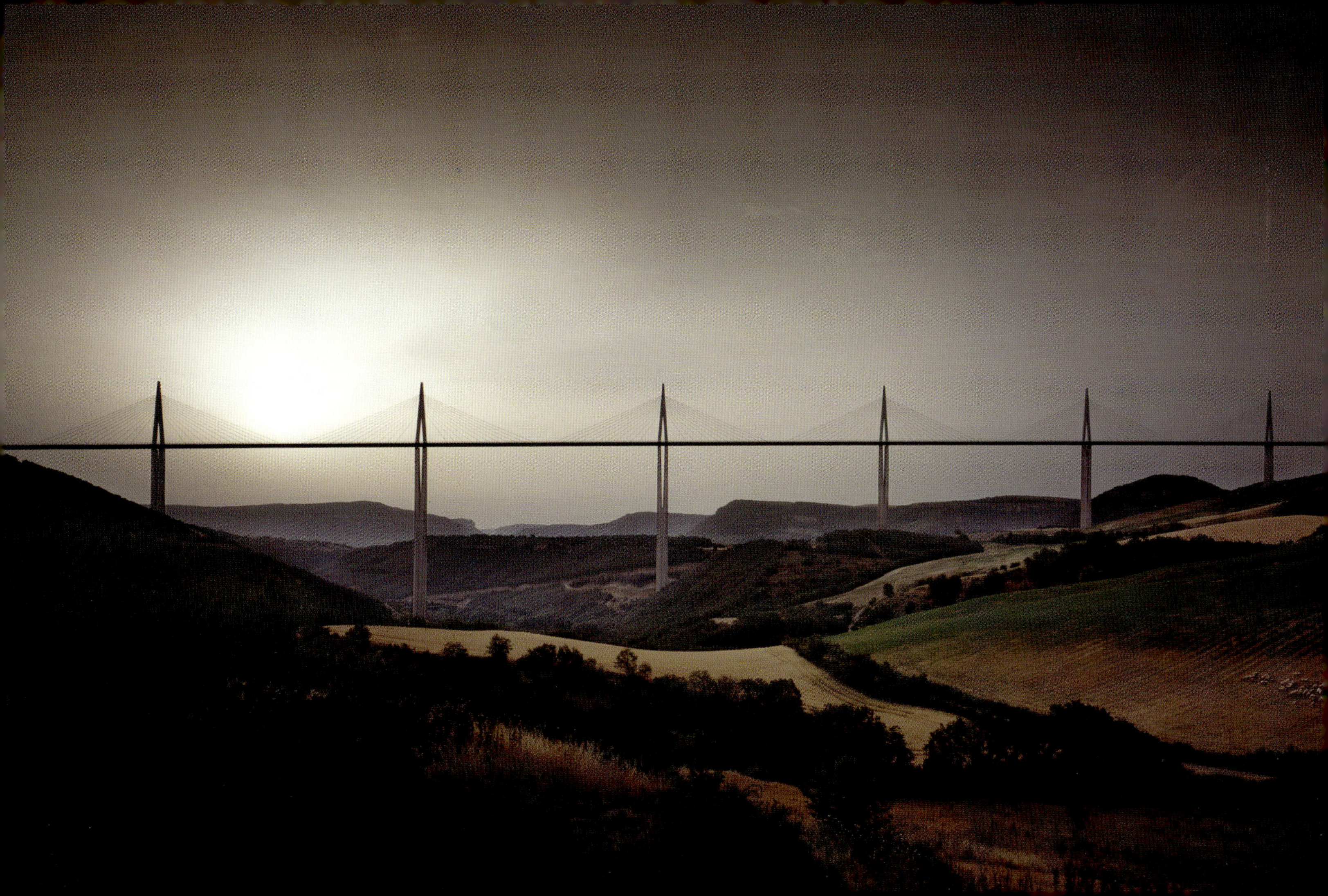

MINAKSHI-SUDARESHVARA-TEMPEL

MADURAI, INDIEN

Die bedeutendsten Tempelanlagen des Hinduismus | Der im 17. Jahrhundert errichtete Minakshi-Sudareshvara-Tempel zählt zu den großartigsten Bauten der südindischen Sakralarchitektur. Der riesige Komplex bedeckt eine Fläche von nicht weniger als sechs Hektar und umfasst zahlreiche Tempel, Schreine und Säulenhallen. Das Bild zeigt einen der reich dekorierten Wandelgänge des Heiligtums.

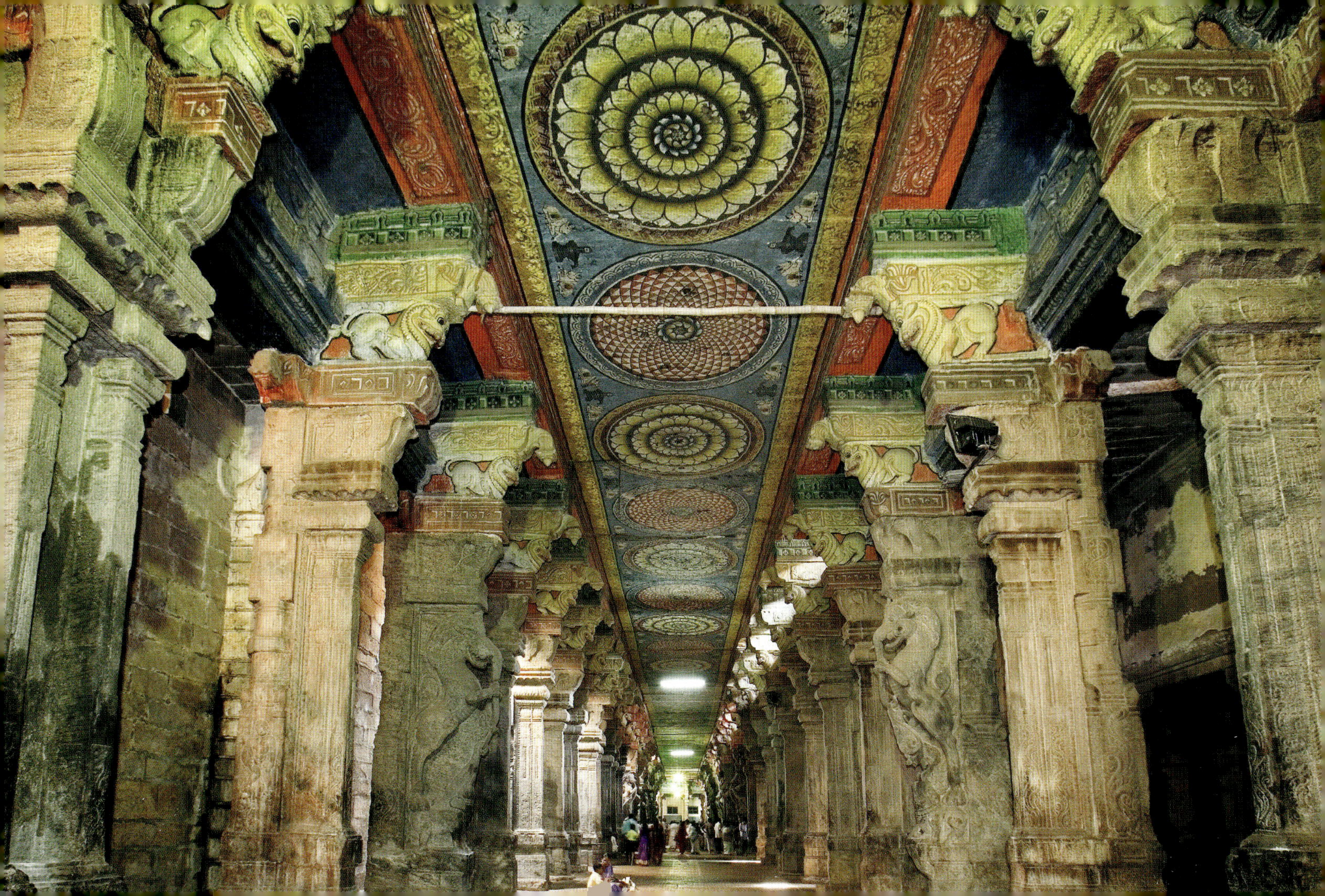

GRAB SETHOS I.
ABYDOS, ÄGYPTEN

Die bedeutendsten altägyptischen Tempelanlagen | Der ägyptische König Sethos I., Vater von Ramses II., ließ einen sehr großen Tempel in Abydos, am westlichen Nilufer etwa 150 Kilometer nördlich von Luxor, bauen. Die farbig bemalten Reliefs am Totentempel von Sethos I. sind gut erhalten und zählen zu den Höhepunkten der ägyptischen Reliefkunst. Sie zeigen historische und mythologische Szenen, wie König Sethos I. vor den Göttern.

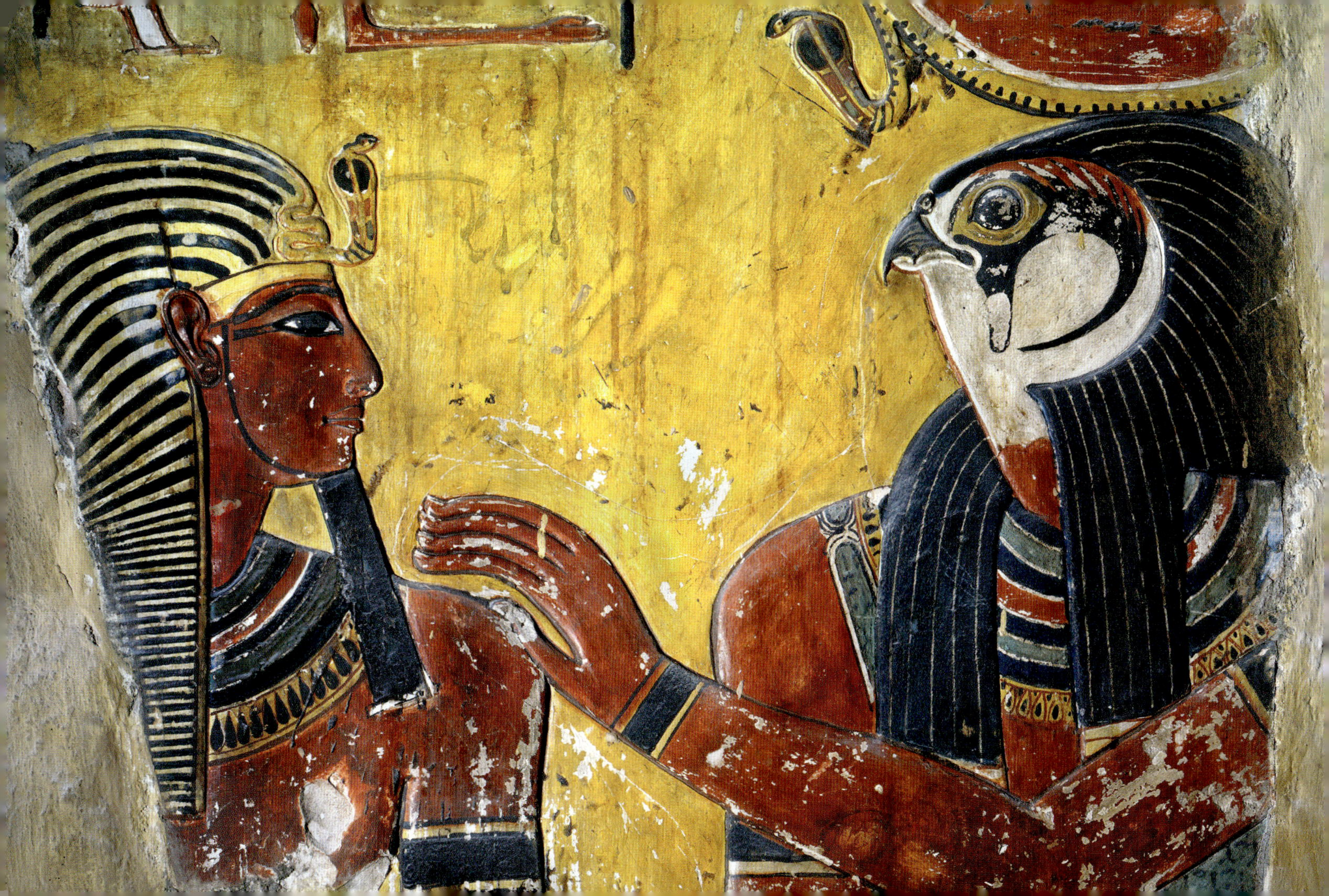

KAISERKANAL
CHINA

Der längste Binnenkanal der Welt | Dieser Binnenkanal, der Große Kanal, verbindet auf einer Strecke von 1800 Kilometern die chinesische Hauptstadt Bejing mit Hangzhou am Ostchinesischen Meer. Nicht nur eine einzige Wasserstraße umfasst der Kaiserkanal, sondern ein System von Kanälen, das seit seinen Anfängen, die vermutlich auf die Sui-Dynastie (581–618 n. Chr.) zurückgehen, immer wieder verändert und ausgebaut wurde.

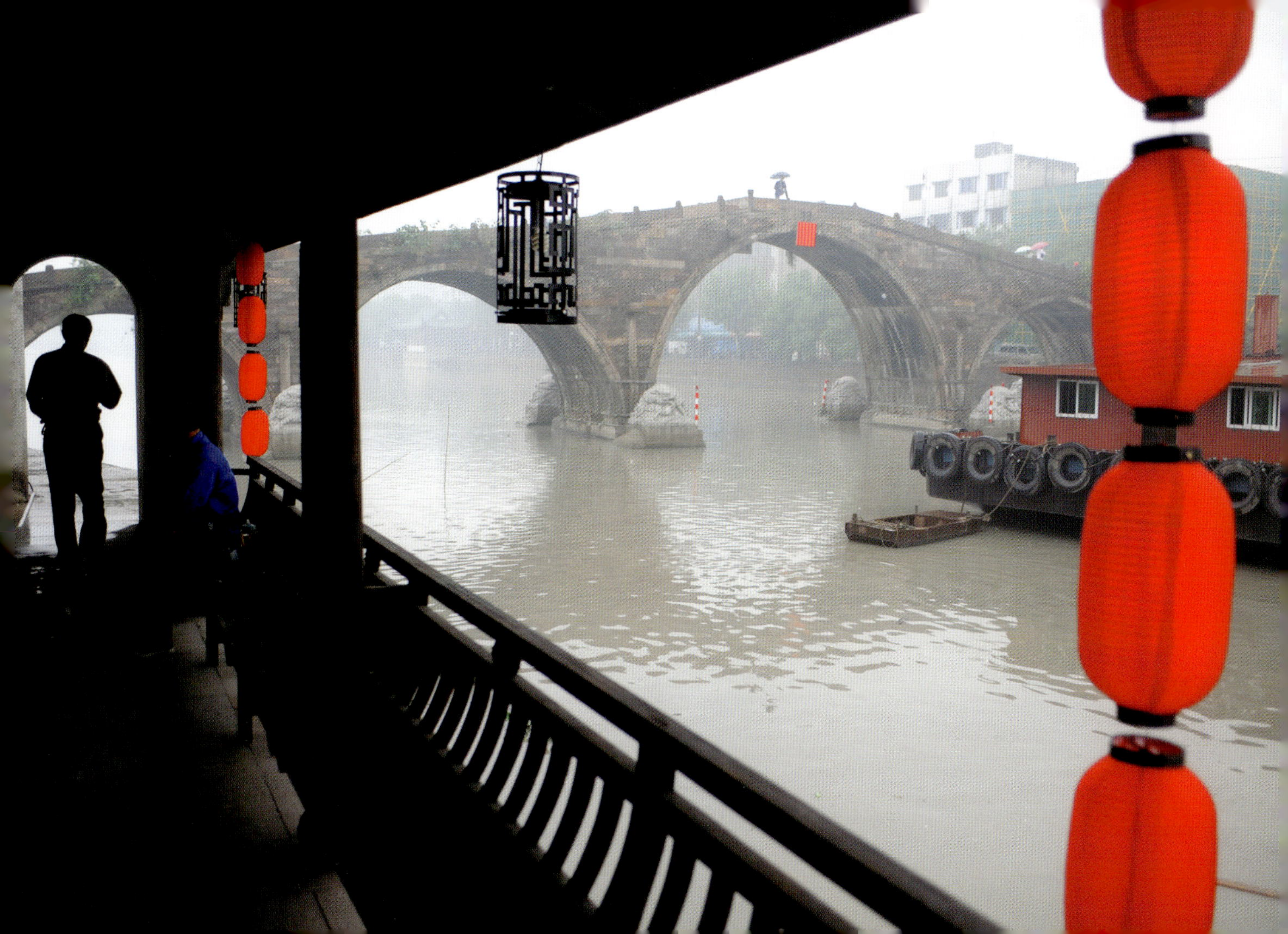

LATEINISCHE SCHRIFT

Die verbreitetsten Schriften der Welt | Die lateinische Schrift ist nicht zuletzt dank ihrer Einfachheit das am häufigsten genutzte Schriftsystem der Welt – noch vor der chinesischen und arabischen Schrift. Sie umfasst nur 26 Zeichen und ist daher leichter zu erlernen als andere Schriftsysteme. Heute wird die lateinische Schrift in Europa, Amerika, Australien, Südostasien und weiten Teilen Afrikas als ausschließliches Schriftsystem verwendet.

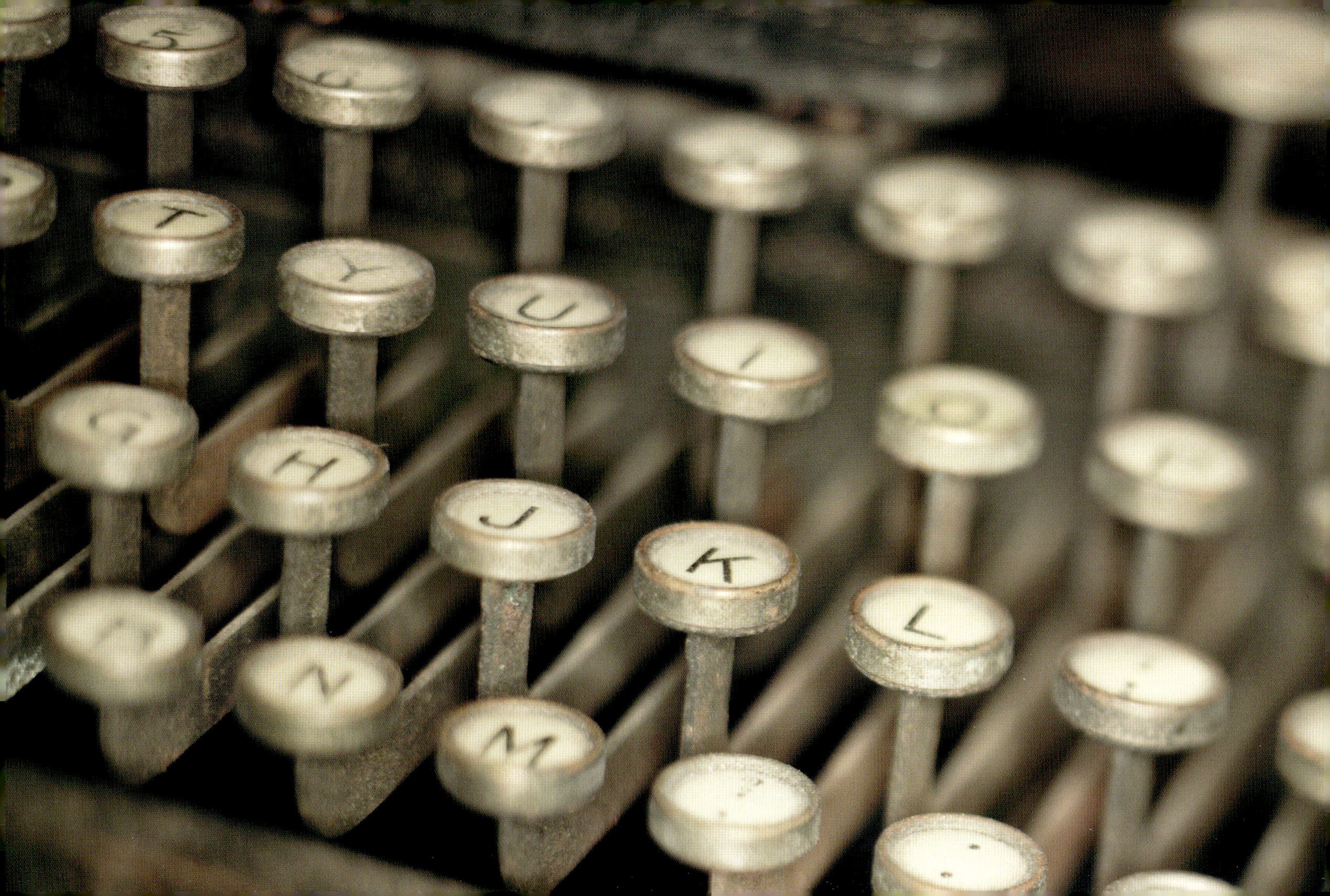

5
T
Y
U
I
G
H
J
K
L
N
M

KLAGEMAUER
JERUSALEM, ISRAEL

Das bedeutendste Heiligtum der Juden | Nur 60 Meter der Klagemauer verlaufen über der Erde. Der größte Teil wurde nach der Zerstörung des Tempels 70 n. Chr. überbaut und ist durch einen 483 Meter langen Tunnel über den Vorplatz zugänglich. Aufgrund der Teilung der Stadt nach dem israelisch-arabischen Krieg von 1948 war der Zugang zur Klagemauer den Juden versperrt. Seit dem Ende des Sechstagekriegs ist er wieder offen.

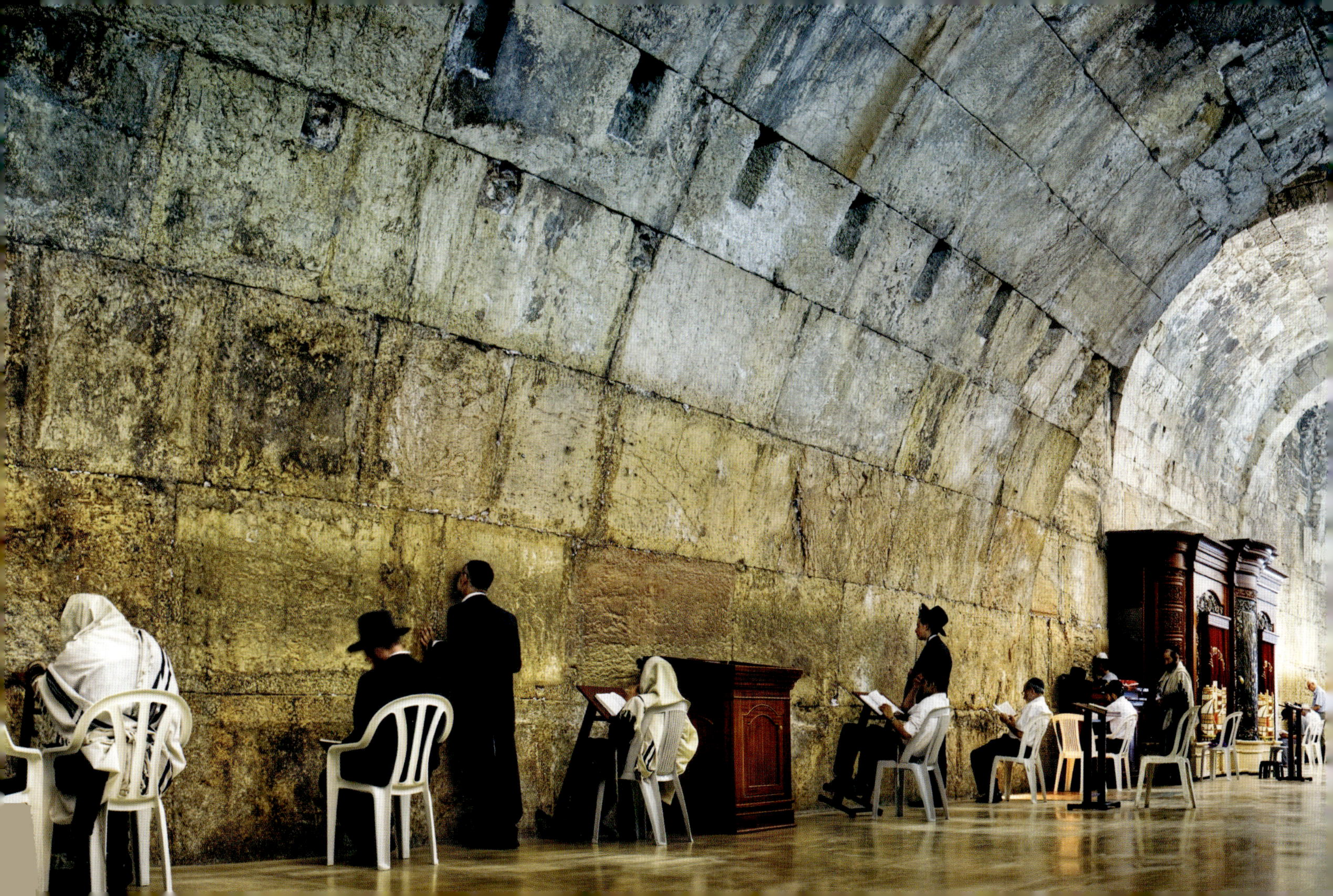

PALMYRA
SYRIEN

Die bedeutendsten antiken Tempel | In der syrischen Wüste zeugen monumentale Ruinen von der politischen und wirtschaftlichen Macht der römischen Kolonie Palmyra und vom Reich der Herrscherin Zenobia. Die Fürstin, die ab 267 über das Palmyrische Reich regierte, baute die Stadt nach römischem Vorbild zu einer Residenz aus. Zeugnisse der Baukunst sind der Baal-Tempel und eine Säulenstraße mit dem Hadriansbogen.

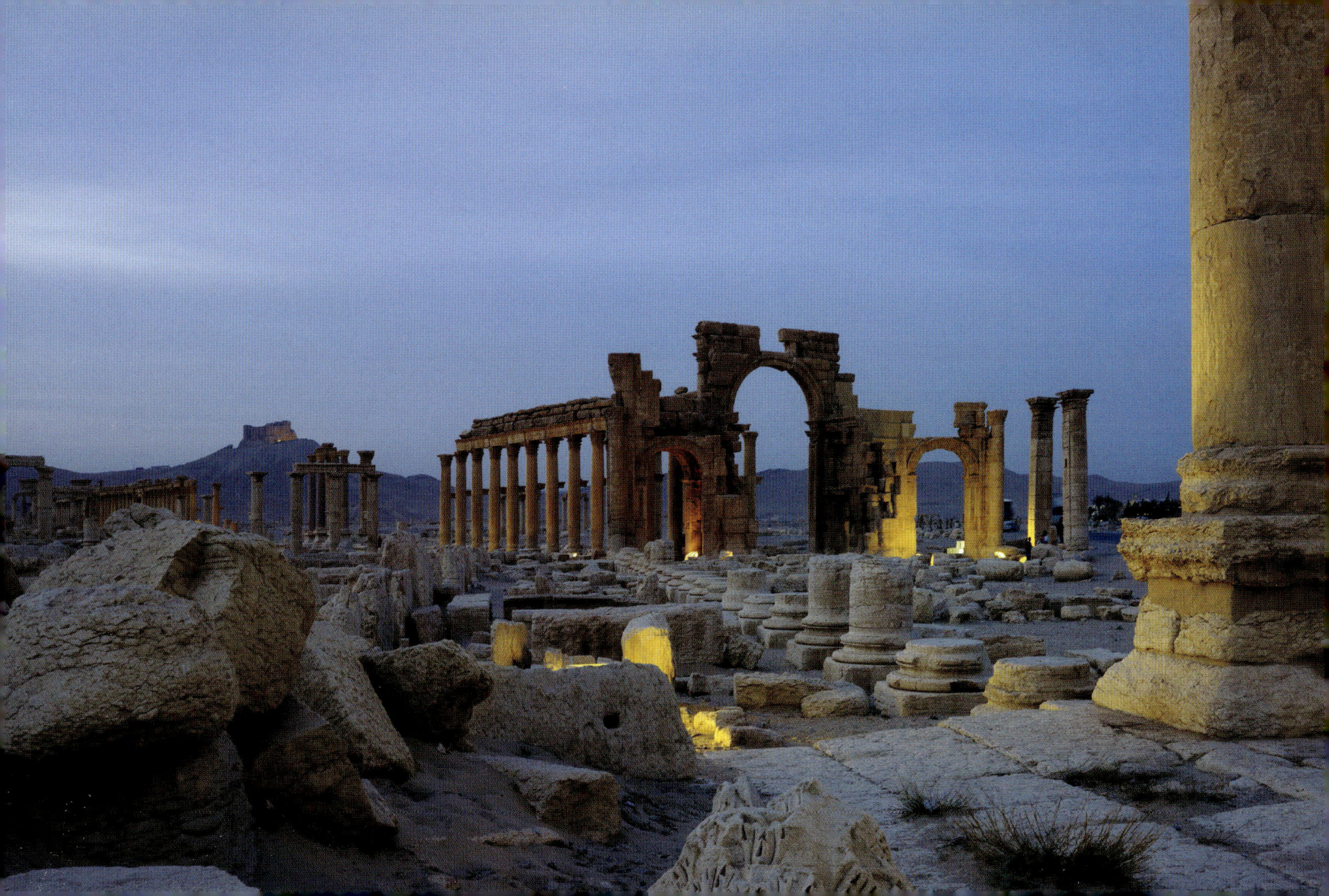

ÄGYPTEN THEBEN

Die bedeutendsten altägyptischen Tempelanlagen | Tempelanlagen und Grabstätten zeugen vom einstigen Glanz Thebens, der Stadt des Gottes Amun, die während des Mittleren Reiches Hauptstadt Ägyptens war. Der Medinet-Habu-Tempel liegt am westlichen Nilufer und ist Teil der Nekropole von Theben. Noch heute überwältigt der Große Säulensaal mit den 134 in 16 Reihen angeordneten und mit Hieroglyphen verzierten Säulen.

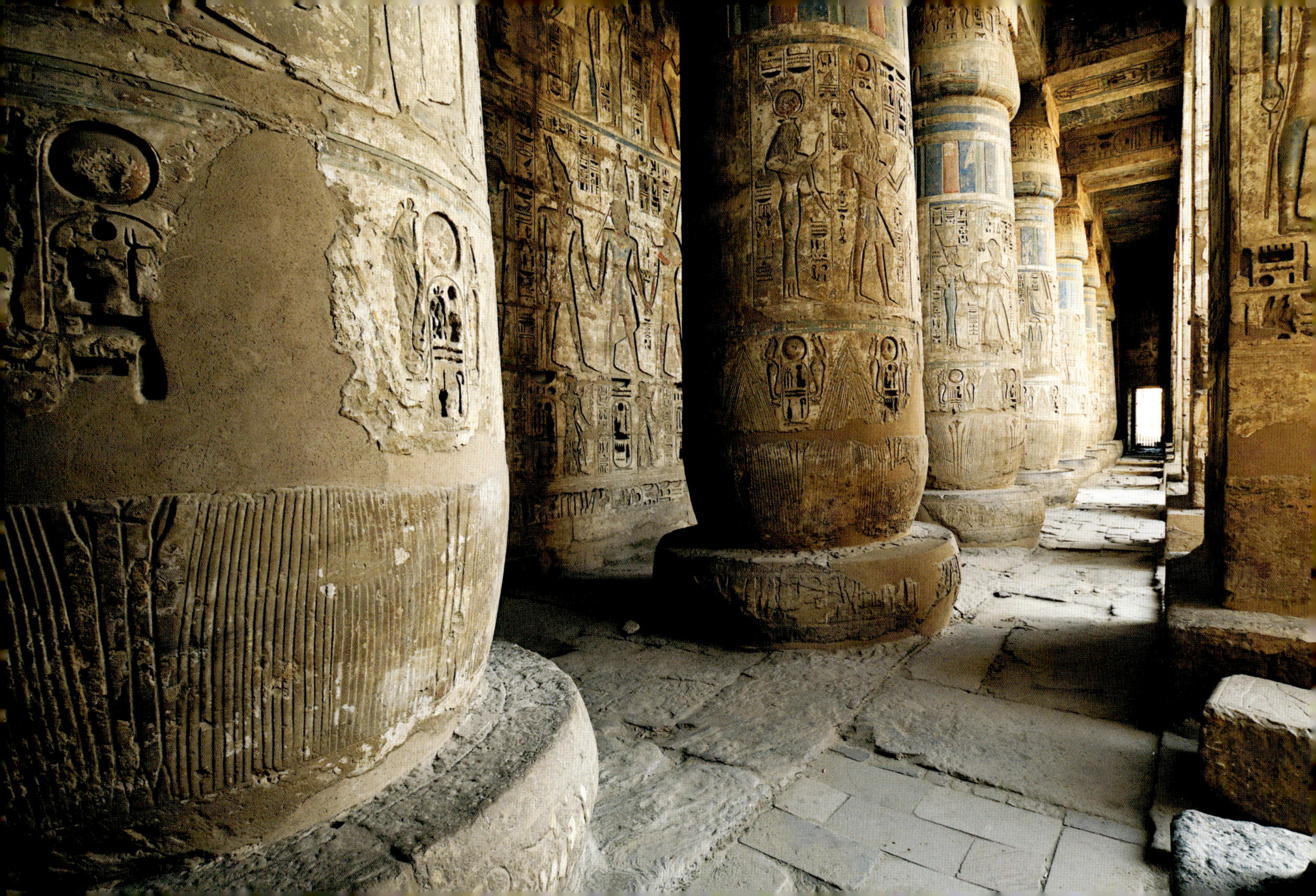

GRABES-KIRCHE
JERUSALEM, ISRAEL

Die bedeutendsten Pilgerstätten des Christentums | Die Grabeskirche am Hügel Golgatha befindet sich an der überlieferten Stelle der Kreuzigung und des Grabes Jesu. Der Komplex aus über- und aneinandergebauten Kapellen sechs christlicher Konfessionen (römisch-katholische, griechisch-orthodoxe, armenisch-apostolische, syrisch-orthodoxe, äthiopisch-orthodoxe Kirche, Kopten) ist eines der wichtigsten christlichen Heiligtümer.

ΘΕΟΡΡΥΤΩ ΑΙΜΑΤΙ ΚΕΝΩΘΕΝΤΙ ΔΕΣΠΟΤΑ ΧΡΙΣΤΕ

CRISTO REDENTOR

RIO DE JANEIRO, BRASILIEN

Die berühmteste Christus-Statue der Welt | Nicht die höchste, mit rund einer Million Besuchern jährlich aber die populärste aller Christus-Statuen und oft kopiert ist der »Cristo Redentor« (Christus der Erlöser) auf dem Hausberg Corcovado von Rio de Janeiro. Mit ausgebreiteten Armen, bei einer Spannweite von 28 Metern, blickt die 30 Meter (ohne Sockel) hohe Figur auf den Zuckerhut und die Guanabara-Bucht.

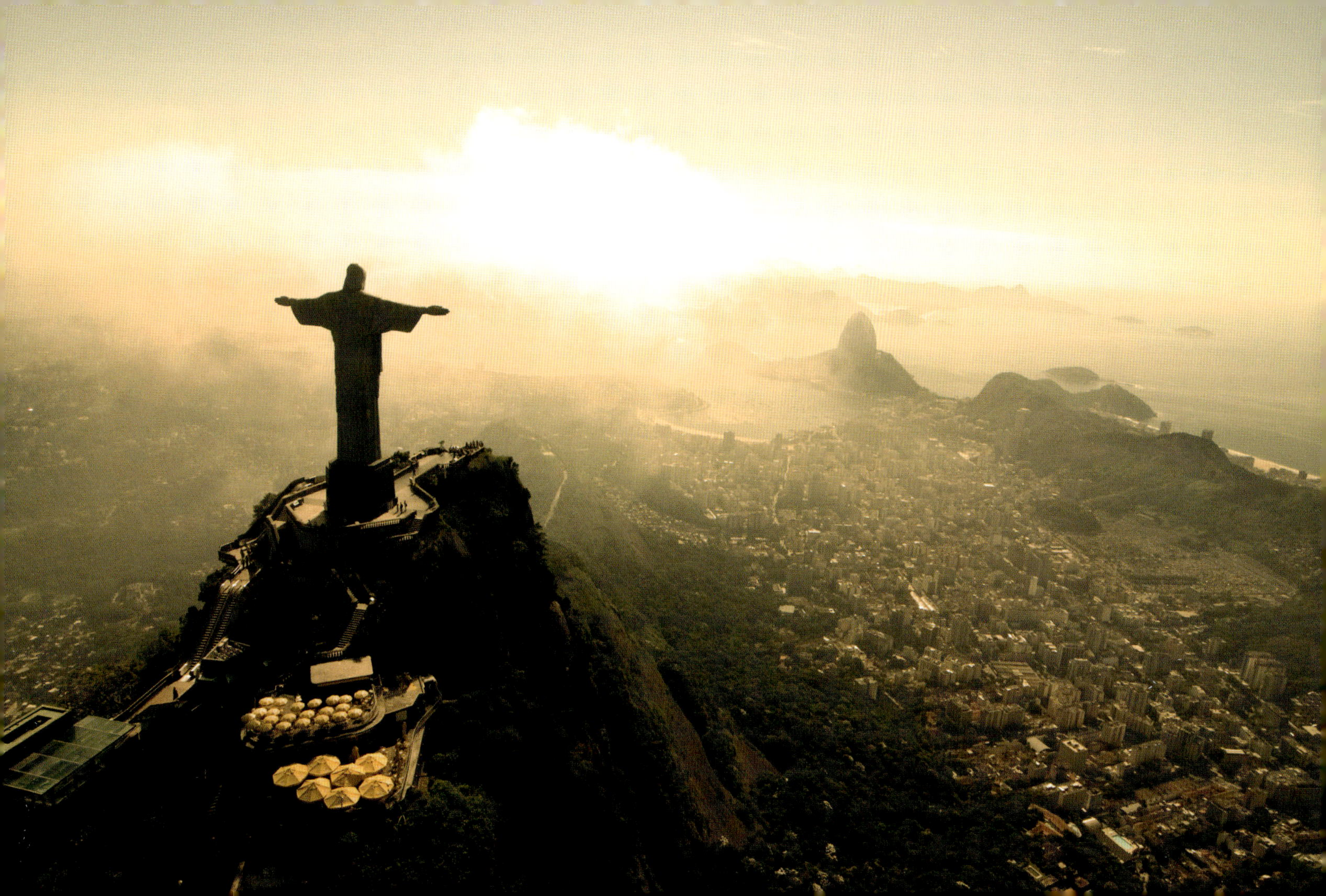

STEINKREIS VON CALLANISH

ISLE OF LEWIS, SCHOTTLAND

Die bedeutendsten Megalithenbauwerke der Welt | Die Felsmonolithen von Callanish auf der Insel Lewis, westlich von Stornoway, sind eine prähistorische Stätte von Weltrang. Exakt 47 Menhire kann man noch heute besichtigen, zwischen 3000 und 1500 v. Chr. wurden sie in verschiedenen Etappen von Menschenhand in Form eines Sonnenkreuzes angeordnet. Der Steinkreis ist das Wahrzeichen der »Western Isles«.

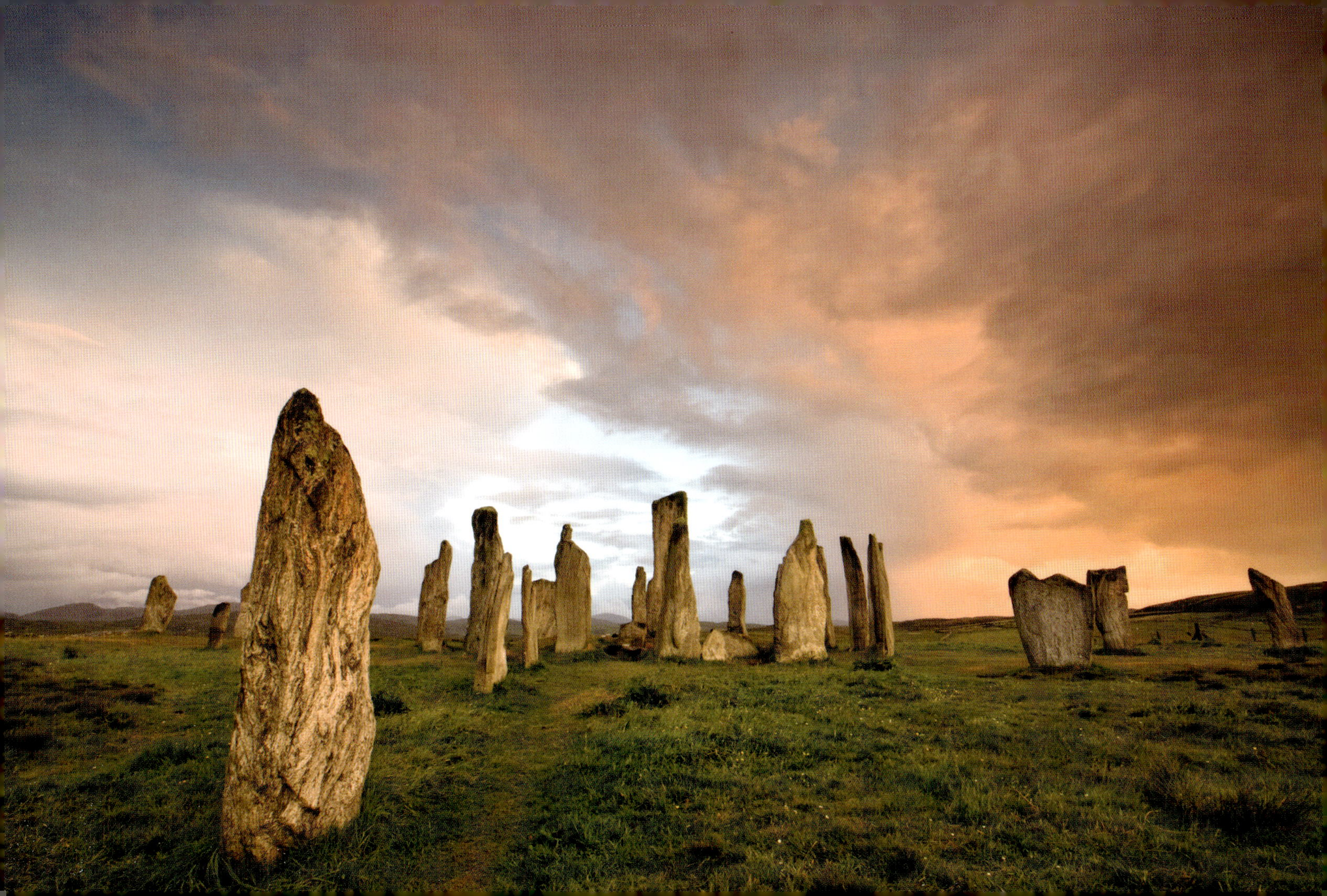

POSEIDON-TEMPEL

CAP SOUNION, GRIECHENLAND

Die bedeutendsten Bauwerke der griechischen Antike | Der Poseidontempel am Cap Sounion war eine heilige Stätte, an der die Seeleute um die Gunst des Meeresgottes Poseidon beteten. Er wurde etwa 440 v. Chr. unter der Regentschaft des Perikles als dorischer Peripteros, als Ringhallentempel, angelegt. Von den 42 dorischen Säulen stehen heute nur noch wenige aufrecht.

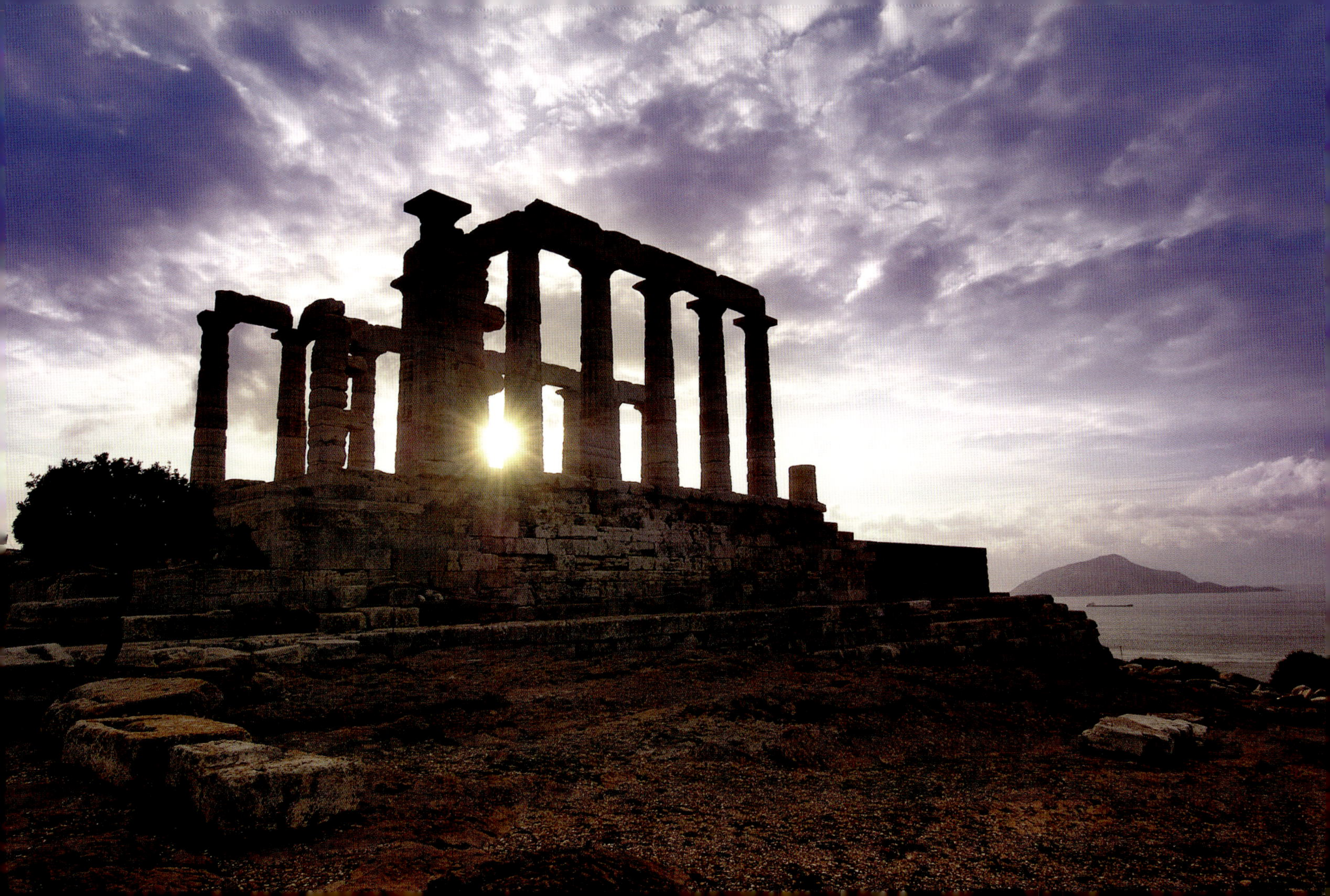

NORD-OSTSEE-KANAL
DEUTSCHLAND

Die längsten Kanäle der Welt | Der zweitlängste Kanal der Welt verbindet auf einer Strecke von fast 100 Kilometern die Nord- und Ostsee und ist der am meisten befahrene Meereskanal der Welt. Im Jahr 2011 wurde er von 35 522 Schiffen und damit von fast doppelt so vielen wie der Suezkanal passiert. Die gezeitenbedingten unterschiedlichen Wasserstände von Nord- und Ostsee werden durch Schleusen ausgeglichen.

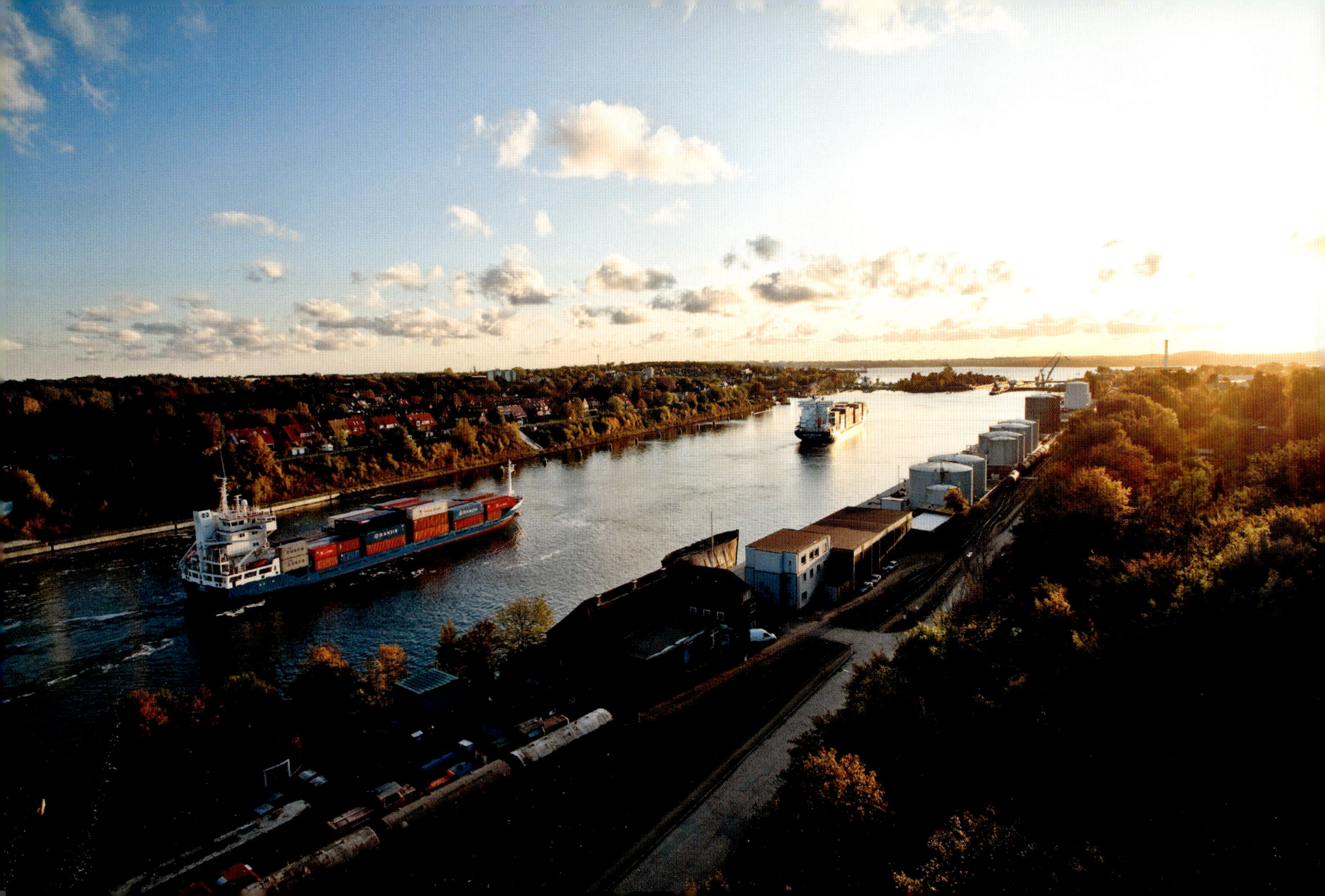

SHANGHAI
CHINA

Die imposantesten Skylines der Welt | In Shanghai stehen über 400 Wolkenkratzer. Symbol dieser Moderne ist Pudong, Sitz des Lujiazui-Finanzdistrikts. Dort ragt das Shanghai World Financial Center auf, das mit 492 Meter Höhe höchste Gebäude Chinas. Daneben befinden sich der Jin Mao Tower (421 Meter) und der Oriental Pearl Tower (468 Meter). Zurzeit entsteht der Shanghai Tower, der mit 632 Metern das höchste Gebäude Chinas sein wird.

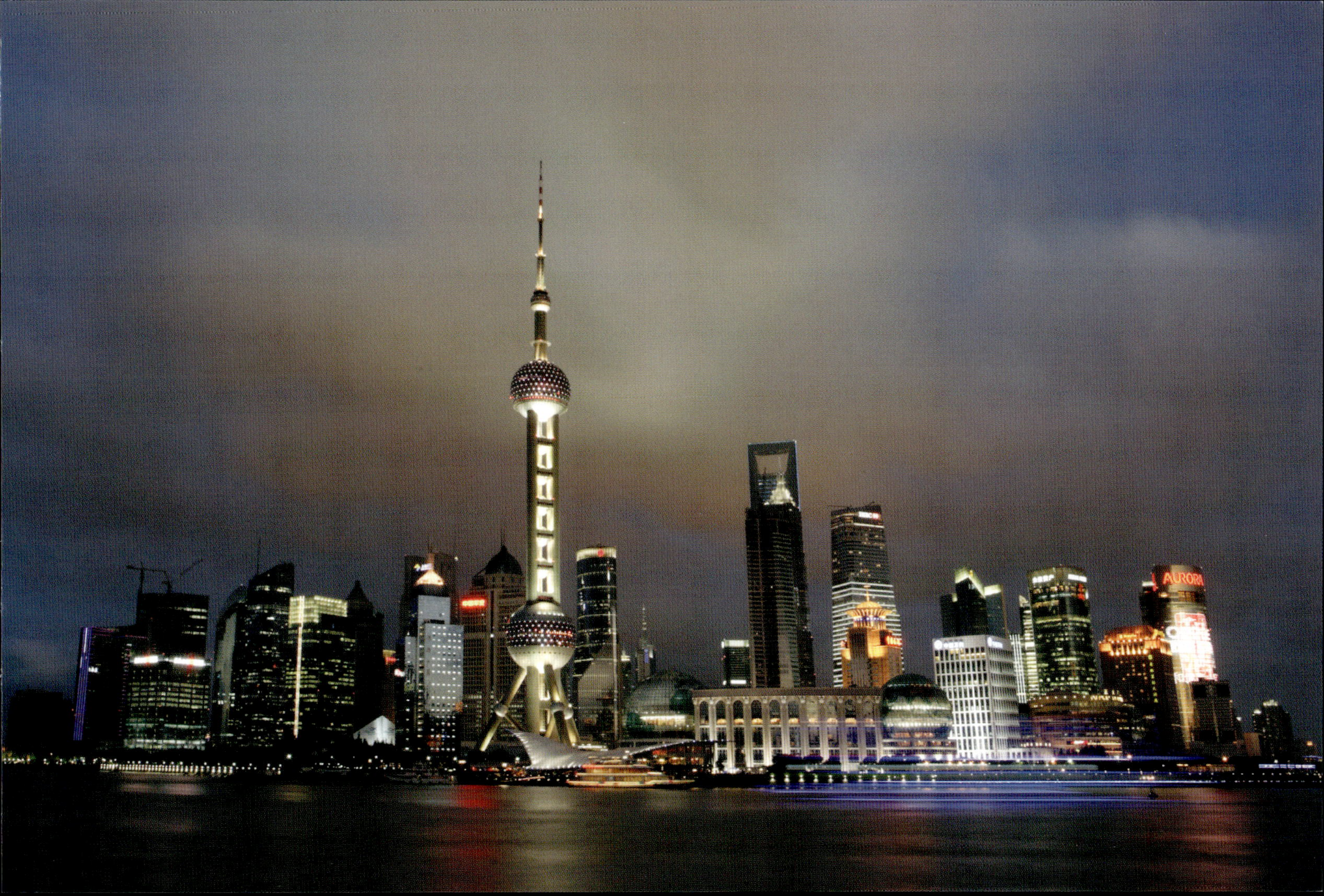
AURORA

PALAIS BOURBON

PARIS, FRANKREICH

Die größten Bibliotheken der Welt | Das Palais Bourbon wurde Anfang des 18. Jahrhunderts erbaut. Hier ist der Sitz der französischen Nationalversammlung, der ersten Parlamentskammer Frankreichs. Das Gebäude umfasst heute, mit einigen Nebengebäuden, 55 000 Quadratmeter Nutzfläche. Die umfangreiche Bibliothek, eine der größten Europas, weist ein berühmtes Deckengemälde von Eugène Delacroix auf.

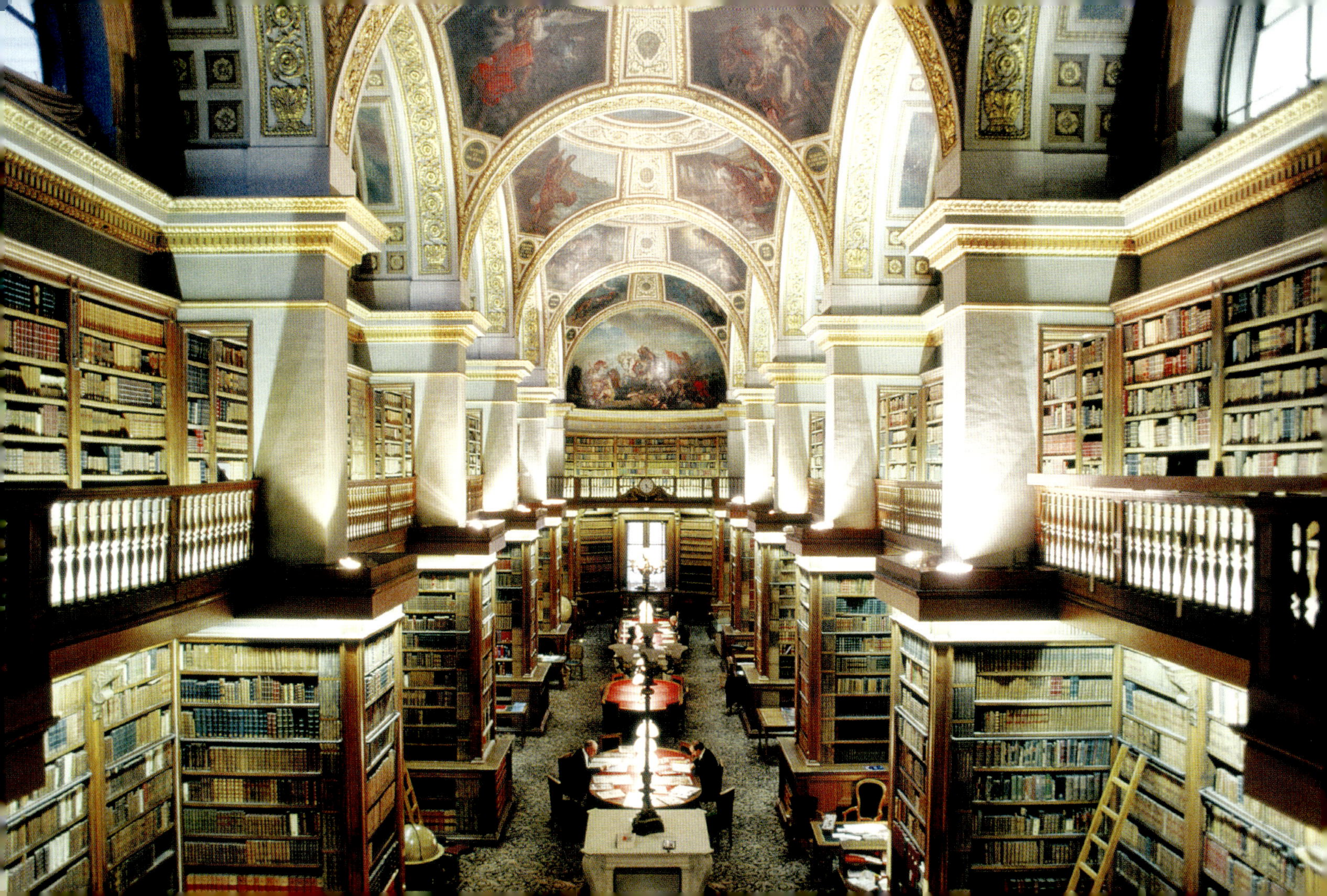

BERLIN BRANDENBURG
DEUTSCHLAND

Die größten Metropolregionen Europas | Diese Metropolregion wurde 2006 definiert. Sie umfasst nicht nur die deutsche Hauptstadt und ihr Umland, sondern darüber hinaus das Land Brandenburg und ist damit die flächenmäßig größte Metropolregion der Bundesrepublik. Während die Gebiete in Brandenburg überwiegend ländlich geprägt sind, zählt Berlin, mit etwa 6 Millionen Einwohnern, zu den bevölkerungsreichsten Metropolen Europas.

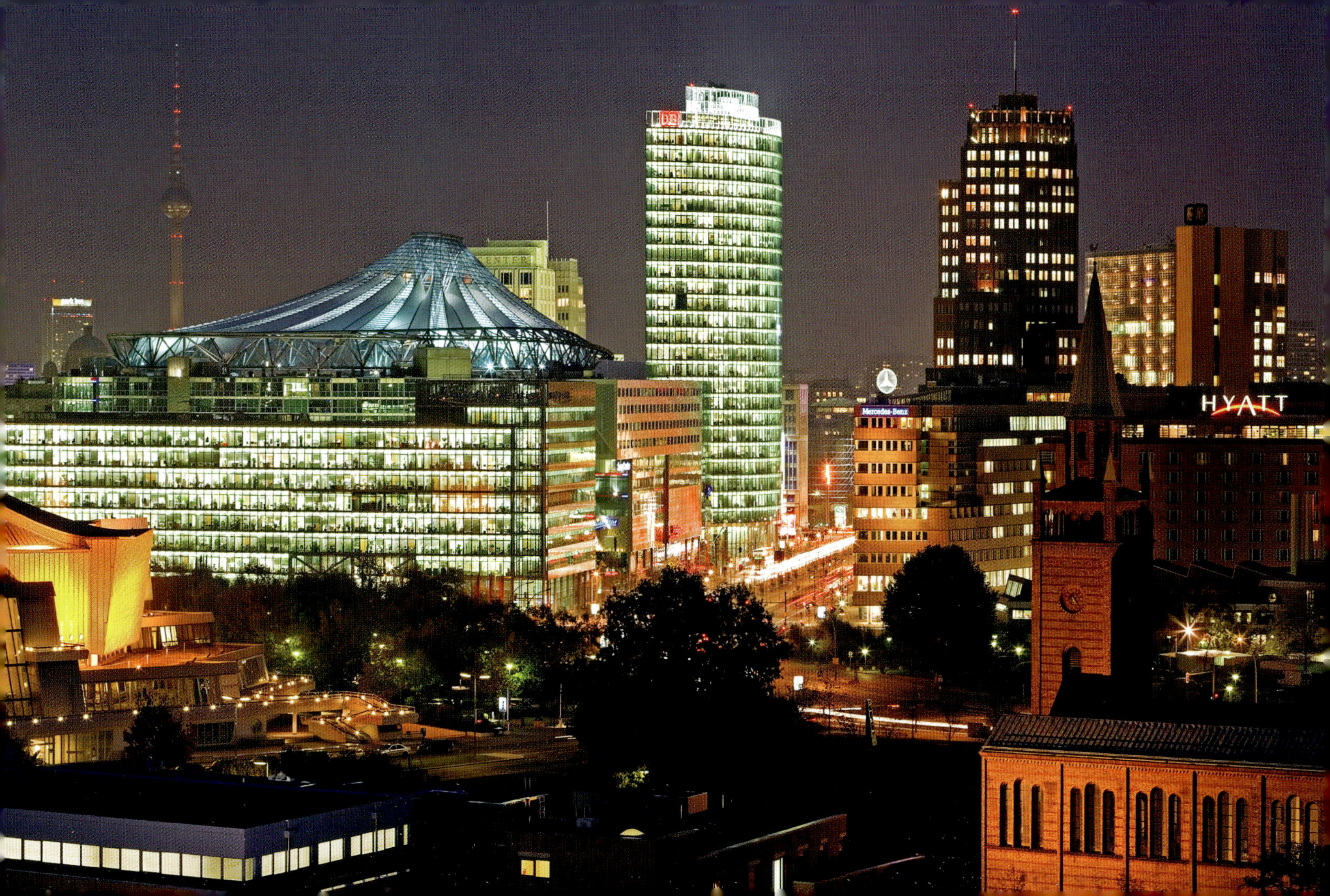
DB
Mercedes-Benz
HYATT

DUISBURG-RUHRORT-HAFEN
DUISBURG, DEUTSCHLAND

Die größten Binnenhäfen der Welt | Der Duisburger Hafen ist nach wie vor der wichtigste Binnenhafen Europas und der größte der Welt. Umgeschlagen werden 114 Millionen Tonnen Cargo jährlich. Bis in die 1980er-Jahre wurden hier vornehmlich Eisenerze und Kohle für die Stahlwerke an der Ruhr gelöscht. Mittlerweile aber ist in Duisburg ein riesiges Logistikunternehmen entstanden, das Speditionen bei ihren Geschäften unterstützt.

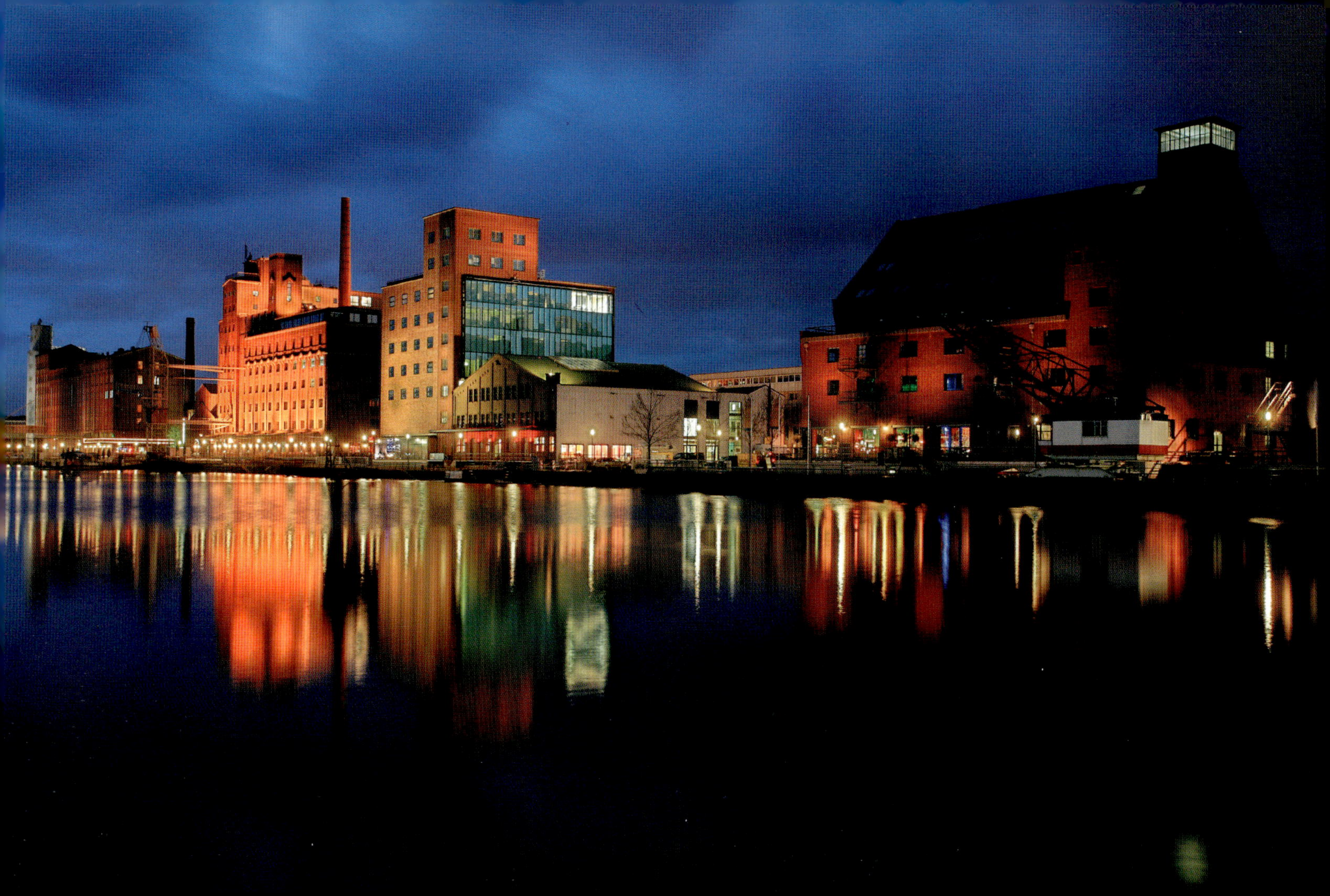

KANSAI
OSAKA/KOBE/KYOTO, JAPAN

Die größten Metropolregionen Asiens | Die Metropolregion (Osaka/Kobe/Kyoto) ist die nach Tokio bevölkerungsreichste und wirtschaftlich leistungsstärkste Japans. Das Bruttoinlandsprodukt, das in diesem Großraum mit rund 25 Millionen Einwohnern jährlich erwirtschaftet wird, reicht an das von Australien heran. Obwohl die drei Städte und ihr Umland zu einem urbanen Ballungsraum verschmolzen sind, hat jede ihre Eigentümlichkeiten bewahrt.

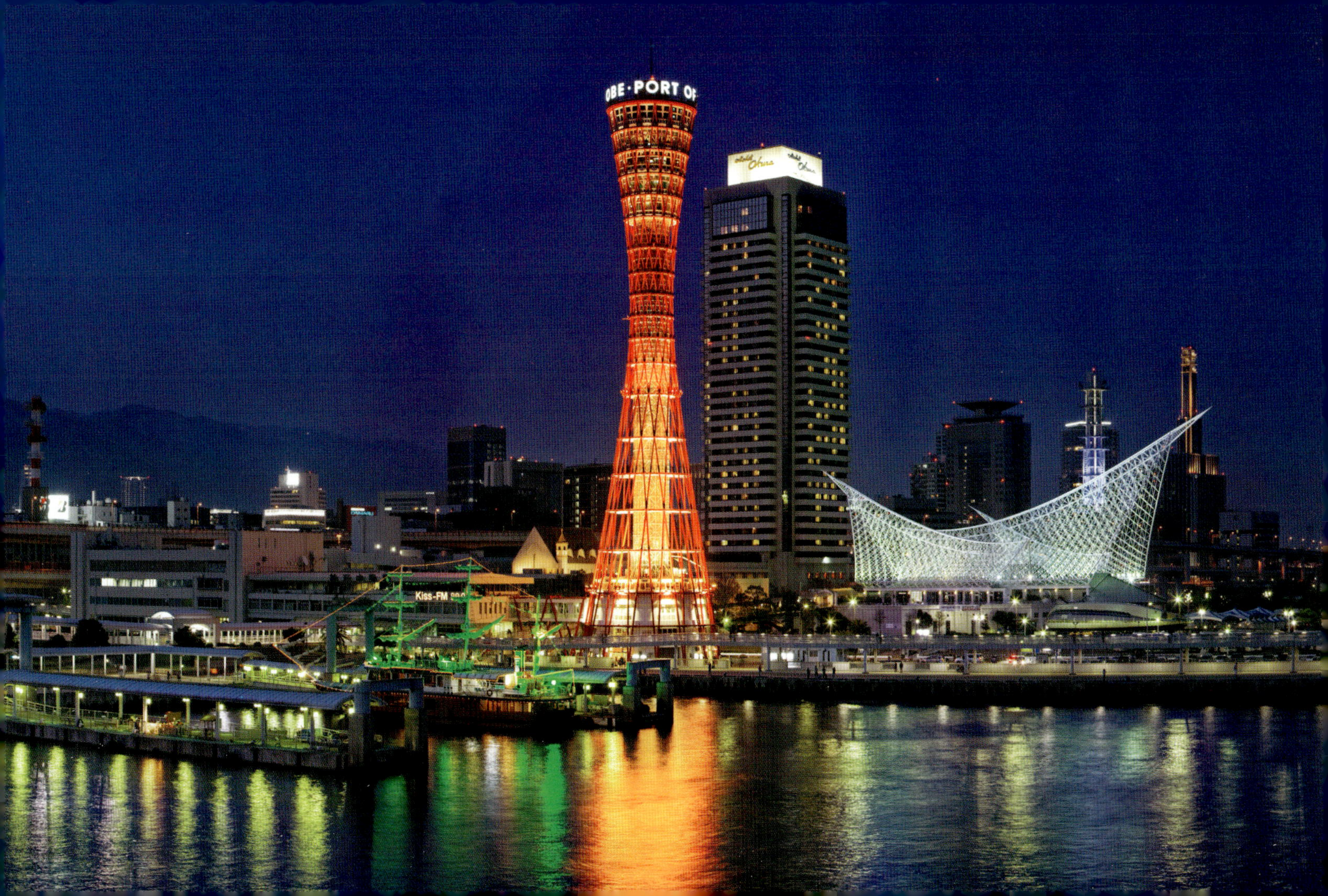
OBE·PORT OF
Kiss-FM

CHRYSLER BUILDING
NEW YORK CITY, USA

Die höchsten Skyscraper Nordamerikas | Bei seiner Vollendung 1930 war das Chrysler Building mit 319 Metern das höchste Gebäude der Welt. Es wurde jedoch schon 1931 vom Empire State Building übertroffen, war jedoch noch bis zur Eröffnung des 344 Meter hohen John Hancock Center 1969 das zweithöchste Gebäude der Welt. Der Wolkenkratzer ist mit der markanten Dachkonstruktion ein Klassiker des Art-déco-Stils.

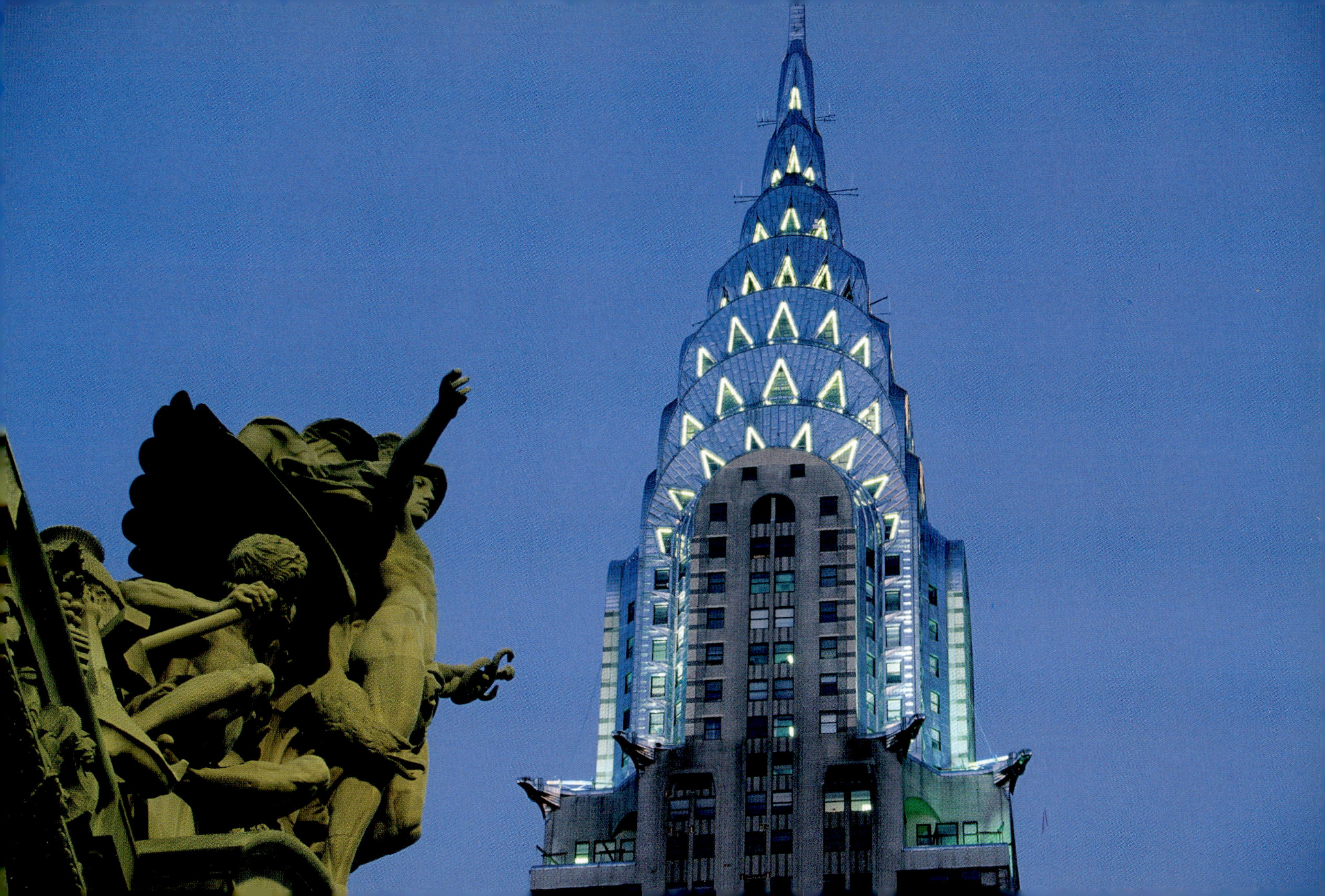

CHINA

Die größten Wirtschaftsmächte der Welt | Seit den 1978 unter Deng Xiaoping eingeleiteten Reformen wächst die Wirtschaft der Volksrepublik dynamisch, und so ist China heute die zweitgrößte Wirtschaftsmacht der Welt, gemäß dem BIP. Während das Bruttoinlandsprodukt 1980 noch bei 309,3 Milliarden US-Dollar lag, betrug es 2010 bereits fast 7 Billionen US-Dollar.

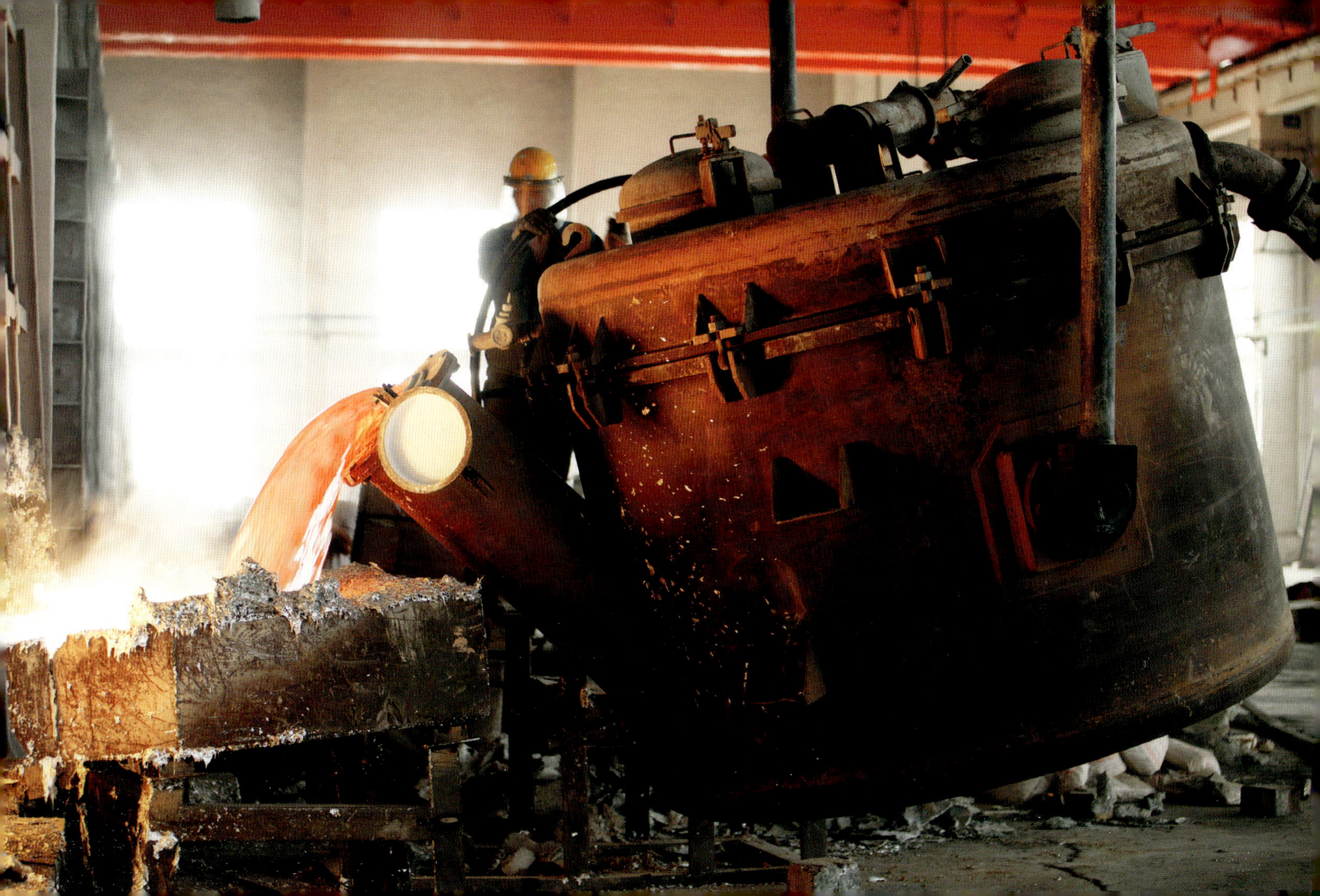

CN TOWER
TORONTO, KANADA

Die höchsten Türme Nordamerikas | 1976 wurde der Fernsehturm CN Tower der Bahngesellschaft Canadian National fertiggestellt. Zu dieser Zeit war er mit 553 Metern das höchste frei stehende Bauwerk der Welt. Den Rekord als höchster Turm Nordamerikas hält er aber noch immer. Vier gläserne Außenkabinen schweben in 58 Sekunden zum 447 Meter hohen »Sky Pod«.

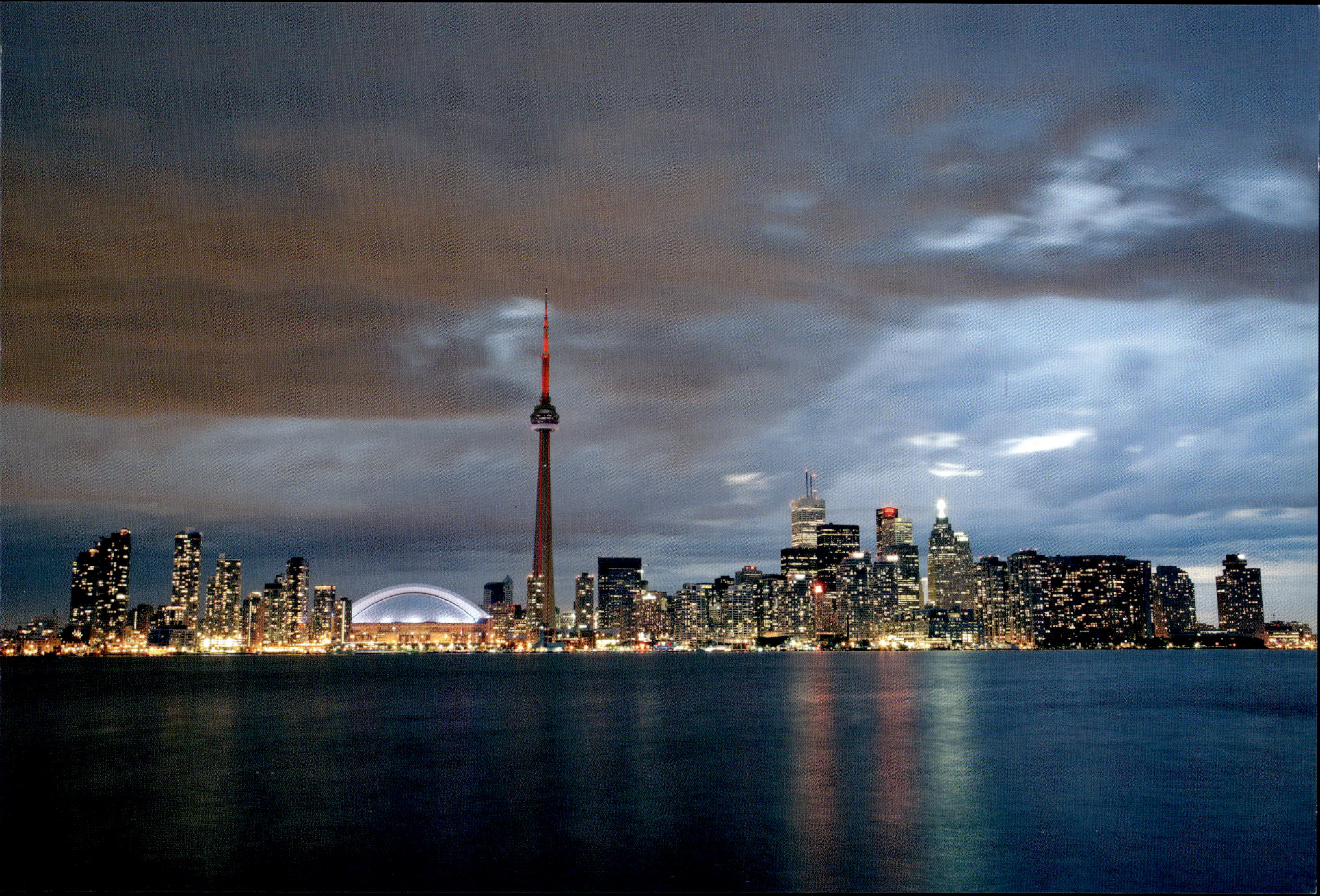

MASCHEN RBF
DEUTSCHLAND

Die größten Rangierbahnhöfe der Welt | Der größte Rangierbahnhof Europas und der zweitgrößte der Welt befindet sich südöstlich von Hamburg in Maschen. Mit seiner Gesamtfläche von 2,8 Quadratkilometern wird er der Größe nach weltweit nur noch vom Bailey Yard in den USA übertrumpft. Er wurde am 7. Juli 1977 als »Wunderwerk der Technik« feierlich eingeweiht.

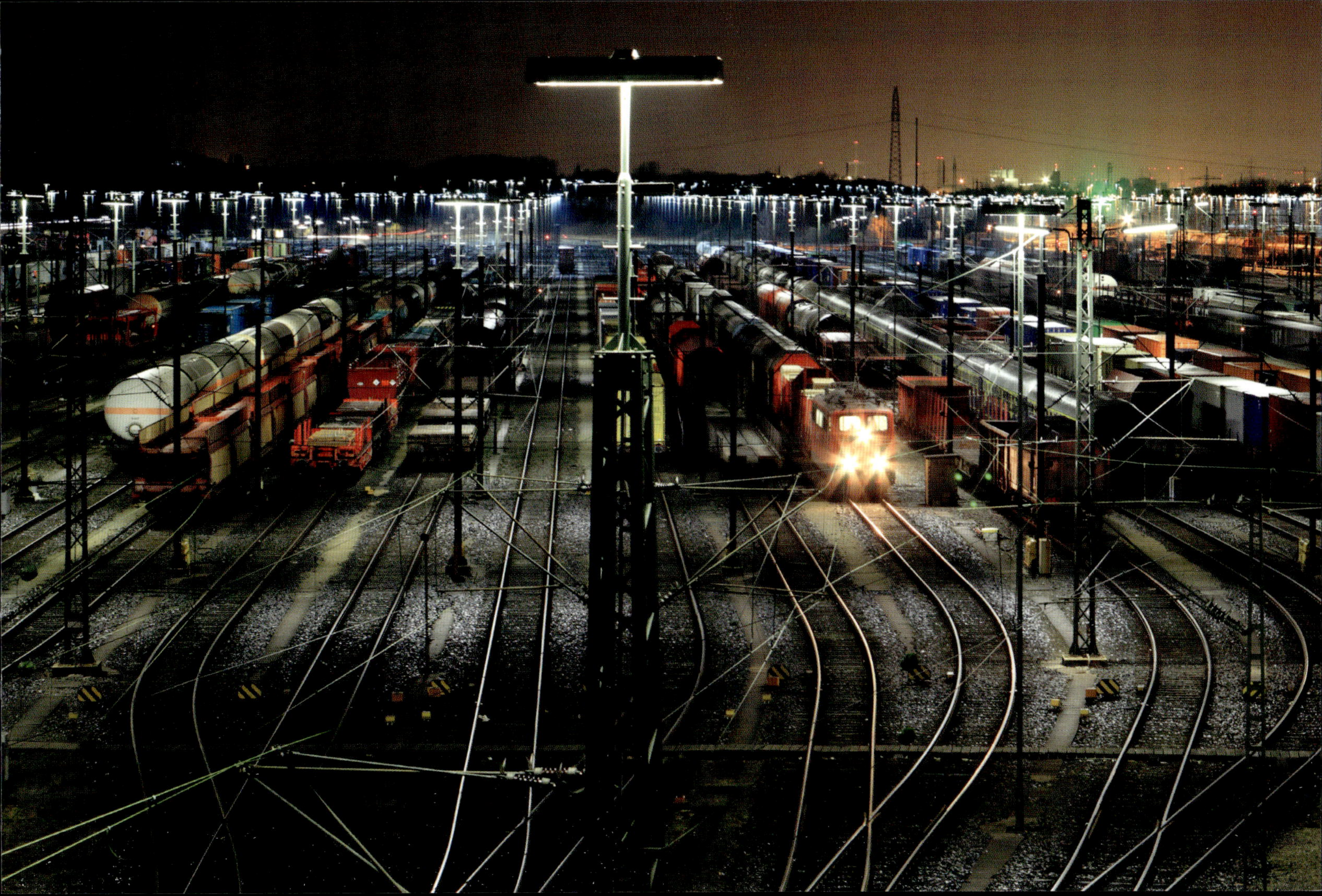

ANTONOW AN-225
SOWJETUNION

Das größte Frachtflugzeug der Welt | Das Frachtraumvolumen von 1220 Kubikmetern und die maximale Zuladung von 250 Tonnen übertreffen die Maße aller anderen Frachtflugzeuge sehr und machen den Einzelbetrieb des Flugzeugtyps rentabel. Nur ein einziges Exemplar, das 1988 produziert wurde, ist im Einsatz. Die schwerste von der AN-225 transportierte Gesamtfracht betrug 247 Tonnen, das schwerste Einzelfrachtstück 190 Tonnen.

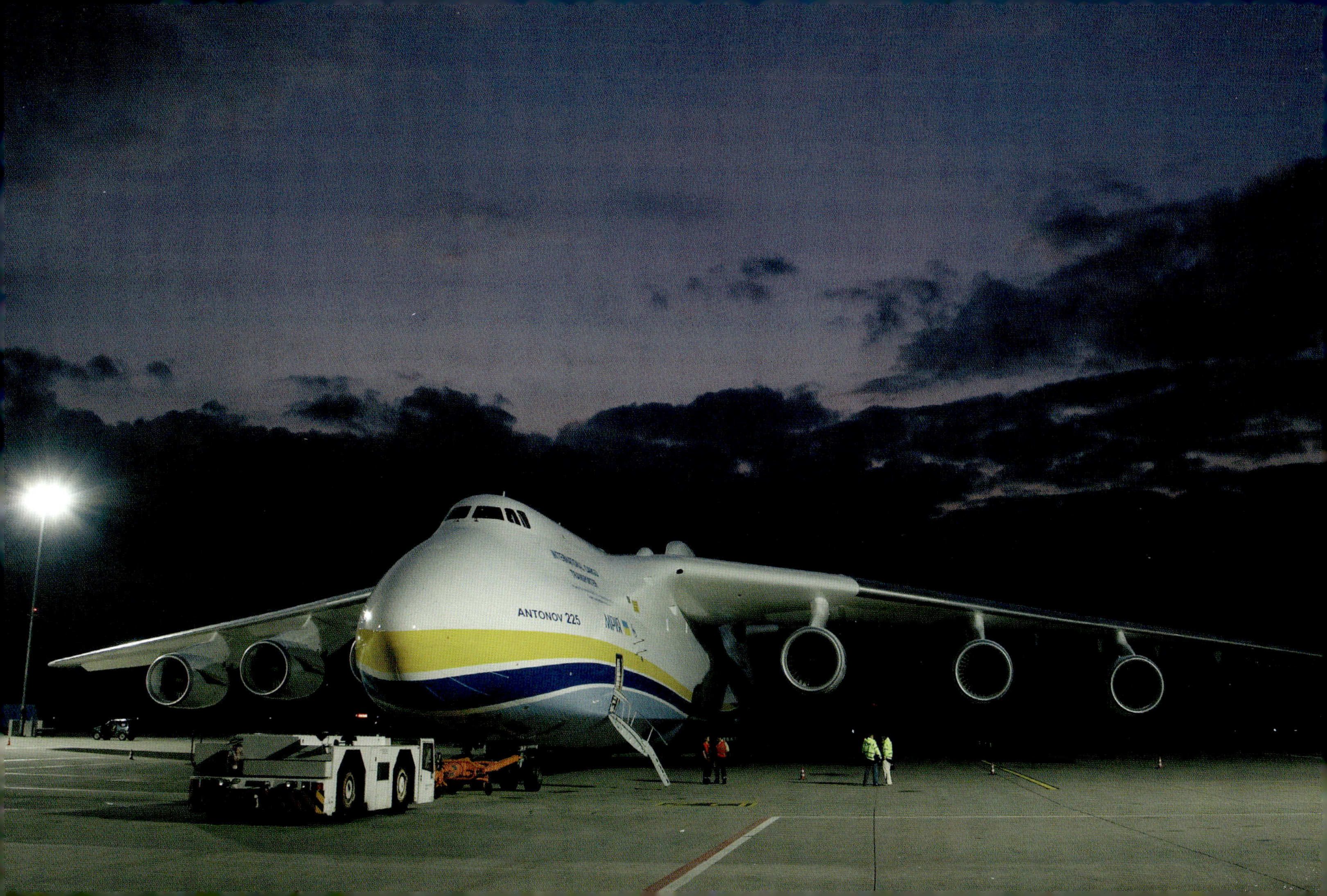
ANTONOV 225

TOWER BRIDGE
LONDON, GROSSBRITANNIEN

Die berühmteste Zugbrücke der Welt | Die neugotische Tower Bridge wurde nach dem Tower of London benannt und ist eines der Wahrzeichen der Stadt. Ihre Baskülen lassen sich innerhalb einer Minute in einem Winkel von bis zu 86 Grad öffnen – so können auch große Kreuzer die Brücke passieren. Verkleidet ist die Stahlkonstruktion mit Granit aus Cornwall und Portland-Stein.

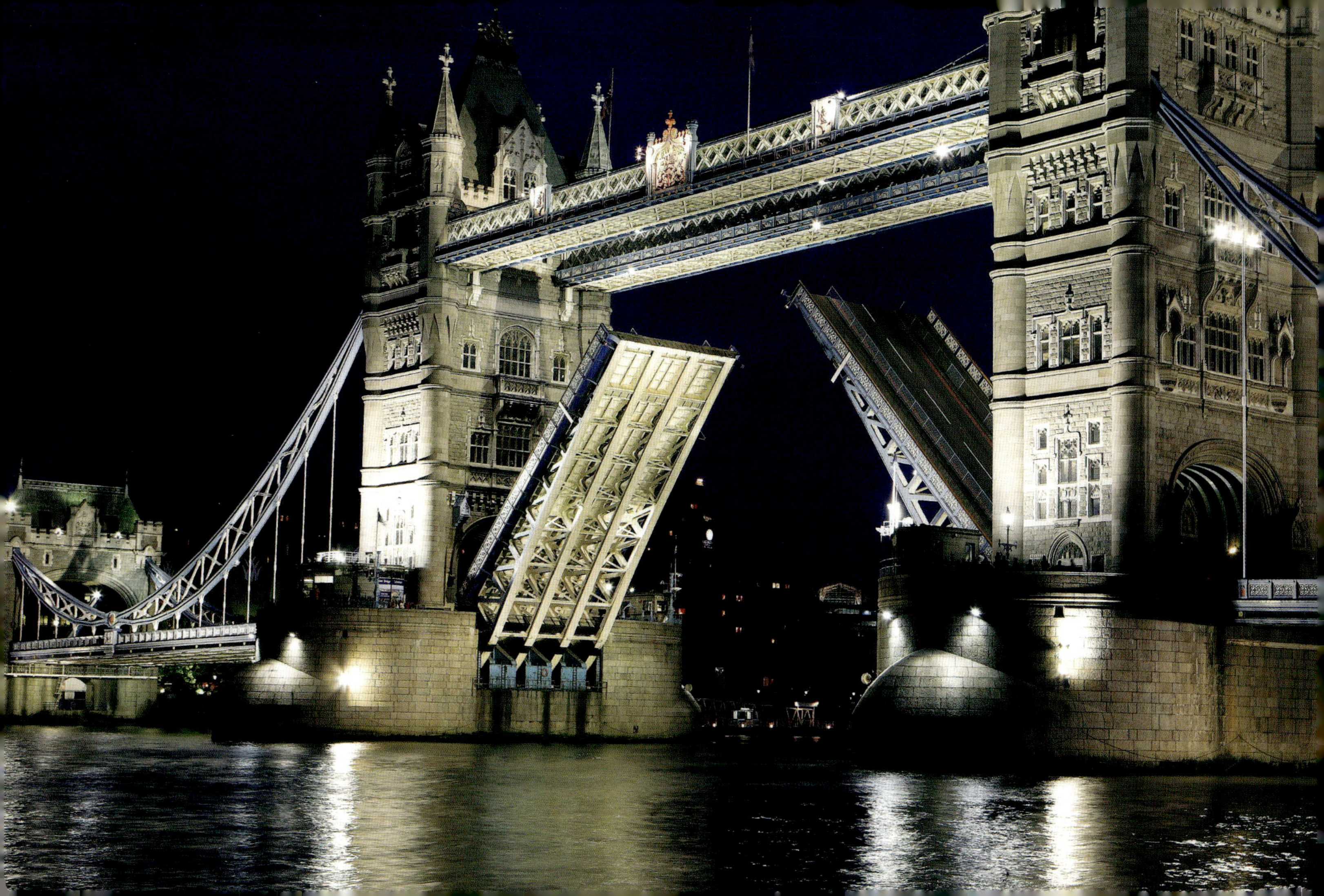

NORWEGIAN EPIC

NORWEGEN

Das zweitgrößte Kreuzfahrtschiff der Welt | Das Flaggschiff der Norwegian Cruise Line ist seit 2010 im Winter in der Karibik und im Sommer im Mittelmeer unterwegs. Mit einer Länge von 329 und einer Breite von 40 Metern sowie einer Passagierkapazität von 4200 Personen zählt es zu den Megalinern. Es wurde ab 2006 als Typschiff einer neuen Klasse von Cruselinern auf der Werft Chantiers de l'Atlantique gebaut, es ist aber das einzige geblieben.

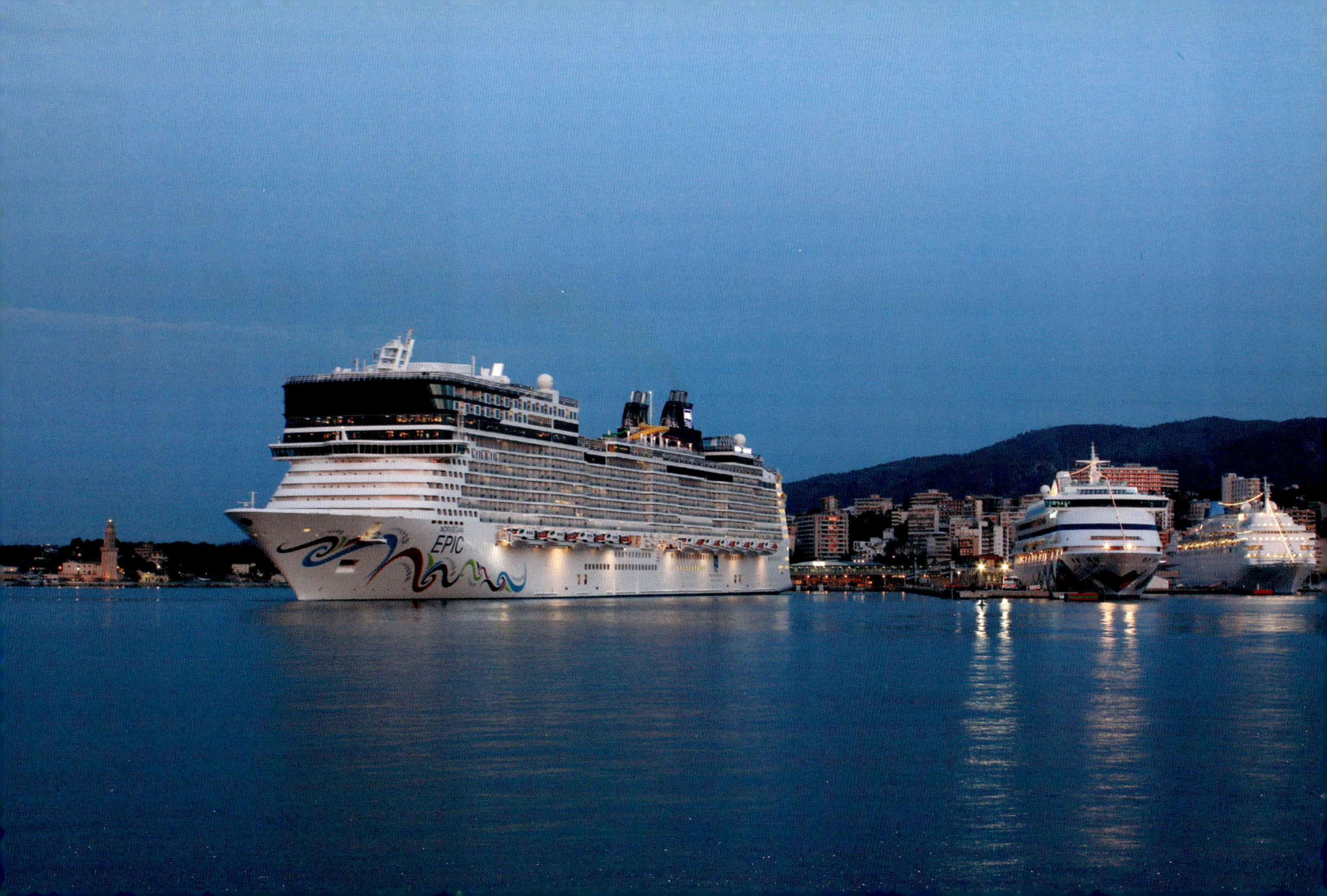
EPIC

DALLAS COWBOYS STADIUM

ARLINGTON, TEXAS, USA

Die größte Sporthalle der Welt | Die im März 2009 eingeweihte Sportarena ist in mancher Hinsicht ein Bauwerk der Superlative. Mit ihrem verschließbaren Dach ist sie mit über 108 700 Sitzplätzen nicht nur die größte Sporthalle weltweit, sondern birgt zugleich den größten säulenfreien Innenraum überhaupt. Die in der amerikanischen Profi-Football-Liga spielenden Dallas Cowboys bestreiten hier ihre Matches.

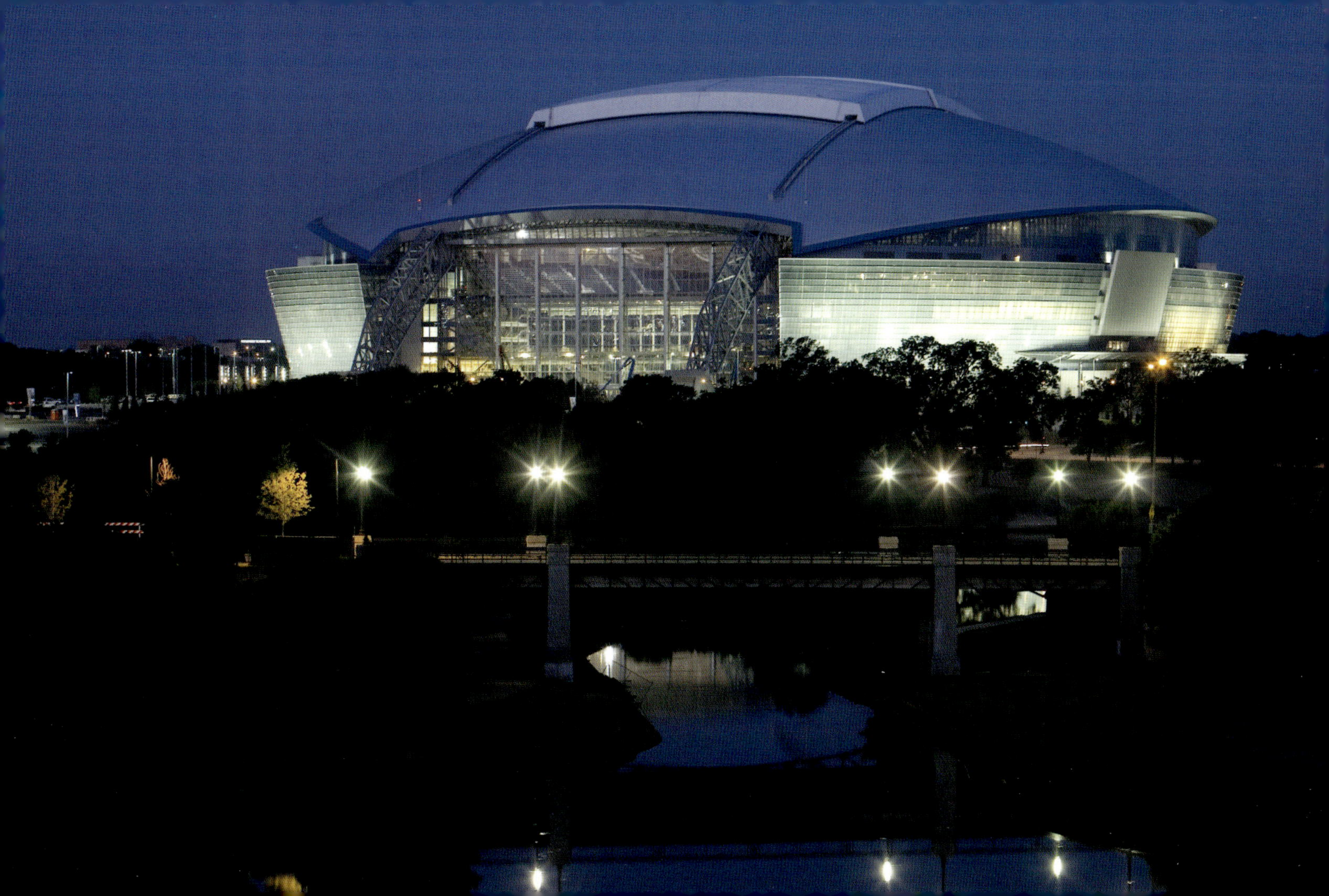

PYRAMIDEN VON GIZEH
ÄGYPTEN

Die größten antiken Bauwerke der Welt | Die Relikte von Memphis sowie die Nekropolen und Pyramiden von Sakkara, Gizeh, Abusir und Dahschur zählen zu den monumentalsten Zeugnissen der altägyptischen Hochkultur. Die drei Pyramiden von Cheops, Chephren und Mykerinos, letztere ist die jüngste (um 2500 v. Chr.), sind eine bautechnische Meisterleistung.

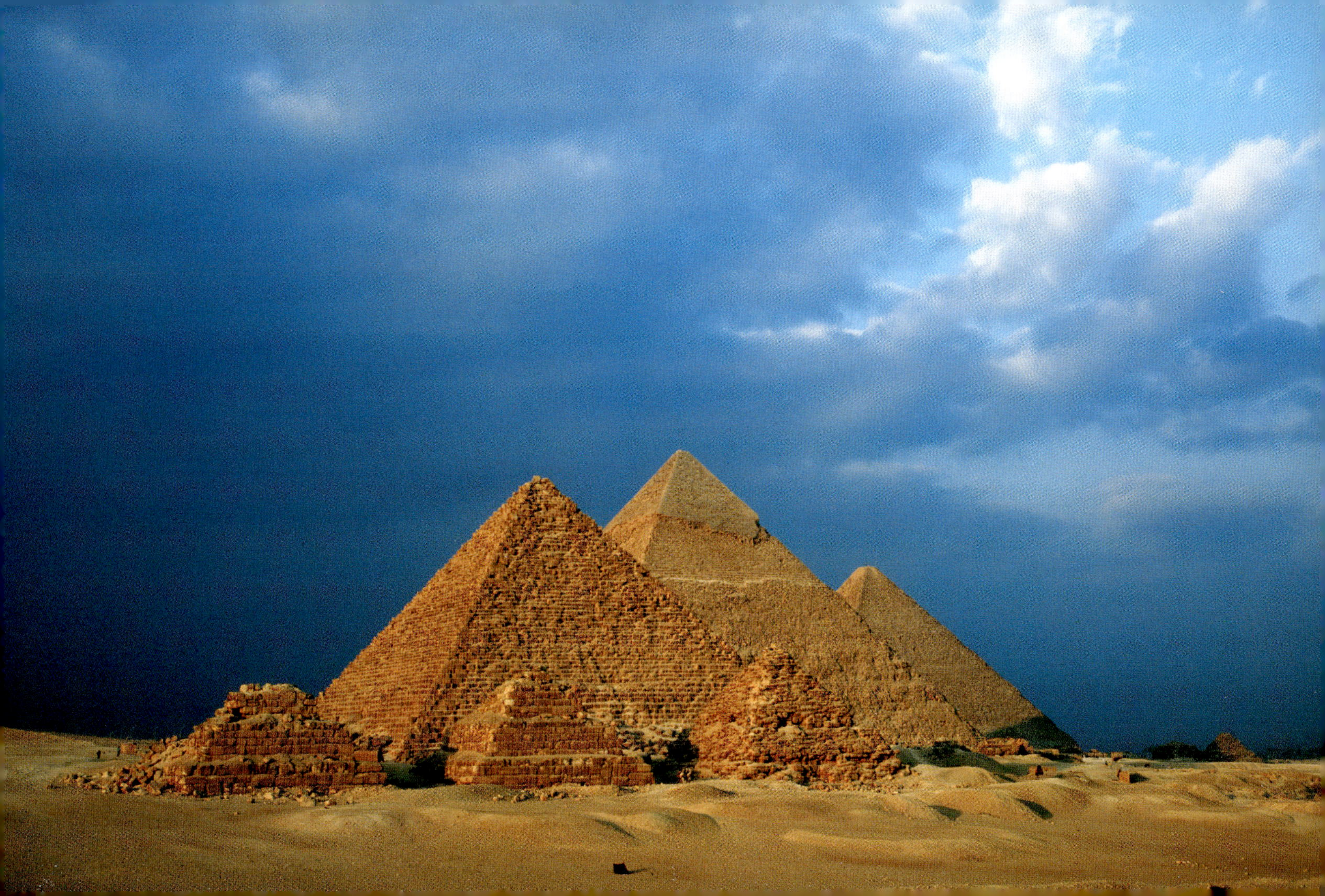

WINTERPALAST
ST. PETERSBURG, RUSSLAND

Die größten Palastanlagen der Welt | Der Winterpalast, eines der bedeutendsten Bauwerke des russischen Barock, wurde ab 1754 nach Plänen von Bartolomeo Rastrelli als Zarenresidenz an der Newa errichtet. Er ist der größte Bestandteil des Eremitage-Komplexes; daneben gibt es noch die Neue, die Alte und die Kleine Eremitage. Die Anlage hat eine Grundfläche von 183 820 Quadratmetern.

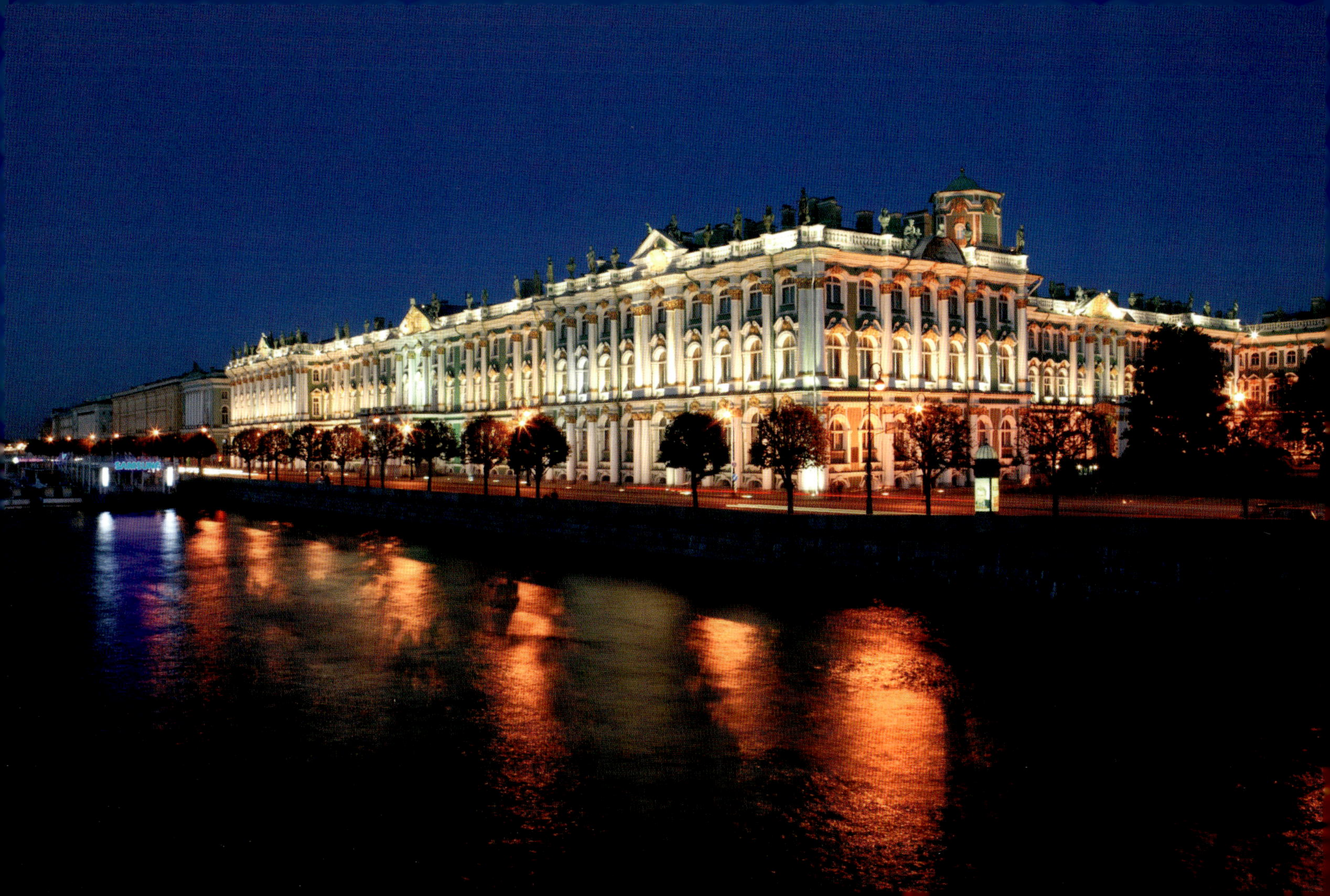

DAIBUTSU
NARA, JAPAN

Die bedeutendsten Tempelanlagen des Buddhismus | Diese riesige Tempelanlage in der alten Kaiserstadt Nara zählt zu den bedeutendsten Heiligtümern in ganz Japan. Mit der Daibutsu-Den, der Halle des großen Buddha, beherbergt sie den größten Holztempel und mit dem Daibutsu die größte bronzene Buddha-Statue der Welt; sie ist 450 Tonnen schwer.

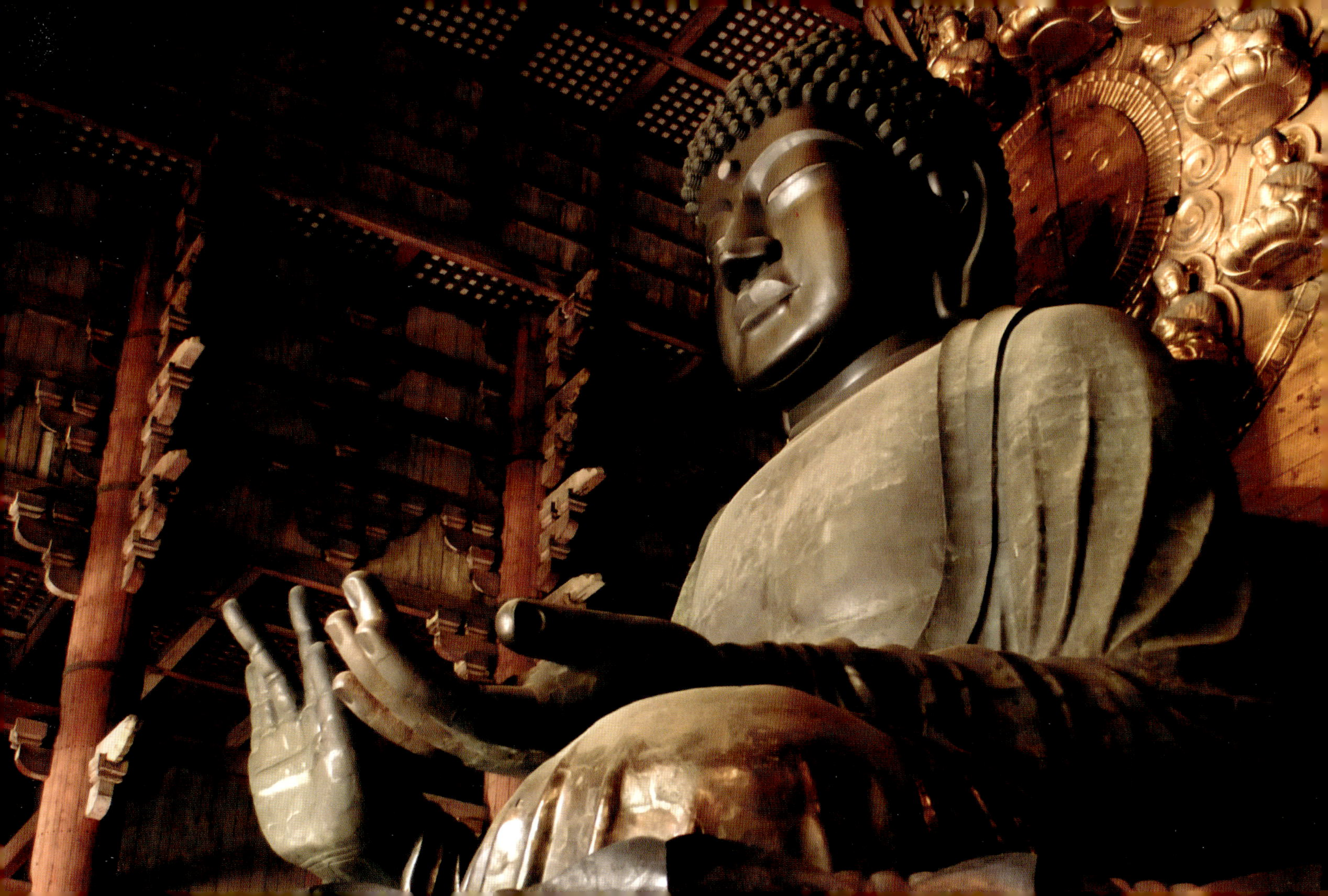

AUSTRALIEN BRISBANE

Die größten Metropolregionen Australiens | Die Kapitale des Bundesstaats Queensland ist die drittgrößte Stadt auf dem Roten Kontinent und das wirtschaftliche Zentrum Nordostaustraliens mit 2 Millionen Einwohnern. Zahlreiche australische und internationale Unternehmen haben hier Dependancen errichtet. Zwischen Sydney im Süden und Singapur im Norden findet sich keine Stadt mit einer vergleichbaren Wirtschaftskraft.

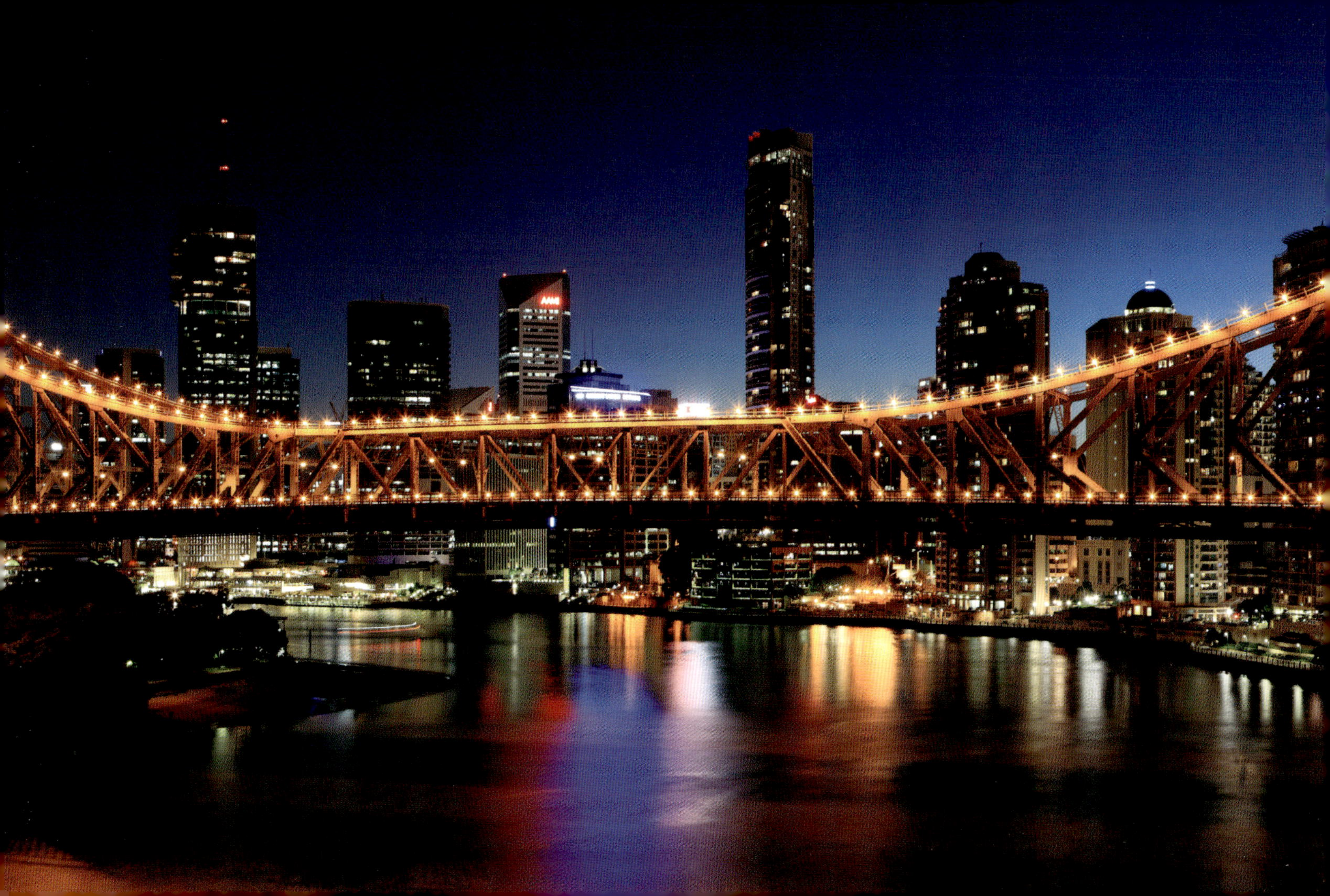

CONCORDIA-TEMPEL

SIZILIEN, ITALIEN

Die bedeutendsten antiken Tempel | Nahe der heutigen Stadt Agrigent an der Südküste Siziliens befindet sich das Valle dei Templi mit den imposanten Überresten von Akragas, einer der bedeutendsten griechischen Kolonien und Handelsstädte im Mittelmeerraum. Unter den zahlreichen dorischen Ringhallentempeln sticht besonders der Concordia-Tempel (um das Jahr 430 v. Chr.) hervor.

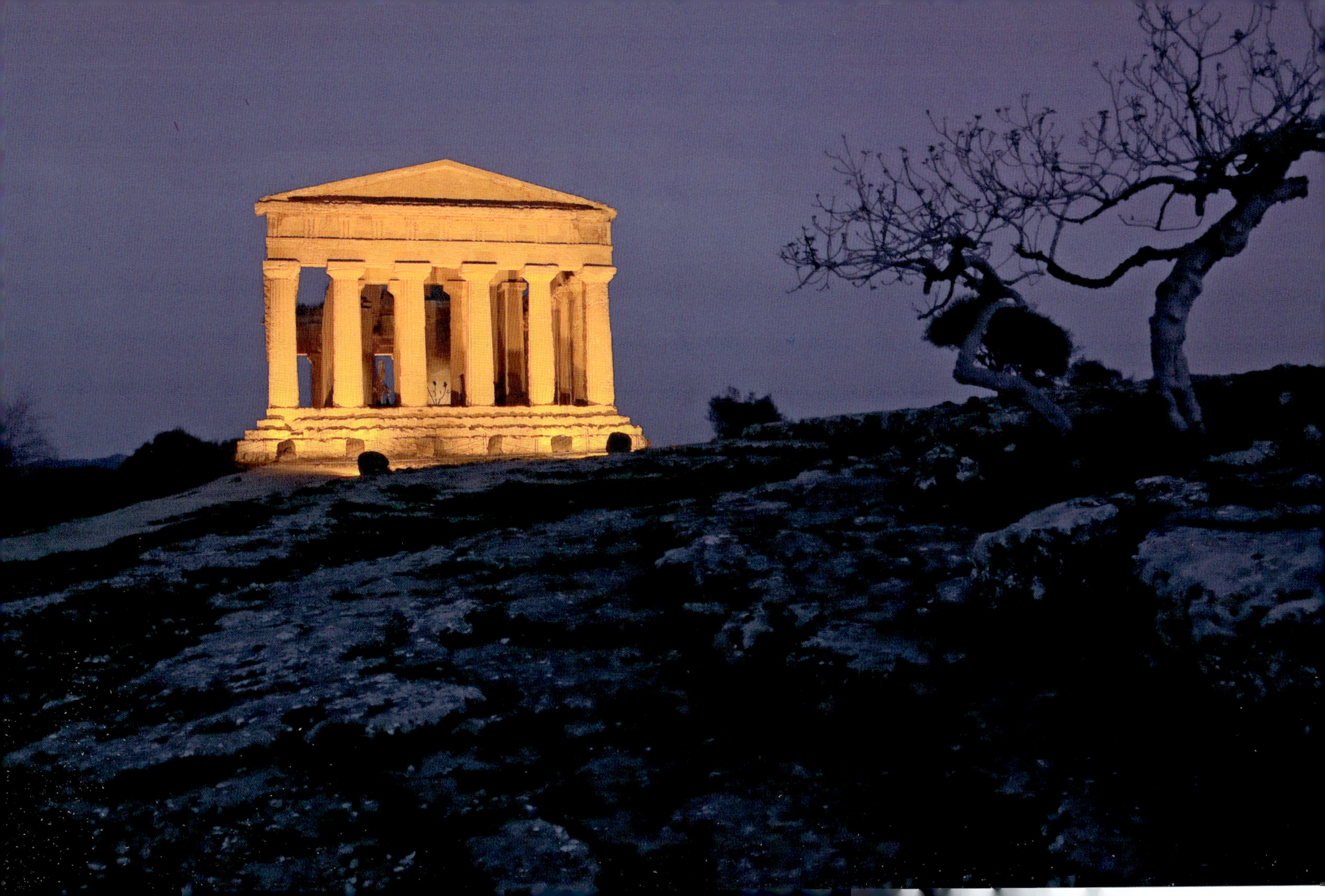

LOS ANGELES
USA

Die größten Metropolregionen Nordamerikas | Die nach der New York Metropolitan Area größte Metropolregion von Nordamerika, mit ca. 20 Millionen Einwohnern, zählt zu den weltweit wichtigsten urbanen Wirtschaftszentren. Auf einer stark zersiedelten Fläche von rund 90 000 Quadratkilometern finden sich mehr als 50 Städte, Gemeinden und kleine Ortschaften.

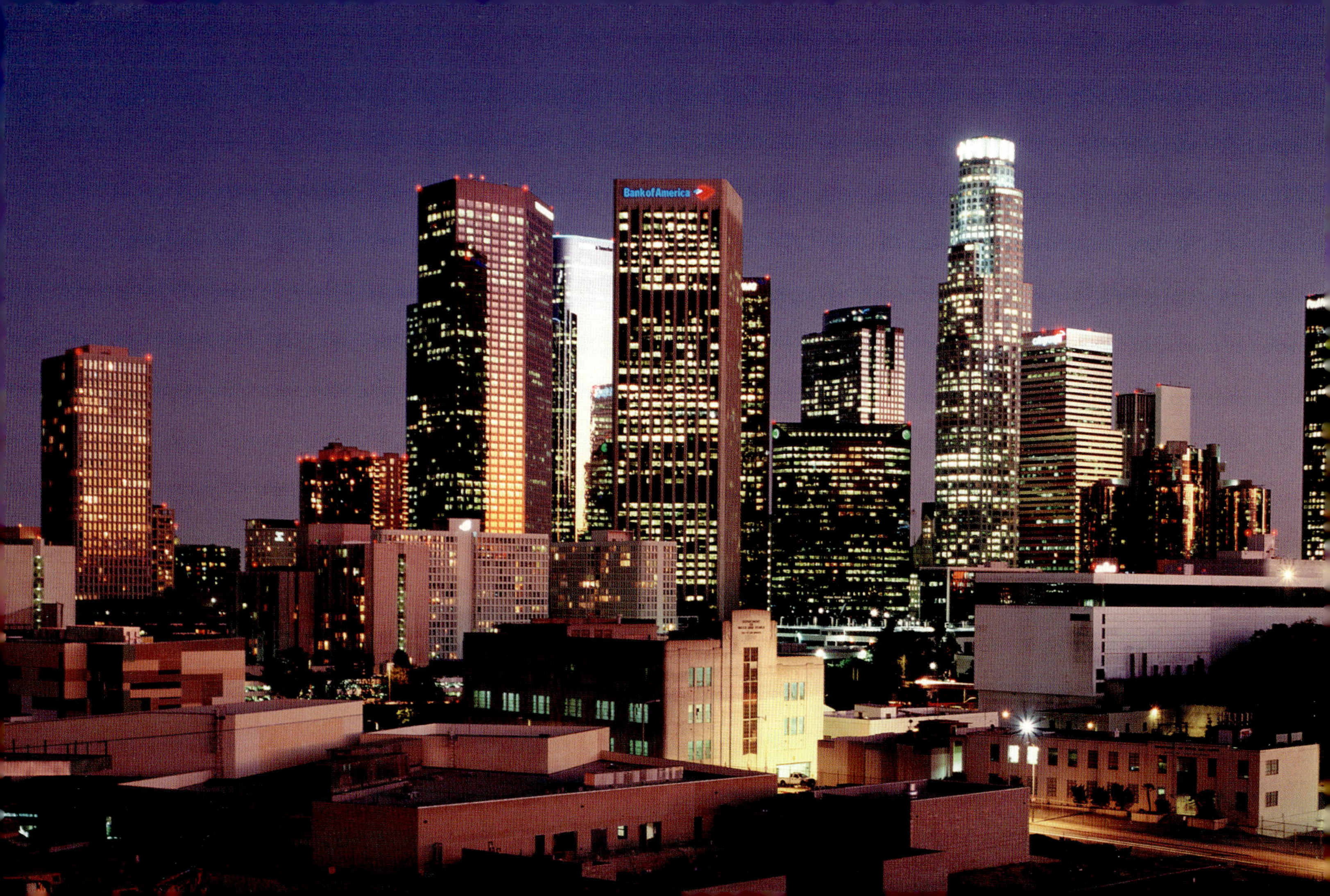
BankofAmerica

AKROPOLIS
ATHEN, GRIECHENLAND

Die bedeutendste griechische Tempelanlage | Auf der Akropolis stehen mit dem Parthenon, den Propyläen und dem Erechteion einige der bedeutendsten Werke der klassischen griechischen Baukunst. Das Zentrum der Akropolis bildet der Parthenon, den der Bildhauer Phidias im Auftrag des Staatsmannes und Generals Perikles entwarf. Der in den Jahren 447 bis 422 v. Chr. entstandene Tempel war der Göttin Athene geweiht.

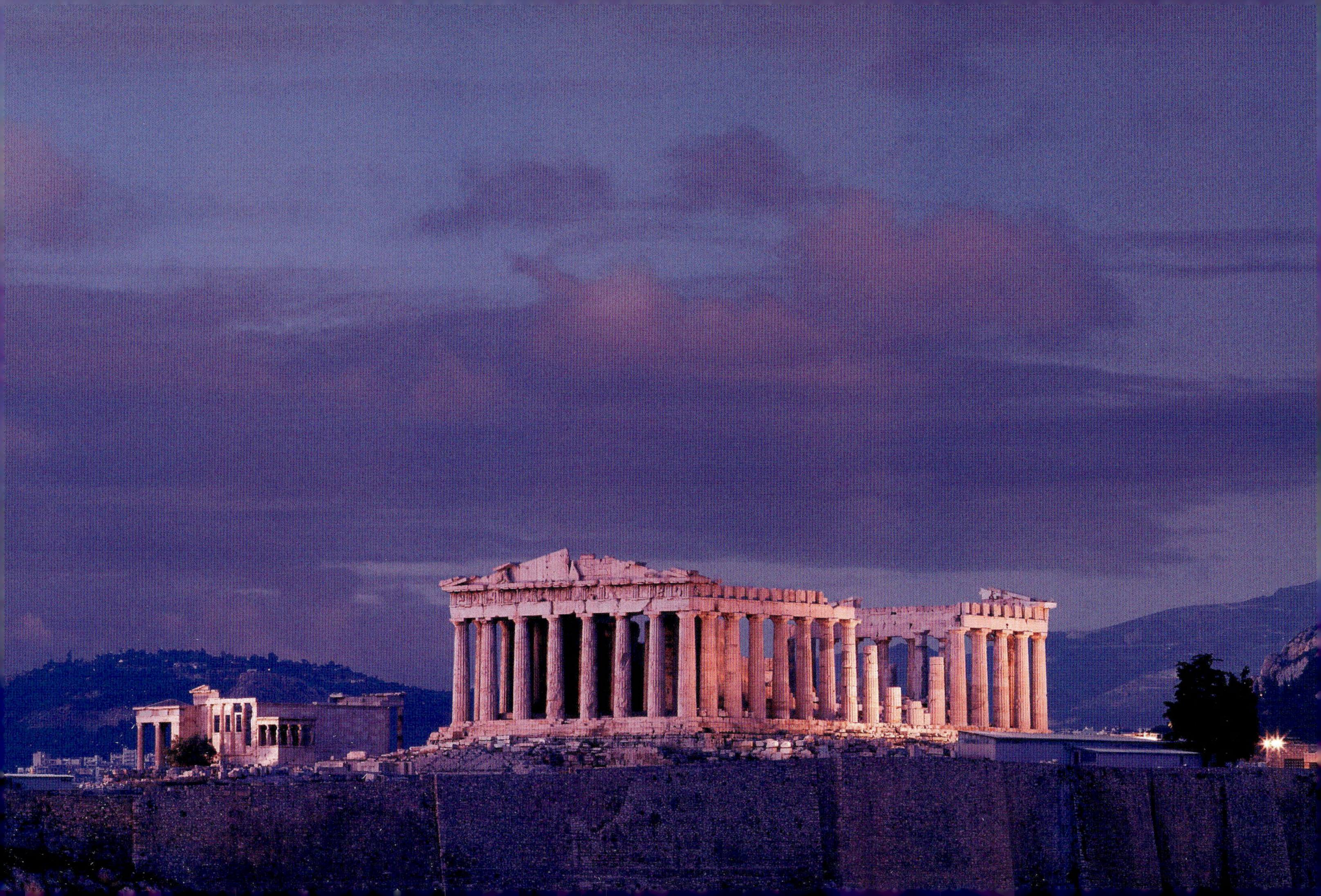

PANAMA-STADT
PANAMA

Die höchste Skyline Mittelamerikas | Die Stadt mit den meisten Wolkenkratzern in Mittelamerika ist Panama-Stadt. Es gibt aktuell rund 20 fertiggestellte Hochhäuser, die mehr als 200 Meter Höhe aufweisen, und von den zehn höchsten Gebäuden Mittelamerikas befinden sich einige in Panama-Stadt. Der zurzeit höchste Wolkenkratzer der Stadt ist das im Jahr 2011 eröffnete Trump Ocean Club International Hotel mit 293 Metern.

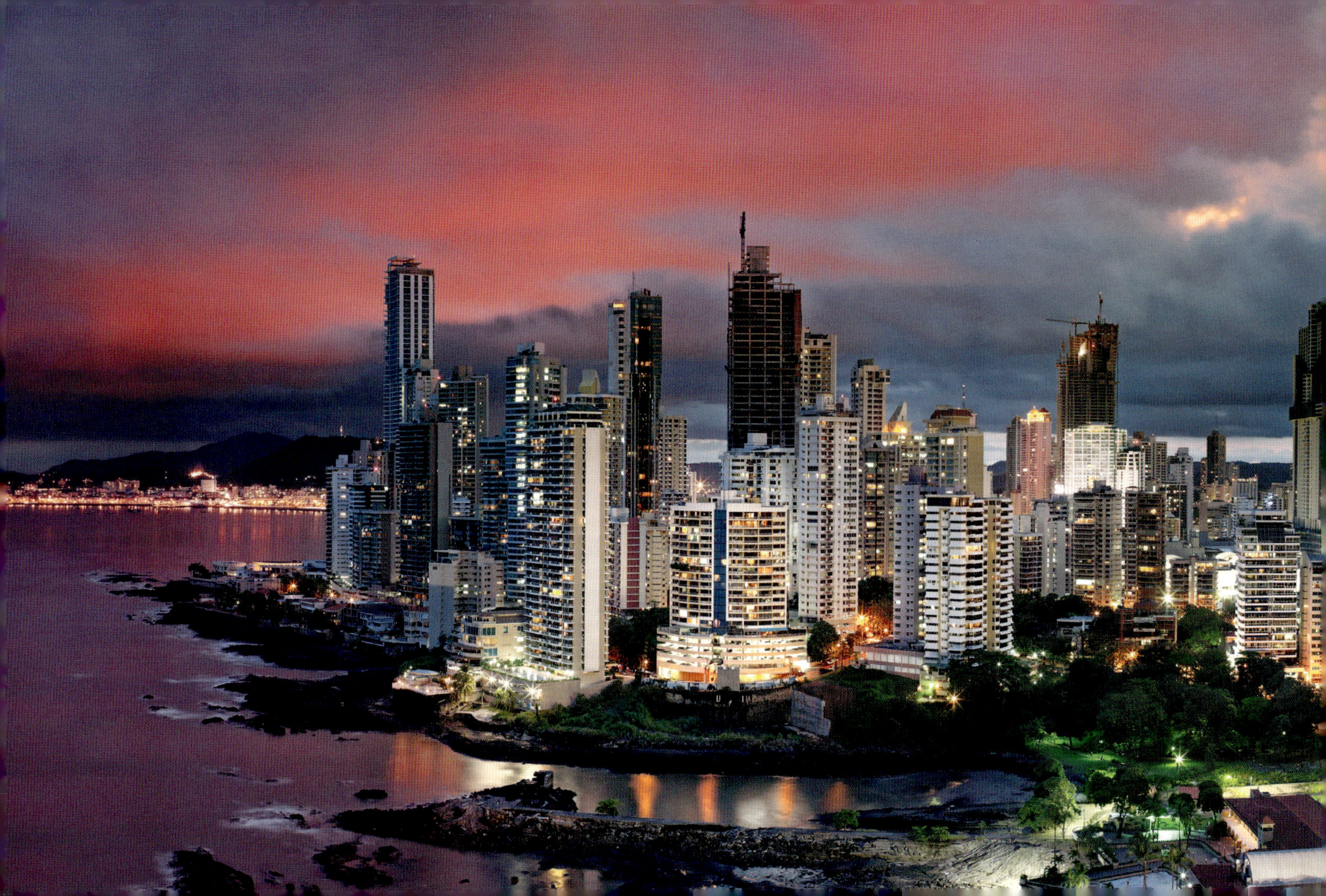

HASSAN-II.-MOSCHEE

CASABLANCA, MAROKKO

Das höchste Minarett der Welt | Mit einer Höhe von 210 Metern ist das Minarett der höchste Sakralbau der Welt. Bei dem Bau wurde modernste Technik mit traditioneller islamischer Architektur vereint. Jede Seite des quadratischen Minaretts ist 25 Meter lang. Das Bauwerk wird von drei insgesamt 3700 Kilogramm schweren goldenen Kugeln gekrönt. Im Jahr 1993 wurde die Hassan-II.-Moschee eingeweiht.

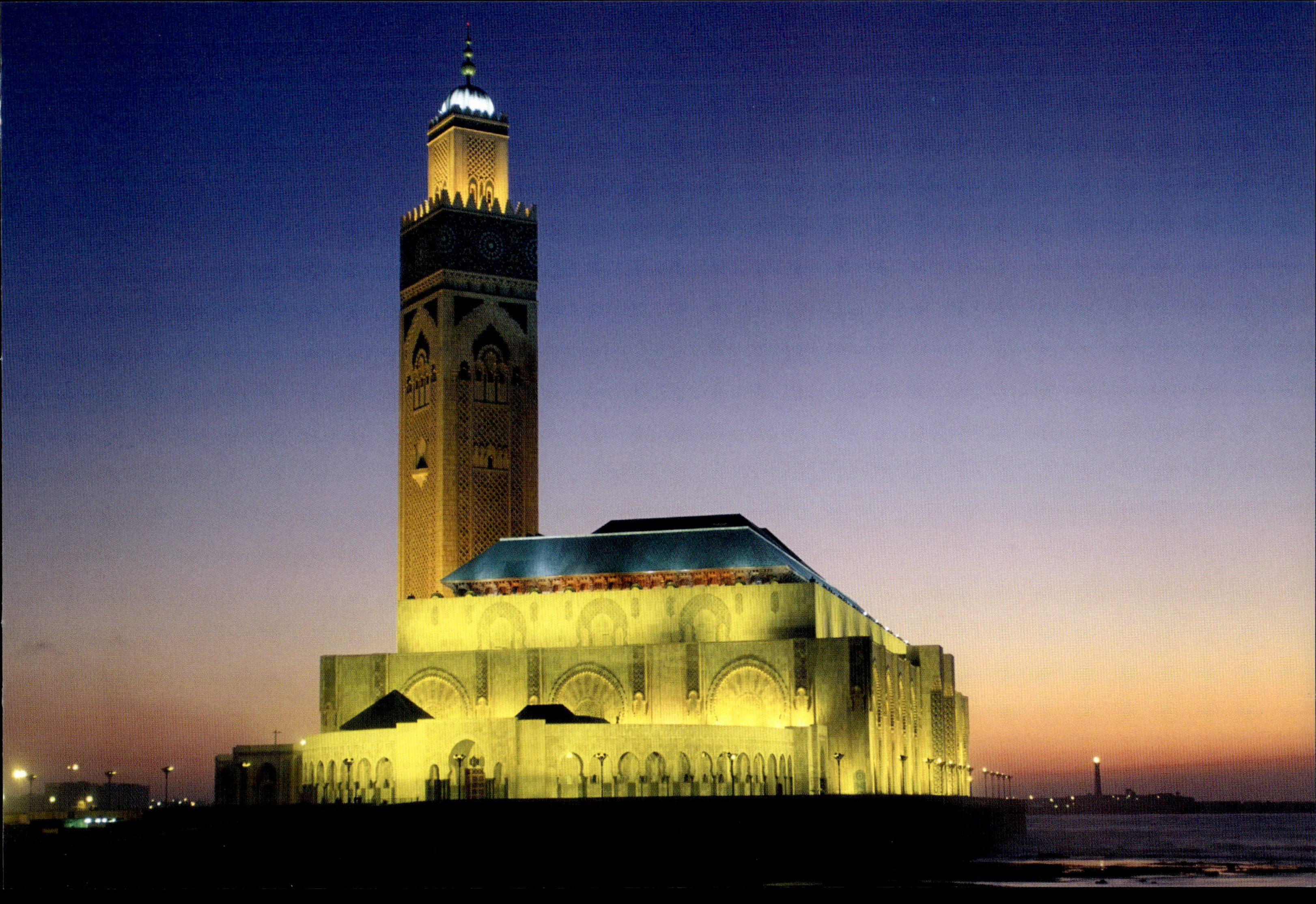

ALANTAYAR BUDDHA

MONYWA, MYANMAR

Der zweitgrößte liegende Buddha der Welt | Der Alantayar Buddha hat eine Länge von 95 Metern und ist 20 Meter hoch. Bis zur Fertigstellung des Zinathukha Yan Aung Chantha war dies die größte Buddha-Statue ihrer Art in der Welt. Sie ist innen begehbar und soll 9000 Buddha-Statuen von Siddhartha Gautama bergen. Der Bau der beiden Kolosse von Monywa hat mehrere Millionen Euro gekostet.

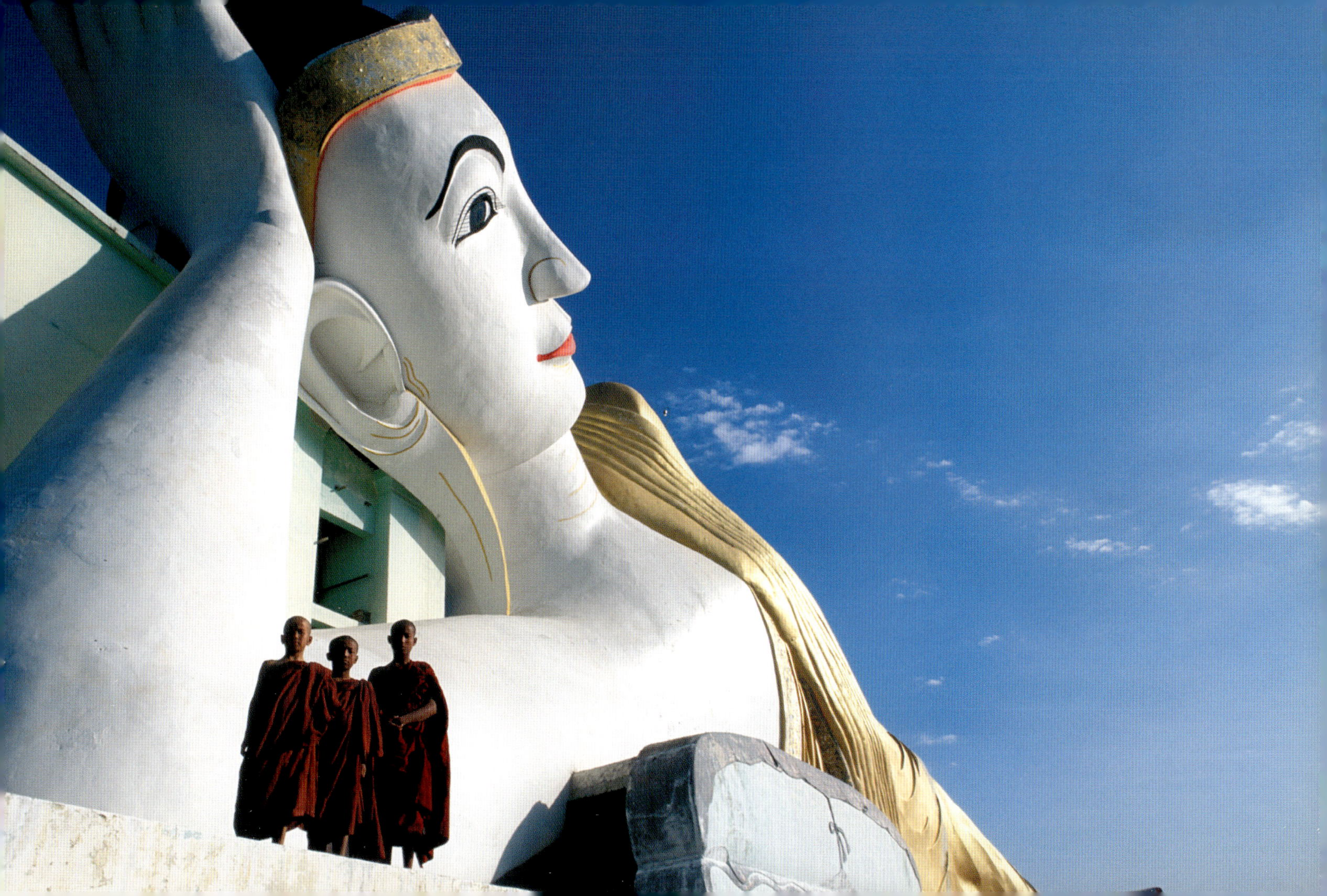

WILLIS TOWER

CHICAGO, USA

Der zweitgrößte Skyscraper Nordamerikas | Der Willis Tower, lange Zeit als Sears Tower bekannt, überragt mit seiner auffälligen Form und den bis auf eine Höhe von 527 Metern reichenden Antennenaufbauten seit rund 40 Jahren die Skyline von Chicago. Der mit einer Glasfassade versehene Wolkenkratzer besteht in seinen tragenden Elementen fast ausschließlich aus Stahl. Bis 1998 war dies das höchste Gebäude der Welt.

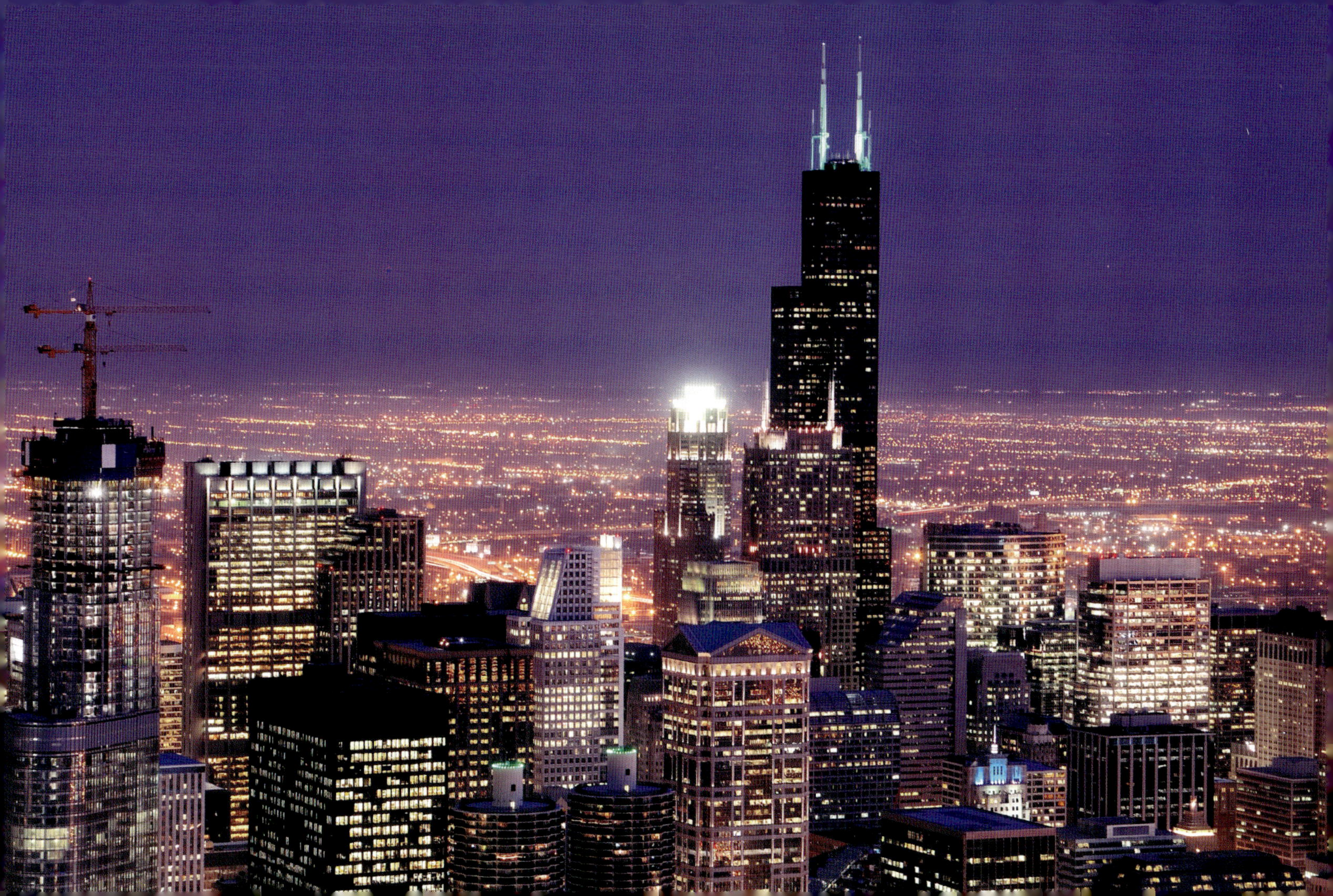

FATIH-SULTAN-MEHMET-BRÜCKE

ISTANBUL, TÜRKEI

Die längsten Hängebrücken Europas | Über Istanbuls Fatih-Sultan-Mehmet-Brücke ist der Weg von Europa nach Asien 39 Meter breit und insgesamt 1510 Meter lang. Die Fahrbahn liegt 64 Meter über dem Bosporus – hoch genug auch für Kreuzfahrtschiffe. Getragen wird sie von zwei Pylonenpaaren. Mit einer Hauptspannweite von 1090 Metern gehört die Fatih-Sultan-Mehmet-Brücke zu Europas Spitzenreitern.

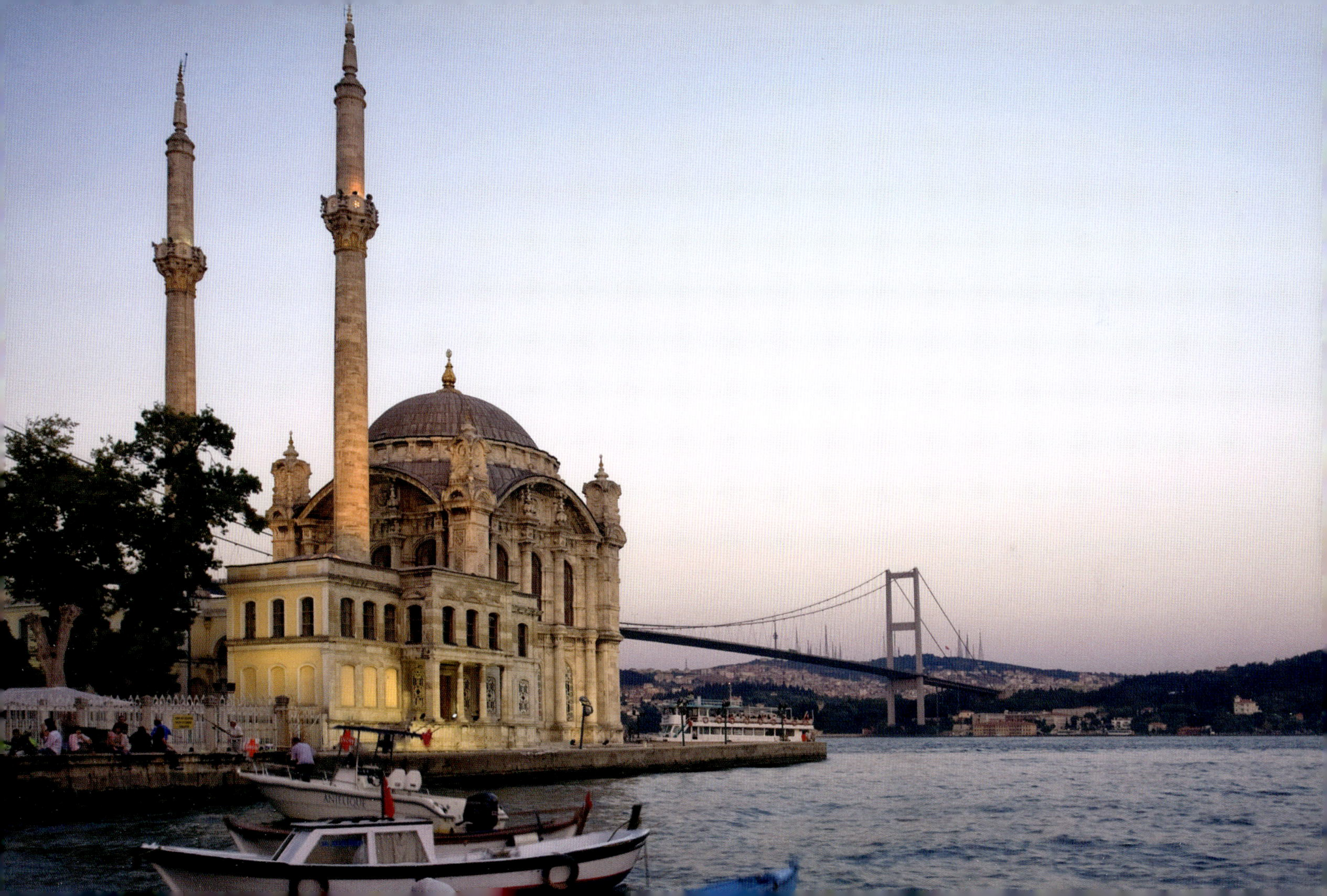

HARIDWAR
INDIEN

Die bedeutendsten Pilgerstätten des Hinduismus | Die Stadt liegt an der Stelle, an der der Ganges die nach ihm benannte Ebene erreicht. Sie gehört zu den sieben heiligen Städten der Hindus und zieht jährlich Millionen von Pilgern an. Am Hari-Ki-Pauri-Ghat versammeln sich täglich viele Gläubige zu einem rituellen Bad in den Fluten des Flusses, und während der Ganga-Aarti-Zeremonie treiben abends Tausende Lichter den Fluss entlang.

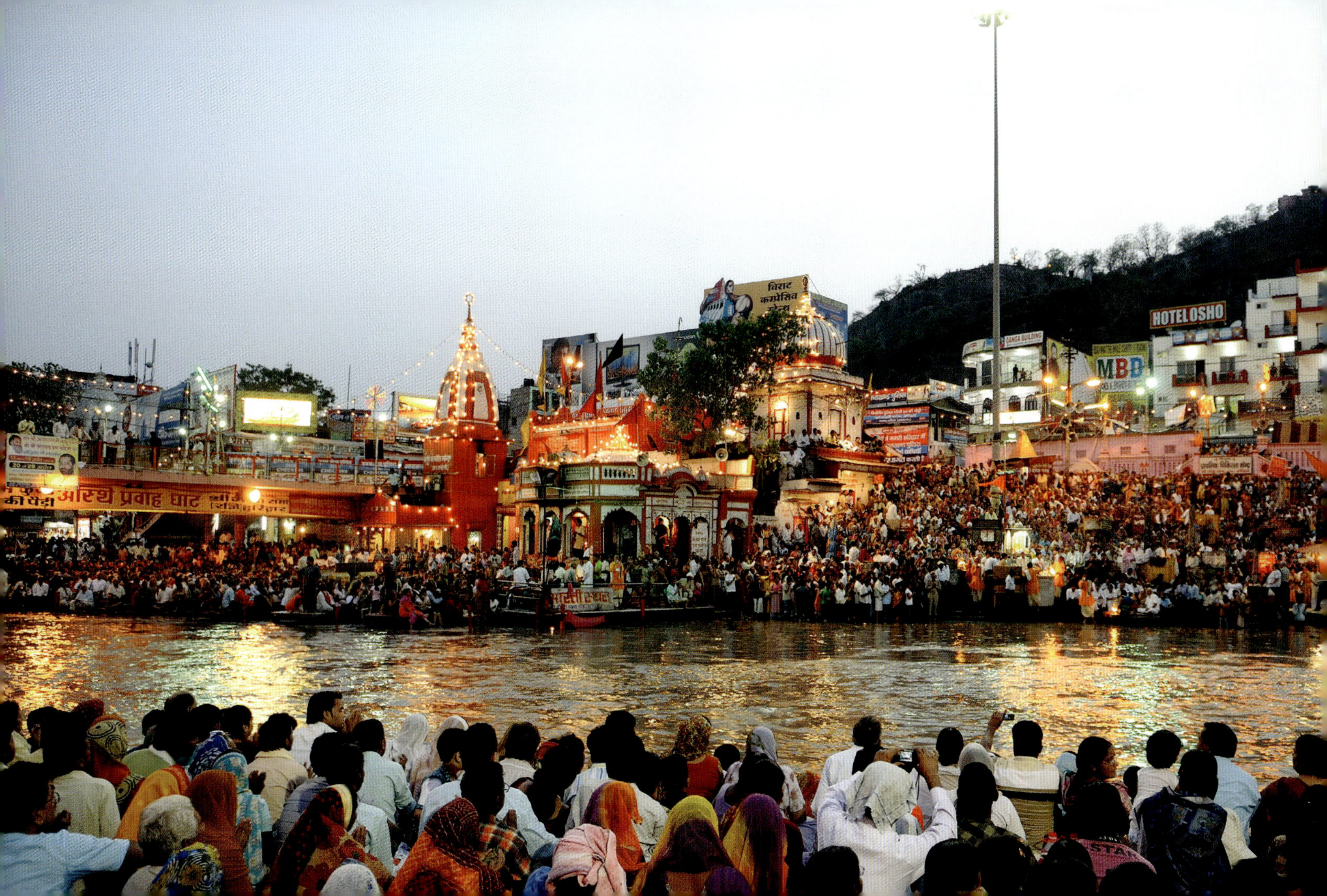
HOTEL OSHO
MBD

WAT PHRA KAEO
BANGKOK, THAILAND

Die bedeutendste Tempelanlage Thailands | Im Zentrum Bangkoks auf dem Gelände des Großen Palasts liegt der Wat Phra Kaeo. Er besteht aus 100 reich verzierten Tempeln und Pagoden und wurde 1782 von König Rama I. anlässlich der Gründung Bangkoks in Auftrag gegeben. Mittelpunkt ist der Phra Ubosot, in dem das Nationalheiligtum Thailands, der berühmte 75 Zentimeter große Smaragd-Buddha aus Jade, aufbewahrt wird.

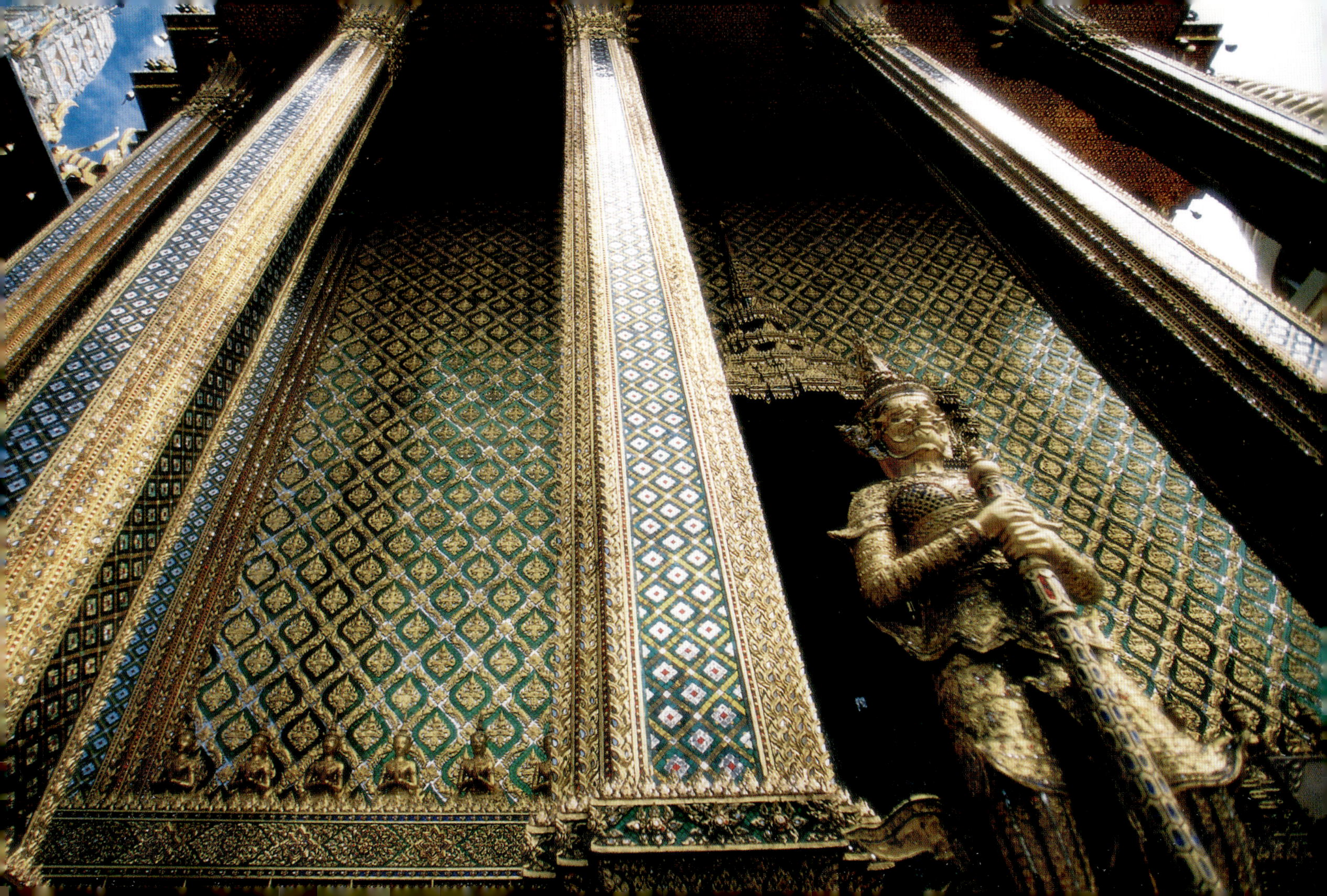

PALASTANLAGE VON KNOSSOS

KRETA, GRIECHENLAND

Die bedeutendsten antiken Bauwerke der Welt | In der griechischen Mythologie ist Knossos die Stätte des von Daidalos erbauten Labyrinths. Um 1930 v. Chr. entstand einer der bedeutendsten Paläste auf Kreta. Oft von Zerstörungen heimgesucht, wurde die Anlage wieder aufgebaut und erweitert. Ab dem Jahr 1900 wurden die Bauwerke nach und nach ausgegraben und der jüngere Palast mit Originalteilen rekonstruiert.

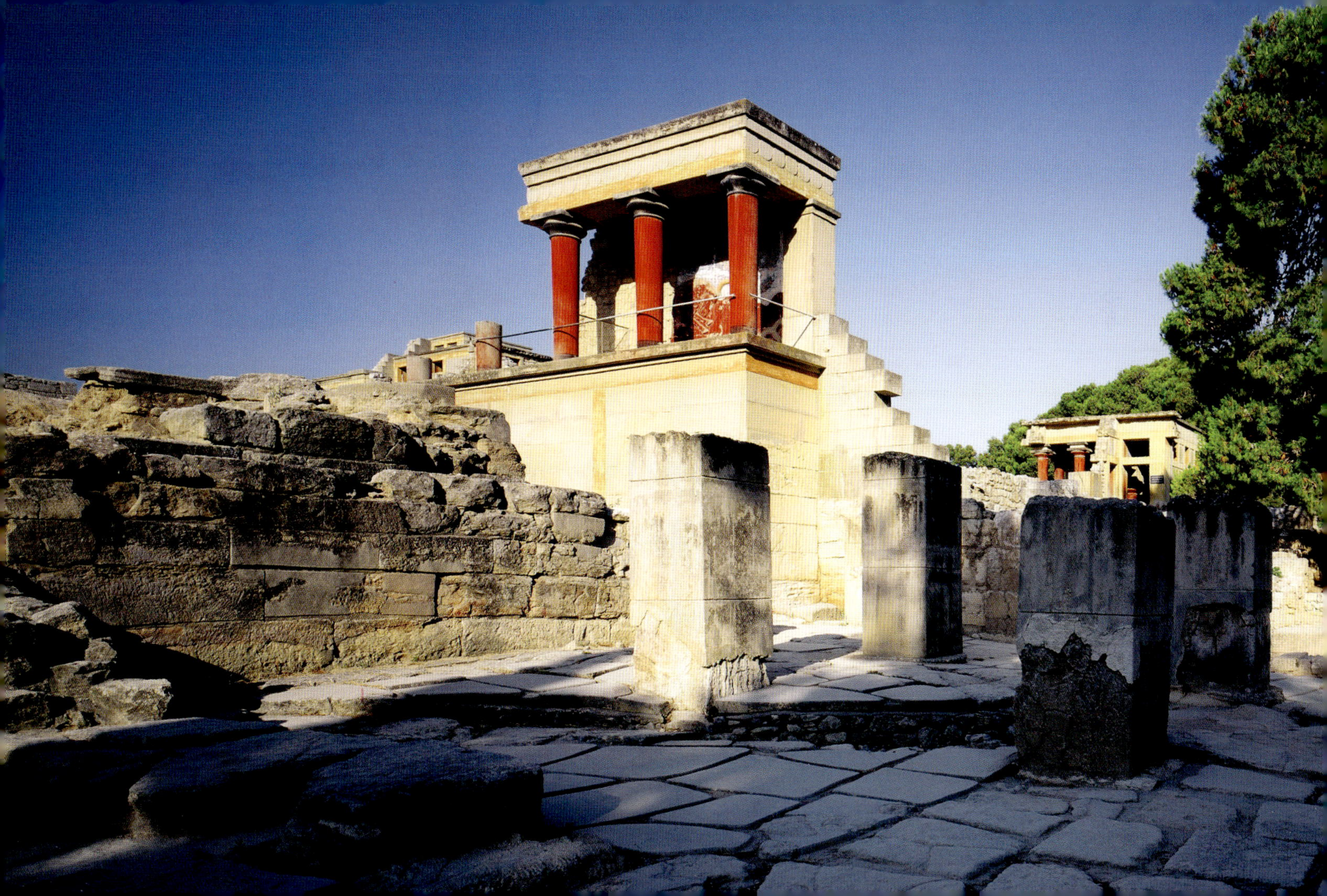

LARGE BINOCULAR TELESCOPE

ARIZONA, USA

Das größte optische Teleskop der Welt | Das Large Binocular Telescope steht im US-Bundesstaat Arizona. Mithilfe dieses leistungsstärksten optischen Teleskops erforschen Wissenschaftler die Geschichte des Universums und das Entstehen von Sternen und Galaxien. Es zeigt Bilder einer Spiralgalaxie, die 102 Millionen Lichtjahre vom Milchstraßensystem entfernt liegt.

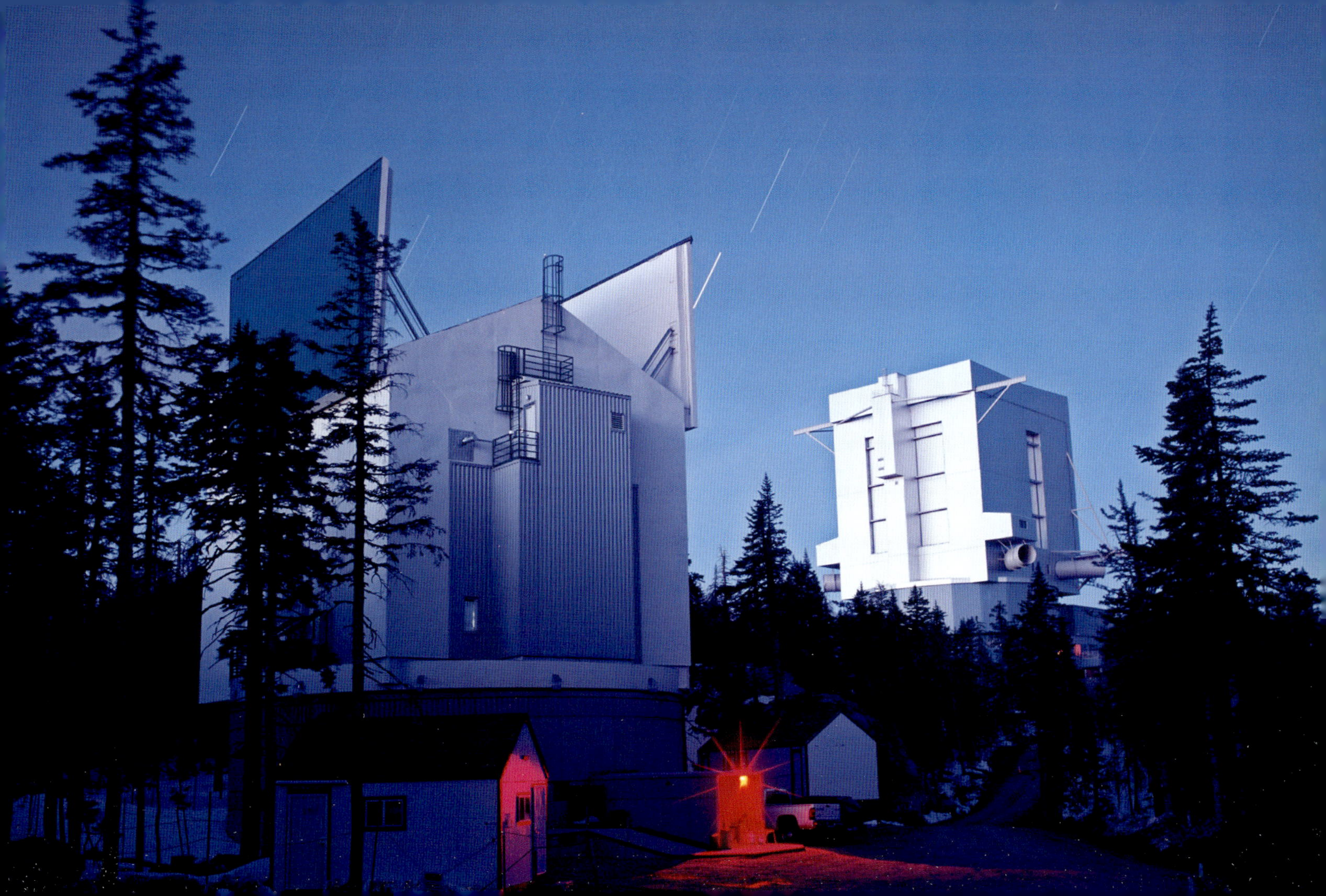

MANDARIN
CHINA

Die meistgesprochenste Sprache der Welt | Seit dem Ende des chinesischen Kaiserreiches hat sich das auf nordchinesischen Dialekten basierende Mandarin (Hochchinesisch) zur meistgesprochenen Sprache weltweit entwickelt. Heute bezeichnen es 845 Millionen Menschen als ihre Muttersprache. Es ist in ganz Südostasien verbreitet. Um im Alltag zu bestehen, müssen chinesische Schüler rund 5000 der 87 000 Schriftzeichen erlernen.

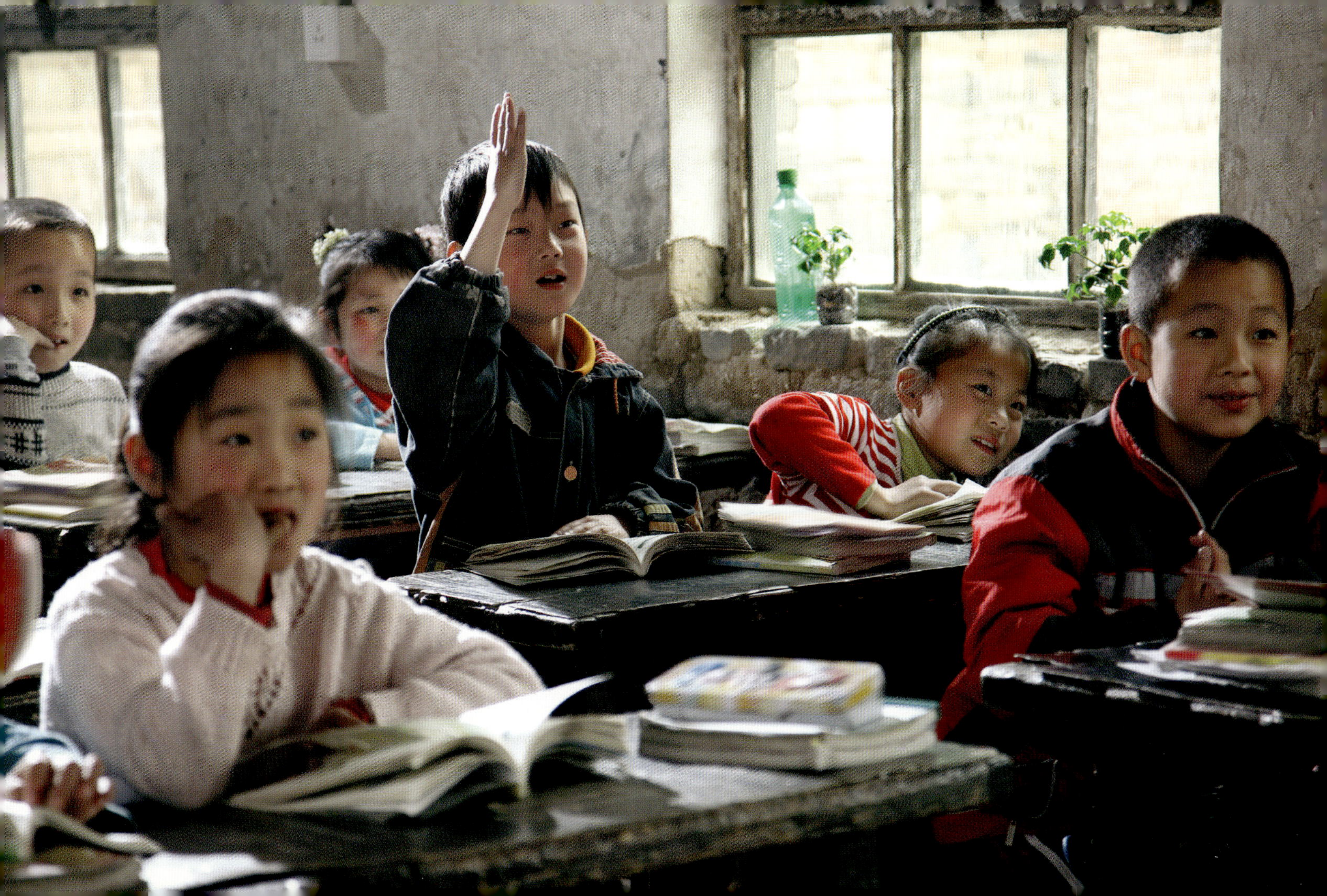

VW KÄFER

Das am längsten gebaute Auto der Welt | Den Prototyp des VW Käfers entwarf Ferdinand Porsche bereits in den 1930er-Jahren. Bevor der Wagen in Produktion gehen konnte, brach der Zweite Weltkrieg aus, und das Projekt wurde eingestellt. Doch bereits im Dezember 1945 begann die Massenfertigung des zunächst Volkswagen Typ 1 genannten Wagens. Die Fertigung endete nach 57 Jahren und 21 529 464 Exemplaren.

DR's REPORT →

WOLFSBURG MOTOR WORKS
CONTROL AND
→ MANAGEMENT

VOLKSWAGENWERK G.M.B.H
nglische Dienststellen
und Werksleitung

KNOCK NEVIS

NORWEGEN/KATAR

Das größte Schiff der Welt | Mit einer Tragfähigkeit von 564 763 Tonnen führt dieser 2010 abgewrackte Supertanker bis heute die Liste der größten jemals gebauten Schiffe an. In den Jahren, in denen er im Einsatz war, wechselte er mehrere Male Namen und Besitzer. Das Anfang der 1970er-Jahre erbaute Schiff transportierte zwischen 1978 und 1988 Rohöl, später, von 2004 bis 2009, diente das Schiff als Rohöllager.

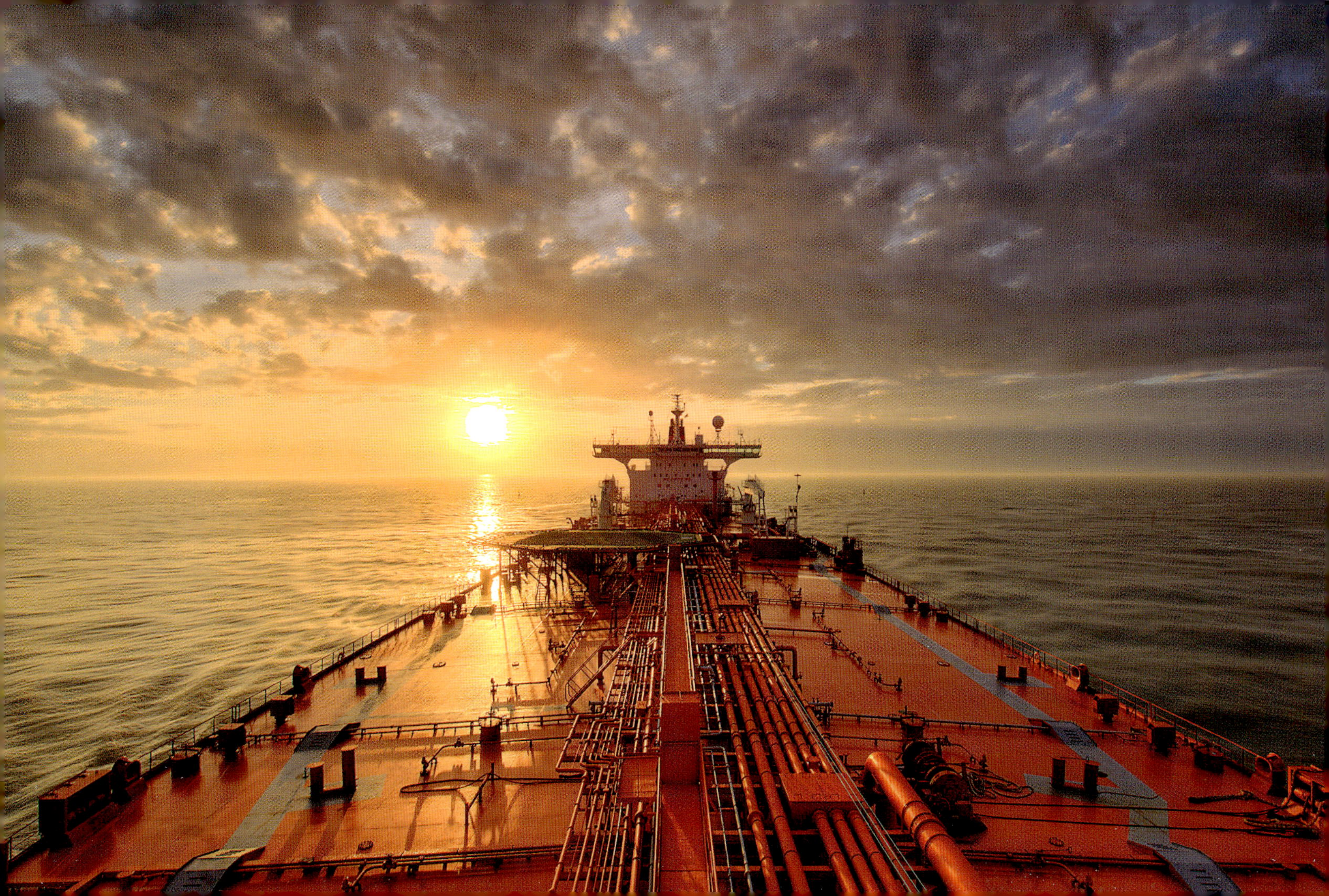

O'HARE INTERNATIONAL AIRPORT CHICAGO

CHIGAGO, USA

Der viertgrößte Flughafen der Welt | Der auf dem Areal eines Douglas-Werksflughafens erbaute Airport war 1961 bis 1997 der meistfrequentierte der Welt. Dann stieß das Hauptdrehkreuz von United Airlines an die Grenzen seiner Kapazitäten. Mit 67 Millionen Passagieren im Jahr 2011, für die sieben Start- und Landebahnen zur Verfügung stehen, ist er heute der zweitgrößte US-Flughafen und der viertgrößte der Welt.

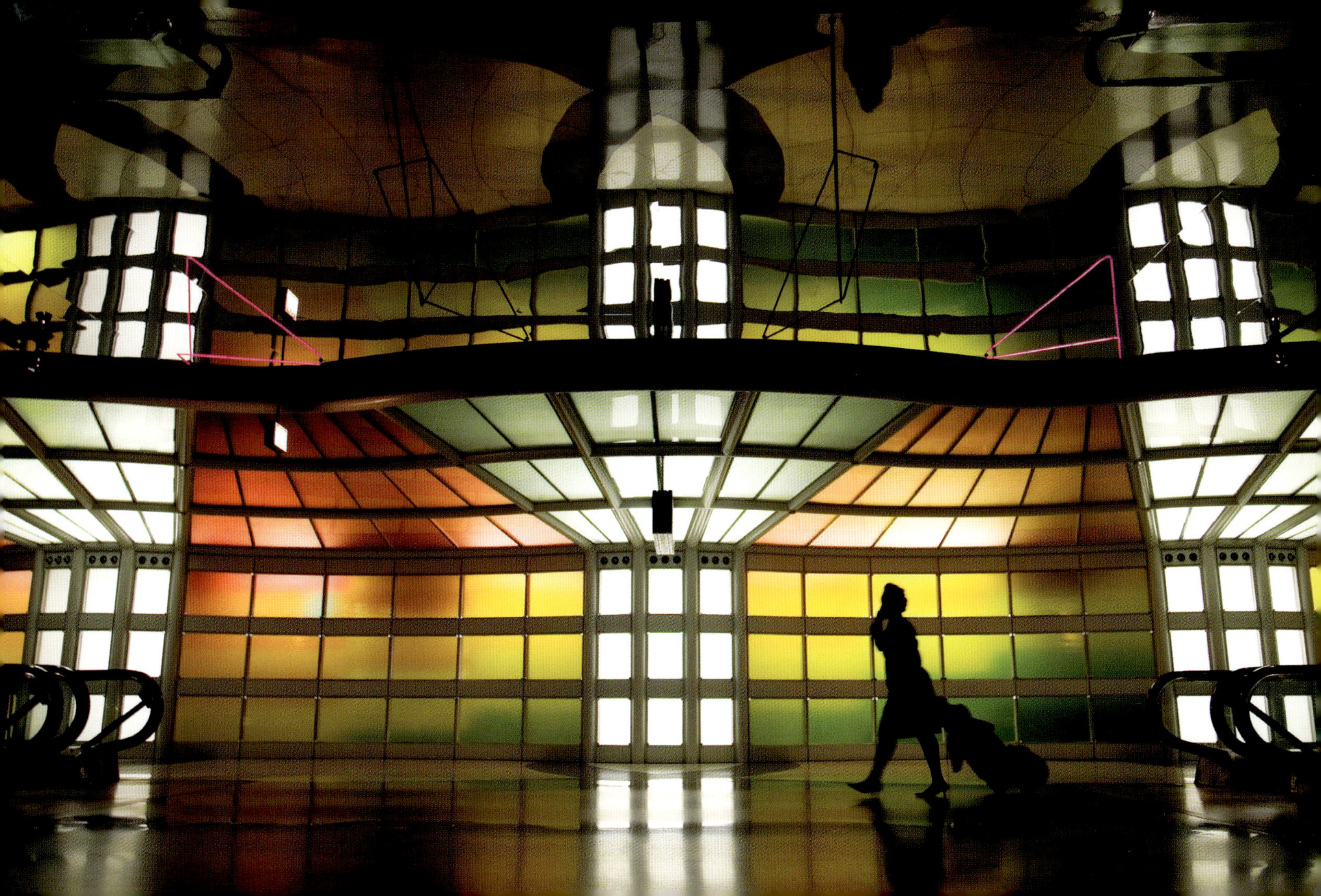

ALBERTINA
WIEN, ÖSTERREICH

Die bedeutendsten Kunstsammlungen der Welt | Das im Palais Herzog Albrecht residierende Museum besitzt die wohl umfangreichste grafische Sammlung der Welt. Sie weist 65 000 Zeichnungen, eine Million Drucke und mehr als 50 000 Fotografien auf. Zum Bestand gehören Meisterwerke Dürers, Leonardos und Raffaels oder Arbeiten von Oskar Kokoschka.

ALBERTINA

NIMRUD
IRAK

Die bedeutendsten antiken Ruinenstätten weltweit | Die altorientalische Stadt Kalach, heute die Ruinenstätte Nimrud, liegt an der Mündung des Zab in den Tigris. Dies war die Hauptstadt Assyriens. Auf der Akropolis wurden bei Ausgrabungen sechs Paläste der Könige freigelegt; der älteste ist der 879 v. Chr. vollendete große Nordwestpalast von Assurnasirpal II. Ein Tempel barg ein großes, gut erhaltenes Tontafelarchiv.

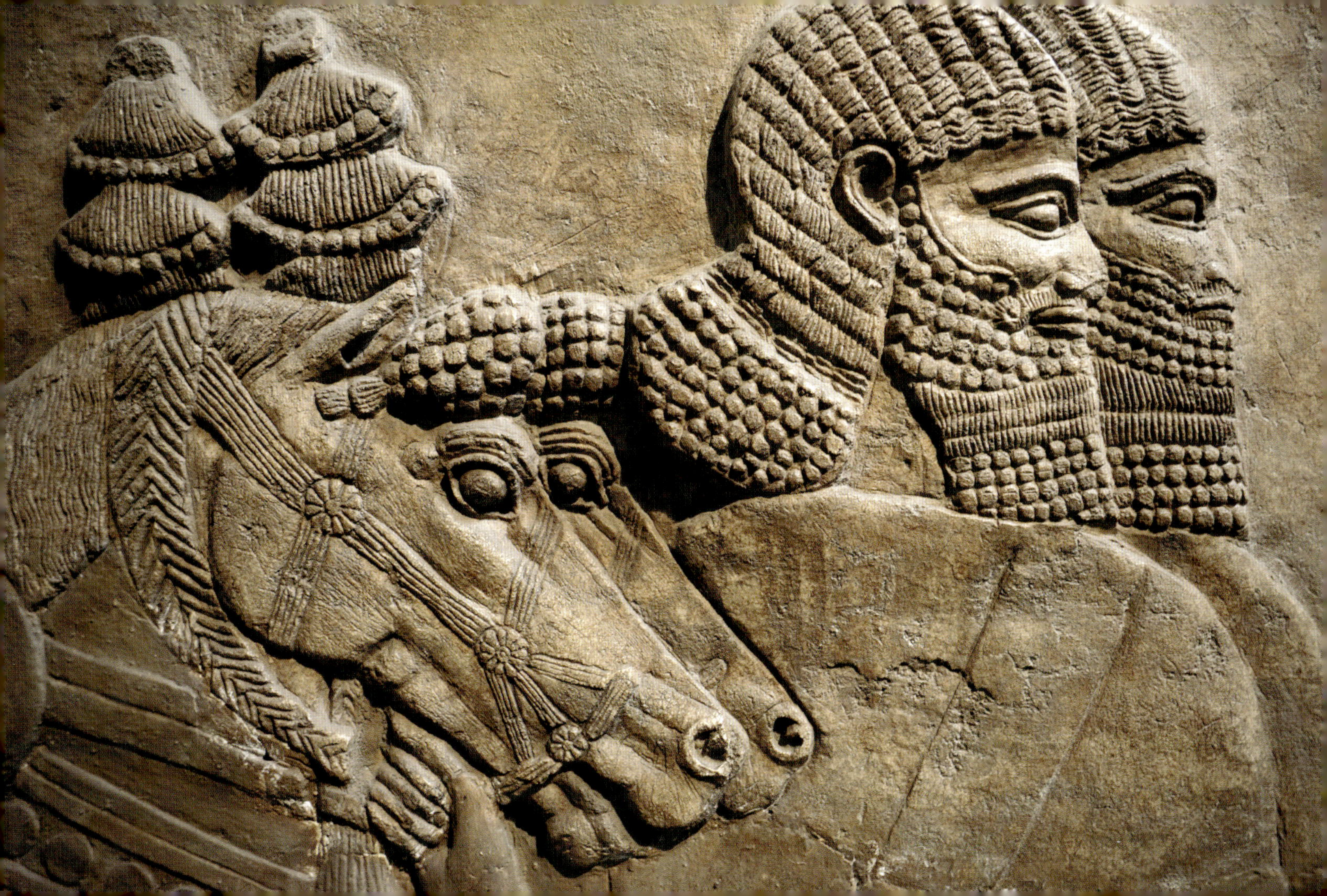

LOURDES
FRANKREICH

Die bedeutendsten Pilgerstätten des Christentums | Lourdes, wohin jährlich bis zu 6 Millionen Pilger strömen, verdankt seine Berühmtheit einer Marienerscheinung, die sich hier Bernadette Soubirous 1858 offenbart hatte. Auf Wunsch der »Dame«, wie Bernadette sie nannte, wurde ab 1862 eine Krypta über der Grotte von Massabielle und der hier entsprungenen Quelle mit heilkräftigem Wasser erbaut.

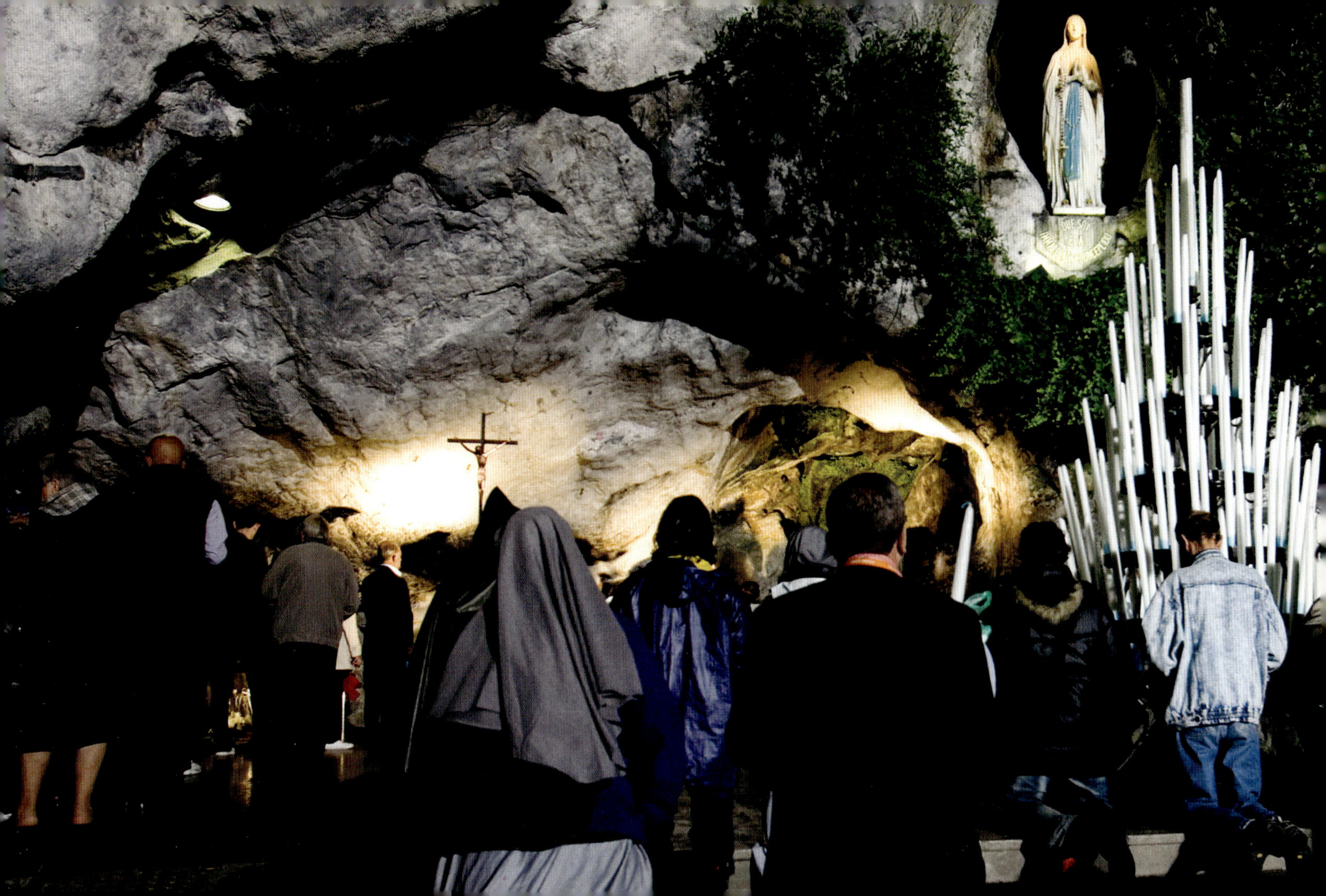

THE VENETIAN
LAS VEGAS, USA

Die größten Hotels der Welt | Von den zehn größten Hotels der Welt – gemessen an der Zahl ihrer Zimmer – stehen mehr als die Hälfte in Las Vegas. Spitzenreiter ist »The Venetian & The Palazzo« in Las Vegas. Mit 7128 Zimmern ist es das größte Hotel der Welt. Das Themenhotel weist viele nachgebaute Sehenswürdigkeiten der Lagunenstadt Venedig auf, wie die Rialtobrücke oder den Campanile.

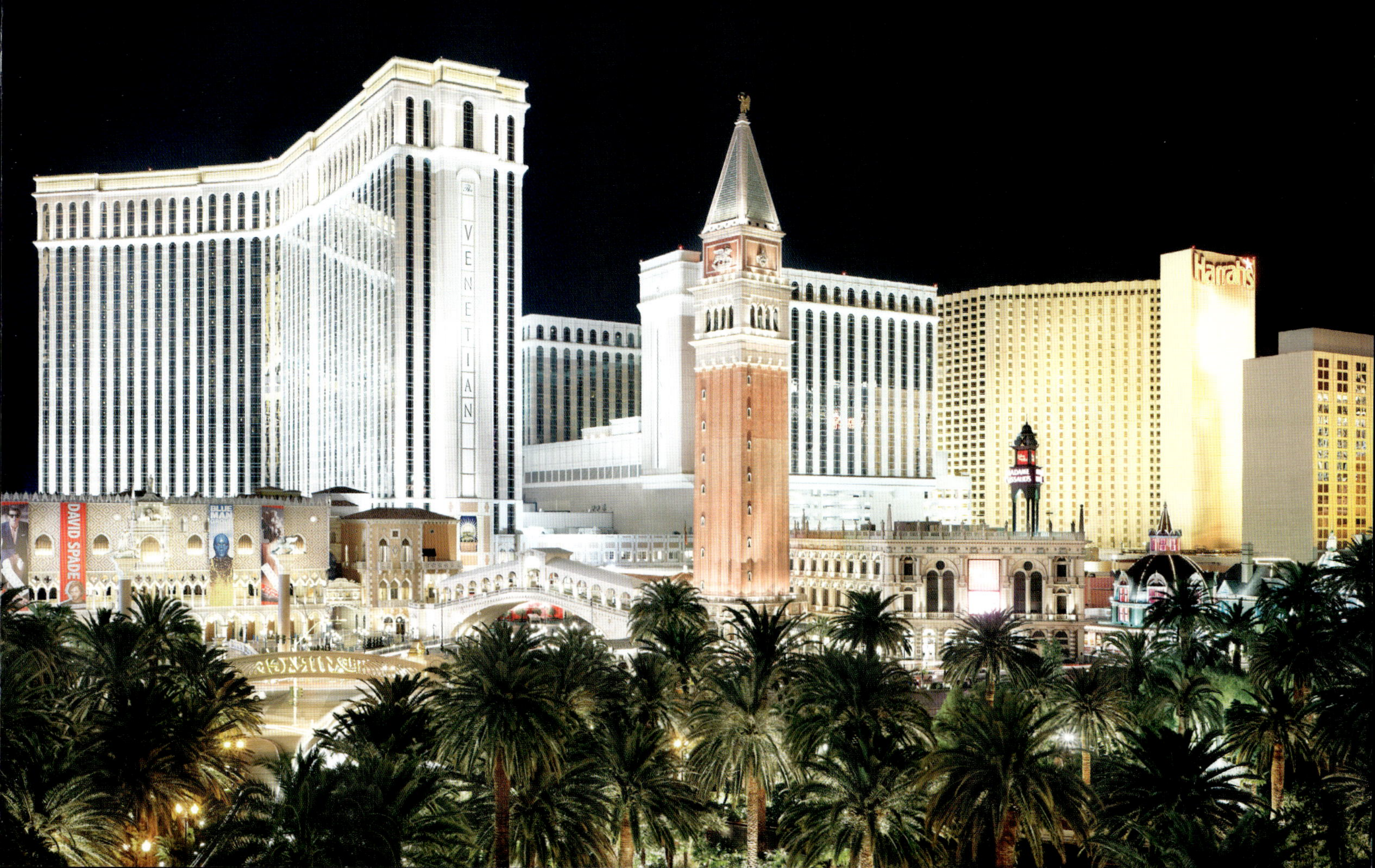
VENETIAN
DAVID SPADE
Harrah's

MELBOURNE CRICKET GROUND
AUSTRALIEN

Das größte Stadion Australiens | Das Stadion ist nicht nur das größte, sondern auch das traditionsreichste auf dem Roten Kontinent. 1854 wurde an gleicher Stelle ein Cricket-Match ausgetragen und dabei eine Holztribüne für die Mitglieder des Melbourne Cricket Club errichtet. Seitdem wurde das Stadion kontinuierlich erweitert und bietet heute 100 000 Sitzplätze.

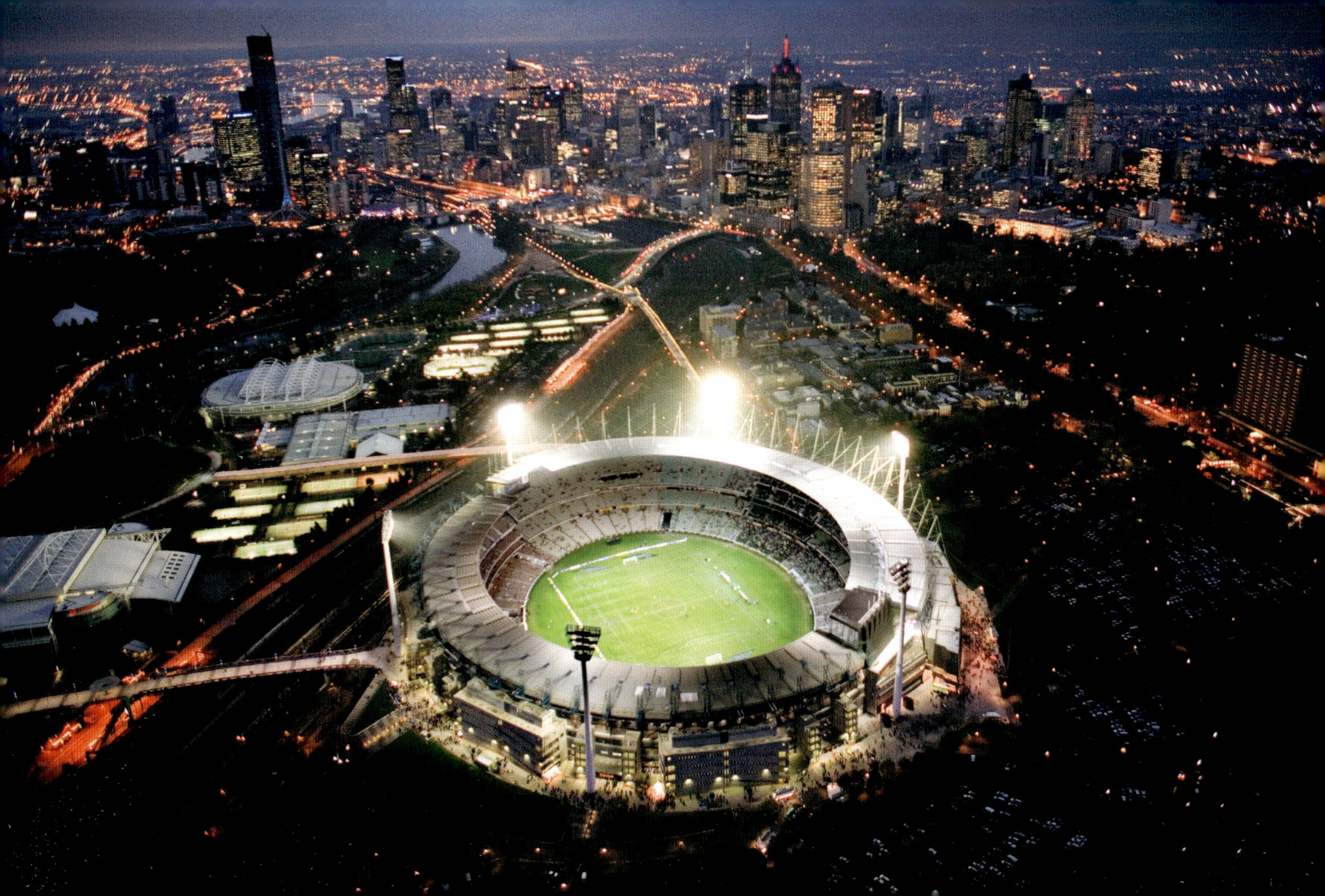

LIBRARY OF CONGRESS
WASHINGTON, USA

Die größte Bibliothek der Welt | Der Gesamtbestand der Library of Congress umfasst derzeit rund 151 Millionen Medieneinheiten, darunter allein fast 23 Millionen Bücher. Im April 1800 als Forschungsbibliothek des amerikanischen Kongresses gegründet, übernahm sie im Laufe des 19. Jahrhunderts die Aufgaben einer Nationalbibliothek. Die Sammlungen verteilen sich auf drei Gebäude auf dem Capitol Hill in Washington.

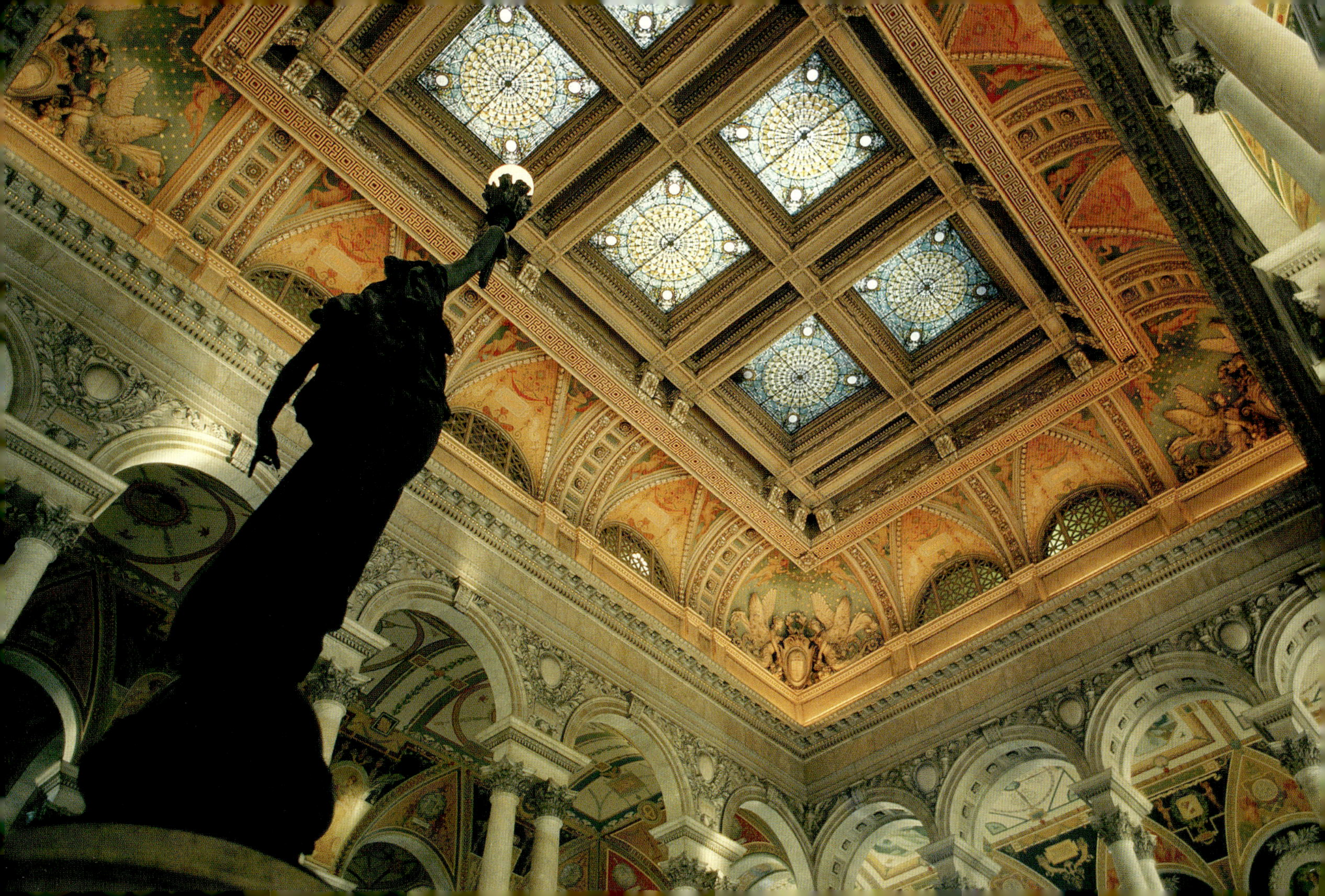

MEZQUITA
CÓRDOBA, SPANIEN

Die zweitgrößte Kathedrale der Welt | Die Mezquita-Kathedrale wirkt von außen eher schlicht, beeindruckt aber innen mit einem regelrechten Wald von 860 Säulen aus Jaspis, Onyx, Marmor und Granit, die in Doppelarkaden angeordnet sind und zweifarbige Hufeisenbögen tragen. Der ungewöhnliche Sakralbau aus maurischer Zeit entfaltet seine Pracht auf einer Größe von 15000 Quadratmetern.

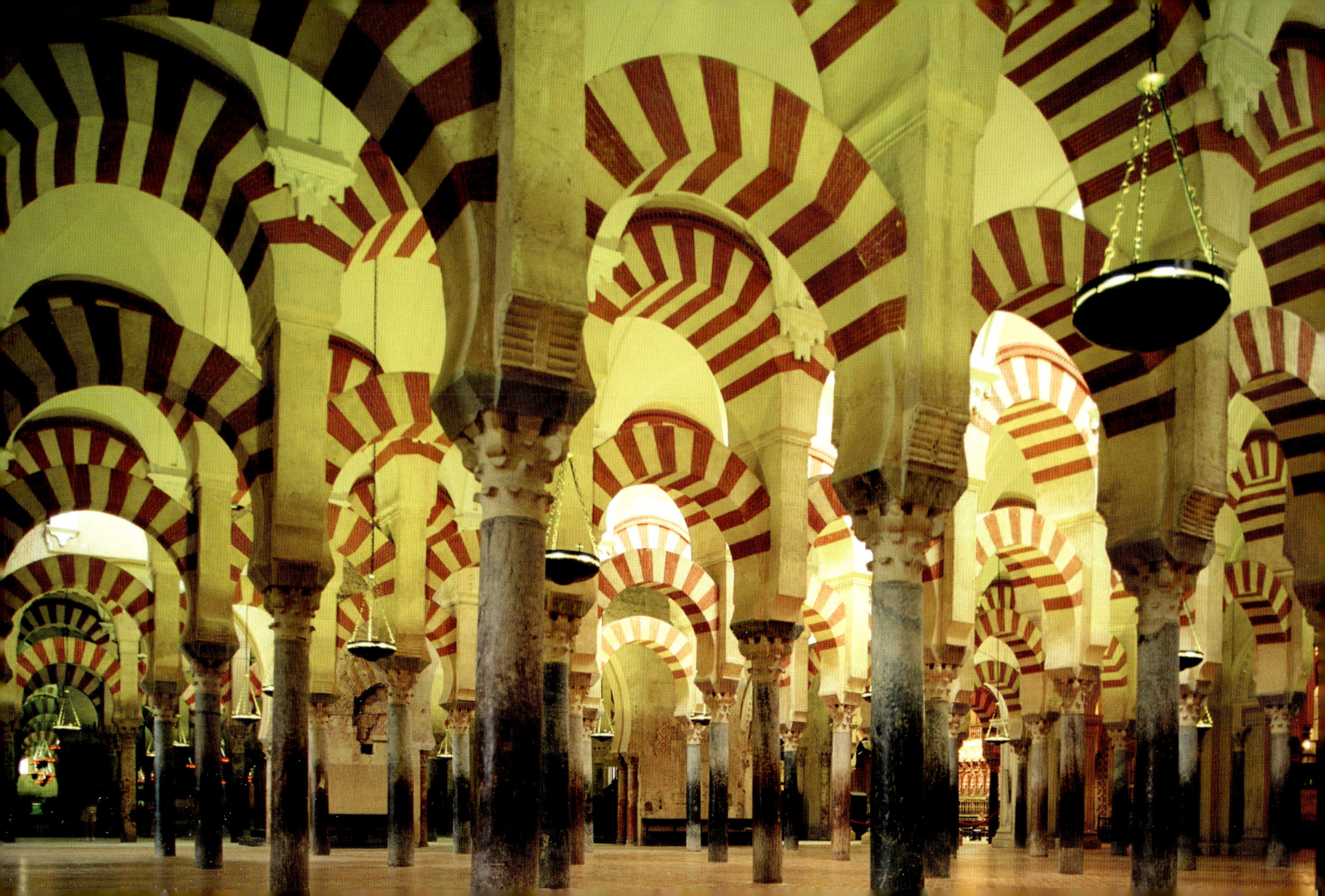

SANI-PASS
LESOTHO

Die höchste Passstraße Südafrikas | In vielen Kehren führt die Passstraße auf den Sani-Pass in Lesotho. Der Pass verbindet Lesotho mit dem südafrikanischen Underberg. Mit einer durchschnittlichen Steigung von etwa 20 Prozent ist der Pass einer der steilsten Afrikas, weshalb er auch nur mit geländegängigen Fahrzeugen passiert werden darf. Auf der Passhöhe (2820 m) befindet sich der angeblich höchstgelegene Pub Afrikas.

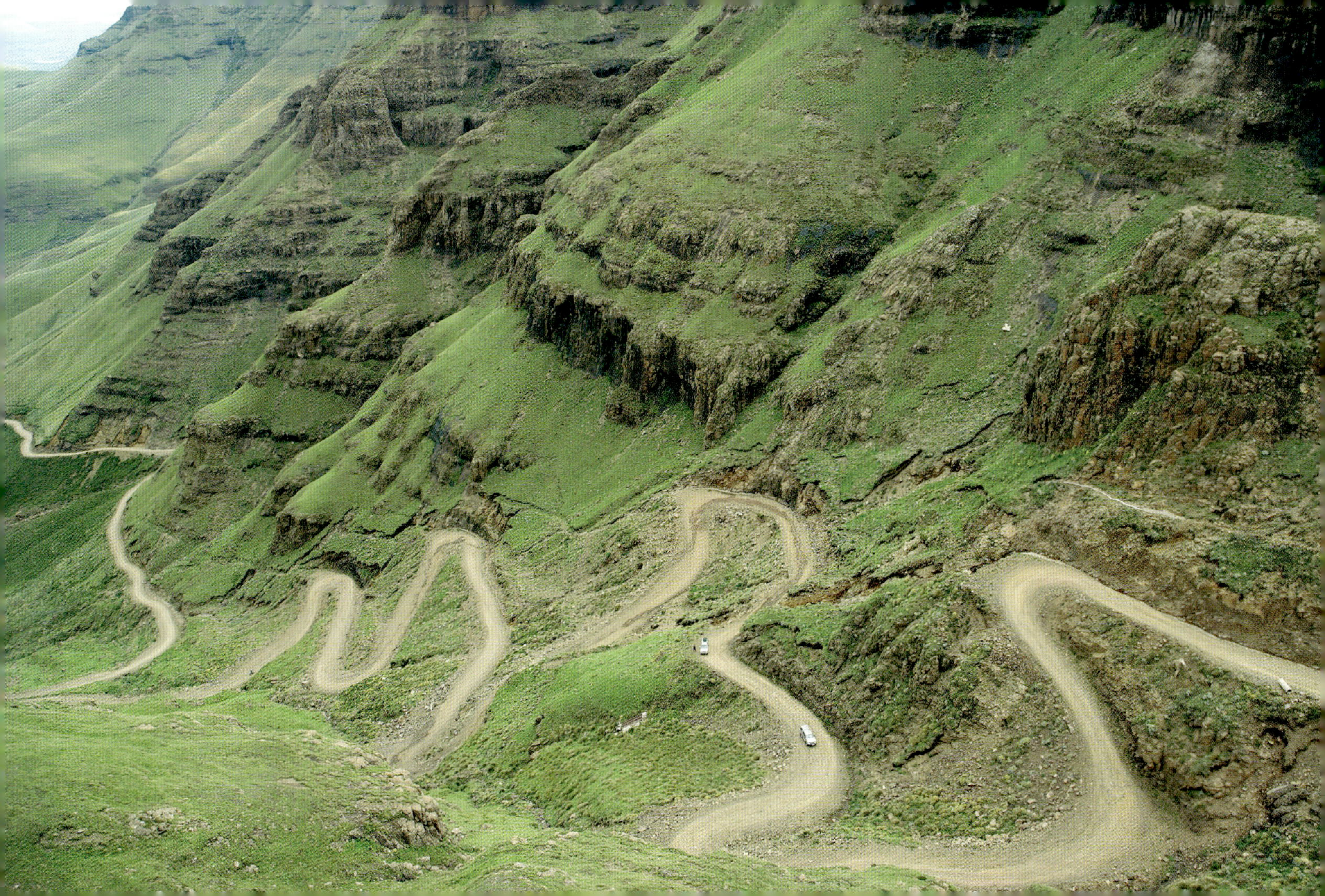

KAISERPALAST
TOKIO, JAPAN

Die größte bewohnte Palastanlage der Welt | Der Kaiserpalast, in dem die kaiserliche Familie heute sehr zurückgezogen lebt, zählt weit über Japans Landesgrenzen hinaus zu den bedeutendsten Bauwerken. Er wird von einer ausgedehnten Gartenanlage mit altem Baumbestand umrahmt. Zugang zum Palast besteht für die Öffentlichkeit nur zweimal im Jahr – an Neujahr und am Geburtstag des Kaisers.

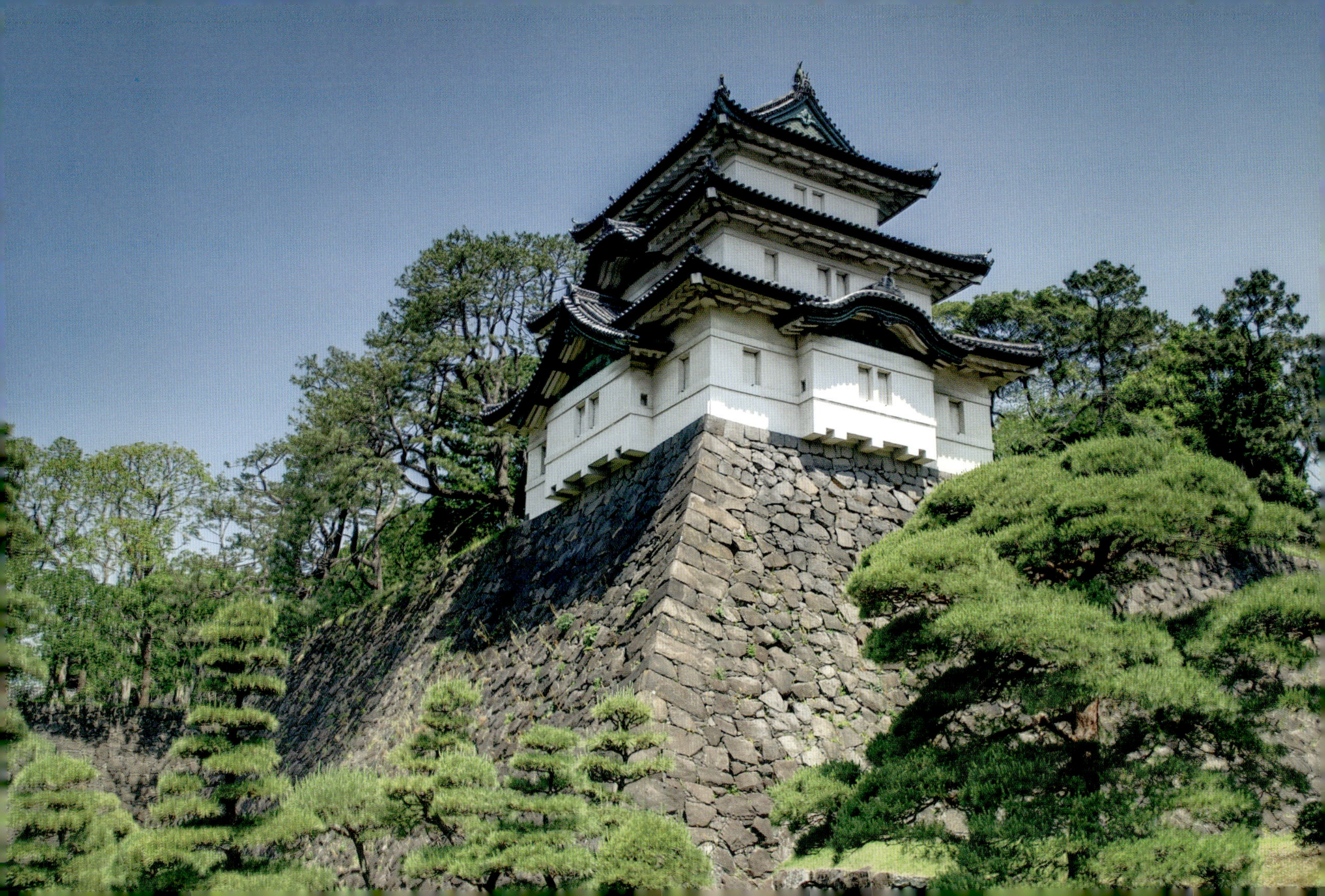

PANTHEON
ROM, ITALIEN

Der größte Kuppelbau der Antike | Das Pantheon besaß mehr als 1700 Jahre lang die größte Kuppel der Welt; lange war es auch eins der größten Gebäude weltweit. Das erste Mal wurde es im Jahr 27 v. Chr. angelegt. Sein Innenraum wird von einer halbkugelförmigen Kassettendecke überwölbt. Der Durchmesser und die Höhe der Kuppel sind mit 43,4 Metern exakt gleich und die Wände sind durch Nischen und Säulen gegliedert.

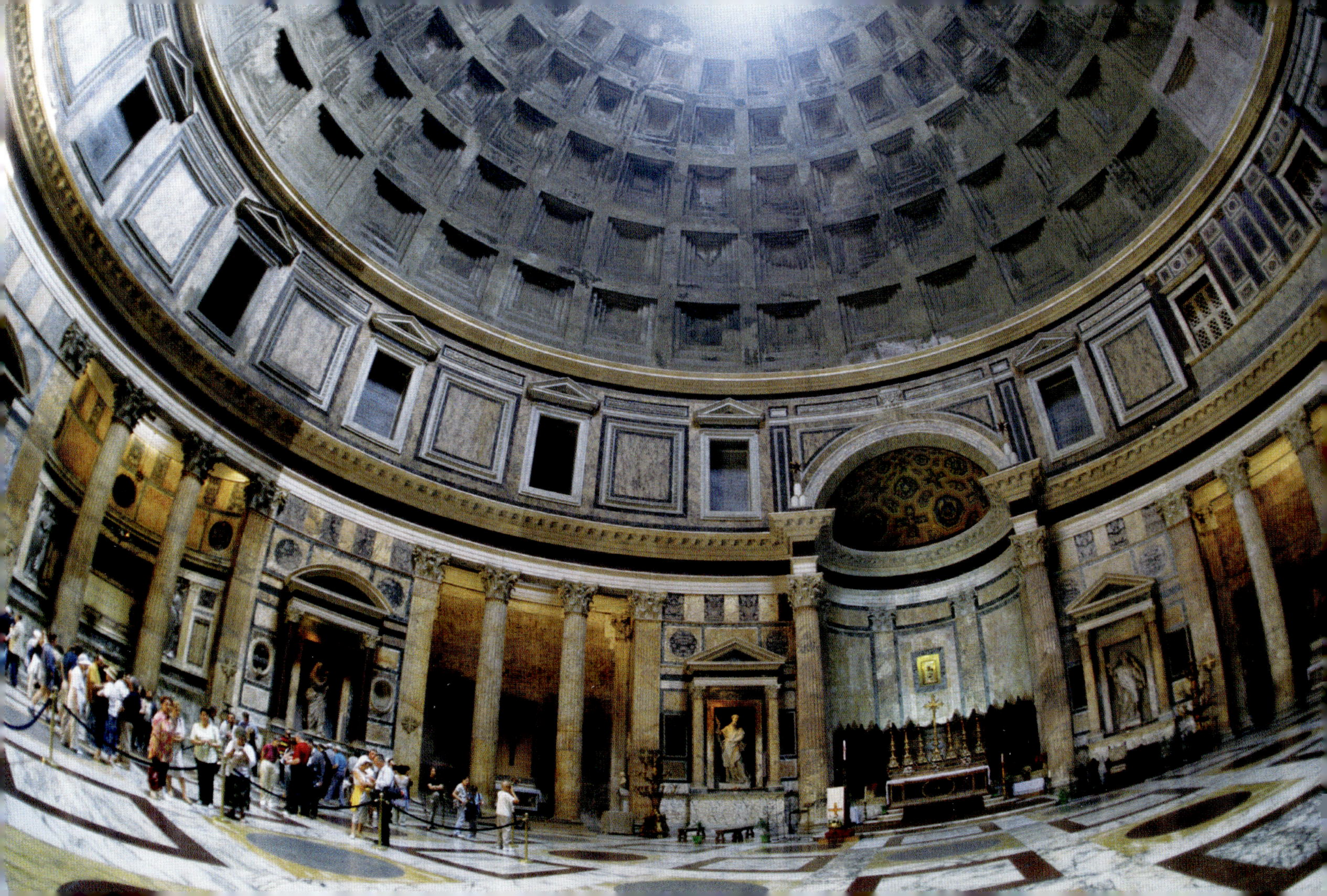

MOGAO-GROTTEN

DUNHUANG, CHINA

Die bedeutendsten Tempelanlagen des Buddhismus | Die Mogao-Grotten präsentieren Bildszenen aus dem Leben des Gautama Buddha, mit Paradiesdarstellungen, Szenen aus dem Diesseits sowie prachtvolle Ornamentik. Die rund 1000 Höhlen erstrecken sich in mehreren Reihen übereinander auf einer Klippe über eine Länge von 1600 Metern hinweg. 45 000 Quadratmeter an Wandbildern und 2400 kolorierte Lehmfiguren sind erhalten.

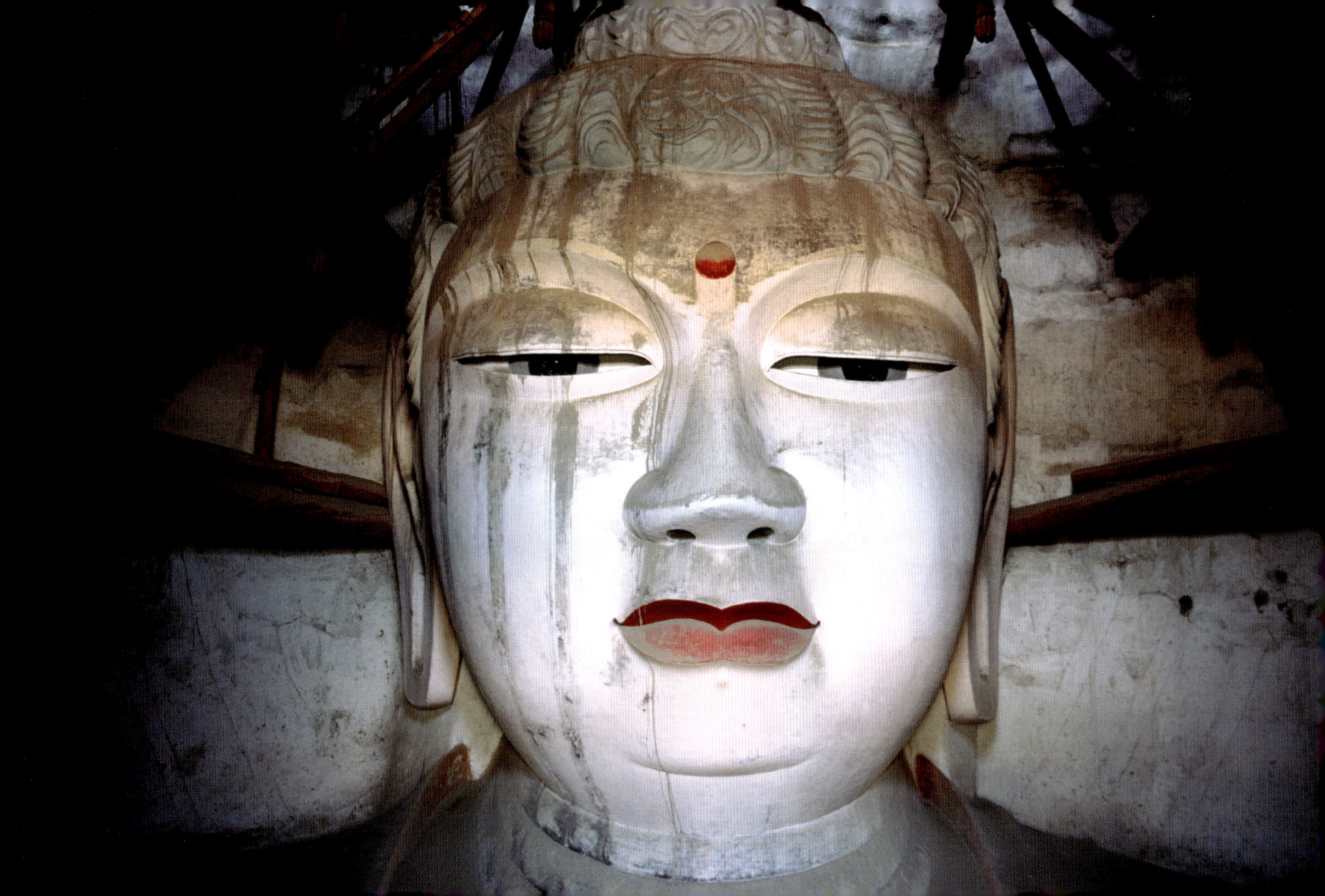

MUMBAI
INDIEN

Die größten Metropolregionen Asiens | Wie keine zweite Stadt Indiens symbolisiert die am Arabischen Meer gelegene Riesenmetropole mit rund 19 Millionen Einwohnern den wirtschaftlichen Aufschwung des Landes. Hier schlägt das ökonomische Herz der Nation. Die wichtigsten indischen Börsen und Banken sowie viele internationale Unternehmen residieren hier. Mumbais Filmindustrie ist unter dem Namen »Bollywood« weltbekannt geworden.

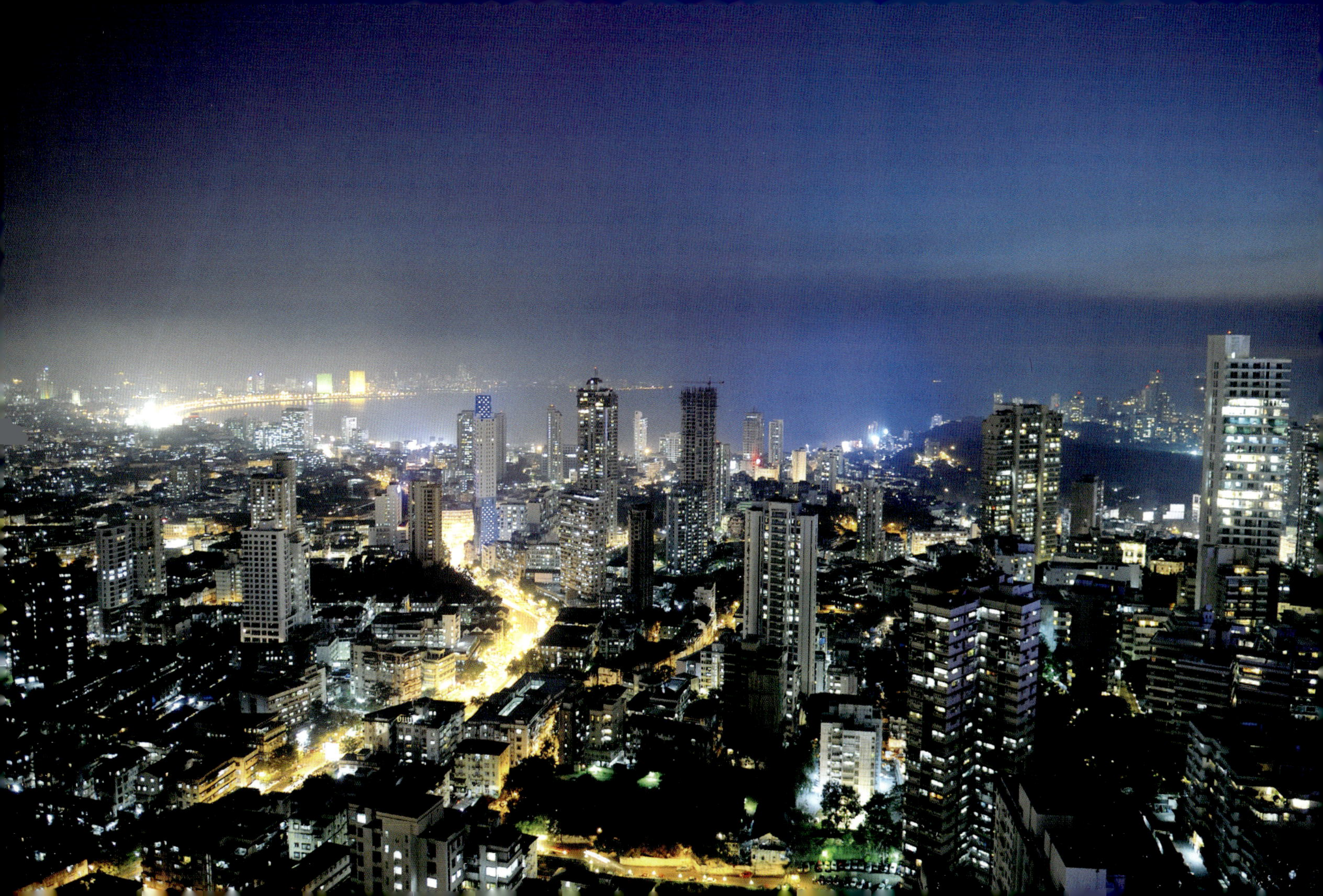

TGV
FRANKREICH

Die schnellsten Züge der Welt | Am 3. April 2007 begann um 13.01 Uhr die Rekordfahrt des schnellsten Rad-Schiene-Fahrzeugs der Welt. Ein TGV V150 – die Abkürzung V150 steht für 150 Meter pro Sekunde – startete auf der Hochgeschwindigkeitsstrecke zwischen Straßburg und Paris. Der Zug mit zwei Triebköpfen und drei Doppelstock-Mittelwagen wog 234 Tonnen und verfügte über 25 000 PS. Der Geschwindigkeitsrekord betrug 574,79 km/h.

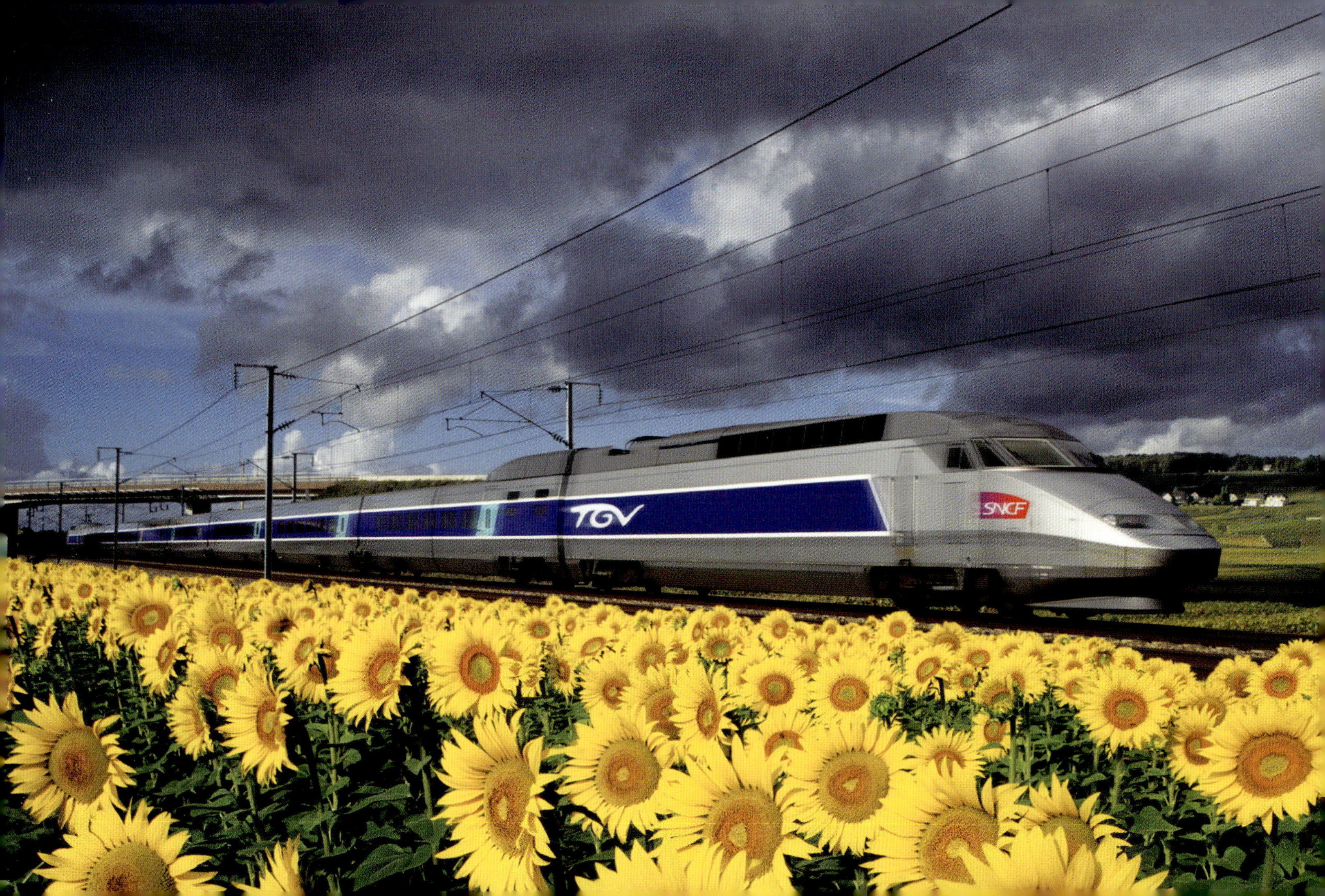
TGV
SNCF

GRAB TUTANCHAMUNS
TAL DER KÖNIGE, ÄGYPTEN

Die bedeutendsten Schätze ägyptischer Kultur | Etwa von 1347 bis 1339 v. Chr. lebte der ägyptische König Tutanchamun. Im Jahr 1922 wurde sein fast gänzlich unberührtes Grab von dem britischen Archäologen Howard Carter entdeckt. In der ausgemalten Sargkammer befand sich ein Quarzitsarkophag, in dem sich weitere Holzsärge befanden. Im innersten lag, aus massivem Gold einzigartig ausgearbeitet, die Mumie des Tutanchamun.

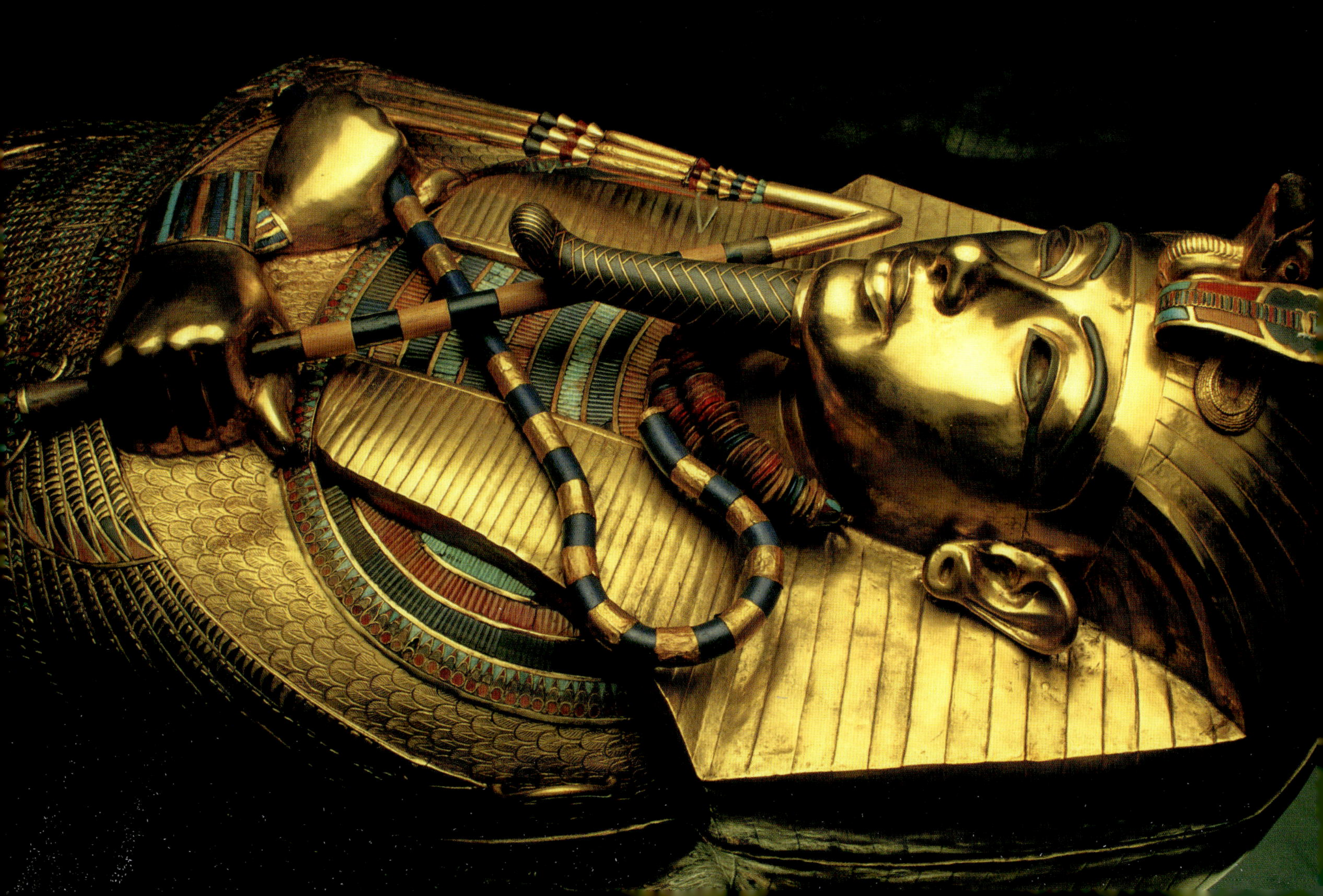

TEATR WIELKI

WARSCHAU, POLEN

Die größten Opernhäuser und Theater Europas | In dem zwischen 1825 und 1833 nach Plänen von Antonio Corazzi errichteten klassizistischen Monumentalbau residiert Polens Nationaloper. Sie bietet insgesamt 2705 Zuschauern Platz. Während des Zweiten Weltkriegs wurde es stark zerstört. Bei der Wiedereröffnung im Jahr 1965 war es das größte und modernste Theater der Welt, heute ist es das zweitgrößte Europas.

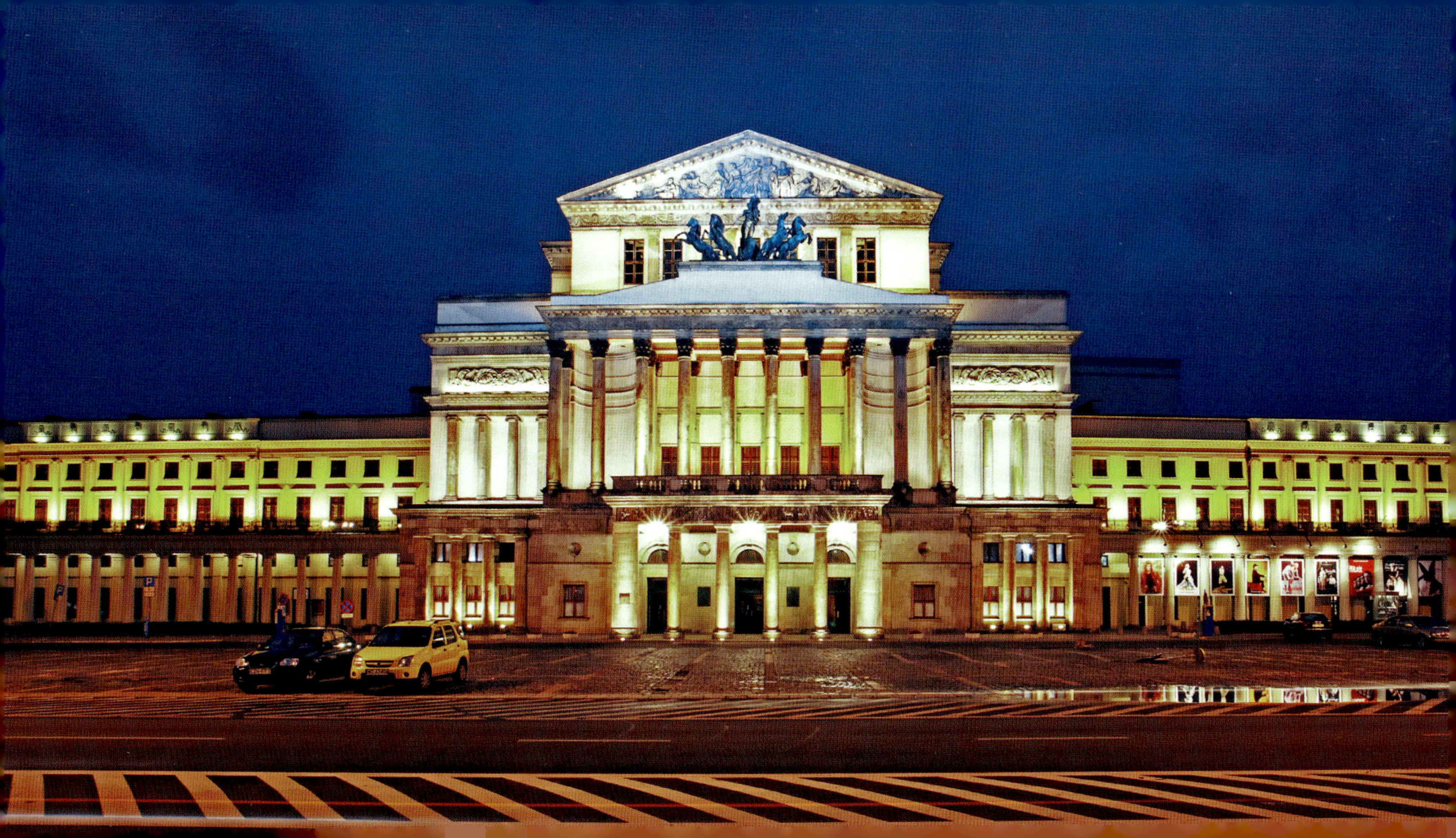

SALT LAKE TEMPEL

SALT LAKE CITY, USA

Der größte Mormonentempel der Welt | Das größte Kirchenbauwerk der Kirche Jesu Christi der Heiligen der Letzten Tage, bekannt als Mormonen, befindet sich in Salt Lake City. Entstanden war inmitten des 40 000 Quadratmeter großen Tempel Square ein etwa 60 Meter langer und 30 Meter breiter Sakralbau aus granitähnlichem Monzonit. Nebenan befindet sich eine der größten Orgeln weltweit.

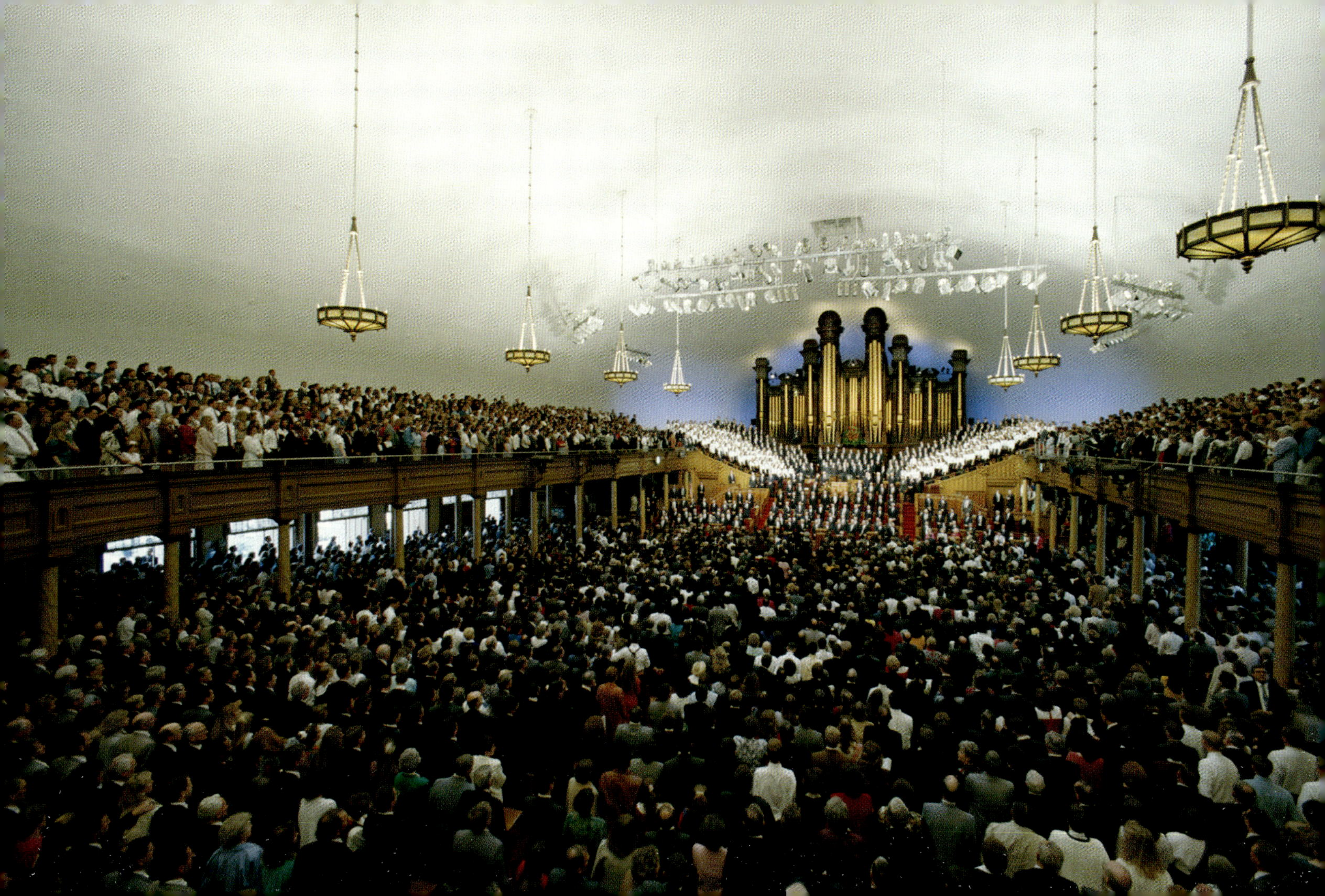

PRADO
MADRID, SPANIEN

Die bedeutendsten Kunstsammlungen weltweit | Das Museum beherbergt eine der weltweit bedeutendsten Sammlungen Alter Meister. Der Bestand umfasst wichtige Werke spanischer Maler von El Greco bis Francisco de Goya und herausragende Gemälde anderer europäischer Meister, darunter das Triptychon »Der Garten der Lüste« von Hieronymus Bosch.

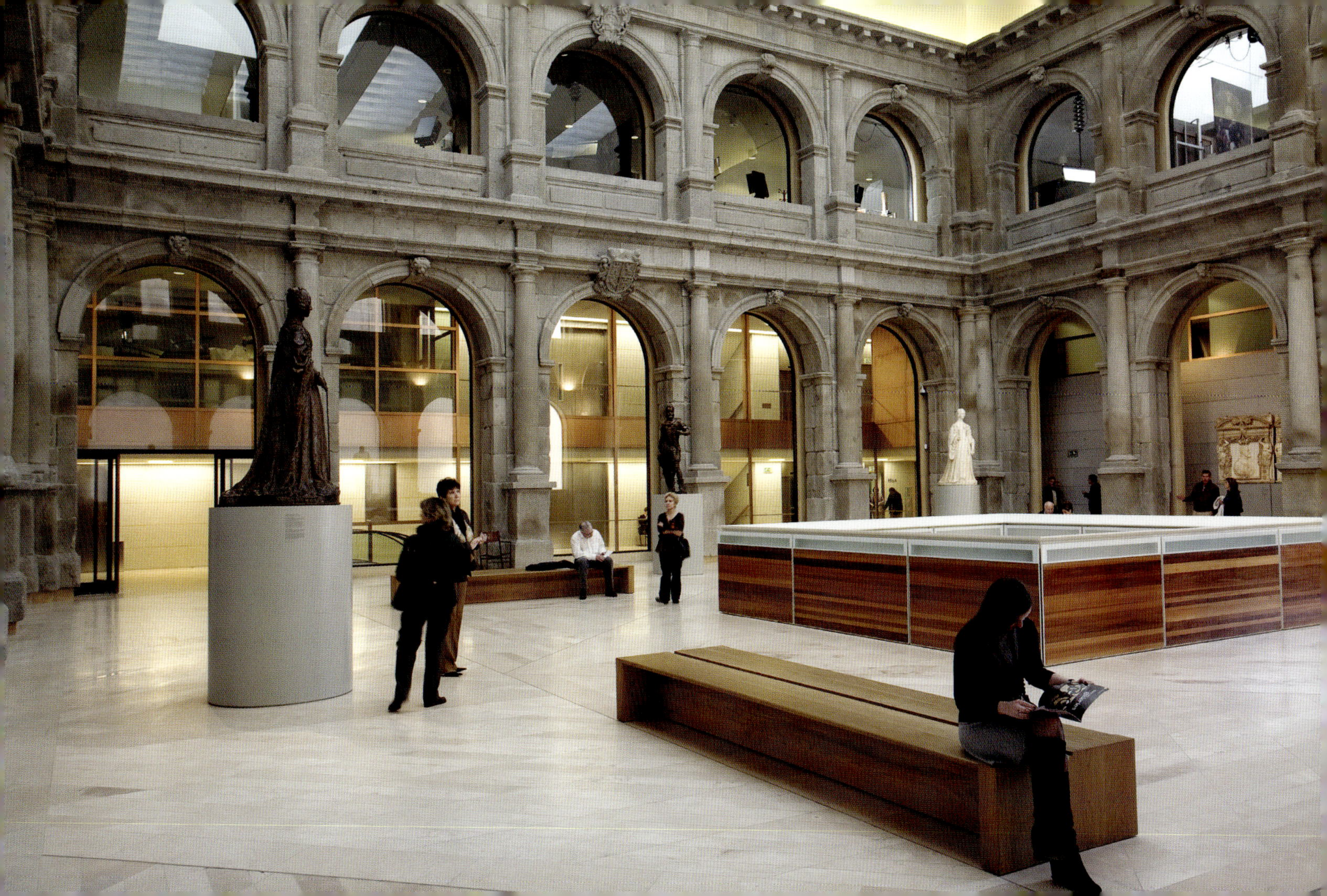

TEMPEL DES BAAL
PALMYRA, SYRIEN

Die bedeutendsten römischen Ruinenstätten | Im Osten des großen Tempelbezirkes von Palmyra liegt der heute noch teils gut erhaltene Baal-Tempel, in einem von Säulenhallen und Propyläen umgebenen Platz, der etwa 200 x 200 Meter misst. Der Tempel wurde im Jahr 32 geweiht. Ihre wirtschaftliche und kulturelle Blüte hatte die lange selbstständige, mächtige Handelsstadt im ersten bis dritten Jahrhundert.

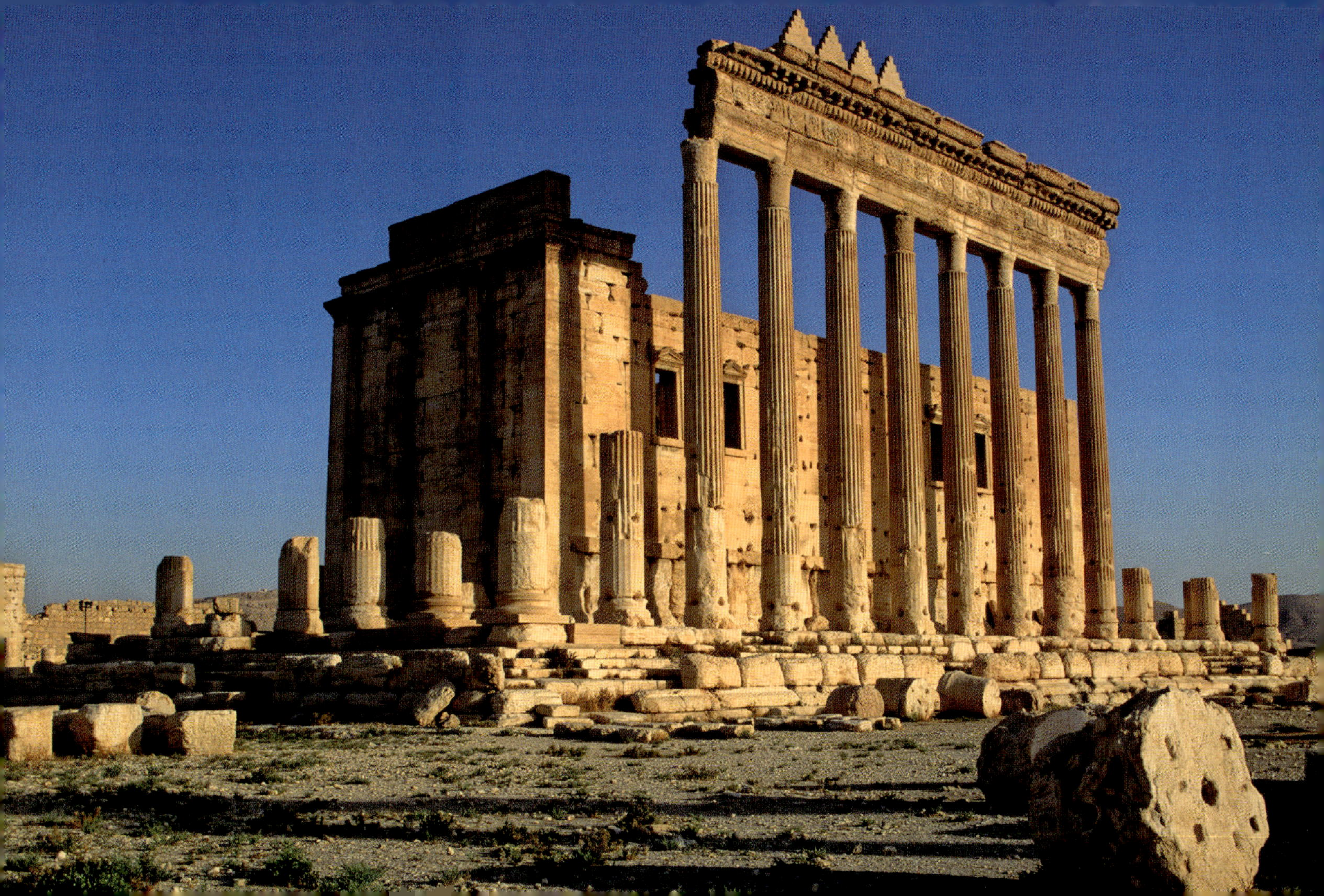

PARIS-CHARLES DE GAULLE

FRANKREICH

Die größten Flughäfen Europas | Der 1974 in Betrieb gegangene Flughafen Paris-Charles de Gaulle ist nach Passagierzahlen (61 Millionen), Frachtaufkommen (gut zwei Millionen Tonnen) und Fläche (3500 Hektar) jeweils der zweitgrößte Flughafen Europas. Es stehen vier Start- und Landebahnen parallel zur Verfügung und für die Abfertigungen gibt es drei Terminals. Hier fasziniert die Glaskonstruktion des Terminals 2F.

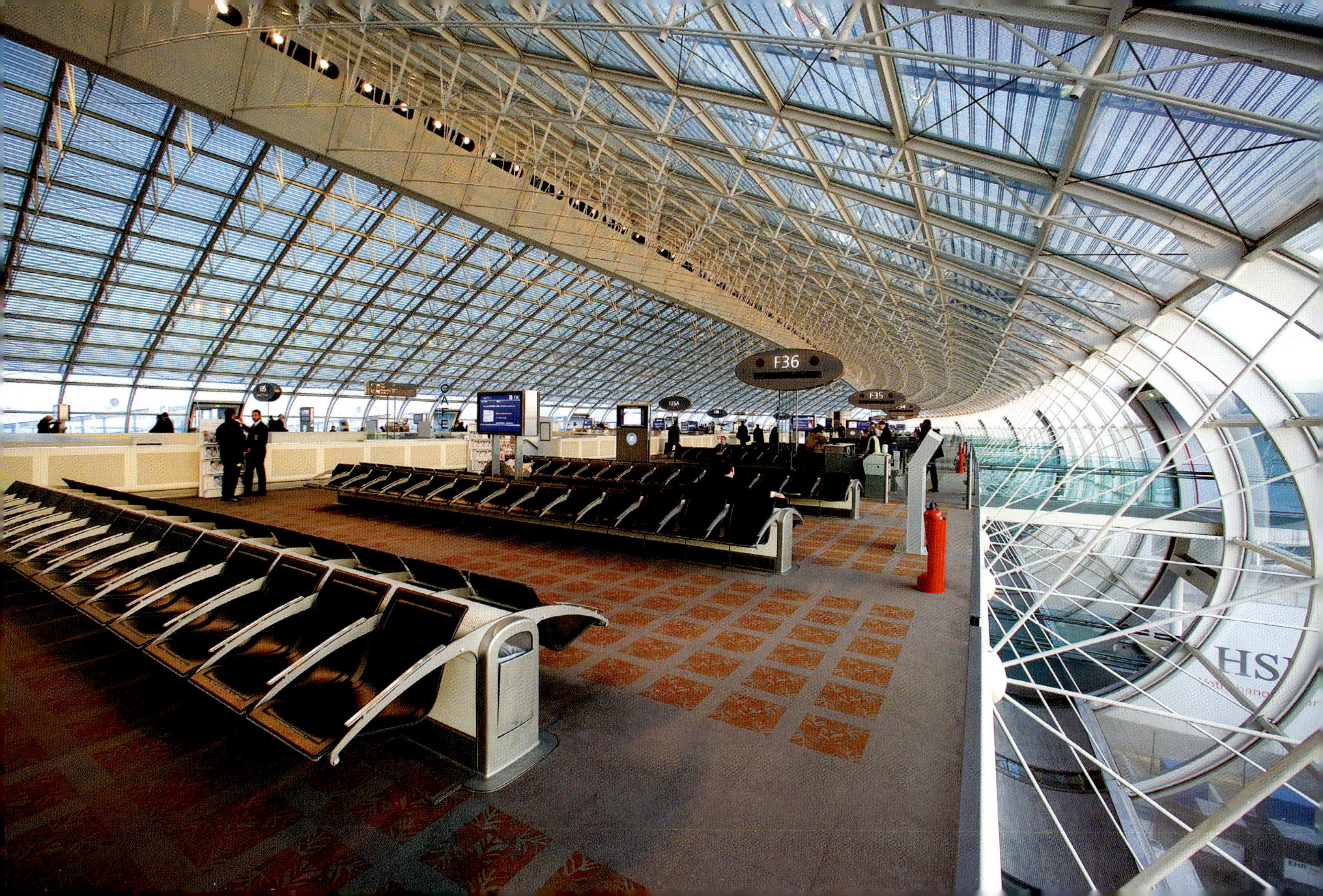
F36
F35

SHANGHAI
CHINA

Die größten Metropolregionen Asiens | Die Hafenstadt an der Mündung des Yangtse in das Ostchinesische Meer symbolisiert wie nur wenige andere chinesische Metropolen den rasanten Wandel des Reichs der Mitte von einem Entwicklungsland zu einer der dynamischsten Volkswirtschaften der Erde. In nur 20 Jahren hat sich die Metropolregion zum Wirtschaftszentrum von globaler Bedeutung mit rund 24 Millionen Einwohnern entwickelt.

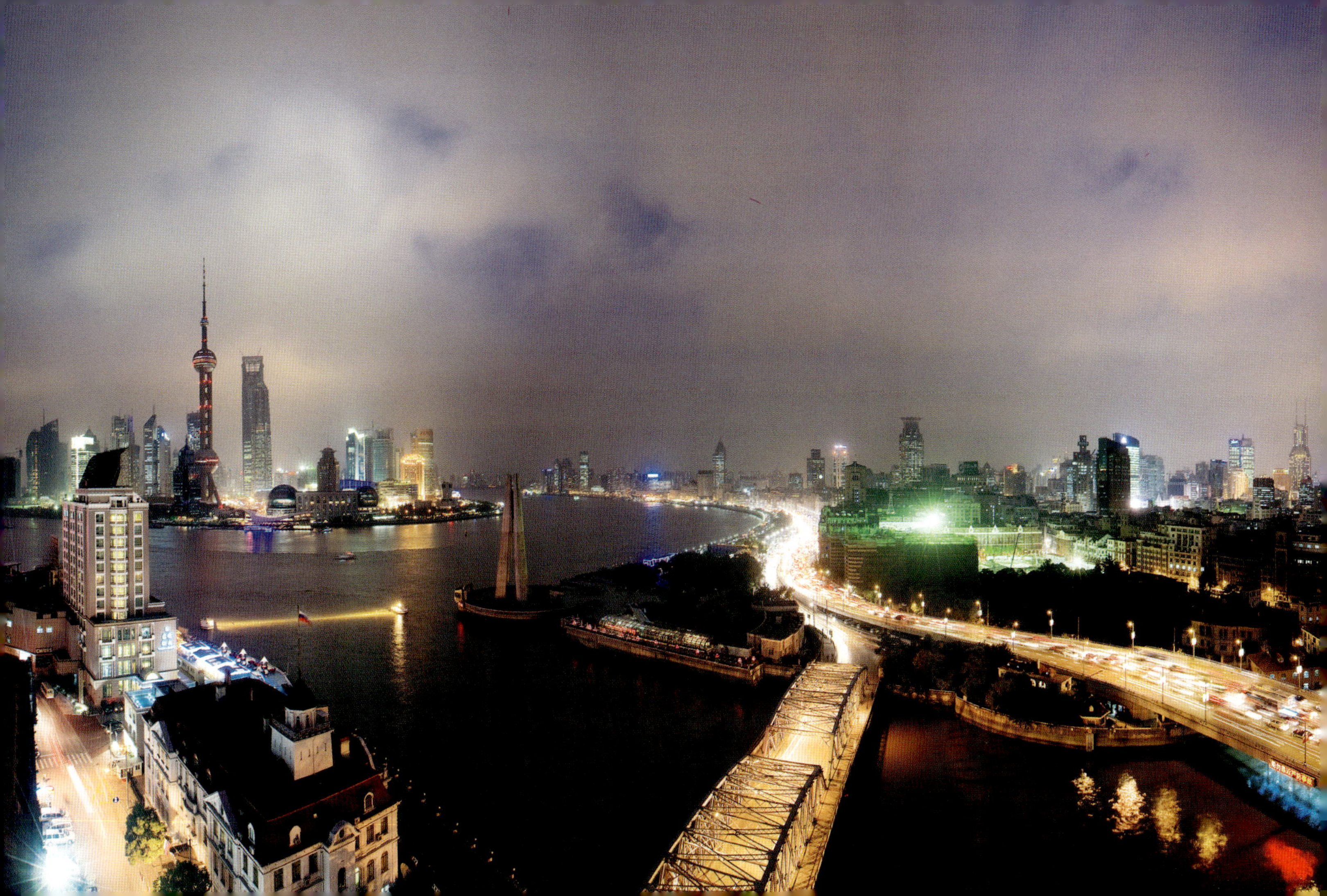

NINGBO HAFEN
CHINA

Die größten Seehäfen Asiens | Der Hafen der rund 300 Kilometer südlich von Shanghai gelegenen Stadt wächst selbst für chinesische Verhältnisse überdurchschnittlich schnell. 2010 wurden hier 25 Prozent mehr Güter als im Jahr zuvor umgeschlagen, und Ningbo belegte mit einer Gesamtmenge von 13 Millionen Standardcontainern Platz 7 im Hafenranking.

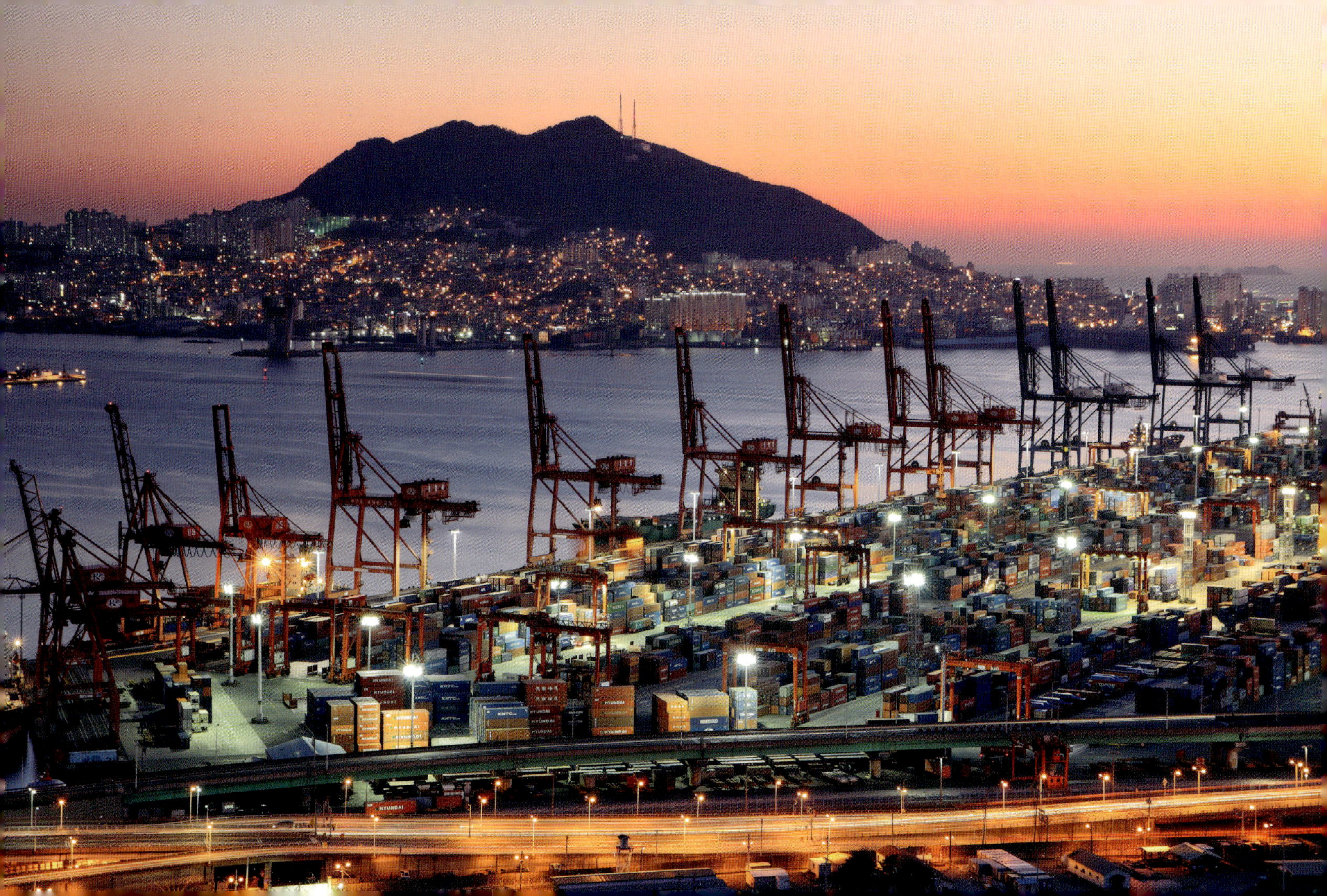

BANG NA EXPRESS WAY
THAILAND

Die längste Straßenbrücke der Welt | Bangkoks sechsspurige Autobahnbrücke gilt mit einer Länge von 54 Kilometern als längste Straßenbrücke der Welt. Sie wirkt wie eine Art Hochstraße. Unter Fachleuten aber ist das eine Balkenbrücke. Die aufgeständerten Stützbalken haben pro Feld eine Spannweite von 44 Metern und eine Breite von 27,2 Metern.

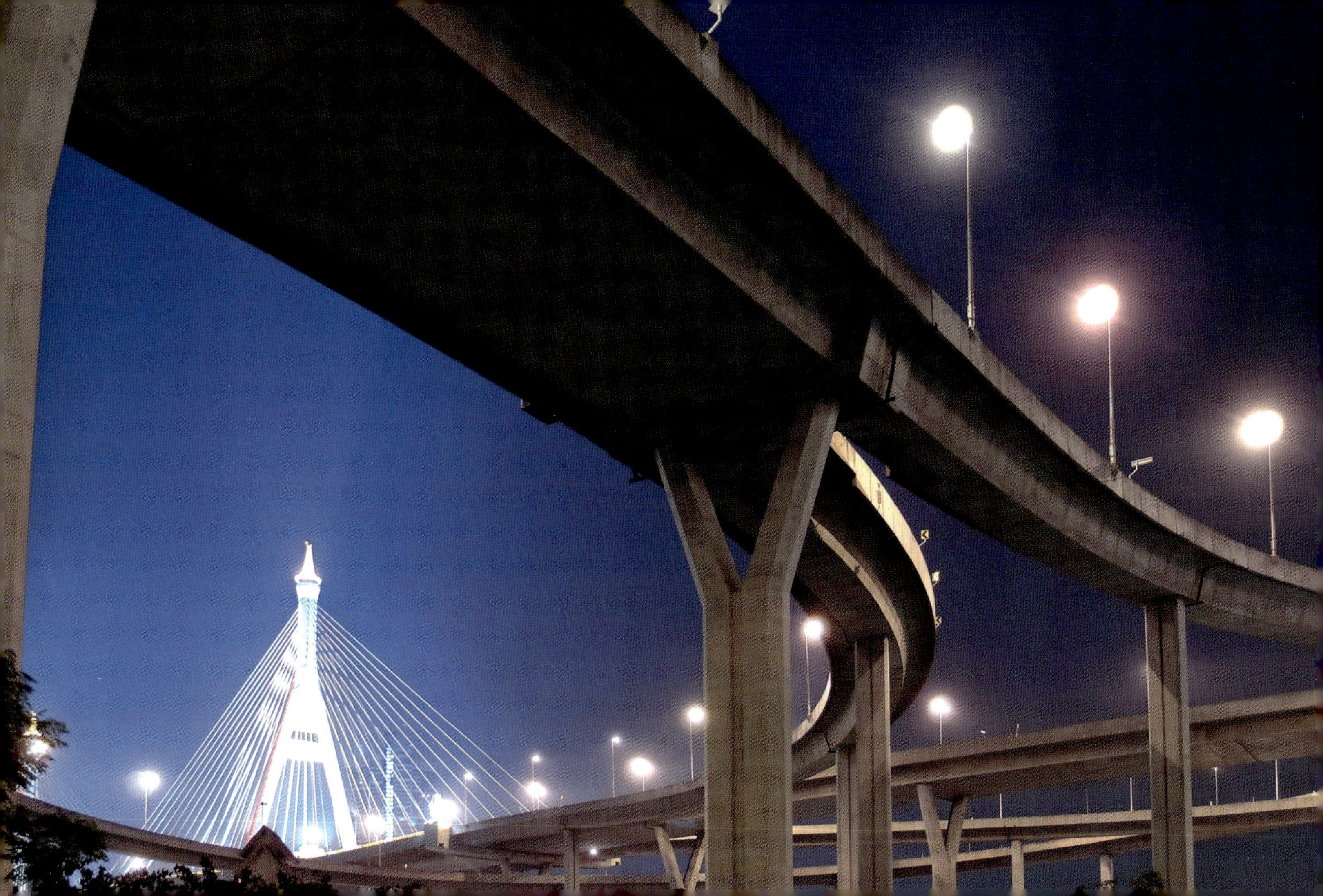

KITTY HAWK
USA

Die größten Flugzeugträger der Welt | Die »Kitty Hawk«, ein Typschiff der nach ihr benannten Klasse, war jahrzehntelang unterwegs auf den Weltmeeren. Der 324 Meter lange und 77 Meter breite Flugzeugträger nahm an mehreren Kriegseinsätzen, etwa in Vietnam und im Persischen Golf, teil. Nach fast 50 Jahren Betriebszeit wurde der 1960 vom Stapel gelaufene, noch konventionell angetriebene Träger 2009 außer Dienst gestellt.

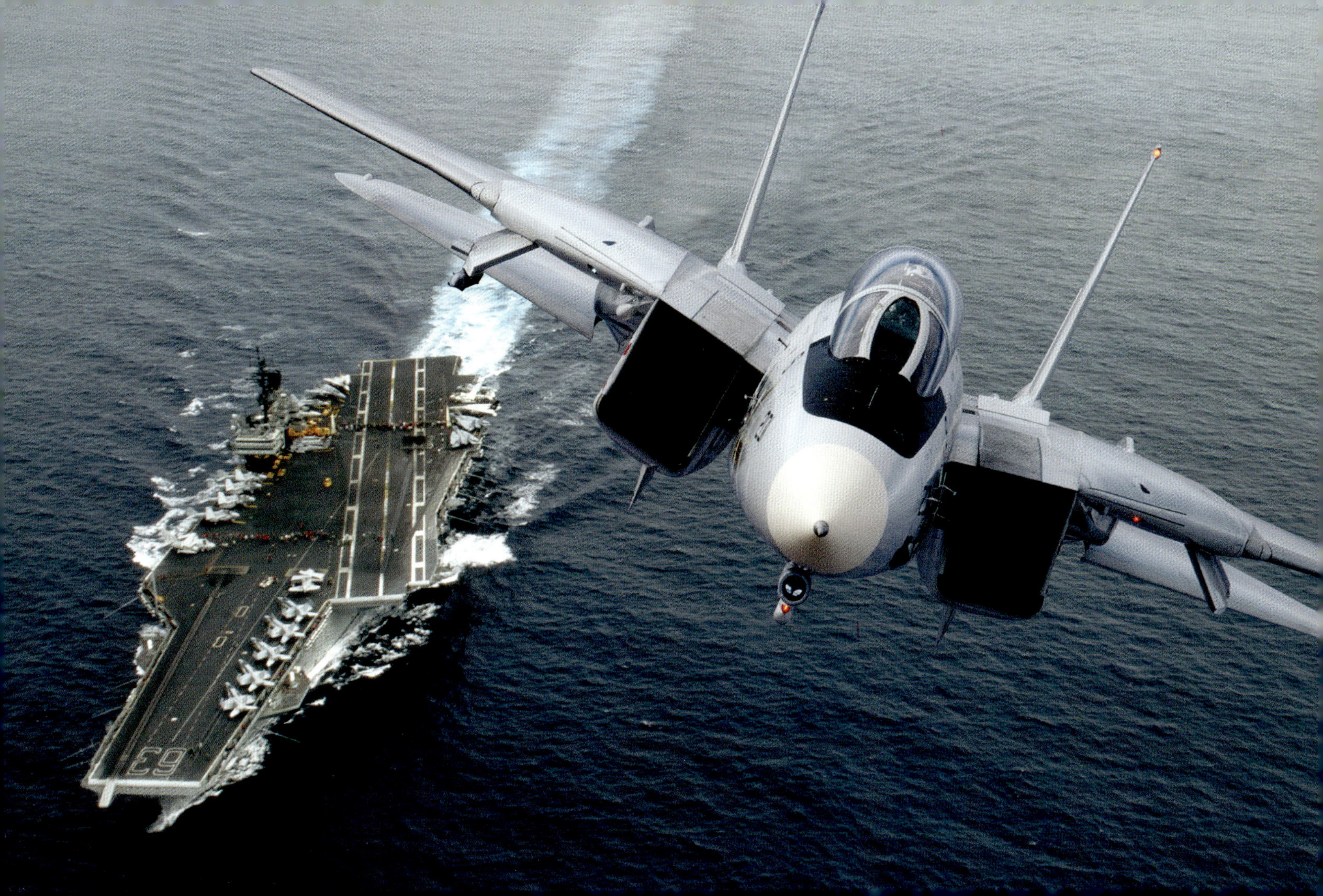
63

TRUMP INTERNATIONAL HOTEL AND TOWER
CHICAGO, USA

Der zweithöchste Skyscraper Nordamerikas | Der Trump Tower ist ein 98 Stockwerke hoher Wolkenkratzer in Chicago. 2009 fertiggestellt, ist er zurzeit das zweithöchste Gebäude Nordamerikas. Das Hochhaus gehört dem bekannten Unternehmer Donald Trump, der darin ein Fünf-Sterne-Hotel betreibt. Der Wolkenkratzer verjüngt sich nach oben hin durch Gebäuderücksprünge, die den Besuchern als Freiflächen zur Verfügung stehen.

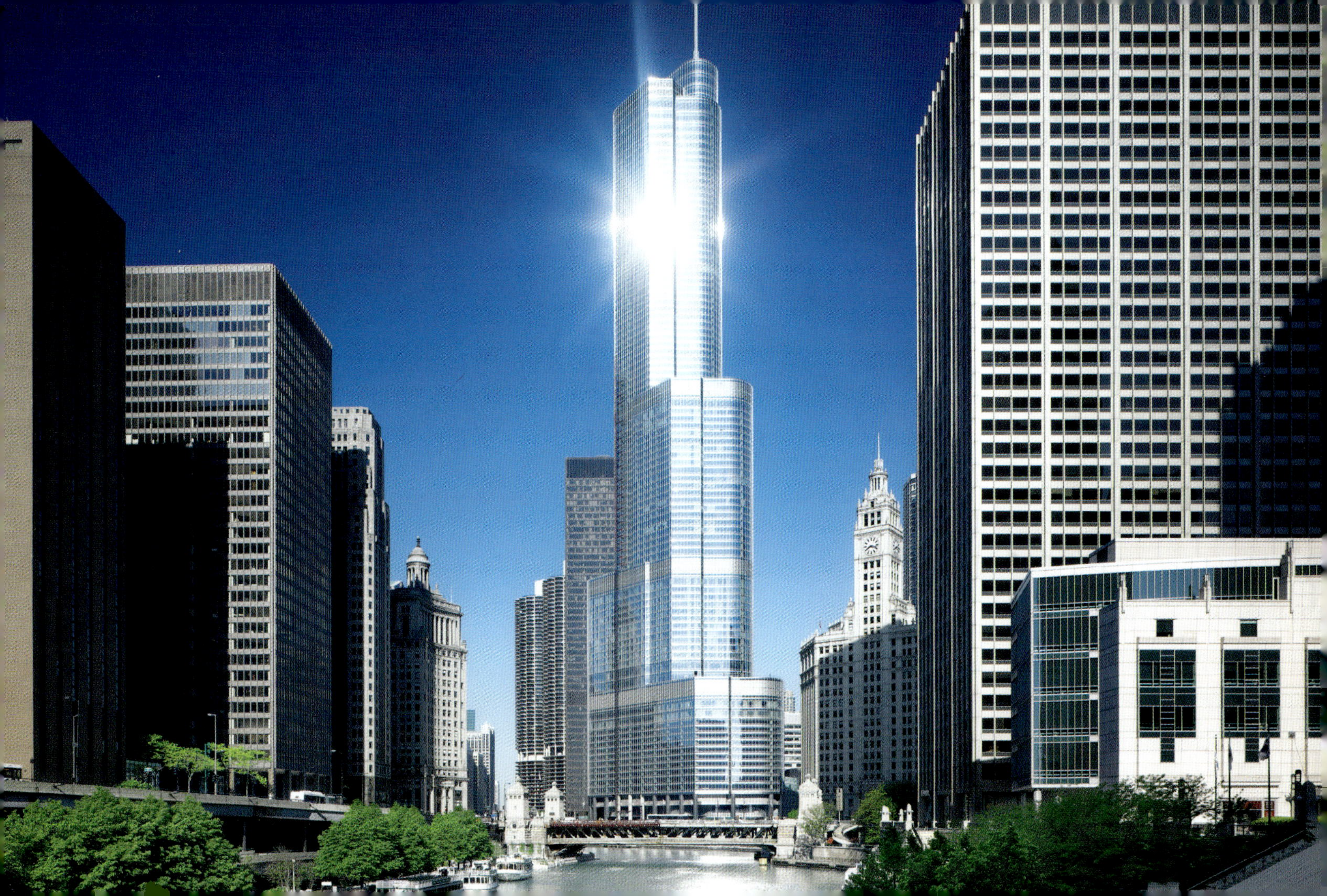

ROYAL CLIPPER
MONACO

Das größte Segelschiff der Welt | Das »Traumschiff« der monegassischen Reederei »Starclippers« ist seit dem Jahr 2000 als Luxus-Kreuzfahrtsegler unterwegs. Es ist ein Nachbau der legendären »Preußen« – ein Großsegler der Hamburger Reederei F. Laeisz, der 1910 vom Stapel lief und 1913 an den Kreidefelsen von Dover zerschellte. Bei ihrer Indienststellung war die »Royal Clipper« der erste Fünfmaster seit fast 100 Jahren.

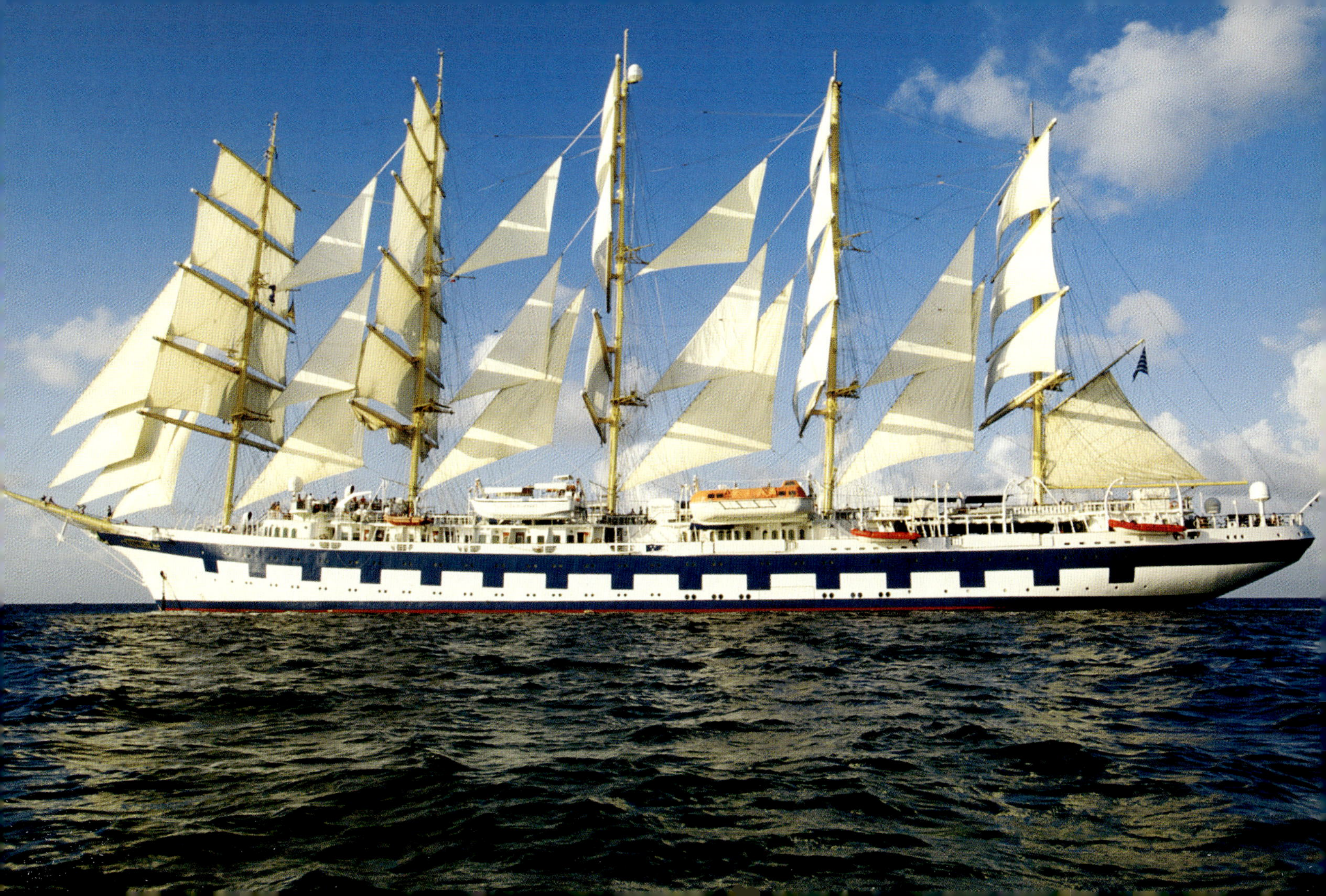

ARECIBO-OBSERVATORIUM

ARECIBO, PUERTO RICO

Das zweitgrößte Radioteleskop der Welt | Mit einem Spiegeldurchmesser von 304,8 Metern ist das Arecibo Observatorium das zweitgrößte Radioteleskop der Welt. Allerdings ist es wohl das berühmteste seiner Art, denn es diente als Kulisse für Action- und Science-Fiction-Filme. Seit 1963 empfängt man hier Signale aus dem All. 1974 sandte man erstmals die Arecibo-Botschaft in Form von Radiowellen aus. Eine Antwort aber steht noch aus.

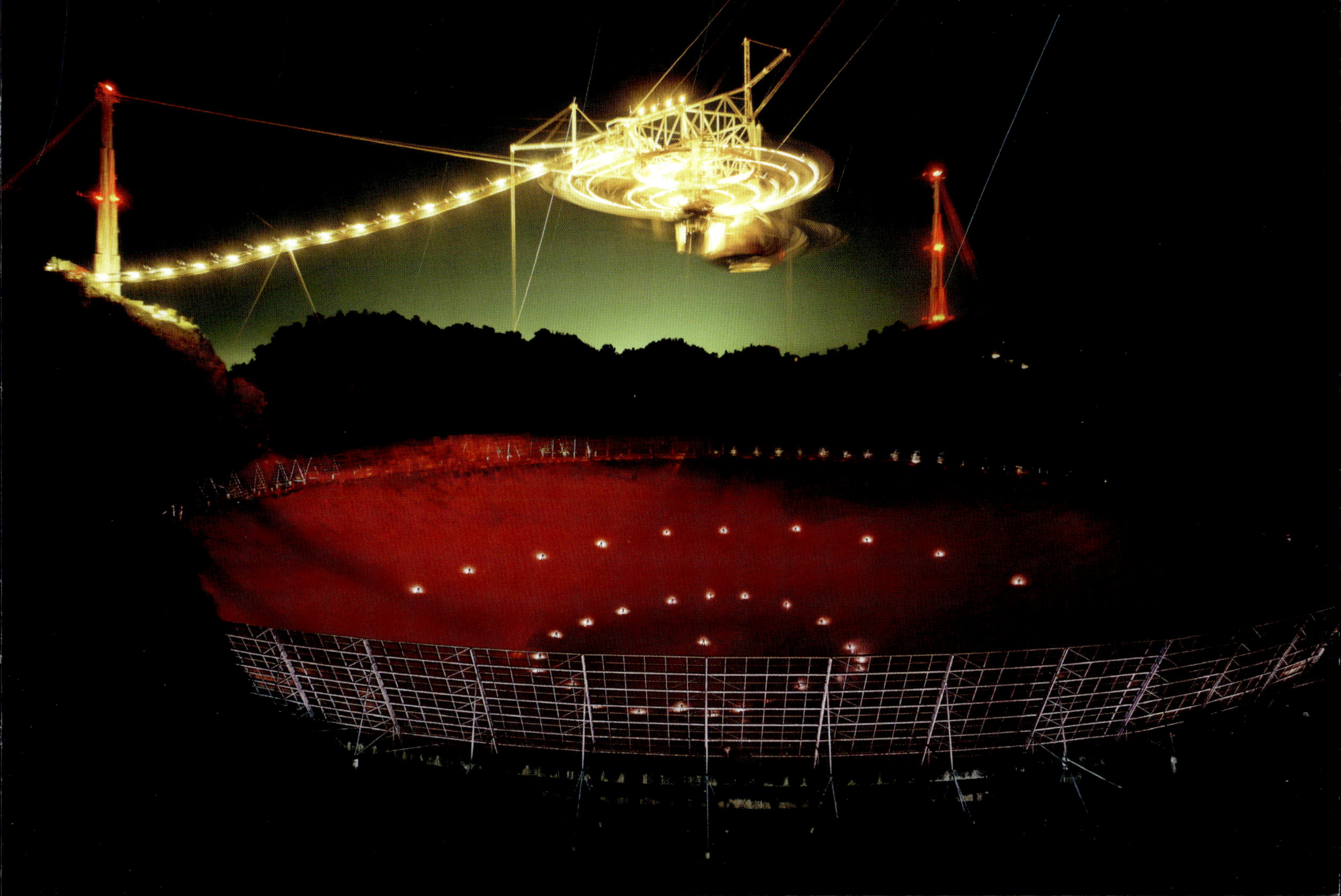

STAATEN

Die größten Staaten der Welt, nach Fläche und Bevölkerung | Die fünf flächenmäßig größten Staaten, nämlich Russland, Kanada, die USA, China und Brasilien, herrschen über rund ein Drittel der Landmassen der Erde. 1,3 Milliarden Menschen leben in China, 1,2 Milliarden in Indien und in Brasilien 192,3 Millionen.

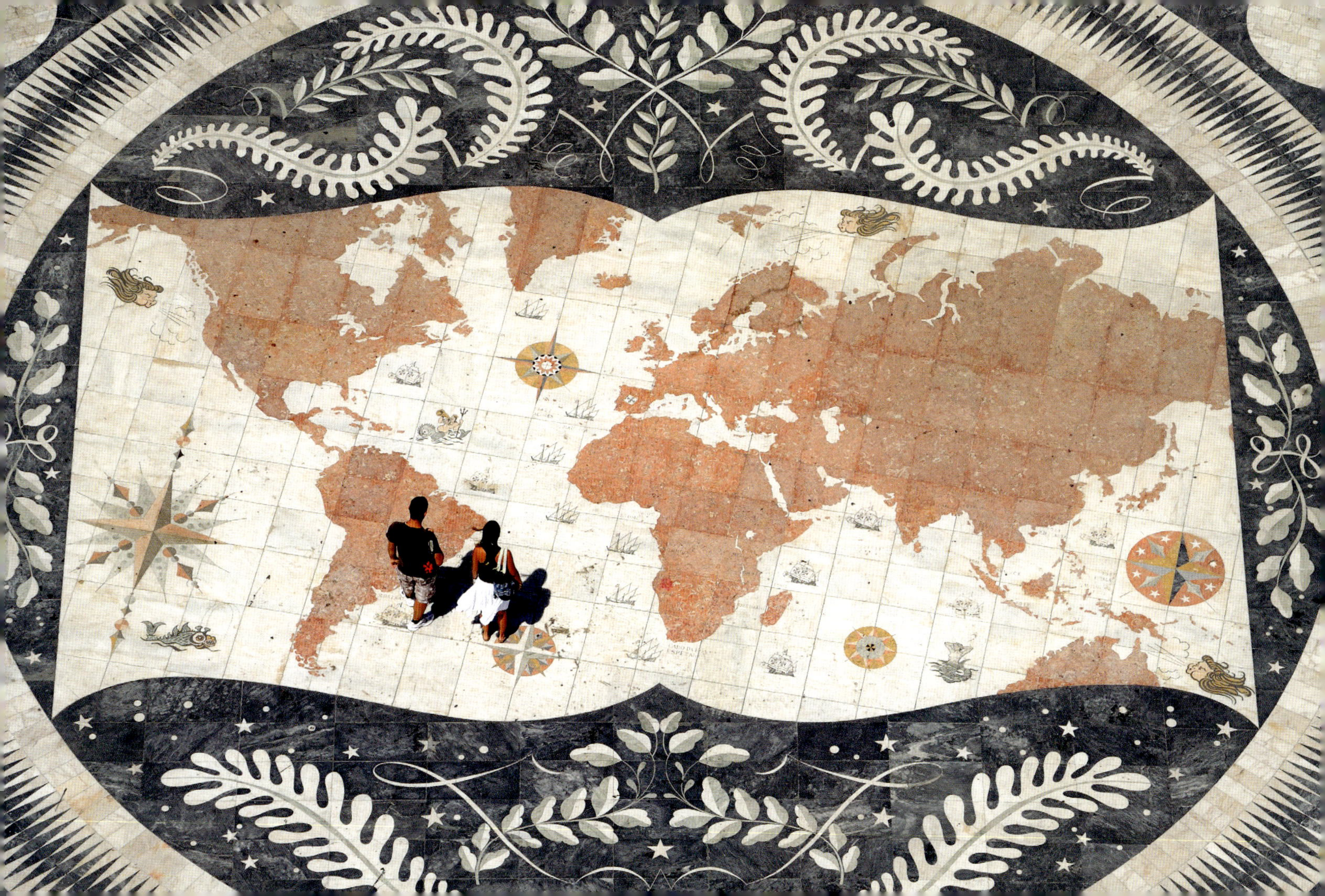

FELSENDOM
JERUSALEM, ISREAL

Die bedeutendsten Pilgerstätten des Islam | Der Felsendom auf dem Tempelberg in Jerusalem zählt zu den ältesten islamischen Sakralbauten und ist eines der wichtigsten muslimischen Heiligtümer. Er wurde ursprünglich um das Jahr 690 als Schrein genau über dem Felsen errichtet, von dem aus Mohammed auf seinem Pferd Al-Buraq in den Himmel geritten sein soll. Der Prachtbau gilt als Meisterwerk des frühen Omaijadenstils.

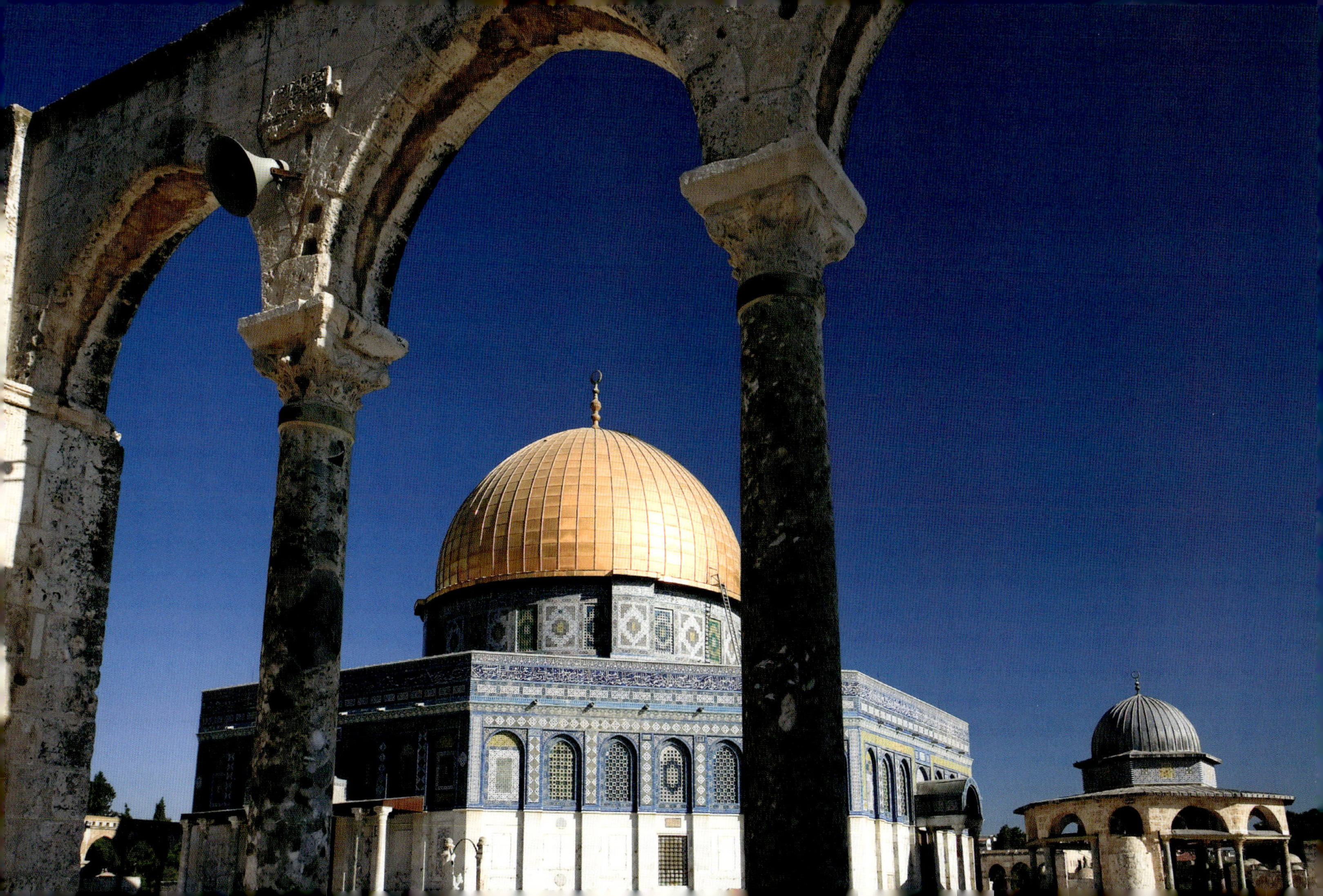

SHWEZIGON-PAGODE
BAGAN, MYANMAR

Die bedeutendsten Tempelanlagen des Buddhismus | Das in der Regierungszeit von König Anawrahta (1014–1077) begonnene und unter seinem Nachfolger Kyanzittha (1041–1113) 1090 vollendete Heiligtum ist das bekannteste Bauwerk der Tempelstadt von Bagan. Die Stupa ist vollständig mit Blattgold belegt. Im Heiligtum befindet sich ein Schrein, der einen Zahn sowie einen Knochen Buddhas beherbergen soll.

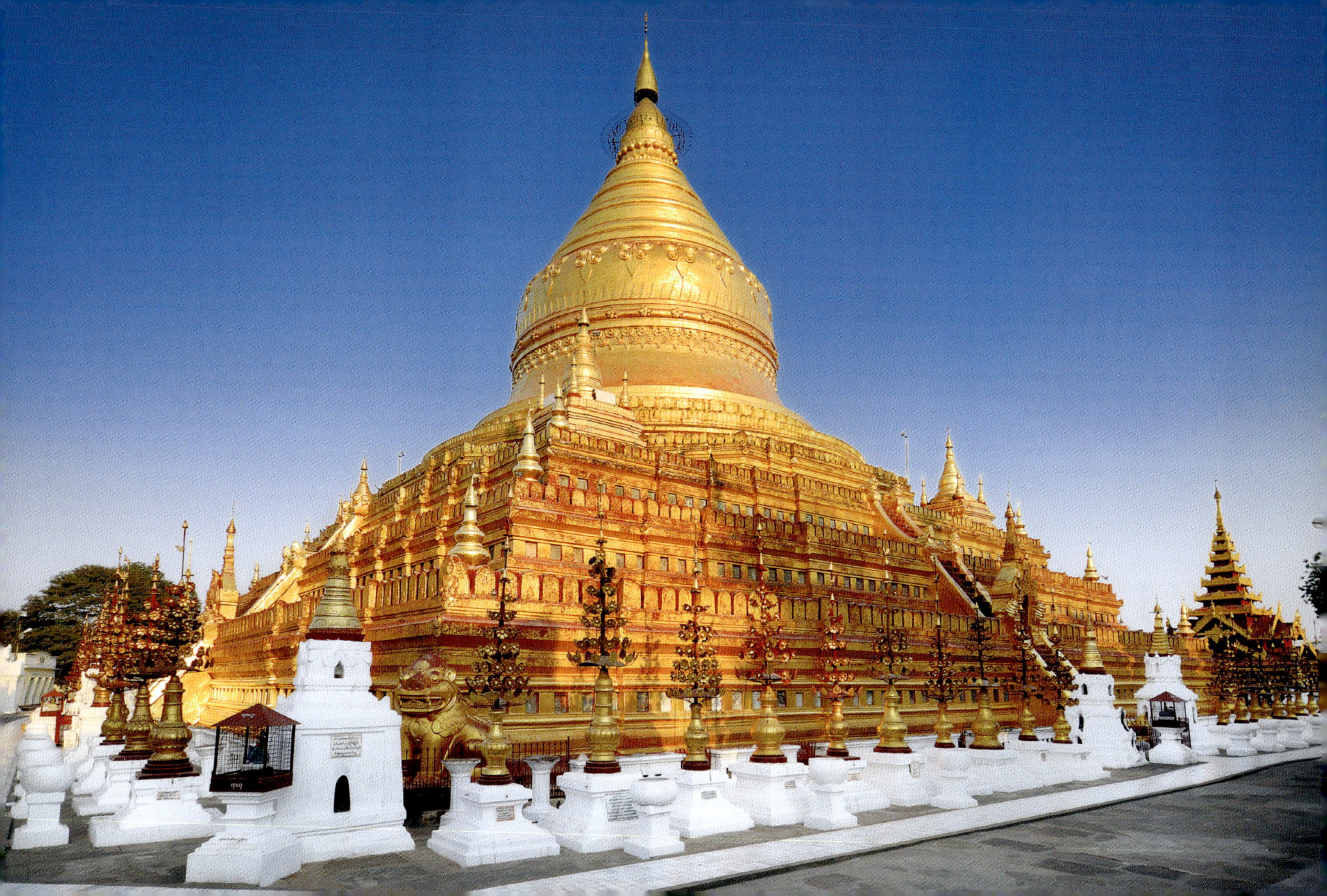

MOSCHEE VON DJENNÉ

MALI

Das größte Lehmgebäude der Welt | Als weltweit größtes Sakralgebäude aus Lehm ist die Große Moschee von Djenné das Wahrzeichen des westafrikanischen Staates Mali und gehört als Teil der Altstadt Djennés seit 1988 zum UNESCO-Weltkulturerbe. Ihre Wurzeln reichen bis weit ins 12. Jahrhundert zurück. Das heute sichtbare Gebäude wurde jedoch erst zwischen 1907 und 1909 errichtet, sein Vorgängerbau war bereits 1834 zerstört worden.

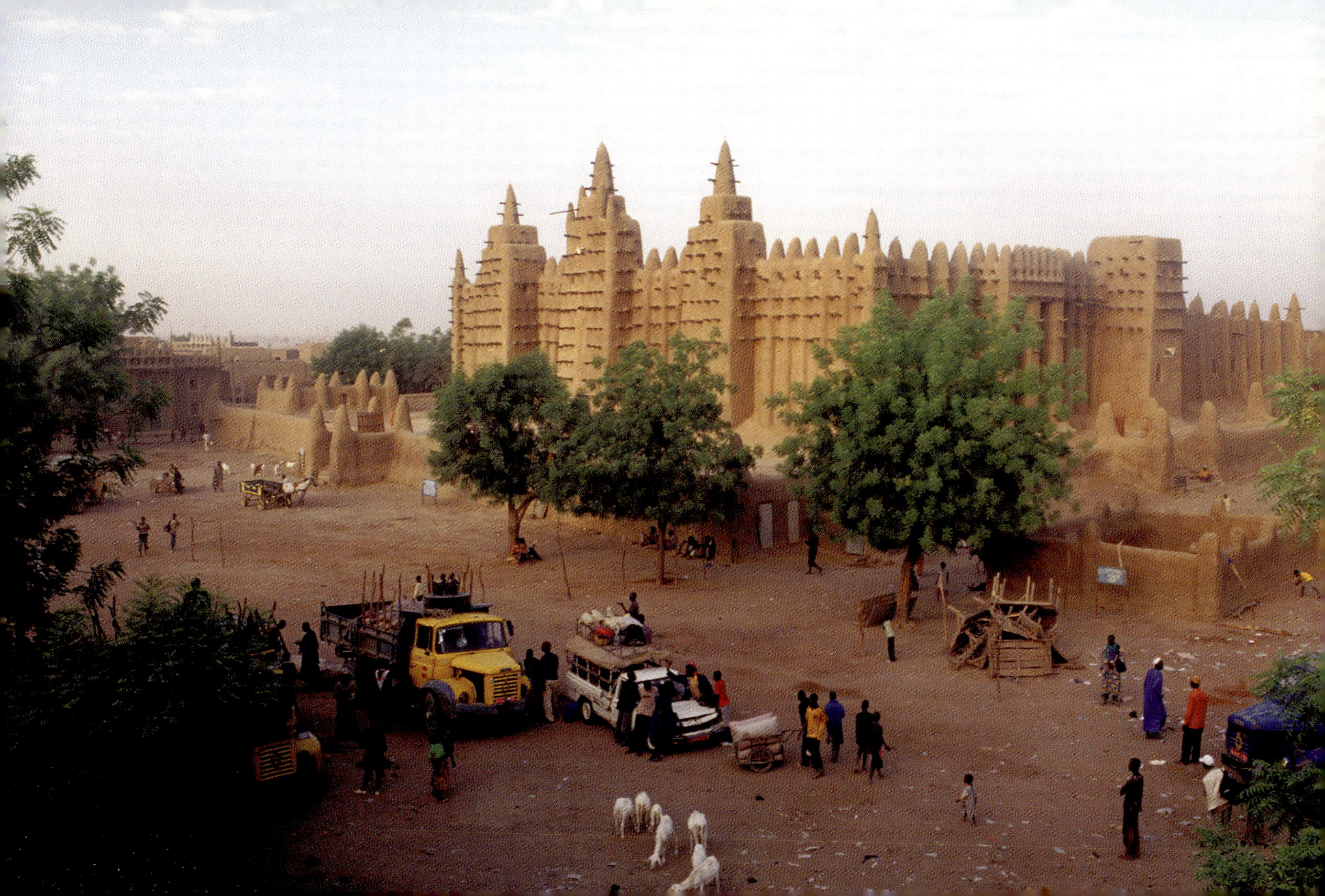

KNOWTH
COUNTY MEATH, IRLAND

Die bedeutendsten Megalithenbauwerke der Welt | Rund 50 Kilometer nördlich von Dublin befinden sich prähistorische Grabanlagen – Newgrange, Knowth und Dowth; sie sind 5000 Jahre alt. Der größte Grabhügel von Knowth hat einen Durchmesser von rund 95 Metern und ist von kleineren Grabhügeln umgeben. Über die Herkunft und Religion der Erbauer ist wenig bekannt, die Grabbeigaben wurden wohl von den Wikingern geraubt.

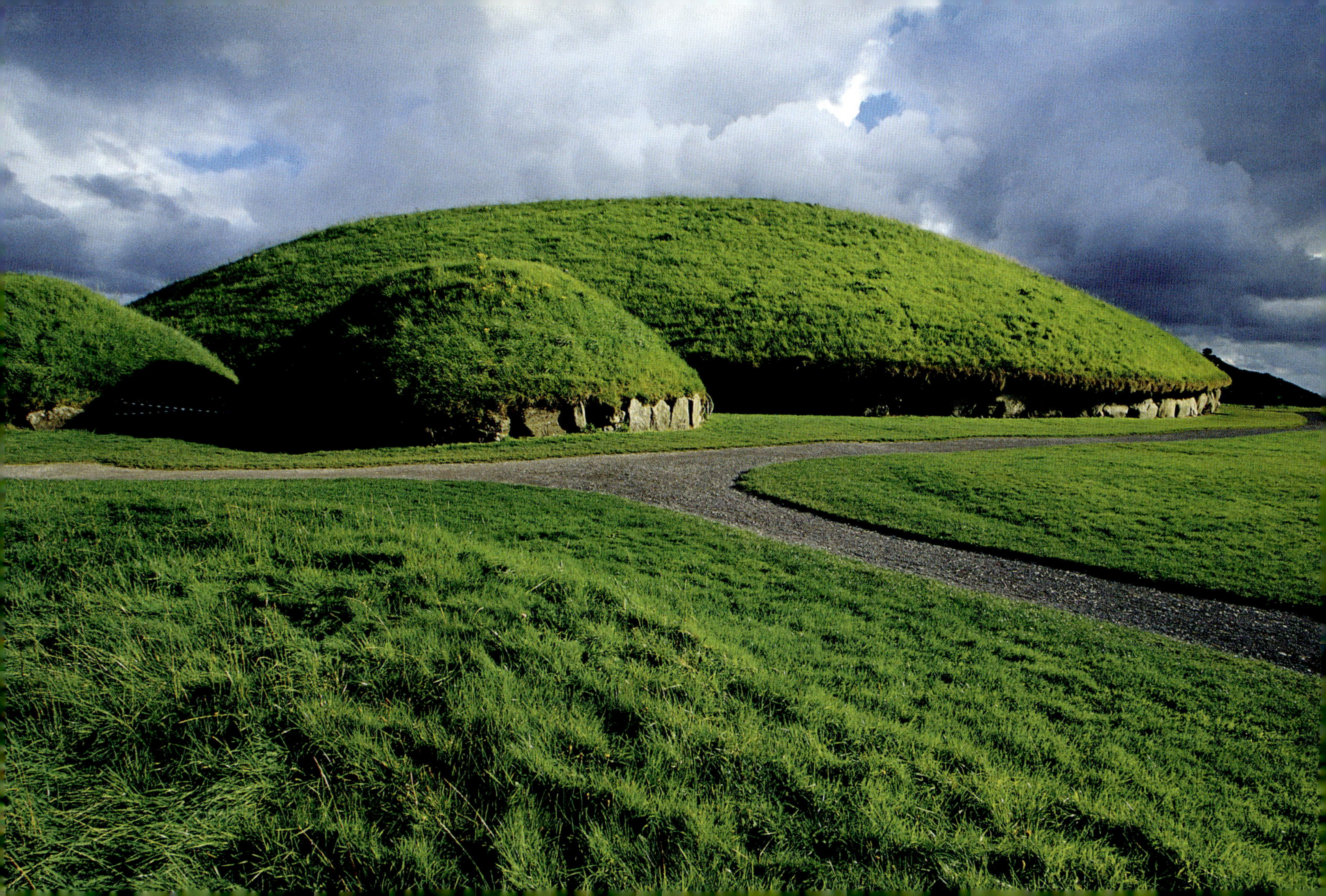

SINGAPUR HAFEN
SINGAPUR

Der zweitgrößte Hafen der Welt | An den Containerterminals des Hafens von Singapur wird rund ein Fünftel der weltweit verschifften Container umgeschlagen. Bis 2010 war er der größte Containerhafen der Welt, und nur Shanghai ist größer. Gezählt werden die umgeschlagenen Container in der international gültigen Maßeinheit »TEU«, in Singapur waren das im Jahr 2010 28,4 Millionen, in Shanghai 29,9 Millionen.

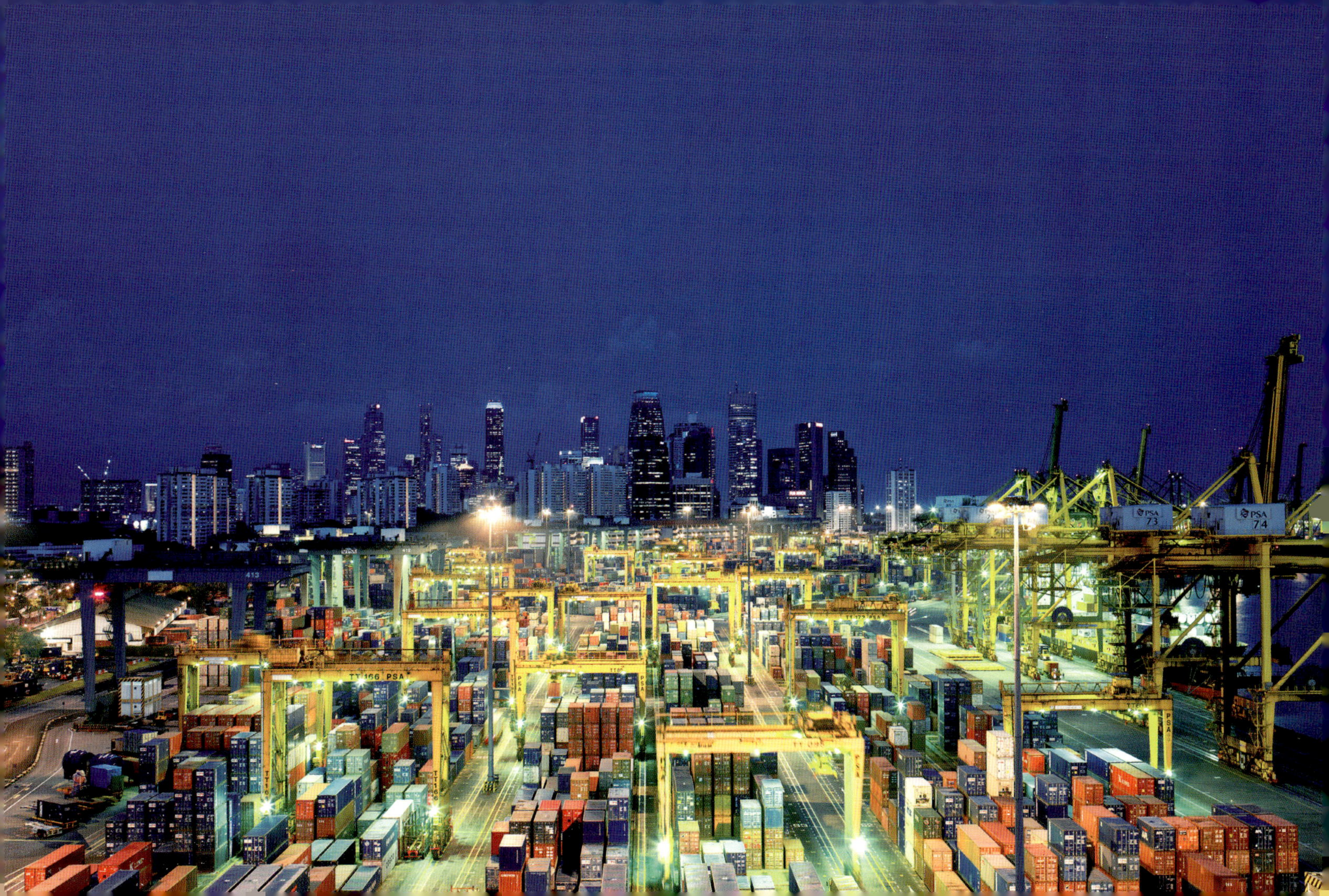
PSA
73
PSA
74
TT166 PSA

VEREINTE NATIONEN

Die größte Staatengemeinschaft der Welt | Die UNO ist mit 193 Mitgliedern die größte zwischenstaatliche Organisation der Welt. Mit Ausnahme einiger Länder, deren völkerrechtlicher Status problematisch ist, bzw. die Beobachterstatus genießen, gehören ihr alle souveränen Staaten der Erde an. Die Organisation wurde 1945 in San Francisco auf Betreiben der alliierten Siegermächte des Zweiten Weltkriegs von 51 Staaten gegründet.

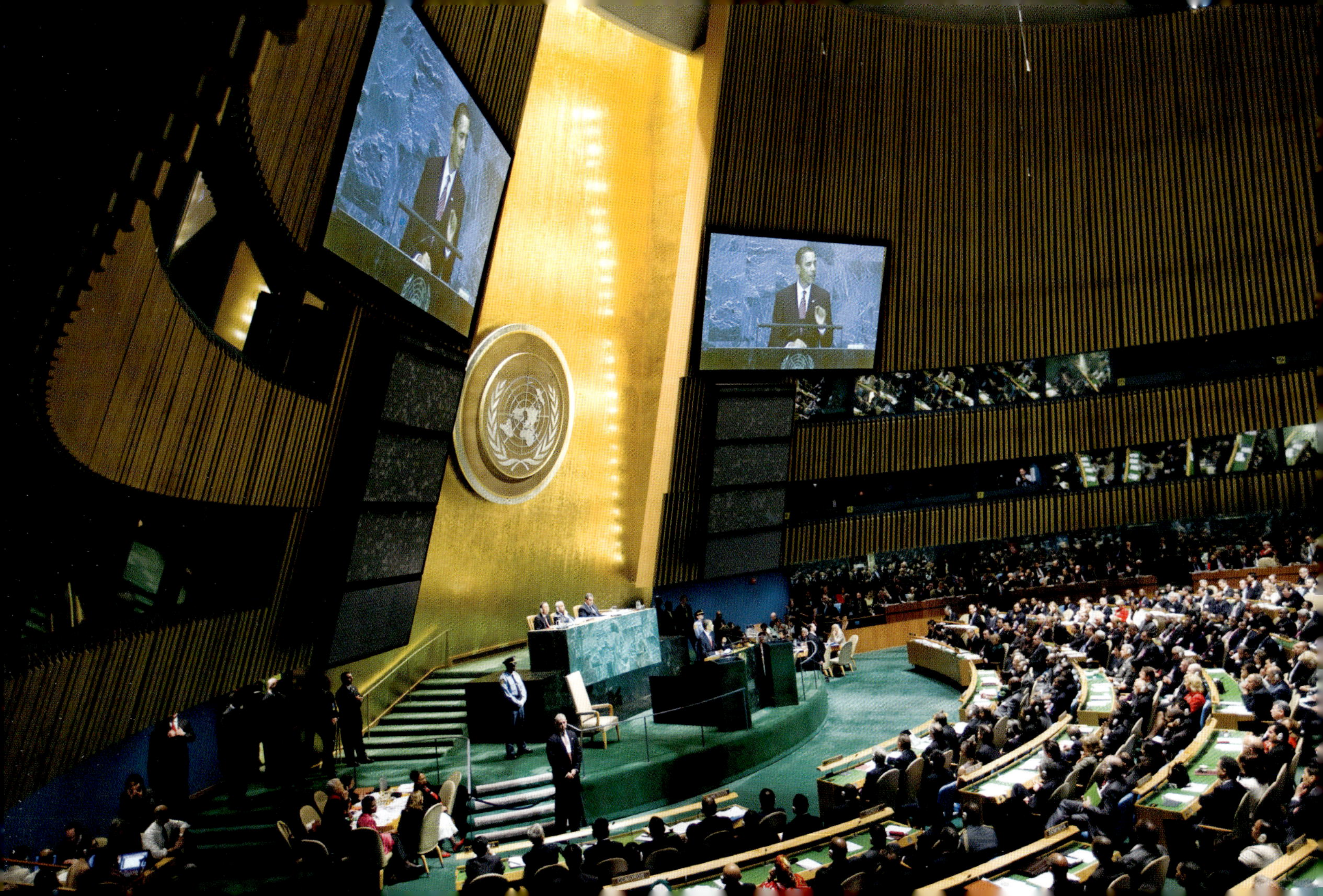

STRATOSPHERE TOWER
LAS VEGAS, USA

Der zweithöchste Turm Nordamerikas | Nahe der Innenstadt am Las Vegas Strip steht »The Strat« – Hotel, Kasino und Aussichtsturm mit 350 Meter Höhe. Reisende sind sich einig: Ein Besuch auf dem Stratosphere Tower, abends, um das Lichtermeer der Stadt zu bewundern, gehört zu einem Las-Vegas-Aufenthalt einfach dazu. Neben dem Ausblick sind die Fahrgeschäfte eine Attraktion, die in 300 Meter Höhe für Nervenkitzel sorgen.

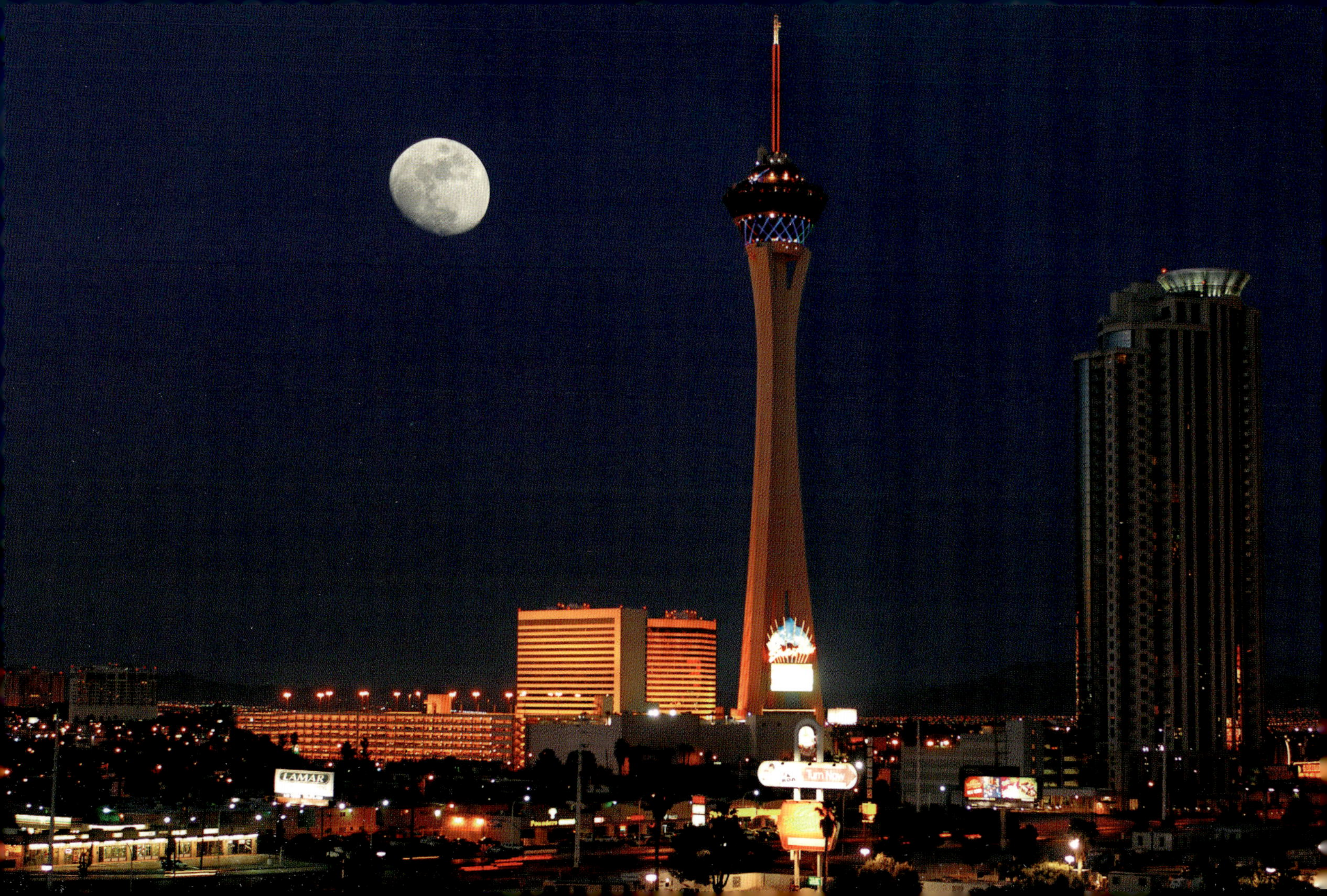
LAMAR
Turn Now

EMEI SHAN
SICHUAN, CHINA

Die bedeutendsten Tempelanlagen des Buddhismus | Seit der Späten (Östlichen) Han-Dynastie (25–220 n. Chr.) war der heilige Berg Emei Shan, heute UNESCO-Weltkulturerbe, in der chinesischen Provinz Sichuan eine von Eremiten geschätzte Zufluchtsstätte. Schon bald wurden hier die ersten buddhistischen Tempel und Klosteranlagen errichtet. Die Statue ist 48 Meter hoch, stellt die Verkörperung unendlicher Güte dar und birgt einen Tempel.

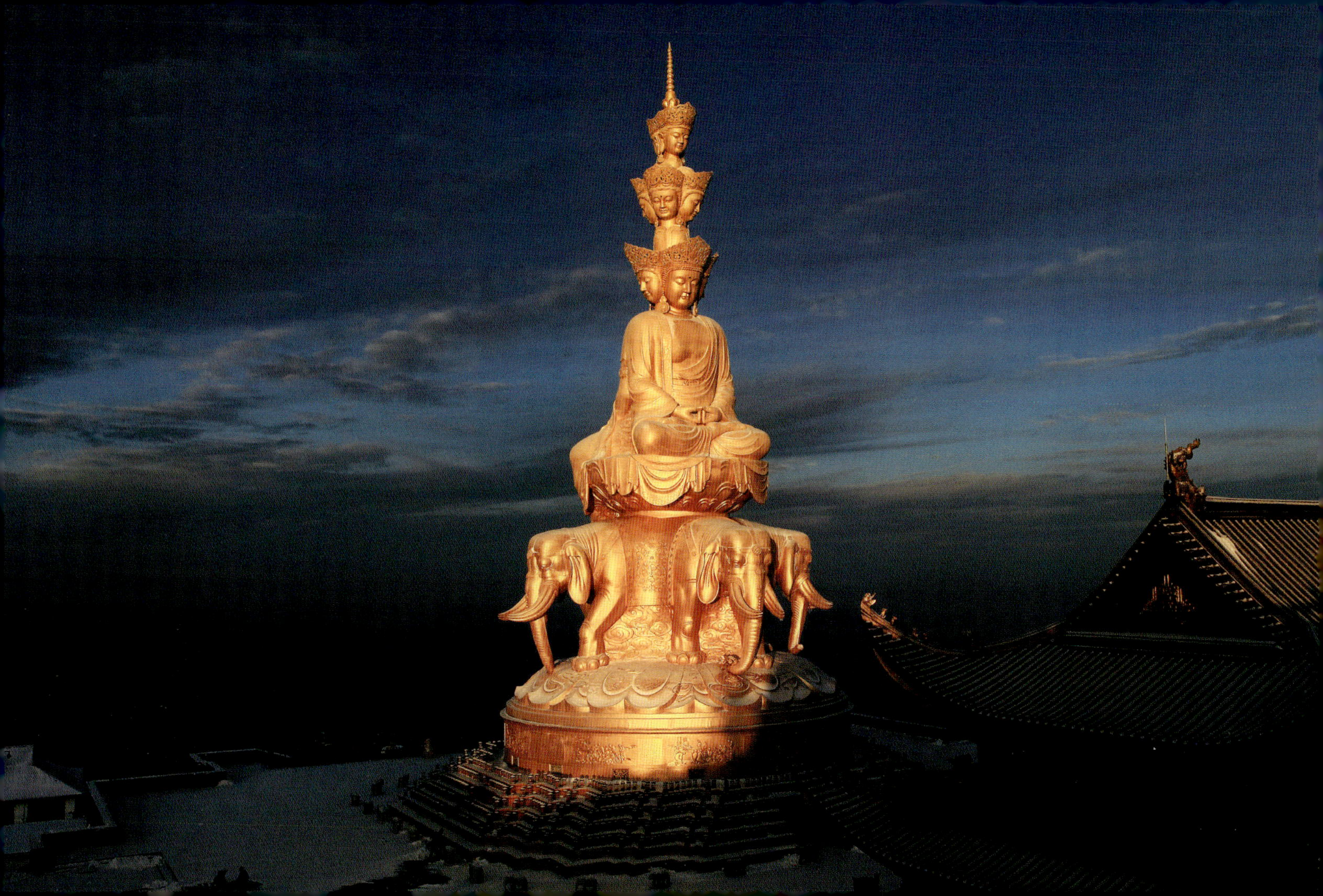

LA MORENITA
GUADALUPE, MEXIKO

Die bedeutendsten Pilgerstätten des Christentums | Am 9. 12. 1531 erschien dem Bauern Juan Diego auf dem Hügel Tepeyac im heutigen Mexiko-Stadt die Jungfrau von Guadalupe in indianischer Gestalt und forderte zum Bau einer Kapelle auf. Heute wird »La Morenita« als Nationalheilige verehrt; zu dem Marienheiligtum in der Basilika strömen jährlich rund 20 Millionen Pilger.

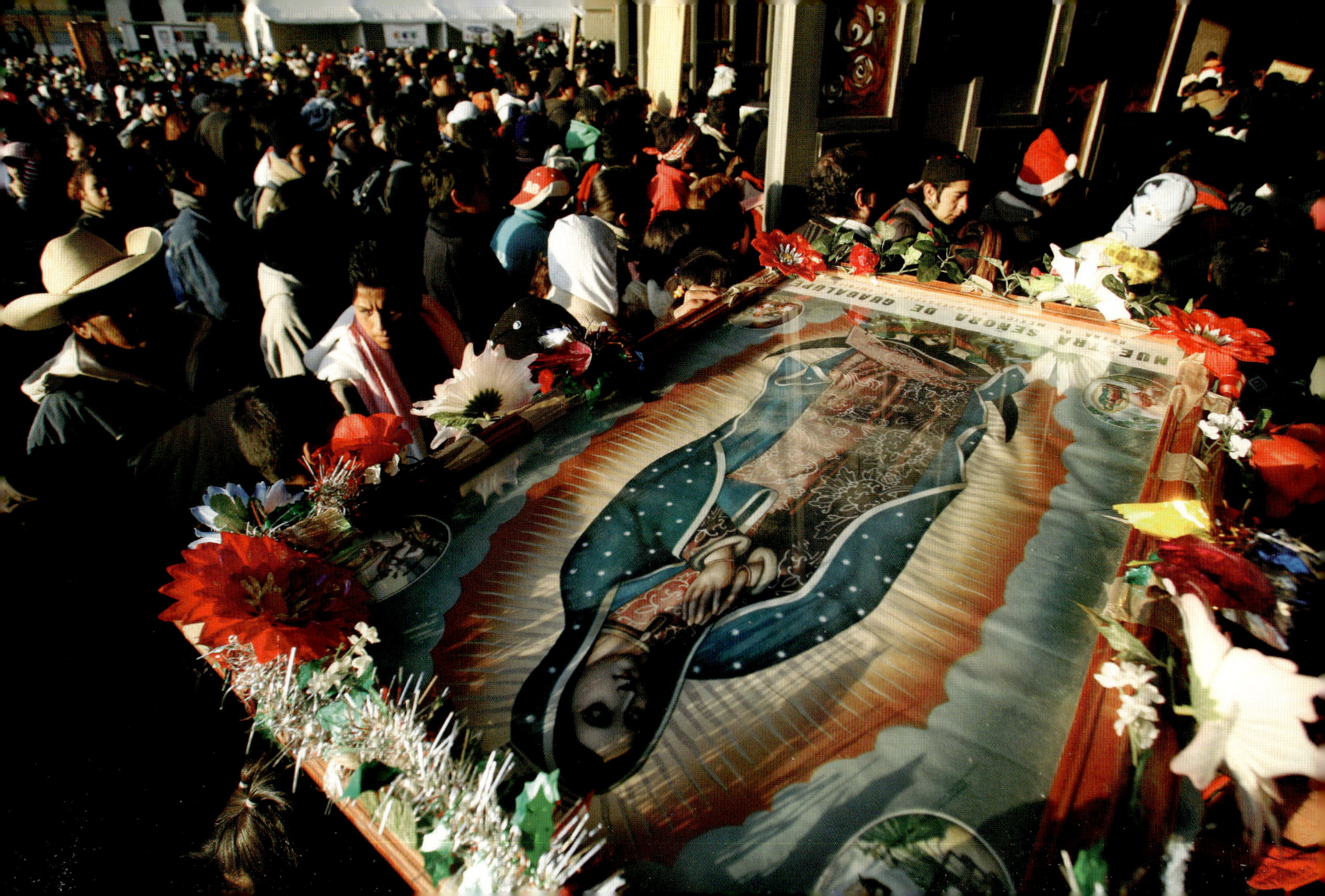
NUESTRA SEÑORA DE GUADALUPE

BUENOS AIRES

ARGENTINIEN

Die zweitgrößte Metropolregion Südamerikas | Die nach Grande São Paulo mit rund 15 Millionen Einwohnern bevölkerungsreichste Metropolregion Südamerikas dehnt sich in westlicher, östlicher und südlicher Richtung weit über das Stadtgebiet von Buenos Aires hinaus aus. Die Avenida 9 de Julio im Zentrum von Buenos Aires ist die breiteste Straße der Welt. Sie hat sieben Fahrspuren für jede Richtung.

Carrier
PUBLICITE!
771-6672
774-2438
PEPSI
DESAFIO
PEPSI
PRIMICIA

THE VENETIAN MACAO
CHINA

Die größten City Resorts der Welt | Das Resort-Hotel-Kasino wurde von 2004 bis 2007 nach dem Vorbild seines Namensvetters in Las Vegas erbaut. Es ist aufgrund seiner Gesamtnutzfläche mit 980 000 Quadratmetern das drittgrößte City Resort der Welt. Dominiert wird der Gebäudekomplex von dem 225 Meter hohen Hotelriegel mit 39 Stockwerken und 3000 Hotelsuiten.

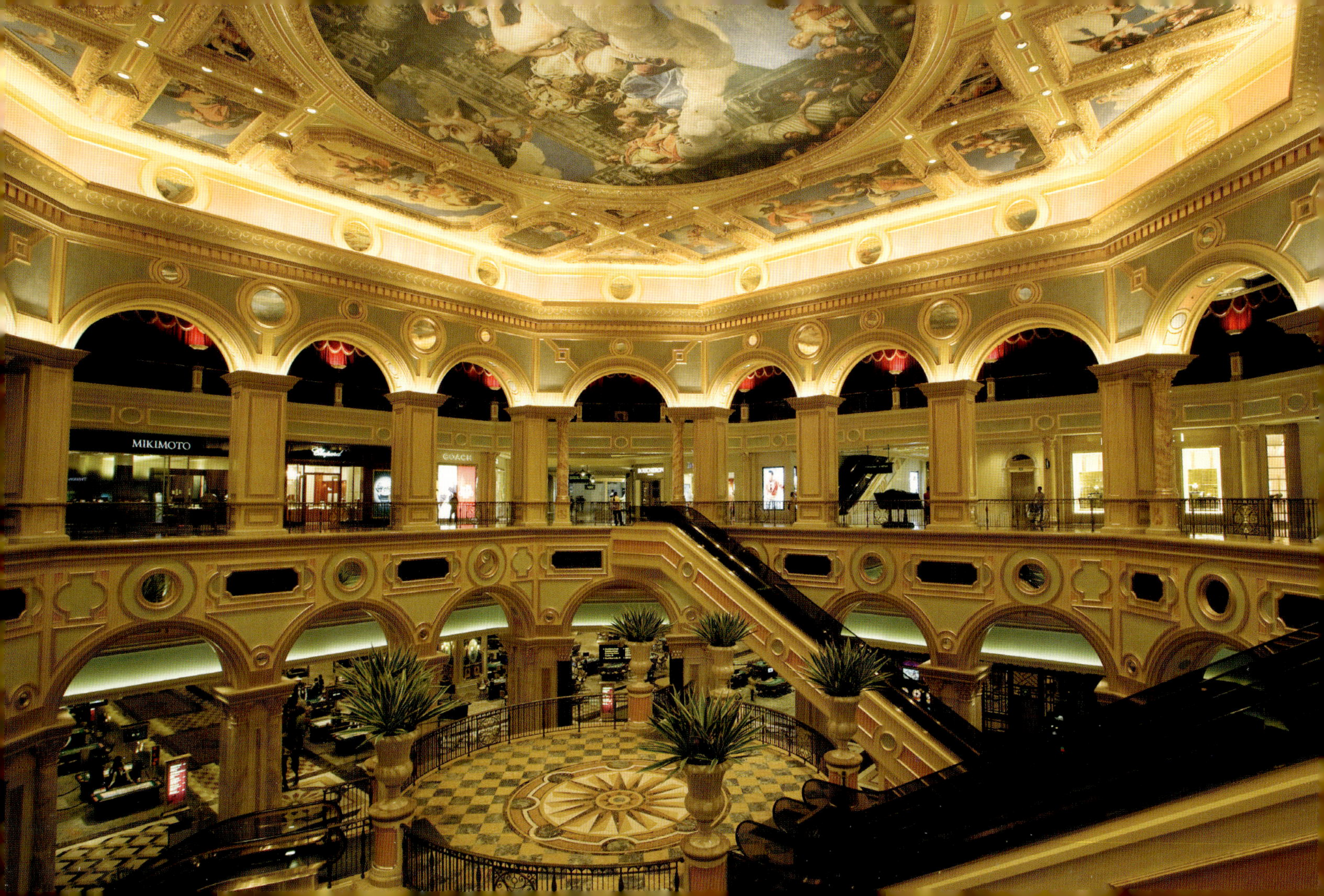
MIKIMOTO
COACH

RIO DE JANEIRO
BRASILIEN

Die größten Metropolregionen Südamerikas | Nach São Paulo eine der bevölkerungsreichsten brasilianischen Metropolregionen, mit etwa 12 Millionen Einwohnern, erstreckt sich über ein rund 5000 Quadratkilometer großes Gebiet. Außer der Millionenmetropole umfasst sie noch zahlreiche kleine und große Städte. Grande Rio ist ein Motor der brasilianischen Wirtschaft und der nach São Paulo bedeutendste Industriestandort des Landes.

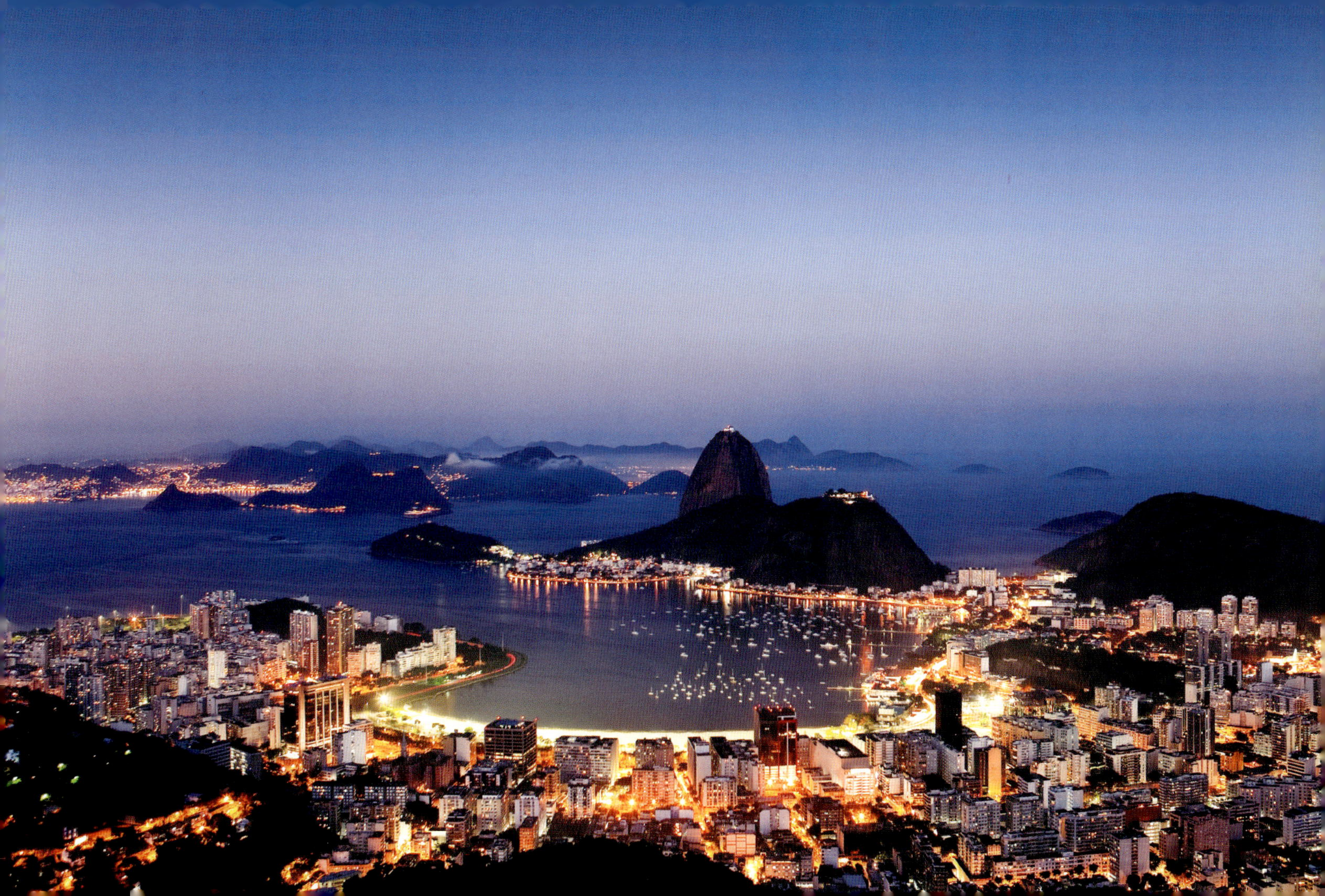

DEUTSCHLAND

Die größten Exportnationen der Welt | Zwar musste Deutschland den Titel »Exportweltmeister«, den es von 2003 bis 2008 innehatte, an die Volksrepublik China abgeben, dennoch belegt es immer noch einen Spitzenplatz im Exportnationenranking. Im Jahr 2010 führte es Waren im Wert von 959,5 Milliarden Euro aus. Mehr als 60 Prozent seiner Exporte gehen in die Europäische Union, nur 6,8 Prozent in die USA und 5,9 Prozent nach China.

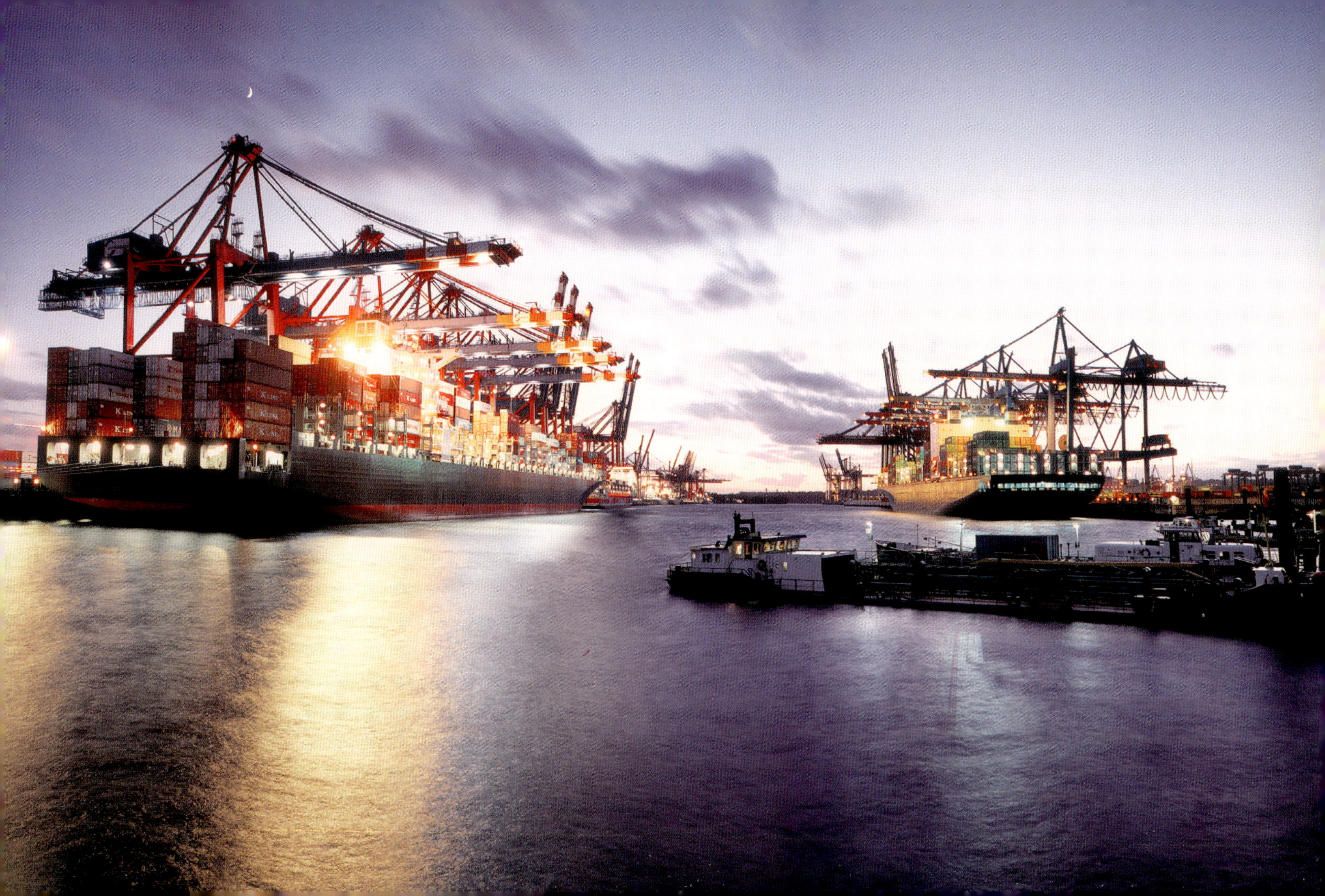

SATURN V
HOUSTON, USA

Die stärksten und größten Raketen der Welt | Die am Johnson Space Flight Center in Houston 1977 aufgebaute »Saturn V« wurde aus den Stufen verschiedener Raketen des Typs zusammengebaut. Die fünf gewaltigen F-1-Triebwerke der ersten Stufe haben einen Durchmesser von drei Metern. Die Rakete ist 110,6 Meter hoch und hat einen Startschub von 33 578 kN. Sie kann eine Stundengeschwindigkeit von 24 600 Kilometern erreichen.

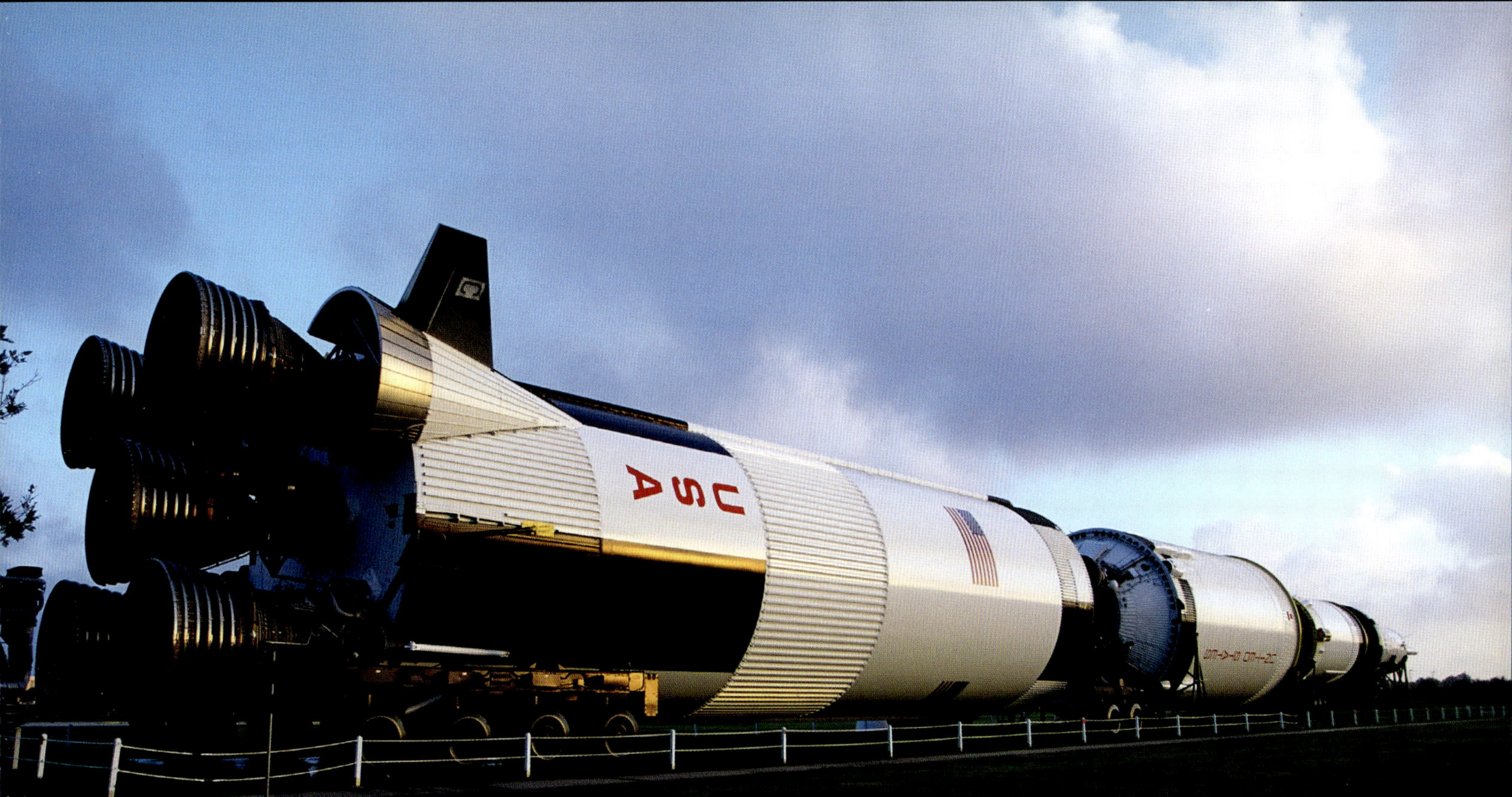
USA

SHRI SWAMINARAYAN MANDIR HINDU TEMPLE

LONDON, GROSSBRITANNIEN

Die zweitgrößte hinduistische Tempelanlage Europas | Er ist ein Tempel der Superlative: Für den Bau wurden 2828 Tonnen Sandstein und 2000 Tonnen Marmor verwendet. Das Innere des Tempels besticht durch die meisterlichen Steinmetzarbeiten, die Säulen, Wände und Decken verkleiden. Sie wurden in Indien von mehr als 1000 Handwerkern in traditioneller Manier gefertigt und nach London verschifft.

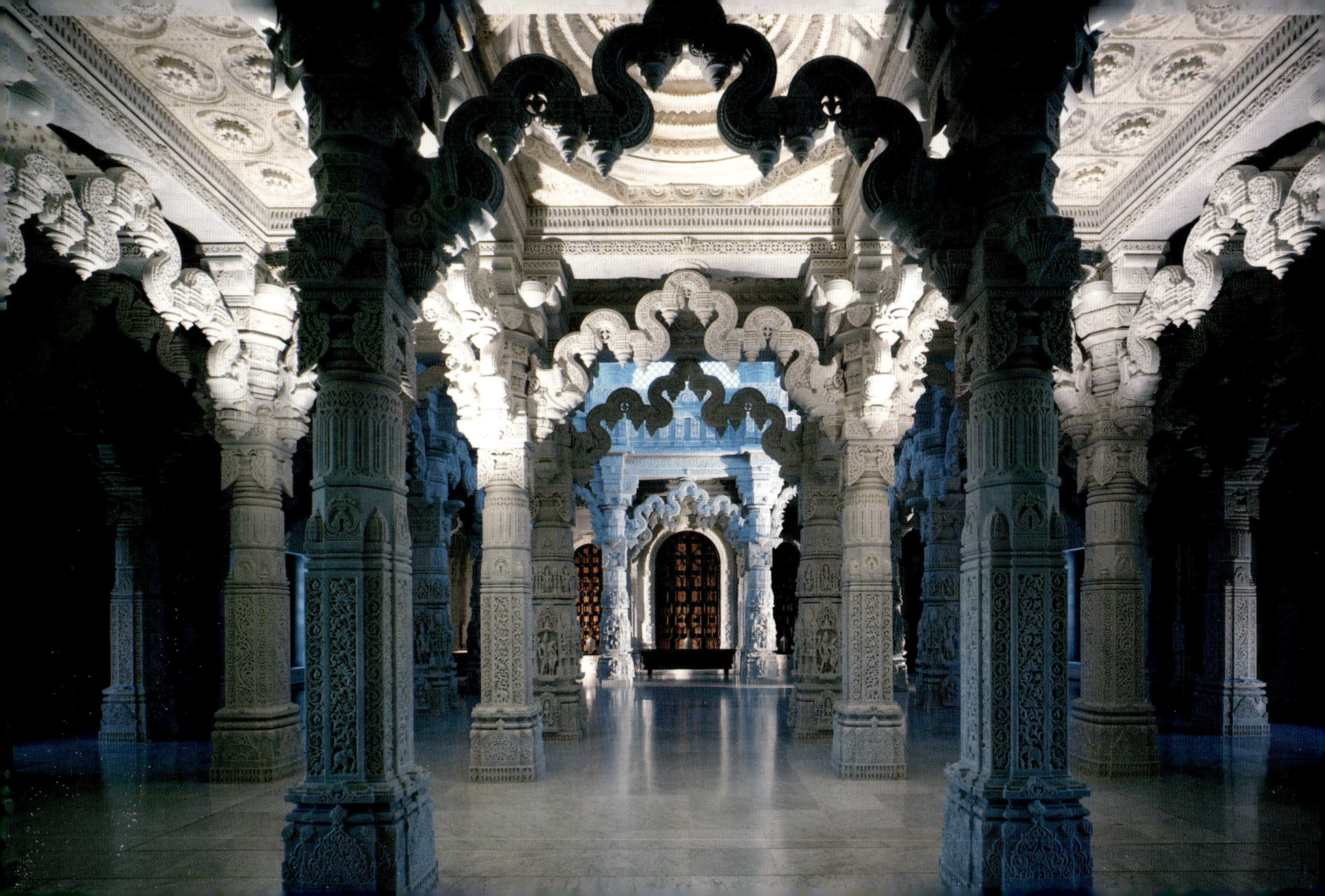

BALUARTE-BRÜCKE
MEXIKO

Die zweithöchste Brücke der Welt | Die über eine Schlucht führende Baluarte-Brücke ist eine 1,1 Kilometer lange Schrägseilbrücke im Norden Mexikos. Unter ihr fließt der Rio Baluarte. Offiziell fand die Brücke im Januar 2012 als höchste Schrägseilbrücke der Welt ihren Platz im Guinness-Buch der Rekorde, nämlich aufgrund des Höhenunterschieds zwischen Fahrbahn und Talsohle von 403 Metern.

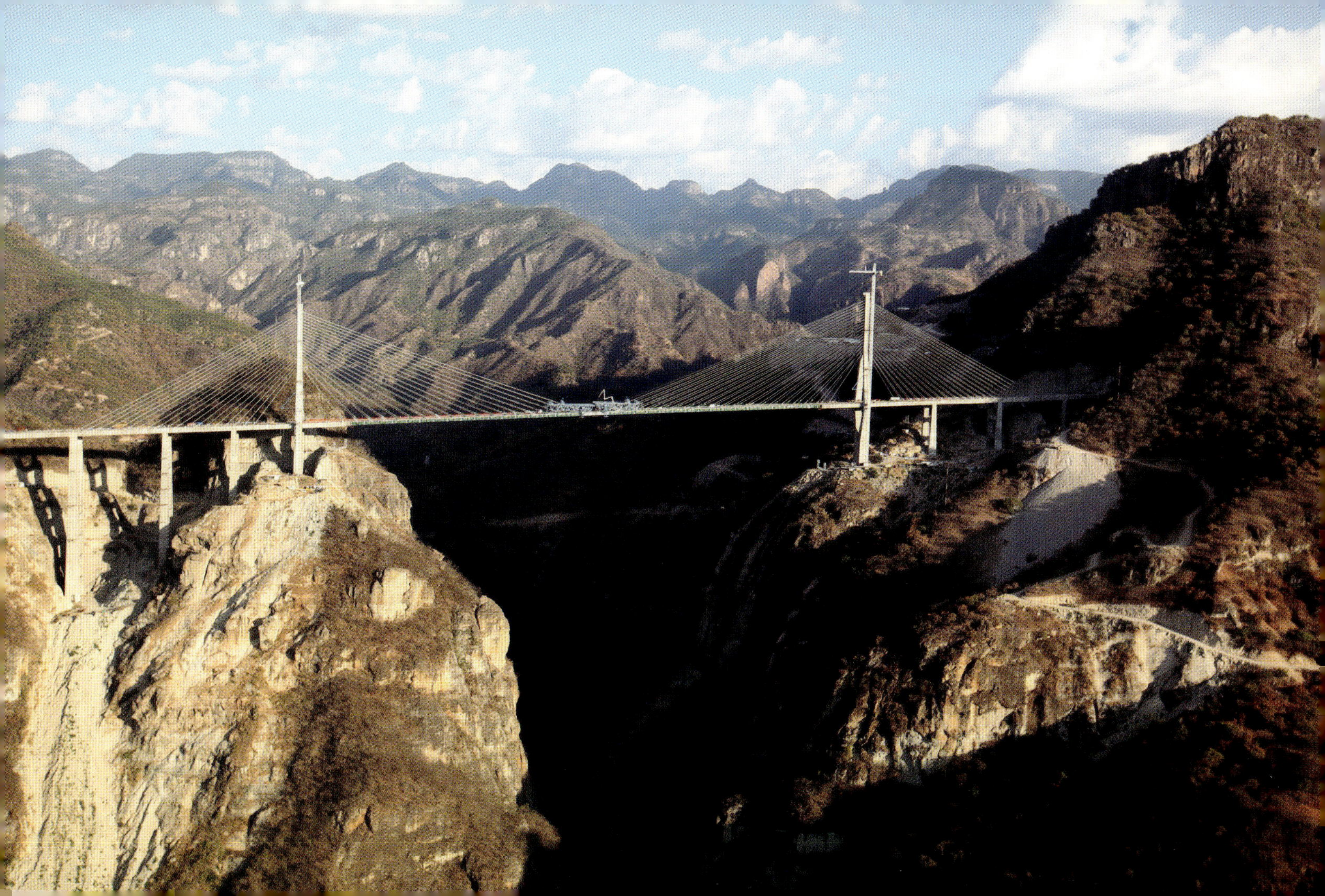

DOM VON MAILAND
ITALIEN

Die größten Kirchen der Welt | Mit 11 700 Quadratmetern überbauter Fläche gehört der Mailänder Dom zu den größten Gotteshäusern weltweit. Trotz der riesigen Dimensionen des fünfschiffigen Bauwerks mit einem dreischiffigen Querhaus wirkt seine Fassade mit den Dutzenden von Türmen und Figuren sehr filigran. Im Vordergrund steht das Reiterdenkmal des italienischen Freiheitskämpfers Giuseppe Garibaldi.

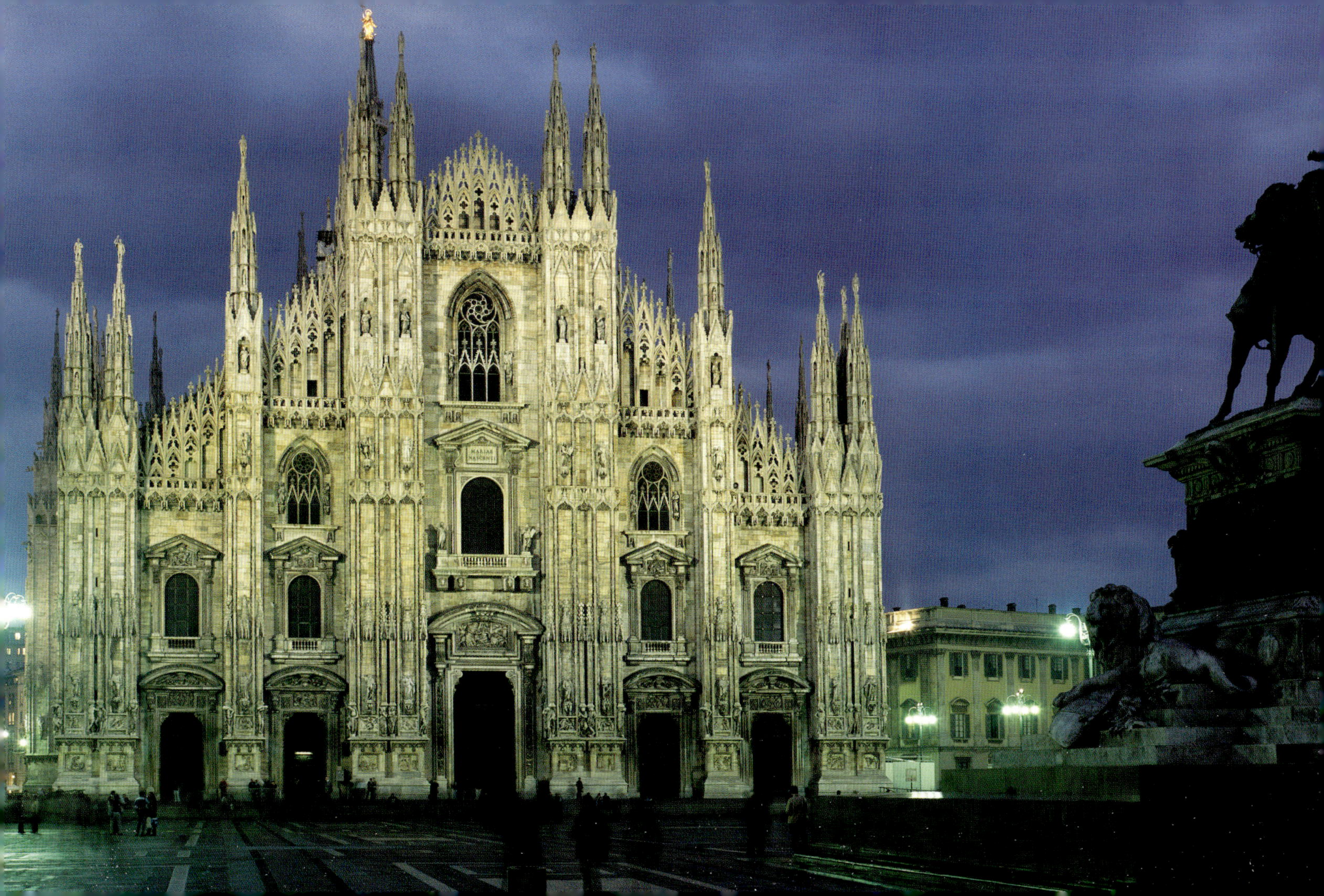

TRANSSIBIRISCHE EISENBAHN
RUSSLAND

Die längste Schienenverbindung der Welt | Die Transsibirische Eisenbahn ist unterwegs in der endlosen und unberührten Taiga Sibiriens. Die Bahnstrecke führt über 16 große Flüsse und Ströme, mehr als 200 Kilometer verlaufen entlang des Baikalsees. Exakt 9288,2 Kilometer misst die längste durchgehende Bahnstrecke der Transsib, wie sie gern genannt wird. Im Jahr 1891 wurde mit dem Bau der Strecke begonnen.

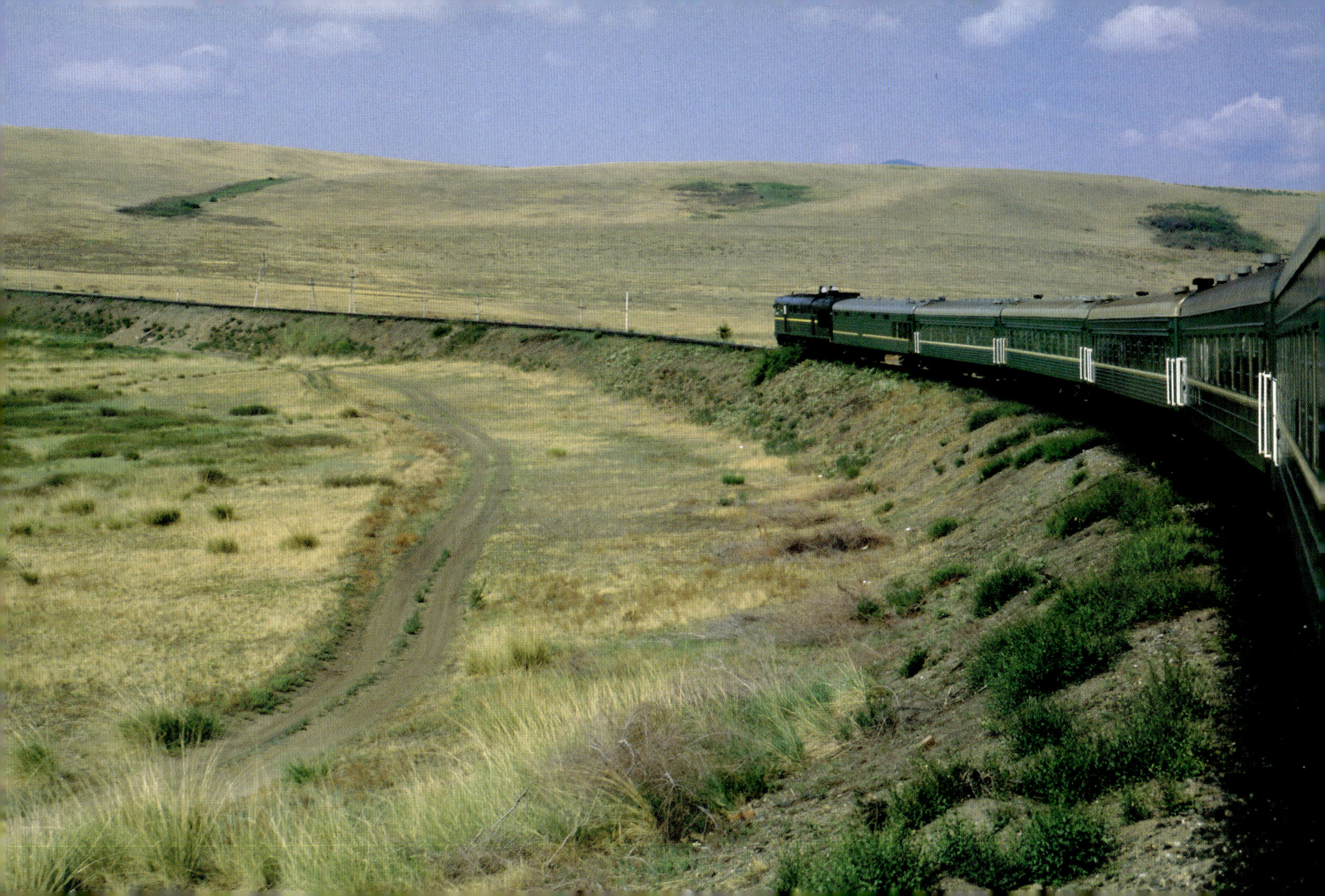

CARNAC
FRANKREICH

Das größte bekannte Megalithmonument der Welt | In Carnac und seiner Umgebung befindet sich das größte Megalithenfeld der Welt. Rund 3000 Menhire verteilen sich hier auf mehrere Anlagen. Entstanden sind die steinernen Zeugen der Vergangenheit in der Zeit von 4000 bis 2000 v. Chr. Neben den Steinen gibt es prähistorische Hünengräber und in der Umgebung auch Dolmen zu besichtigen.

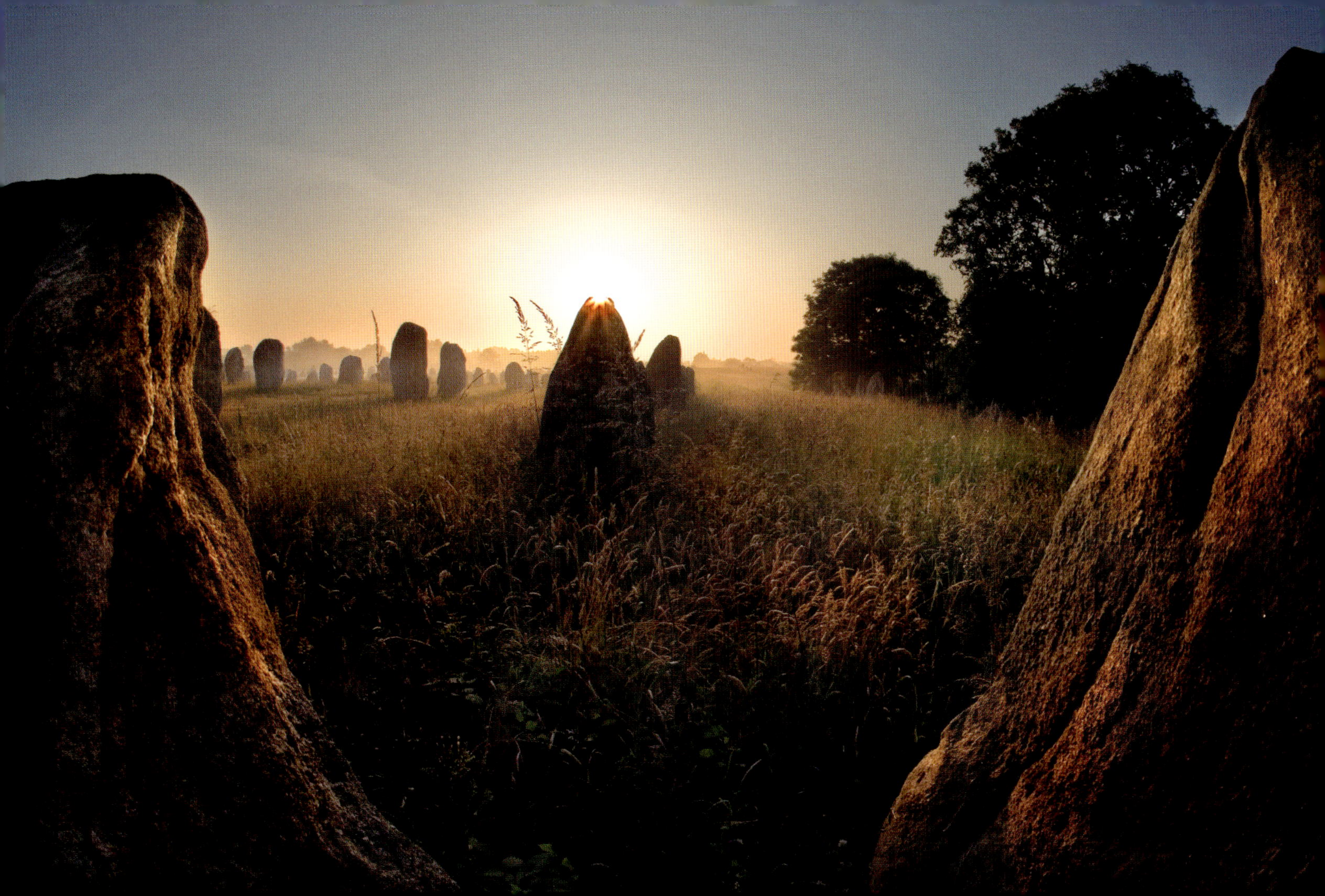

ARABISCH

Die drittverbreitetste Schrift der Welt | Die arabische Schrift breitete sich mit dem Siegeszug des Islam über ganz Nordafrika und Vorderasien bis nach Indien aus. Nicht nur arabische, sondern auch persische, kurdische und Urdu-Texte werden in dieser Schrift, manchmal modifiziert, verfasst. Die arabische Schrift ist wie die lateinische eine Buchstabenschrift und umfasst 28 Zeichen. Im Unterschied zu dieser verläuft sie von rechts nach links.

... من جعل الله لعلك وجعل الشعـ
... أيّد مرگب عليه السرع عليه الشعاب جنتها ومركبــ
... صلى الله عليه وسلم كل نعمة تنمــ
... الــ

ZAHNTEMPEL
KANDY, SRI LANKA

Die bedeutendsten Tempelanlagen des Buddhismus | Zwischen 1687 und 1782 wurde der prächtige Zahntempel in Kandy, heute UNESCO-Weltkulturerbe, erbaut. Von außen betrachtet, sticht der achteckige Turm hervor. Der Hauptkomplex besteht aus drei Etagen. Die dritte Etage beherbergt den Goldenen Schrein und in dessen Mitte ist eine Kammer, in der ein Zahn Buddhas unter einer goldenen Dagoba aufbewahrt wird.

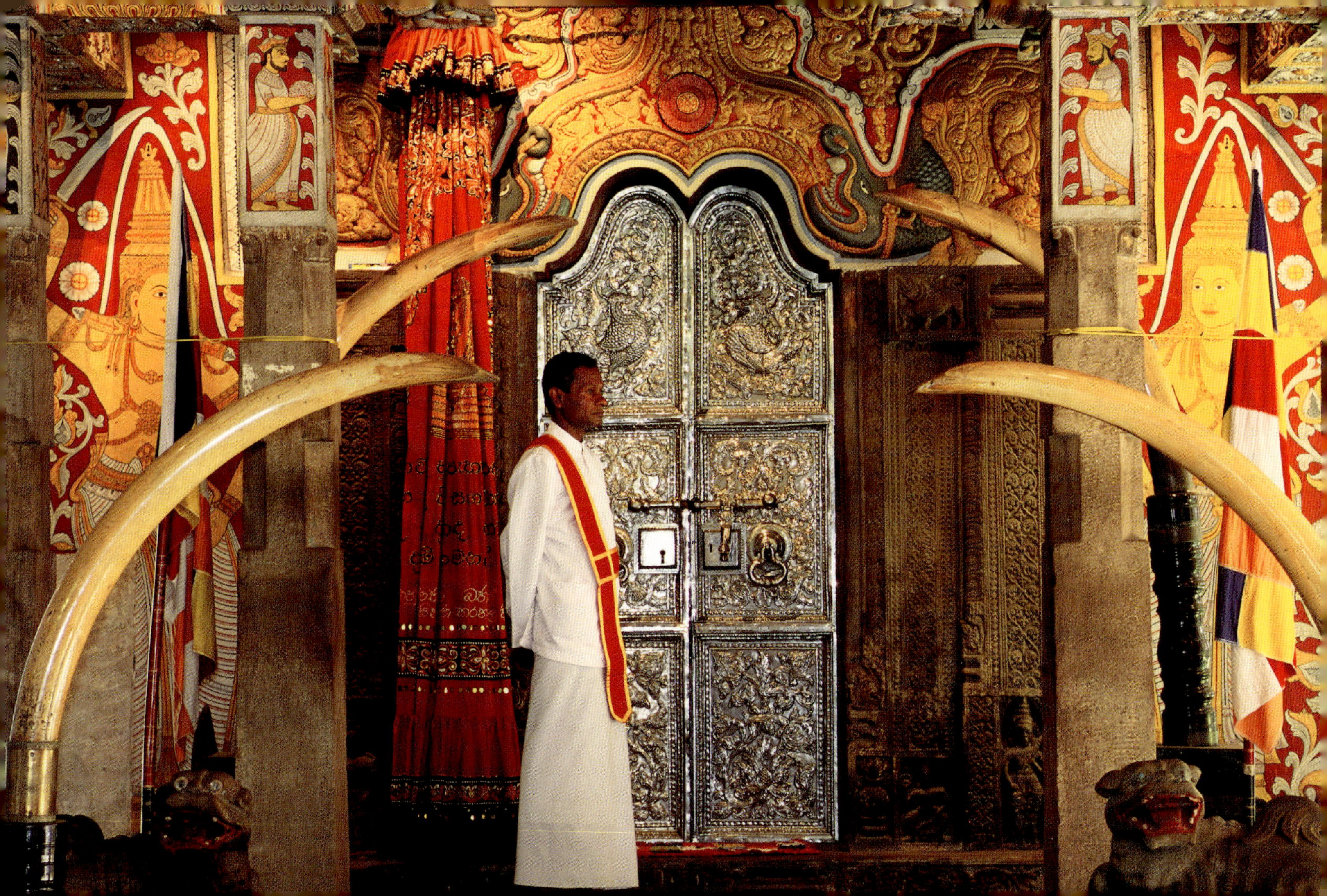

EUREKA TOWER
MELBOURNE, AUSTRALIEN

Die höchsten Skyscraper Australiens | Der im Jahr 2006 fertiggestellte Eureka Tower ist mit 297 Metern das höchste Gebäude Melbournes und das zweithöchste Australiens. In 285 Meter Höhe gibt es im 88. Stockwerk eine Aussichtsplattform. Im Gebäude befindet sich eine weitere Plattform aus milchigen Glasscheiben (The Edge), die drei Meter waagrecht herausgefahren werden kann und auf Knopfdruck durchsichtig wird.

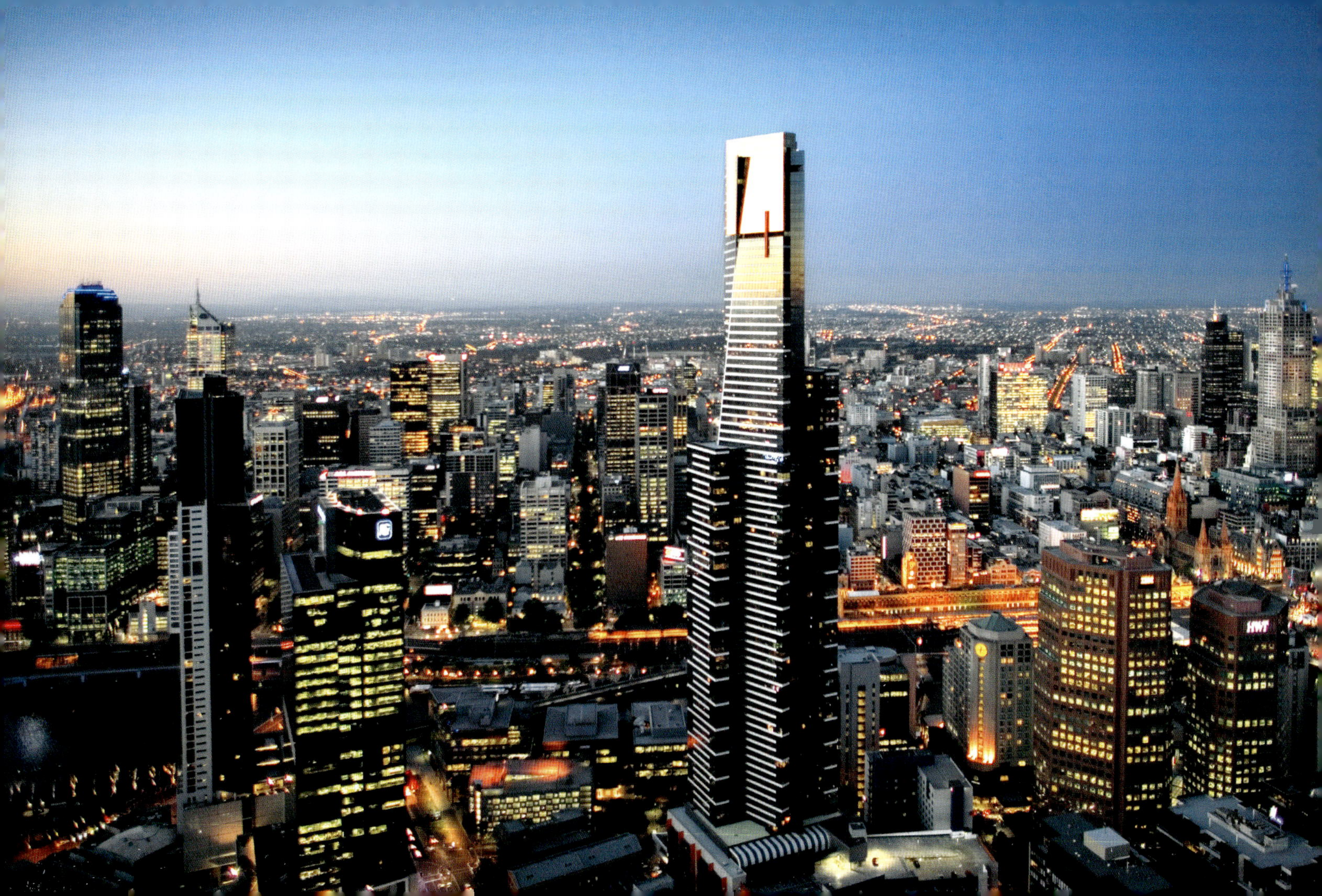
HWT

ALLURE OF THE SEAS
BAHAMAS

Die größten Kreuzfahrtschiffe der Welt | Mit der Indienststellung der »Oasis of the Seas« und ihres Schwesterschiffs »Allure of the Seas«, die jeweils 360 Meter lang sind, in den Jahren 2009 bzw. 2010, wurde eine neue Ära in der Kreuzschifffahrt eingeläutet. Diese Giganten der Meere gleichen schwimmenden Städten, die ihren 6300 Gästen bei 2165 Besatzunsmitgliedern jeden erdenklichen Service bieten können.

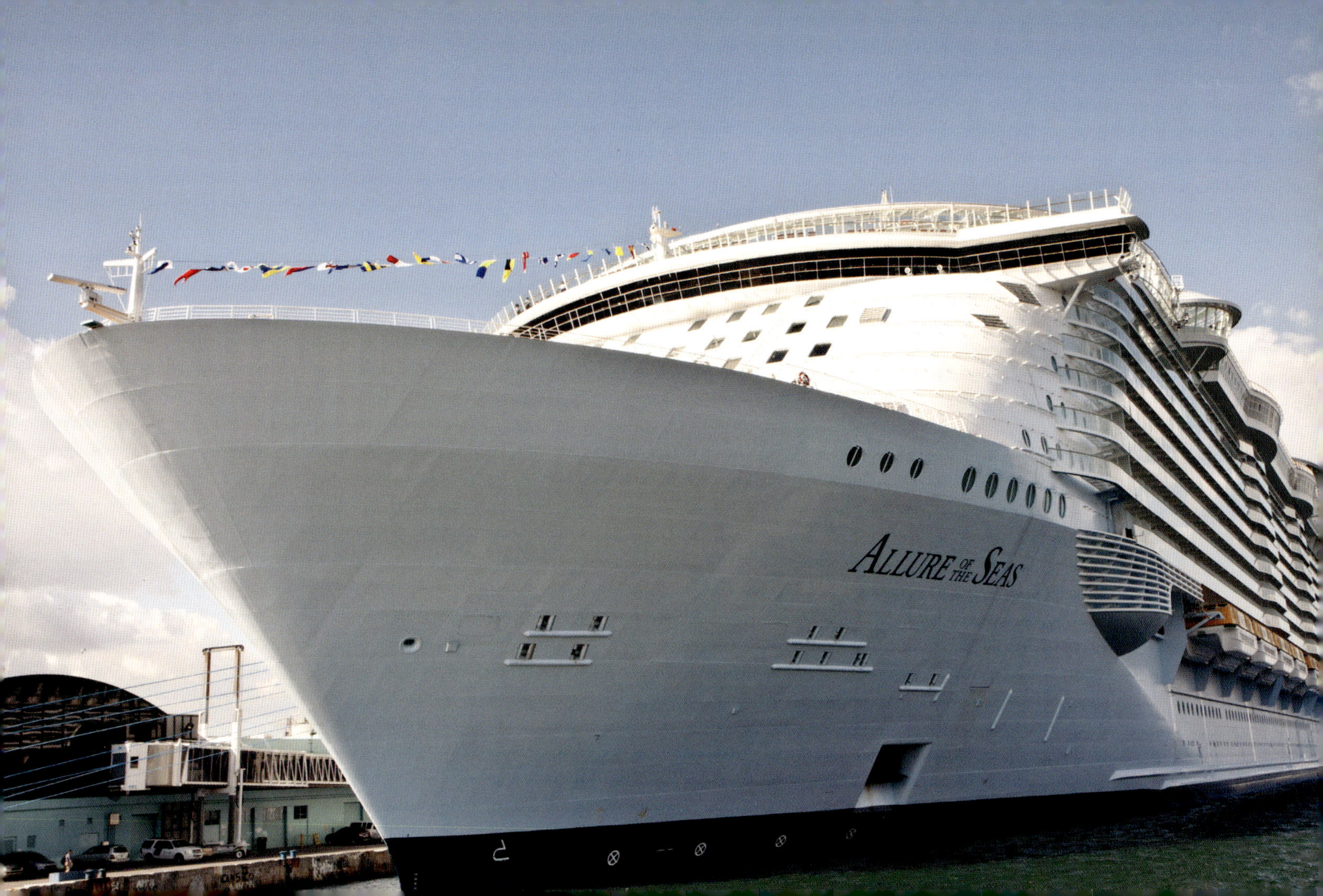
ALLURE OF THE SEAS

LARGO DI TORRE ARGENTINA

ROM, ITALIEN

Die ältesten antiken Baudenkmäler Roms | Auf dieser ehemaligen »area sacra« finden sich einige der ältesten Baudenkmäler der Stadt: vier Tempel aus republikanischer Zeit. Deren ältester war vermutlich Feronia geweiht, die man als Schutzgöttin aller freigelassenen Sklaven und zugleich als Bewacherin der Quellen der Stadt verehrte. Errichtet wurde dieser Tempel wohl um das Jahr 300 v. Chr.

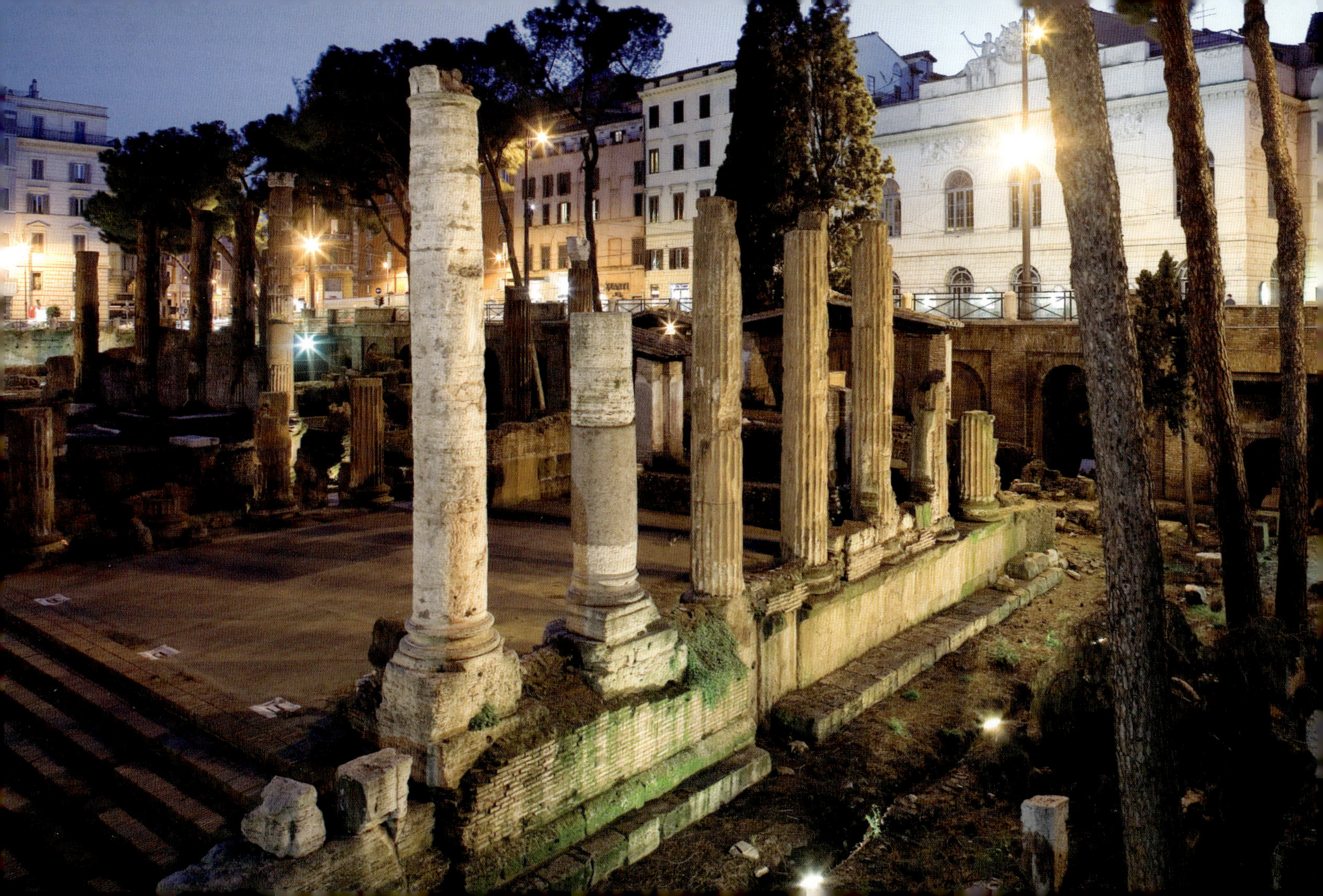

KECK I UND KECK II, MAUNA-KEA-OBSERVATORIUM

HAWAII, USA

Die größten optischen Teleskope der Welt | Keck I und Keck II sind die drittgrößten bzw. viertgrößten optischen Teleskope der Welt und wiegen jeweils 272 Tonnen; sie sind etwa so hoch wie ein achtstöckiges Haus und ihr Spiegeldurchmesser beträgt jeweils zehn Meter. Ihre sechseckigen Spiegelsegmente können perfekt justiert werden. 4205 Meter hoch liegen sie auf dem Gipfelplateau des Mauna Kea auf Big Island.

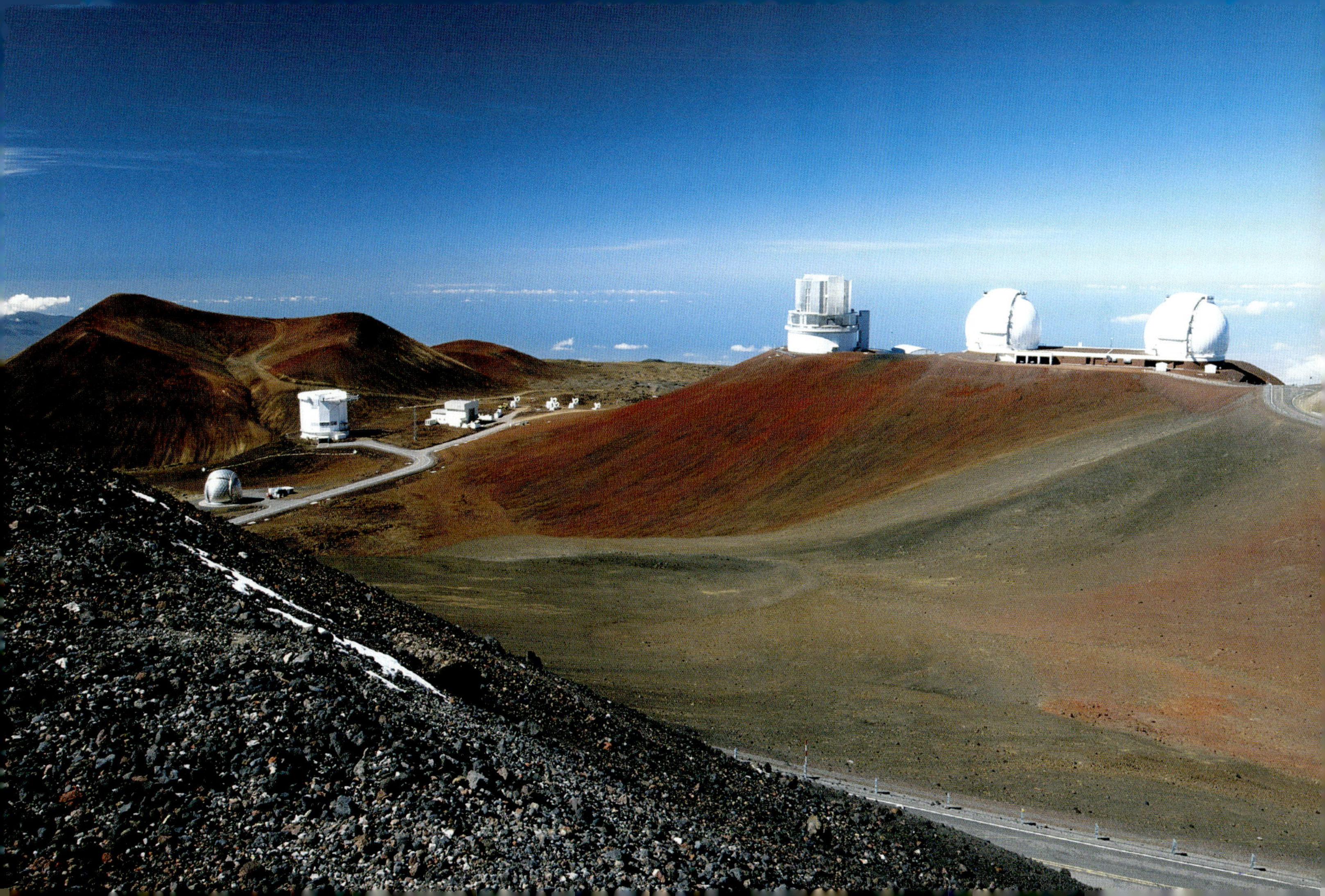

BEAVER STADIUM
PENNSYLVANIA, USA

Die größten Stadien Nordamerikas | Das zweitgrößte Footballstadion Nordamerikas wurde 1960 auf dem Gelände der Pennsylvania State University errichtet. Die Nittany Lions, das zur National Collegiate Athletic Association gehörende Footballteam der Universität, bestreiten hier ihre Heimspiele. Der 2002 bei einem Match der Lions gegen das Team der Nebraska University aufgestellte Zuschauerrekord ist ungebrochen: 110 753 Fans sahen zu.

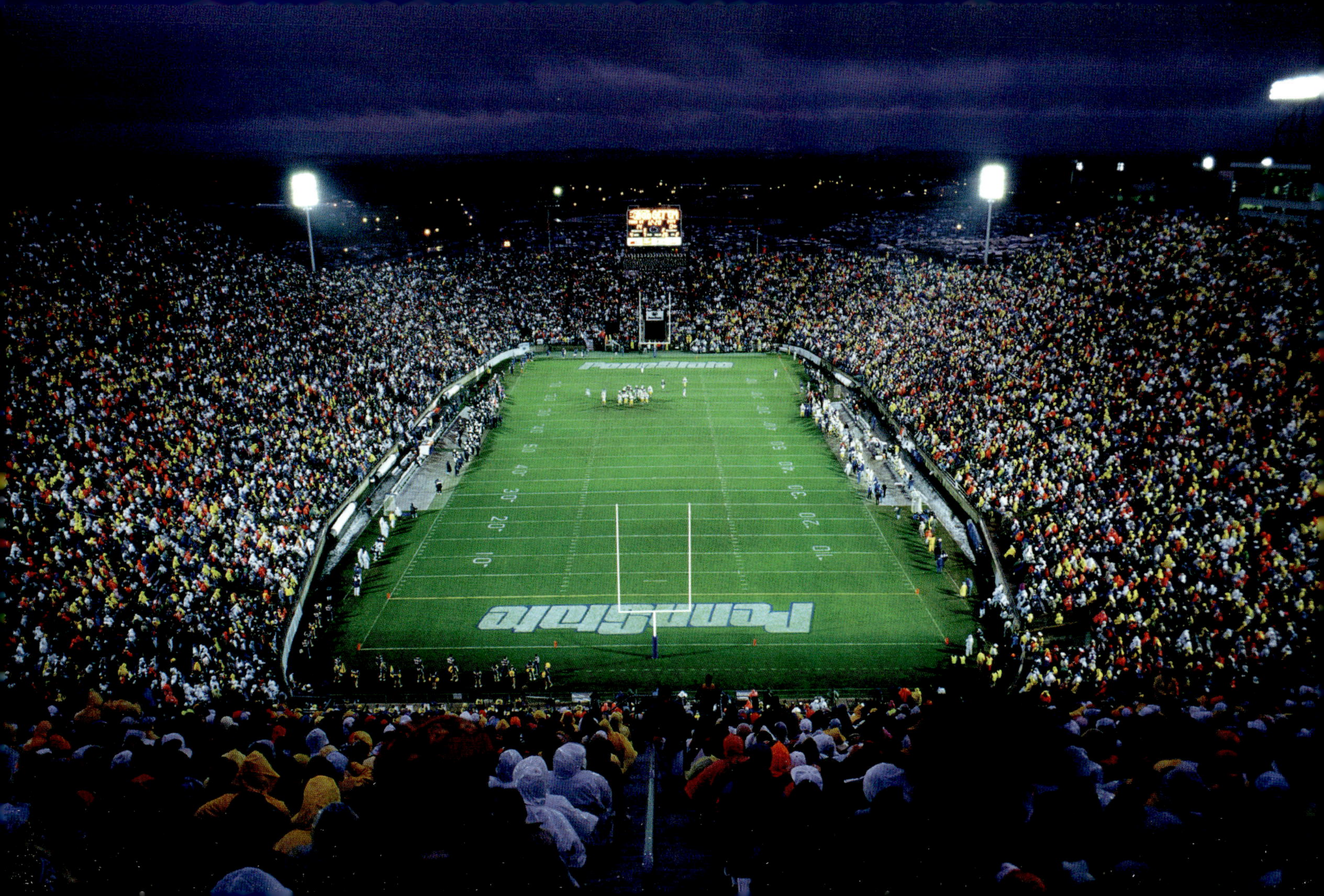
PennState

STILFSER JOCH
ITALIEN

Die höchsten Gebirgs- und Passstraßen der Alpen | Die Hochgebirgsstraße zum Stilfser Joch in Italien führt auf einen Pass, der 2757 Meter hoch liegt. Gleichzeitig sind das Stilfser Joch und der Col de l'Iseran, mit 2770 Meter die höchsten Alpenpässe. Bei den beiden höchsten asphaltierten Hochgebirgsstraßen der Alpen handelt es sich um keine Passstraßen, sondern wie bei der Ötztaler Gletscherstraße um eine Stichstraße.

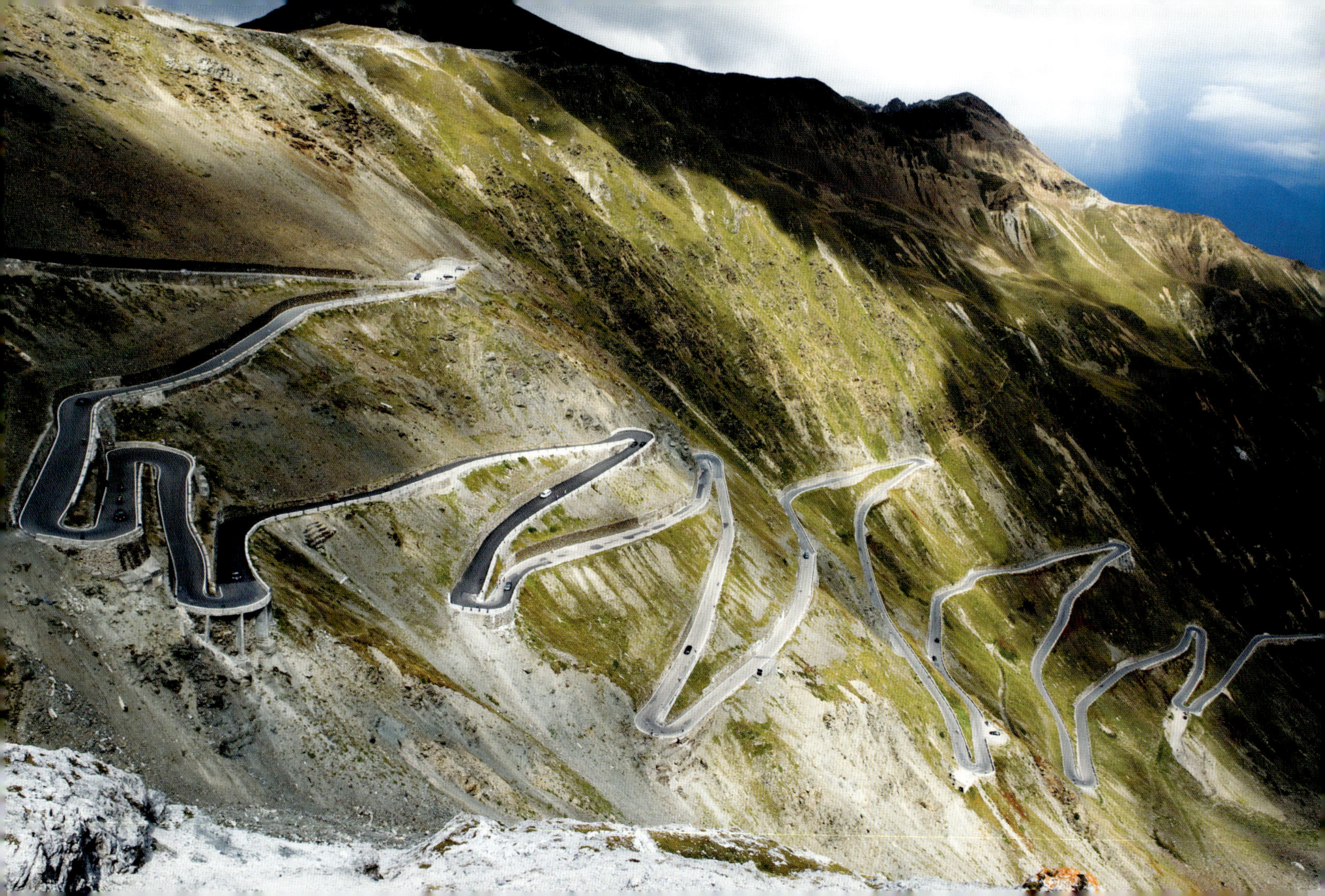

WINDSOR CASTLE
GROSSBRITANNIEN

Die größte heute noch bewohnte Burgresidenz der Welt | Windsor Castle wird gerne als das Wochenendhaus der Königin bezeichnet, da sie sich dort am liebsten von ihren Repräsentationspflichten erholt, auch wenn sie hier gelegentlich offizielle Gäste empfängt und Staatsbankette gibt. Hält sich die Queen auf Schloss Windsor auf, weht ihre Flagge auf Round Tower.

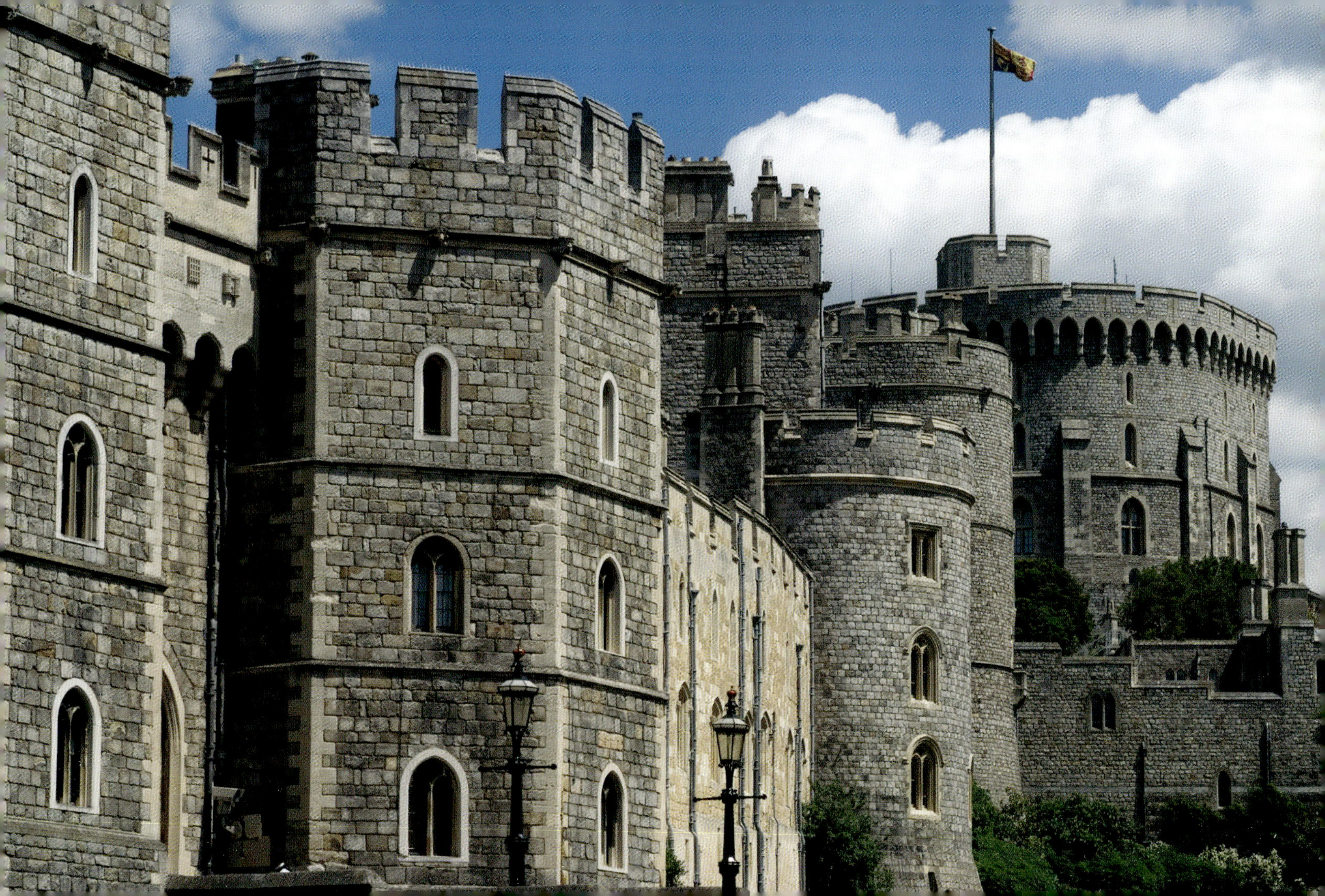

RANDSTAD NIEDERLANDE

Die größten Metropolregionen Europas | Der Ballungsraum im Westen der Niederlande dehnt sich zwischen Amsterdam im Norden sowie Rotterdam im Süden aus. Er umfasst noch andere Städte, die zusammen mit den beiden Metropolen einen urbanen Gürtel rund um ein ländliches Zentrum, das grüne Herz der Randstad, bilden. In der Region leben knapp 50 Prozent der Niederländer, rund 8 Millionen Einwohner.

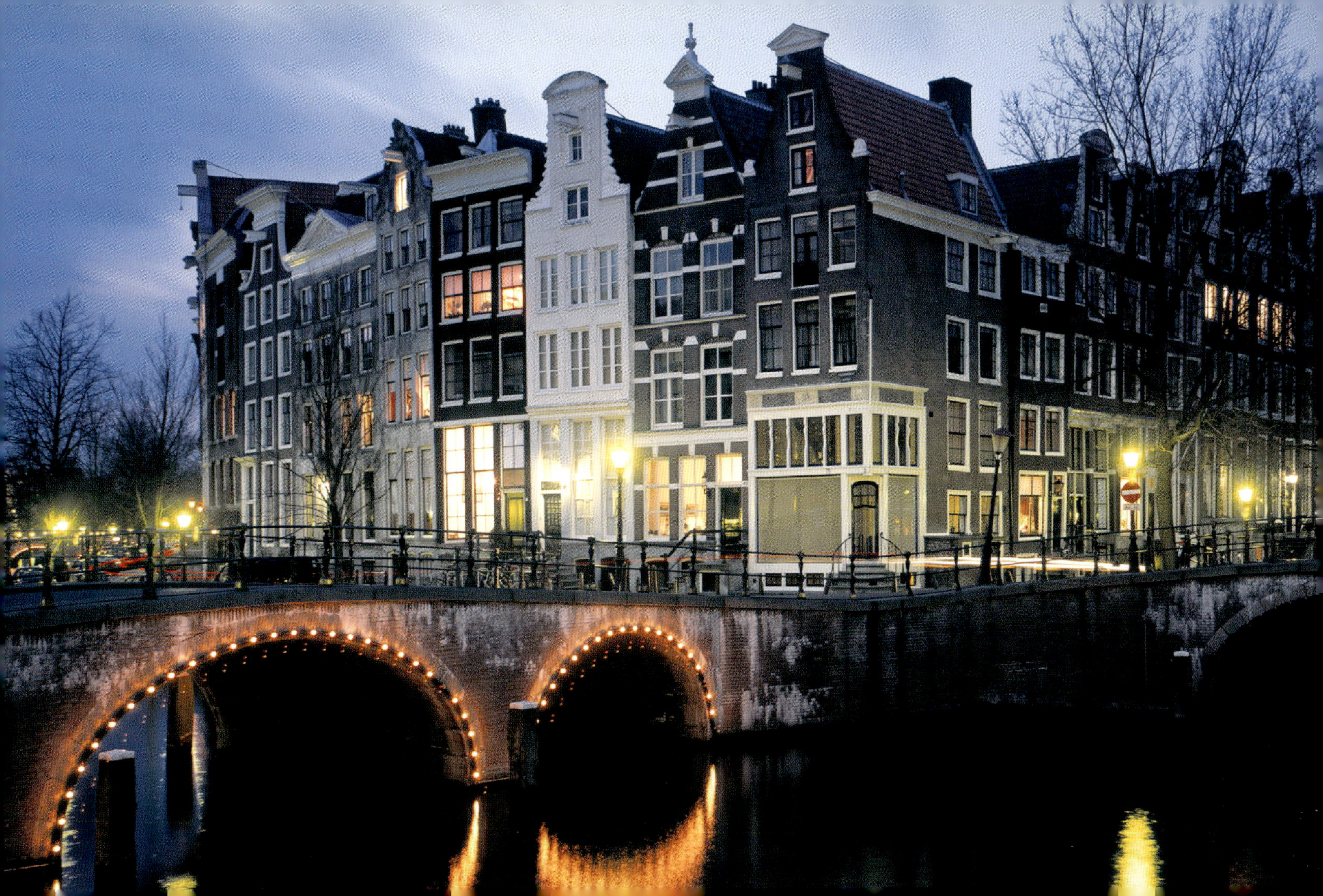

VATIKANISCHE BIBLIOTHEK

VATIKAN

Die größte Handschriftensammlung der Welt | Die Basis für die Sammlung wurde im Jahr 1447 gelegt, als Papst Nikolaus V. seine private Bibliothek in die Vatikanische Bibliothek überführte; heute umfasst der Bestand 150 000 Handschriften und 1,5 Millionen Bücher. Der unter Papst Sixtus V. (reg. 1585 bis 1590) begonnene Salone Sistino der Vatikanischen Bibliothek wurde von den Malern Giovanni Guerra und Cesare Nebbia ausgestaltet.

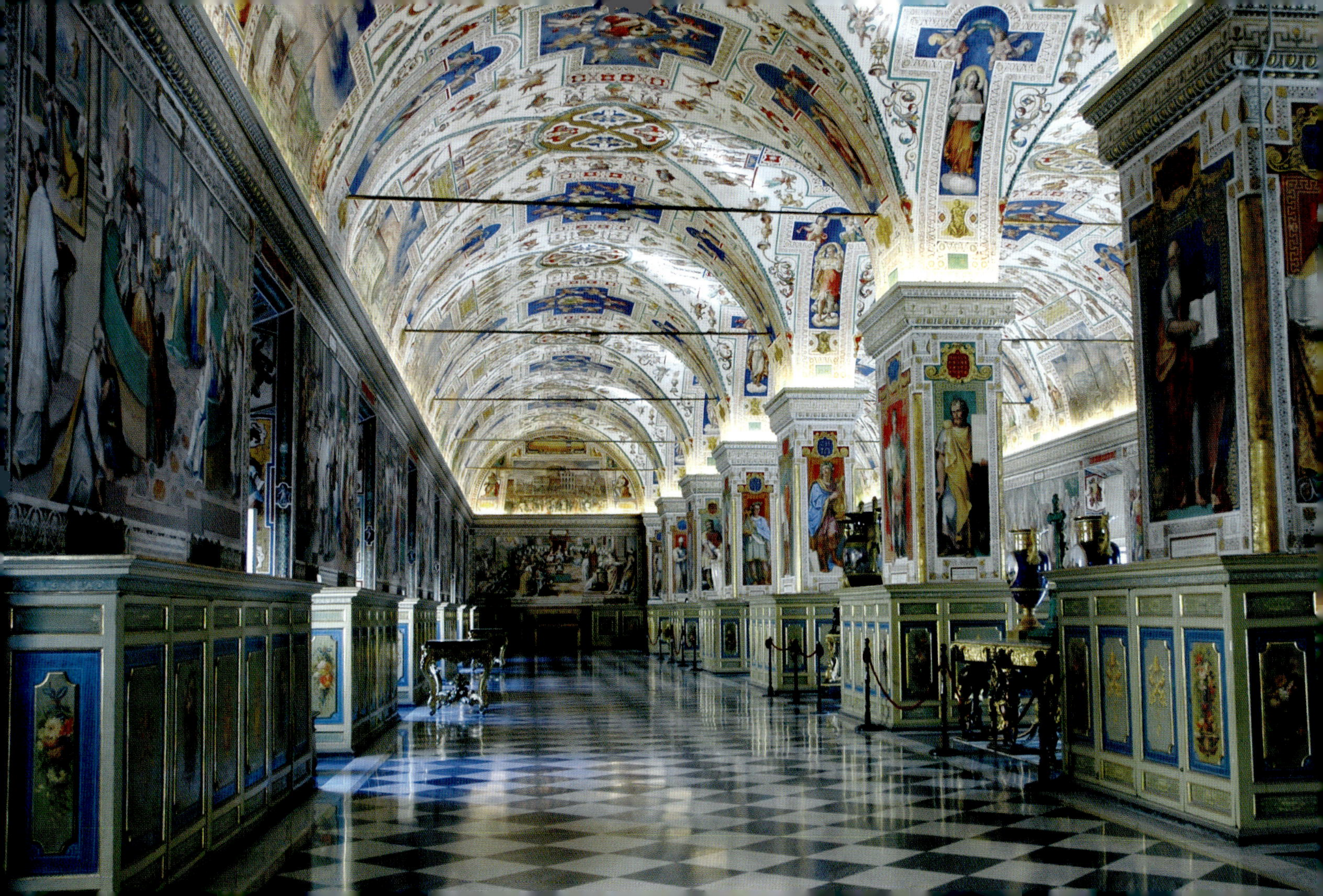

SANTIAGO DE COMPOSTELA
SPANIEN

Die bedeutendsten Pilgerstätten des Christentums | Christen sollen im 8. Jahrhundert die Gebeine des Apostels Jakob (des Älteren) aus dem Katharinenkloster auf der Sinaihalbinsel gerettet und nach Galizien gebracht haben. Dort wurden sie in einer hierfür errichteten Kirche beigesetzt, um die herum die Altstadt von Santiago de Compostela entstand. Die Stadt wurde zum Wallfahrtsort, zu dem Tausende auf dem Jakobsweg pilgern.

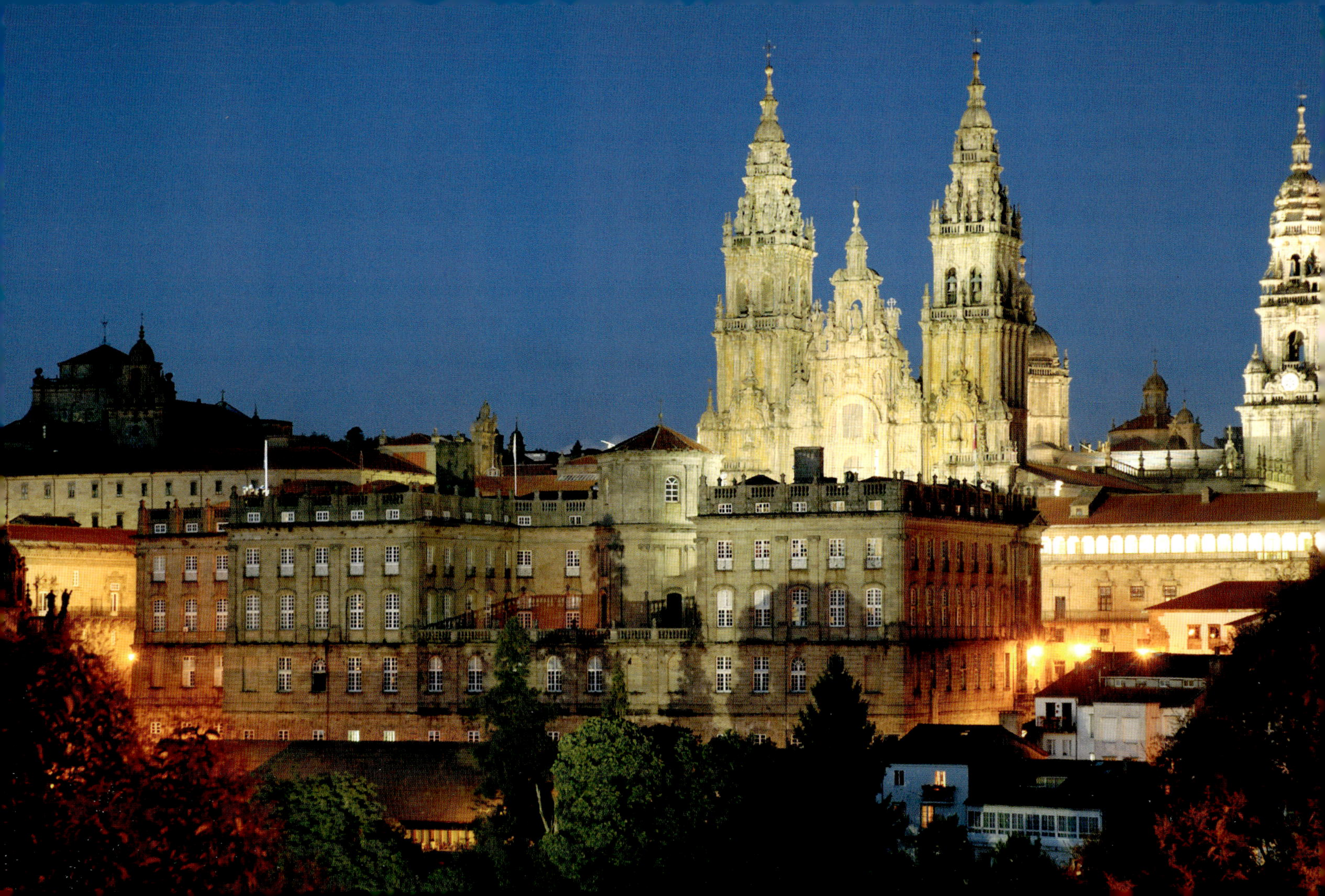

CHAUMUKHA-MANDIR-TEMPEL

RANAKPUR, INDIEN

Die bedeutendsten Heiligtümer der Jainas | Die Tempelbauten von Ranakpur zählen zu den prächtigsten der Jainas. Das Hauptheiligtum besticht durch seine luftigen Säulenhallen. Obwohl die 4,4 Millionen Jainas eine verschwindend kleine religiöse Minderheit sind, erregt ihre Disziplin weltweit immer wieder Erstaunen. Wie keine andere Religion fordert der Jainismus von seinen Anhängern rigorose Askese.

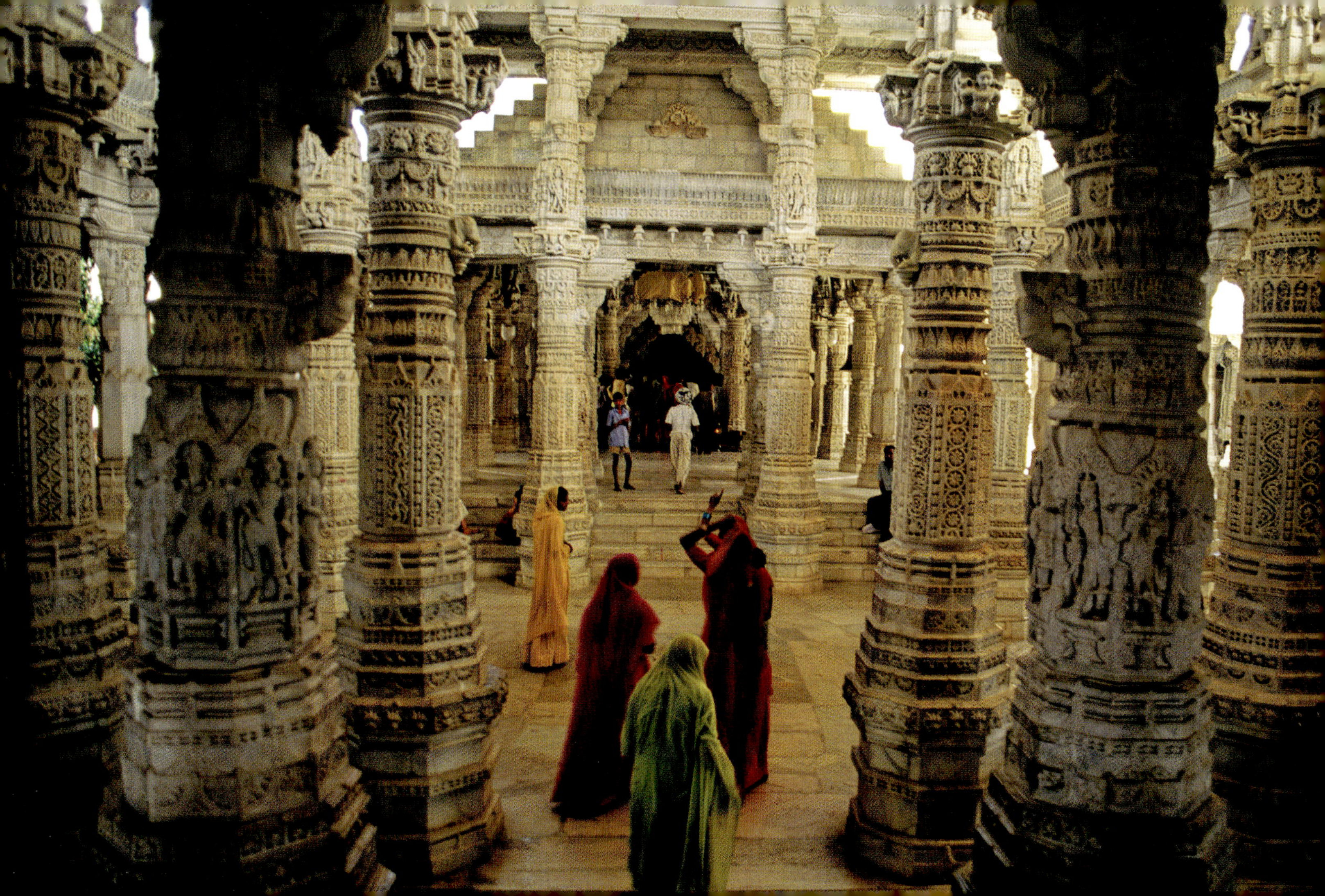

MONACO

Die kleinsten Staaten der Welt | Monaco ist ein europäischer Miniaturstaat und zugleich einer der am dichtesten besiedelten Flecken Erde: Mehr als 16000 Einwohner leben hier auf einem Quadratkilometer. Insgesamt beträgt die Staatsfläche 2,02 Quadratkilometer, damit steht Monaco hinter Vatikanstadt auf Platz zwei des Rankings der kleinsten Staaten Europas und gleichzeitig der kleinsten Staaten der Welt.

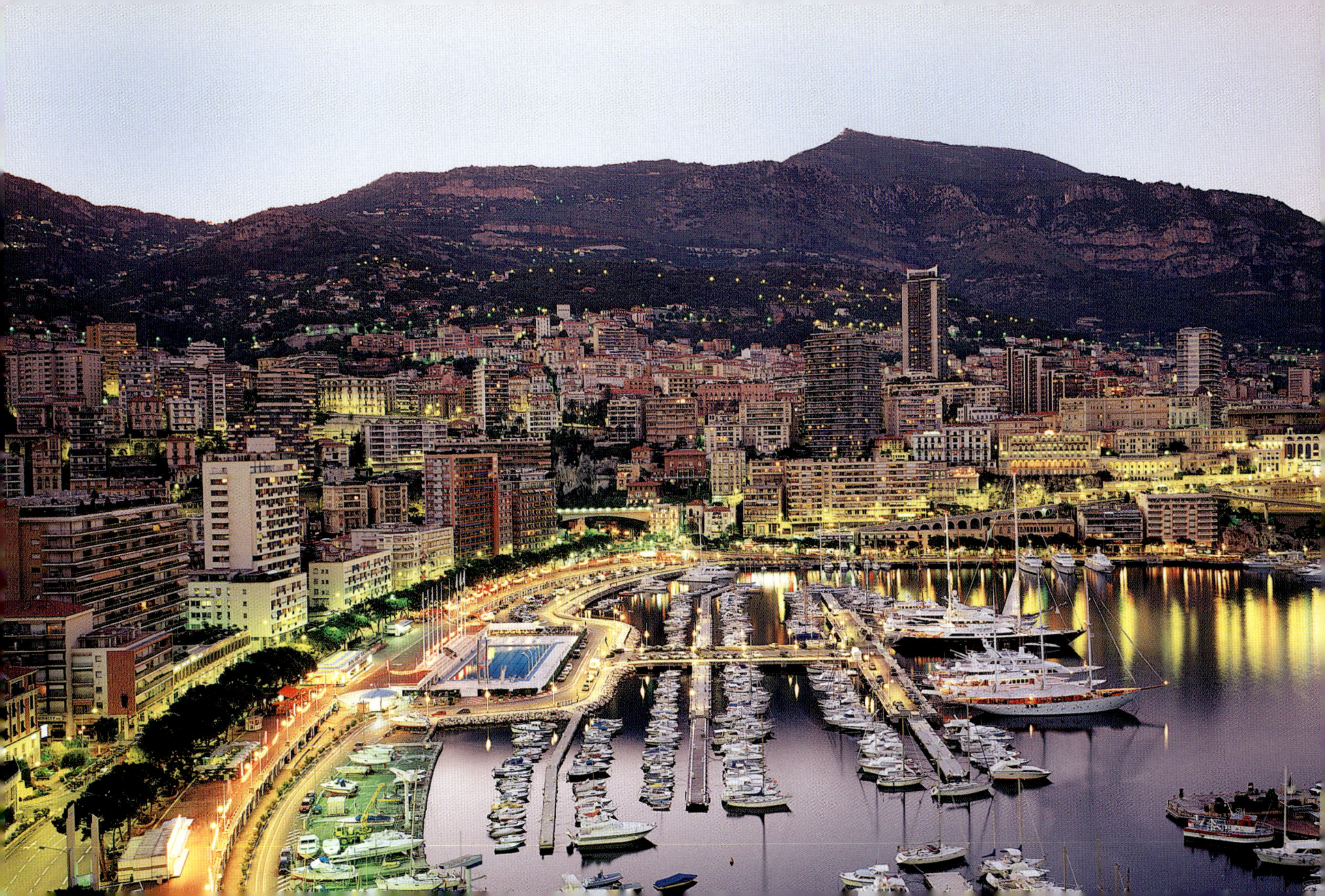

ISLAM

Die bedeutendsten Religionen der Welt | Der Islam kennt zwei große Glaubensrichtungen, die sich nach dem Tod Mohammeds im Zuge eines Streits um seine Nachfolge bildeten. Die Gruppe der Sunniten umfasst 1,3 Milliarden Gläubige, die der Schiiten 300 Millionen. Hier sitzen Muslime in Medina, Saudi-Arabien, beim allabendlichen Fastenbrechen während des Ramadans vor der Prophetenmoschee.

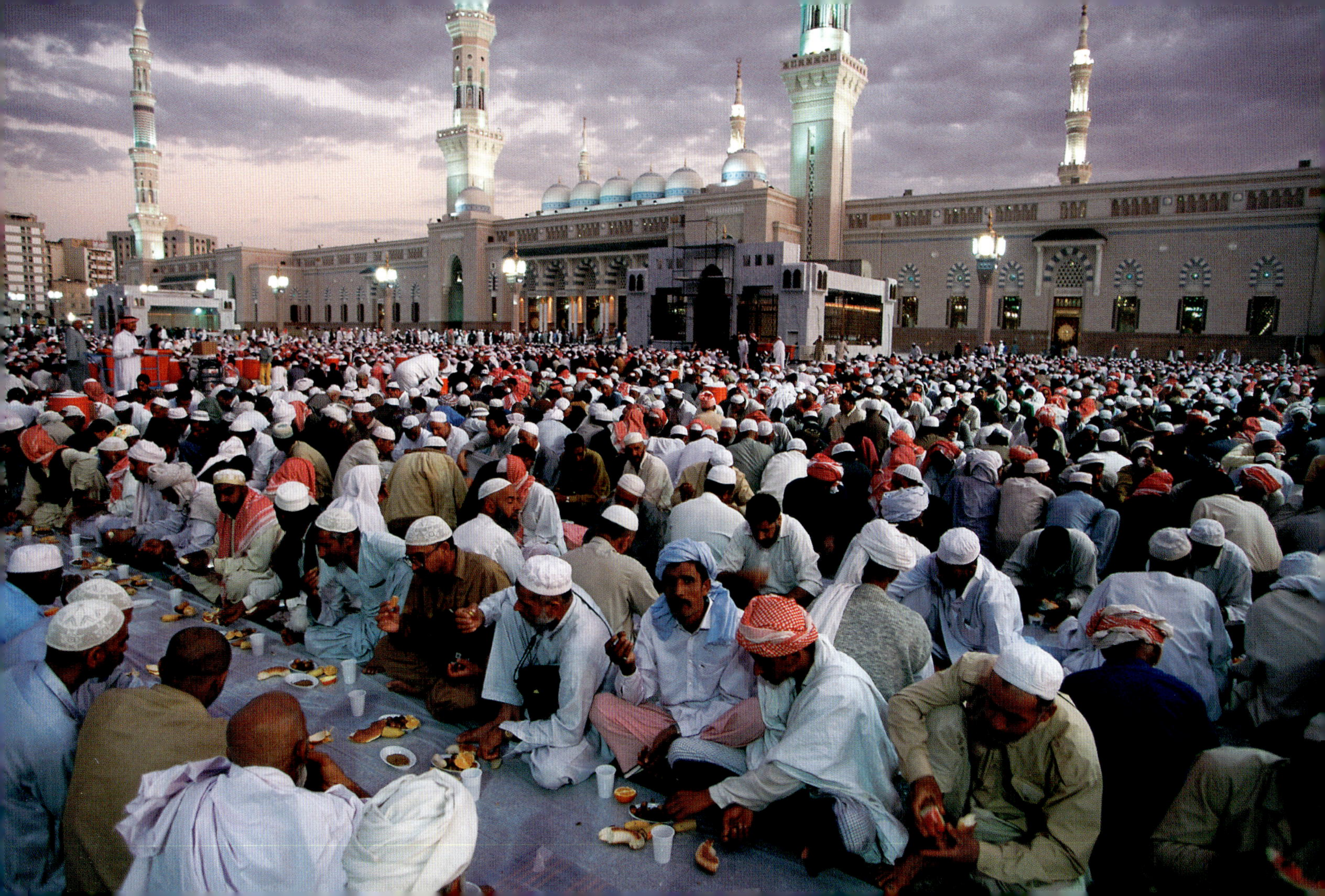

GRÄBER RAMSES V. UND RAMSES VI.
TAL DER KÖNIGE, ÄGYPTEN

Die bedeutendsten altägyptischen Grabanlagen | Folgt man einer zeitgenössischen Quelle, so wurden in diesem Grab im Tal der Könige, Ramses VI. und Ramses V., der den Bau begonnen hatte, bestattet. Die Mumien beider Herrscher wurden wohl in der Regierungszeit Ramses IX. aus Furcht vor Grabräubern in das als sicher geltende Grab Amenophis II. überführt. Die farbigen Wandmalereien sind bis heute gut erhalten.

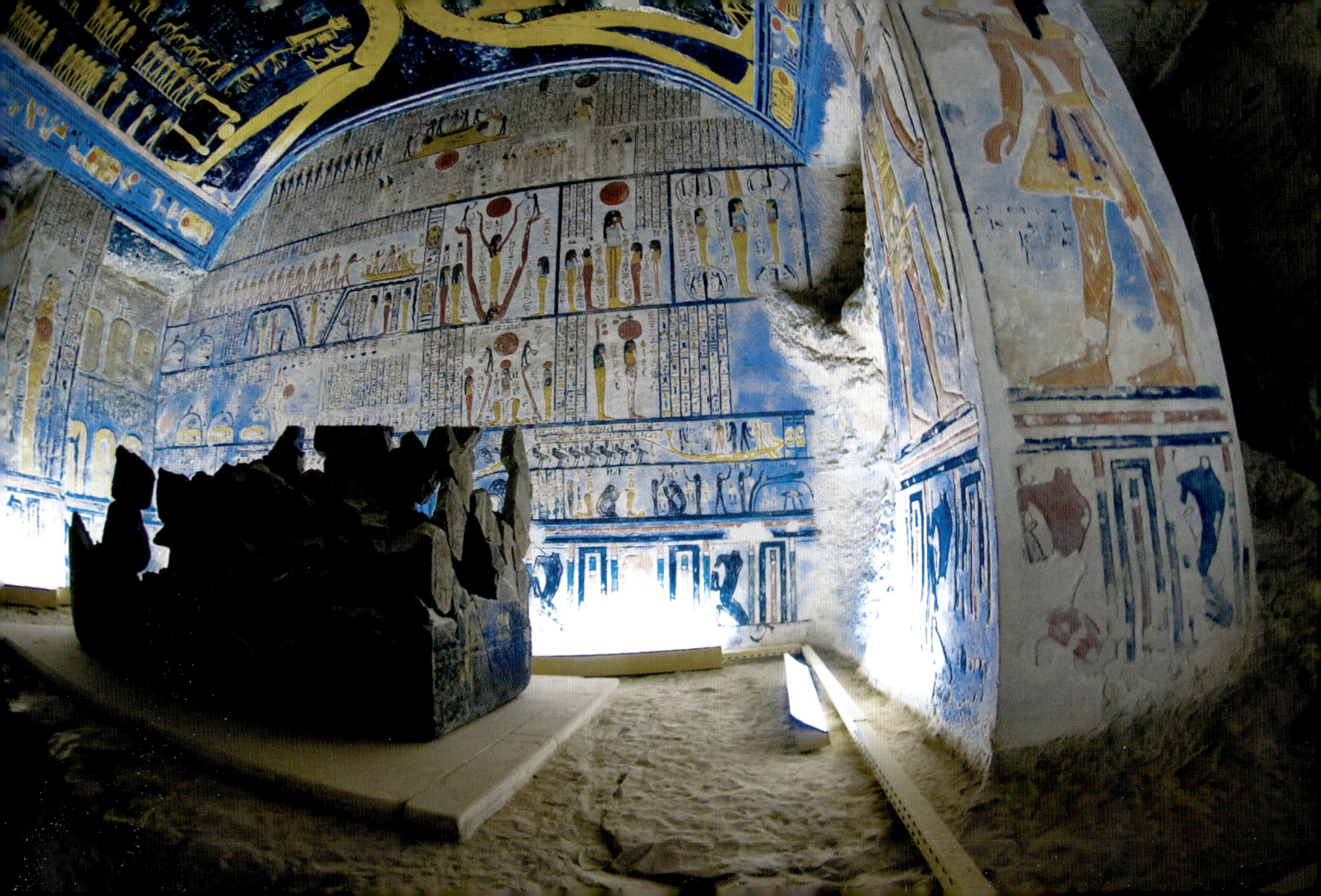

MEYER WERFT
PAPENBURG, DEUTSCHLAND

Das größte überdachte Dock der Welt | Das mit einer Länge von 504 und einer Breite von 45 Metern längste überdachte Baudock der Welt gehört zur Meyer Werft in Papenburg an der Ems. Das traditionsreiche Familienunternehmen ist als Erbauer von Kreuzfahrtschiffen weltbekannt. Die Überführungen der Ozeanriesen auf der Ems aus der 36 Kilometer landeinwärts gelegenen Werft in die Nordsee locken Tausende von Schaulustigen an.

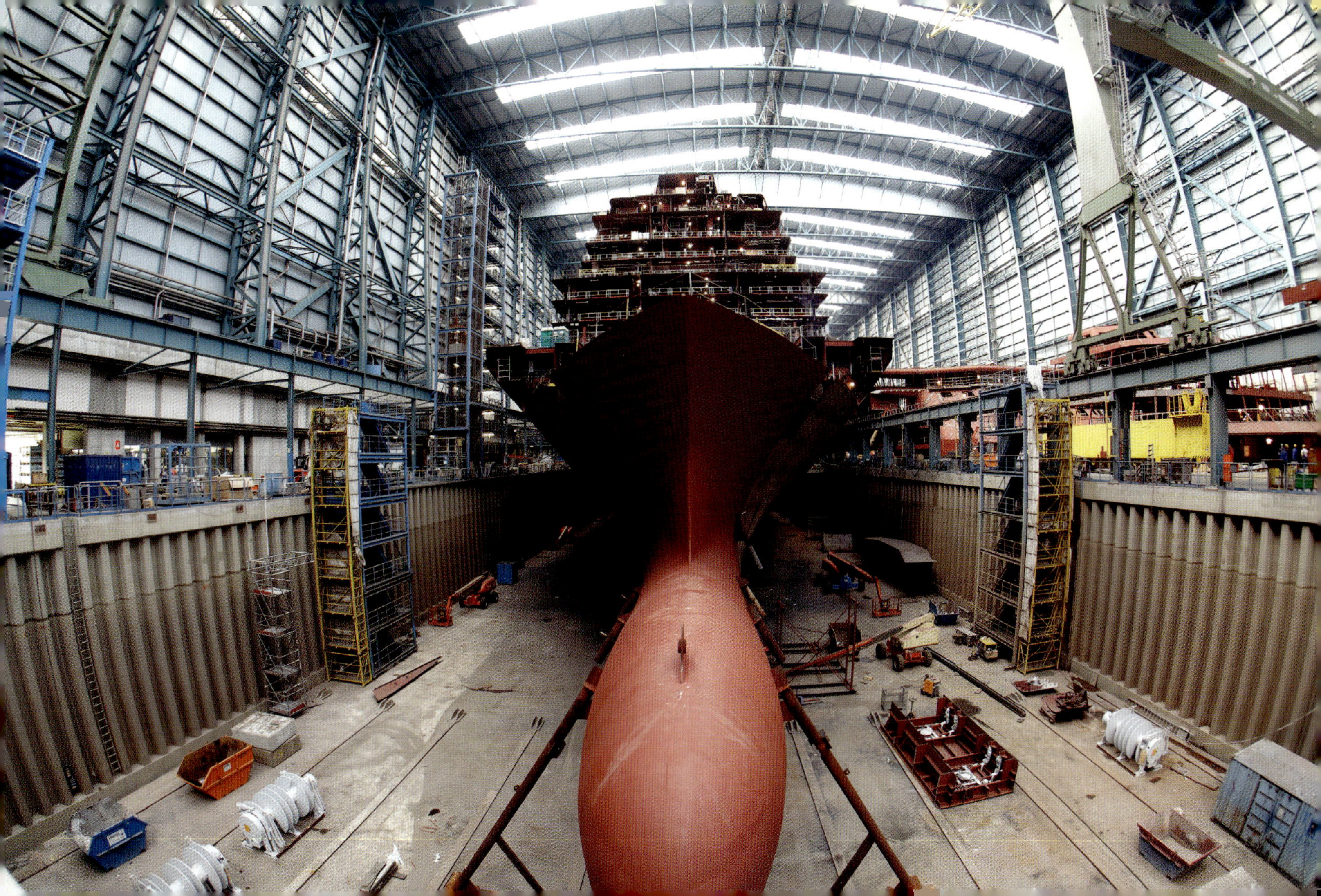

ATLANTA INTERNATIONAL AIRPORT
USA

Der größte Flughafen der Welt | Schon seit 1998 führt Atlanta die Liste der weltweit größten Flughäfen an, und das liegt an seiner Funktion als inländisches Luftdrehkreuz. Außer beim Passagieraufkommen (2011: über 92 Millionen, abgefertigt an rund 200 Gates) hält der Hartsfield Jackson Atlanta International Airport auch bei der Zahl der Flugbewegungen, zusammen mit Frachtverkehr rund eine Million pro Jahr, den Weltrekord.

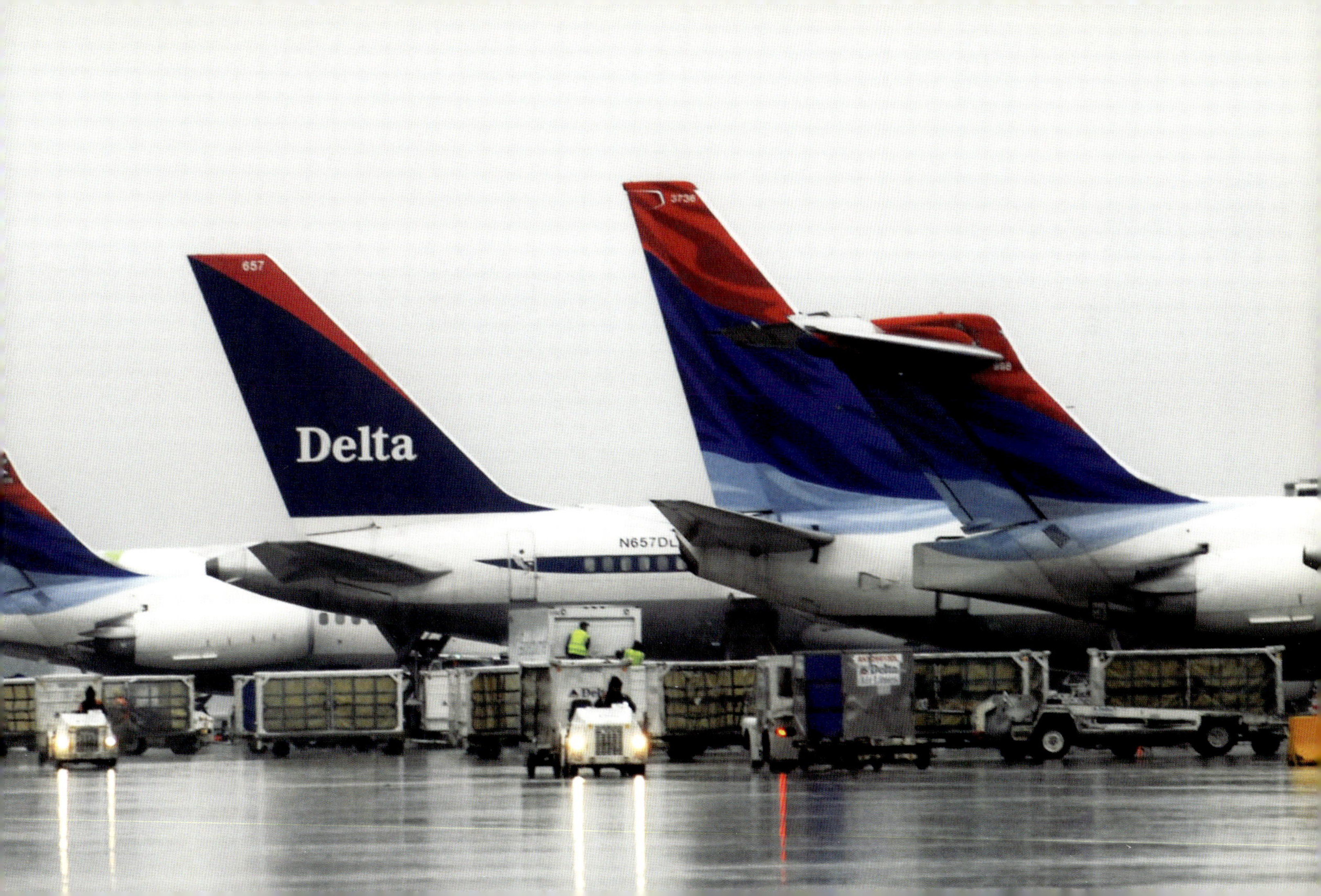
657
Delta
N657DL

SYDNEY TOWER
AUSTRALIEN

Der zweithöchste Turm Ozeaniens | Das Erscheinungsbild des 305 Meter hohen Sydney Tower prägen 56 Stahlseile mit je sieben Tonnen Gewicht. Sie halten den Fernsehturm und die Turmkanzel mit der Aussichtsplattform in 250 Meter Höhe. Eins der Stockwerke enthält einen Wassertank mit einem Fassungsvermögen von über 160 000 Liter Wasser. Der Tank trägt zur Standsicherheit des Towers im Hinblick auf die Windkräfte bei.

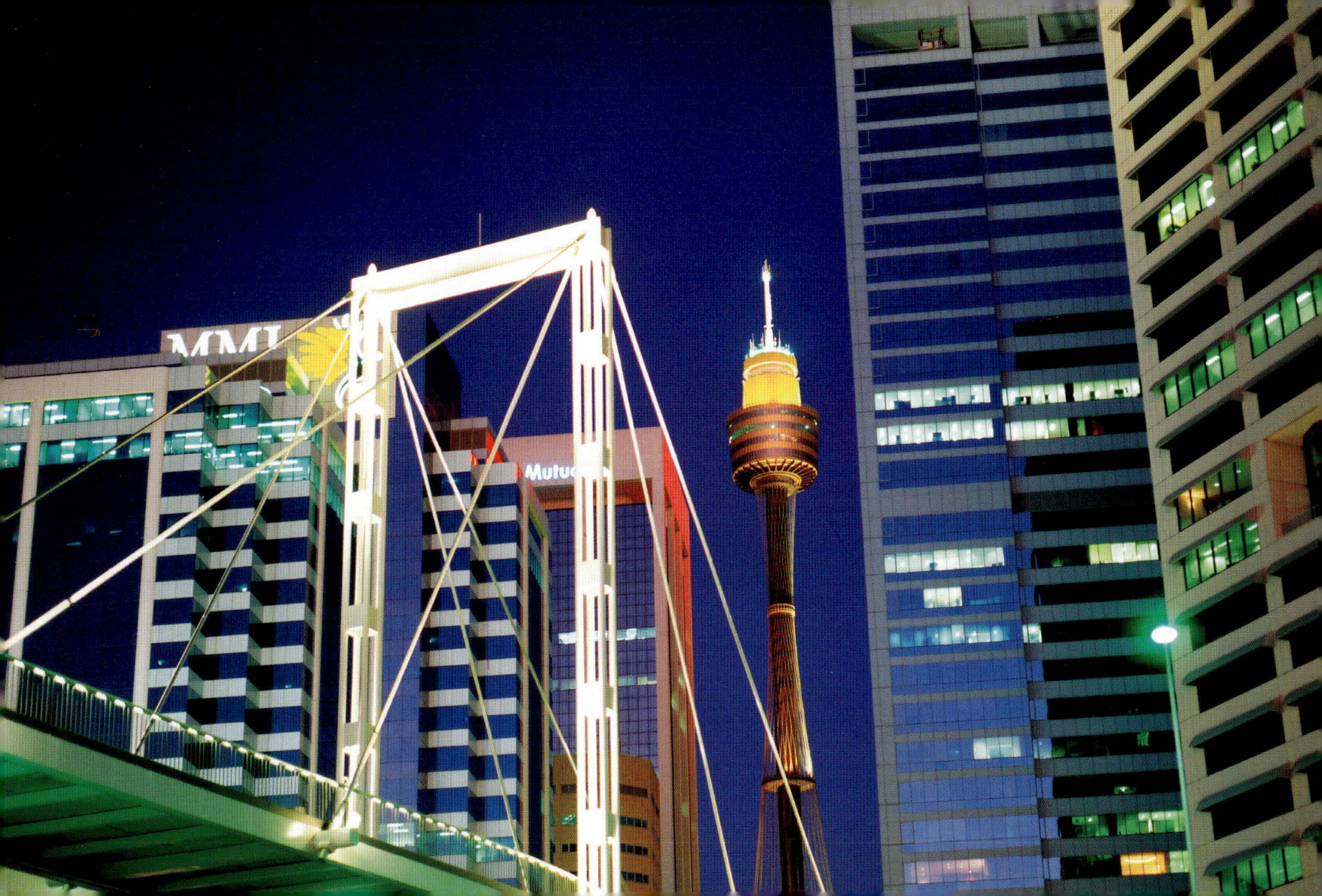

SRIRANGAM
TAMIL NADU, INDIEN

Die bedeutendsten Tempelanlagen des Hinduismus | Der Tempel in Südindien ist das größte hinduistische Heiligtum der Welt und erstreckt sich über eine Fläche von 60 Hektar. Der Tempel wird von sieben Mauern umschlossen und besteht aus rund 50 Schreinen, Pavillons und einer Halle mit 1000 Säulen. Der überbordende farbenfrohe Figurenschmuck an der Fassade ist ein Charakteristikum indischer Tempelbaukunst.

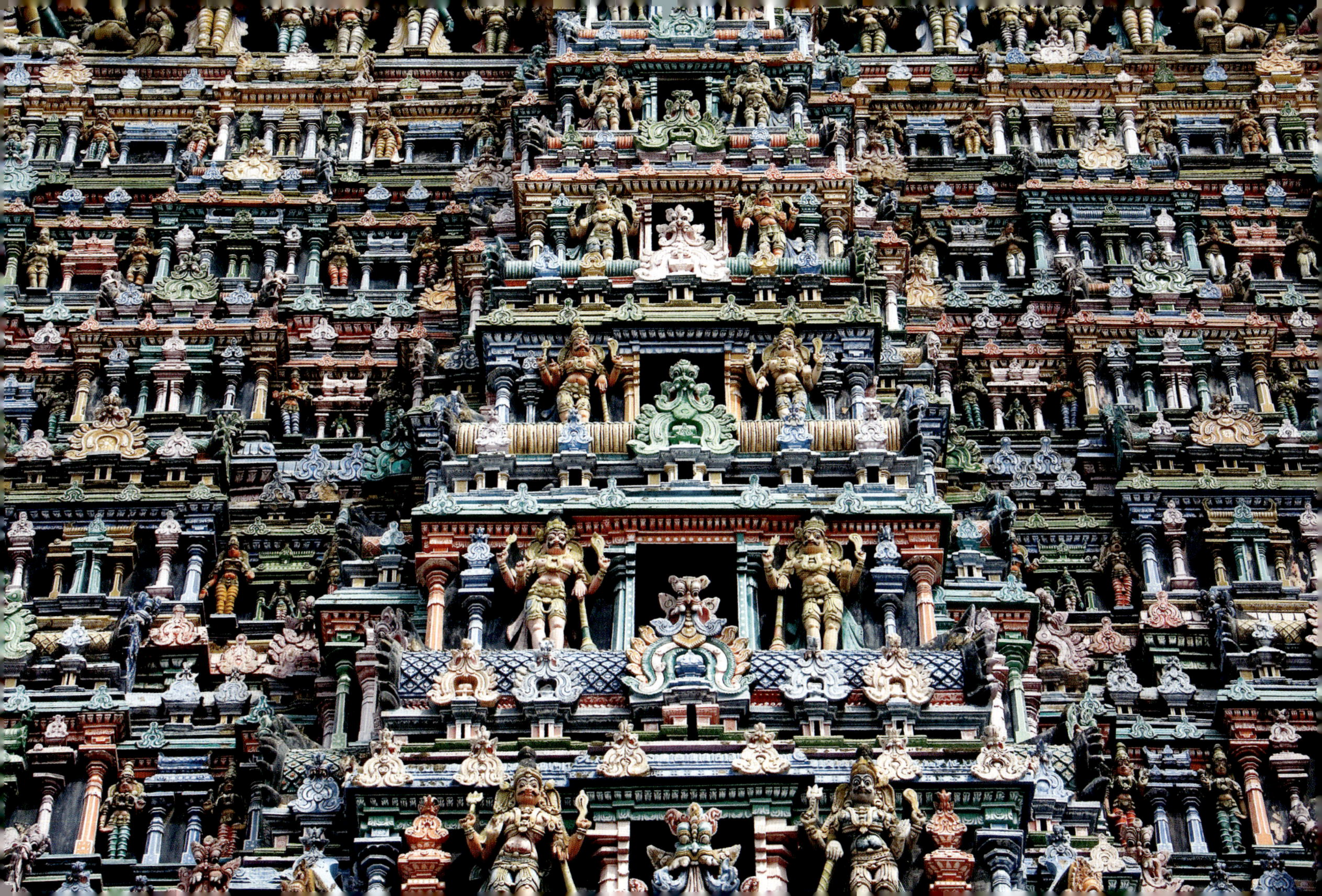

PORTACHUELO-PASS

HUASCARÁN, PERU

Die höchsten Gebirgs- und Passstraßen Südamerikas | Der peruanische Portachuelo-Pass liegt auf 4767 Meter Höhe. Die Passstraße ist nicht asphaltiert, sie kann aber von normalen Fahrzeugen befahren werden – und auch Lastwagen sind hier unterwegs. Die Straße ist ein wichtiges Eingangstor zum Nationalpark Huascarán in der Cordillera Blanca in Peru. Unter den höchsten Passstraßen Südamerikas steht sie an neunter Stelle.

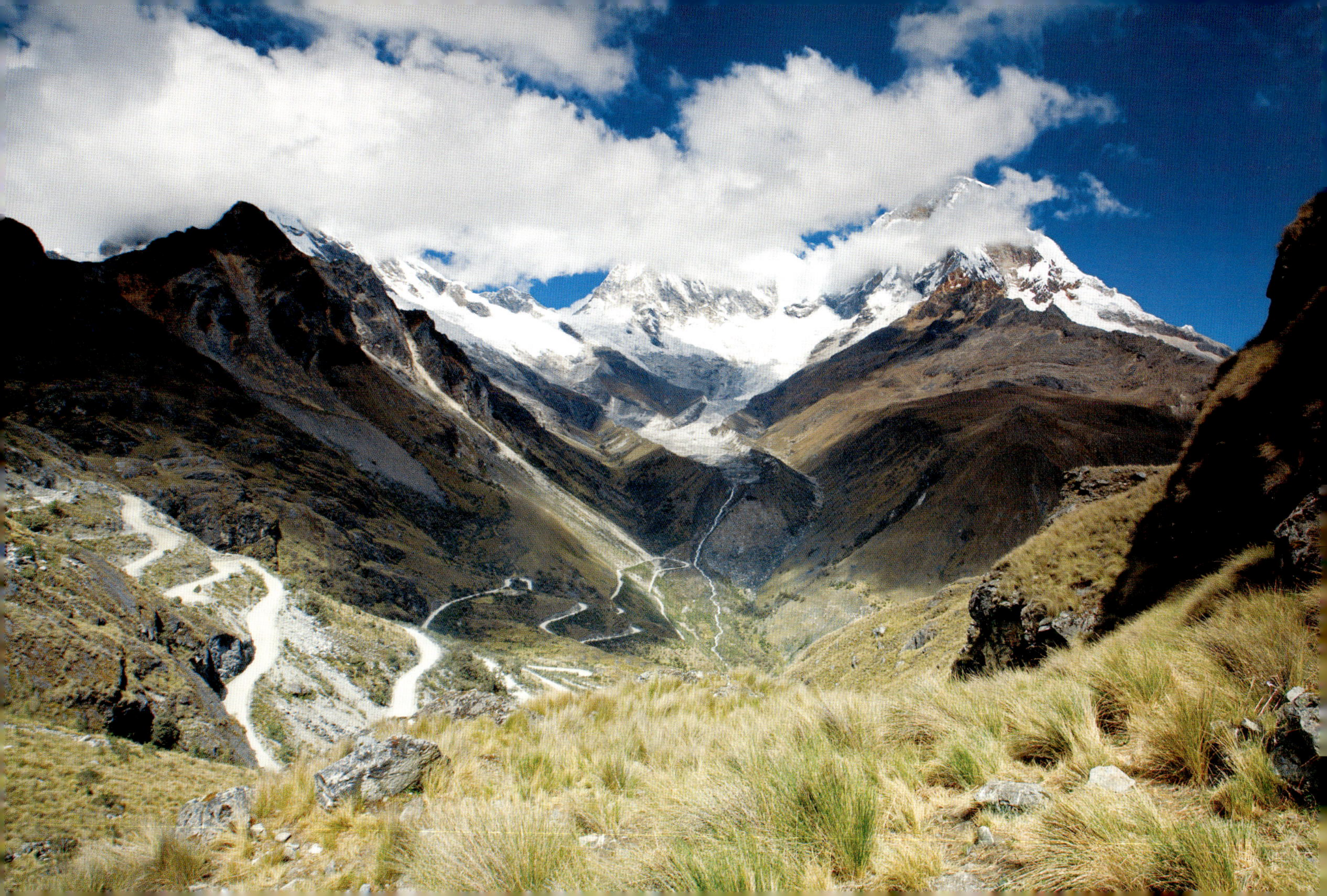

MEDRESEN VON SAMARKAND
USBEKISTAN

Die prunkvollsten Medresen der Welt | Der Registan, ein Platz im usbekischen Samarkand, wird von drei einzigartigen Medresen gesäumt. Die Medrese Ulugbek, eine der ältesten der Region, wurde im 15. Jahrhundert errichtet und dabei mit einem 35 Meter hohen Eingangsportal ausgestattet. Spiegelbildlich wurde gegenüber im 17. Jahrhundert die Medrese Sher-Dor errichtet. Die Medrese Tilla-Kori wurde 1650 fertiggestellt.

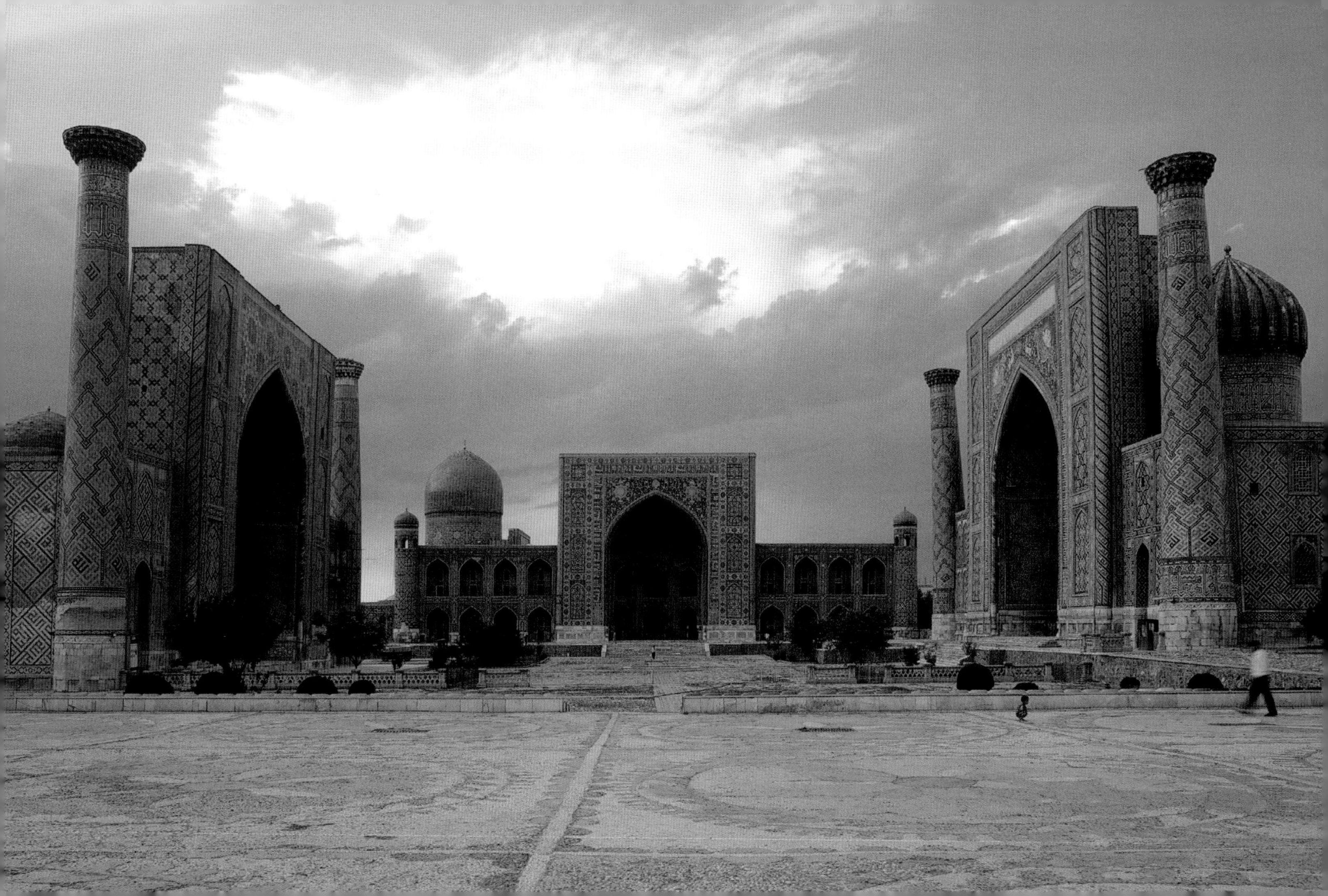

TWO INTERNATIONAL FINANCE CENTRE
HONGKONG, CHINA

Die höchsten Skyscraper Asiens | Der hier die Skyline Hongkongs beherrschende Wolkenkratzer des Two International Finance Centre mit 412 Metern war schon vor seiner Eröffnung in Film und Fernsehen zu bestaunen. In dem Kinofilm »Lara Croft: Tomb Raider – Die Wiege des Lebens« springen Angelina Jolie und ihr Partner mit Fallschirmen aus dem damals allerding noch unfertigen obersten Stockwerk.

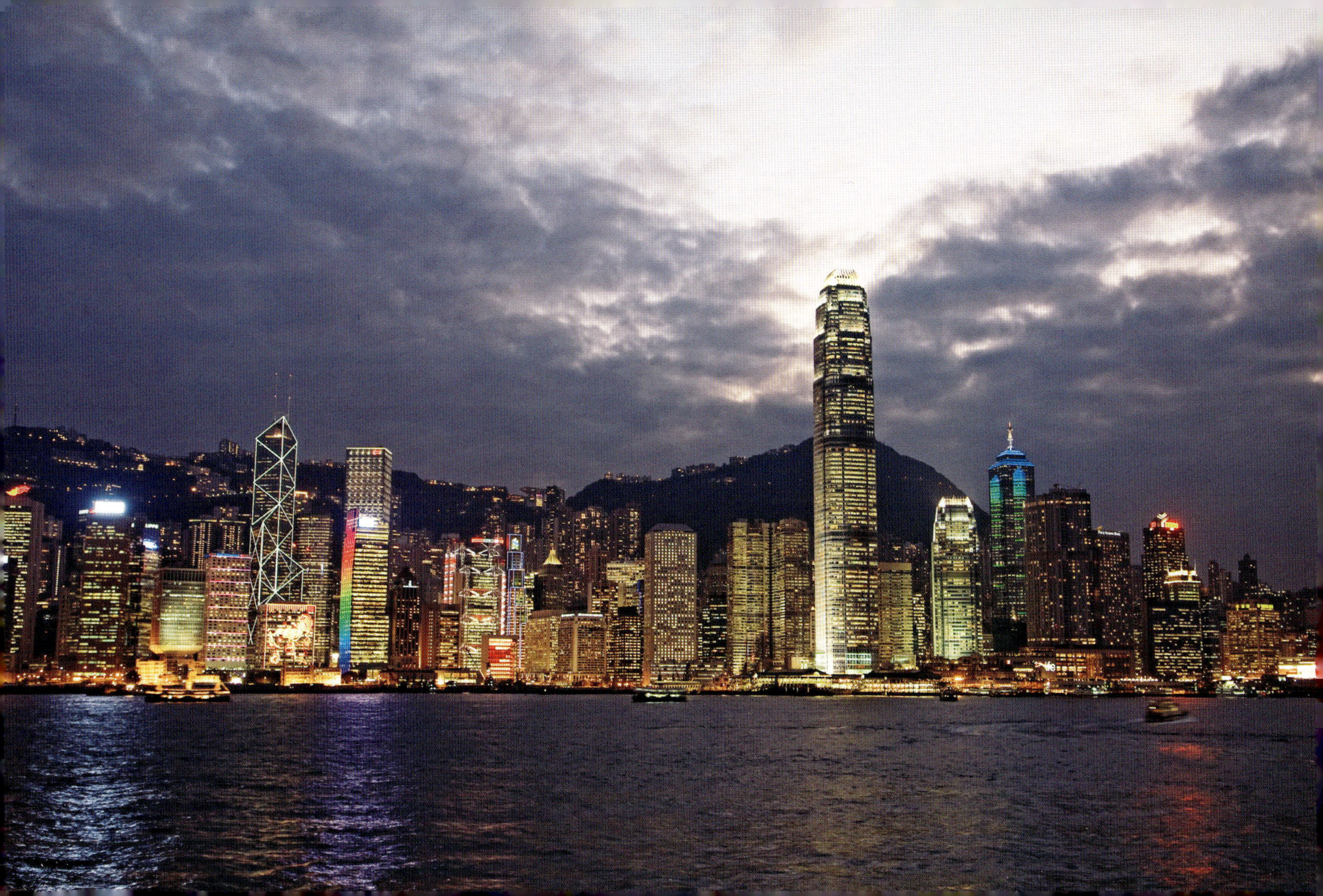

RIALTOBRÜCKE
VENEDIG, ITALIEN

Die berühmtesten Brücken weltweit | Die im 16. Jahrhundert aus istrischem Kalkstein erbaute Rialtobrücke überspannt den Canal Grande. Bis 1854 war sie die einzige Möglichkeit, ihn trockenen Fußes zu überqueren. Venedig und die Lagune mit Inseln und Kanälen sind ein einzigartiges städtebauliches Gesamtkunstwerk und stehen auf der UNESCO-Weltkulturerbeliste.

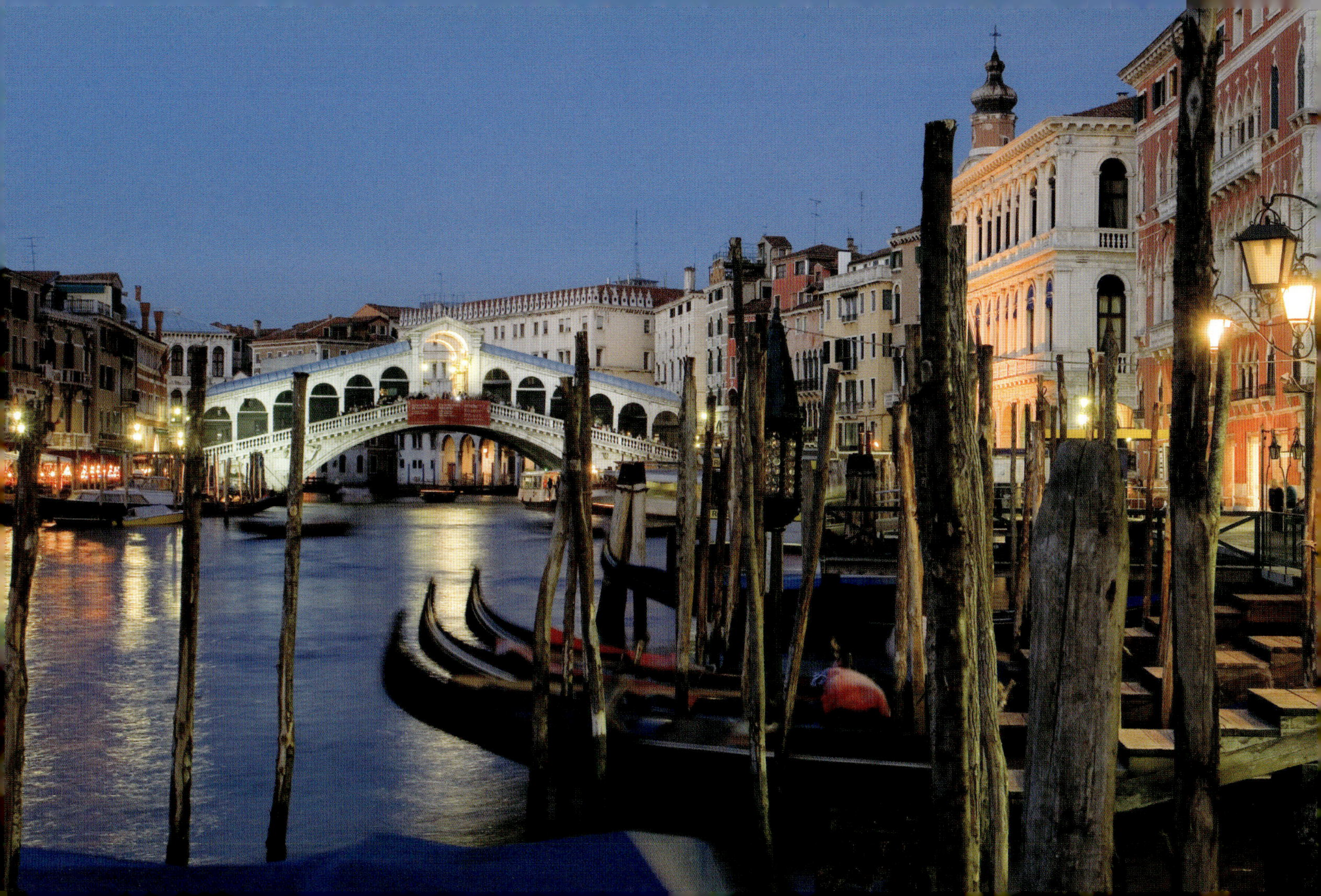

CHRISTENTUM

Die größte Glaubensgemeinschaft der Welt | Die mit rund 2,2 Milliarden Anhängern größte der drei monotheistischen Weltreligionen ist das Christentum. Vor rund 2000 Jahren in Palästina als Erneuerungsbewegung innerhalb des Judentums entstanden, löste es sich von diesem ab und wurde im 4. Jahrhundert Staatsreligion im Römischen Reich. Durch Mission wurde es in Asien, Europa, Amerika und Afrika verbreitet.

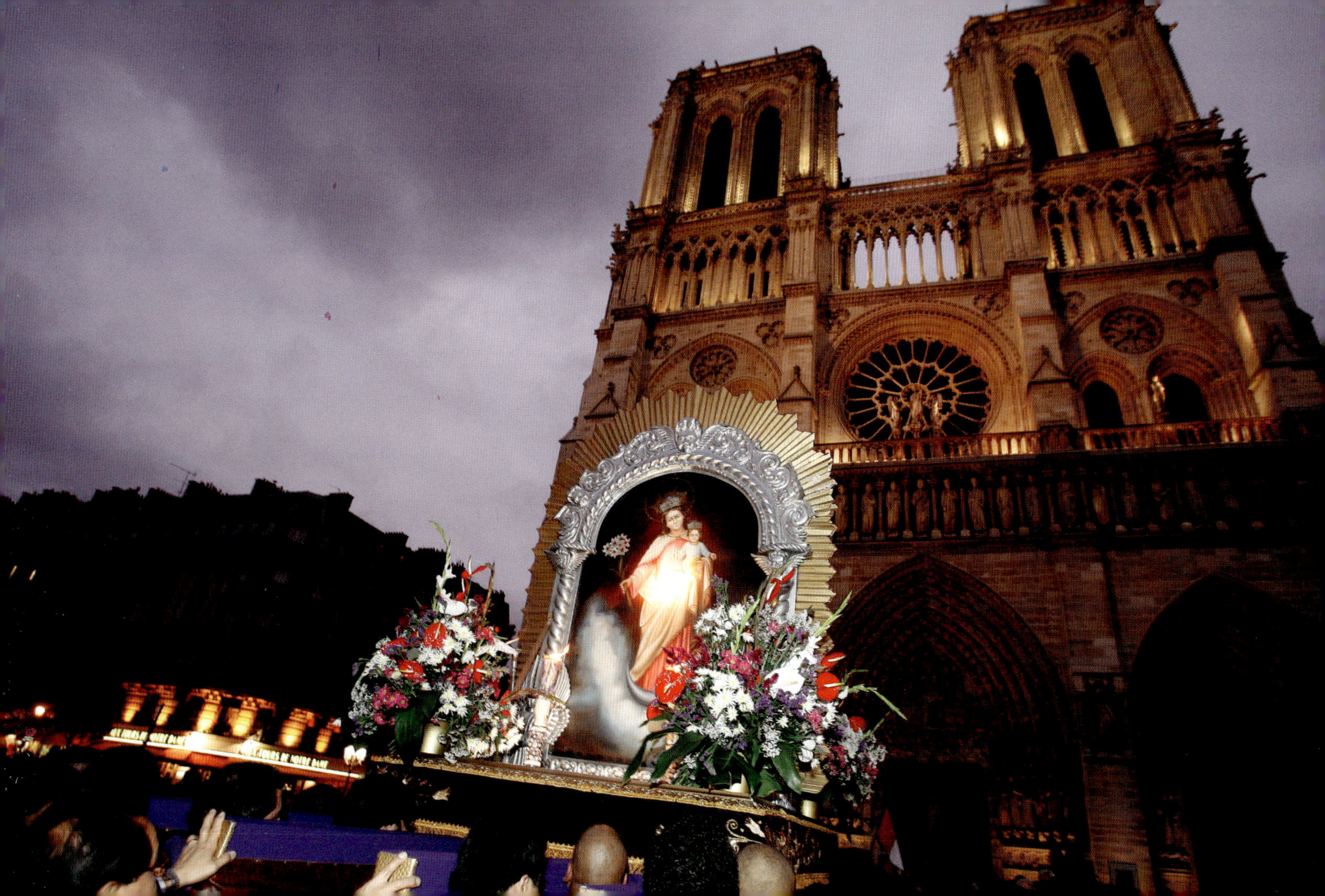

ISE-JINGU
ISE, JAPAN

Der bedeutendste Schrein des Shintoismus | Als Ahnenschrein der kaiserlichen Familie ist der Ise-Schrein das bedeutendste Shinto-Heiligtum. Jährlich werden rund sechs Millionen Pilger gezählt. Der Schrein wurde im 3. Jahrhundert gegründet und ist in einen inneren (Naik) und einen äußeren (Gek) Bezirk unterteilt. Zum Naik gehören 91, zum Gek 32 Nebenschreine.

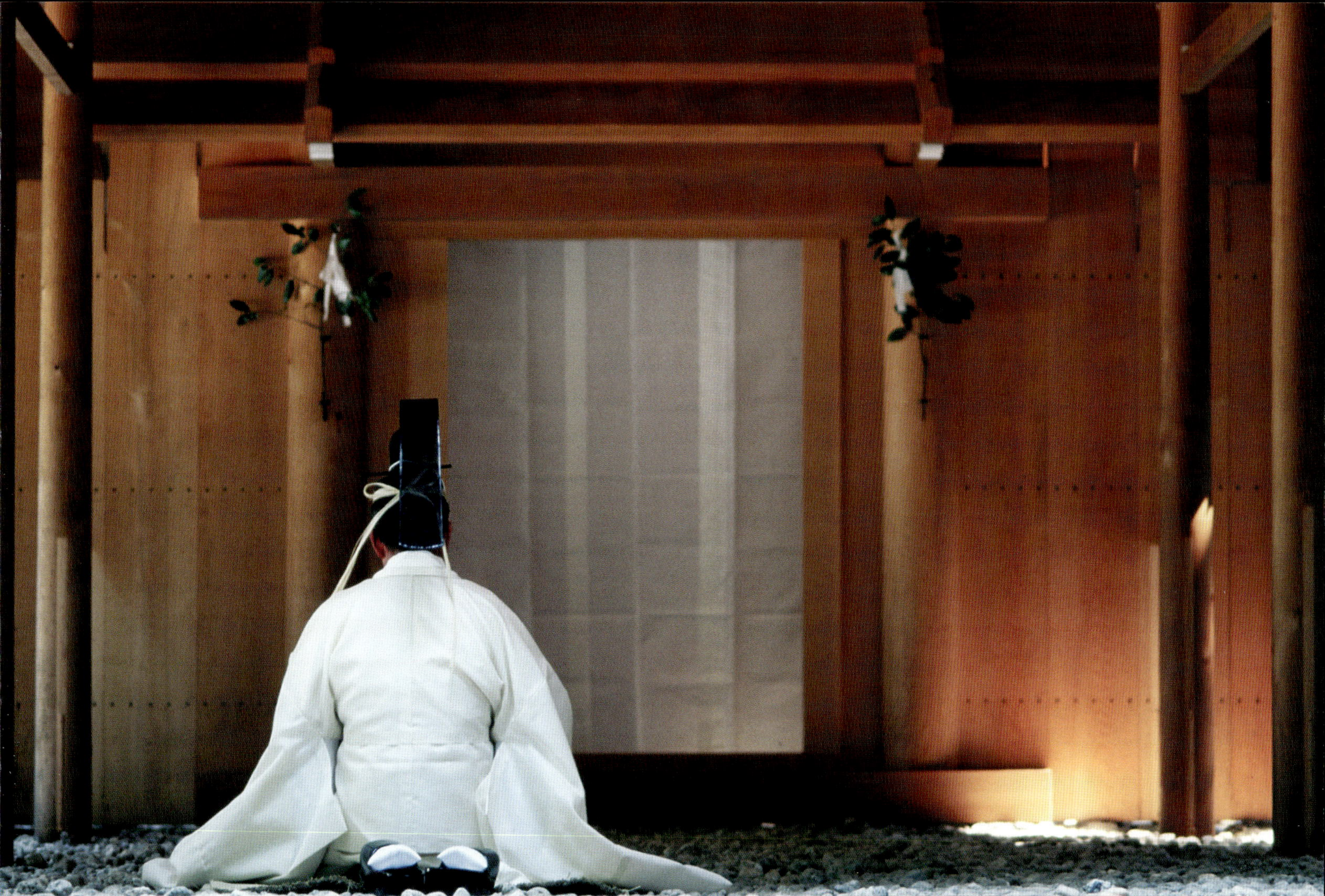

TEMPEL DER DIANA
ÉVORA, PORTUGAL

Die bedeutendsten antiken Tempel | Ein Relikt aus der Römerzeit sind die korinthischen Säulen des Diana-Tempels von Évora. Dieser Tempel stand im Mittelpunkt der römischen Gründung. Das historische Zentrum von Évora, heute UNESCO-Weltkulturerbe, ist einer der ältesten Handelsplätze der Iberischen Halbinsel. Die Anlage selbst trägt noch orientalische Züge.

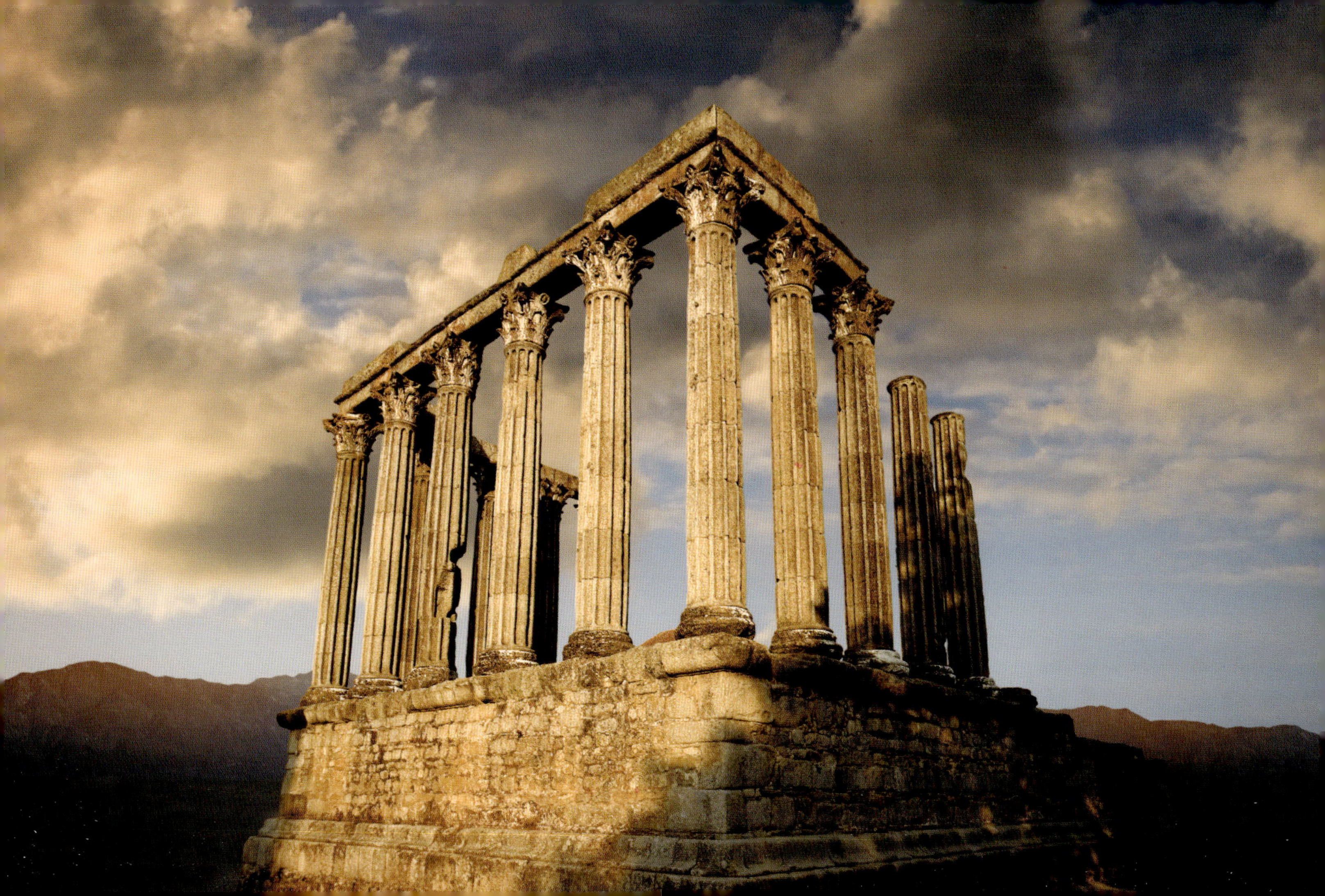

JUDENTUM

Die erste monotheistische Religion der Welt | Obwohl das Judentum mit weltweit 15 Millionen Anhängern zu den kleinen Glaubensgemeinschaften zählt, hat es in der geschichtlichen Entwicklung der Religionen eine besondere Rolle gespielt. Zwei der großen Weltreligionen, Christentum und Islam, sind aus dem Judentum hervorgegangen und teilen viele Überzeugungen mit ihm. Es ist somit die erste monotheistische Religion der Welt.

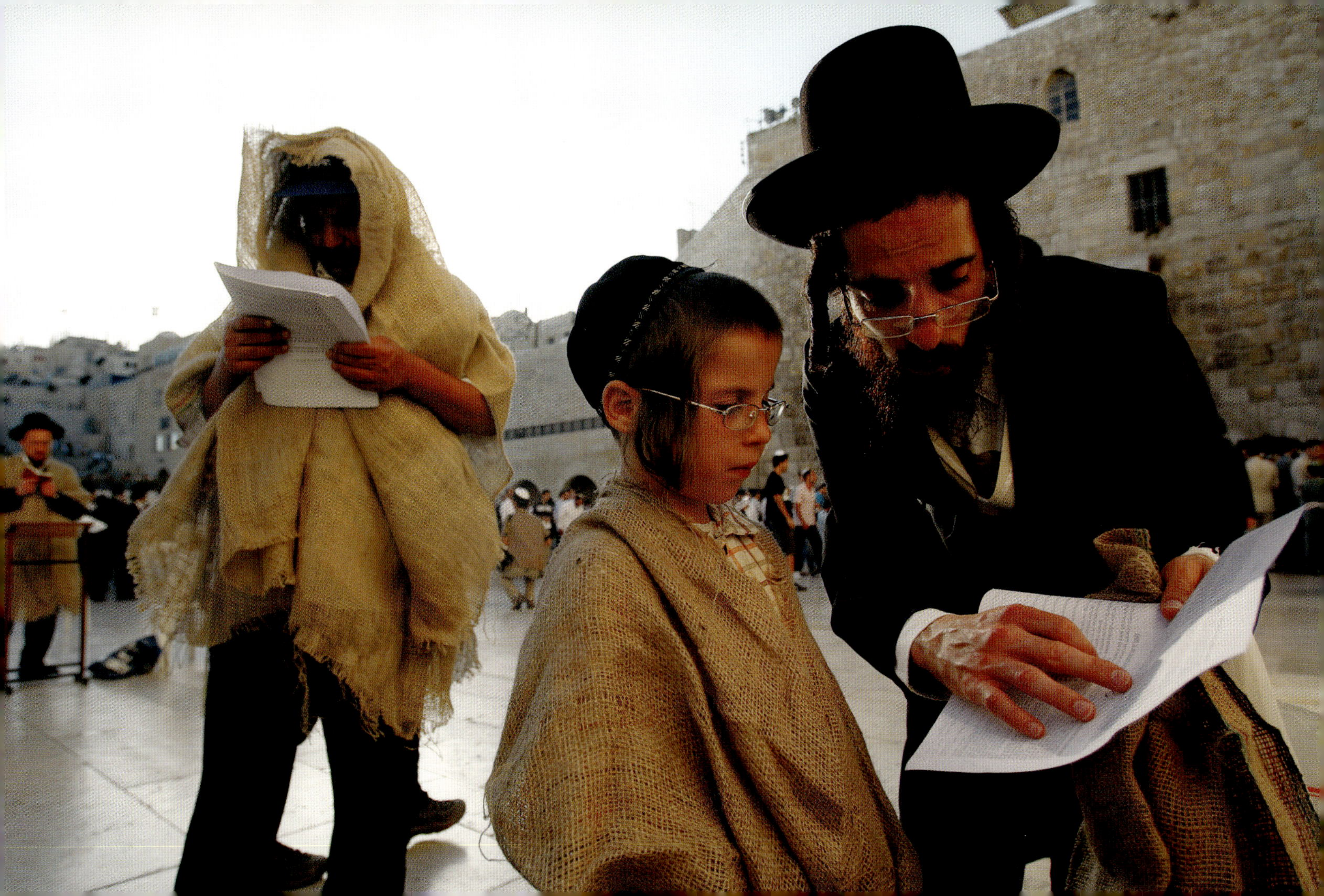

USA WÄHRUNG

Die größte Wirtschaftsmacht der Welt | Der US-Dollar ist die wichtigste Leitwährung der Erde, 60 Prozent aller Devisen sind in Dollar angelegt. Die Wall Street in New Yorks Financial District ist zum Synonym für den internationalen Finanzkapitalismus geworden. Sie steht für die Dynamik der größten Wirtschaftsmacht der Welt, den USA.

NOTE IS LEGAL TENDER
ALL DEBTS, PUBLIC AND PRIVATE
100
OF AMERICA

MADRID
SPANIEN

Die größten Metropolregionen Europas | Die größte Metropolregion Südeuropas umfasst Spaniens Hauptstadt sowie mehr als 40 Gemeinden ihres Umlands mit rund 7 Millionen Bewohnern. Sie bildet das kulturelle und ökonomische Zentrum des Landes. 18 Prozent des spanischen Bruttoinlandsprodukts werden hier erbracht. Bis zum Beginn der Wirtschaftskrise von 2008 war sie eine der dynamischsten Regionen in der Europäischen Union.

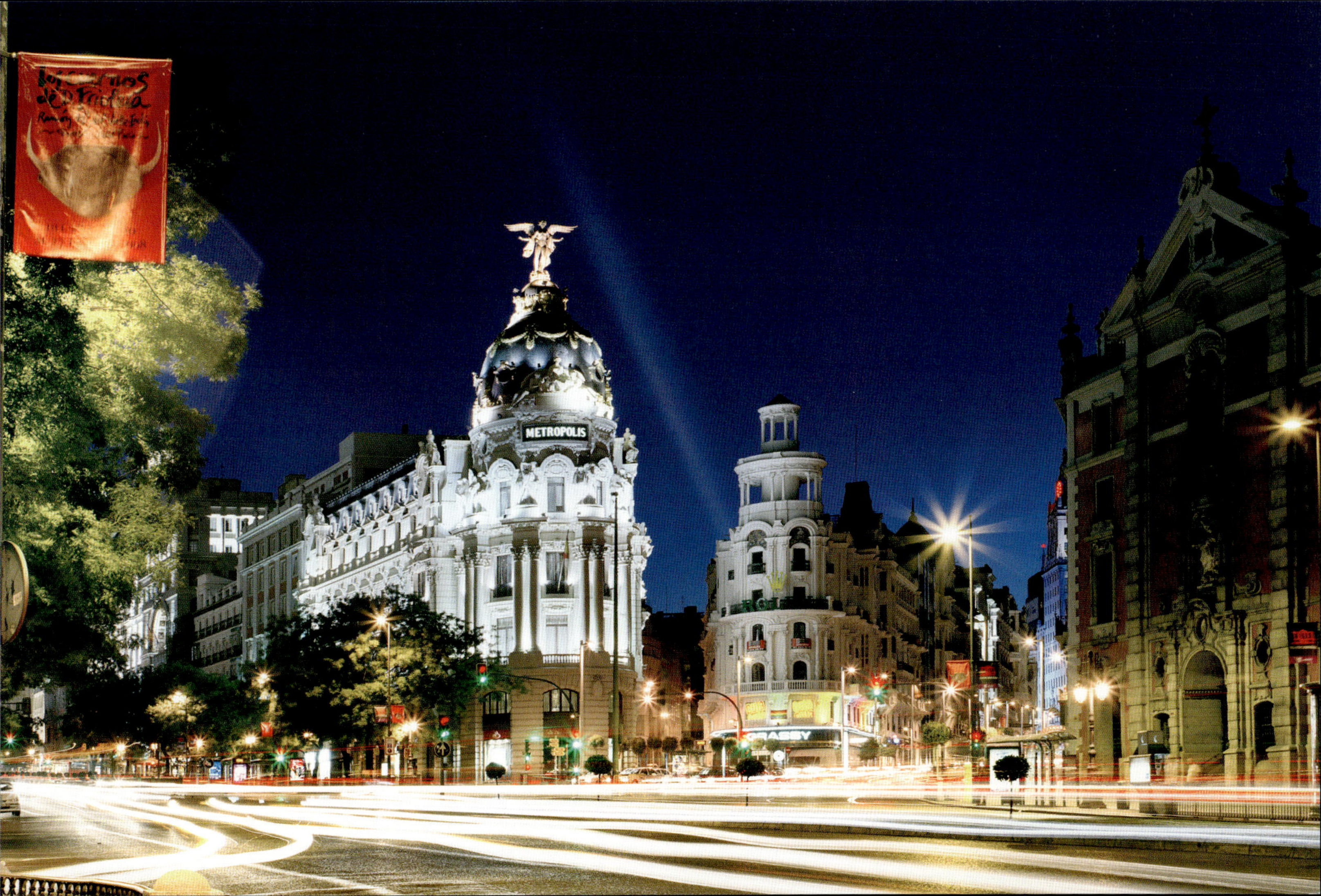
METROPOLIS
GRASSY

HYUNDAI HEAVY INDUSTRIES
ULSAN, SÜDKOREA

Die größte Schiffswerft der Welt | In nur 40 Jahren haben die erst 1972 gegründeten Hyundai Heavy Industries die europäischen Schiffbauer überholt und sind zur größten Werft der Welt aufgestiegen. Mittlerweile spüren sie den Druck der chinesischen Konkurrenz. Seit der Gründung verließen 1686 Schiffe, darunter 345 Stückgutfrachter, 503 Containerschiffe und 353 Supertanker, die mittlerweile neun Trockendocks der Riesenwerft.

SIDE THRUSTER

AKASHI-KAIKYO-BRÜCKE

KOBE, JAPAN

Die längste Hängebrücke der Welt | Die Akashi-Kaikyo-Brücke ist mit 1991 Metern die längste Hängebrücke der Welt mit der größten Spannweite. Die Brücke über die Aleshi-Meerenge bei der Stadt Kobe steht in einem Gebiet, das stark durch Erdbeben und Taifune gefährdet ist. Das Bauwerk wurde daher für Erdbeben bis zur Stärke 8,5 auf der Richterskala und für Windgeschwindigkeiten bis zu 290 Stundenkilometer ausgelegt.

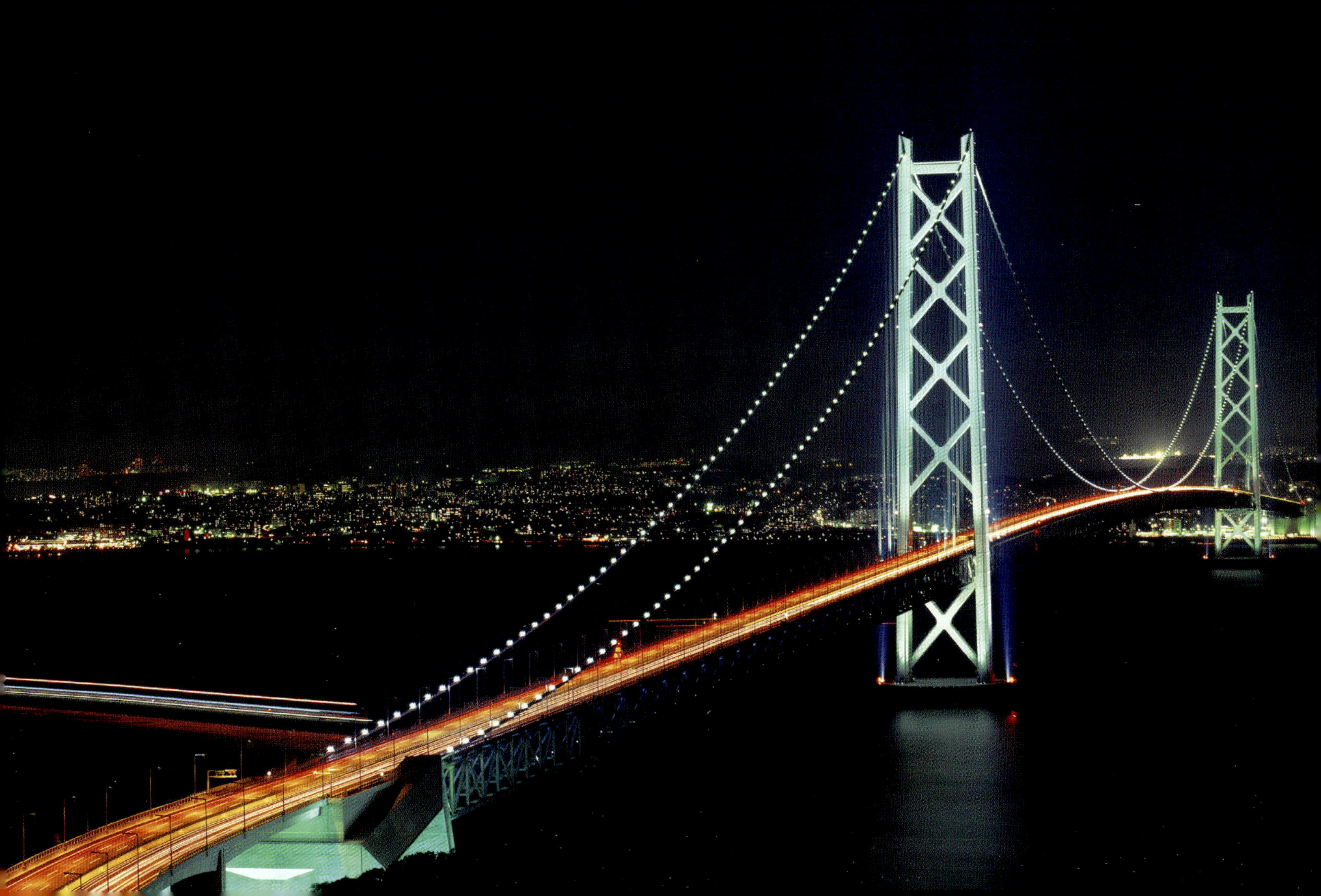

EUROPÄISCHE UNION

Die größte Staatengemeinschaft Europas | Modern präsentiert sich das Gebäude des Europäischen Parlaments in Straßburg. Obwohl ihre Kompetenzen durch den »Vertrag von Lissabon« erweitert wurden, verfügen die Abgeordneten des Europa-Parlaments immer noch über weniger Einfluss als ihre Kollegen in den nationalen Volksvertretungen. Sie werden alle fünf Jahre von den Bürgern der 28 Mitgliedsländer der EU gewählt.

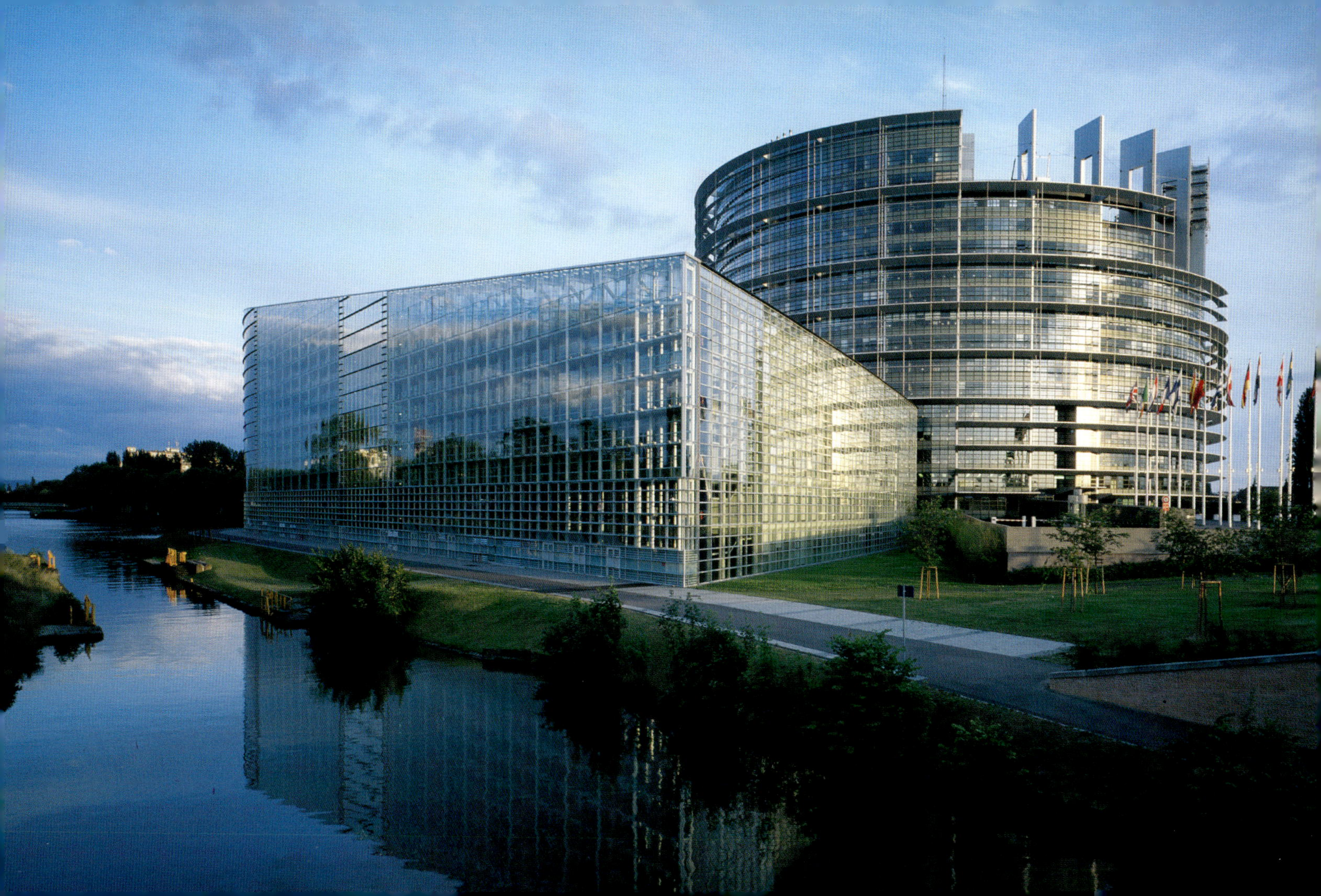

SIDUHE-BRÜCKE
CHINA

Die höchsten Brücken der Welt | Sie ist eine 1,1 Kilometer lange Hängebrücke, die das tief eingeschnittene Tal des Siduhe in der Nähe von Yesanguan im Kreis Badong im Südwesten der chinesischen Provinz Hubei überspannt. Die Höhenberechnungen schwanken je nach Relation zwischen 472 und 550 Metern – in der Regel wird die Höhe zwischen Fahrbahn und Flussbett berechnet. Derzeit ist sie die höchste befahrbare Brücke der Welt.

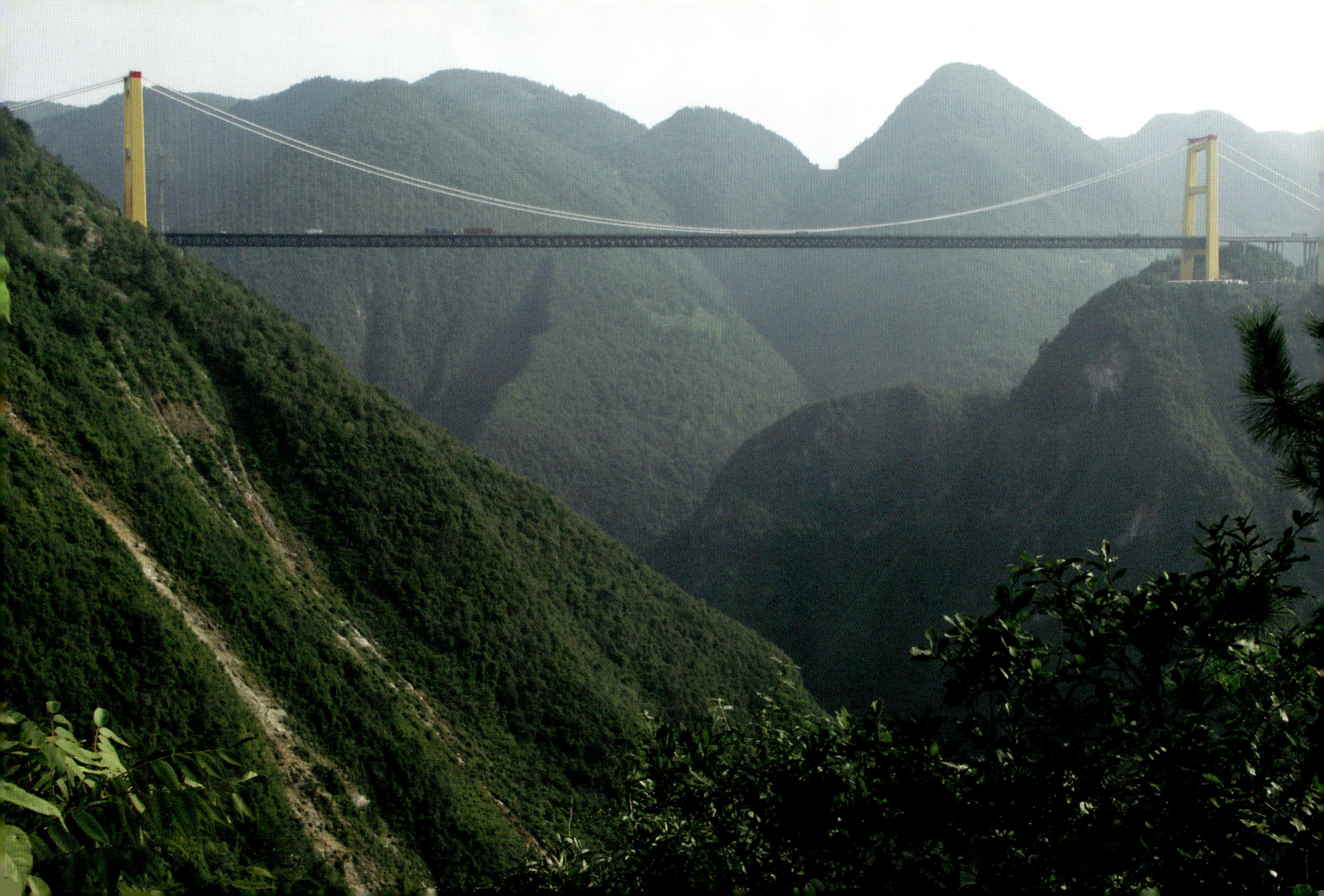

BOROBODUR
INDONESIEN

Der größte Tempel des Buddhismus | Der Borobodur beeindruckt nicht allein durch seine Ausmaße, auch die verschwenderische Fülle an meisterlich gearbeiteten Reliefs und Buddha-Statuen, die jede seiner Terrassen schmücken, ist einzigartig. In den kleinen Stupas auf den oberen Terrassen des Borobodur wurden 72 Statuen des meditierenden Buddha entdeckt.

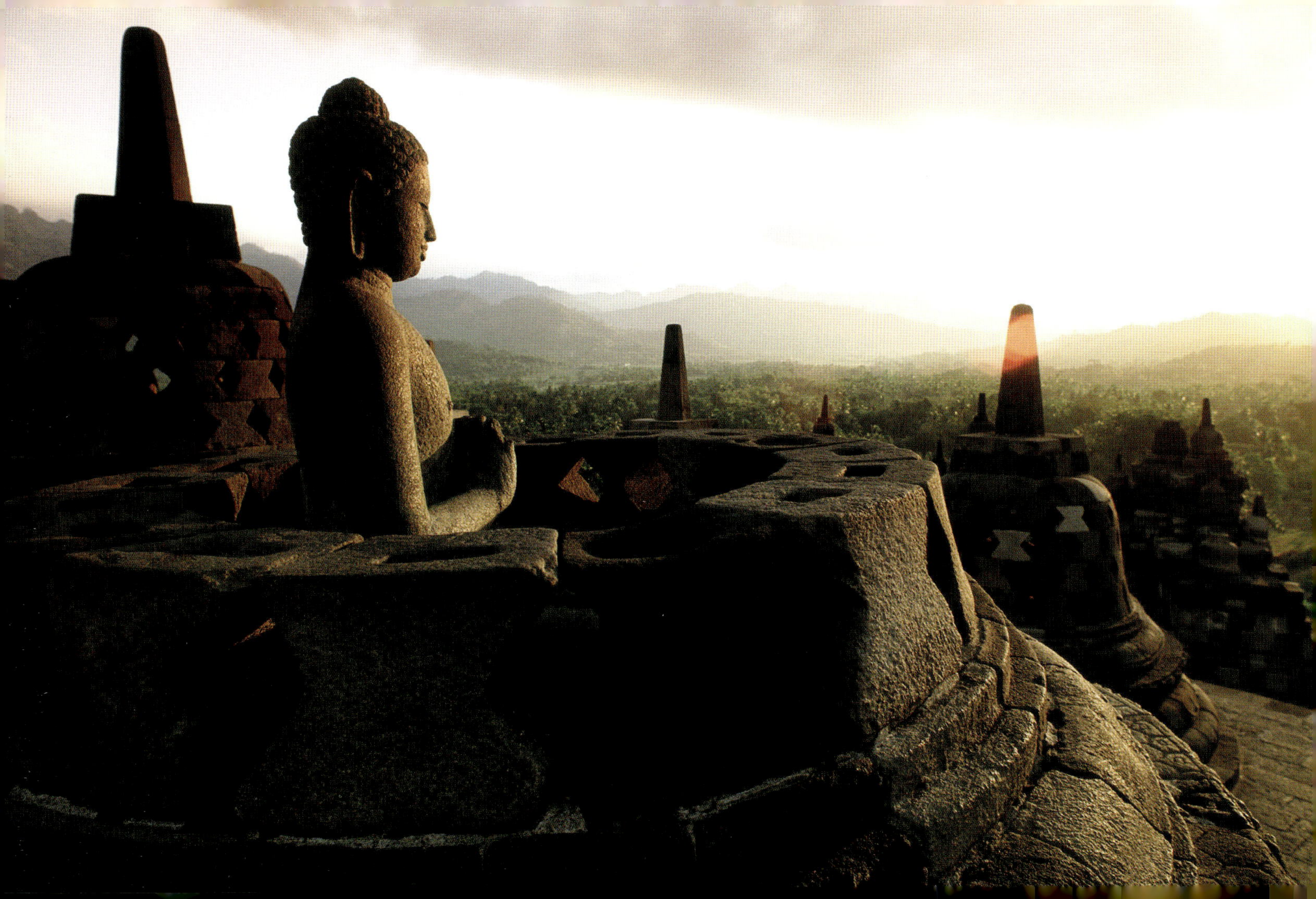

FRANKREICH
VÉZÈRE-TAL

Die ältesten Höhlenmalereien der Erde | An einem rund 40 Kilometer langen Abschnitt im Tal der Vézère im Périgord konzentrieren sich wie nirgendwo anders auf der Welt prähistorische Fundstätten und Höhlen mit Felsmalereien. Zu diesem Welterbeareal der UNESCO zählen 147 prähistorische Stätten und 25 Höhlen mit Felsmalereien. Die wichtigsten Höhlen sind Le Moustier, La Madelaine, Lascaux und Cro-Magnon.

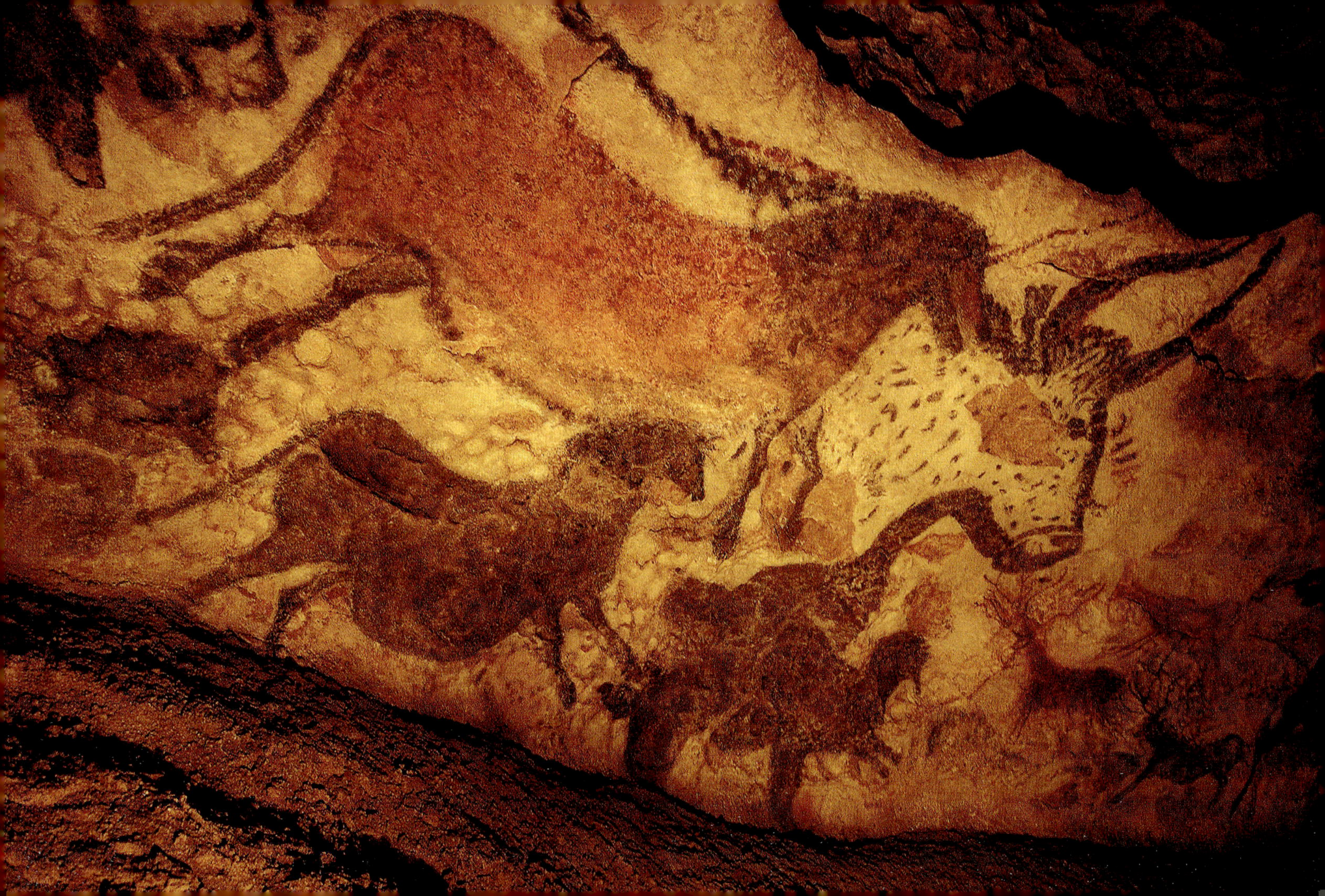

QINGHAI RAILROAD
CHINA

Die höchstgelegenen Schienenverbindungen der Welt | Die Qinghai-Tibet-Railroad ist die längste und höchstgelegene Hochlandbahnstrecke der Welt, der Scheitelpunkt liegt auf 5072 Meter Höhe. Das erste Teilstück von Xining nach Golmud (814 Kilometer) wurde 1984 fertiggestellt. Der zweite Streckenabschnitt von Golmud nach Lhasa (1142 Kilometer) ist seit 2006 in Betrieb. 960 Schienenkilometer verlaufen in einer Höhe über 4000 Metern.

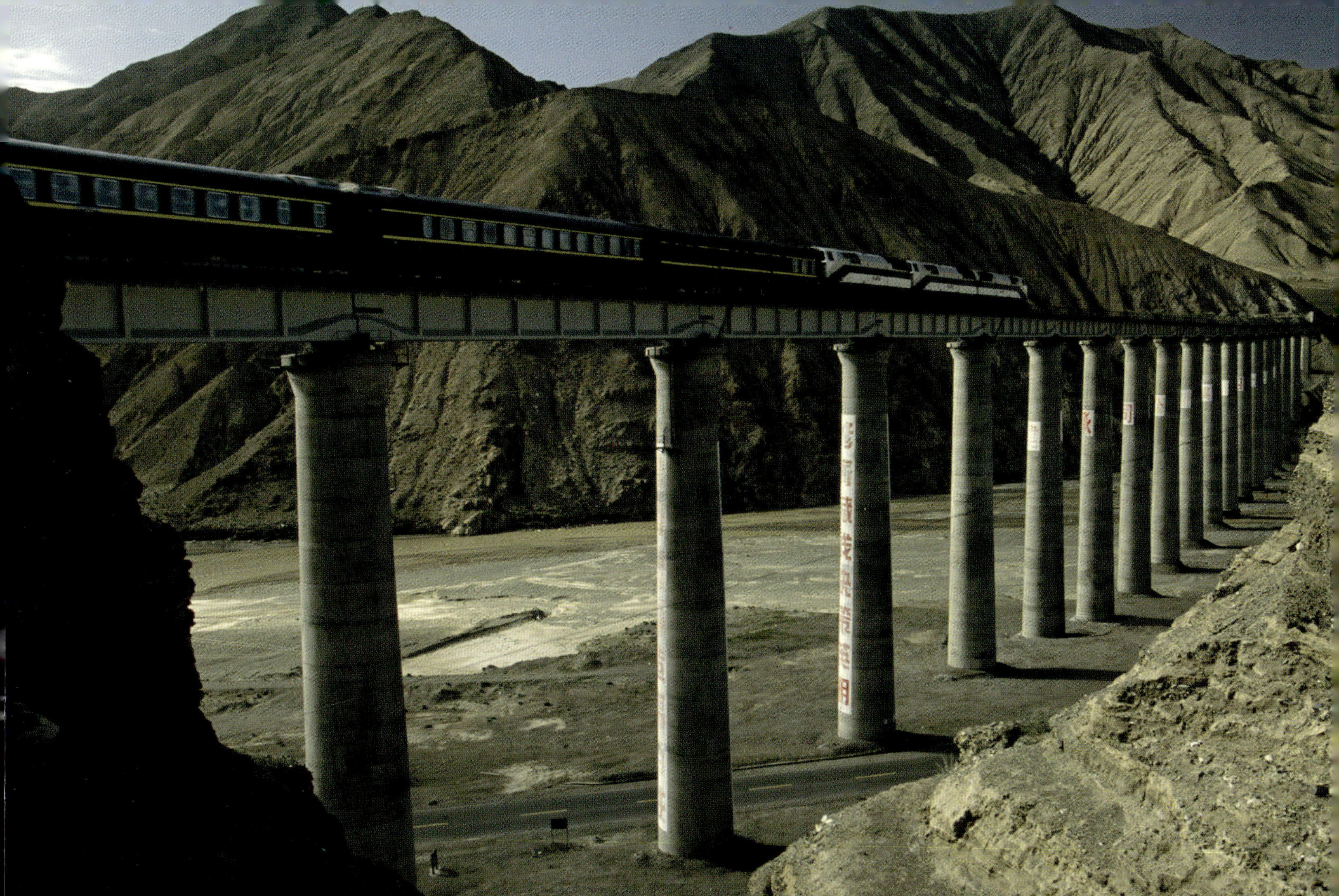

TIANNING-PAGODE

CHANGZHOU, CHINA

Die höchste Pagode der Welt | Mit ihren 154 Metern überragt diese Pagode die Cheops-Pyramide um rund 20 Meter. Das Heiligtum wurde 2007 eingeweiht und soll fast 29 Millionen Euro gekostet haben. Die Spitze und der Dekor der Dächer sind aus purem Gold. Als Baumaterial wurde wertvolles importiertes Holz verwendet. Die Pagode gehört zu einem Tempel, dessen Anfänge auf die Tang-Dynastie (617–907 n. Chr.) zurückgehen.

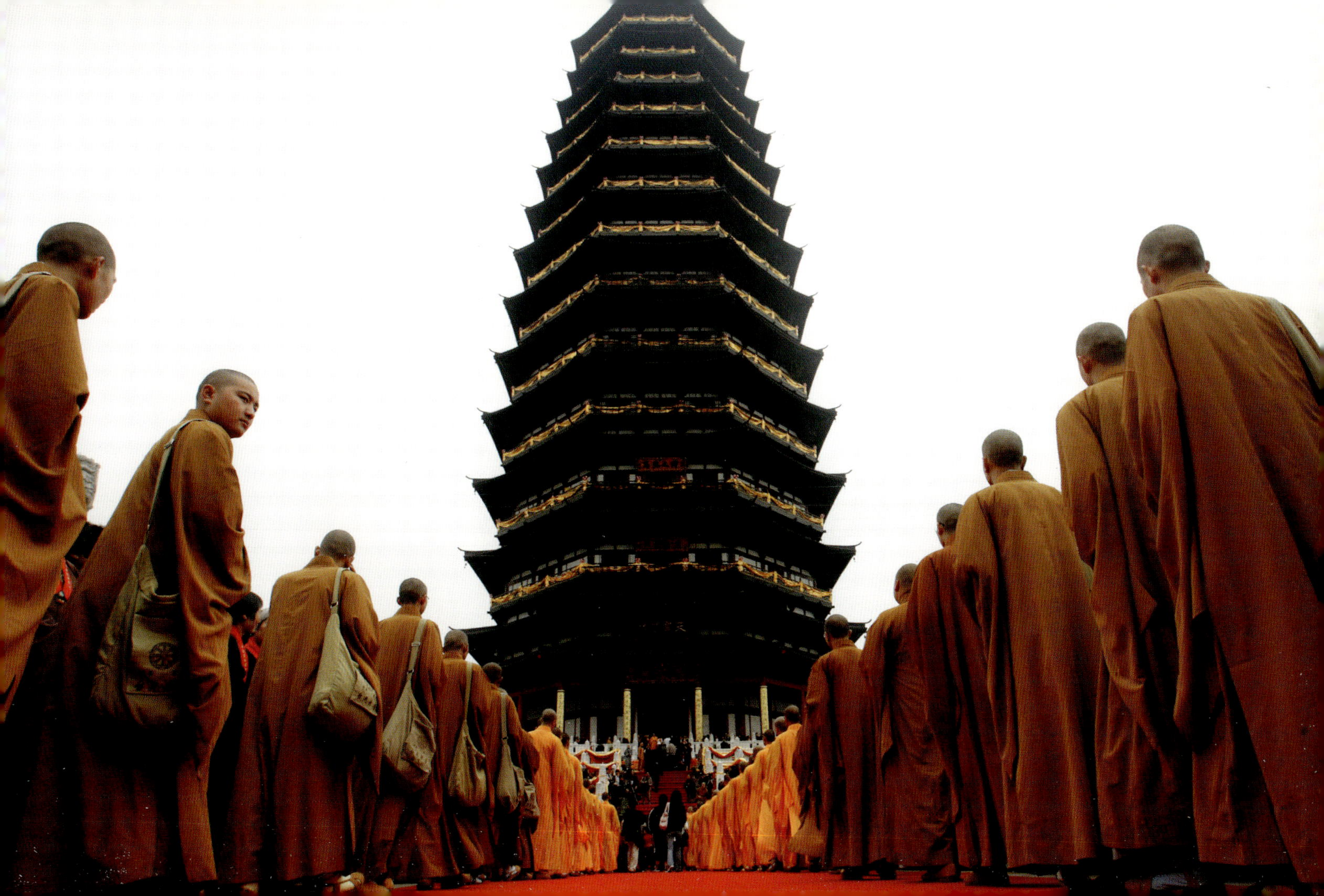

LONDON-HEATHROW
GROSSBRITANNIEN

Der größte Flughafen Europas | Mangels Platz können keine weiteren Landebahnen für den Londoner Flughafen mehr gebaut werden, die Kapazität lässt sich deshalb kaum noch erweitern. Auf dem größten Flughafen Europas werden in fünf Terminals rund 70 Millionen Passagiere jährlich abgefertigt. Der Frachtumschlag beträgt rund 1,5 Milliarden Tonnen (weltweit Platz 15), was sich auf insgesamt rund 500000 Flugbewegungen addiert.

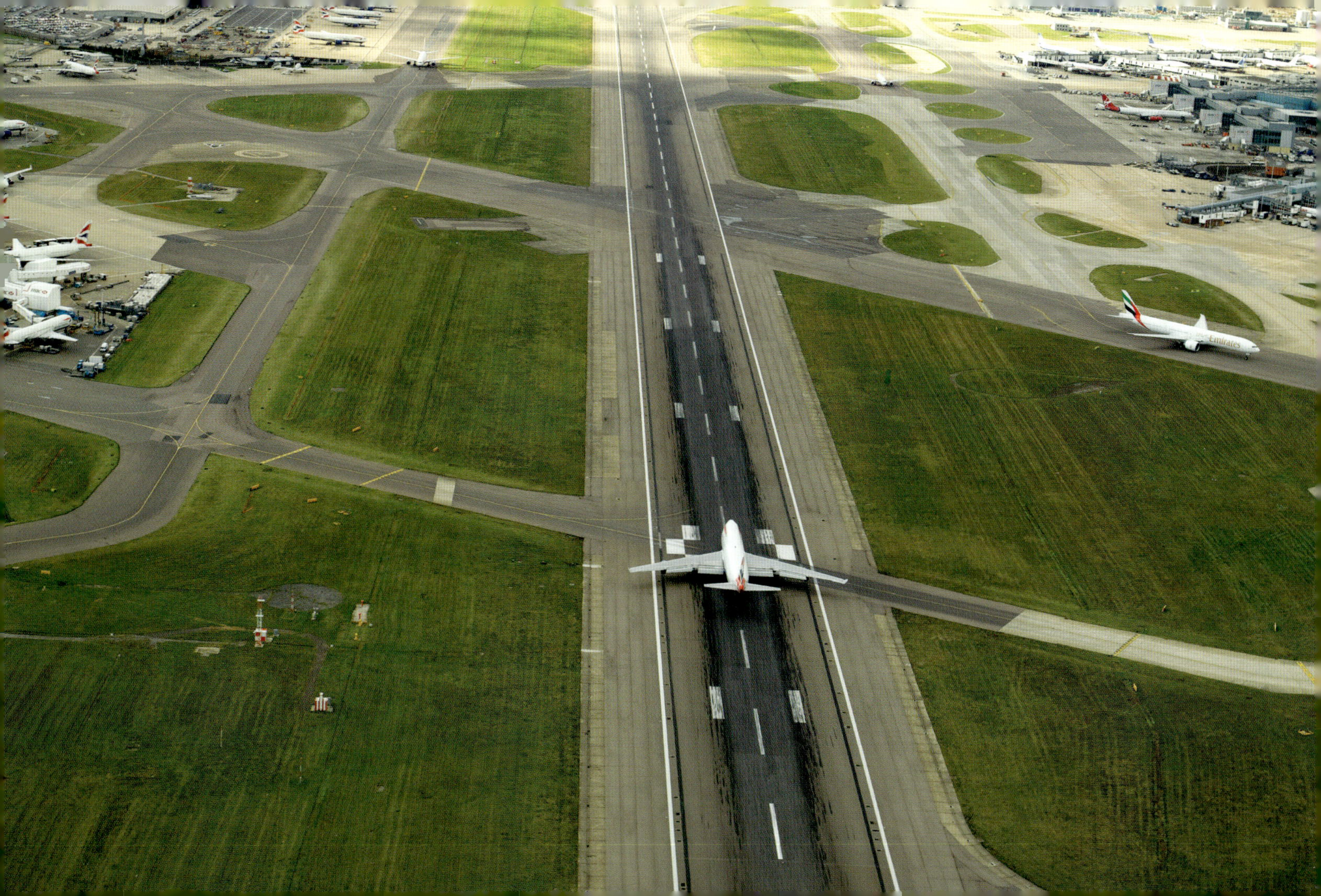
Emirates

CARGOLIFT-HALLE
DEUTSCHLAND

Der ehemals größte Hangar der Welt | Die Cargolifter AG wollte in dieser Halle Luftschiffe mit einer Transportkapazität von bis zu 160 Tonnen entwickeln und bauen, allerdings konnten die meisten Projekte nicht realisiert werden. Mit einer Höhe von 107, einer Länge von 360 und einer Breite von 210 Metern war sie bei ihrer Fertigstellung im Jahr 2000 der größte Hangar der Welt. Heute dient die Halle als Freizeitparadies »Tropical Island«.

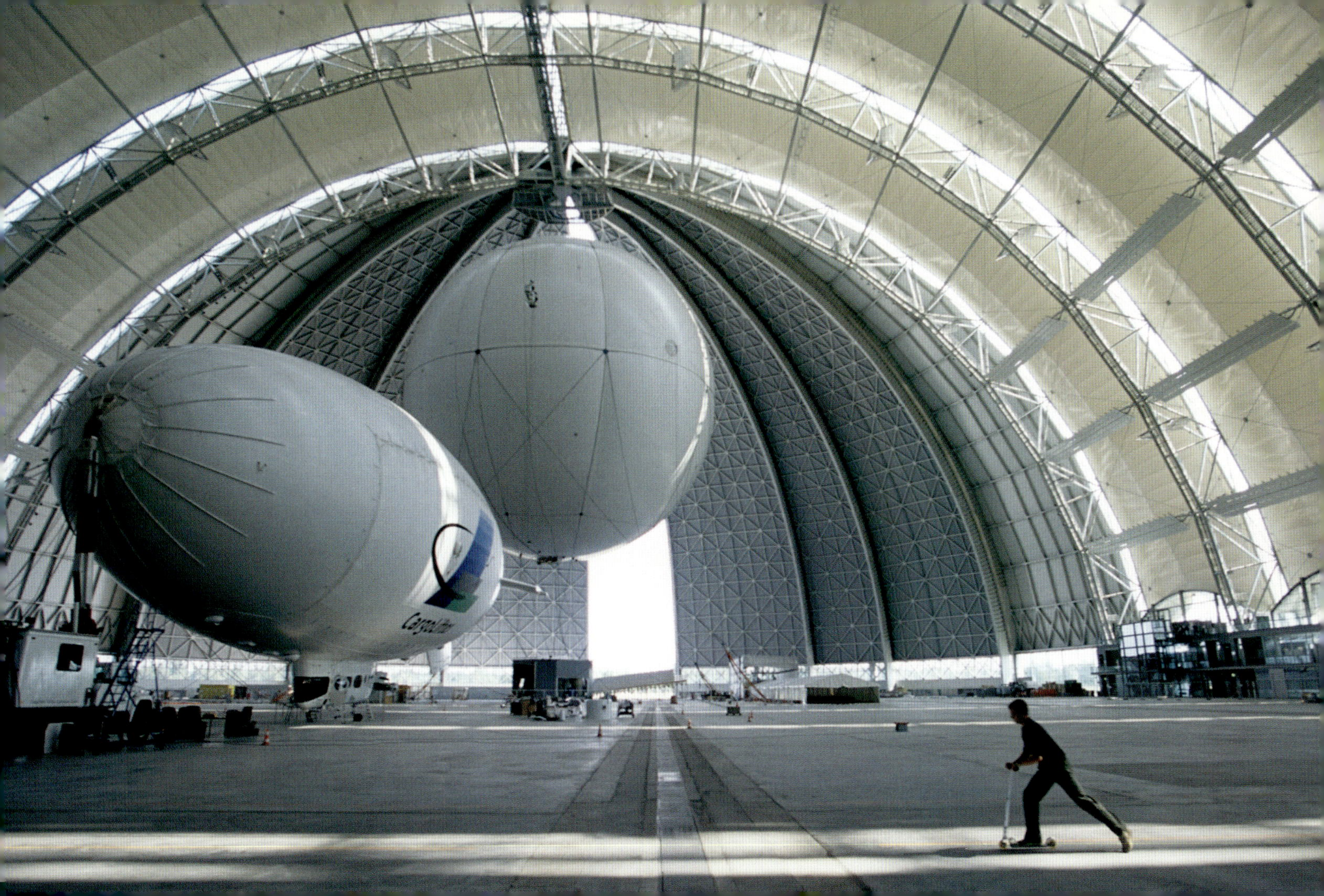

RAMSES II.
MEMPHIS, ÄGYPTEN

Die besterhaltene Kolossalstatue des alten Ägypten | In Memphis wurde eine Kolossalfigur von Ramses II. geborgen, die zu den besterhaltenen ihrer Art gehört. Der Ruhm des Herrschers Ramses II. spiegelt sich in den vielen Monumentalbauten wider, die er zu seinen Ehren errichten ließ. Nach 66 Jahren Regierungszeit starb er im hohen Alter von fast 85 Jahren und wurde im Tal der Könige bestattet, später aber umgebettet.

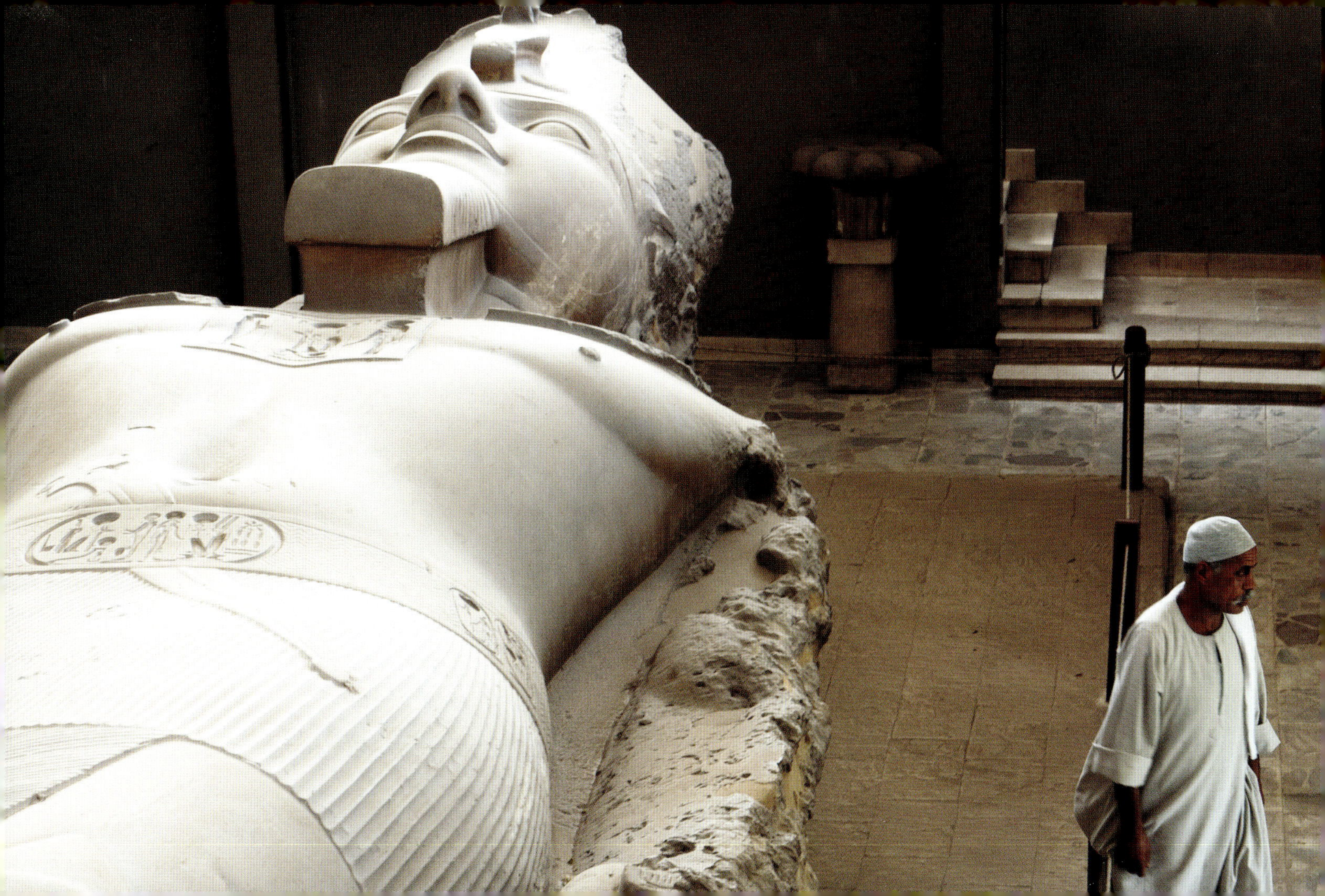

EMMA MÆRSK
DÄNEMARK

Das zweitgrößte Containerschiff der Welt | Das Schiff befährt die Route Danzig–Shanghai und steuert den an der englischen Nordseeküste gelegenen umschlagsstärksten britischen Containerhafen Felixstowe an. Die acht baugleichen Frachter der Emma-Mærsk-Klasse können je 15 000 Standardcontainer laden. Hier liegt die »Emma Mærsk« im Hafen von Felixstowe.

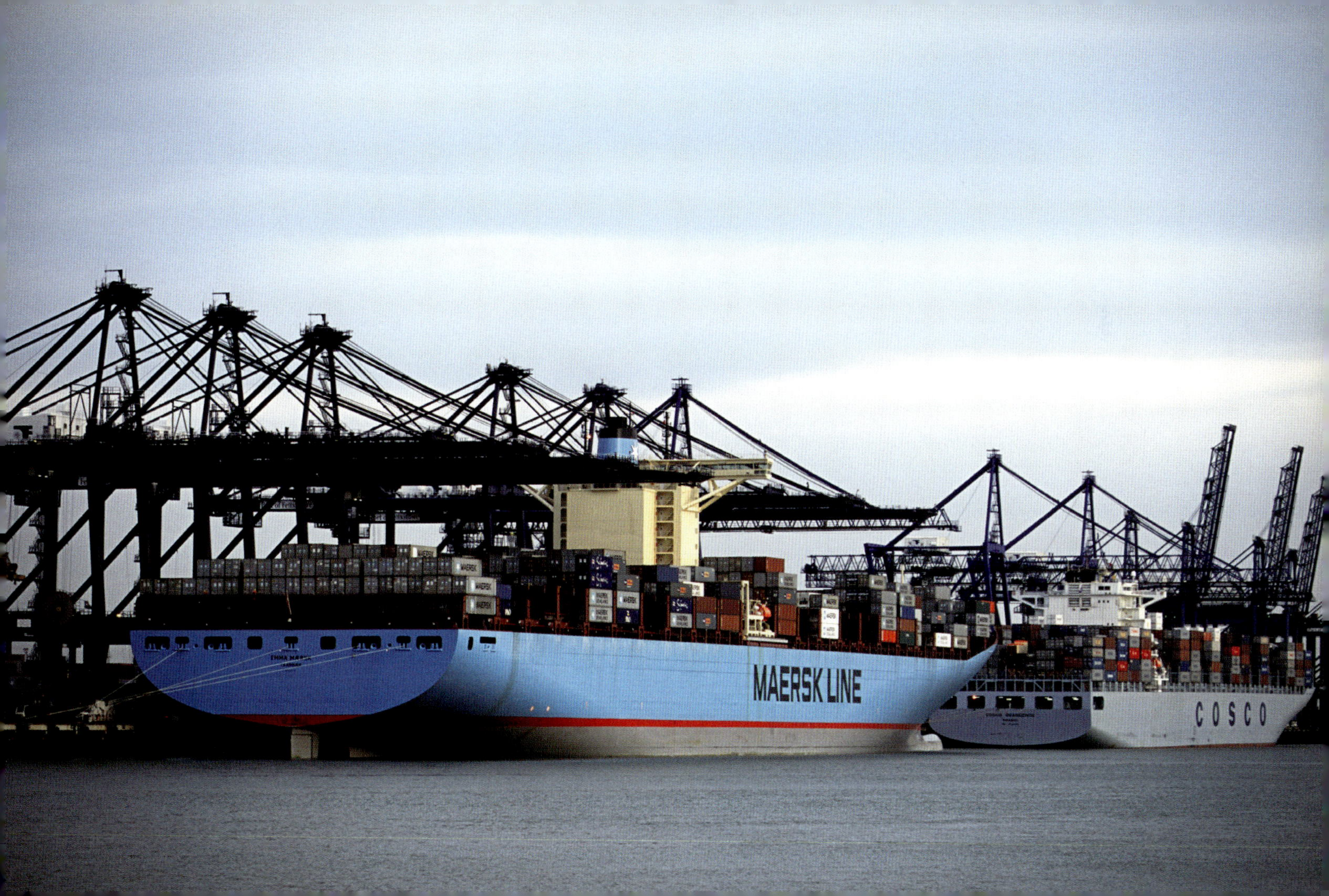
MAERSK LINE
COSCO

HIGHWAY 1 AUSTRALIENS

Die längste Straße Australiens | Mit einer Gesamtlänge von etwa 14 500 Kilometern ist der Highway 1 weltweit der drittlängste seiner Art. Er verläuft meist entlang der Küste und umrundet somit das gesamte Land. Die Fernstraße verbindet die wichtigsten australischen Städte miteinander. Der Greater Northern Highway ist mit 3204 Kilometern deutlich kürzer, gefolgt vom Stuart Highway mit einer Länge von 2834 Kilometern.

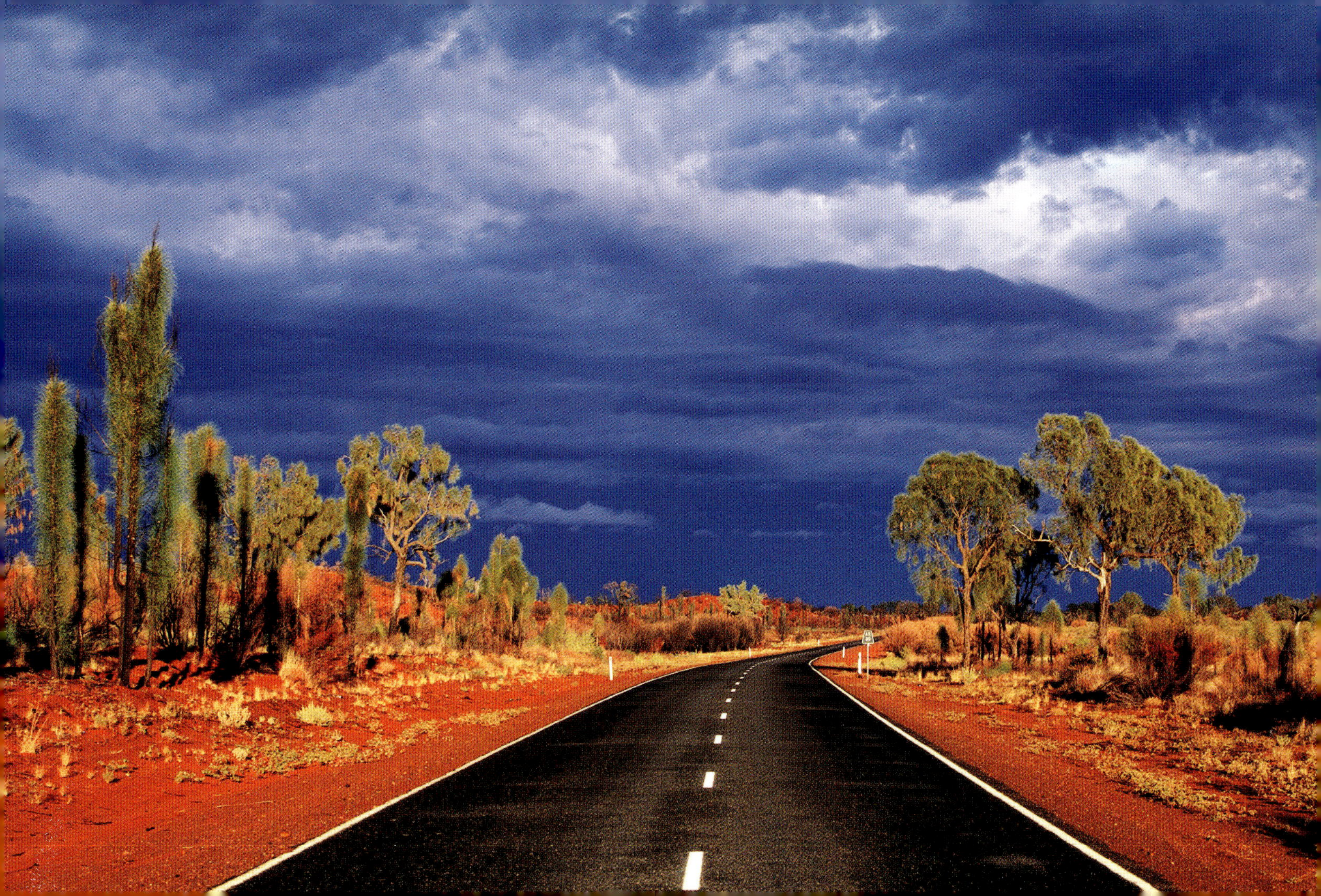

CATEDRAL DE SANTA MARÍA DE LA SEDE
SEVILLA, SPANIEN

Die größte gotische Kirche der Welt | Als man sich 1401 in Sevilla entschloss, dort eine Kathedrale zu errichten, wo im 12. Jahrhundert noch die Große Moschee gestanden hatte, soll der Satz gefallen sein: »Bauen wir eine Kirche, damit sie uns für verrückt halten.« Herausgekommen ist dabei mit 115 Metern Länge, 76 Metern Breite und 42 Metern Höhe einer der größten Sakralbauten überhaupt und die größte gotische Kirche der Welt.

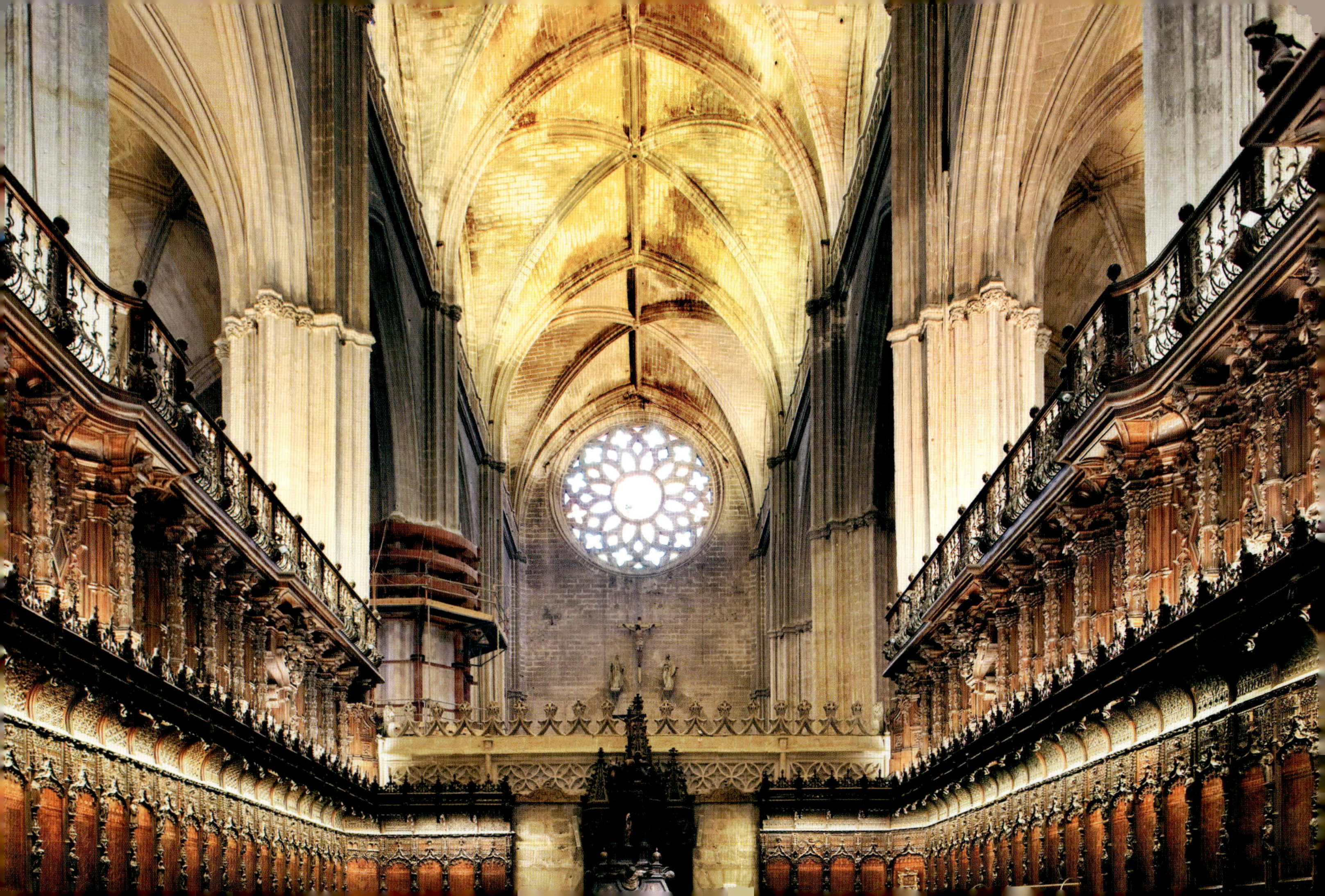

MELBOURNE
AUSTRALIEN

Die größten Metropolregionen Australiens | Die Kapitale des südaustralischen Bundesstaats Victoria ist die zweitgrößte Stadt auf dem Roten Kontinent. In der Metropolregion leben heute rund 4,5 Millionen Menschen und damit doppelt so viele wie noch in den 1950er-Jahren. 36 Prozent der Einwohner Melbournes wurden außerhalb des Landes geboren, ein großer Prozentsatz ist aus anderen australischen Bundesstaaten zugezogen.

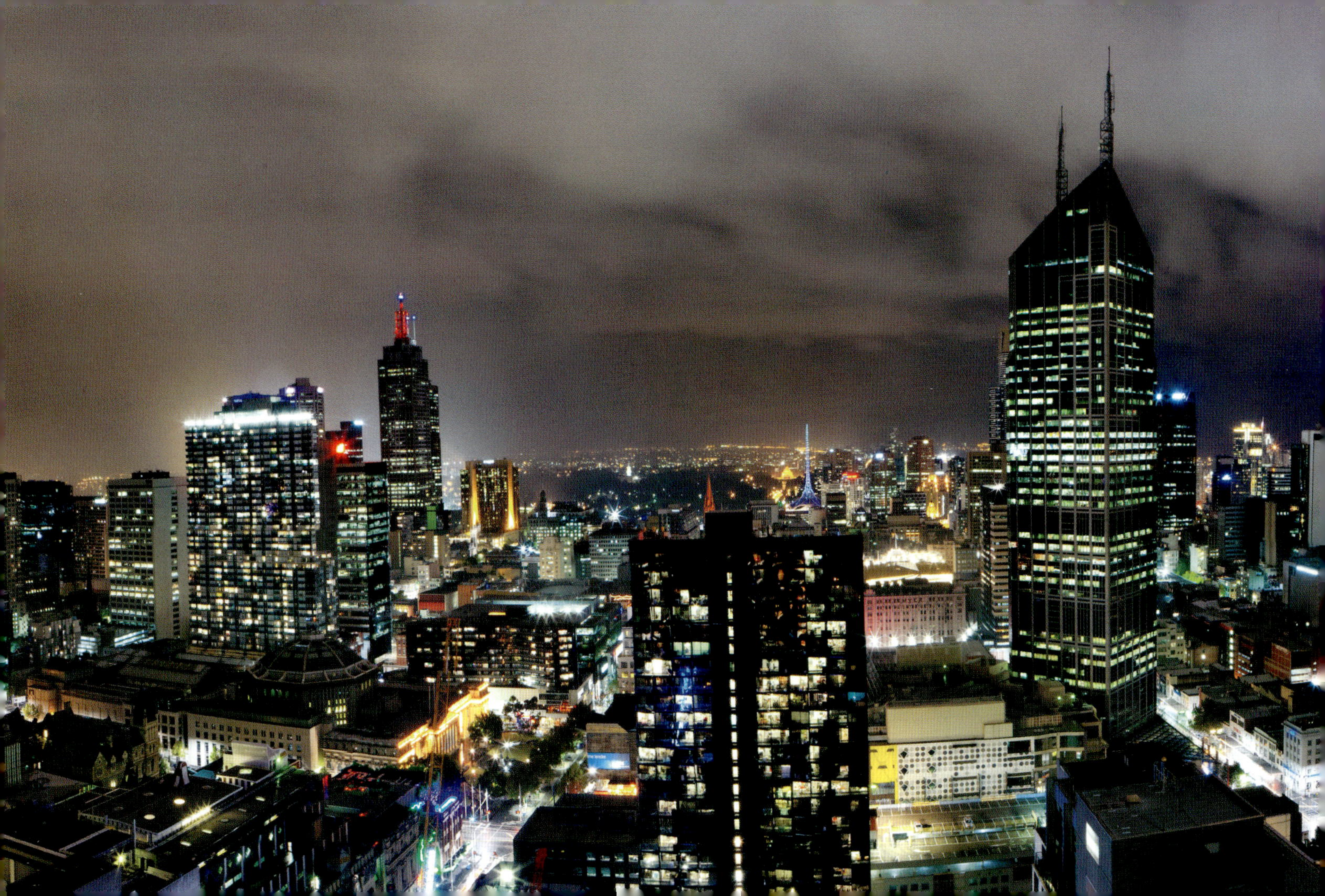

KAMMERGRAB MAES HOWE

MAINLAND, ORKNEY, SCHOTTLAND

Die bedeutendsten prähistorischen Monumente der Welt | Das besterhaltene Kammergrab Westeuropas befindet sich auf den Orkney-Inseln. Es wird auf 2700 v. Chr. datiert und liegt rund zehn Kilometer westlich von Kirkwall auf Mainland. Der sieben Meter hohe Grabhügel hat einen Durchmesser von 35 Metern und ist gut von einem Grasmantel geschützt. Die Steine sind ohne Mörtel aufeinander geschichtet.

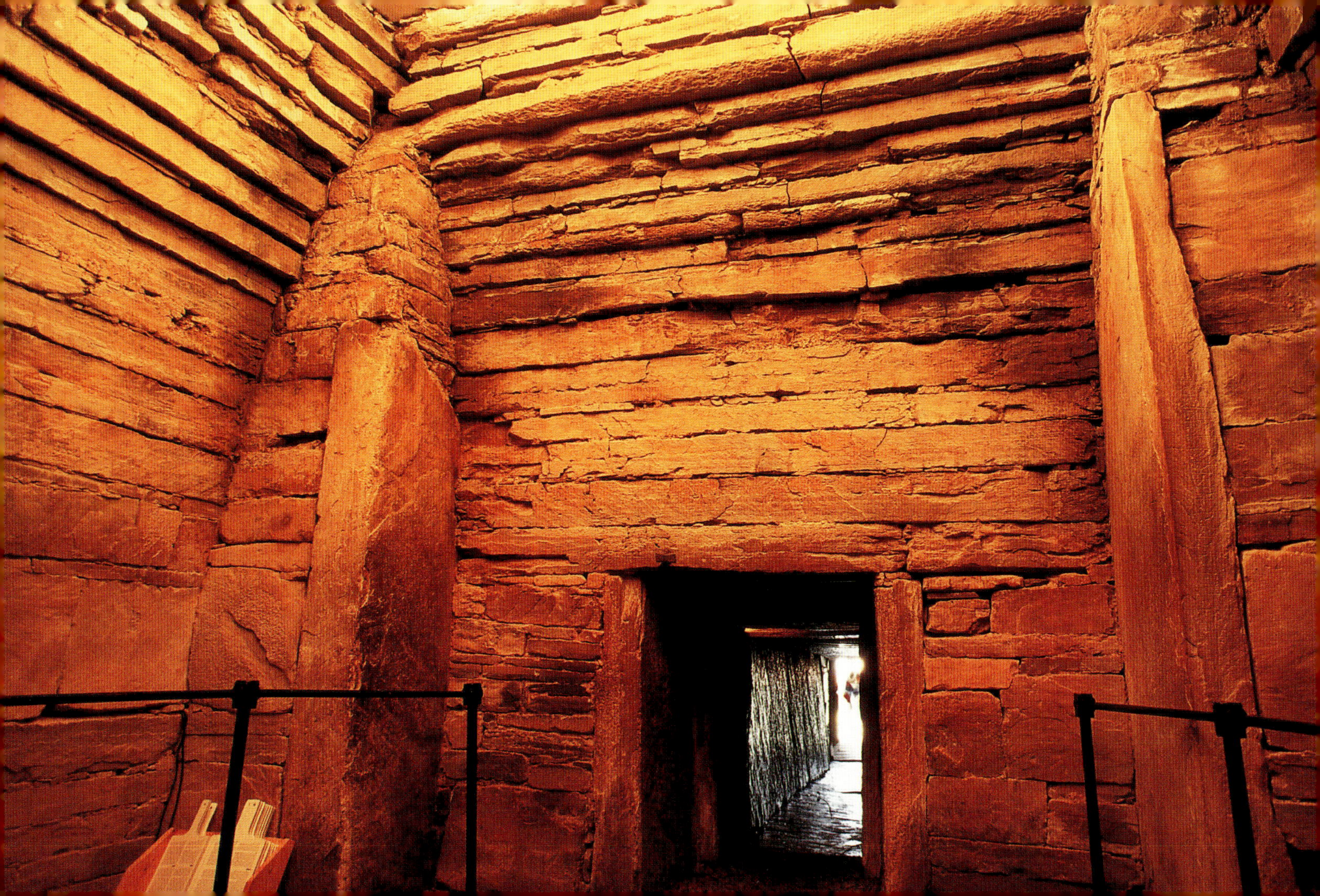

BERLINER FERNSEHTURM
DEUTSCHLAND

Die höchsten Türme Europas | Als beliebtes Besucherziel prägt der Berliner Fernsehturm mit einer Höhe von 368 Metern, gebaut zwischen Rathausstraße und dem Alexanderplatz, die Berliner Silhouette. Die Führung der DDR entschloss sich in den 1960er-Jahren zum Bau des Turms, auch um die Leistungsfähigkeit des Sozialismus unter Beweis zu stellen. Seine Kugel sollte an den sowjetischen Sputnik-Satelliten erinnern.

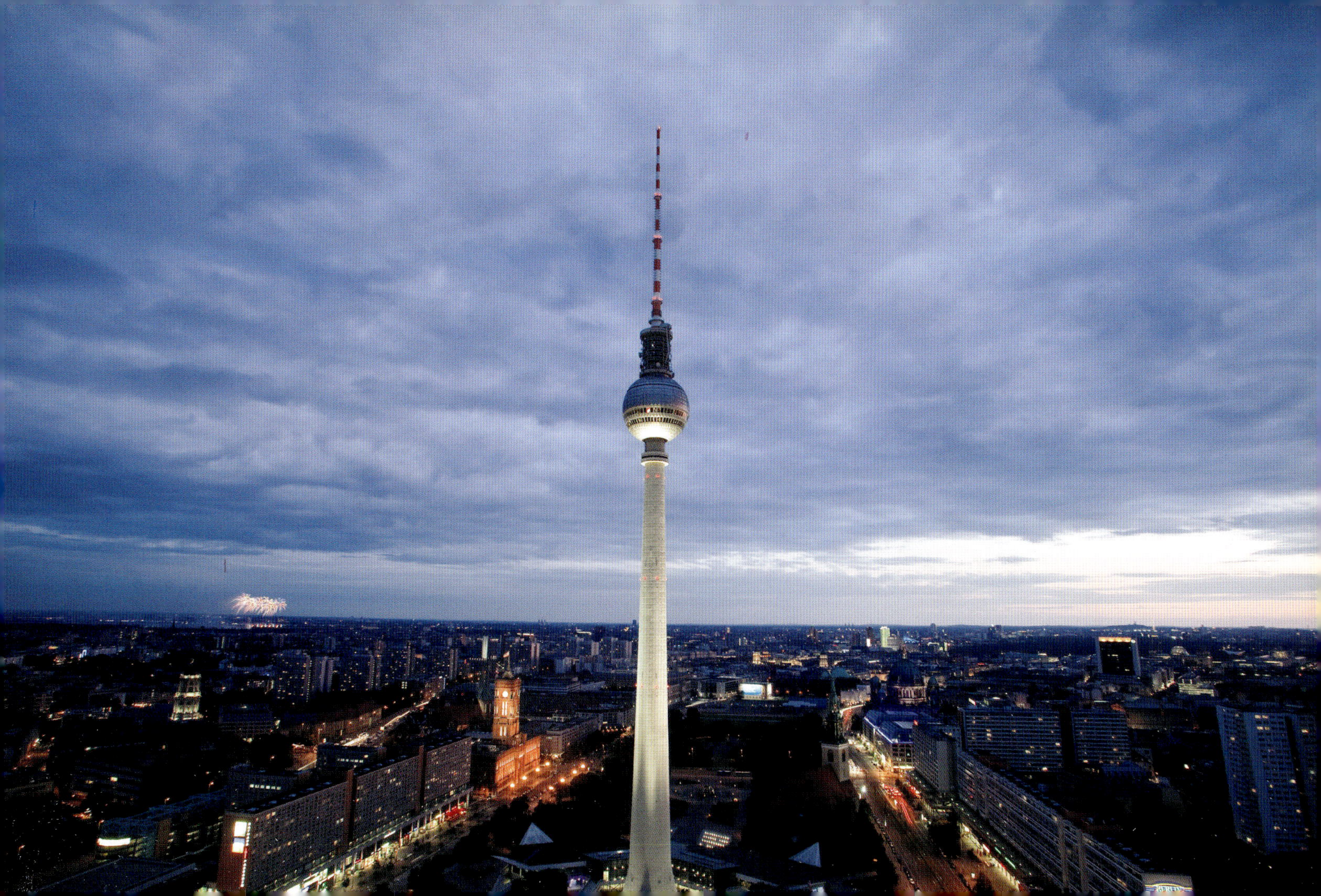

IMAM-MOSCHEE
ISFAHAN, IRAN

Die bedeutendsten Moscheen der Welt | Die Imam-Moschee ist das bedeutendste Gebäude des Welterbes Meidan-e Imam, auf einem der größten und eindrucksvollsten Plätzen der Welt. Sie repräsentiert mit ihren vier hoch aufragenden Iwanen idealtypisch die iranisch-islamische Vier-Iwan-Anlage. Neben der Imam-Moschee prägen die Scheich-Lotfallah-Moschee, der Ali-Kapu-Palast und das Hauptportal zum Basar Qeisarieh den Platz.

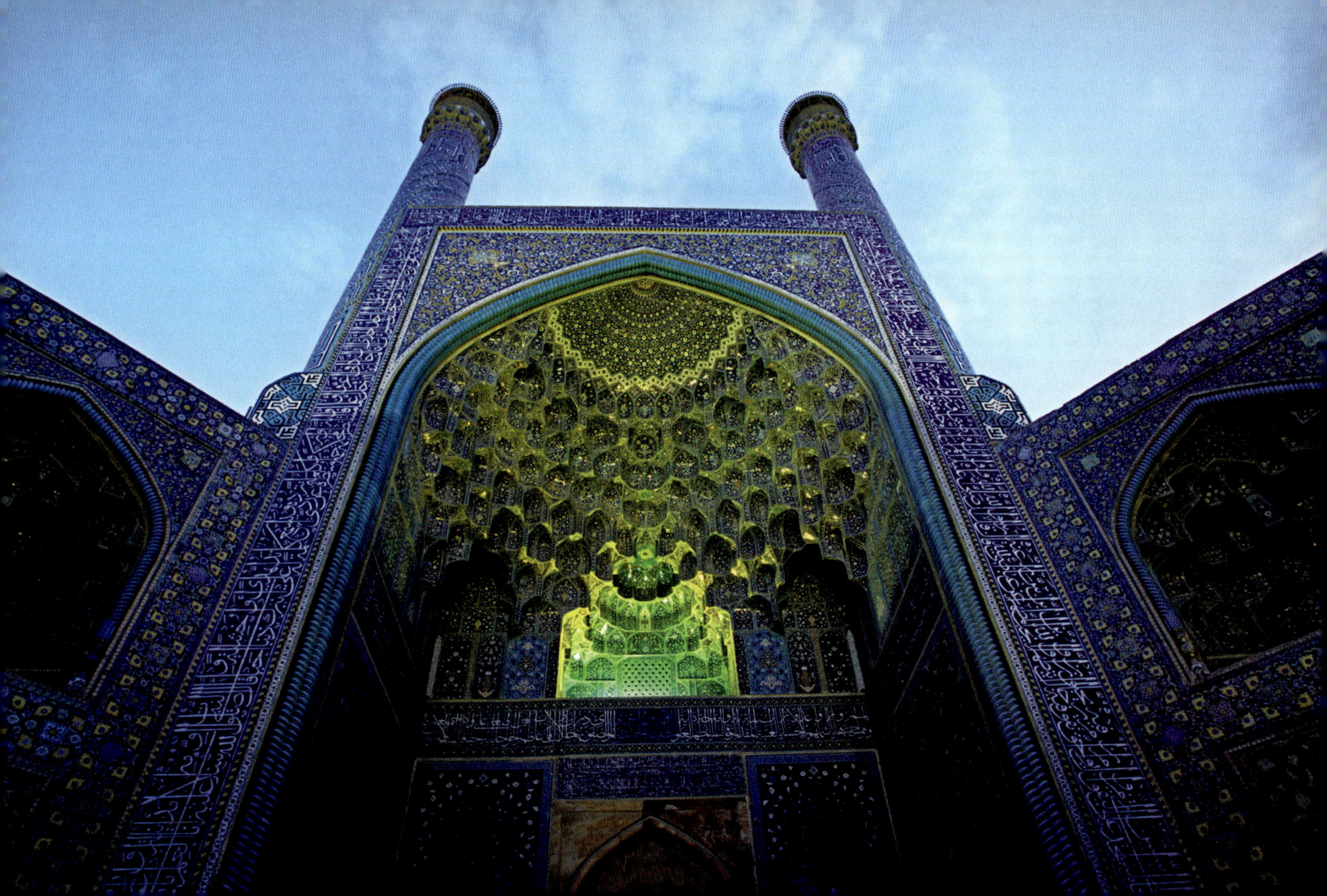

16. JULI 1969

Die ersten Menschen auf dem Mond | Das 1961 von John F. Kennedy angestoßene Mondlandeprojekt stellte eine enorme Herausforderung dar, die der Entwicklung neuer Technologien und jahrelanger Vorbereitungen bedurfte. Doch bereits acht Jahre später war es so weit: Am 16. Juli 1969 startete die Apollo-11-Mission und die Reise zum Mond begann. Am 20./21. Juli spazierte dann Neil Armstrong als erster Mensch auf dem Mond.

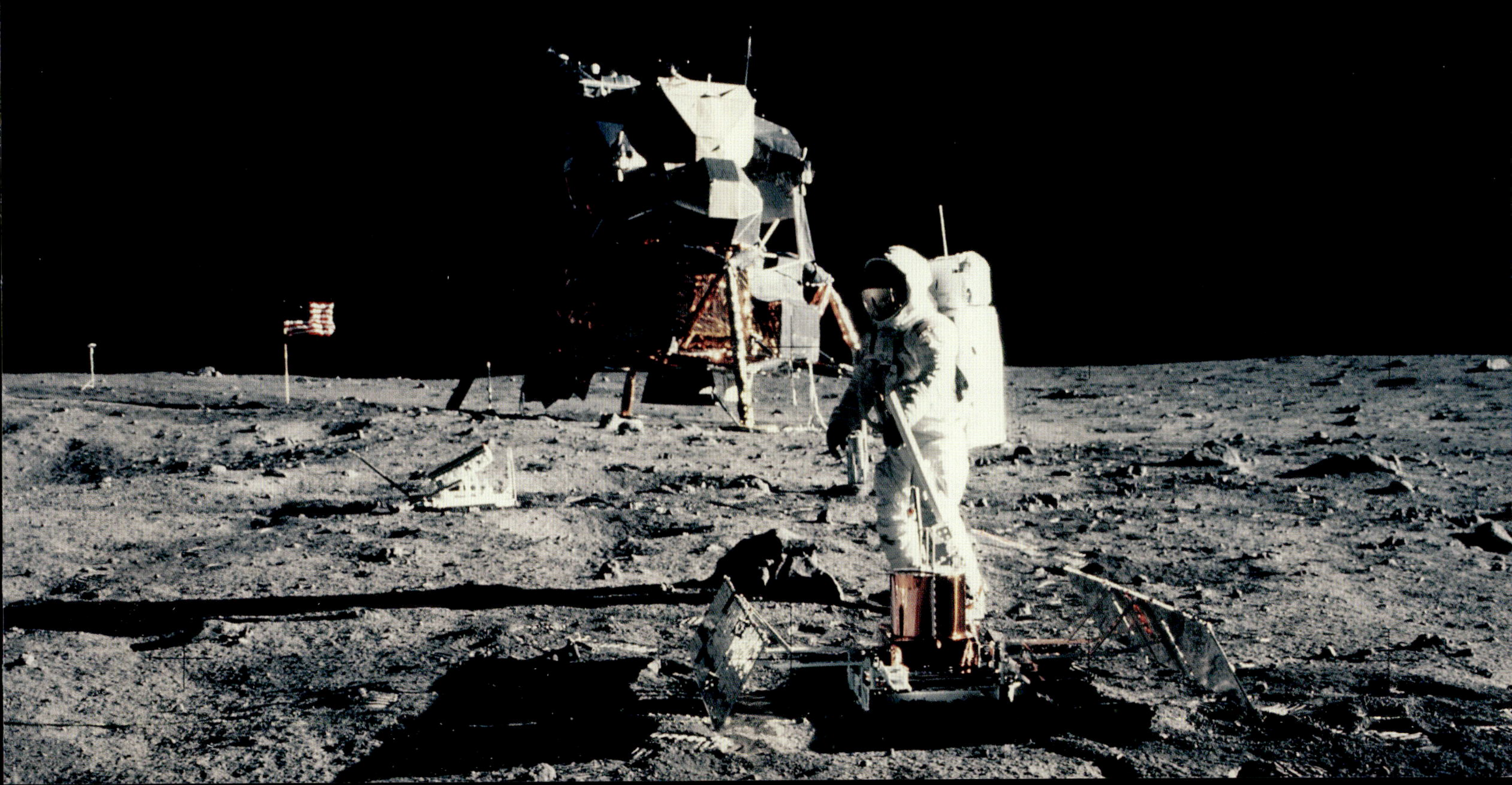

BERENDRECHT-SCHLEUSE
ANTWERPEN, BELGIEN

Die größte Schleuse der Welt | Die Berendrecht-Schleuse hat eine Länge von 500, eine Breite von 68 sowie eine Tiefe von 13,5 Metern. Zusammen mit der nur wenig kleineren Zandvliet-Schleuse verbindet sie den Mündungstrichter der Schelde mit den Hafenanlagen am rechten Ufer des Flusses. Die Berendrecht-Schleuse wurde 1989 eröffnet. Sie erlaubt die tidenunabhängige Schleusung von Frachtern fast jeder Größe.

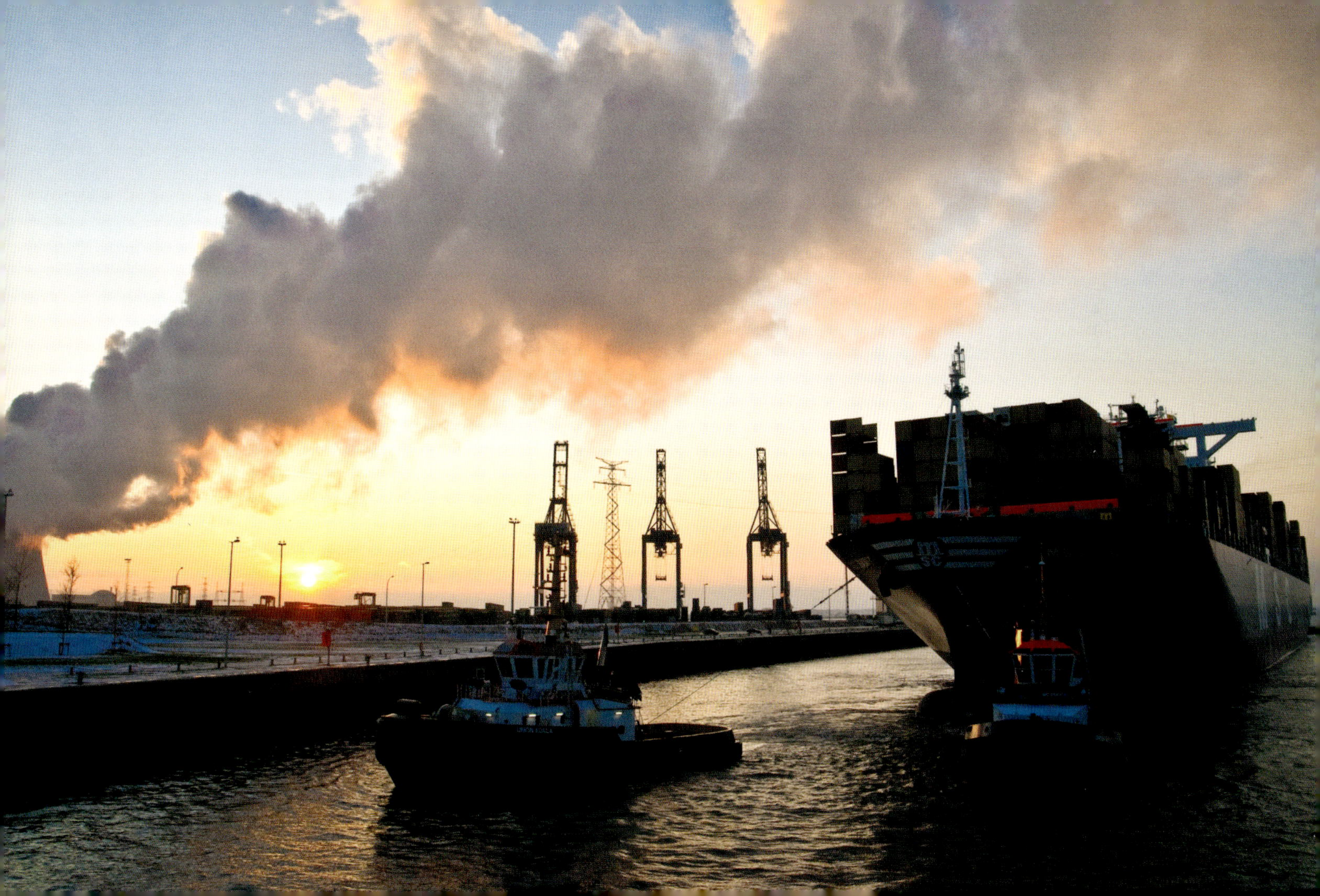

JIN MAO TOWER

SHANGHAI, CHINA

Die höchsten Skyscraper Asiens | Die Höhe des Towers beträgt 421 Meter. In den oberen 38 Etagen des an der Spitze pagodenförmigen Jin Mao Tower befindet sich ein Luxushotel mit dem größten Atrium der Welt. Es erstreckt sich von der 53. bis zur 87. Etage, ist 152 Meter hoch und hat einen Durchmesser von 27 Metern. Und noch ein Rekord: Das Hotel hat den weltweit längsten Wäscheschacht, der vom 52. Stockwerk bis in den Keller reicht.

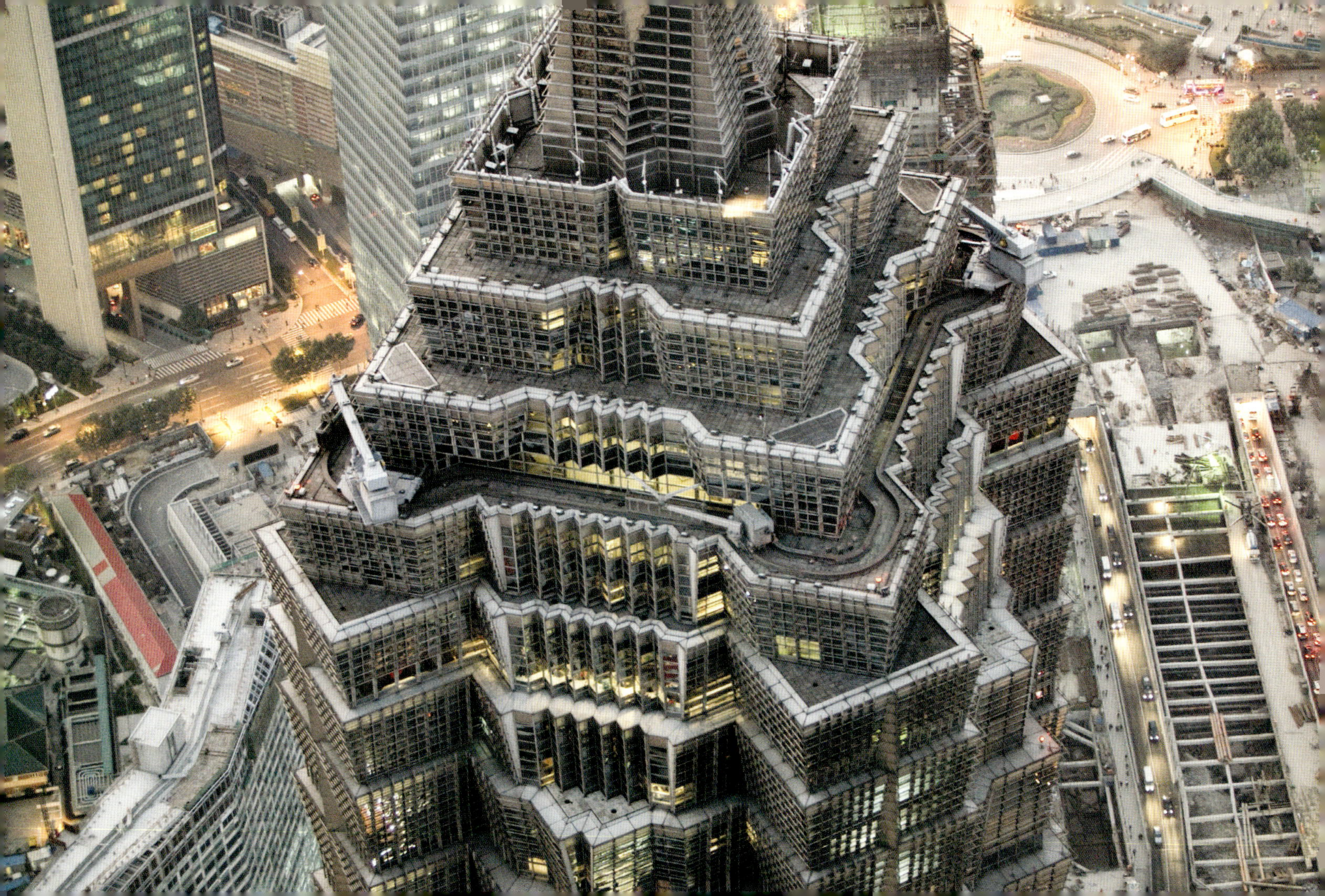

EL DJEM
TUNESIEN

Die bedeutendsten Amphitheater weltweit | Das römische Amphitheater von El Djem in Mitteltunesien wurde um das Jahr 230 erbaut und ist ein steinerner Zeuge des Wohlstands, über den eines der wichtigsten Olivenanbauzentren Nordafrikas einstmals verfügte. Obwohl das Amphitheater als Steinbruch missbraucht und im 17. Jahrhundert teilweise gesprengt wurde, ist es erheblich besser erhalten als das Kolosseum in Rom.

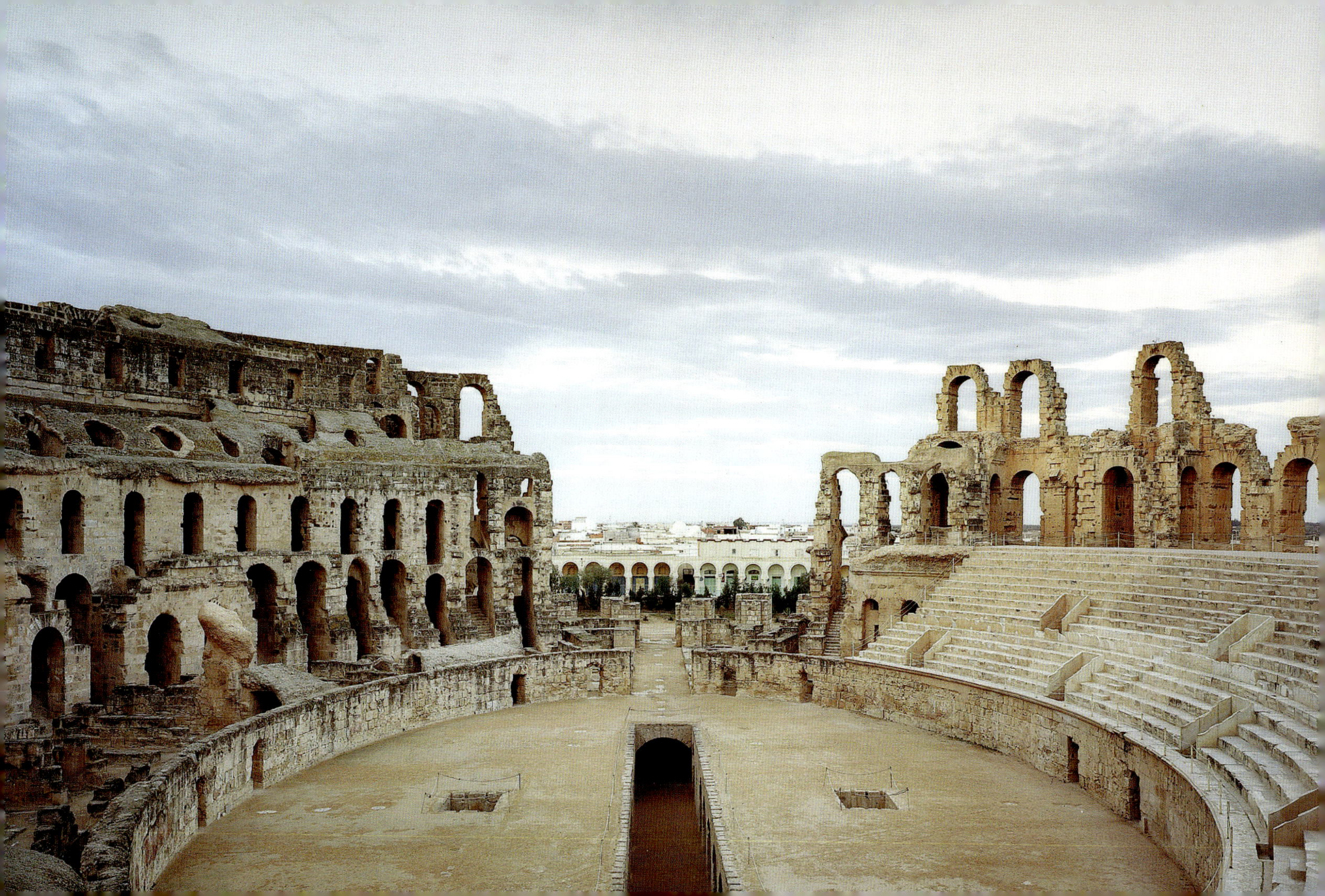

JIAOZHOU-BUCHT-BRÜCKE
CHINA

Die längste Brücke über ein Gewässer | Die Jiaozhou-Bucht-Brücke besitzt drei größere Durchfahrtspunkte für den Schiffsverkehr. Der größte ist die Cangzhou-Kanal-Brücke mit einer Spannweite von etwa 600 Metern. Die Brückenkonstruktion soll Erdbeben der Stärke 8, Taifune und Schiffskollisionen standhalten können; es handelt sich um eine Balkenbrücke aus Spannbeton. Insgesamt befinden sich 36,5 Kilometer der Brücke über dem Wasser.

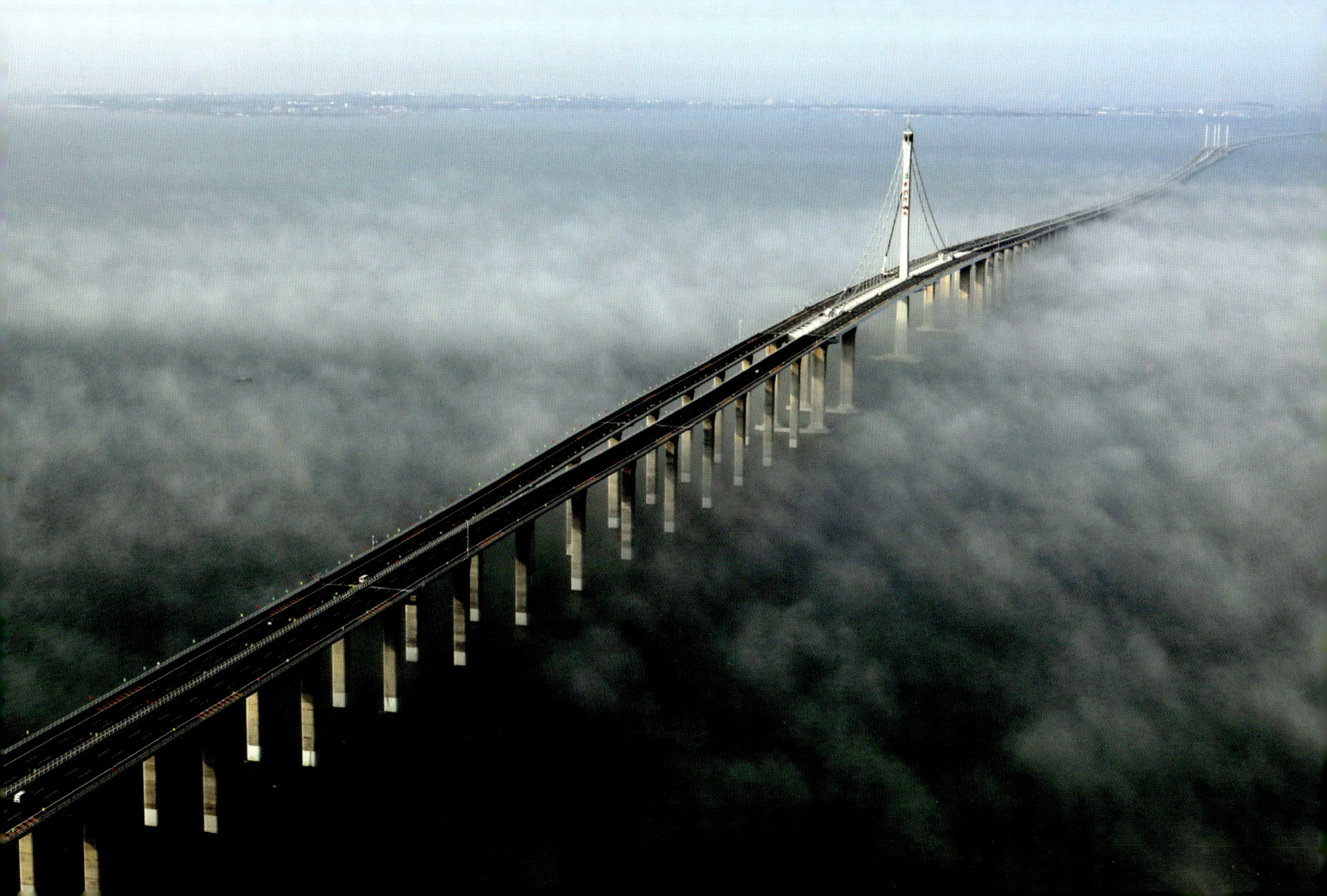

IGREJA DA SANTISSIMA TRINDADE

FÁTIMA, PORTUGAL

Die größten Kirchen der Welt | Fátima ist nicht nur einer der berühmtesten Wallfahrtsorte weltweit, sondern seit der Vollendung der Igreja da Santissima Trindade im Jahr 2007 auch Standort einer der größten Kirchenbauten der Welt mit einer Größe von 12 300 Quadratmetern. Die Rundkirche mit trägerlosem Flachdach hat einen Durchmesser von fast 130 Metern und kann 9000 Besuchern Platz bieten.

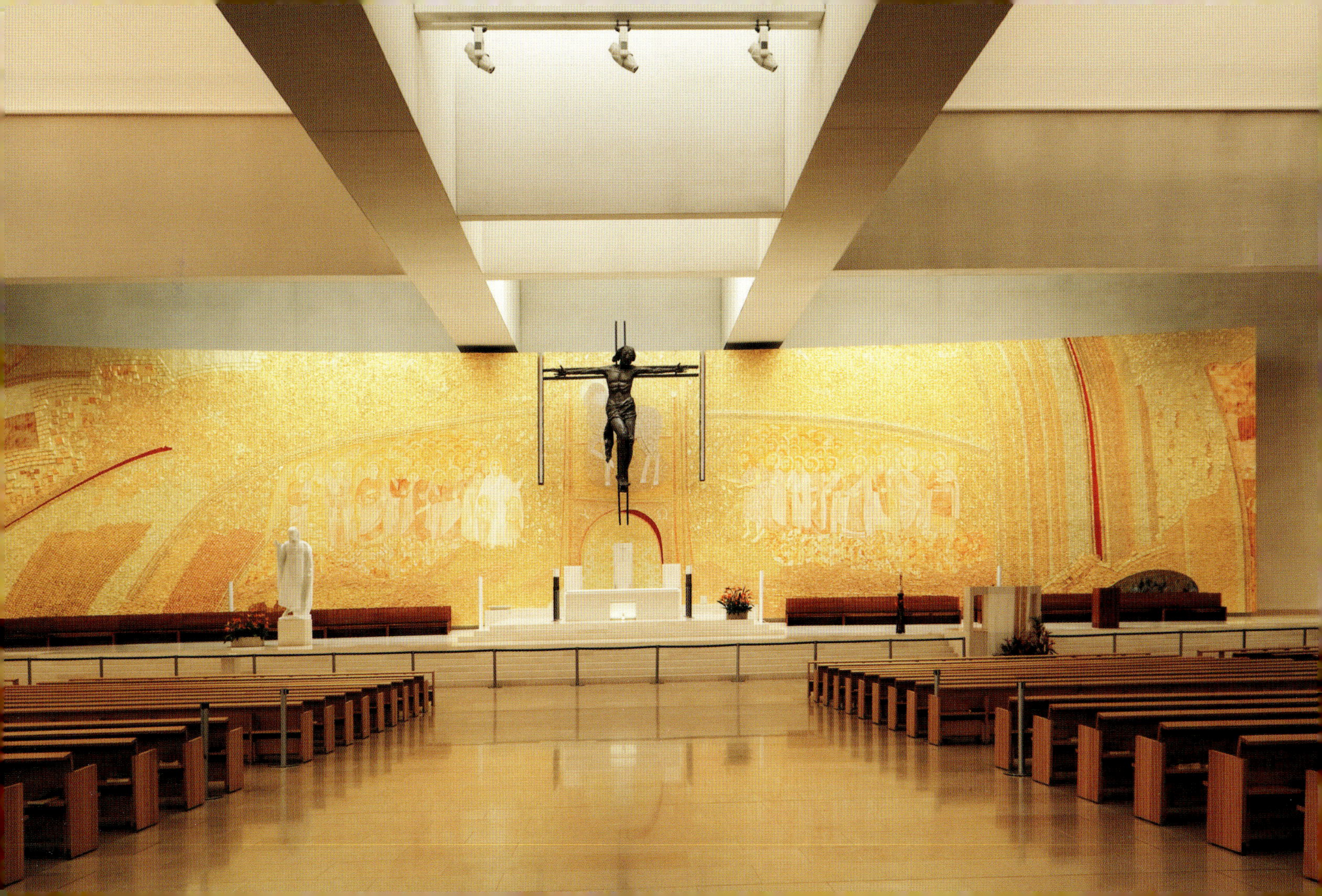

GRAND CENTRAL STATION

NEW YORK, USA

Der größte Bahnhof der Welt | 1968 sollte er abgerissen werden, doch dies konnte nach langem Streit verhindert werden. In der Folge wurde der New Yorker Hauptbahnhof umfassend renoviert. Das im Beaux-Arts-Stil errichtete Gebäude an der Ecke 42nd Street wurde 1913 eröffnet. Mit seinen 41 oberirdischen und 26 unterirdischen Bahngleisen ist der Grand Central Terminal nach der Anzahl der Gleise der größte Personenbahnhof.

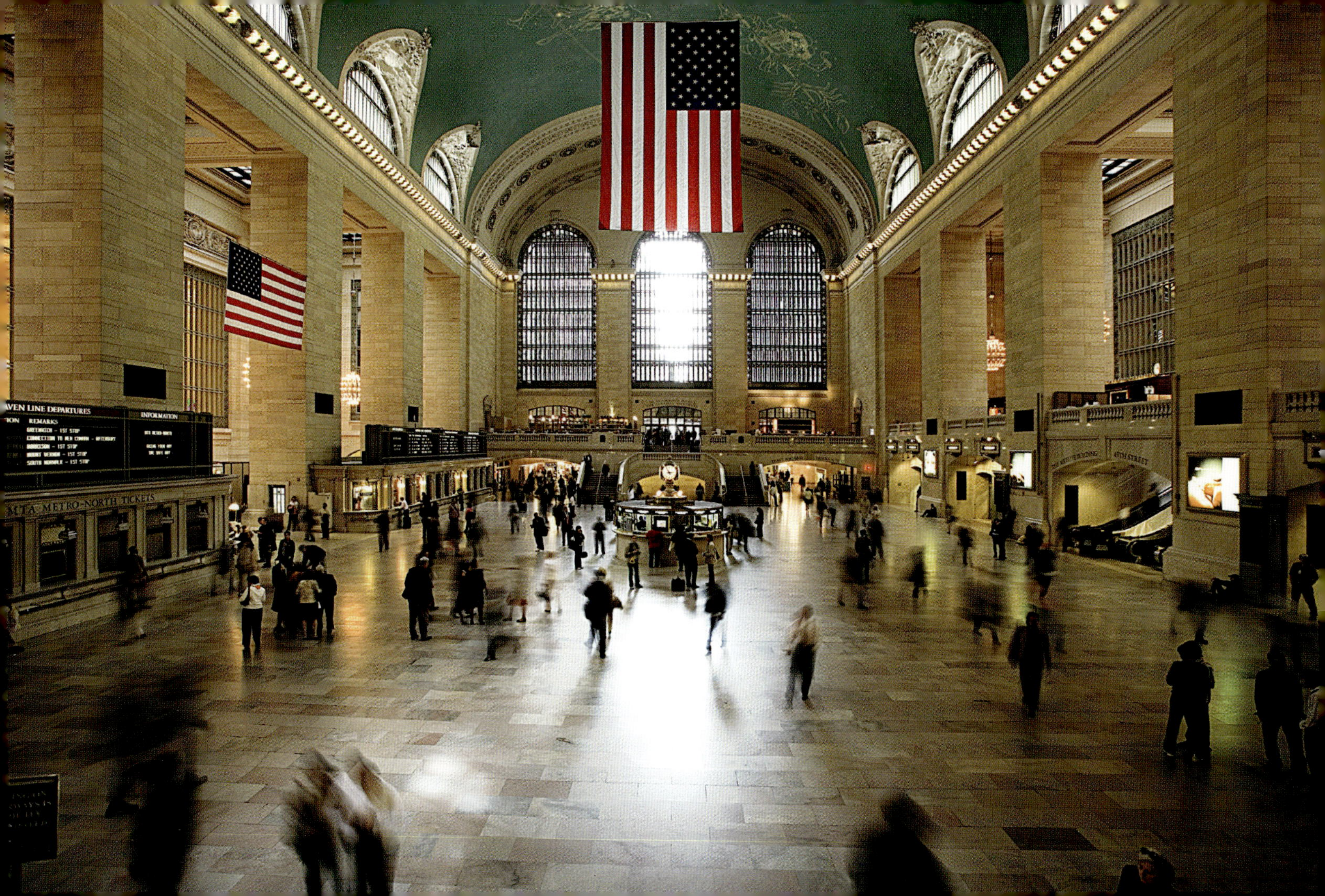
REMARKS
INFORMATION
MTA METRO-NORTH TICKETS

KHARDUNG LA
INDIEN

Die höchsten Passstraßen der Welt | Eine leere und ramponierte Straße am Khardung-La-Pass, der auf 5360 Meter Höhe im indischen Bundesstaat Jammu und Kaschmir liegt: Dies ist auf der Liste der höchsten Passstraßen Nummer 7. Die höchsten Passstraßen sind Marsimik La in Indien mit 5640 Metern, gefolgt von Semo La in China/Tibet mit 5570 Metern und der Karakorum-Pass in Indien mit 5540 Metern.

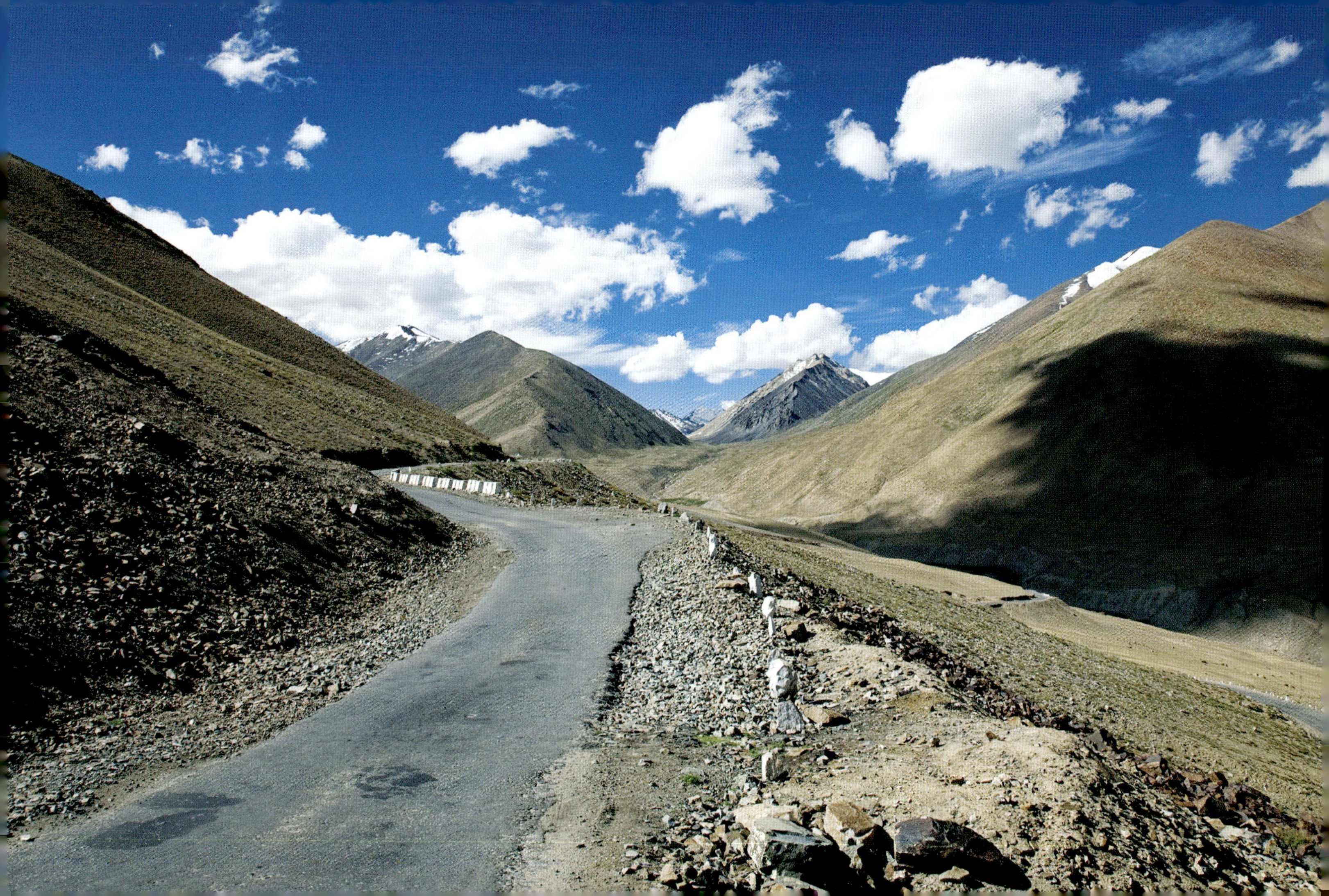

ISTANA NURUL IMAN

SULTANAT BRUNEI

Die größten Palastgebäude der Welt | Aufgrund von Erdgasfeldern und Erdölvorkommen gilt das Sultanat Brunei auf der Insel Borneo als das reichste Land Südostasiens. Davon zeugen in der Hauptstadt Bandar Seri Begawan die Moschee Sultan Omar Ali Saifuddin sowie der riesige Palast Istana Nurul Iman. Seit 1984 wird der Palast mit seinen 200 000 Quadratmetern Wohnfläche vom Sultan von Brunei als Wohn- und Regierungssitz genutzt.

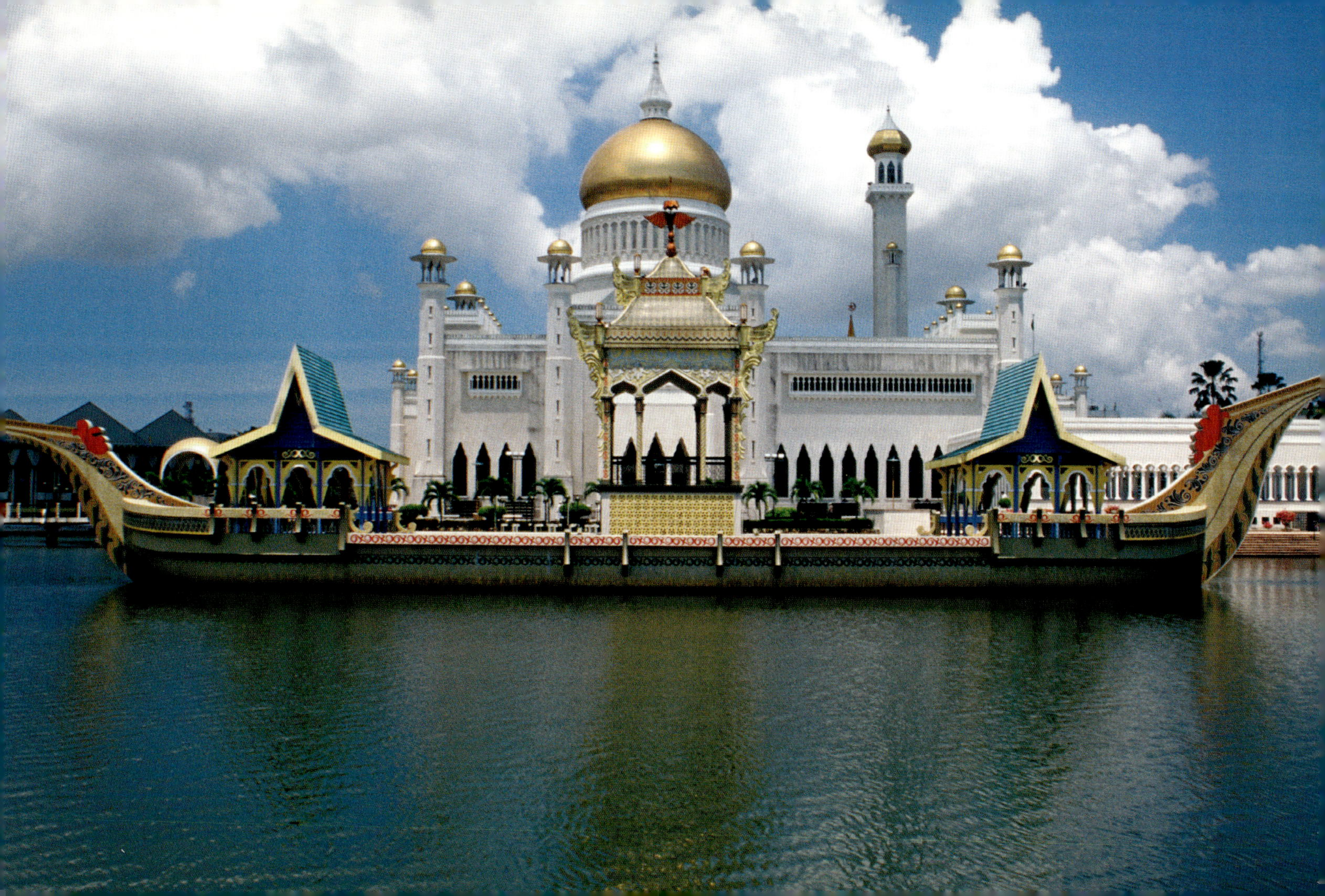

SAN MARINO

Die kleinsten Staaten Europas | Der europäische Zwergstaat San Marino ist ganz von italienischem Staatsgebiet umgeben und doch seit vielen Jahrhunderten unabhängig. Sein Gebiet erstreckt sich auf einer Fläche von 61 Quadratkilometern und die Bevölkerung zählt 32 250 Einwohner. Hinsichtlich seiner Fläche ist er der drittkleinste Staat Europas, bezüglich der Bevölkerung der zweitkleinste Staat nach dem Vatikan mit 800 Einwohnern.

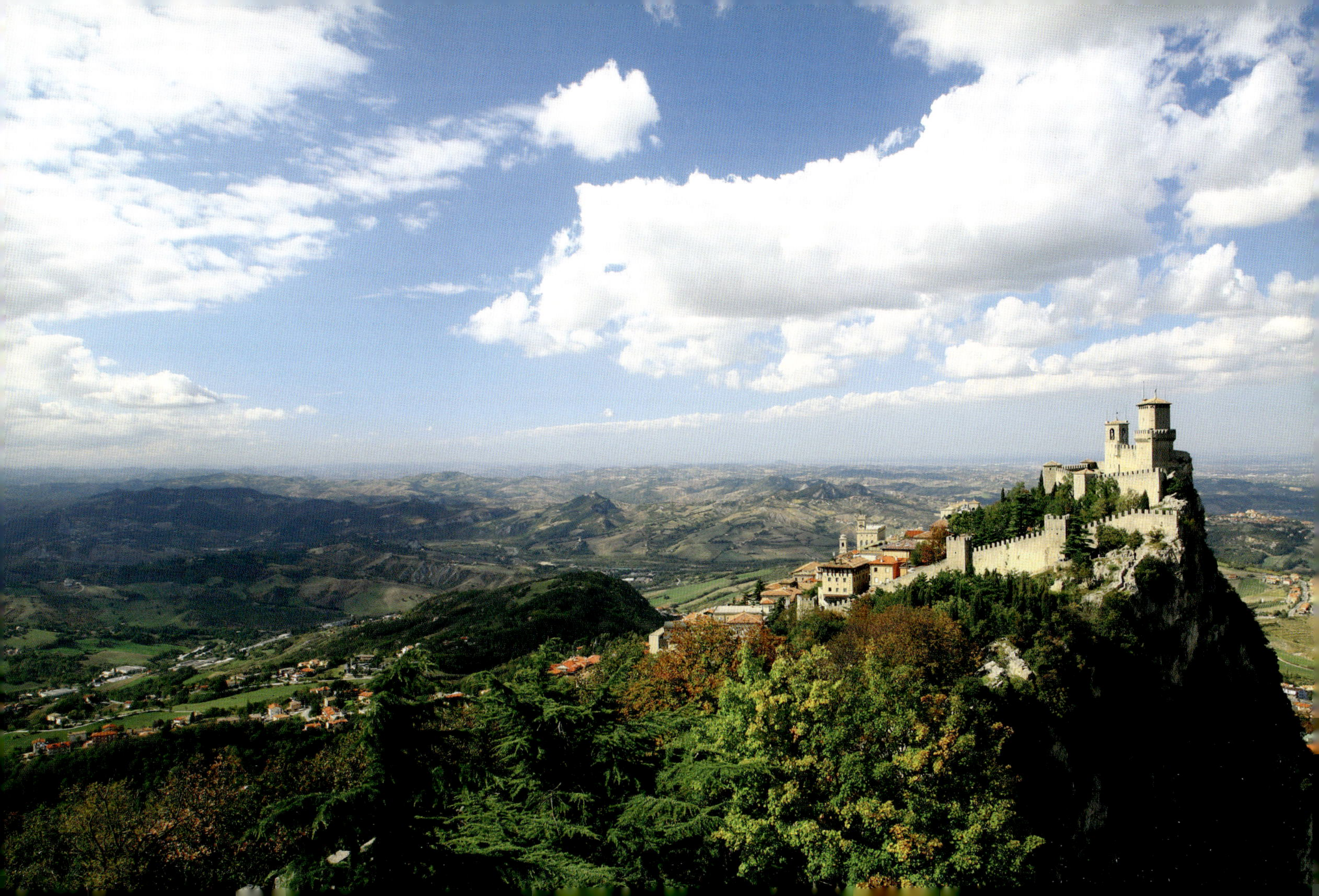

OPÉRA BASTILLE

PARIS, FRANKREICH

Das größte Opernhaus Europas | Das Pariser Opernhaus an der Place de la Bastille verfügt über vier Theater mit 3400 Plätzen. Außer dem großen Opernsaal beherbergt es zwei Theaterstudios und ein Amphitheater mit 500 Sitzen. Aus dem Wettbewerb, der zur Umsetzung des Projekts 1982 ausgeschrieben wurde, ging der uruguayisch-kanadische Architekt Carlos Ott als Sieger hervor. Es wurde 1989 eingeweiht.

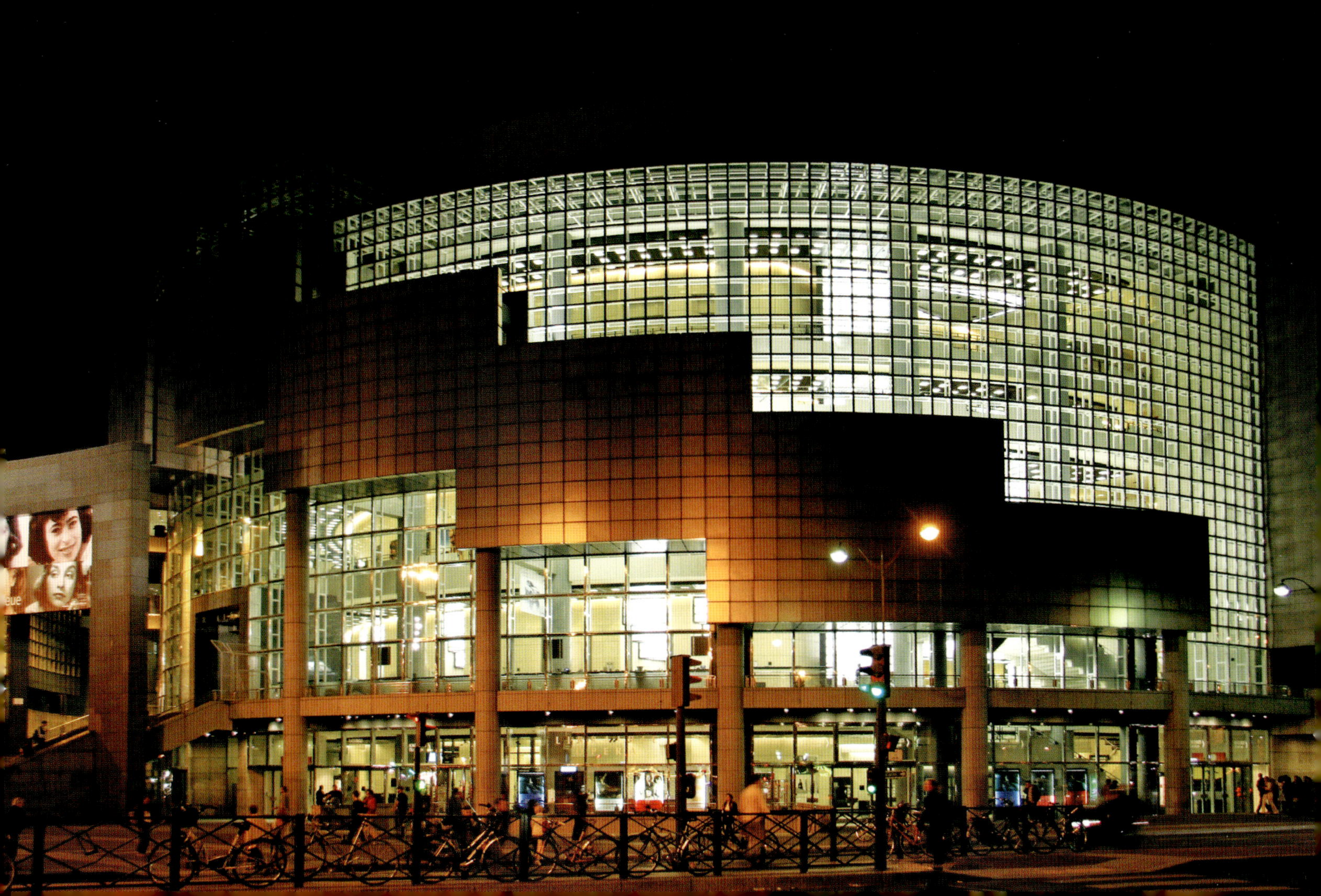

KLOSTER DREPUNG

TIBET, CHINA

Die bedeutendsten buddhistischen Tempelanlagen | Das Kloster Drepung westlich von Lhasa in Tibet zählte einst mit zeitweise über 10 000 Mönchen zu den größten und bedeutendsten buddhistischen Klöstern Tibets und war eines der drei sogenannten »Staatsklöster«. Die ehemalige Residenz des Dalai Lama wurde 1416 gegründet. Heute leben hier etwa 600 Mönche.

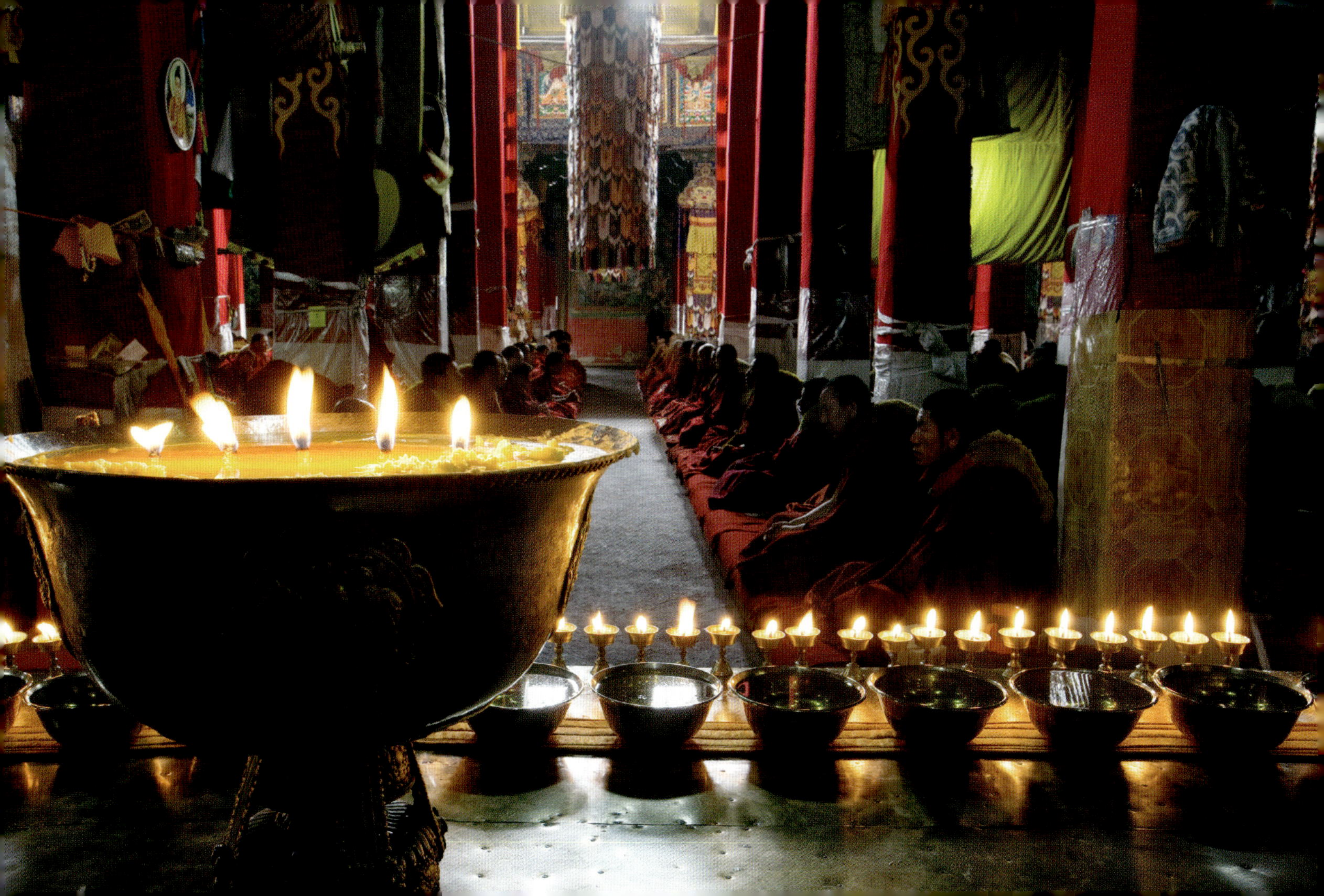

ISAAKS-KATHEDRALE
ST. PETERSBURG, RUSSLAND

Die größten Kirchen der Welt | Die Isaakskathedrale ist die wohl prächtigste Kirche St. Petersburgs, zudem einer der größten Sakralkuppelbauten weltweit. Nach dem Sieg über Napoleon ließ Zar Alexander I. sie anstelle eines Vorgängerbaus errichten und zu einem Nationaldenkmal umgestalten. Von 1818 bis 1858 wurde an dem vom neoklassizistischen Architekten Auguste de Montferrand entworfenen Bau gearbeitet.

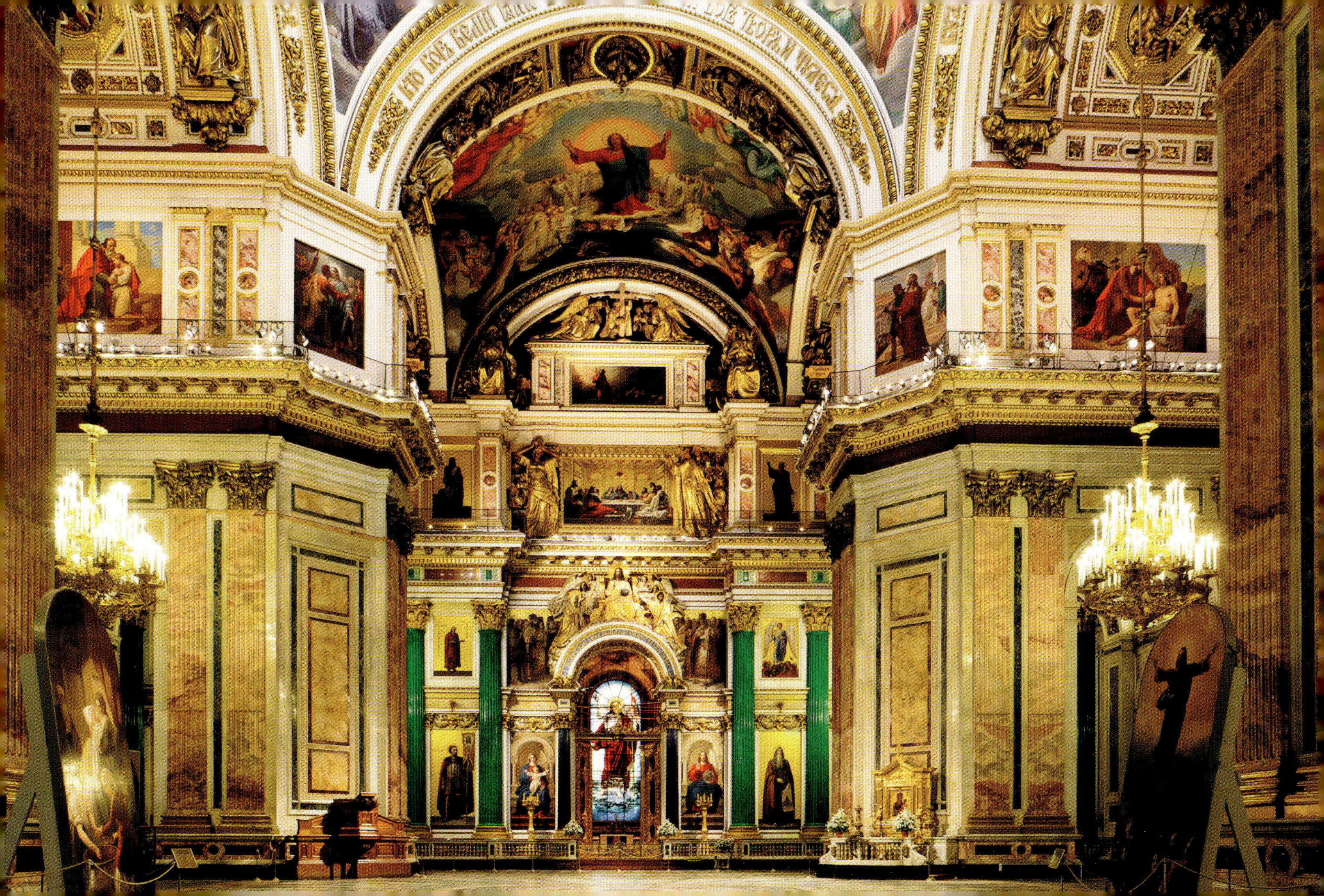

TEMPEL DER HATSCHEPSUT

THEBEN, ÄGYPTEN

Die bedeutendsten Tempelanlagen der Welt | Vor einer 300 Meter hohen Felswand am Westufer des Nils entfaltet sich in der erdig braunen Wüste der Totentempel der Hatschepsut, einer ägyptischen Königin. Neben seiner einmaligen Lage fasziniert die Besucher auch seine markante Architektur. Weitläufige Pfeilerhallen und breite Terrassenflächen wechseln sich ab.

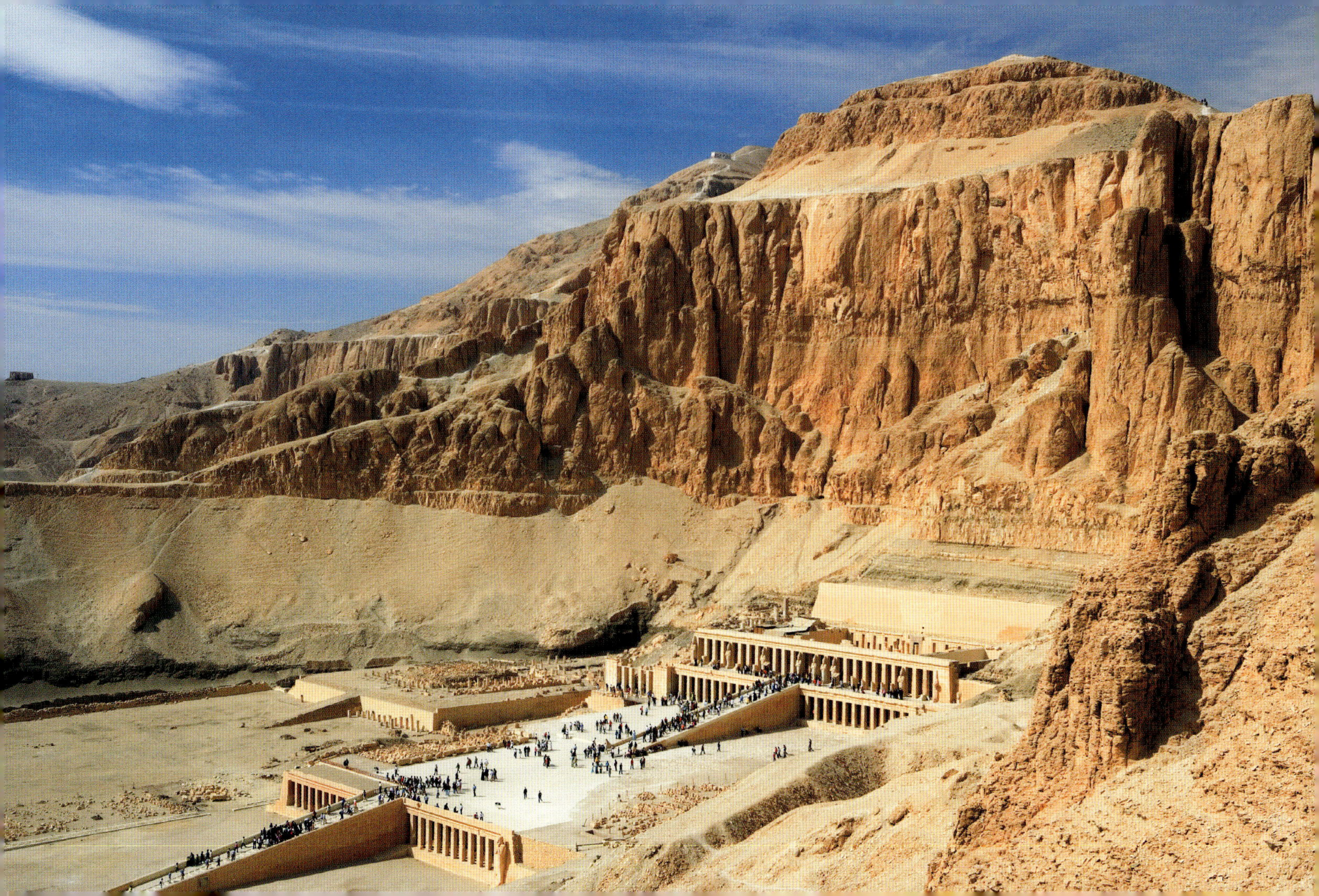

MANCHESTER-LIVERPOOL

GROSSBRITANNIEN

Die größten Metropolregionen Europas | Obwohl die beiden größten Städte der Region »North West England« offiziell Zentren verschiedener Metropolregionen sind, werden sie oft in einem Atemzug genannt. Sie liegen nur 54 Kilometer voneinander entfernt und bilden einen urbanen Ballungsraum mit rund 7 Millionen Einwohnern, in dem vor mehr als 200 Jahren die industrielle Revolution begann.

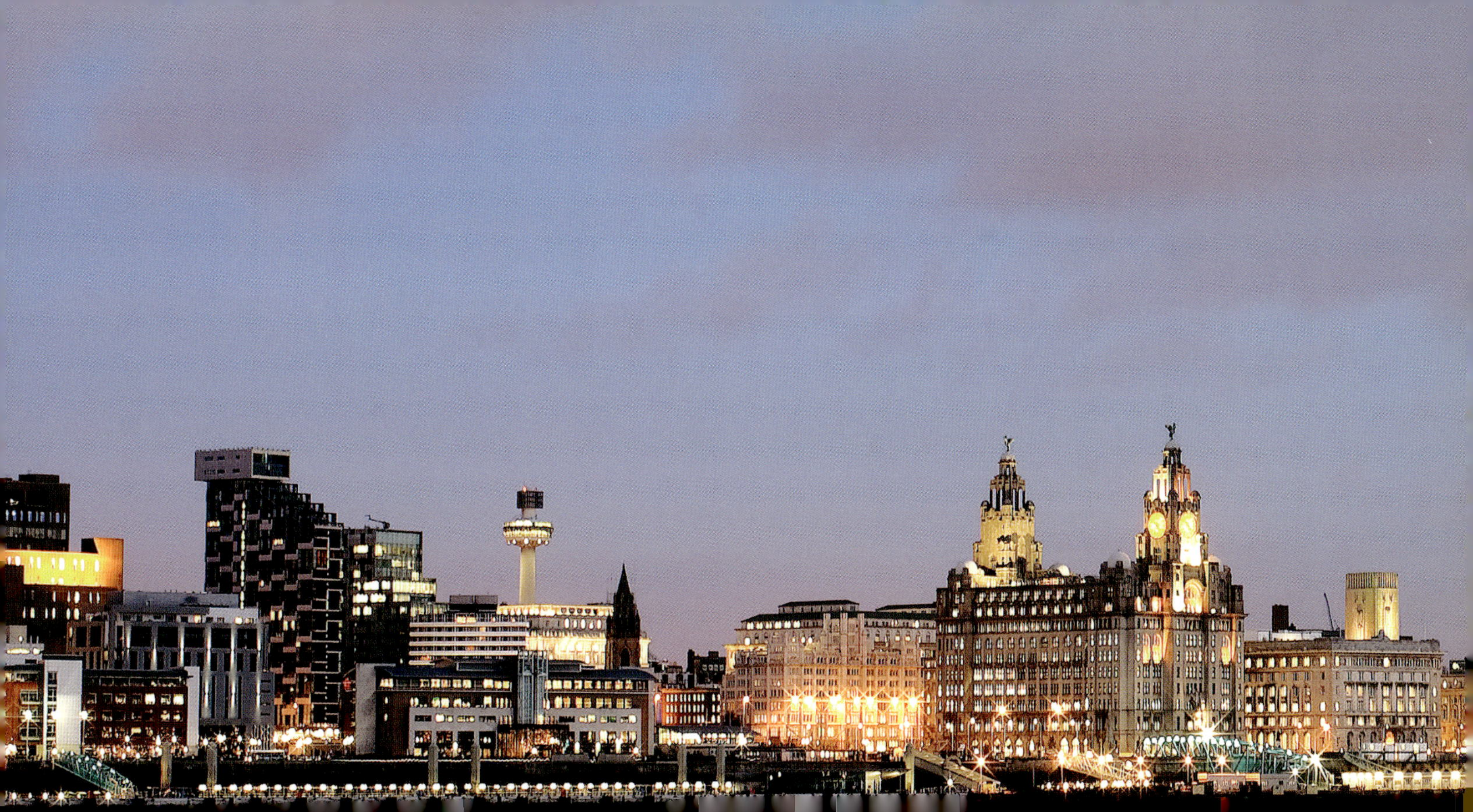

RUINEN VON SABRATHA
LIBYEN

Die bedeutendsten antiken Städte der Welt | Die antike Hafenstadt rund 80 Kilometer westlich von Tripolis ist heute eine Ruinenstätte. Die ursprünglich phönizische Handelsniederlassung war einer der Ausgangs- bzw. Endpunkte des Transsahara-Handels. Später wurde sie Teil des antiken Tripolis, der »drei Städte« Sabratha, Leptis Magna und Oea. Die Überreste des Isis-Tempels stehen malerisch direkt an der Küste.

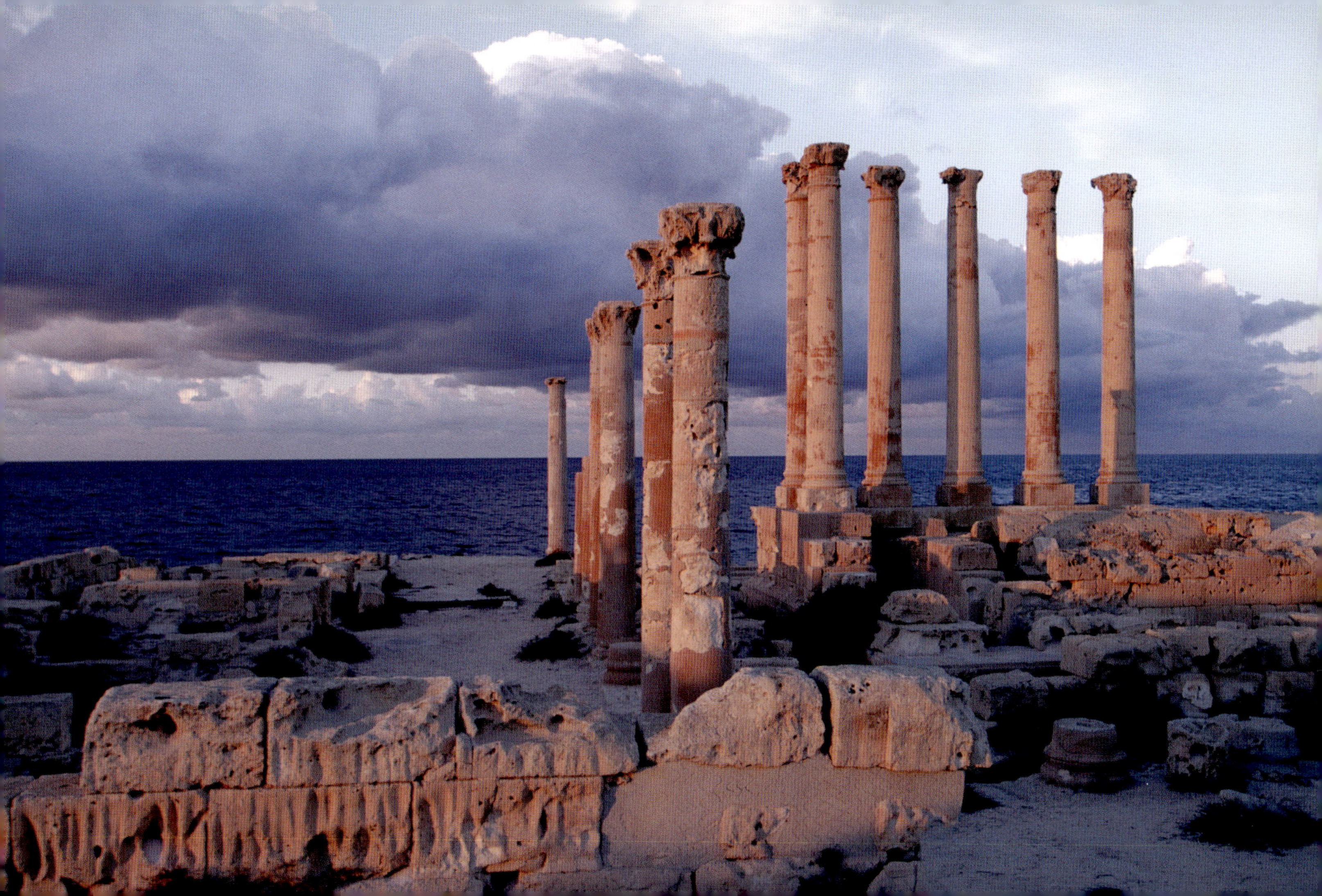

SKY TOWER
AUCKLAND, NEUSEELAND

Die höchsten Türme der Welt | Aucklands Wahrzeichen ist der 328 Meter hohe Sky Tower, hier rechts im Bild. Besucher können auf dem Tower von drei unterschiedlichen Plattformen den Blick über Auckland genießen. Einen Nervenkitzel versprechen die gläsernen Aufzüge und der Glasfußboden in der untersten Plattform. Vom Eingang bis zur obersten Aussichtsetage führen auch 1267 Stufen hinauf.

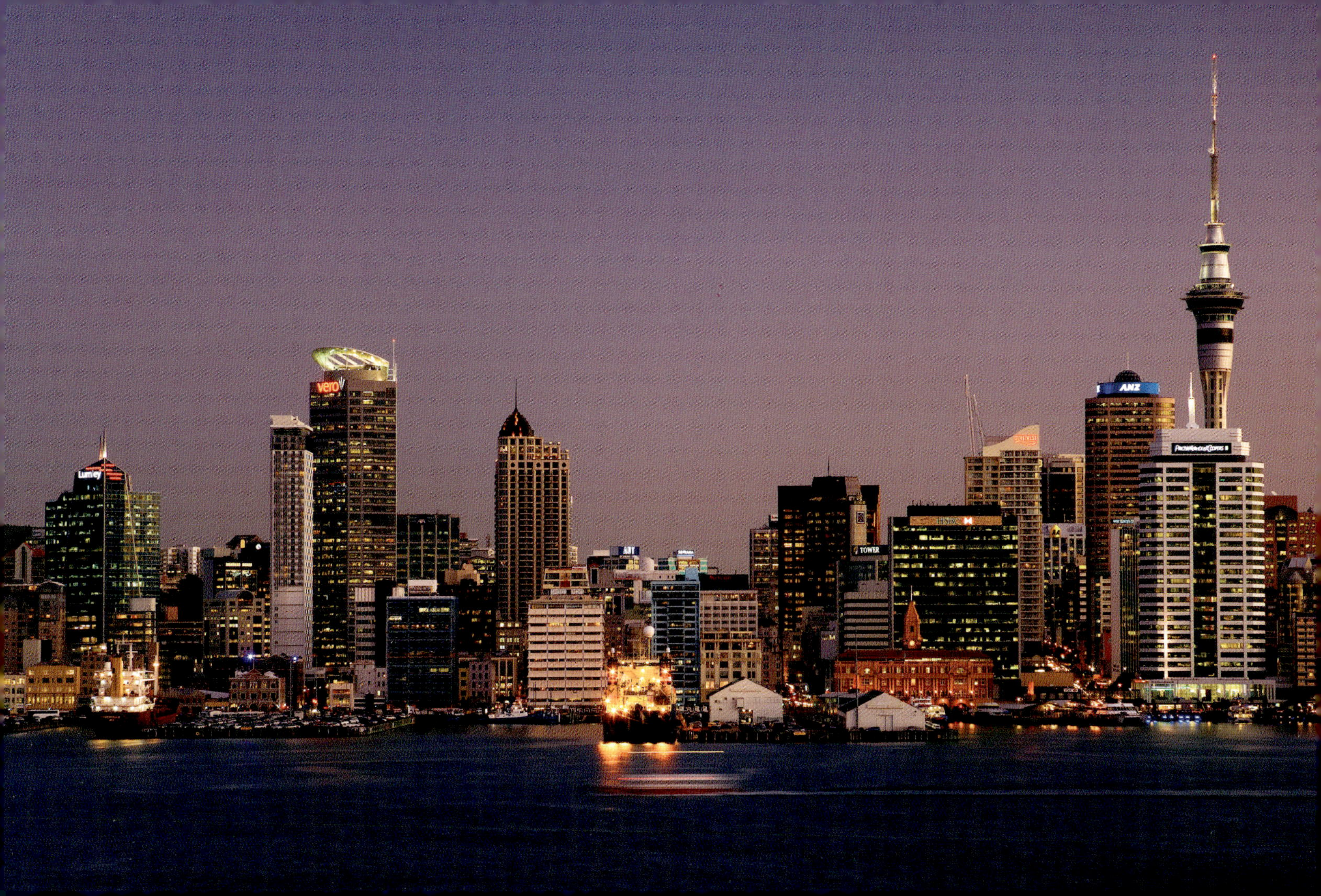
vero
ANZ
HSBC
TOWER

EMPIRE STATE BUILDING

NEW YORK CITY, USA

Der bekannteste Wolkenkratzer der Welt | Das Empire State Building, 381 Meter hoch, ist der wohl berühmteste Wolkenkratzer weltweit, und oft war das Gebäude Filmkulisse. Bis 1972 war er über 40 Jahre lang das höchste Gebäude der Welt – vom Jahr seiner Fertigstellung 1931 an. Der Baustil des Empire State Building ist zwischen Art déco und Moderne einzuordnen.

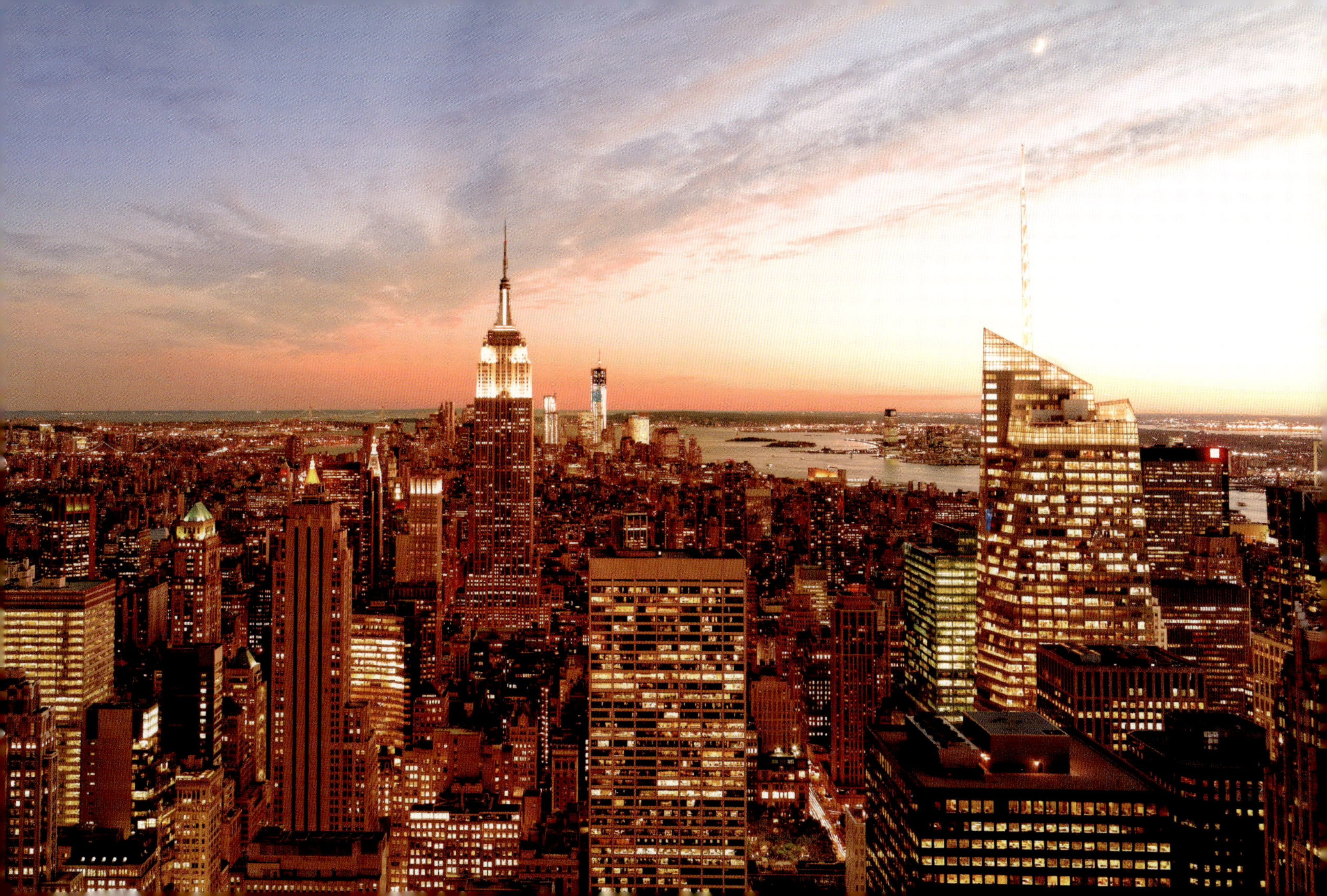

ARCHÄOLOGISCHES NATIONALMUSEUM

NEAPEL, ITALIEN

Die bedeutendsten archäologischen Museen der Welt | Das Museum zählt zu den bedeutendsten Antikensammlungen der Welt. Es beherbergt nicht nur eine umfangreiche Sammlung von Funden aus Pompeji, wie etwa dieses Fresco, und Herkulaneum, sondern auch eine Vielzahl von römischen Kopien griechischer Skulpturen, wie den berühmten Herkules Farnese oder eine Statue der Venus Kallipygos.

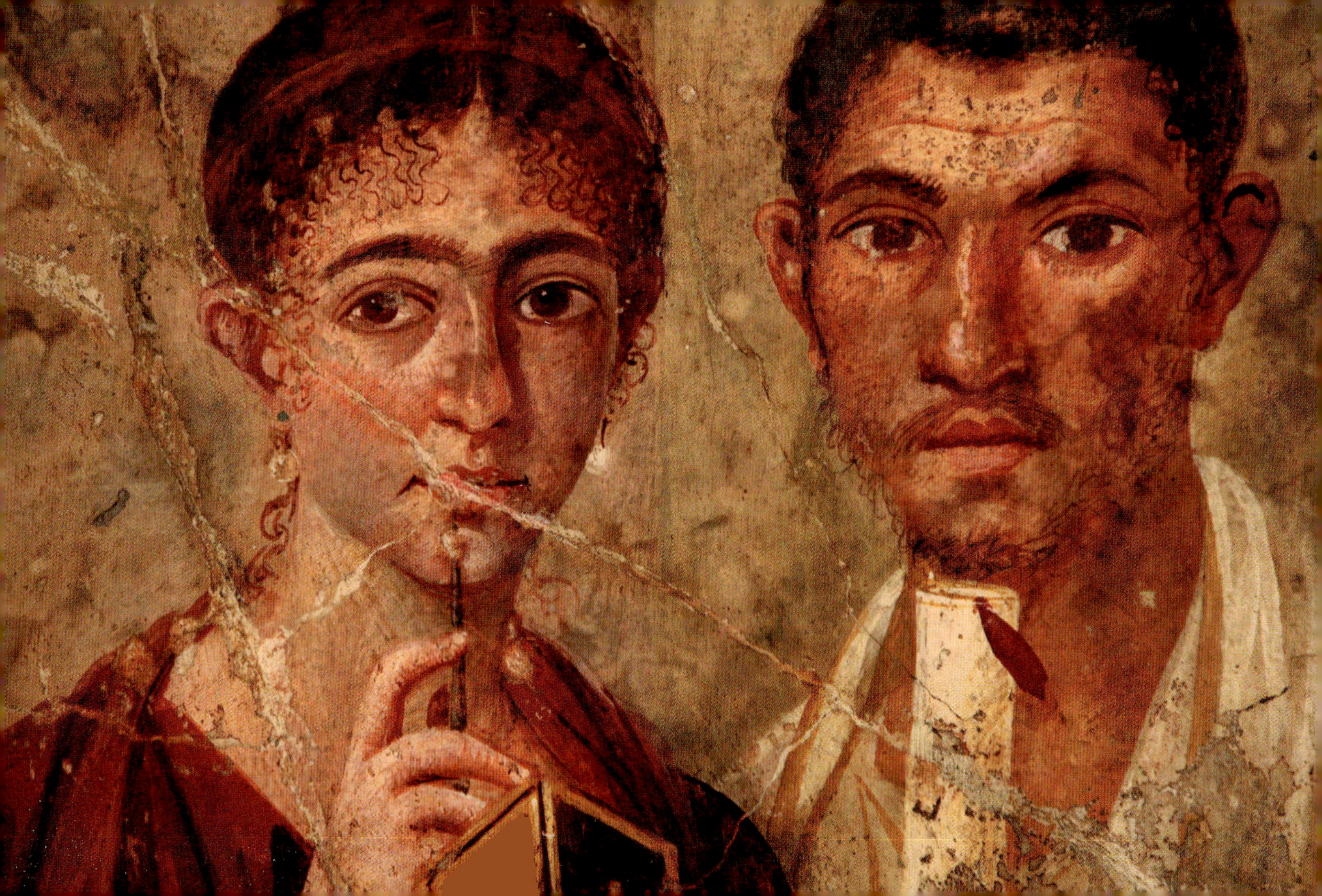

PONT DU GARD
FRANKREICH

Das besterhaltene römische Brückenaquädukt der Welt | Der Aquädukt über den Fluss Gard ist ein Meisterwerk römischer Ingenieursbaukunst. Er war Bestandteil einer rund 50 Kilometer langen Wasserleitung, die vom Quellteich der Eure nach Nîmes führte. Auf dem 50 Meter hohen Pont du Gard wurden bis zu 40 000 Kubikmeter Wasser nach Nîmes transportiert. Damit das Wasser fließen konnte, weist die Anlage ein leichtes Gefälle auf.

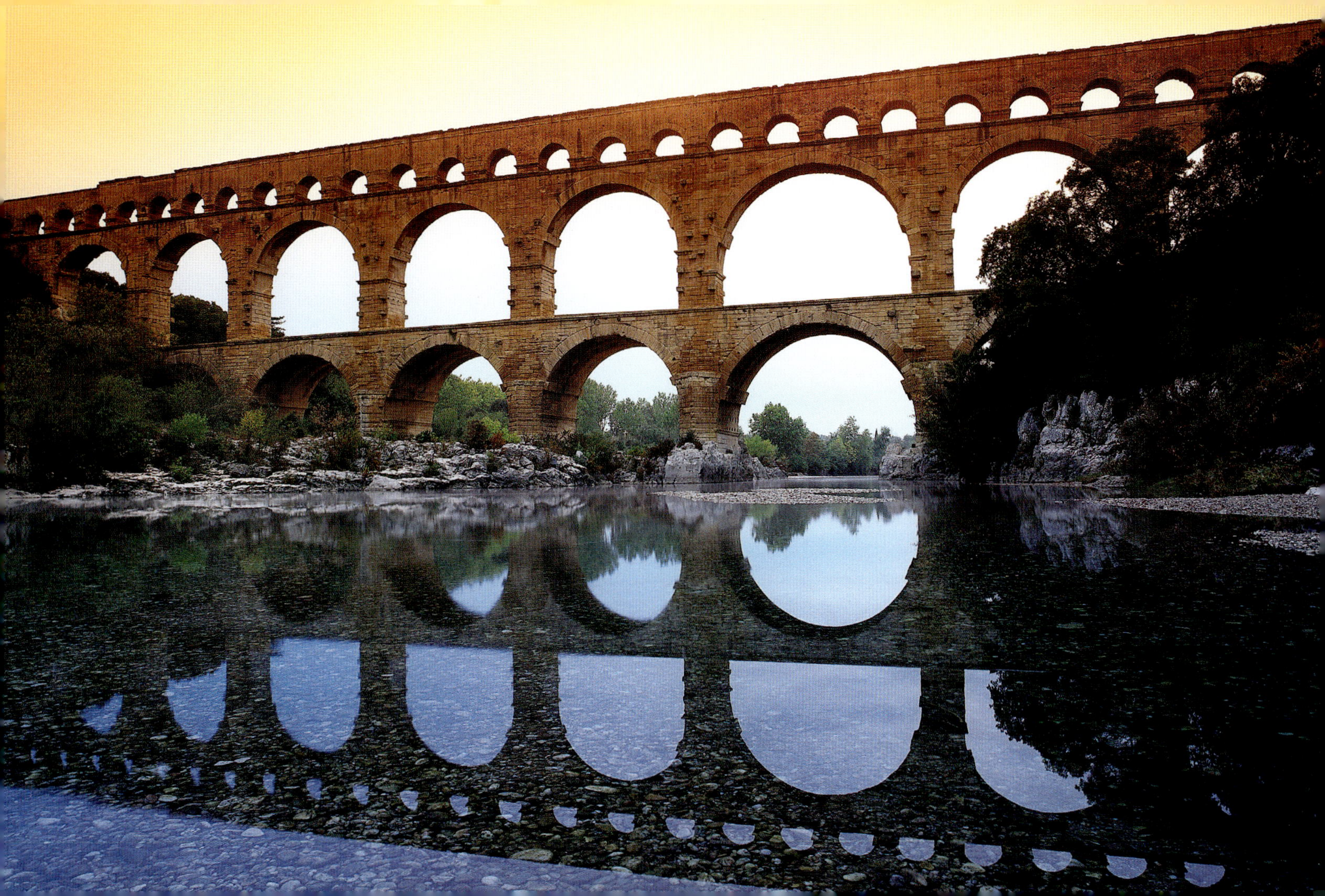

NORWEGEN

Der reichste Staat der Welt | Während Institutionen wie die Weltbank den Wohlstand eines Landes mittels ökonomischer Kennzahlen messen, fließen in den Human Development Index der UNO Faktoren wie Lebenserwartung und Bildungsniveau mit ein. Norwegen führt die Liste der Länder mit dem höchsten Human Development Index an, er beträgt 0,943, außerdem hat das Land das vierthöchste Pro-Kopf-Einkommen mit 53 370 US-Dollars.

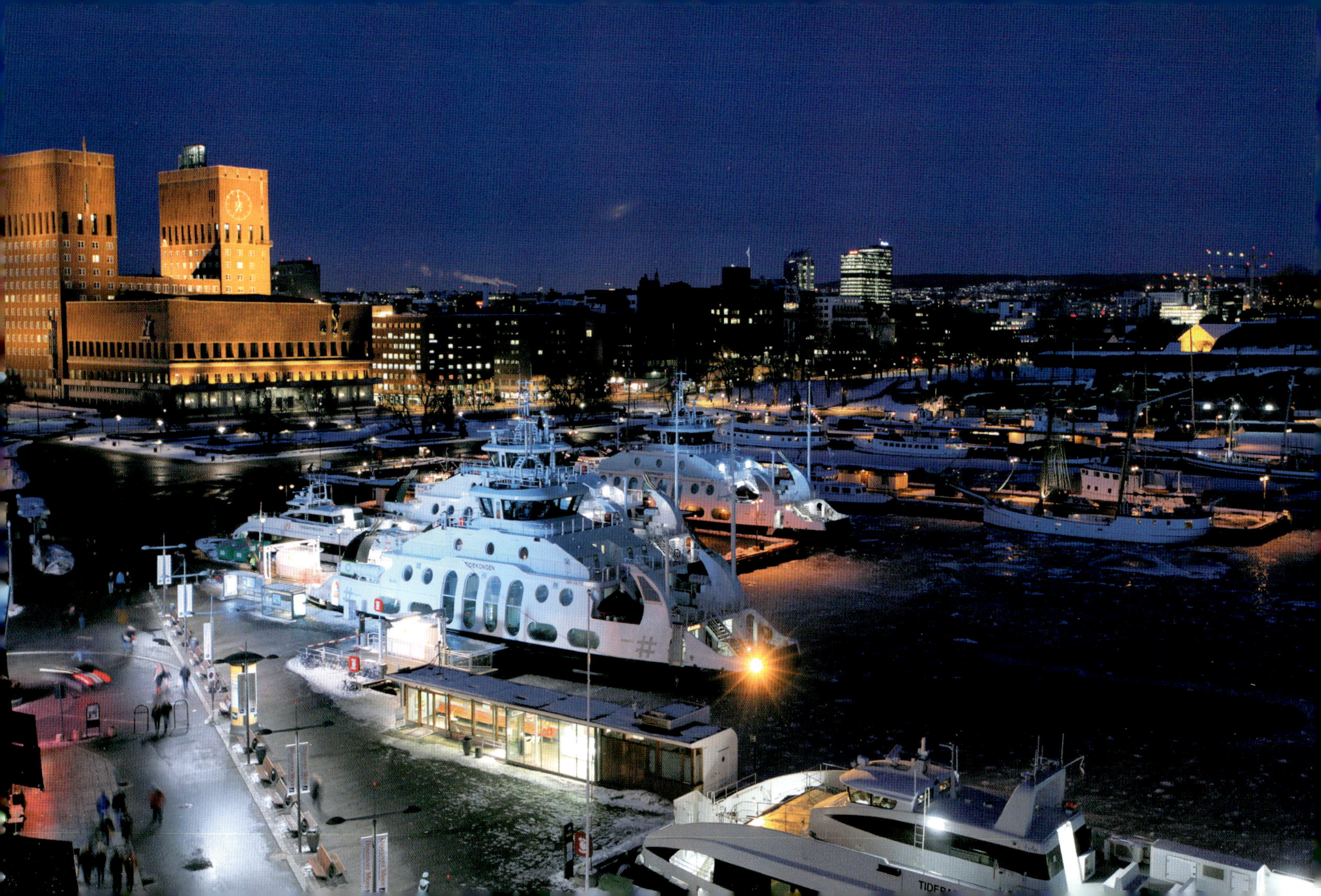

AKSHARDHAM-TEMPEL
DELHI, INDIEN

Der größte Hindutempel der Welt | Der weltweit größte hinduistische Tempelbau wurde im November 2005 eingeweiht und zieht seitdem nicht nur gläubige Hindus, sondern auch unzählige Touristen an. Mehr als ein Gotteshaus, ist er zugleich historisches Museum und Themenpark in einem. Die Besucher werden durch Filme, Dioramen und andere Medien über alle Aspekte der indischen Kultur informiert.

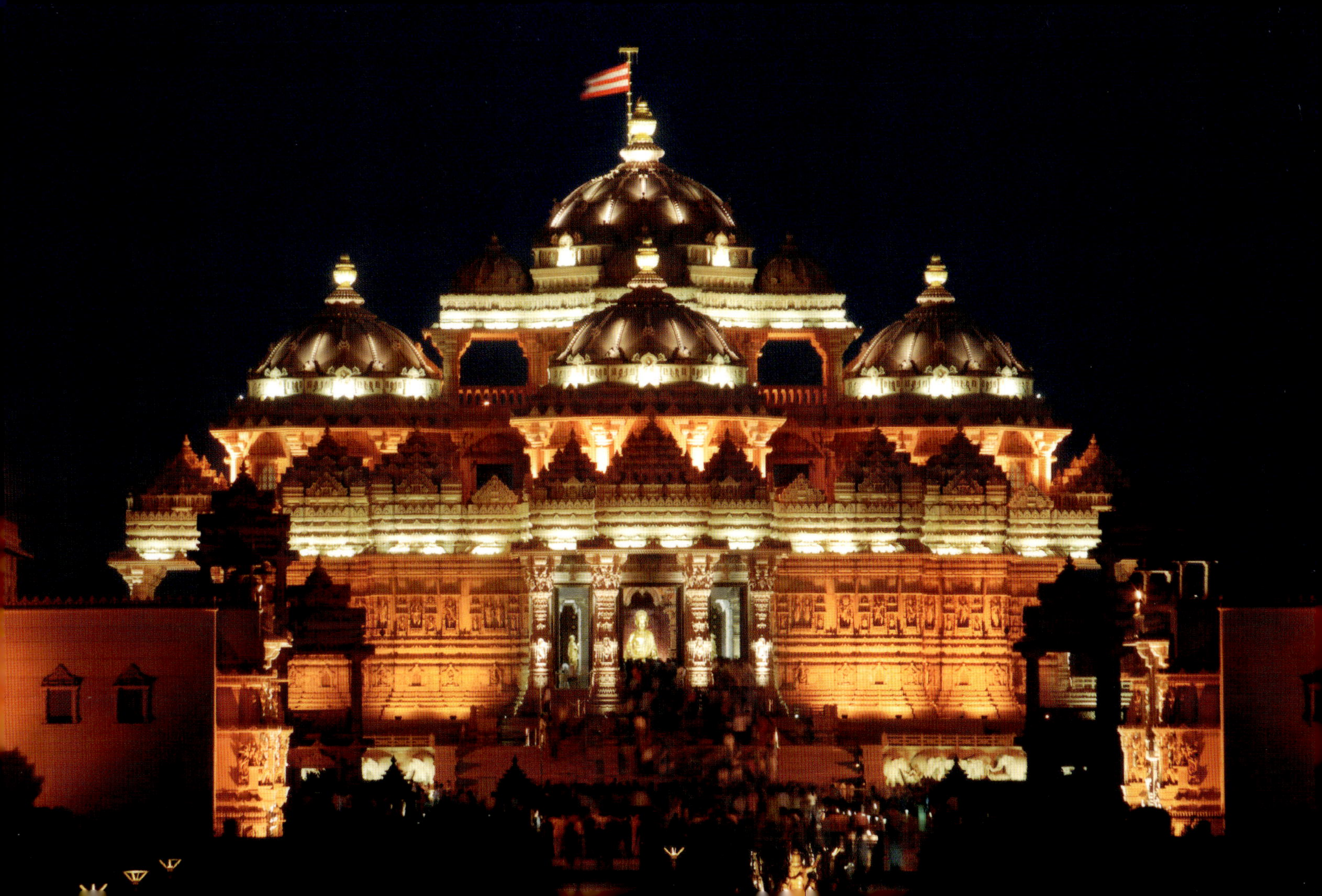

HUGHES H-4 HERKULES
PORTLAND, OREGON, USA

Das größte Wasserflugzeug der Welt | Ein gigantisches Unikat, die Flügelspannweite von 97 Metern und die Höhe von 25 Metern sind noch immer Weltrekord, kann im Evergreen Aviation Museum in McMinnville bei Portland besichtigt werden: das Flugboot Hughes H-4. Seinen Spitznamen »Spruce Goose« (Fichtengans) verdankt es der Holzbauweise, für das ab 1942 gebaute Flugboot durften keine kriegswichtigen Rohstoffe verwendet werden.

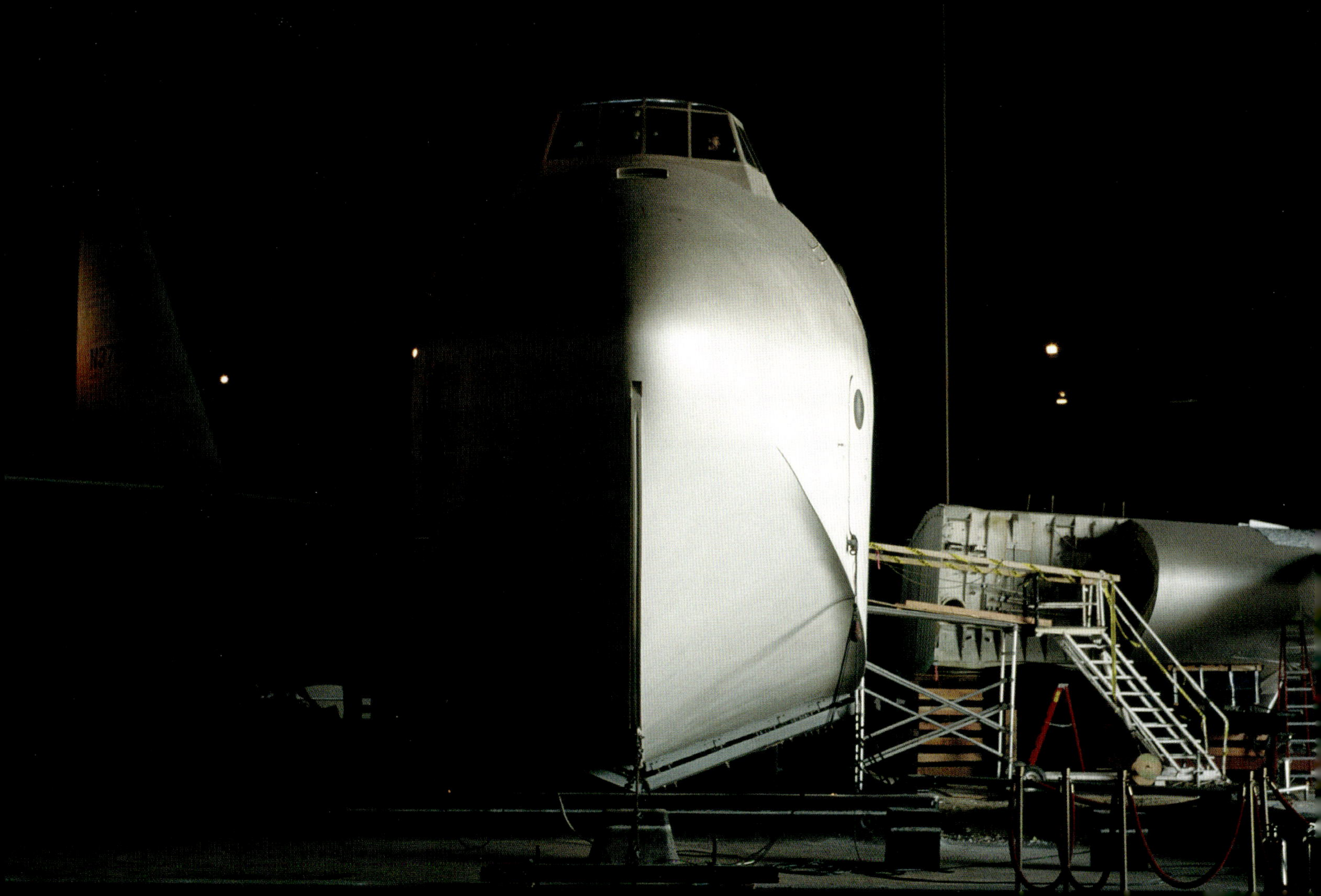

HONGKONG-SHENZHEN

CHINA

Die größten Metropolregionen Asiens | Obwohl die beiden Schwesterstädte, gemeinsam mit rund 20 Millionen Einwohner, am Perlfluss Delta keine administrative Einheit bilden, gehören sie doch zusammen. Shenzhen ist von Hongkong nur durch zwei kleine Flüsse getrennt und genau so wie die ehemalige britische Kronkolonie als Sonderwirtschaftszone ausgewiesen – beide profitieren von ihrer Nachbarschaft.

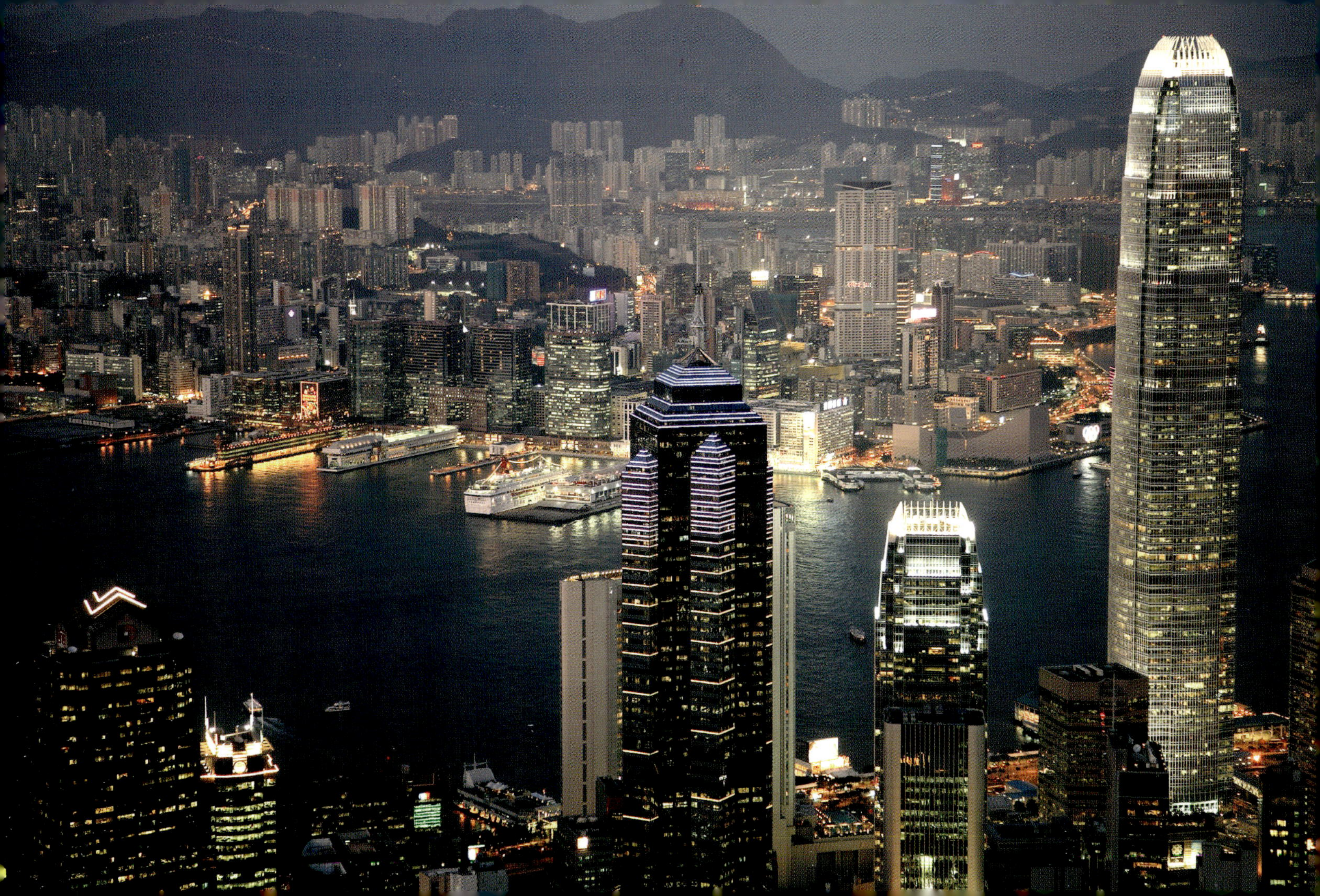

KOLOSSEUM
ROM, ITALIEN

Die bedeutendsten antiken Bauwerke der Welt | In dem unter Kaiser Vespasian von 72 bis 81 errichteten Kolosseum konnten bis zu 50 000 Zuschauer Gladiatorenkämpfen und Tierhetzen beiwohnen. Das Bauwerk ist das größte im antiken Rom erbaute Amphitheater. Es ist überliefert, dass man zur Einweihung einhunderttägige Spiele veranstaltete.

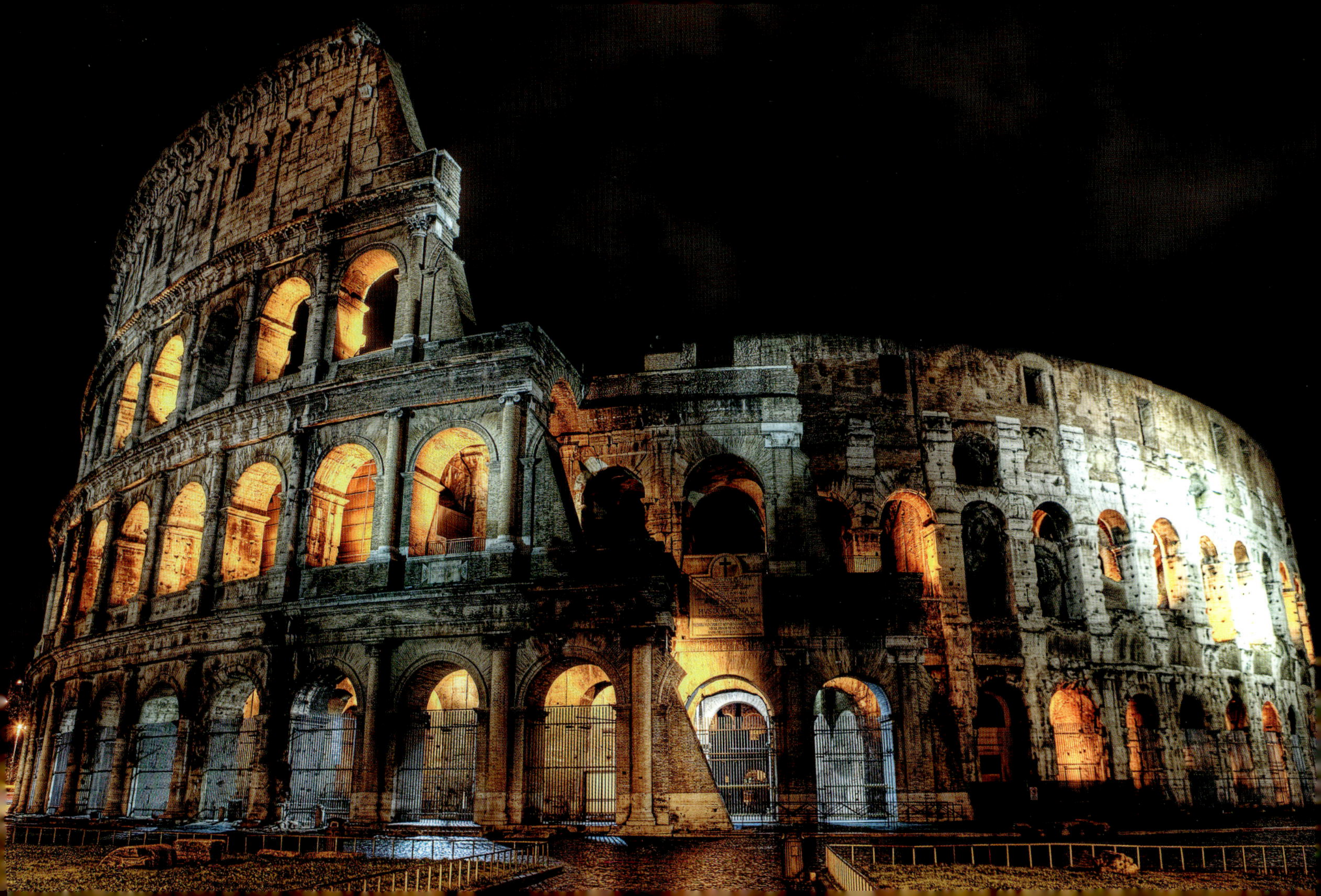

CHINA CRH

Die schnellsten Züge der Welt | Für sein Hochgeschwindigkeitsprogramm CRH kaufte China weltweit Züge ein. So stammen der CRH1 von Bombardier, der CRH2 aus der japanischen Shinkansen-Baureihe, der CRH3 von Siemens und der CRH5 von Bombardier. Der CRH 380A, Spitzengeschwindigkeit 380 km/h, der auf der Strecke Beijing–Shanghai eingesetzt wird, wurde ganz in China entwickelt und gebaut.

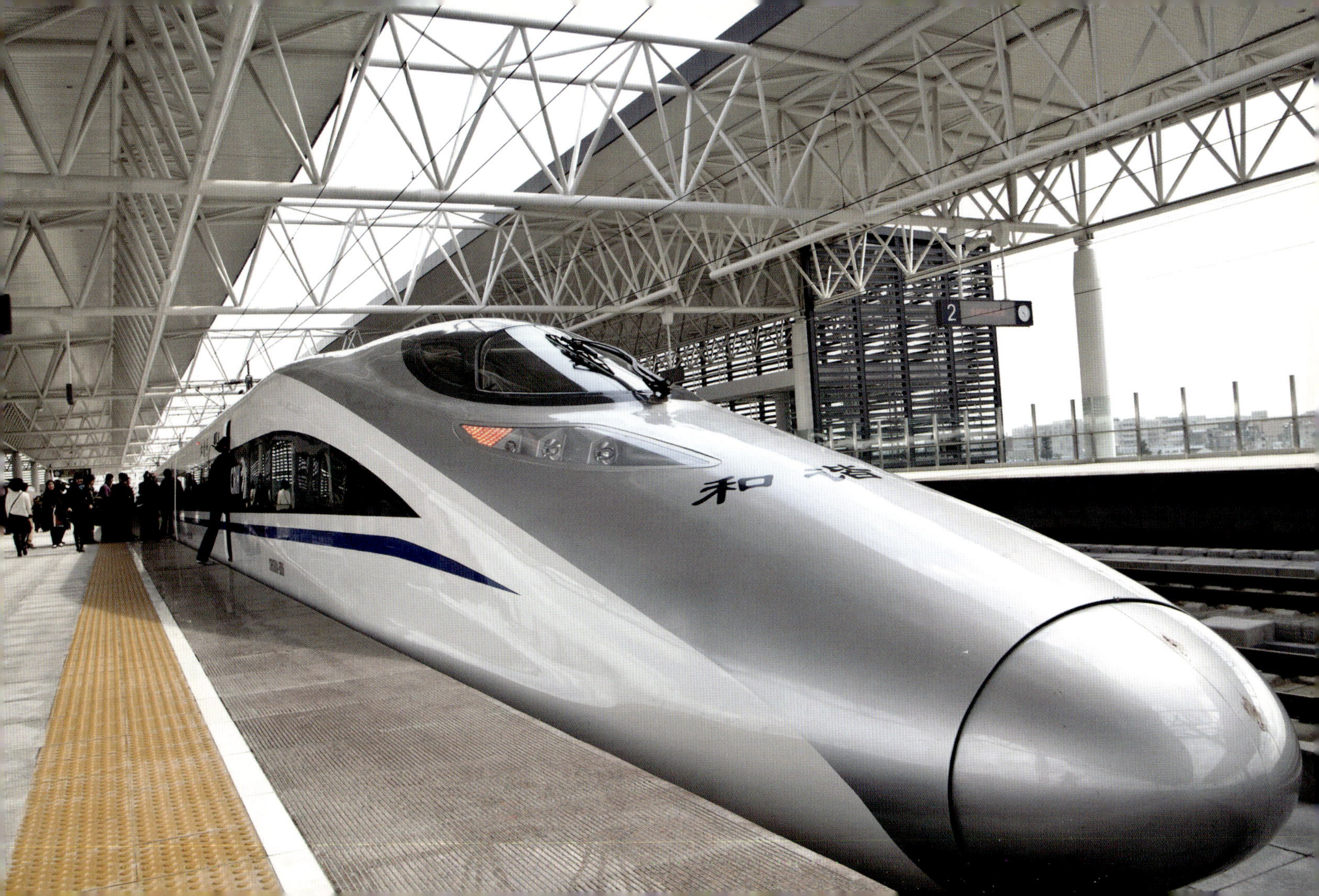
和谐
2

METROPOLITAN MUSEUM OF ART
NEW YORK CITY, USA

Die bedeutendsten Museen der Welt | Das Museum konkurriert mit dem British Museum um den Titel »größtes Universalmuseum der Welt«. Es wurde 1870 gegründet und beherbergt eine Fülle von Kunstschätzen aller Kulturen der Welt. Allein die Sammlung von Skulpturen und Kunsthandwerk aus Europa umfasst mehr als 50 000 Exponate aus allen Epochen der neueren europäischen Geschichte.

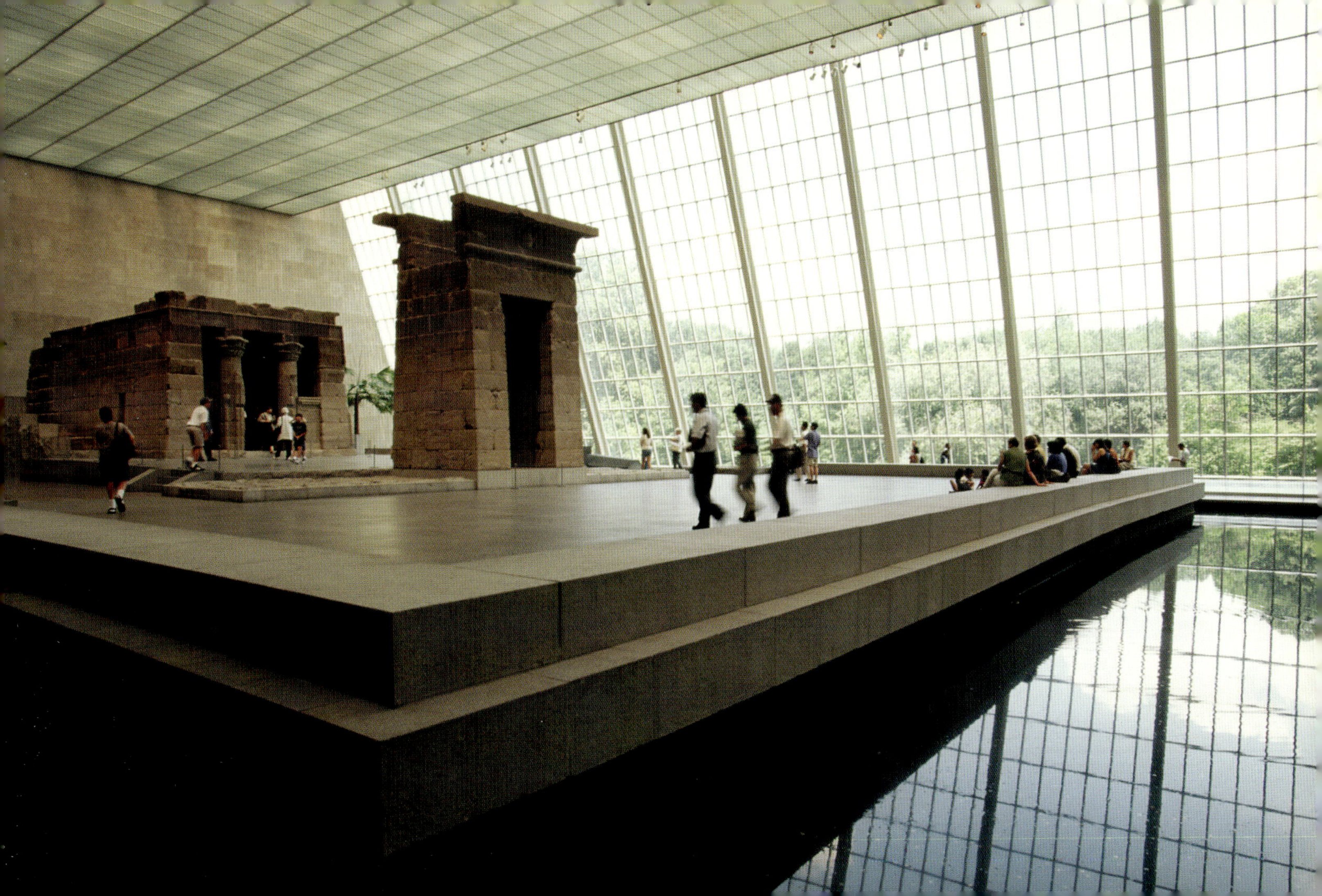

MIR-I-ARAB-MEDRESE

BUCHARA, USBEKISTAN

Die bedeutendsten Meisterwerke islamischer Kultur | Das UNESCO-Welterbe umfasst das gesamte historische Zentrum von Buchara. Die in einer großen Oase der Kisilkum-Wüste gelegene Stadt Buchara war einst ein bedeutender Knotenpunkt der Seidenstraße. Die Mir-i-Arab-Medrese wurde 1535/1536 vollendet. Den Bau der Lehranstalt hatte der Scheich mit dem Verkauf von schiitischen Gläubigen in die Sklaverei finanziert.

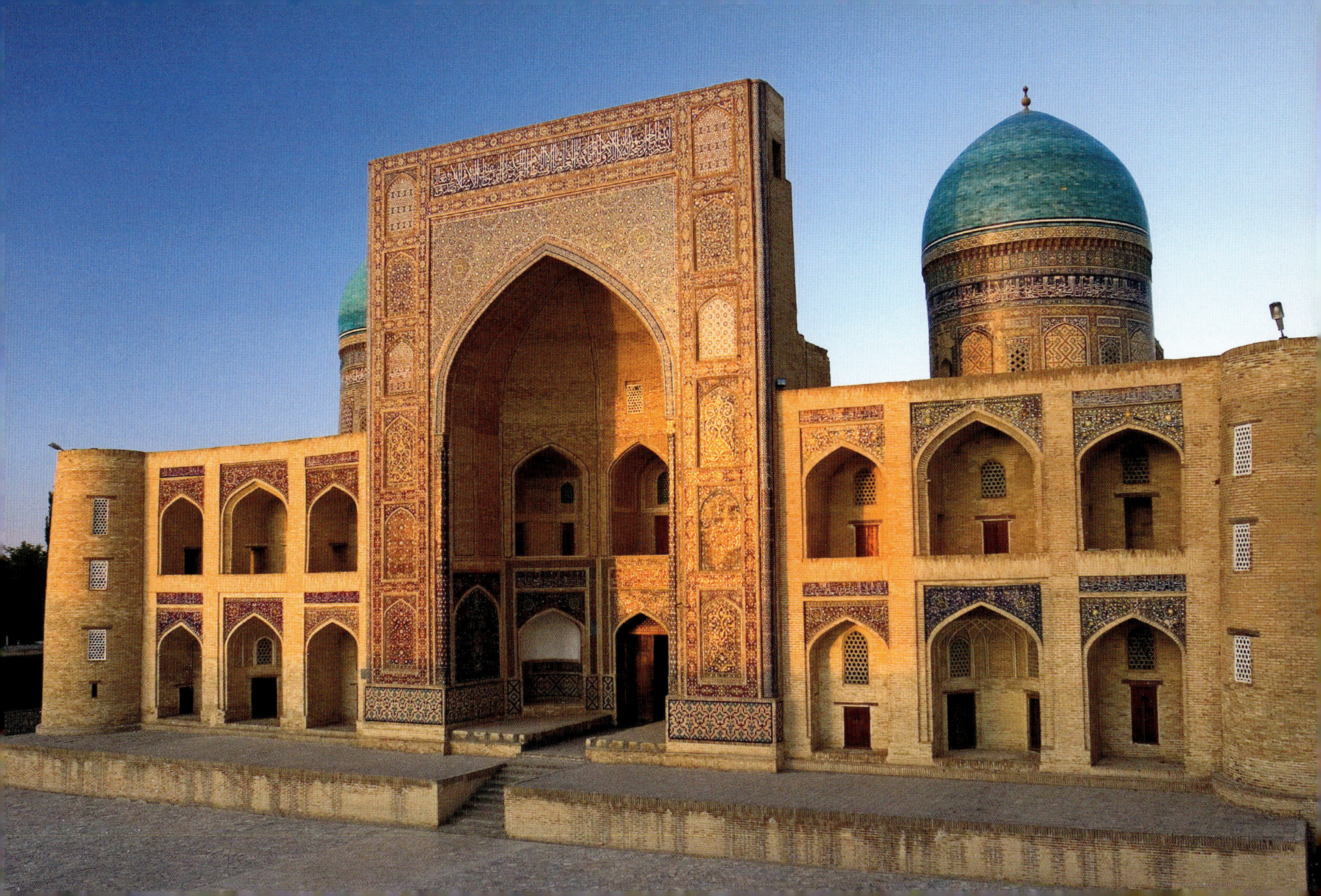

SHIVA-SCHREIN

ELEPHANTA, INDIEN

Die bedeutendsten Höhlentempel des Hinduismus | Der Shiva geweihte Felsentempel liegt auf einer Insel in der Bucht von Mumbai und ist vor allem durch seine Steinmetzarbeiten berühmt. Sie stellen Shiva in seinen unterschiedlichen Erscheinungsformen dar. Die Skulpturen, mit teils monumentalen Ausmaßen, stammen aus dem 7. Jahrhundert und gehören zu den Höhepunkten der frühen hinduistischen Kunst.

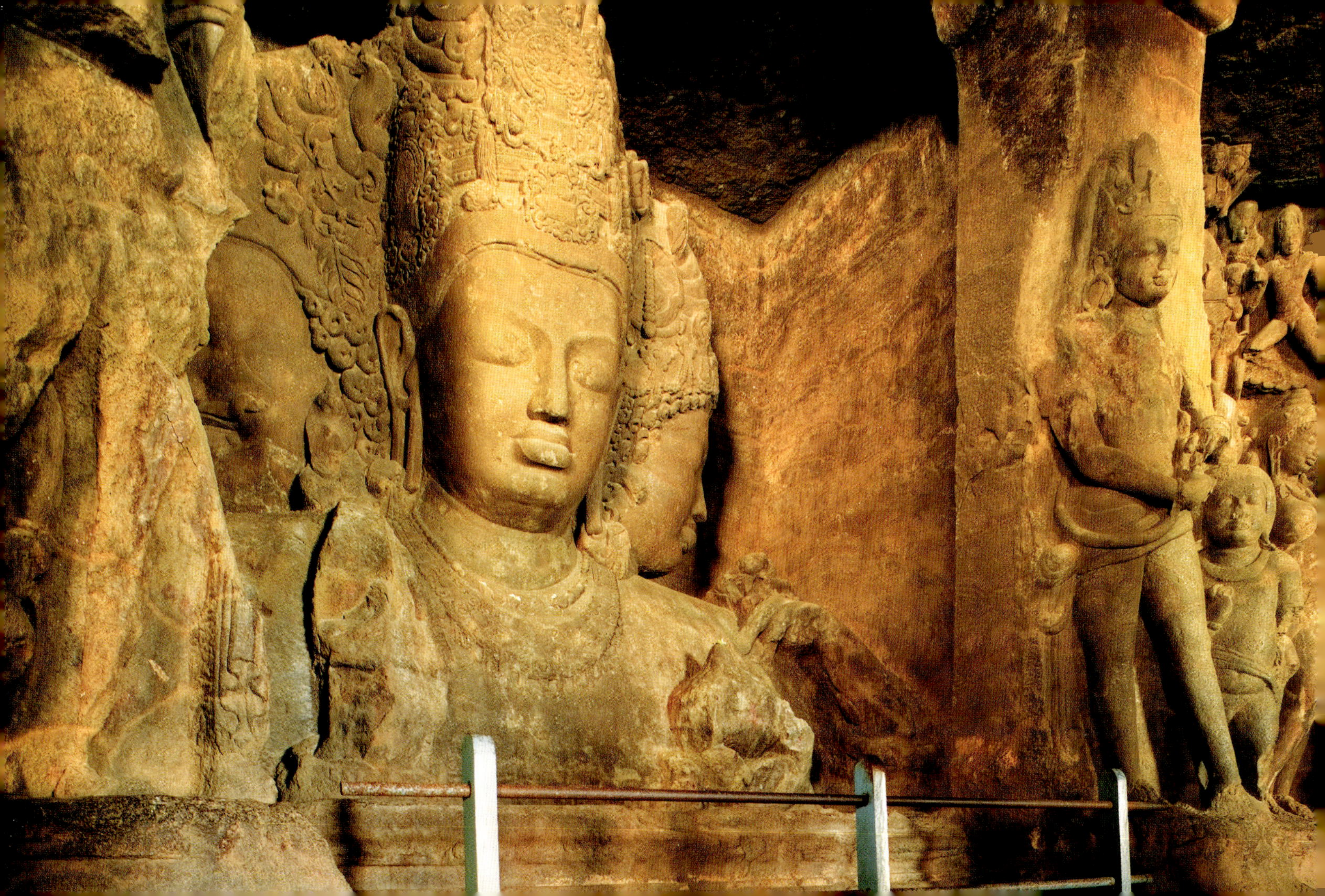

TOKIO
JAPAN

Die imposantesten Skylines der Welt | Tokio, Skyscraper City No. 6, hat mehr als 550 Wolkenkratzer, die über 100 Meter hoch sind. Der höchste unter ihnen ist »nur« 248 Meter hoch, die Fernsehtürme aber sind deutlich höher. Bis zum Jahr 1963 war die Gebäudehöhe per Gesetz auf lediglich 31 Meter begrenzt; erst ab 1968 konnte höher gebaut werden.

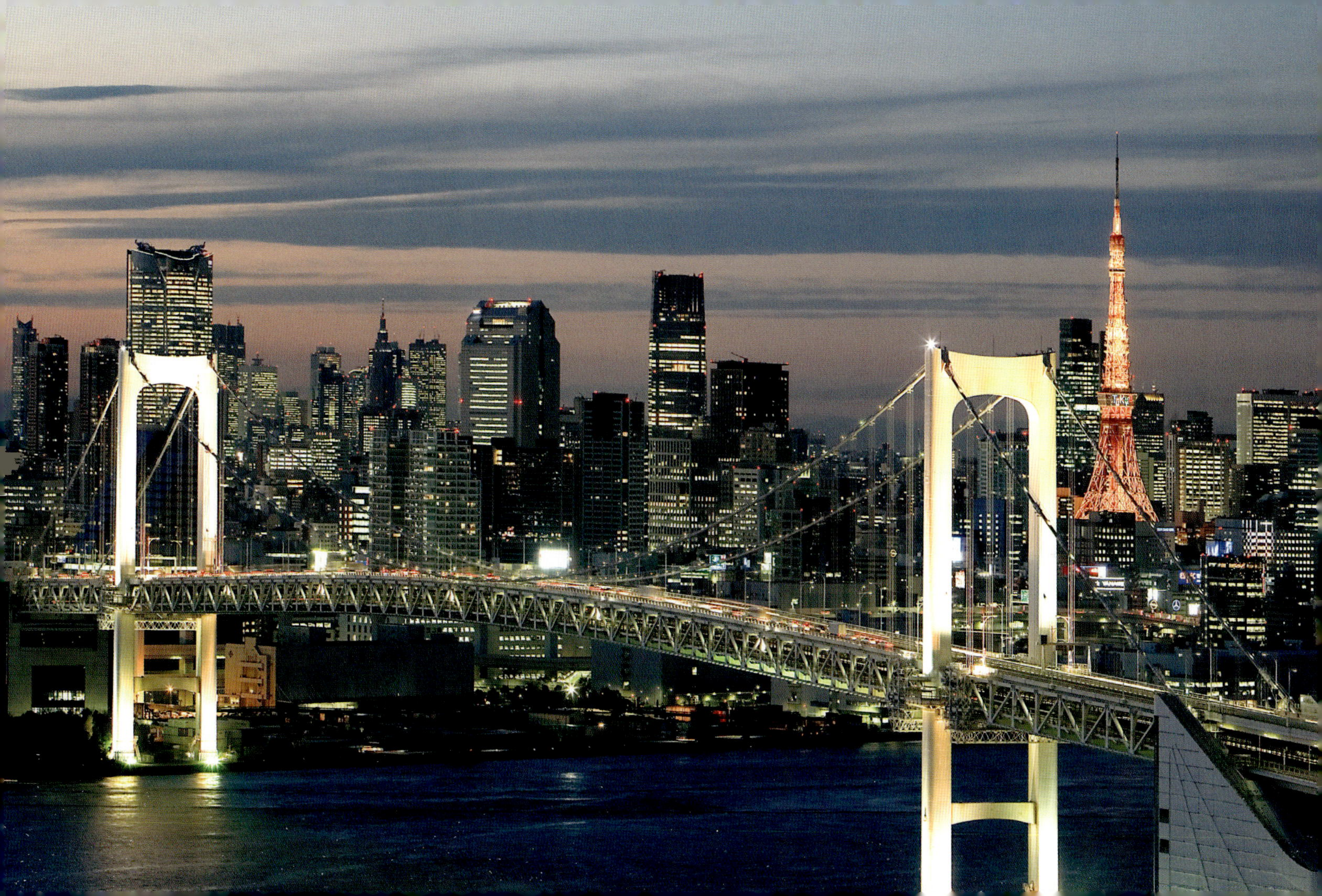

CANTON TOWER

CANTON, CHINA

Der zweithöchste Turm der Welt | Die außergewöhnliche Architektur des 600 Meter hohen Canton Tower, eine elliptische Tragwerkskonstruktion, hat den Vorteil, dass der hohe Turm nur minimalen Windwiderstand aufweist. Beleuchtet kommt seine extravagante Form besonders gut zur Geltung. Die Liede Bridge im Vordergrund überquert den Perlfluss mit fast vier Kilometer Länge.

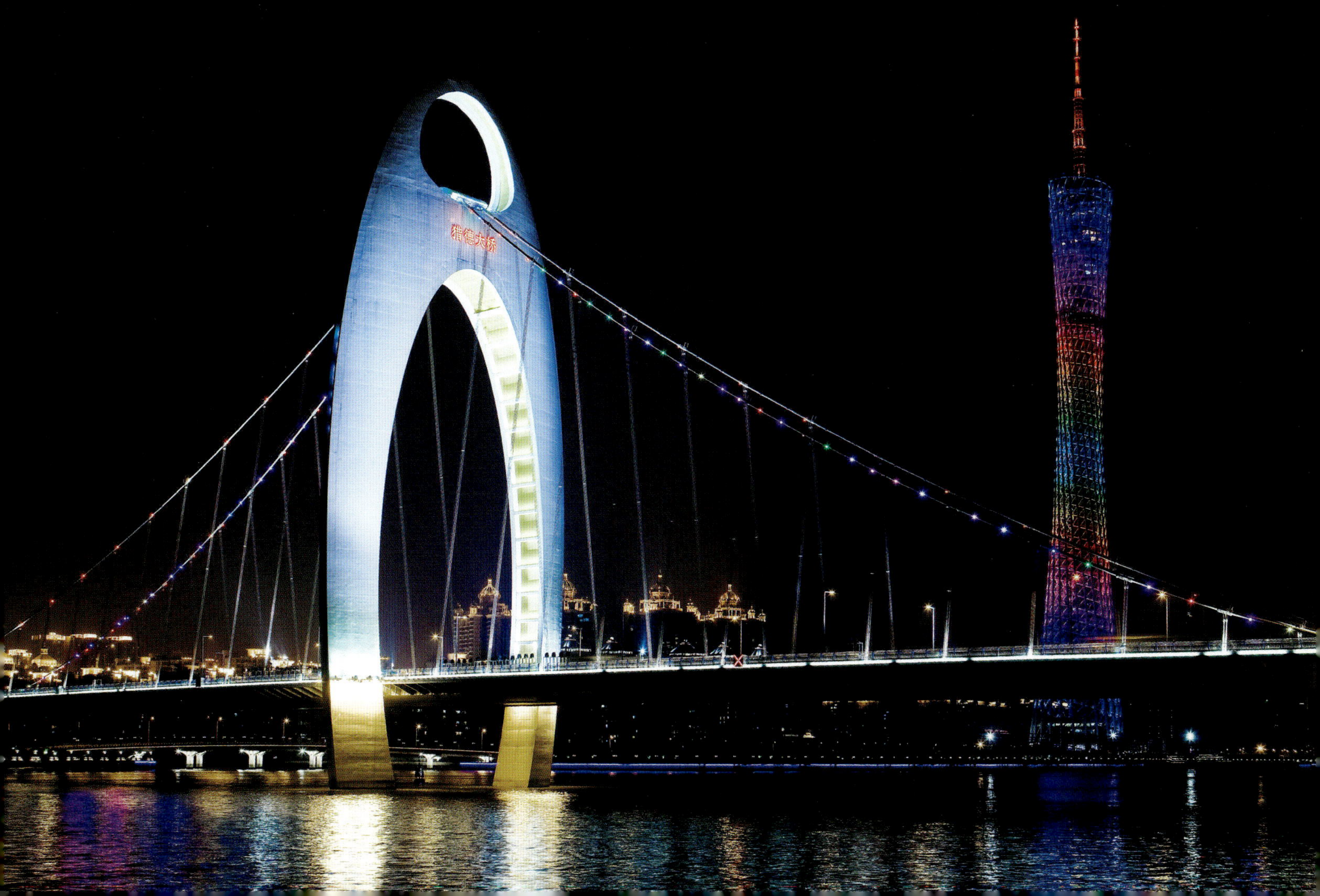
猎德大桥

MEXIKO-STADT
MEXIKO

Die größten Städte der Welt | Die mexikanische Hauptstadt belegt in den von verschiedenen Forschungsinstituten herausgegebenen Listen der größten Städte der Erde regelmäßig einen vorderen Platz. Die Riesenmetropole mit rund 20 Millionen Einwohnern hat mit einer gigantischen Bevölkerungsexplosion und Umweltproblemen zu kämpfen. Tatsächlich aber hat sich die Situation in den letzten Jahren etwas entspannt.

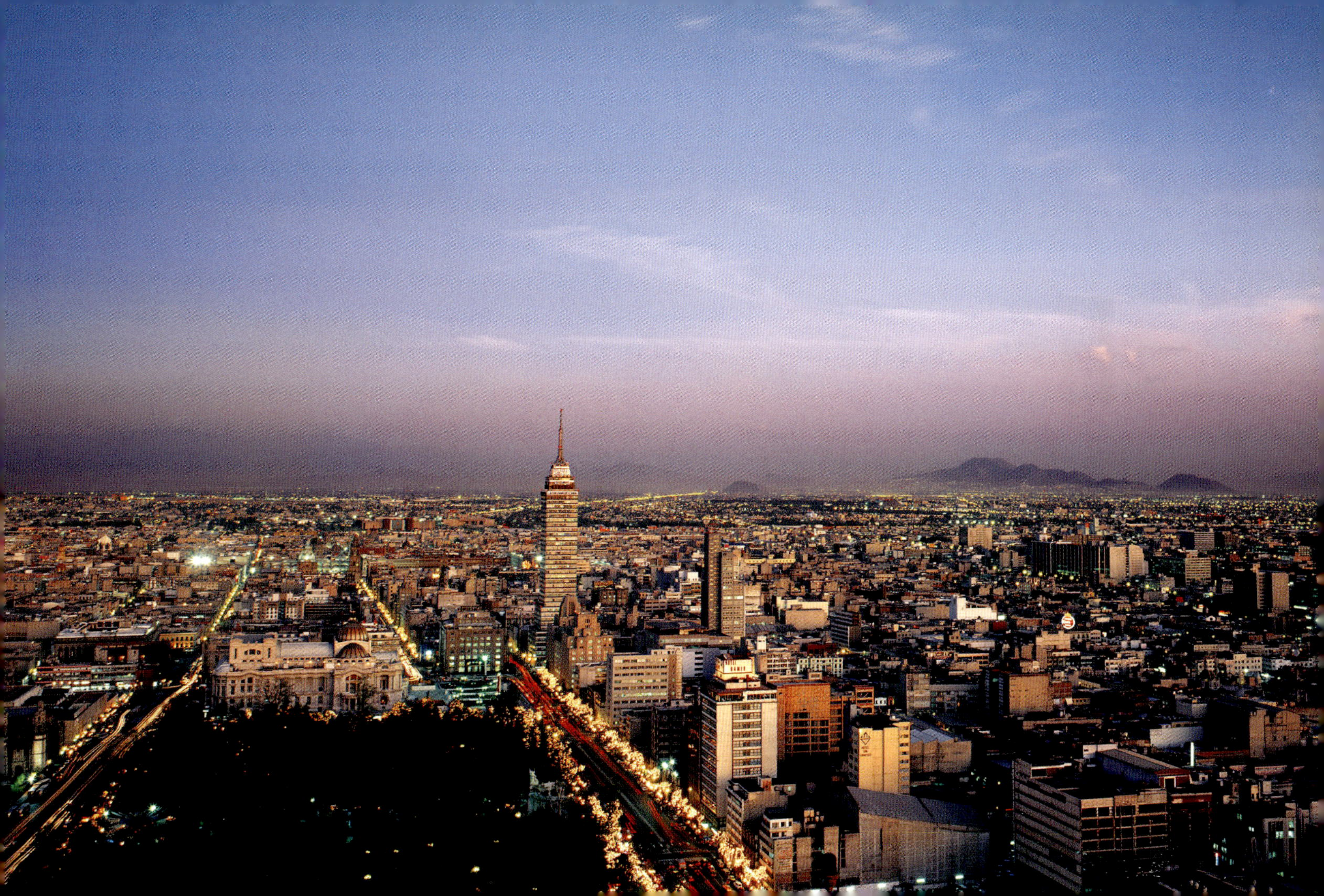

MITTELLAND-KANAL

DEUTSCHLAND

Der längste und meistbefahrene Binnenkanal Europas | Der längste Kanal Deutschlands verbindet auf einer Strecke von 326 Kilometern das Wasserstraßensystem Westeuropas mit der Elbe, den brandenburgischen Flüssen sowie der Oder. Zum großen Schleusensystem des Mittellandkanals gehört die Doppelschleuse im Hannoveraner Stadtteil Anderten. In ihr werden alljährlich rund 22 000 Schiffe um 14,7 Meter gehoben bzw. gesenkt.

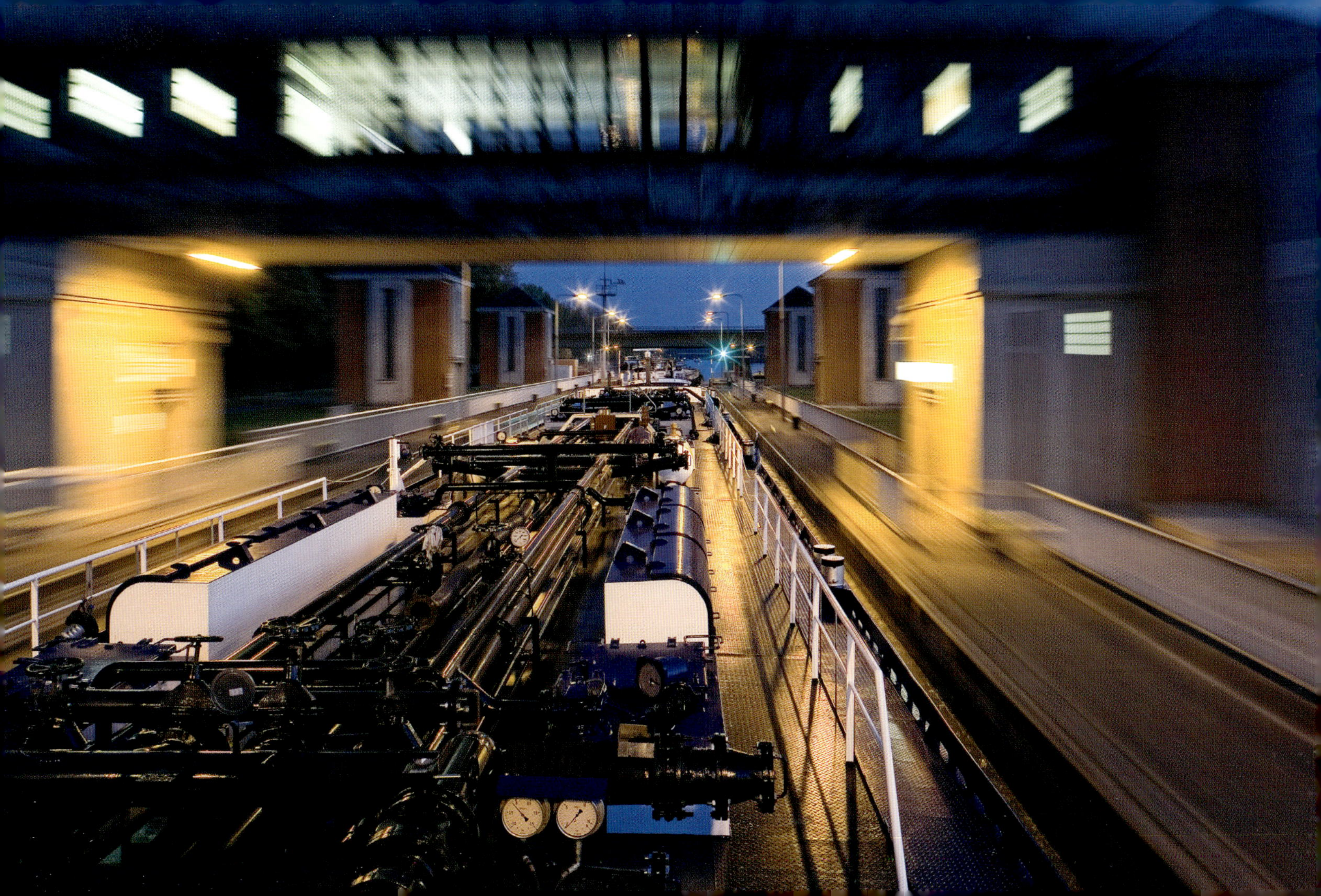

X-15
USA

Das schnellste bemannte Flugzeug der Welt | Ein Flugzeug, das mit fast siebenfacher Schallgeschwindigkeit fliegt und Höhen von über 100 Kilometern erreicht? 1959 hob eines der Experimentierflugzeuge des Typs »North American Aviation X-15« zum Erstflug ab. Der Start des Flugzeugs erfolgte in 15 000 Meter Höhe von einer B-52 aus. Bei 199 Flügen (bis 1968) wurden die Rekordmarken von 7274 km/h sowie 107 960 Höhenmetern erreicht.

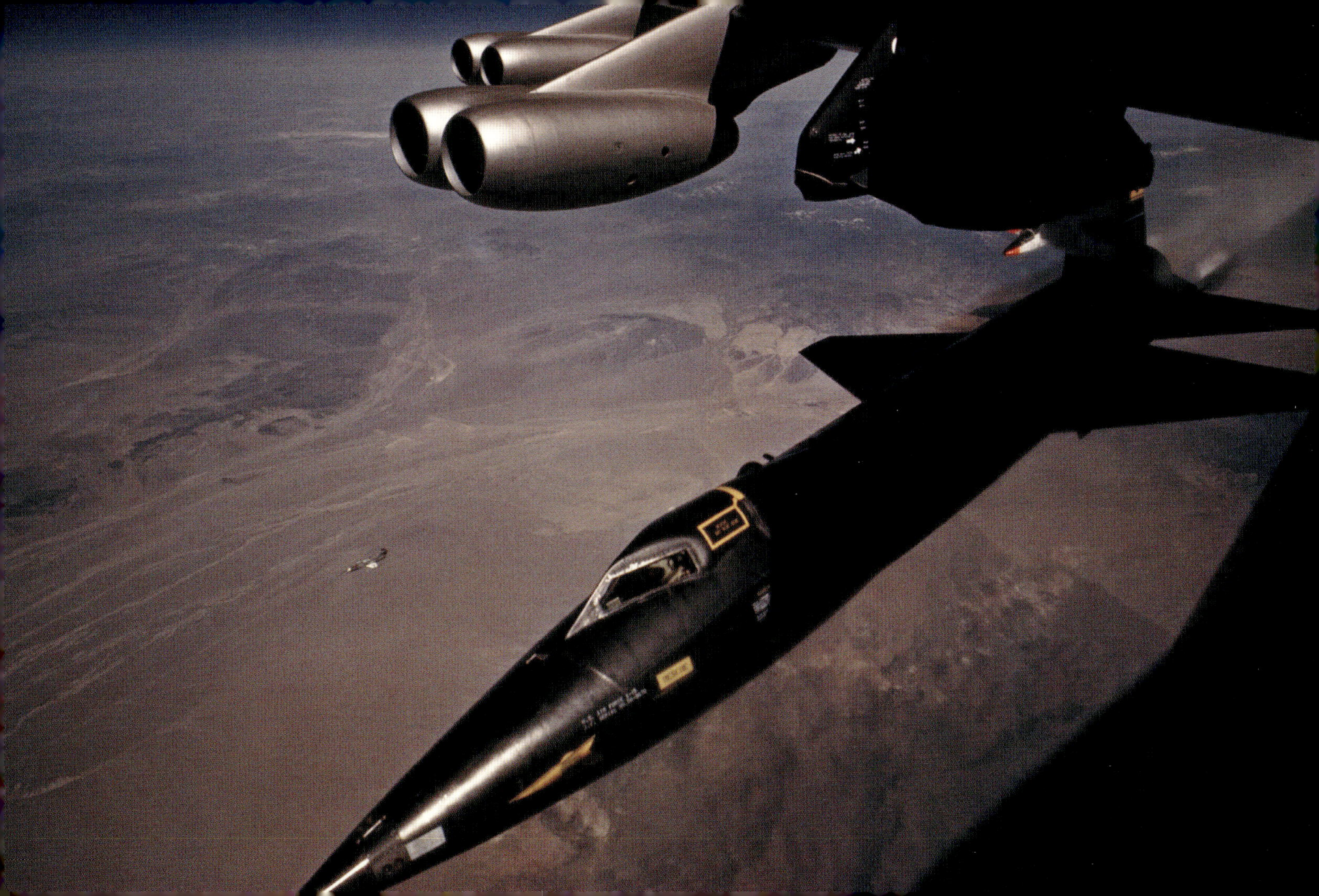

BRÜCKE DES 6. OKTOBERS

KAIRO, ÄGYPTEN

Die längste Brücke Afrikas | Die Brücke des 6. Oktobers ist 12,5 Kilometer lang und eine wichtige Verkehrsverbindung in der Millionenstadt Kairo. Über die zehnspurige Brücke fahren täglich etwa 500 000 Menschen. Der Name der Brücke erinnert an den Tag des Beginns des Jom-Kippur-Krieges am 6. Oktober 1973. Hier ist der Brückenabschnitt in abendlicher Stimmung gezeigt, der über den Nil in die City führt.

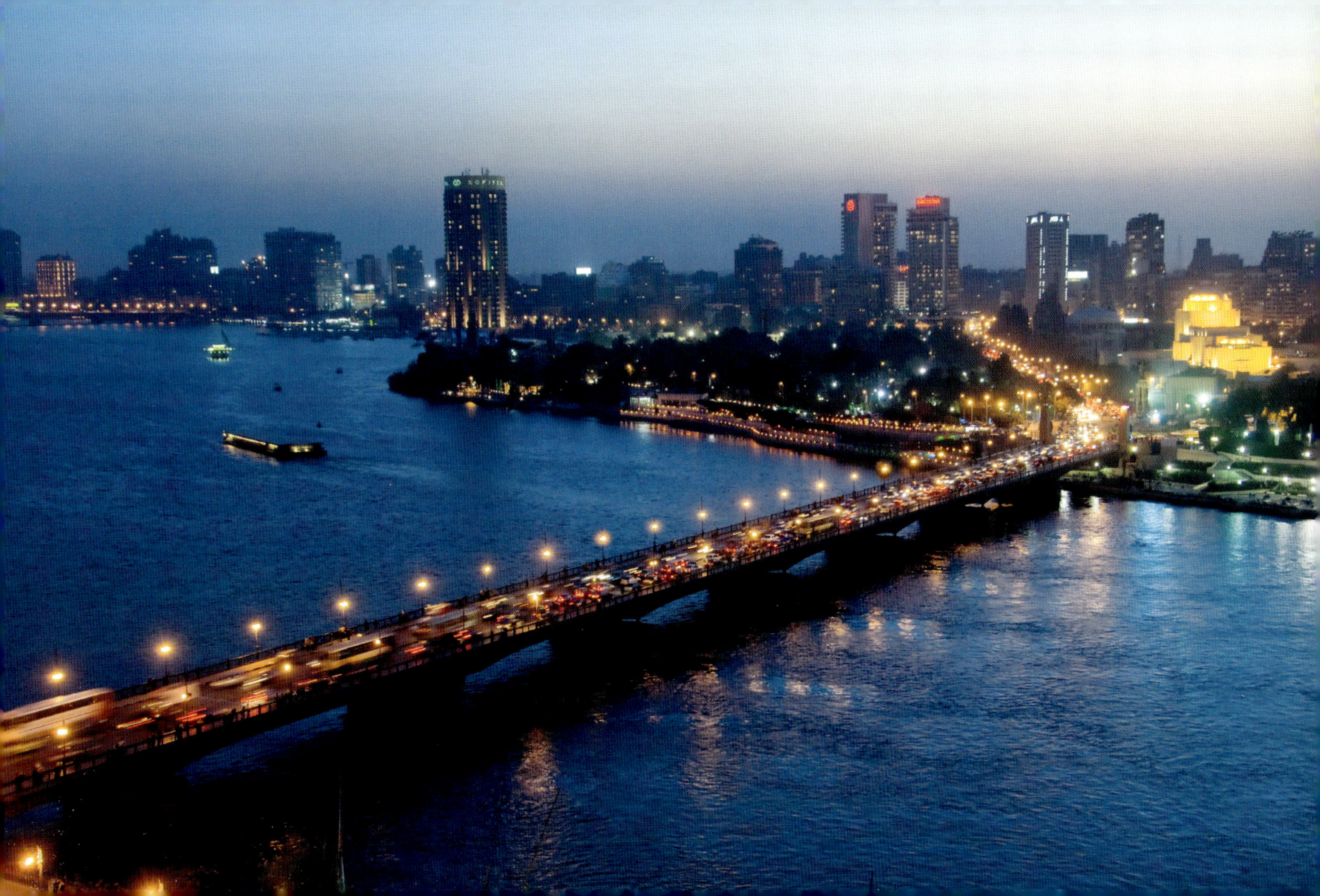
SOFITEL

JIUQUAN WEIXING FASHE ZHONGXIN

CHINA

Die bedeutendsten Weltraumbahnhöfe der Welt | Der 1958 gegründete Raketenstartplatz liegt in der Inneren Mongolei. Er ist der älteste und größte von vier Weltraumbahnhöfen, die China zurzeit betreibt. Hier wird das Raumschiff »Shenzhou 9« in einer Montagehalle des Kosmodroms Jiuquan mit der Trägerrakete »Langer Marsch 2F« verbunden. Die »Shenzhou 9« flog am 12. Juni 2012 zur Raumstation »Tiangong 1«.

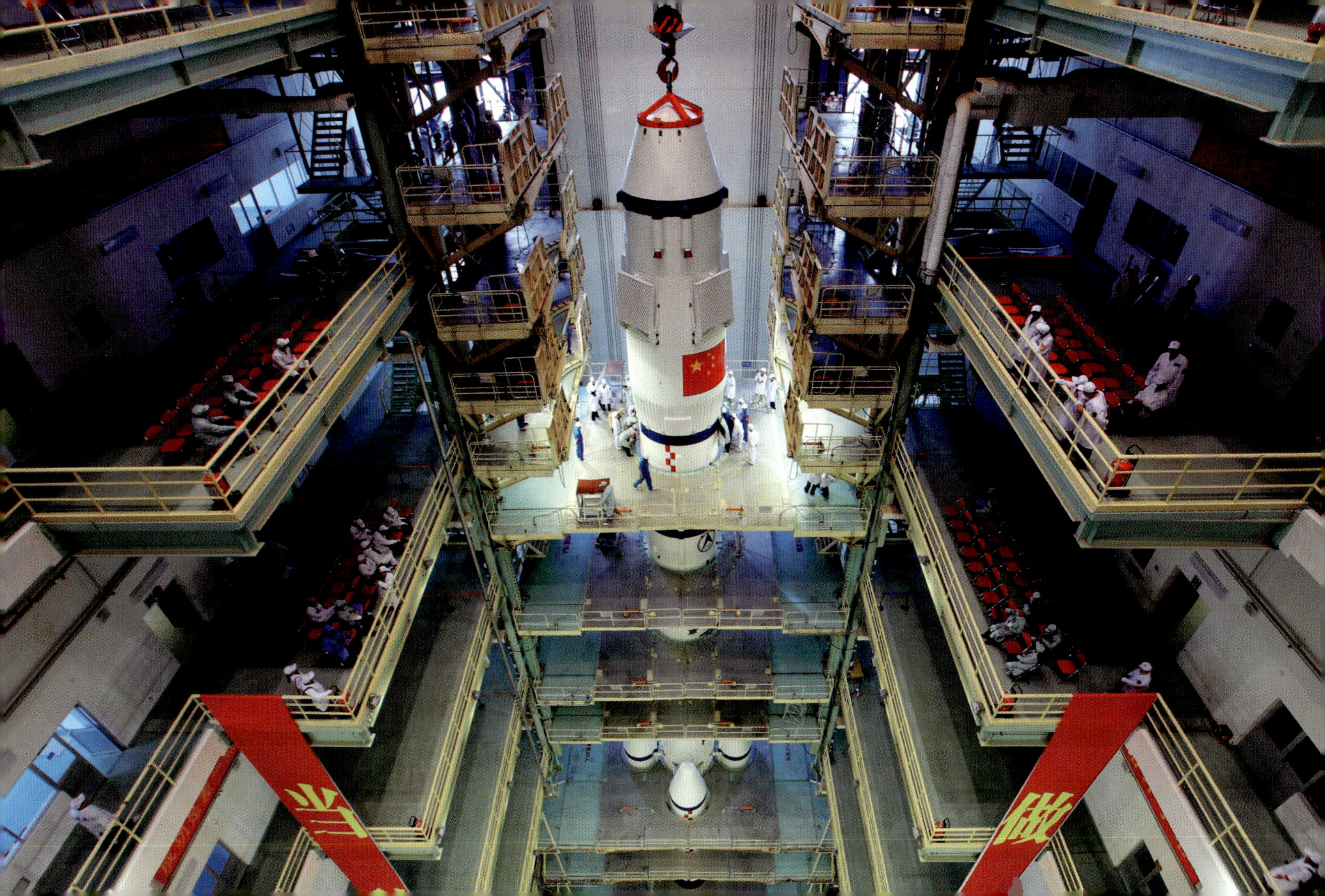
当
做

CHINA

Die größten Exportnationen der Welt | Mit jährlichen Wachstumsraten von etwa 7 bis 9 Prozent hat sich die Volksrepublik China zur dynamischsten Volkswirtschaft der Erde entwickelt und Japan von Platz 2 der größten Volkswirtschaften verdrängt. 2009 löste China Deutschland als »Exportweltmeister« ab. In dem Jahr verkaufte das Land Waren im Wert von 840 Milliarden Dollar ins Ausland, Deutschland kam auf 816 Milliarden US-Dollar.

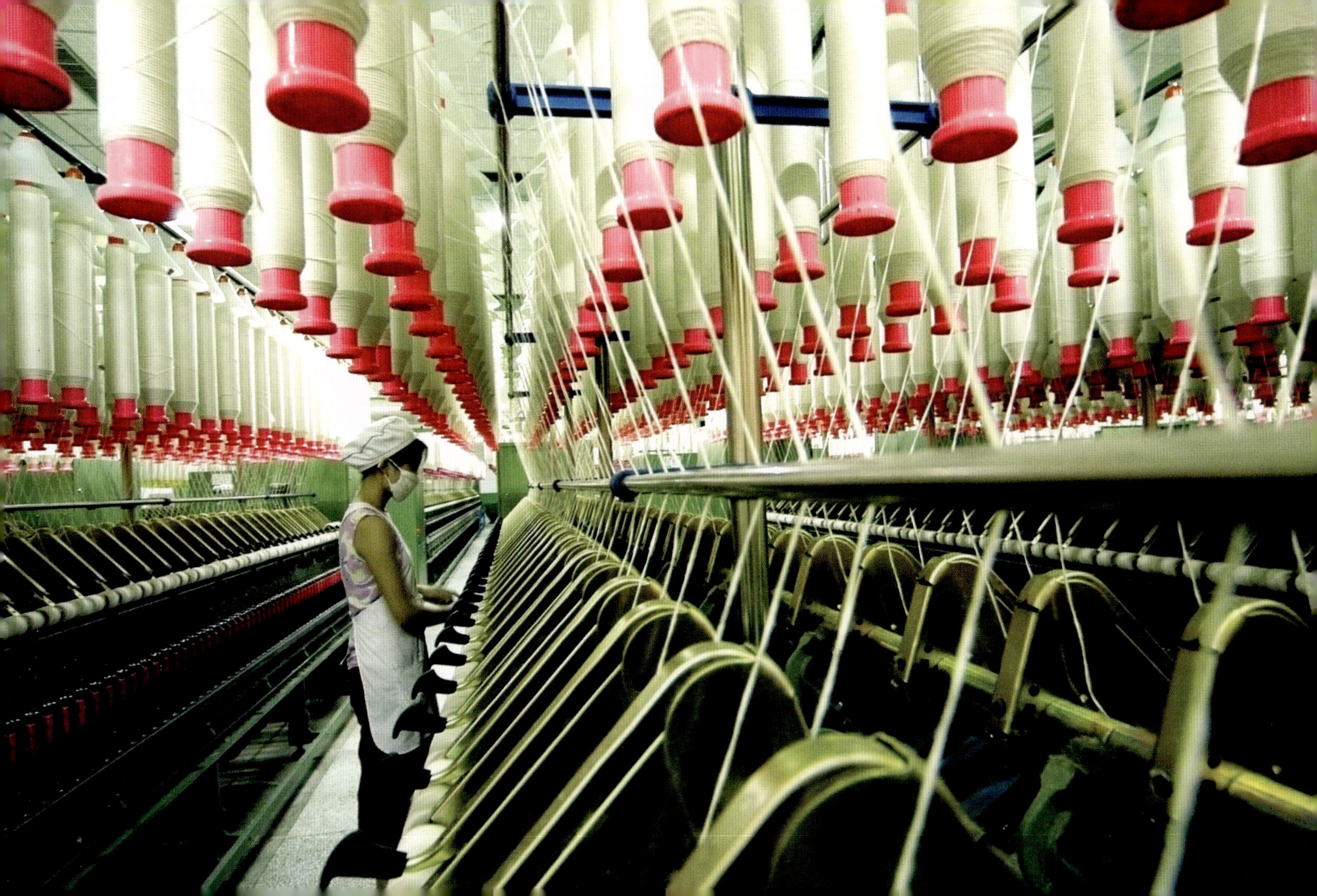

LONG BEACH
LOS ANGELES, USA

Die größten Seehäfen Amerikas | Der größte Hafen Amerikas belegte im Ranking der weltweit größten Häfen im Jahr 2010 Platz 16. Im Jahr 2012 wurden am Worldport L. A. 7,8 Millionen Standardcontainer und 157,8 Millionen Tonnen Güter umgeschlagen. Berücksichtigt man das Ergebnis des benachbarten Hafens von Long Beach, so kommen auf Los Angeles 14,1 Millionen Standardcontainer und 236 Millionen Tonnen Güter.

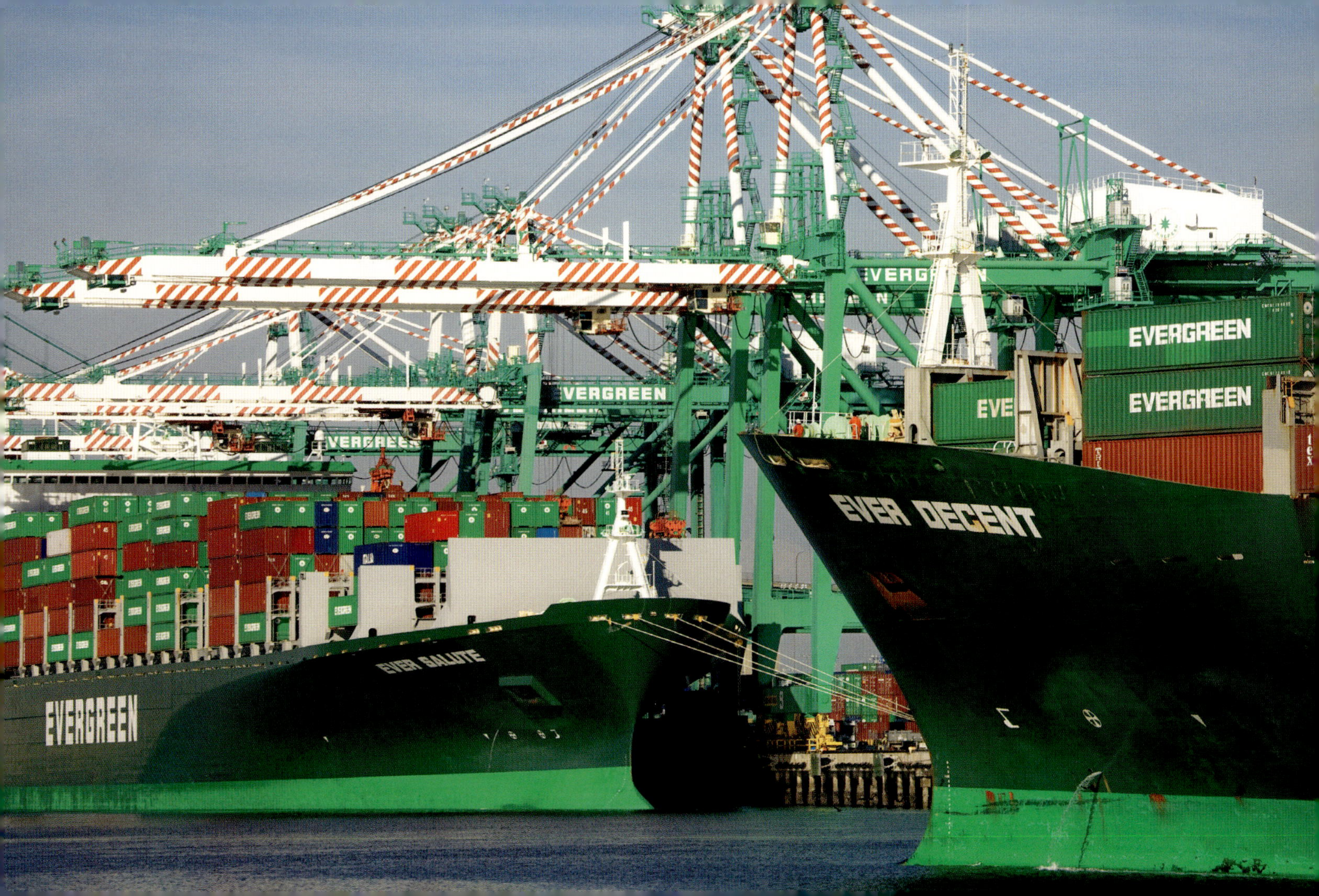
EVERGREEN
EVERGREEN
EVER DECENT
EVER SALUTE
EVERGREEN

SEA TROLL
NORWEGEN

Die größte Offshore-Förderplattform der Welt | Die 36 Meter hohe Betonbasis dieser Gasförderplattform wurde 100 Kilometer vor der norwegischen Küste in 303 Meter Tiefe auf dem Meeresboden verankert. Die vier Säulen, die auf ihr befestigt sind und die die Plattform tragen, erreichen eine Höhe von 343 Metern und ragen doch nur 30 Meter aus dem Meer. Die einzelnen Teile der »Sea Troll« wurden im norwegischen Vats-Fjord zusammengesetzt.

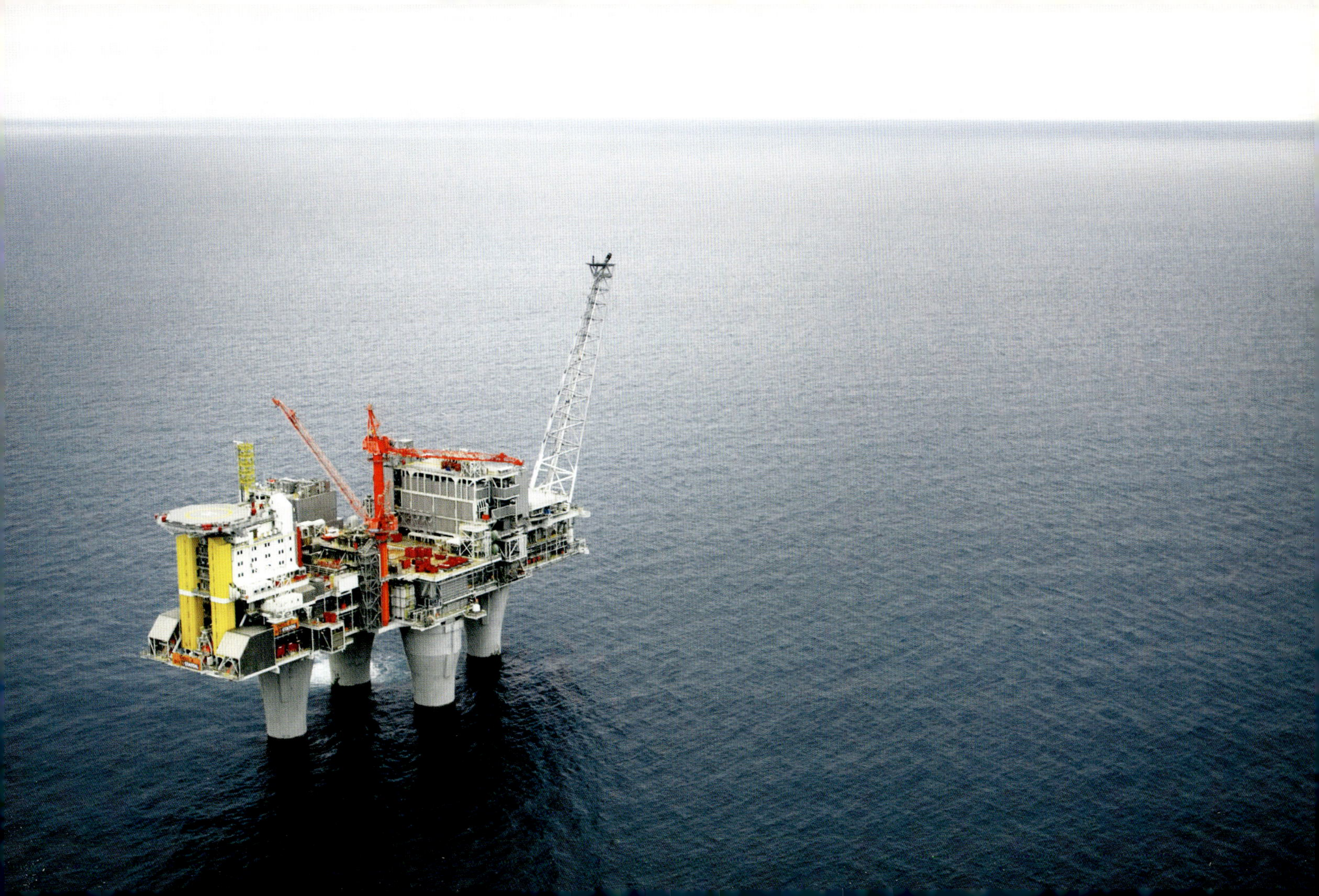

DEUTSCHES MUSEUM
MÜNCHEN, DEUTSCHLAND

Die bedeutendsten Industrie- und Technikmuseen der Welt | Das im Jahr 1925 eröffnete Museum ist bis heute das weltweit größte seiner Art. Die Ausstellung umfasst rund 28 000 Exponate aus allen Bereichen von Naturwissenschaft und Technik. Highlights sind u. a. ein foucaultsches Pendel, die Z4 des Computerbauers Conrad Zuse sowie ein U-Boot der kaiserlichen Marine und Flugzeuge aus der Frühzeit der Fliegerei.

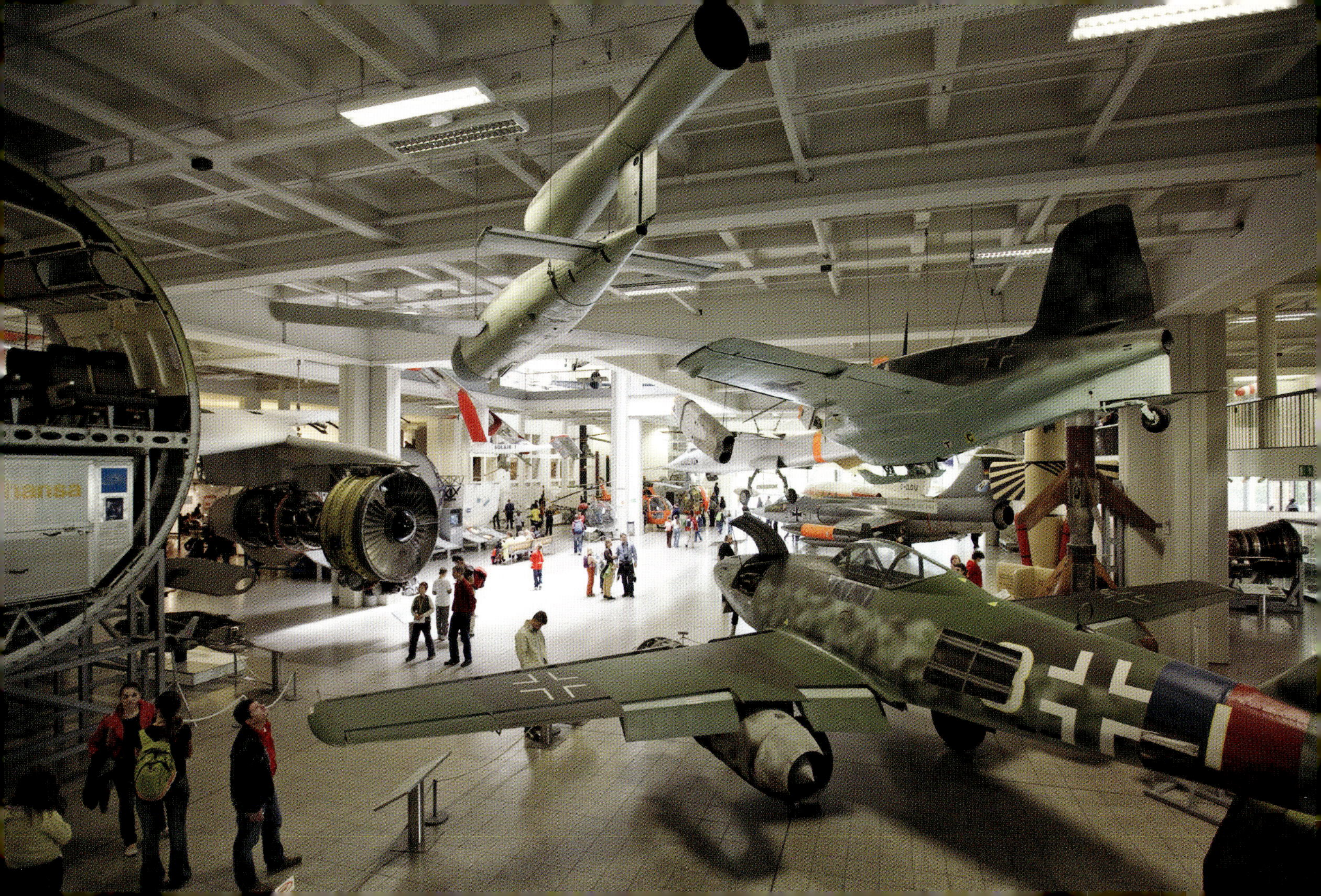
hansa

PETRONAS TOWERS
KUALA LUMPUR, MALAYSIA

Die höchsten Skyscraper Asiens | Die beiden Bürotürme in der malaysischen Hauptstadt galten von 1998 bis zur Fertigstellung des Wolkenkratzers Taipei 101 im Jahre 2004 (508 Meter) wegen ihrer strukturellen Höhe (452 Meter, inklusive Turmspitze) als höchstes Gebäude der Welt. Diese Einordnung war jedoch teils umstritten, weil die Dachhöhe mit 378 Metern niedriger ist als bei anderen Hochhauskonkurrenten (Willis Tower, 442 Meter).

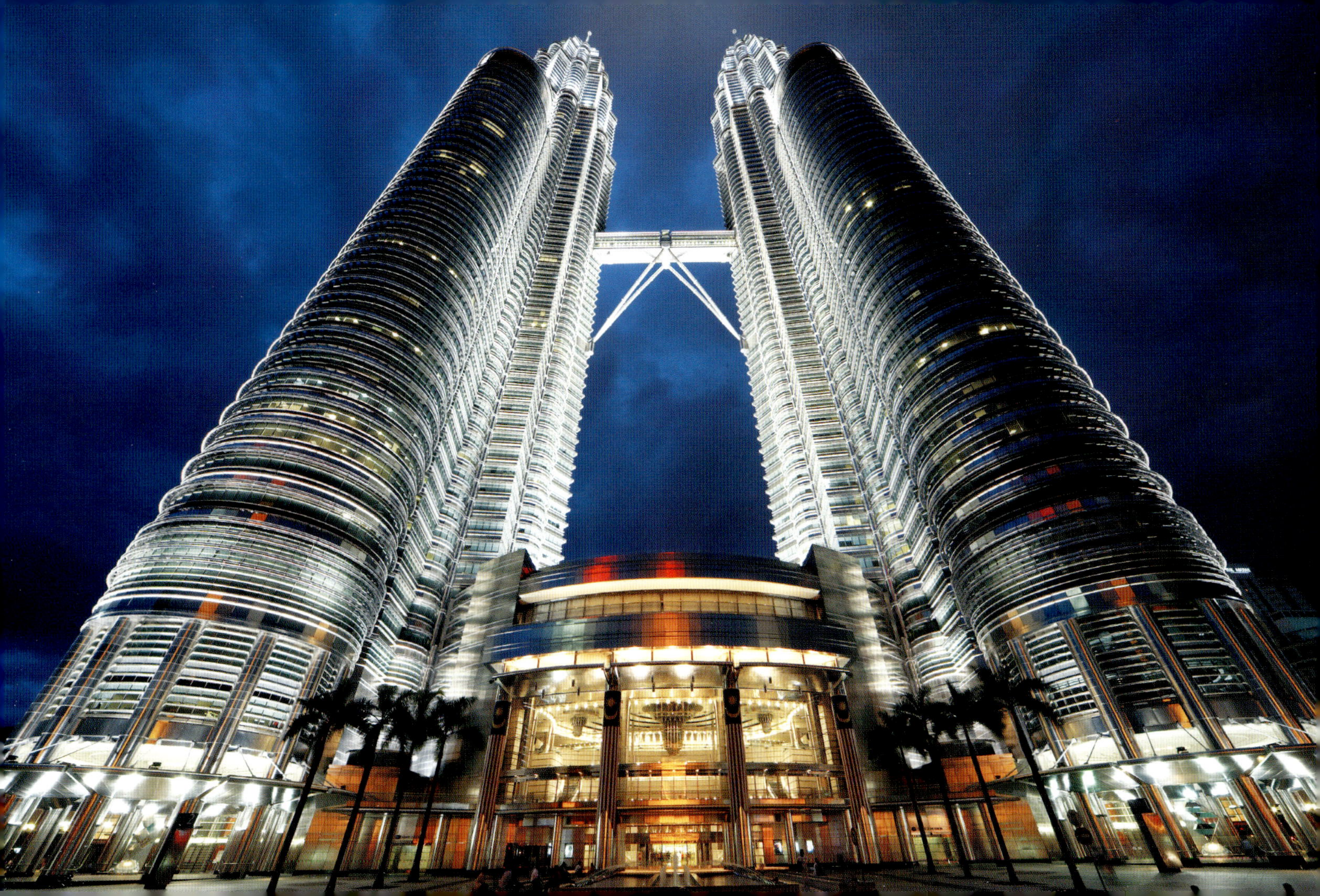

BURGPALAST
BUDAPEST, UNGARN

Die größten Palastgebäude der Welt | Die gewaltige Anlage mit 65 000 Quadratmetern auf dem Budapester Burgberg hat eine wechselvolle Geschichte hinter sich. Häufig ist der Bau in Kriegen und bei Angriffen zerstört worden, doch die Ungarn bauten den Palast unermüdlich immer wieder auf. Auch nach dem Zweiten Weltkrieg waren umfangreiche Sanierungsarbeiten notwendig und er erhielt sein heutiges Erscheinungsbild.

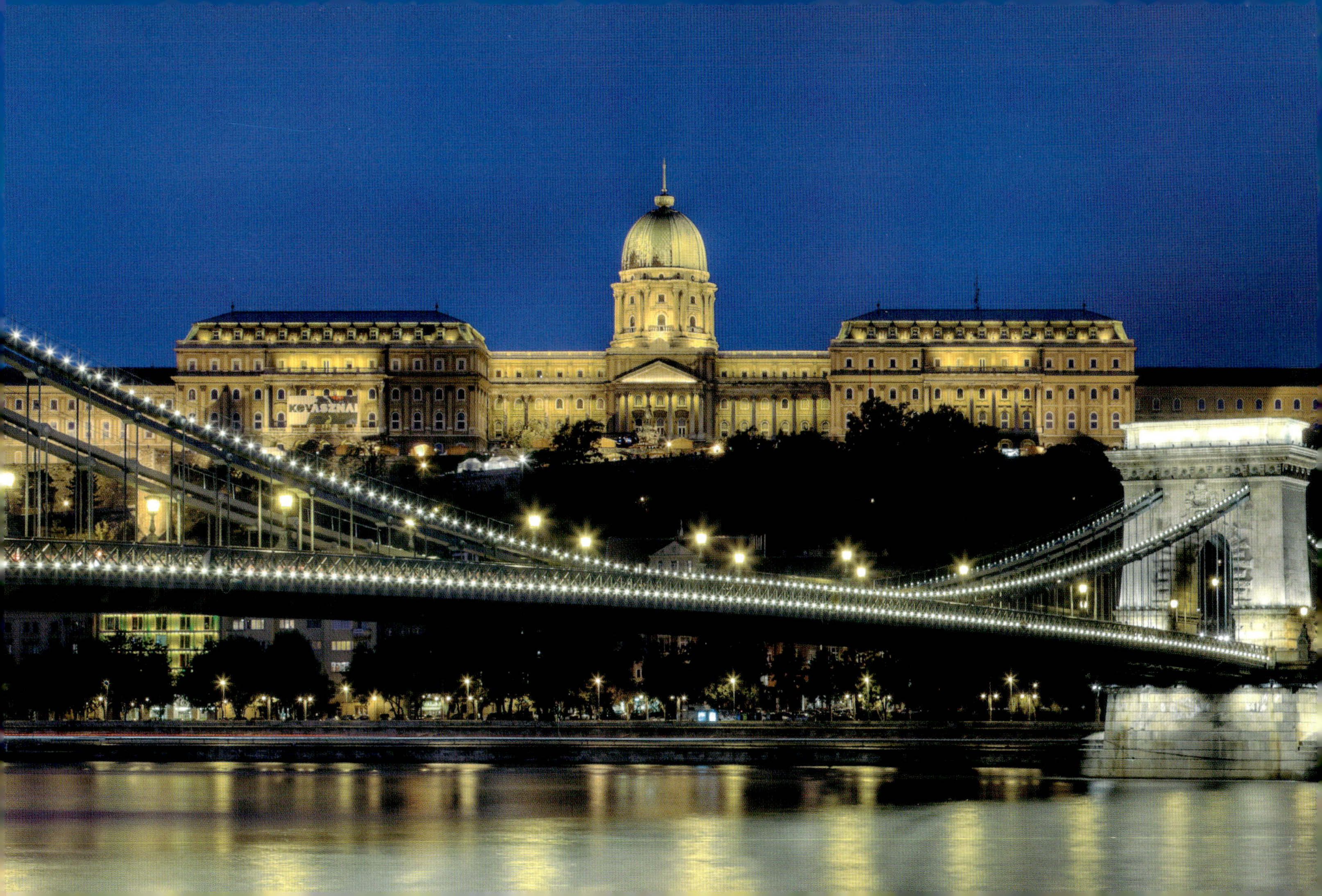

GROSSE SYNAGOGE

PILSEN, TSCHECHIEN

Die größten Synagogen weltweit | Die zweitgrößte sephardische Synagoge Europas wurde 1893 eingeweiht. Ihr Erscheinungsbild ist das Ergebnis eines Kompromisses, den die jüdische Gemeinde Pilsens eingehen musste. Ursprünglich waren 65 Meter hohe Türme im gotischen Stil geplant. Die Architekten entschieden sich für eine harmonische Kombination aus romanischem und Renaissancestil.

אנכי לא יהיה לא תשא את השבת כבד לא תרצח לא תנאף לא תגנב לא תענה לא תחמד

BHUBANESWAR
INDIEN

Die bedeutendsten Tempelanlagen des Hinduismus | Der Brahmeswar-Tempel ist mit seinem Skulpturenschmuck eines der bedeutendsten Heiligtümer der Tempelstadt Bhubaneshwar. Seine Anfänge gehen auf das 9. Jahrhundert zurück, die heute sichtbare Form erhielt er aber vermutlich erst im 11. Jahrhundert. Er umfasst eine Fläche von mehr als zwei Hektar und ist von einer zwei Meter dicken Mauer umgeben.

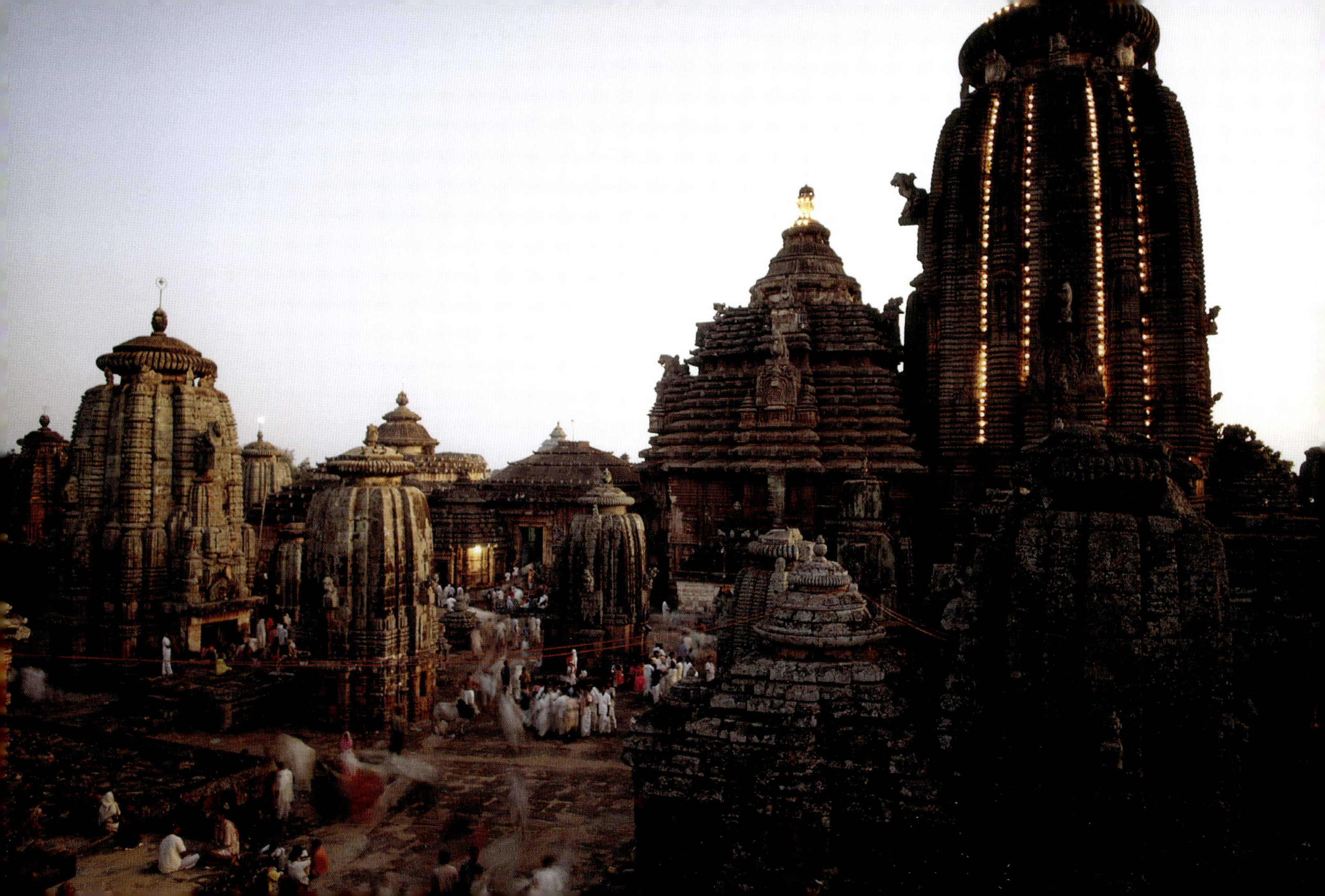

CHINA SUGE LA

Die höchsten Gebirgs- und Passstraßen Chinas | Satellitenmessungen haben für diese Passstraße etwa 100 Kilometer nordwestlich von Lhasa eine Höhe von etwa 5430 Metern ergeben; dies ist damit der dritthöchste befahrbare Pass weltweit. Der Pass zwischen Shigatse und Lhasa liegt auf dem nördlichen Teil des Friendship Highway, der das tibetische Lhasa mit Kathmandu in Nepal verbindet.

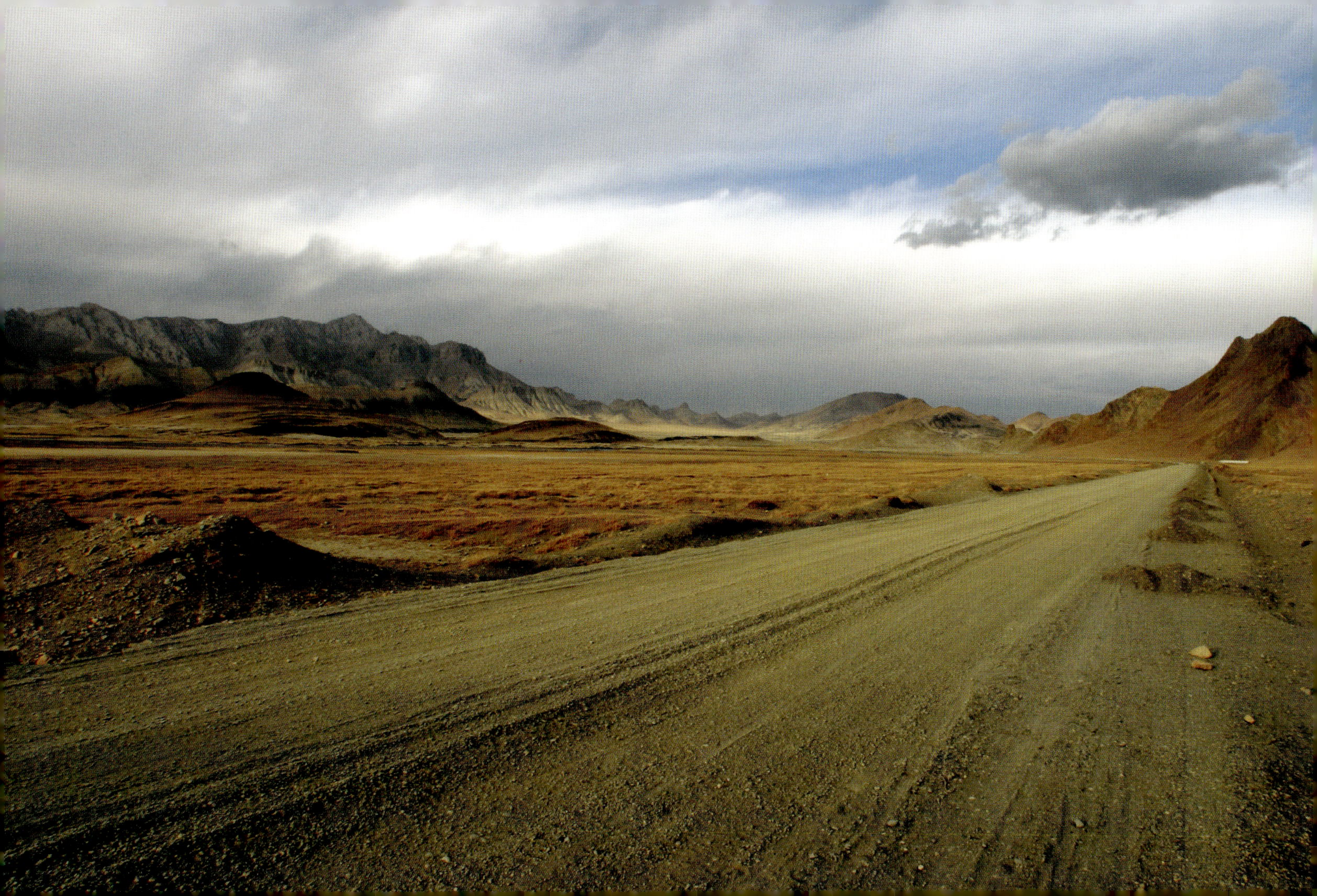

PERSEPOLIS
IRAN

Die bedeutendsten Ruinenstätten des altpersischen Reiches | Der Achämeniden-König Darius I. gab den Bau dieser auf einer künstlichen Terrasse angelegten Residenz im Südwesten des heutigen Iran in Auftrag. Die Anlage, die für zeremonielle Begehungen gegründet wurde, umfasst Toranlagen, Paläste, Schatzhäuser, einen Thronsaal und einen Audienzsaal, den Apadana, der hier gezeigt wird.

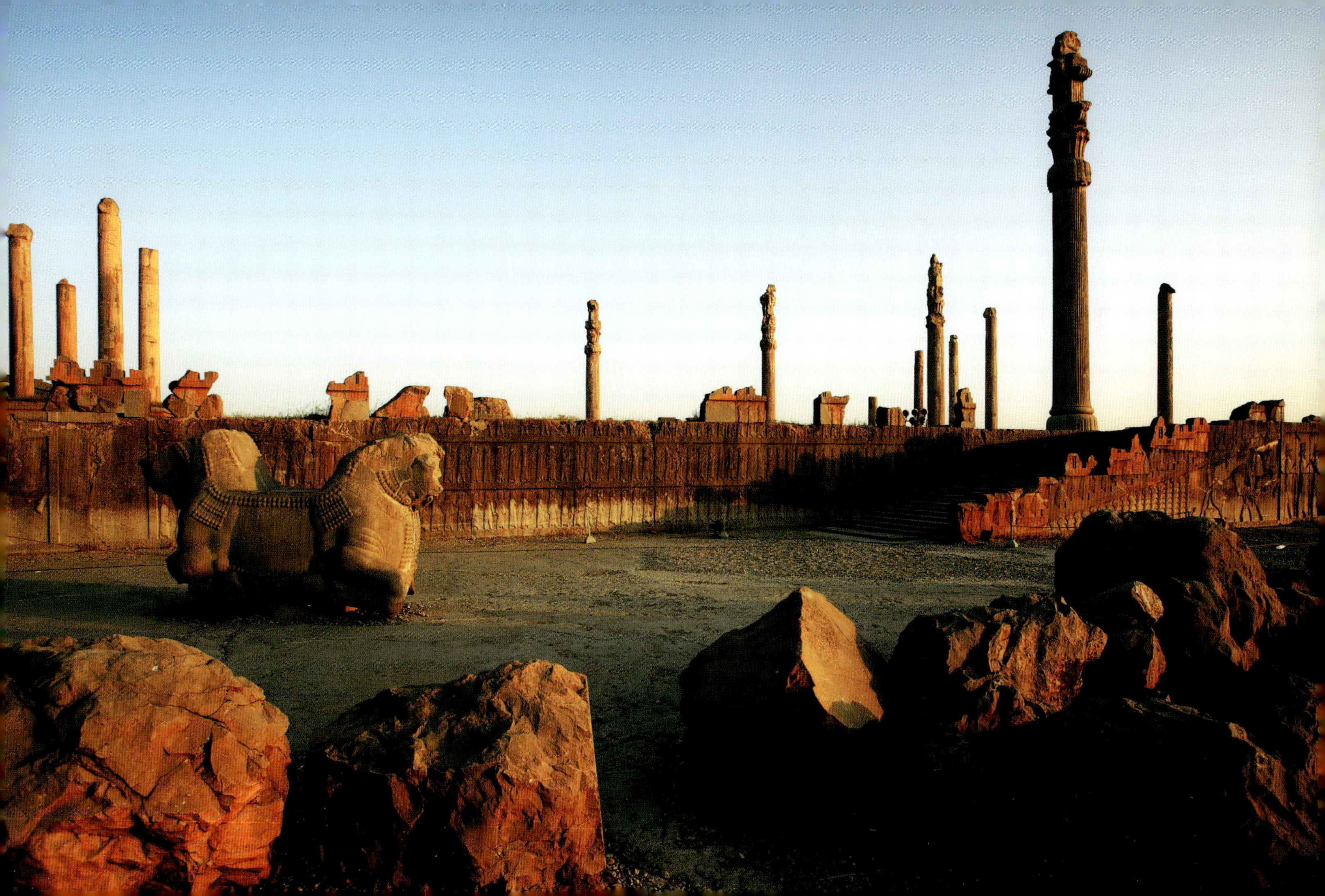

BASÍLICA DE NOSSA SENHORA APARECIDA, BRASILIEN

Die größten Kirchen der Welt | Die 12 000 Quadratmeter große Basilika von Aparecida im Bundesstaat São Paulo verdankt ihre Existenz einer wundertätigen Marienstatue, die 1717 von drei Fischern aus dem Wasser gezogen wurde und ihnen reiche Fänge bescherte. Die Figur wurde erst in einer Kapelle verehrt, später im Jahr 1834 wurde für sie eine Basilika errichtet.

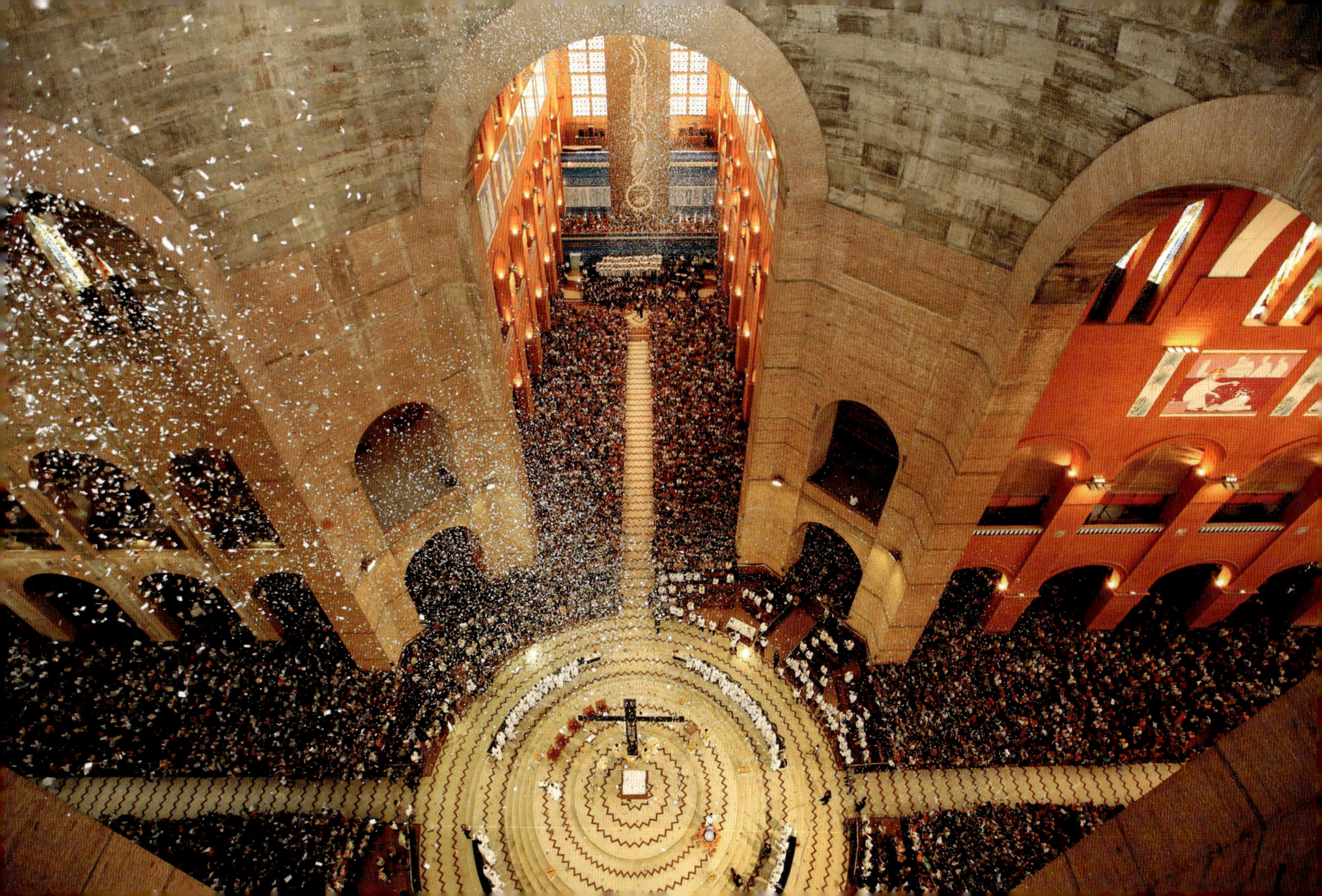

GUGGENHEIM MUSEUM
NEW YORK CITY, USA

Die bedeutendsten Sammlungen moderner Kunst | Das Museum wurde durch seine eigenwillige bauliche Form, ein Entwurf Frank Lloyd Wrights, weltbekannt. Die Kunstwerke sind hier entlang einer sich spiralförmig nach oben windenden Rampe ausgestellt. Obwohl die Sammlung mittlerweile auch Werke der Impressionisten umfasst, liegt ihr Schwerpunkt doch immer noch auf der abstrakten Malerei.

ONE WAY
ONE WAY
SPEED LIMIT 30
SPEED CHECKED BY RADAR
ONE WAY
E 89 ST
FRED LEBOW
THE
GUGGENHEIM
THANNHAUSER COLLECTI
MANGO
NYC TAXI

RHEIN-RUHR
DEUTSCHLAND

Die größten Metropolregionen Europas | Dieser urbane Ballungsraum (Köln, Düsseldorf, Essen, Dortmund) umfasst das Ruhrgebiet sowie die Region entlang der Rheinschiene bis nach Bonn mit insgesamt mehr als 10 Millionen Einwohnern. Rhein-Ruhr verfügt über kein urbanes Zentrum, sondern besteht aus einer Ansammlung von Städten und Gemeinden, die durch ein enges Verkehrswegenetz miteinander verbunden sind.

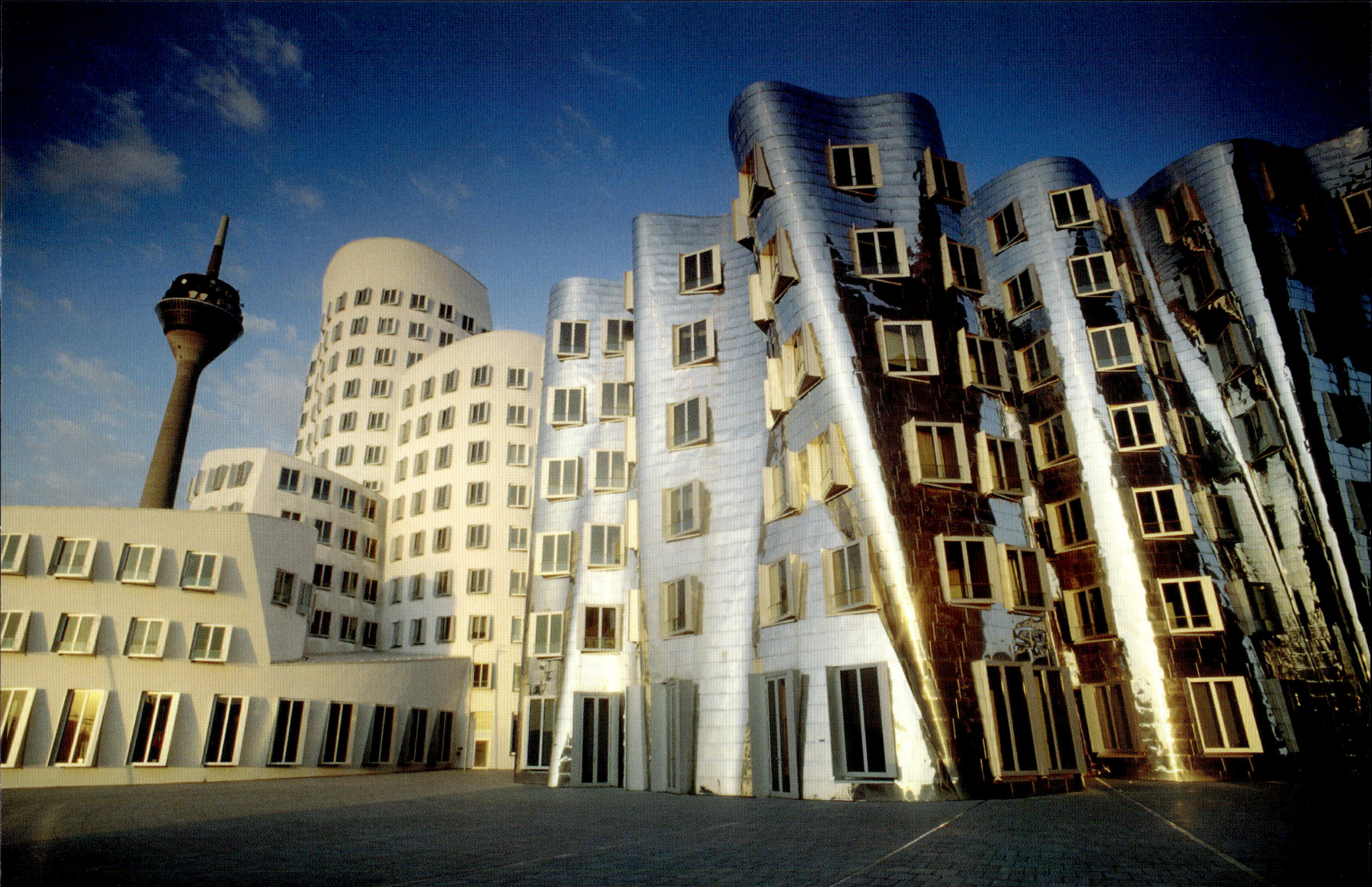

NATIONAL MUSEUM OF NATURAL HISTORY
WASHINGTON D.C., USA

Das größte Naturkundemuseum der Welt | Die größte Naturkundesammlung der Welt befindet sich in einem der 19 Museen des Smithsonian-Instituts. Es zeigt in seinen Räumen nicht nur die Vielfalt der Formen in der Natur. Teile der Ausstellung sind der Entwicklung des Menschen und seiner Kultur gewidmet.

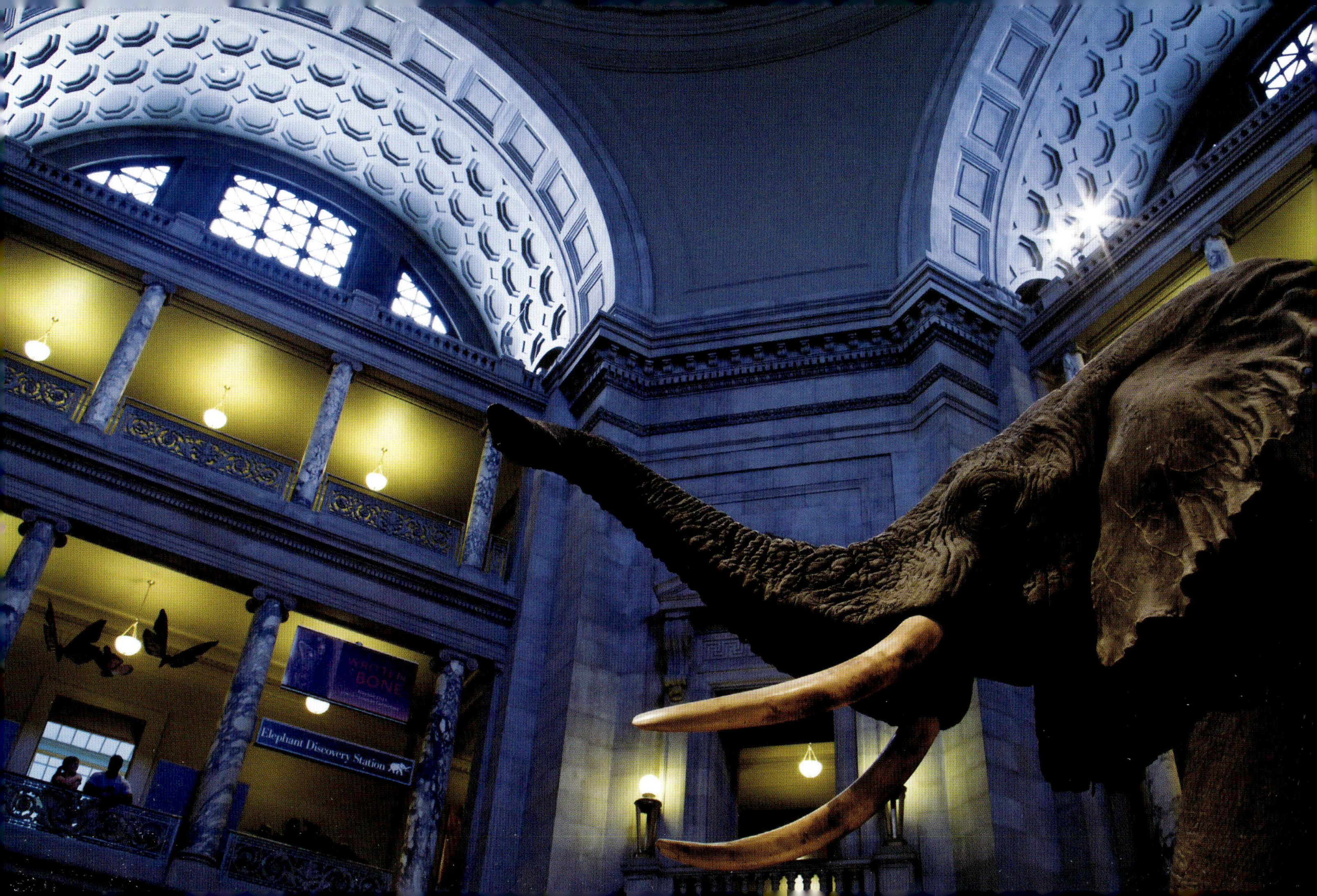
WRITTEN
BONE
Elephant Discovery Station

BASÍLICA DEL PILAR

SARAGOSSA, SPANIEN

Die größten Kirchen der Welt | Ein imposantes Ensemble mit insgesamt vier Türmen und elf Kuppeln bildet die Basílica del Pilar im Herzen Spaniens, in Saragossa, direkt am Fluss Ebro gelegen. Sie ist die größte Barockkirche Spaniens. Mit ihren Ausmaßen von 130 Meter Länge, 76 Meter Breite und einer 80 Meter hohen Kuppel vermag sie Tausende von Gläubigen aufzunehmen, die die hier aufbewahrte Madonna del Pilar verehren.

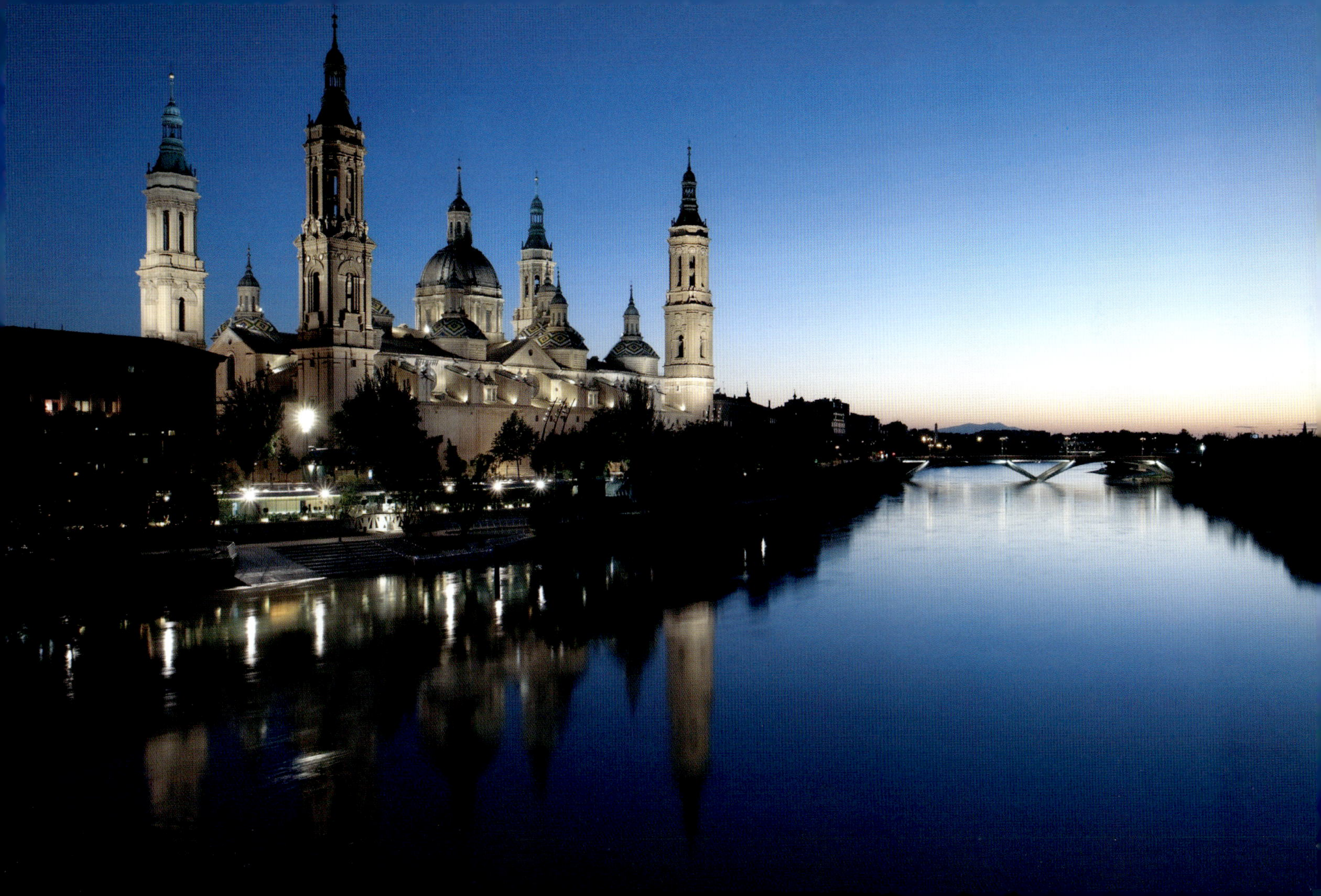

MEKKA
SAUDI-ARABIEN

Die wichtigste Pilgerstätte des Islam | Der Geburtsort des Propheten Mohammed ist die heiligste Pilgerstätte der islamischen Welt. Die Hadsch, wie die Wallfahrt nach Mekka genannt wird, gehört zu den fünf Säulen des Islam, und jeder gläubige Muslim sollte die Reise möglichst einmal in seinem Leben unternehmen. Ziel ist es, dass die Pilger nach Vorschrift des Koran die Kaaba siebenmal umrunden.

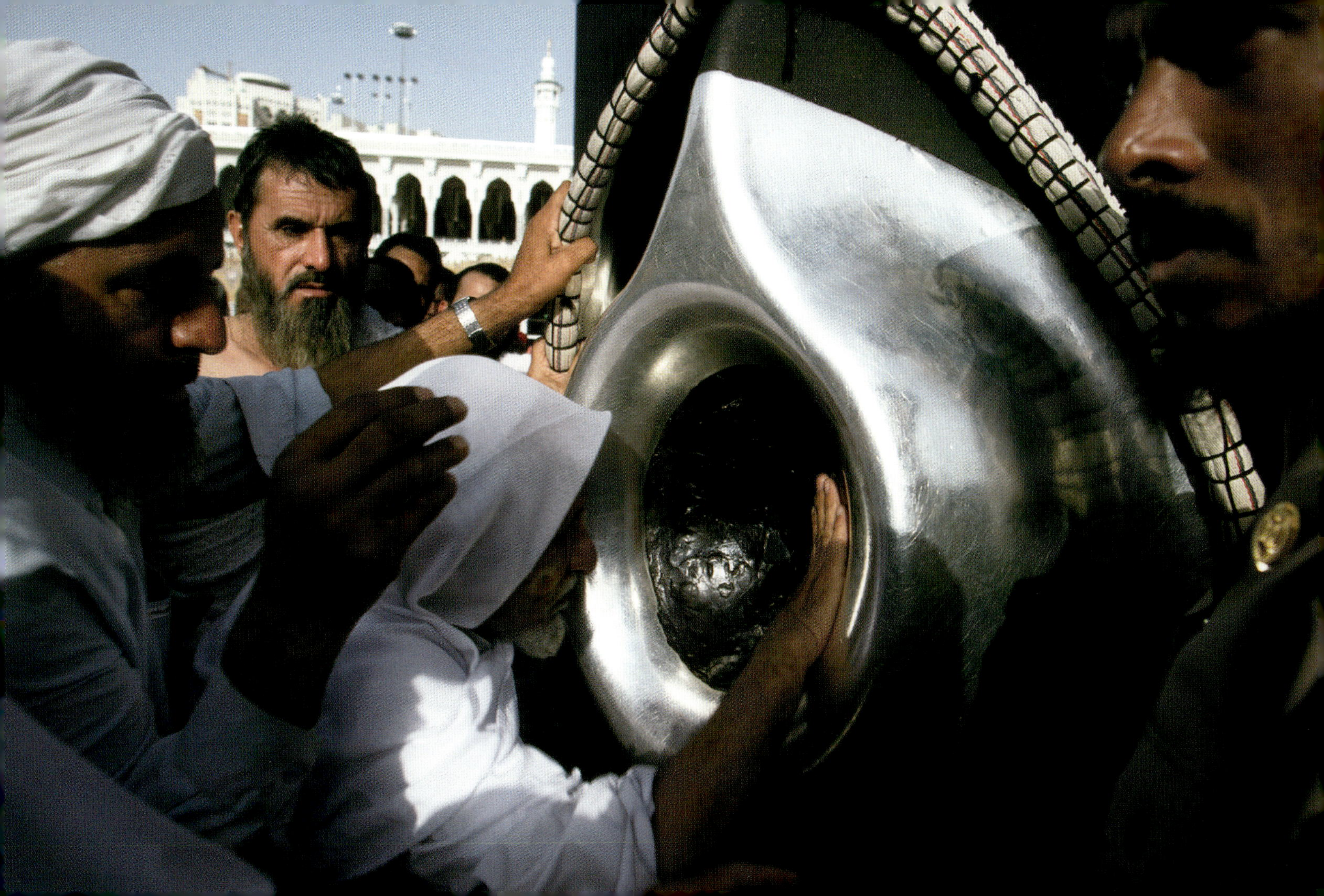

BRAUNKOHLE-TAGEBAU

VILLE, DEUTSCHLAD

Die größten Abbaustätten für Braunkohle im Tagebau | Im Jahr 2006 wurden weltweit 966 Millionen Tonnen Braunkohle gefördert. Deutschlands Förderanteil lag bei 176 Millionen Tonnen. Das war Platz 1. Die größten Förderstätten sind die Niederrheinischen Bucht und das Mitteldeutsche Braunkohlerevier. Zur Förderung werden Schaufelradbagger eingesetzt und die leistungsfähigsten haben eine Förderleistung von 240 000 Tonnen pro Tag.

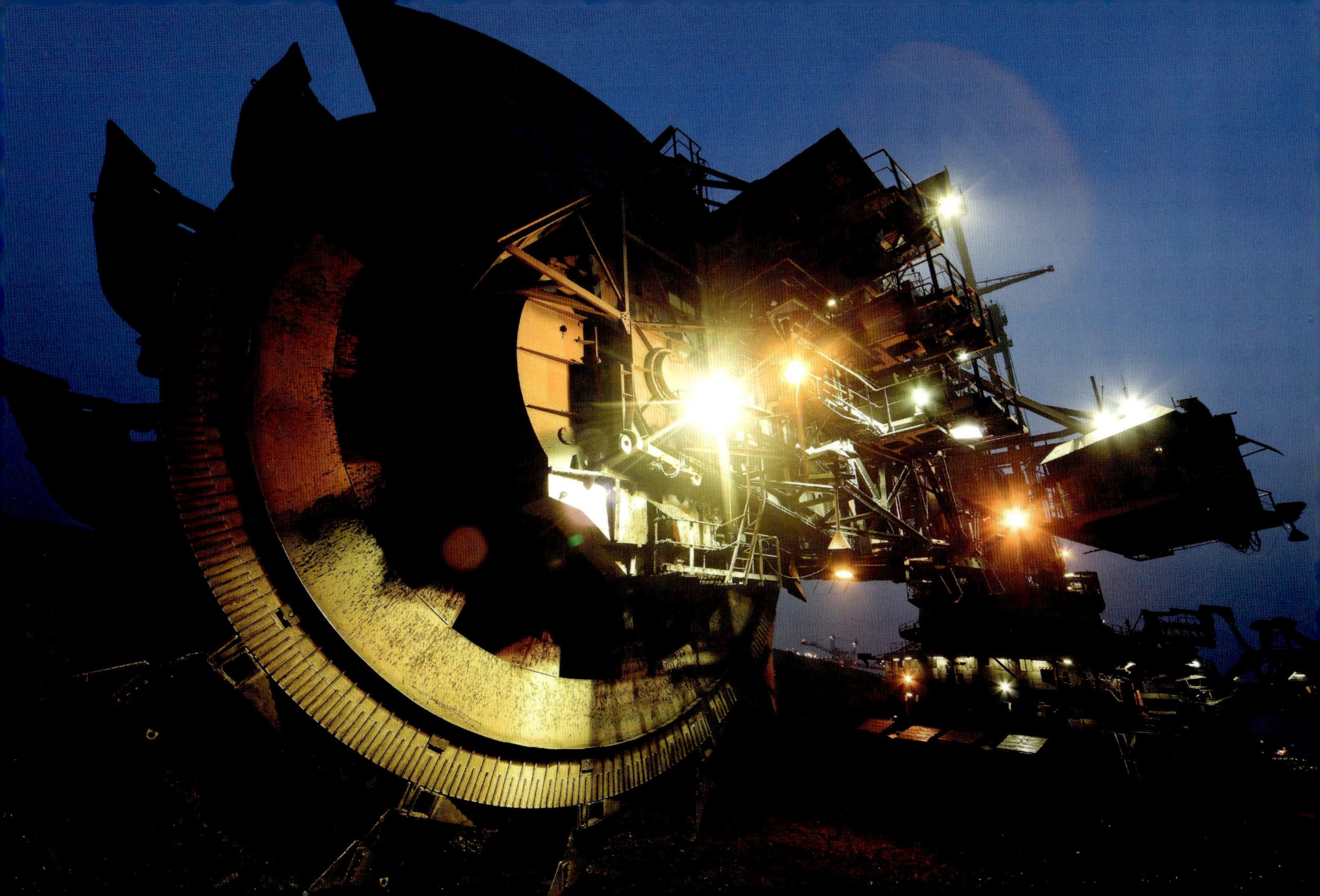

SKY TREE
TOKYO, JAPAN

Der höchste Turm der Welt | Allen Erdbebenwarnungen in Japans Hauptstadt zum Trotz ragt der zwischen 2008 und 2012 erbaute »Tokyo Sky Tree« 634 Meter in die Höhe und ist somit der höchste Fernsehturm der Welt. Der Bau ging schnell vonstatten, in manchen Phasen wuchs er pro Woche um sieben Meter. Der Turm verbessert die Radio- und Fernsehübertragung in der Stadt und dem Einzugsgebiet und ist Aussichtspunkt für Touristen.

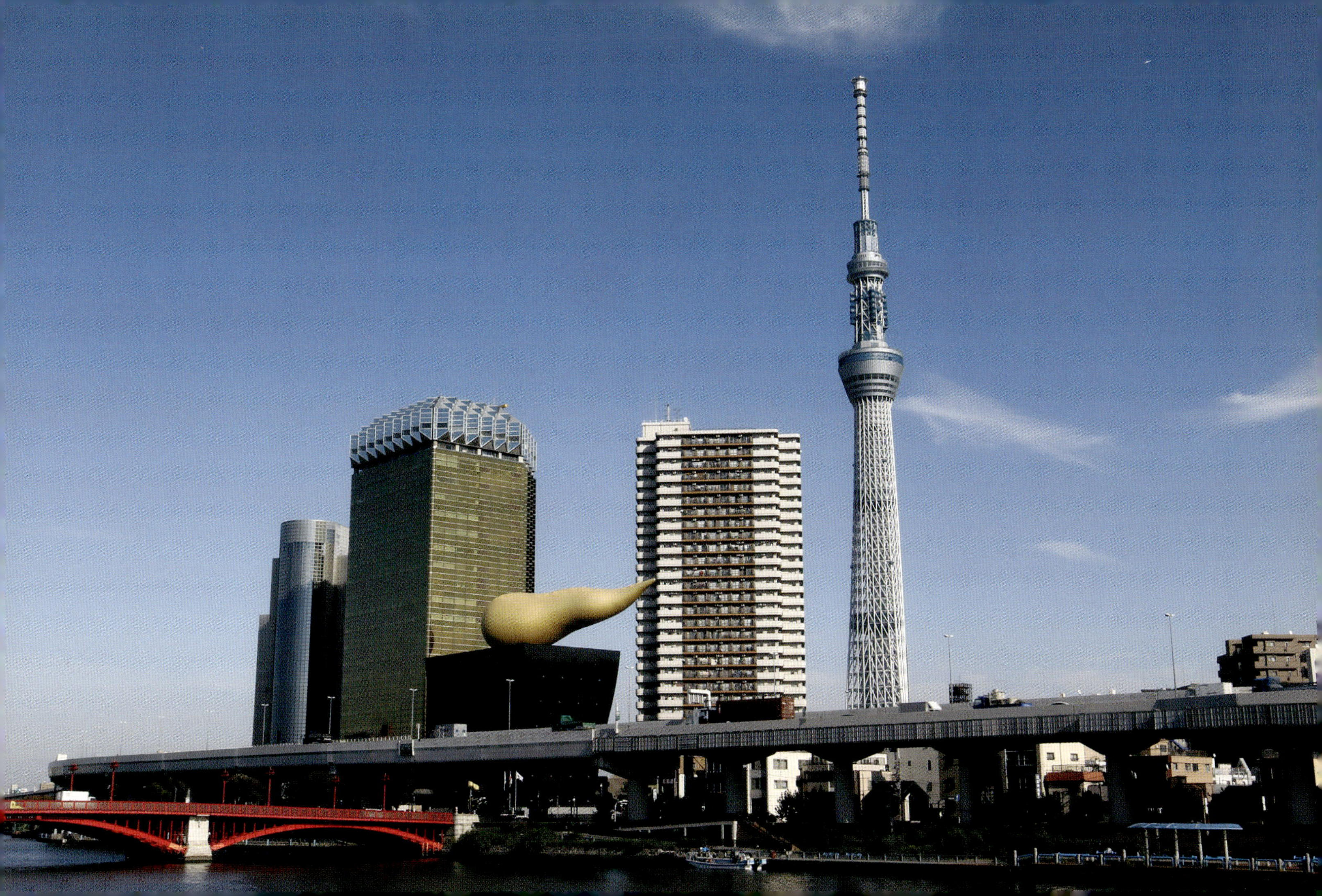

GREEN BANK TELESCOPE

CHARLOTTESVILLE, USA

Das größte bewegliche Radioteleskop der Welt | Das Green Bank Telescope (GBT), das größte bewegliche Bauwerk der Welt, wurde im Jahr 2000 in Betrieb genommen. Knapp 148 Meter ist die Anlage hoch. Die Platten des imposanten Spiegels (Spiegeldurchmesser 110 Meter) werden mithilfe von über 2000 winzigen Motoren justiert. Entdeckt hat das Teleskop eine gigantische Wasserstoffblase, 23 000 Lichtjahre von der Erde entfernt.

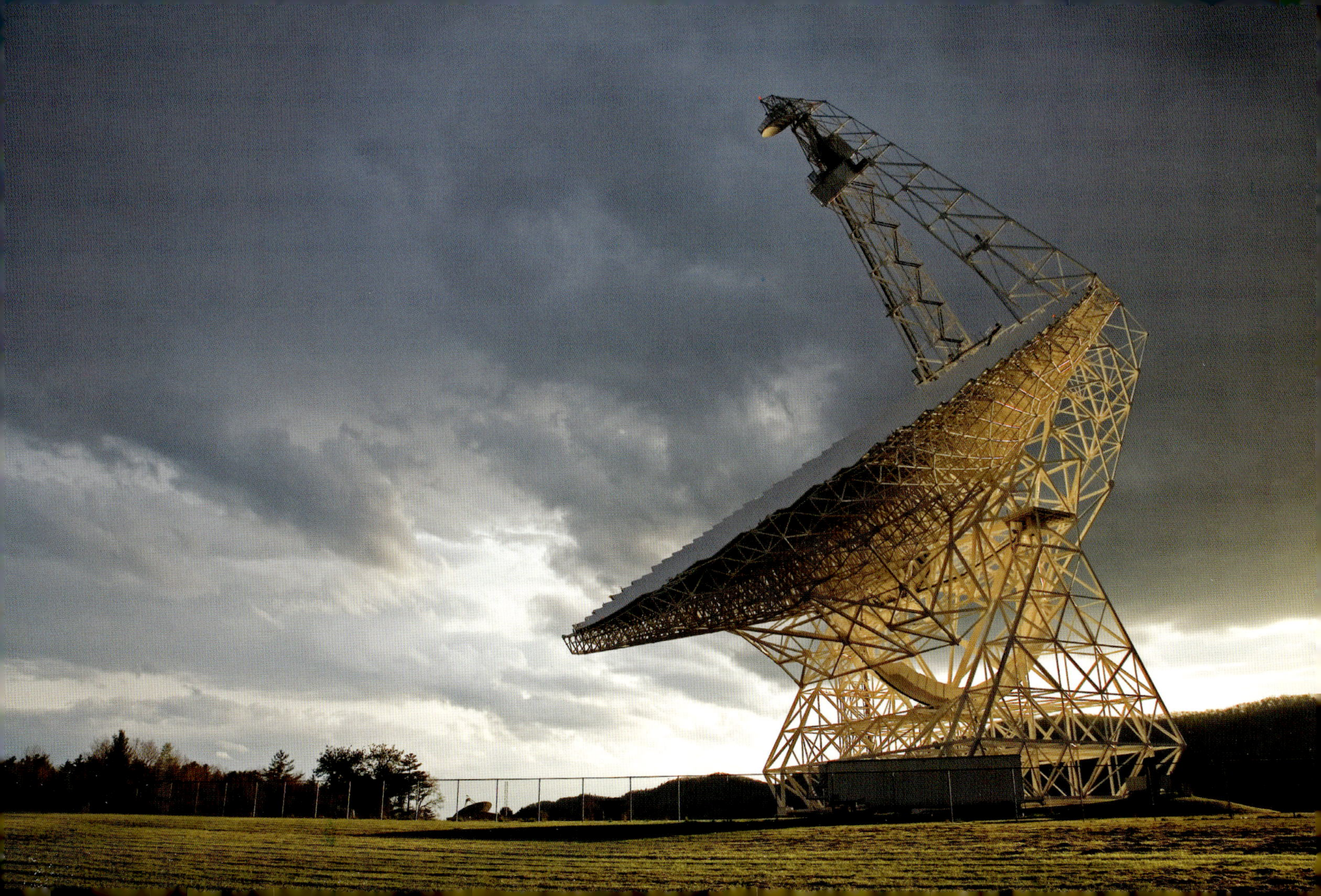

KARNAK
LUXOR, ÄGYPTEN

Die bedeutendsten altägyptischen Bauwerke | Das Bild zeigt die große Säulenhalle im Amun-Re-Bezirk von Karnak. Der unter dem Pharao Haremhab (1319–1292 v. Chr.) begonnene und unter Ramses II. (1290–1224 v. Chr.) vollendete Prunkbau bildete das Entrée zum Sanktuar des Tempels, der Mittelpunkt der Anlage war. Mit einer Höhe von fast 45 Metern und etwa 30 Hektar Fläche war der Sakralbau das größte Gebäude im alten Ägypten.

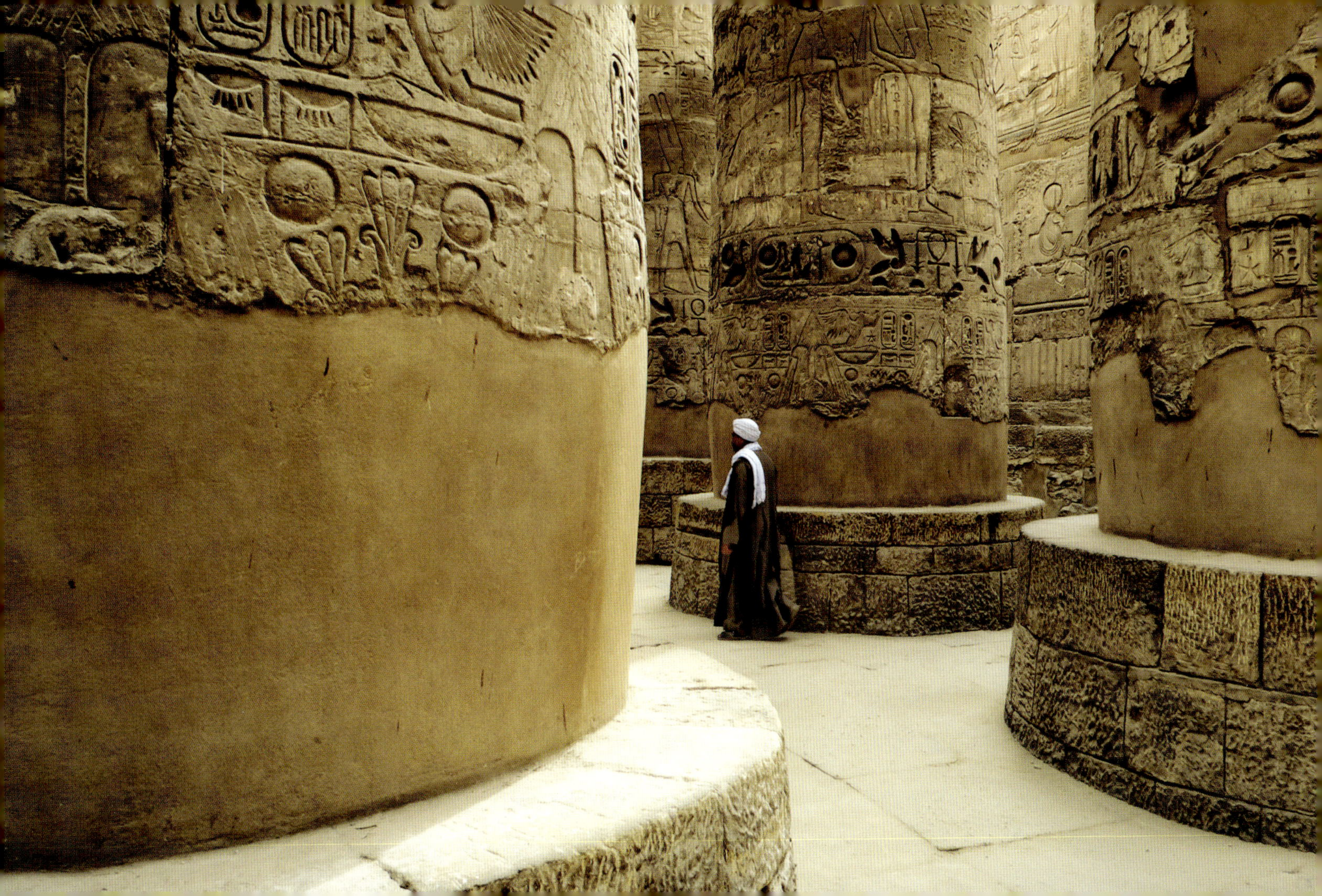

HAMPI
KARNATAKA, INDIEN

Die bedeutendsten hinduistischen Tempelanlagen | Bei Hampi, einem Städtchen im südindischen Bundesstaat Karnataka, befinden sich die Ruinen Vijayanagars, der Hauptstadt des gleichnamigen Hindureichs, das zwischen dem 14. und dem 16. Jahrhundert den Süden des Subkontinents kontrollierte. Der Vittala-Tempel wurde im 16. Jahrhundert errichtet und besticht durch seine meisterlichen Skulpturen und den Tempelwagen.

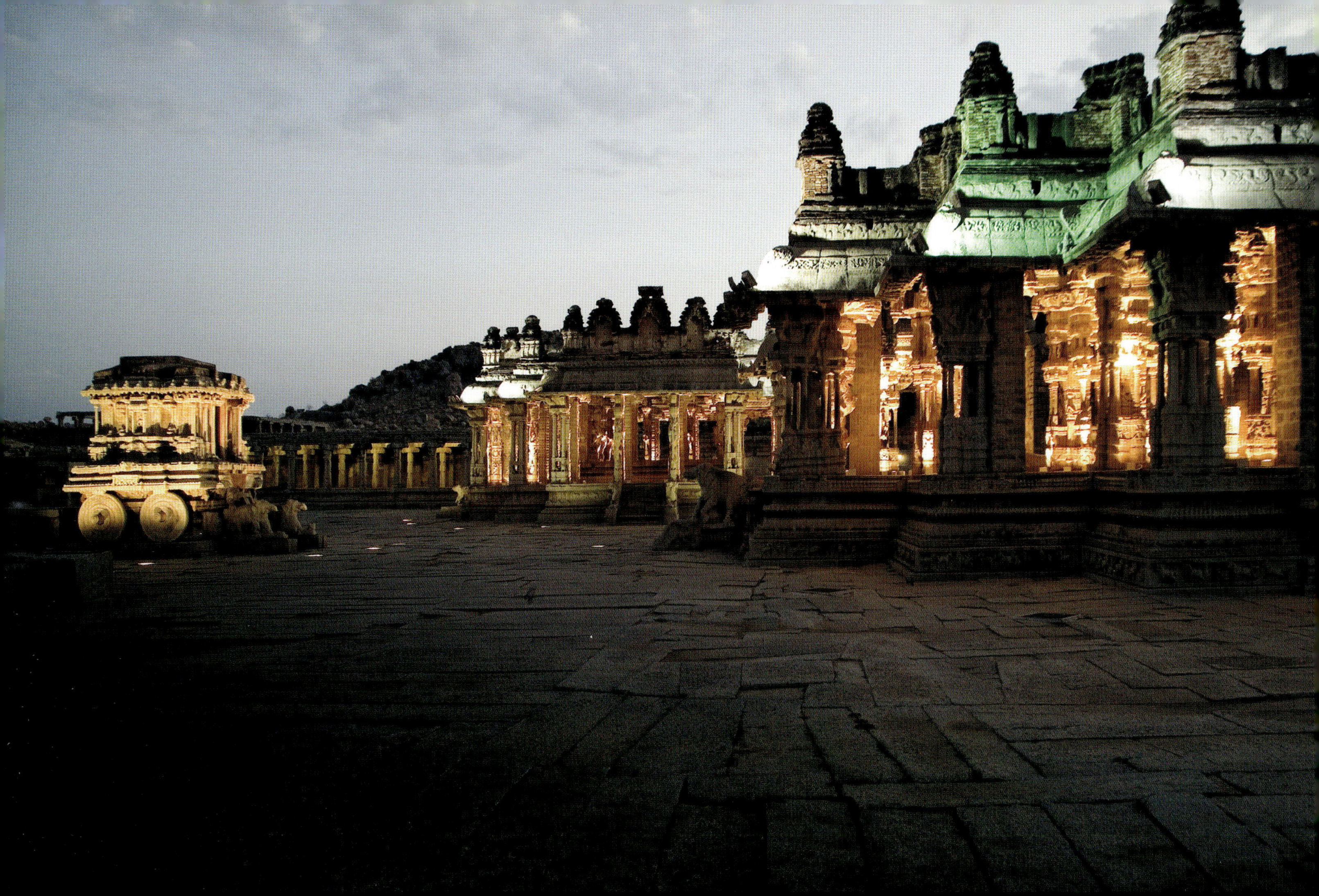

LOUVRE
PARIS, FRANKREICH

Die bedeutendsten Museen der Welt | Die einstige Residenz der französischen Könige im Herzen von Paris beherbergt heute eine der weltweit bedeutendsten und umfangreichsten Sammlungen von Kunstwerken aus fast allen Epochen der europäischen und auch der nahöstlichen Kulturgeschichte. Das Museum nennt rund 460 000 Gemälde, Skulpturen, Drucke und Zeichnungen sein Eigen.

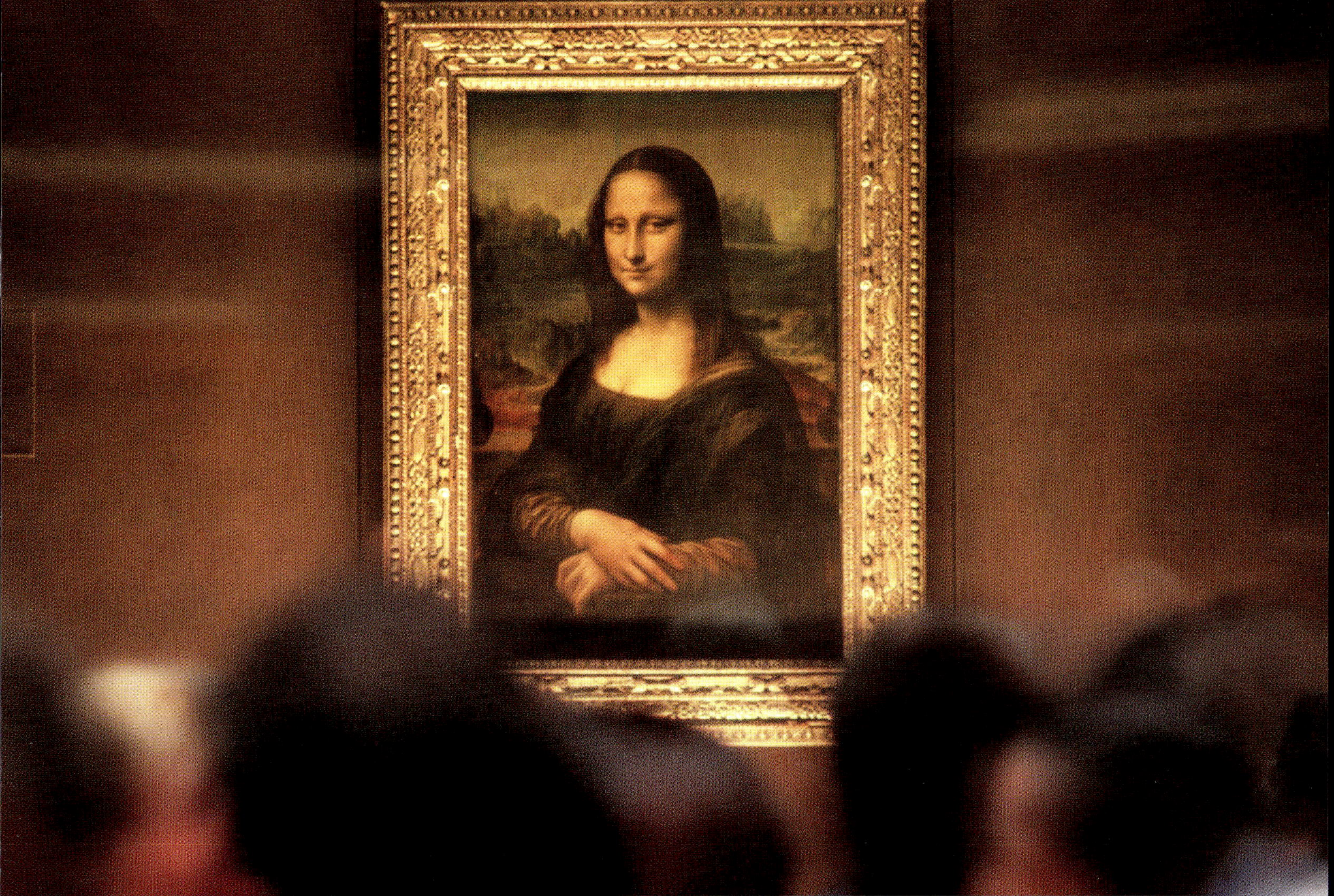

GUANGZHOU BAHNHOF
CHINA

Die größten Bahnhöfe der Welt | Das Atrium des Guangzhou-Südbahnhofs hat eine dramatische Dachkonstruktion: Die Spannweite der Dächer liegt zwischen 50 und 100 Metern. Es wurden fast acht Millionen Tonnen Stahl verbaut. Mit seinen 320 000 Quadratmetern ist der 2010 eröffnete Bahnhof mit 26 Gleisen auf drei Ebenen derzeit der fünftgrößte der Welt, gemessen an seiner Fläche.

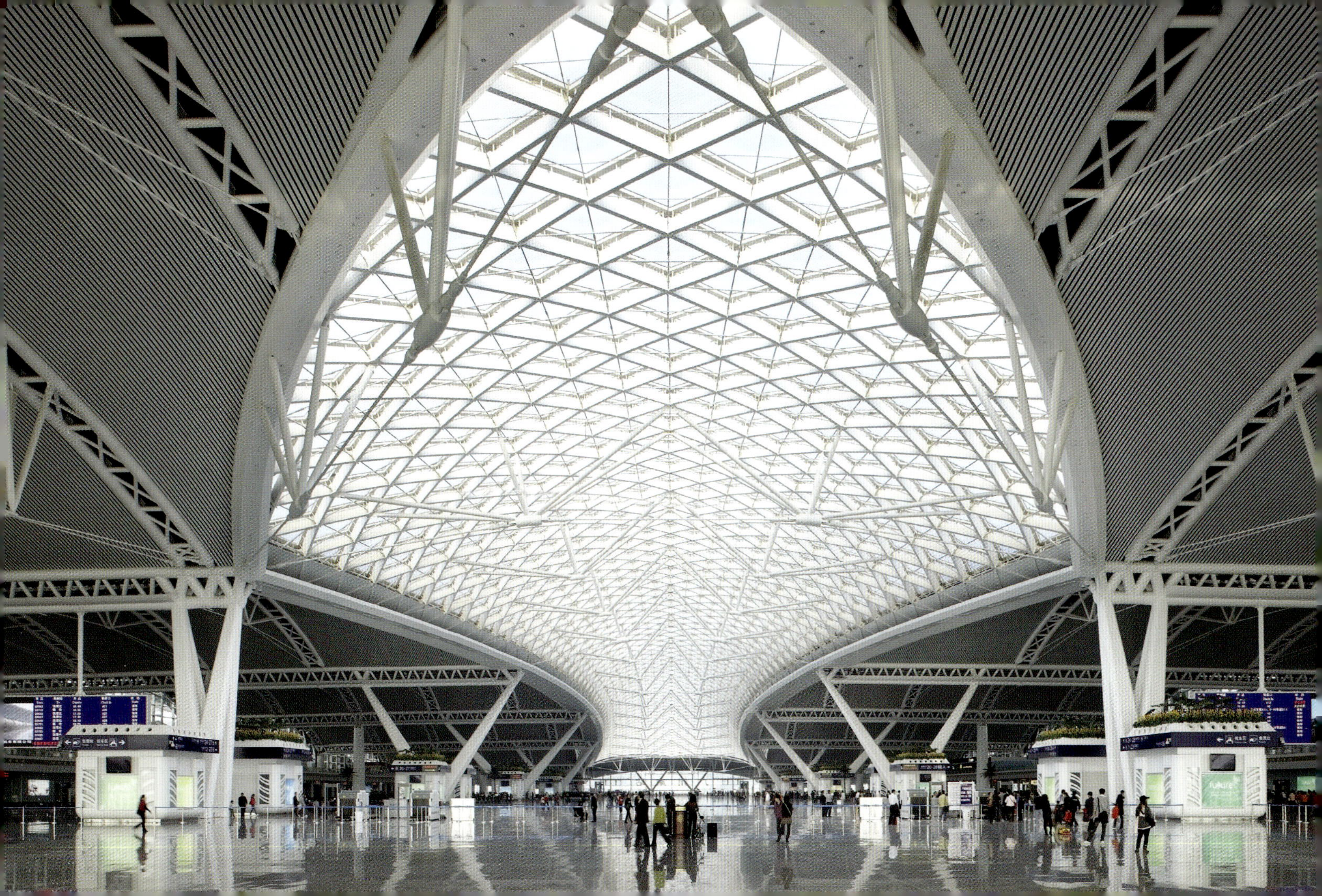

VERRAZANO NARROWS BRIDGE

NEW YORK CITY, USA

Die längste Hängebrücke Nordamerikas | Die zweistöckige Straßenbrücke überspannt die Meerenge The Narrows zwischen den New Yorker Stadtbezirken Brooklyn und Staten Island. Mit einer Hauptspannweite von 1298 Metern war sie von ihrer Fertigstellung im Jahr 1964 bis 1981 die längste Hängebrücke der Welt. Heute ist sie noch immer die Rekordhalterin in Amerika und liegt international momentan an achter Stelle.

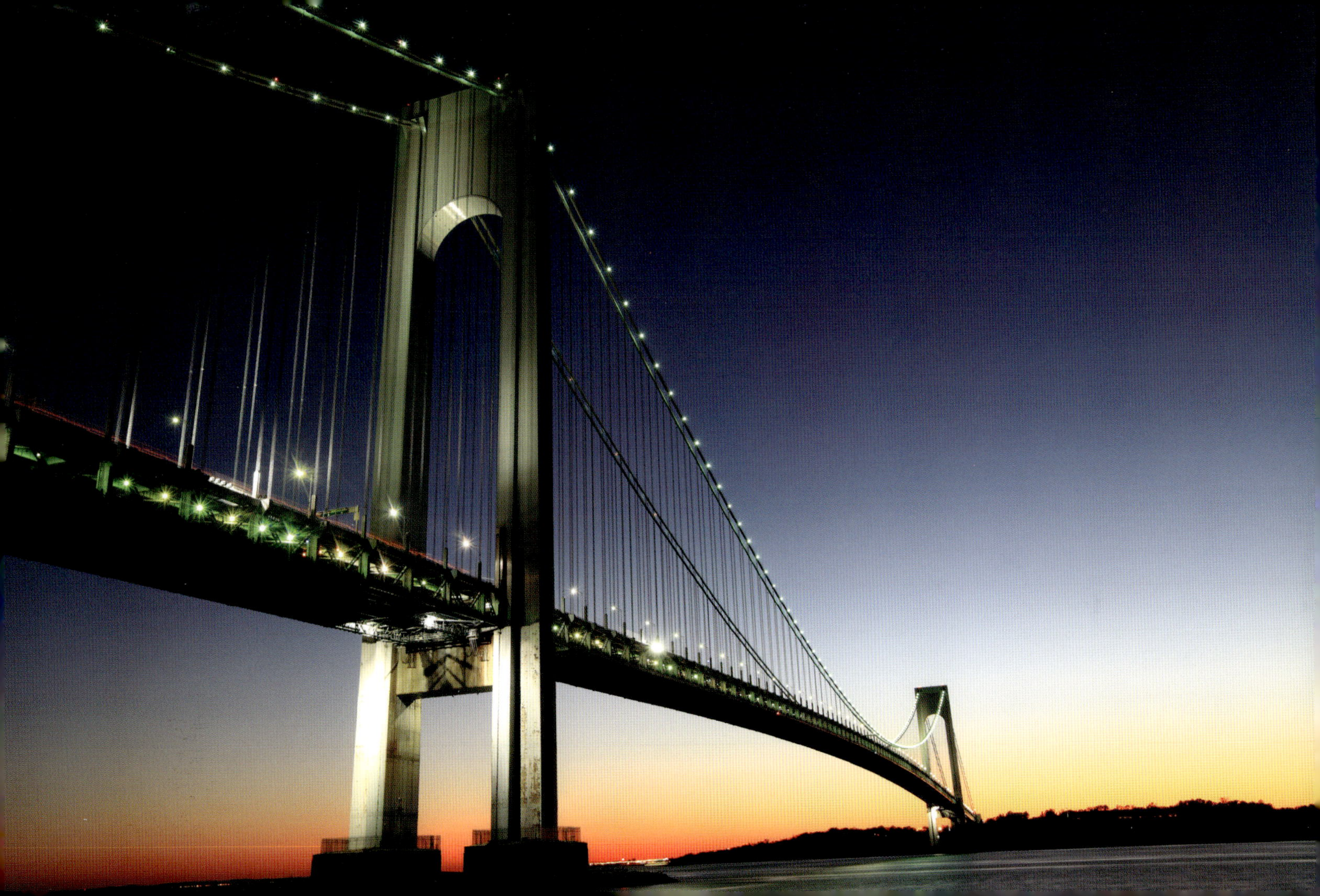

LÆRDALS-TUNNEL

NORWEGEN

Der längste Straßentunnel der Welt | Seitdem im Jahr 2000 der Tunnel zwischen Aurland und Lærdal eröffnet wurde, ist auch im Winter die Verbindung zwischen Oslo und Bergen weitaus einfacher geworden. Für den längsten Straßentunnel der Welt mit 24,510 Kilometern gruben sich drei Baugruppen fünf Jahre lang durch die Erde. Mithilfe von Satellitennavigationssystemen und Lasertechnik trafen sie punktgenau zusammen.

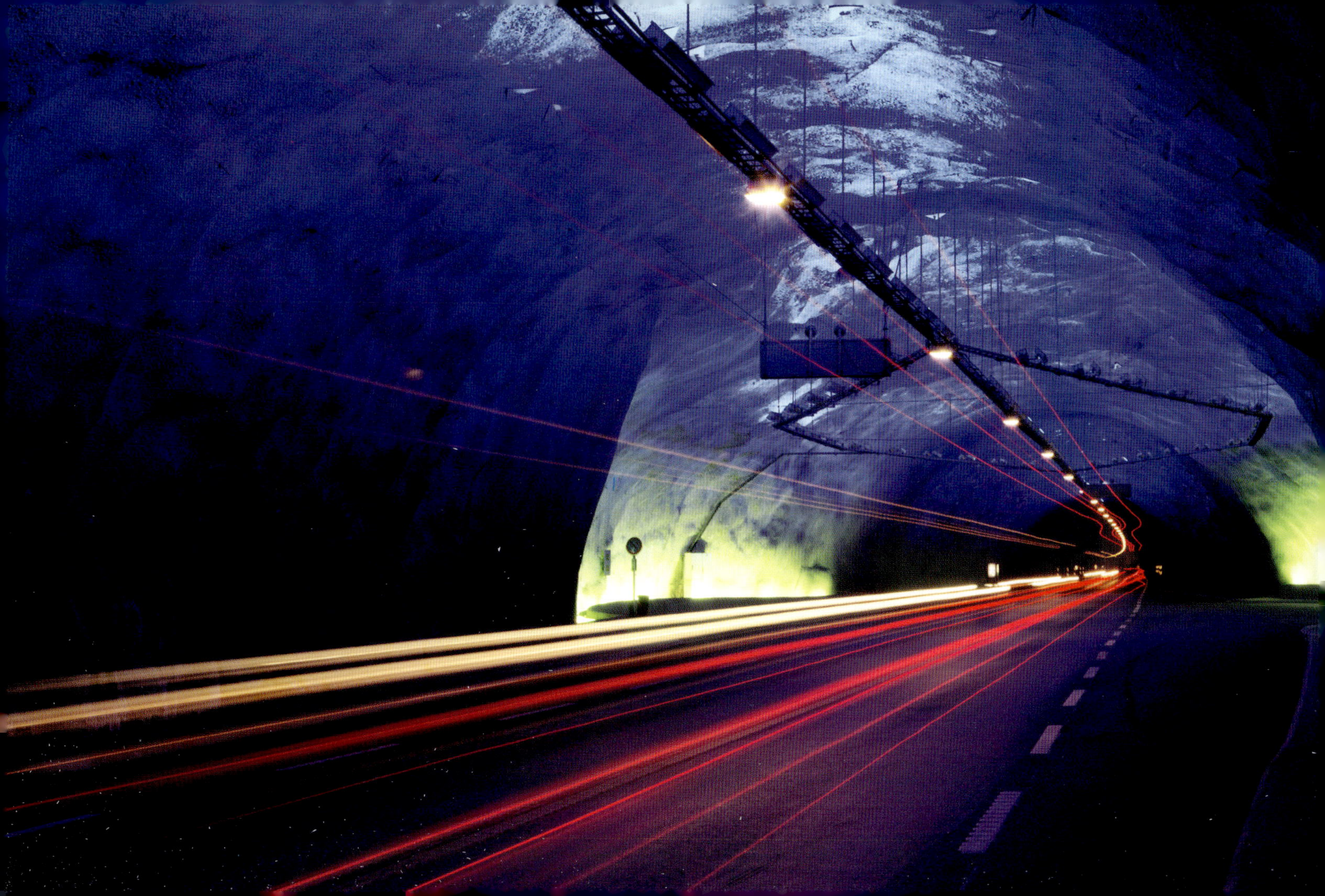

SAN FRANCISCO USA

Die größten Metropolregionen Nord- und Mittelamerikas | Die San Francisco Bay Area zählt zu den wohlhabendsten der USA. Im Süden der Region liegt das Silicon Valley, das als Keimzelle der »digitalen Revolution« weltweit ein Begriff ist. Giganten des Informationszeitalters wie Apple, Google oder Oracle haben hier ihren Sitz. Insgesamt leben in der Region rund 7 Millionen Einwohner.

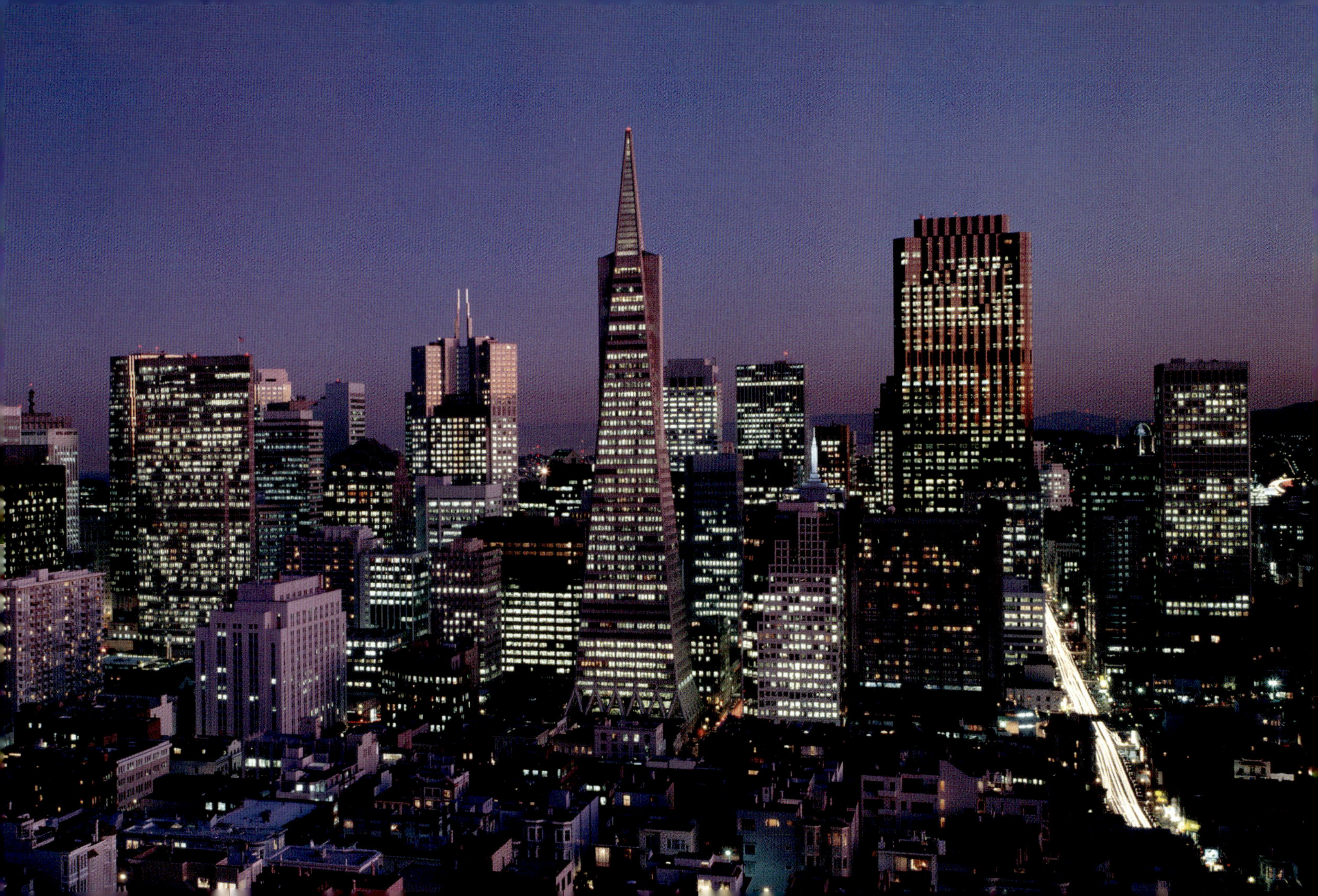

MARINA BAY SANDS
SINGAPUR

Die größten City Resorts der Welt | Der Gebäudekomplex Marina Bay Sands mit 581 000 Quadratmetern besteht aus drei Hoteltürmen mit je 55 Stockwerken und insgesamt 2561 Hotelzimmern. Die drei Türme sind durch eine Dachterrasse verbunden, was dem Gebäude ein spektakuläres Aussehen verleiht. Dieser sogenannte SkyPark befindet sich auf einer Höhe von 190 Metern und bietet einen wunderbaren Panoramablick auf die Stadt.

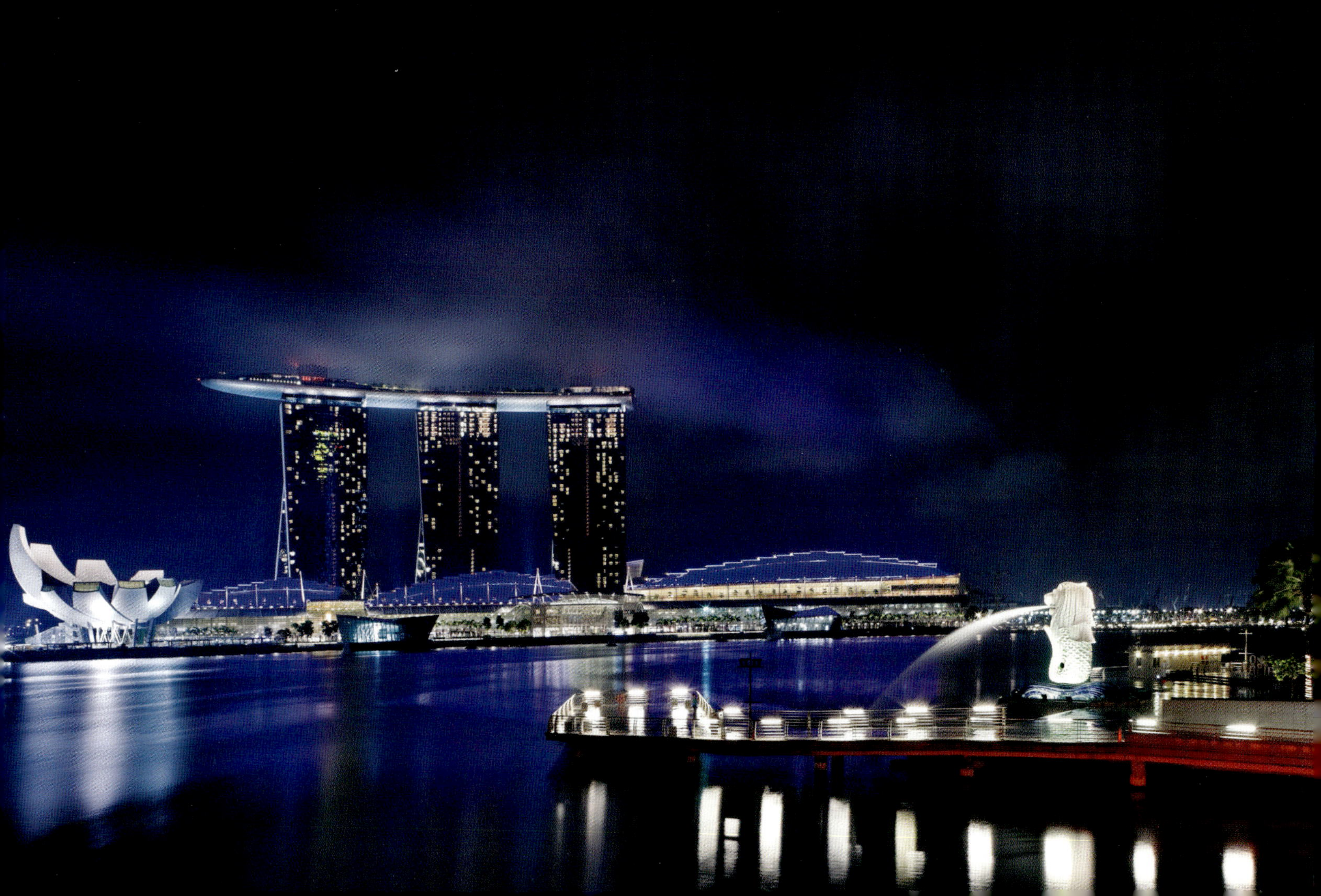

DUBAI INTERNATIONAL AIRPORT
VEREINIGTE ARABISCHE EMIRATE

Das größte Flughafengebäude der Welt | Durch den für 4,5 Milliarden US-Dollar erbauten Terminal 3 des Dubai International Airport wurde dessen Kapazität auf rund 60 Millionen Passagiere jährlich erhöht. Mit einer Gesamtgeschossfläche von knapp 1,2 Millionen Quadratmetern ist es – nach den Abraj Al-Bait Towers in Mekka – das zweitgrößte Gebäude der Welt überhaupt und das größte Flughafengebäude der Erde.

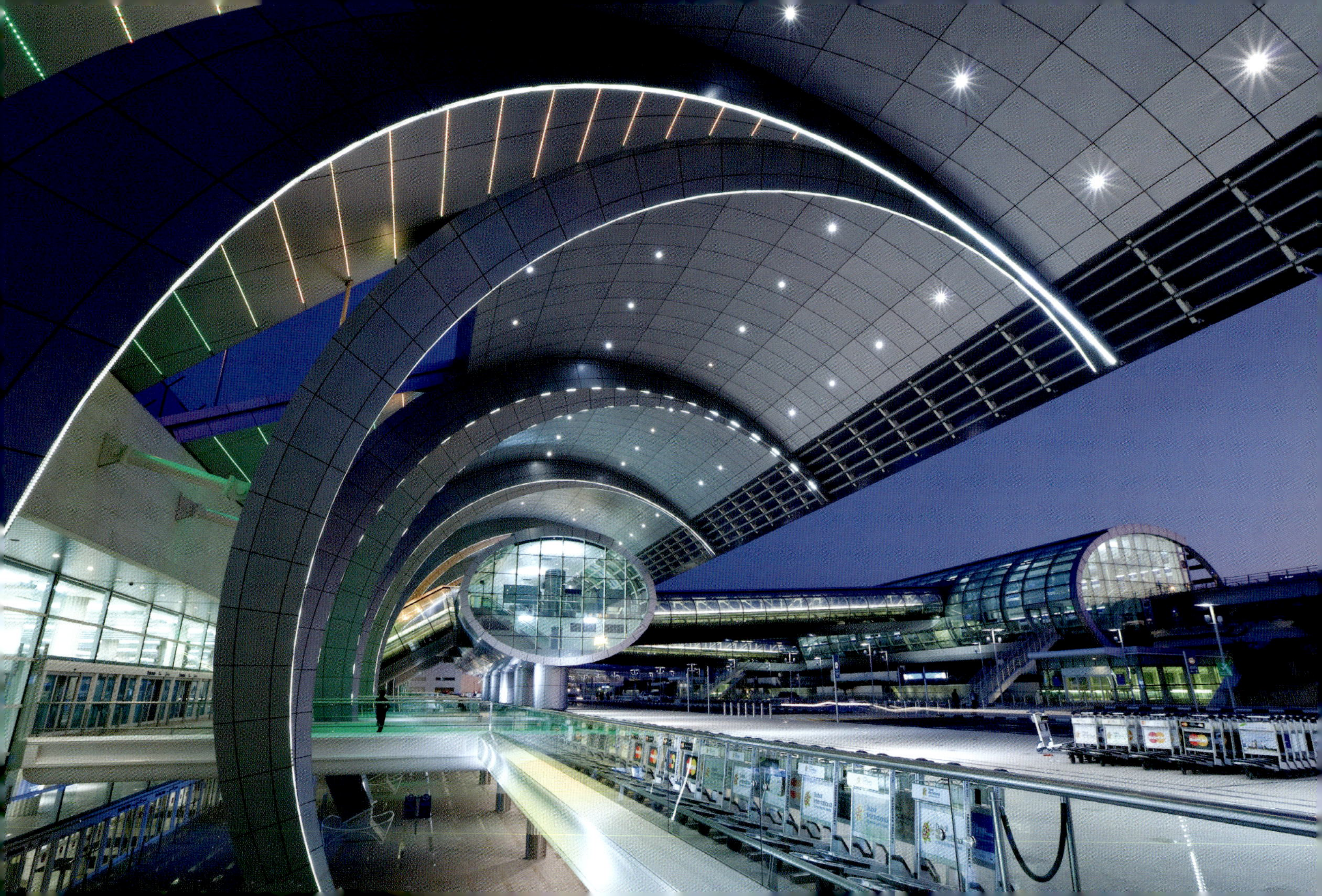

TAL DER GEFALLENEN
VALLE DE LOS CAÍDOS, SPANIEN

Das höchste Monumentalkreuz der Welt | Rund 150 Meter hoch und 40 Meter breit ist das Betonkreuz auf dem Monumento Nacional de Santa Cruz del Valle de los Caídos bei Madrid. Das »Tal der Gefallenen« ist ein riesiger Komplex mit einer unterirdischen Basilika (mit 263 Meter Länge die längste der Welt), die das Grab des spanischen Diktators Franco sowie die Gebeine von 30 000 Soldaten Francos birgt.

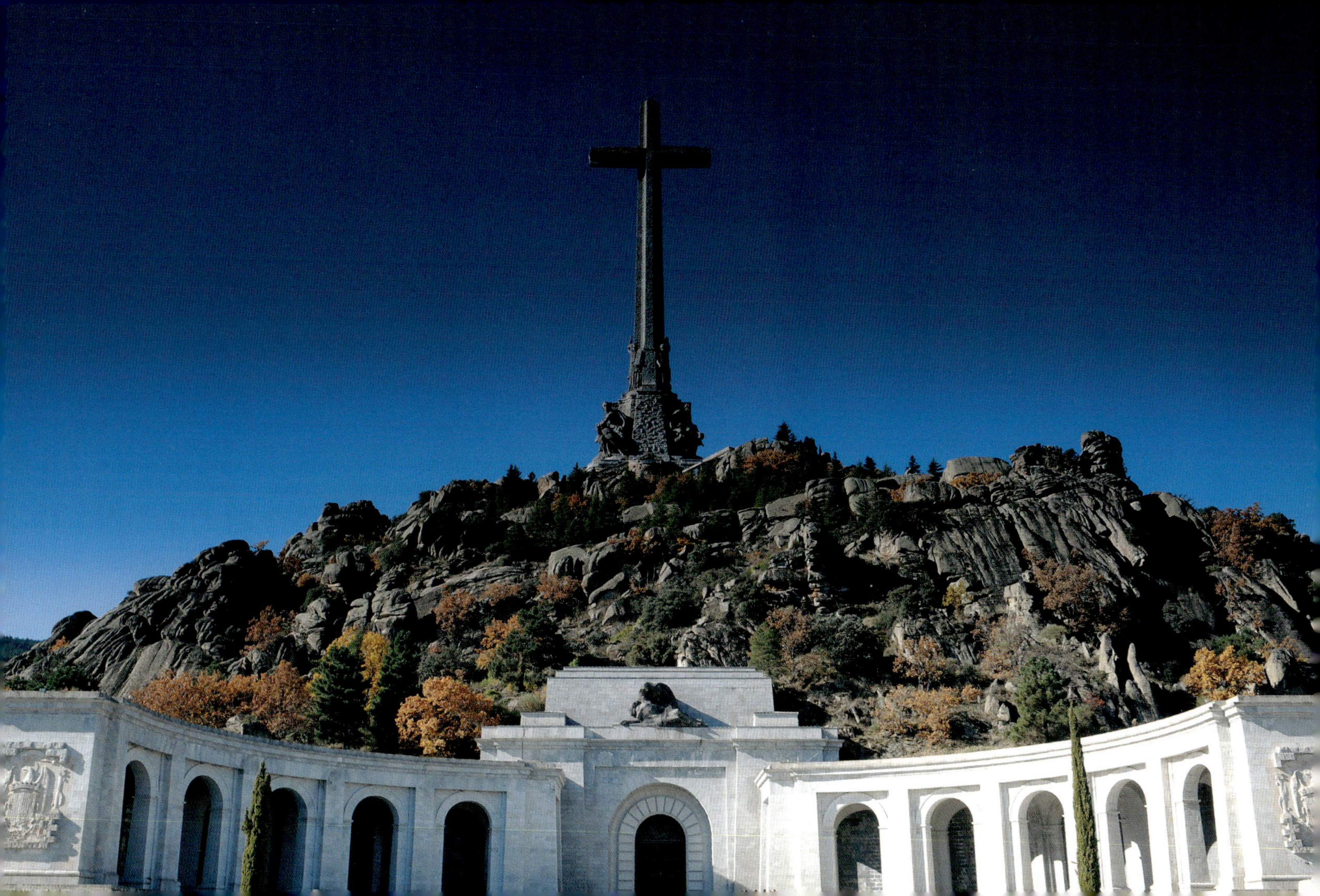

ADISHVARA-TEMPELKOMPLEX
MOUNT SHATRUNJAYA, INDIEN

Die bedeutendsten Heiligtümer der Jainas | Der Haupttempel auf dem allerheiligsten Berg der Jainas, dem fast 700 Meter hohen Shatrunjaya im indischen Bundesstaat Gujarat, ist dem 1. Tirthankara geweiht. Das heute sichtbare Heiligtum wurde um 1530 an der Stelle eines von muslimischen Eroberern zerstörten Tempels aus dem 10. Jahrhundert errichtet. Wie die meisten Jaina-Tempel steht er in einem ummauerten Innenhof.

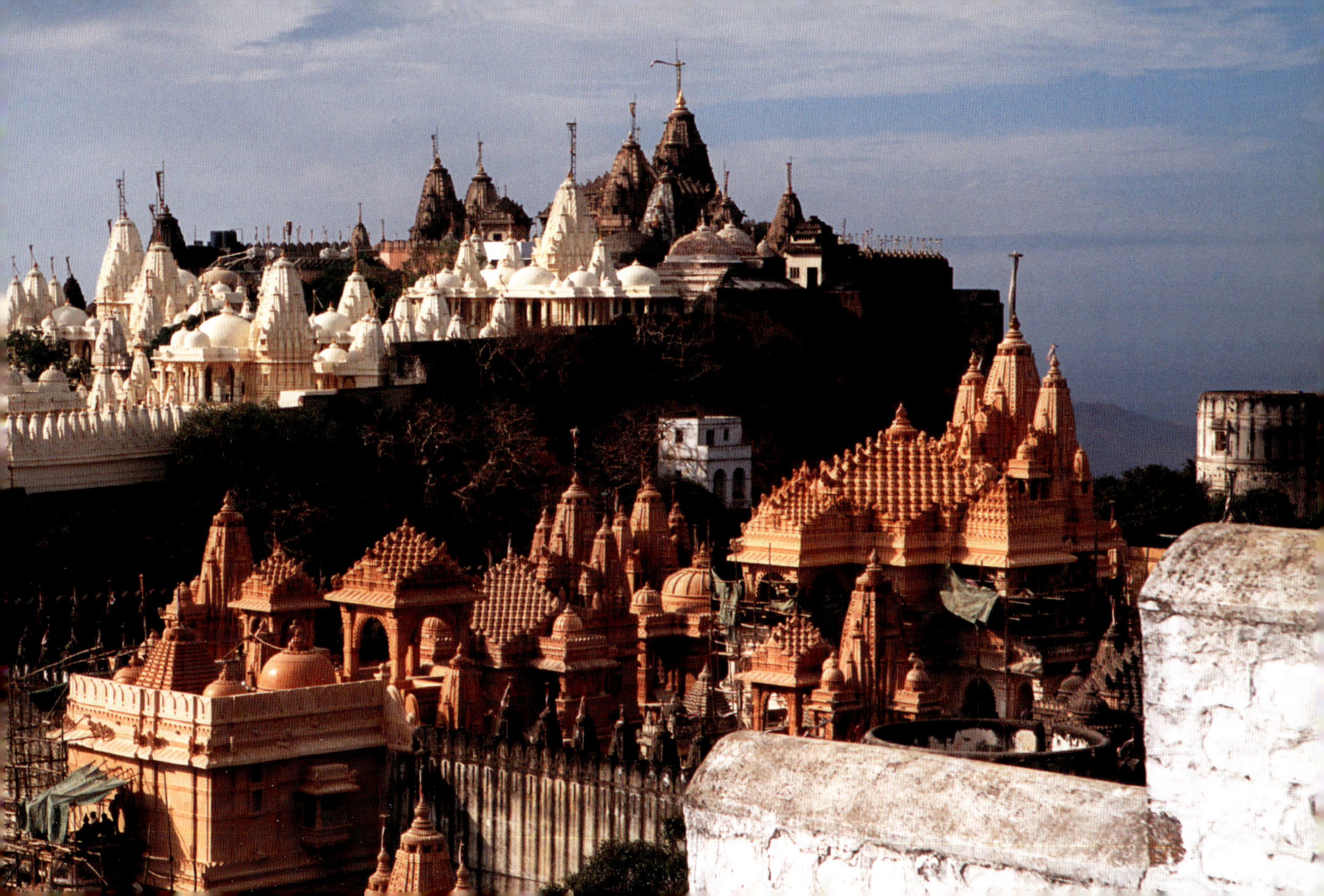

SOL DE MAÑANA
BOLIVIEN

Die höchsten Gebirgs- und Passstraße Südamerikas | Die dritthöchste Passstraße Südamerikas schlängelt sich durch oft menschenleeres und kurvenreiches Gelände auf eine Hochebene zwischen den West- und Ostkordilleren, mitten in Bolivien. Sie führt an eindrucksvollen Stratovulkanen vorbei und führt vorbei an spiegelglatten Seen, bis sie ihren höchsten Punkt dann auf 4950 Metern erreicht.

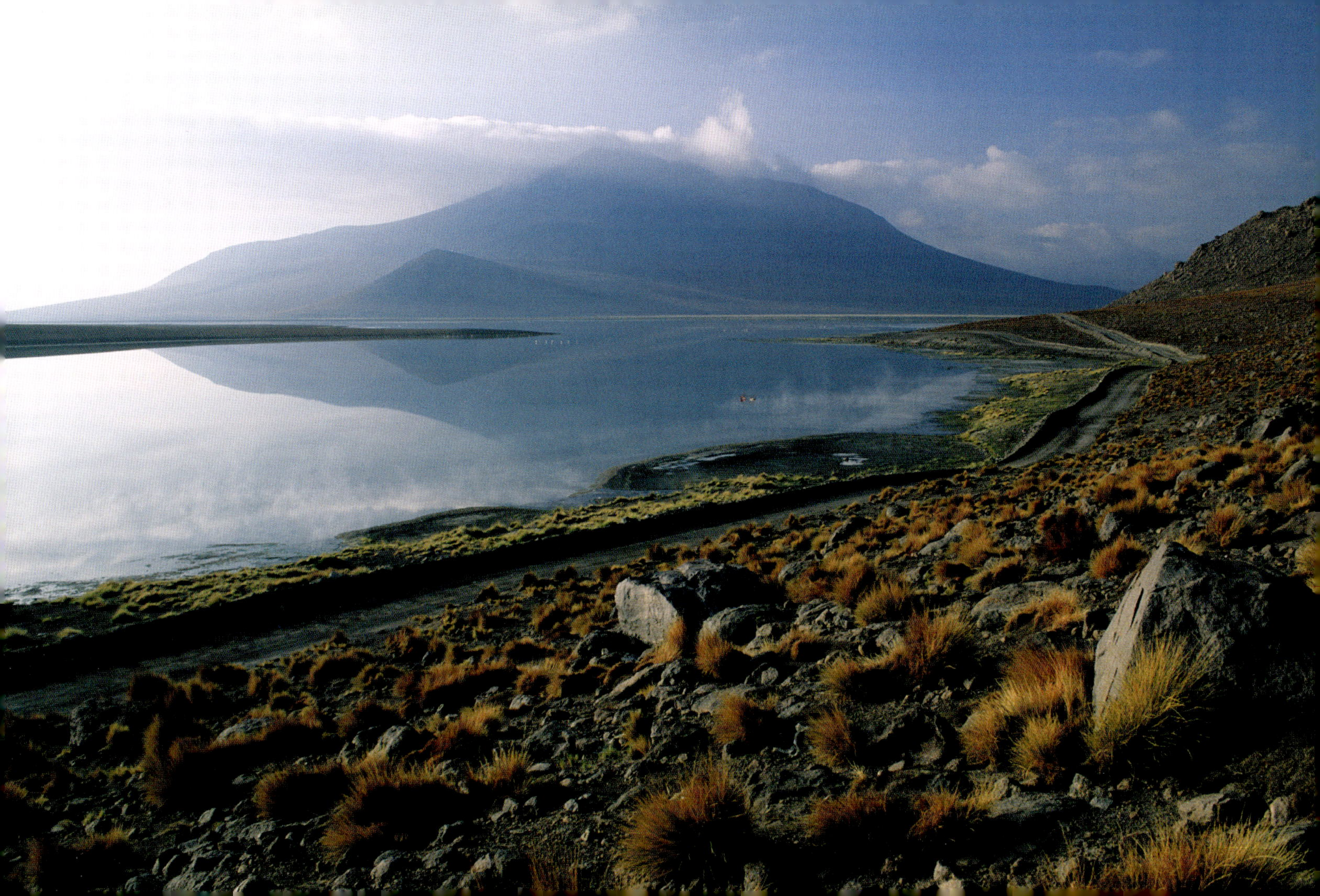

NINIVE
IRAK

Die bedeutendsten Städte der assyrischen Zeit | Die Ausgrabungen der altmesopotamischen Stadt am linken Ufer des Tigris begannen im Jahr 1846. Die Hauptstadt des Assyrerreiches erlebte ihre Blüte unter Sanherib zwischen 704 und 681 v. Chr. Im Jahr 612 v. Chr. wurde sie von Medern und Babyloniern zerstört. Eine Zinnenmauer schützte bis dahin die Stadt.

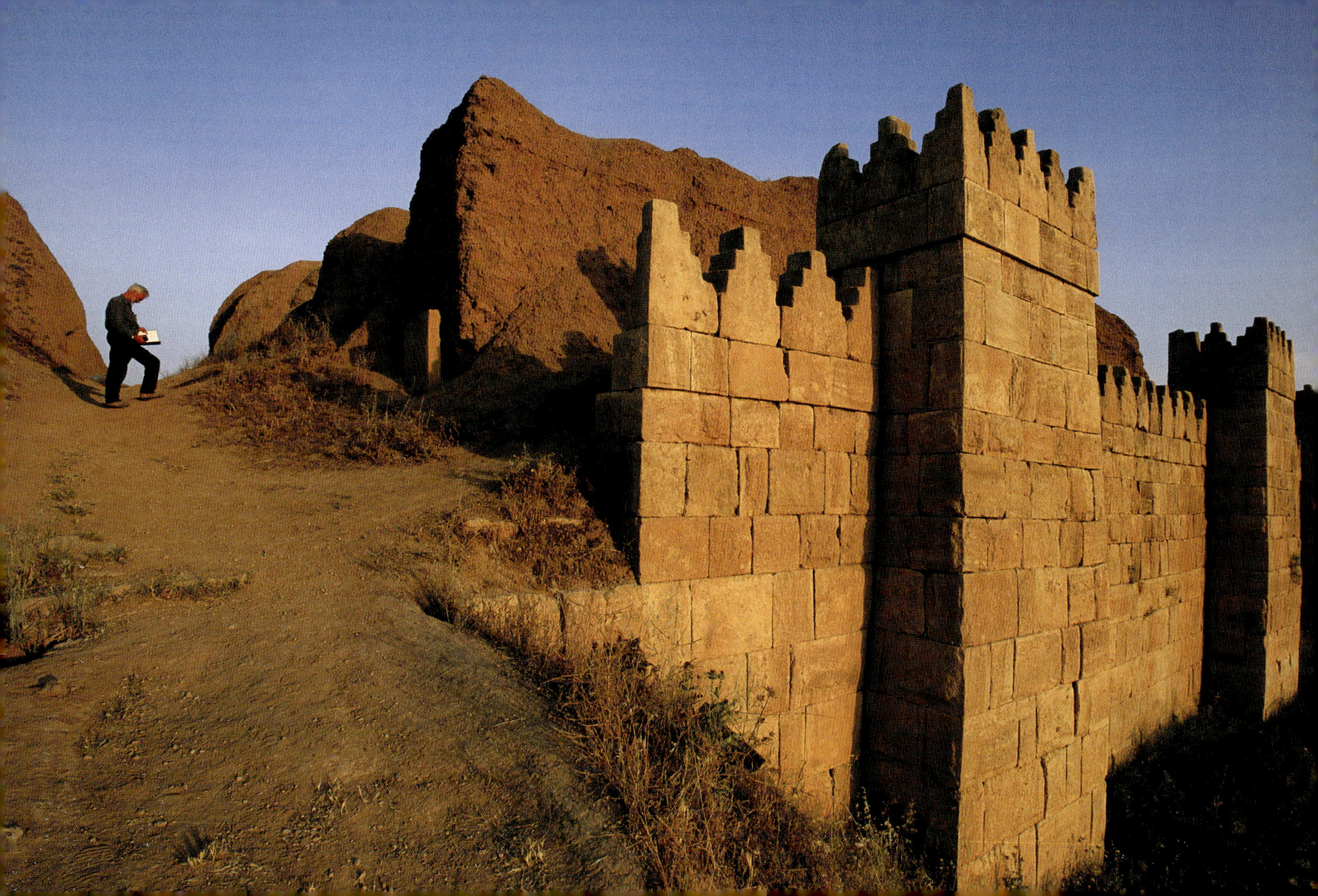

METROPOLITAN OPERA

NEW YORK CITY, USA

Das größte Opernhaus Amerikas | Das neue Haus der New Yorker Metropolitan Opera mit 3900 Plätzen wurde von dem Architekten Wallace K. Harrison entworfen und im September 1966 als Teil des Lincoln Center eingeweiht. Das New Yorker Opernhaus zählt nicht nur zu den größten, sondern auch zu den bedeutendsten Musikbühnen der Welt. Ein Ruf an die »Met« ist für Sänger wie für Dirigenten immer noch ein Ritterschlag.

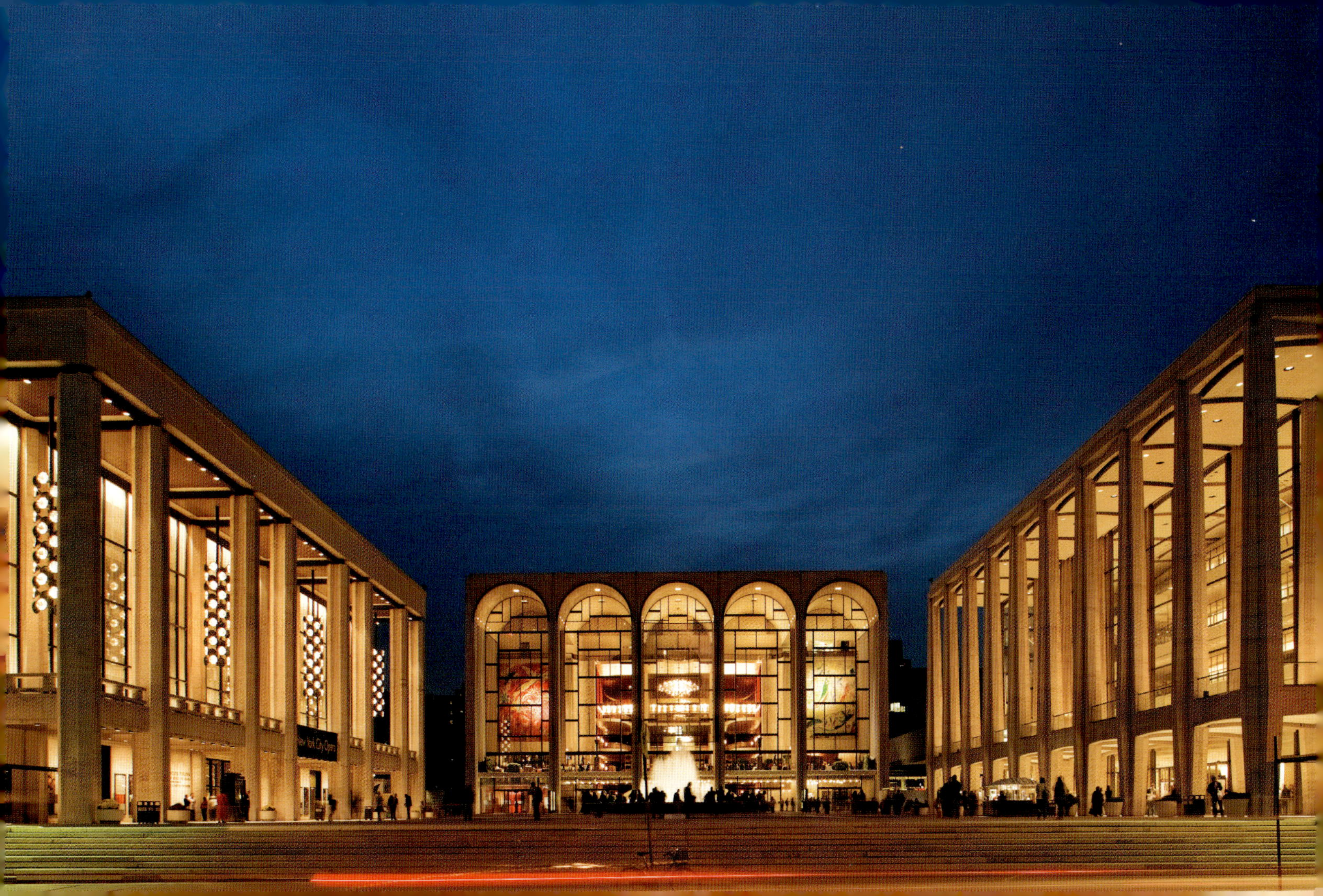

TEMPEL DES HEILIGEN SAVA
BELGRAD, SERBIEN

Die größte orthodoxe Kirche der Welt | Über dem Lichtermeer der serbischen Hauptstadt Belgrad thront die orthodoxe Kirche St. Sava mit ihrer rund 70 Meter hohen Kuppel, die von einem zwölf Meter hohen vergoldeten Kreuz gekrönt wird. St. Sava ist der Hagia Sophia in Istanbul nachempfunden, aber nicht als Basilika, sondern als Zentralkuppelbau ausgeführt.

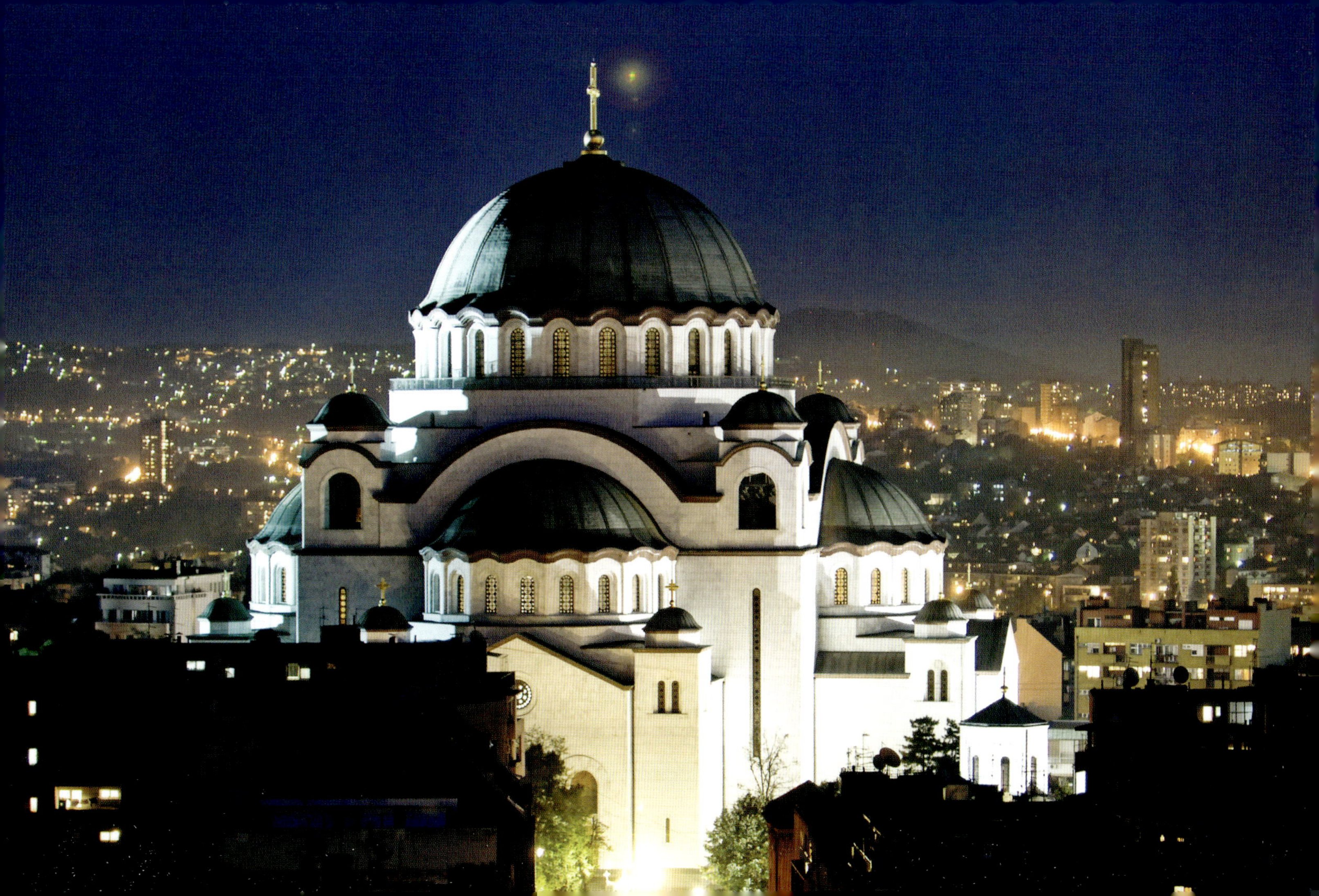

PANAMAKANAL

PANAMA

Der drittlängste Meereskanal der Welt | Als kürzeste Verbindung zwischen Atlantik und Pazifik gehört der Panamakanal, der die schmalste Stelle der mittelamerikanischen Landenge durchschneidet, zu den meistbefahrenen Wasserstraßen der Welt. Mit fast 82 Kilometern Länge ist er der drittlängste Meereskanal der Welt, hinter dem Suezkanal und dem Nord-Ostsee-Kanal.

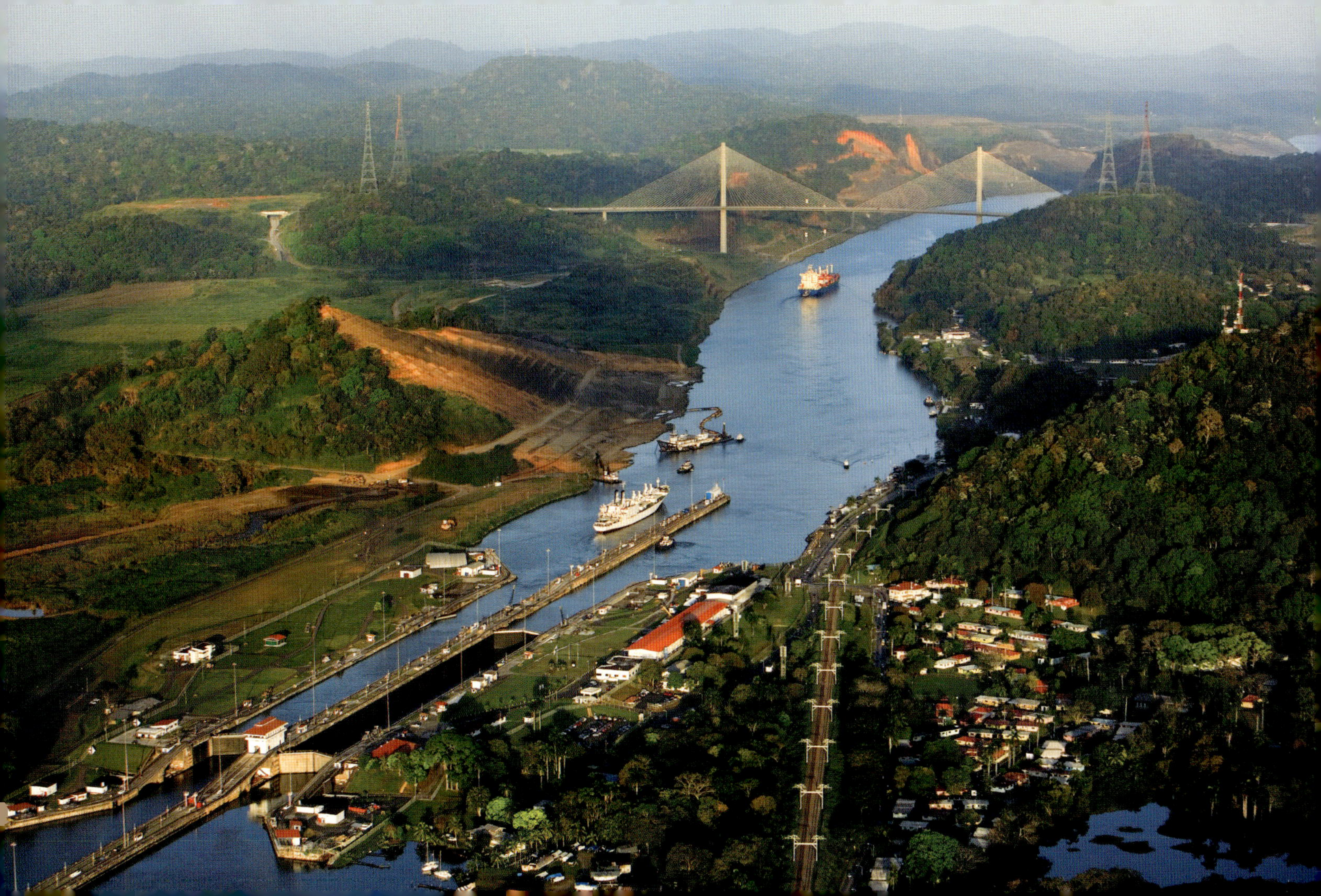

WIND SURF
BAHAMAS

Der größte Motorsegler der Welt | Die »Wind Surf« kreuzt im Winter in der Karibik und im Sommer in Mittelmeer und Ostsee. Moderne Computertechnik unterstützt nicht nur die Navigation des Schiffes, sondern steuert auch das Auf- und Abrollen der sieben Segel, mit einer Gesamtfläche von 2600 Quadratmetern. Mit zwei Elektromotoren ausgestattet, erreicht die »Wind Surf« auch bei Flaute noch eine Geschwindigkeit von bis zu zwölf Knoten.

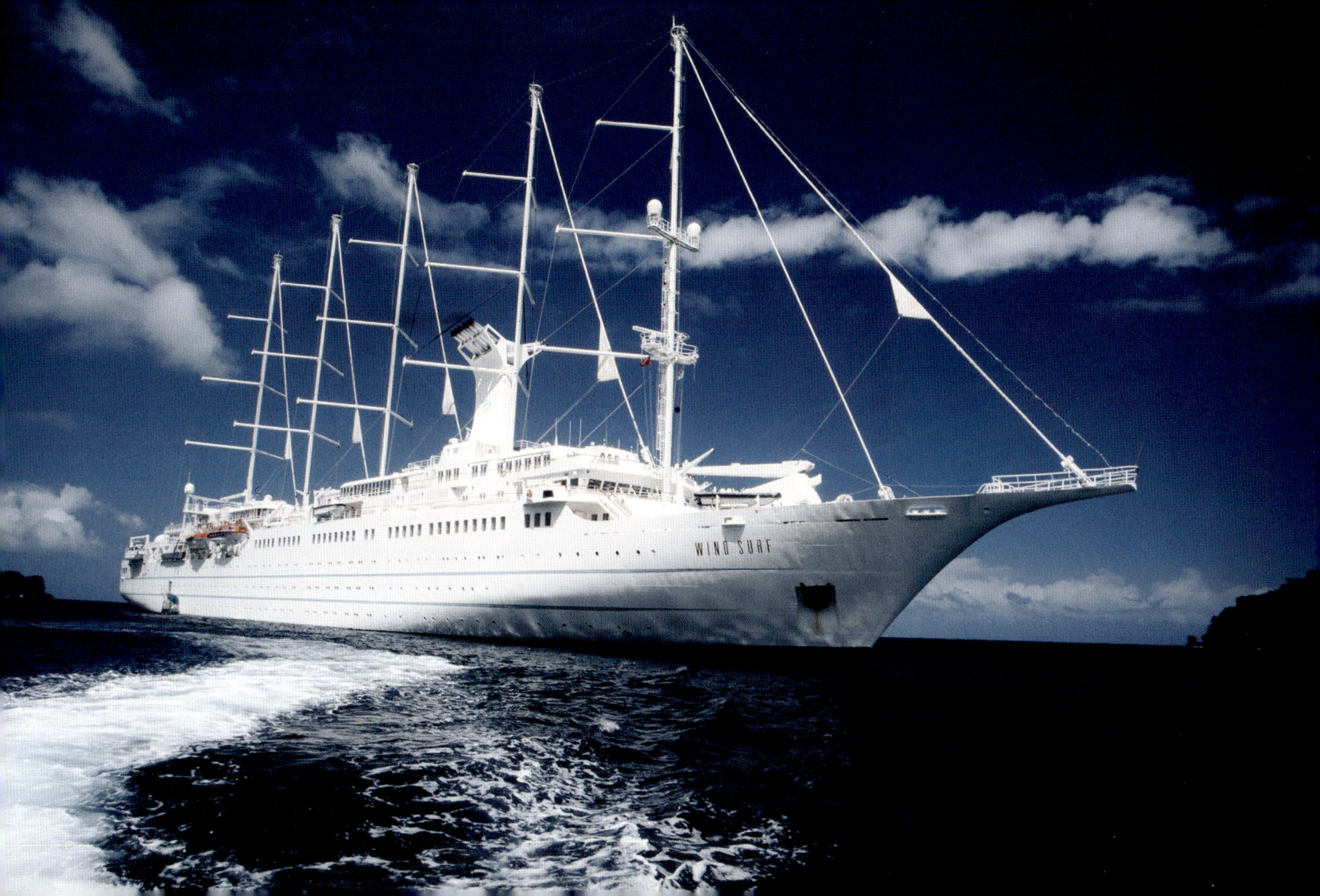
WIND SURF

JAKARTA
INDONESIEN

Die größten Metropolregionen Asiens | Die auf der Insel Java gelegene Hauptstadt Indonesiens zählt zu den stark wachsenden Megacitys der Welt. Längst ist die Metropole, mit ihren rund 10 Millionen Einwohnern, mit den Nachbarstädten Bogor, Tangerang und Behasi zu einem gigantischen Ballungsraum mit fast 30 Millionen Menschen zusammengewachsen.

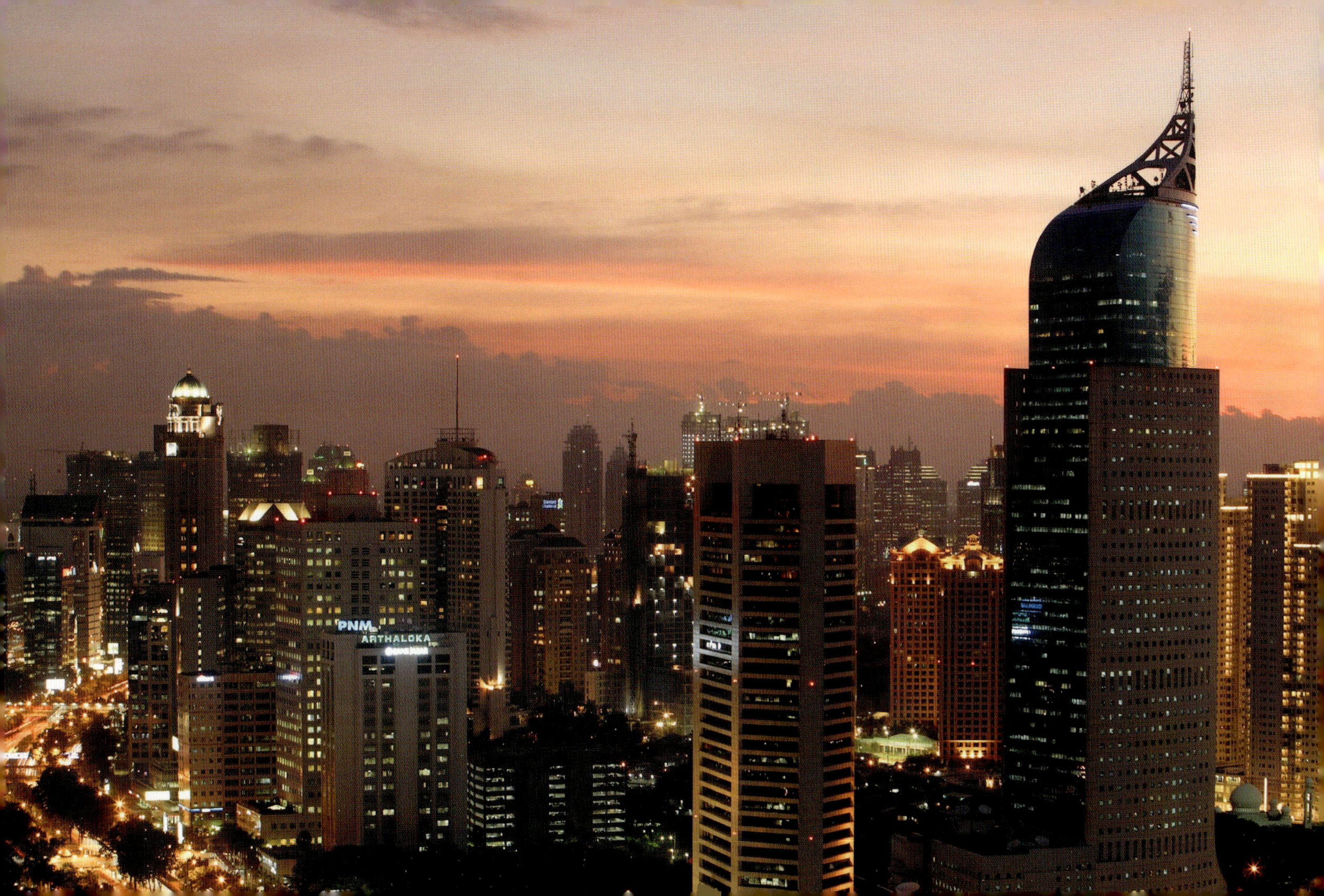
PNM
ARTHALOKA

ITSUKUSHIMA-SCHREIN

MIYAJIMA, JAPAN

Die bedeutendsten Schreine des Shintoismus | Der Schreinkomplex auf der Insel Miyajima, in der Seto-Inlandsee unweit von Hiroshima an einer der schönsten Stellen der japanischen Küste gelegen, ist das wohl bekannteste Heiligtum Japans. Es verkörpert in Vollkommenheit die Verehrung der göttlichen Natur. Der Überlieferung nach ist der Schrein den drei Töchtern des Sturmgottes geweiht und wurde im Jahr 593 errichtet.

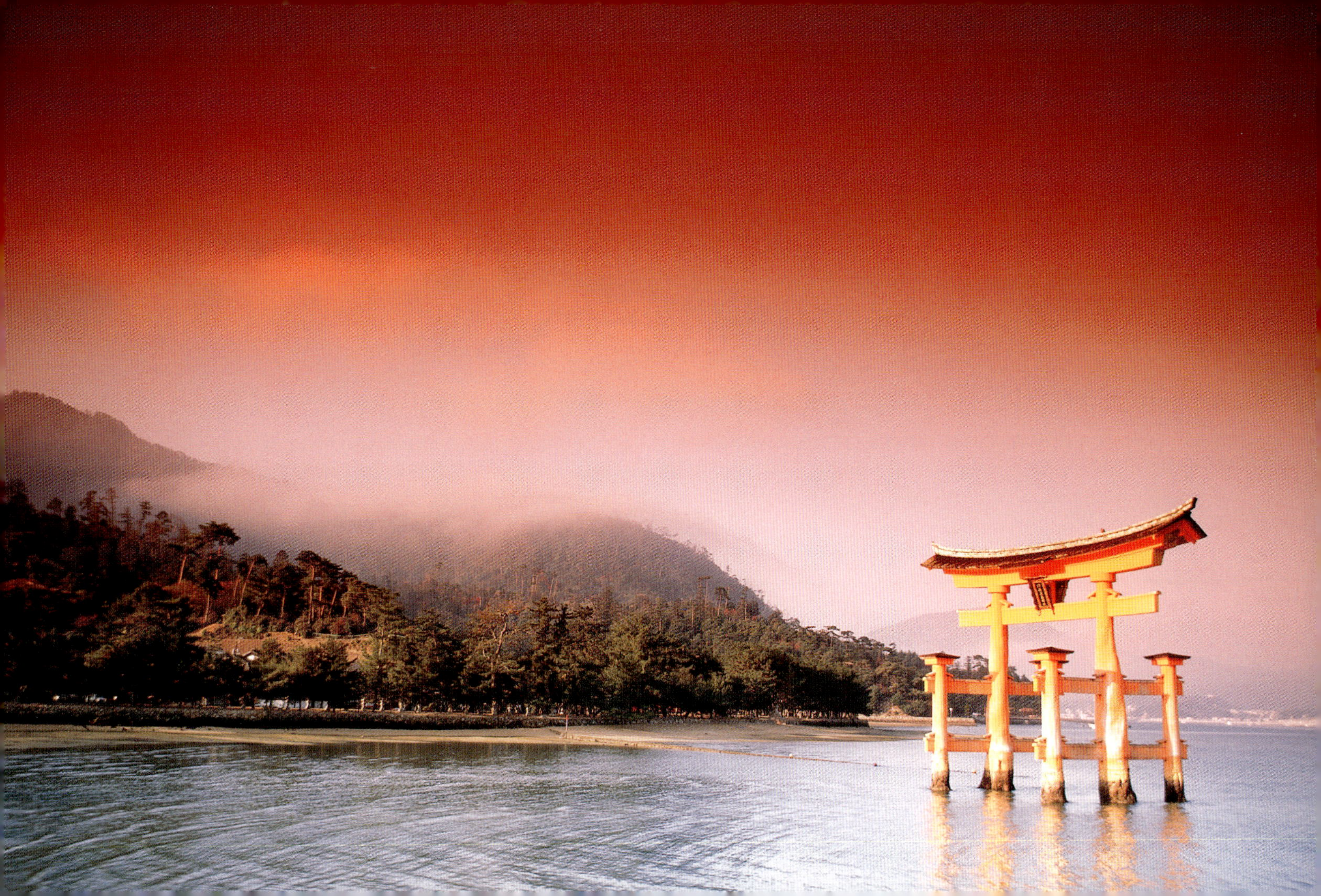

TEMPELHOF
BERLIN, DEUTSCHLAND

Das größte Flughafengebäude Europas | Die Anlage 1936–1941 nach Plänen von E. Sagebiel erbaut, wurde mit dem monumentalen bogenförmigen Flughafengebäude (Länge: 1230 Meter) auf sechs Millionen Passagiere pro Jahr, das 30-Fache des damaligen Passagieraufkommens, ausgelegt. Mit einer Bruttogeschoßfläche von 307 000 Quadratmetern war das Flughafengebäude einige Zeit das flächenmäßig größte Gebäude der Welt.

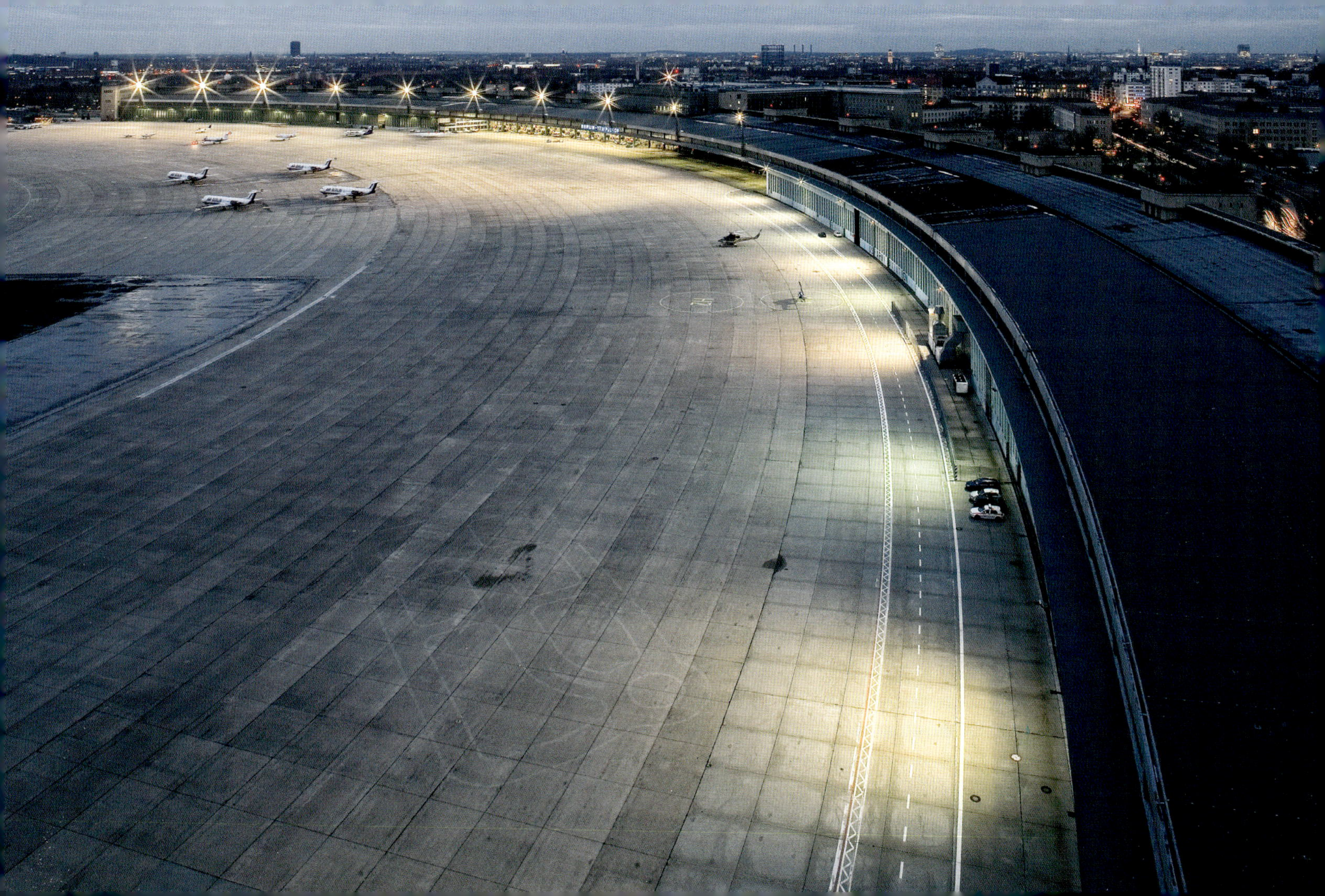

SYDNEY
AUSTRALIEN

Die größten Metropolregionen Australiens | Die größte Stadt Australiens zählt mit knapp vier Millionen Einwohnern und etwa weiteren zwei Millionen in der Region sicherlich zu den kleineren Metropolen der Welt. Dennoch hat sie eine überragende globale Bedeutung und wird vom »Globalization and World Cities Network« in einem Atemzug mit Städten wie Singapur oder Hongkong genannt.

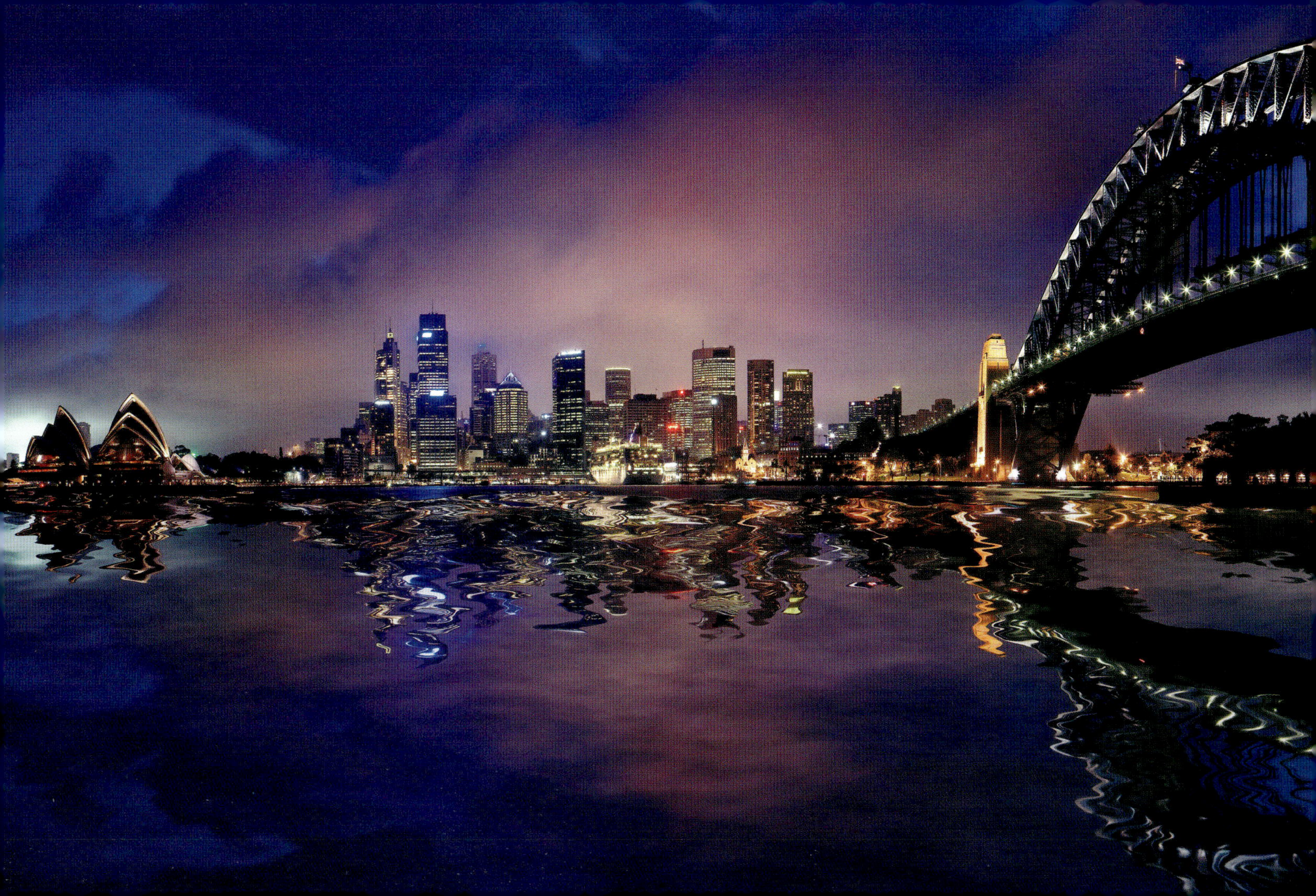

NATURAL HISTORY MUSEUM

LONDON, GROSSBRITANNIEN

Die bedeutendsten Naturkundemuseen der Welt | Das Museum ist aus den naturkundlichen Sammlungen des British Museum hervorgegangen. Es wurde 1881 eröffnet und ist heute das nach dem Washingtoner National Museum of Natural History größte Naturkundemuseum der Welt. Ein nicht unwesentlicher Teil der Ausstellung widmet sich der Evolutionsgeschichte und Fragen der Ökologie.

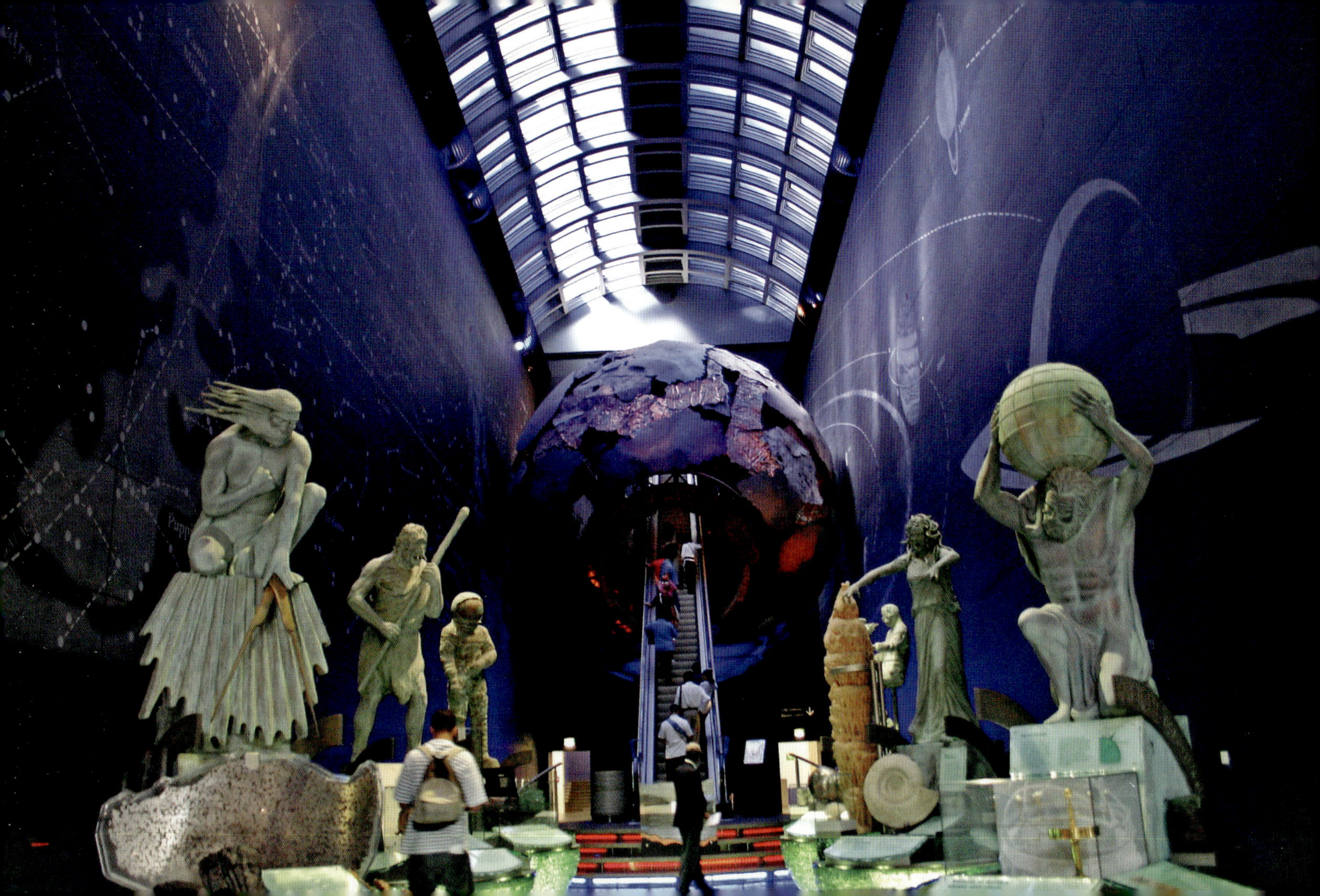

IMAM-REZA-SCHREIN

MASCHHAD, IRAN

Die zweitgrößte Moschee der Welt | Das Gotteshaus bietet für 700 000 Gläubige Platz. Die Ruhestätte des Ali ibn Musa ar-Rida in der ostiranischen Metropole Maschhad ist der wohl bedeutendste Wallfahrtsort des schiitischen Islam und wird alljährlich von Millionen von Gläubigen aufgesucht. Die Schiiten verehren den Imam als rechtmäßigen, von Gott selbst eingesetzten Nachfolger des Propheten Mohammed.

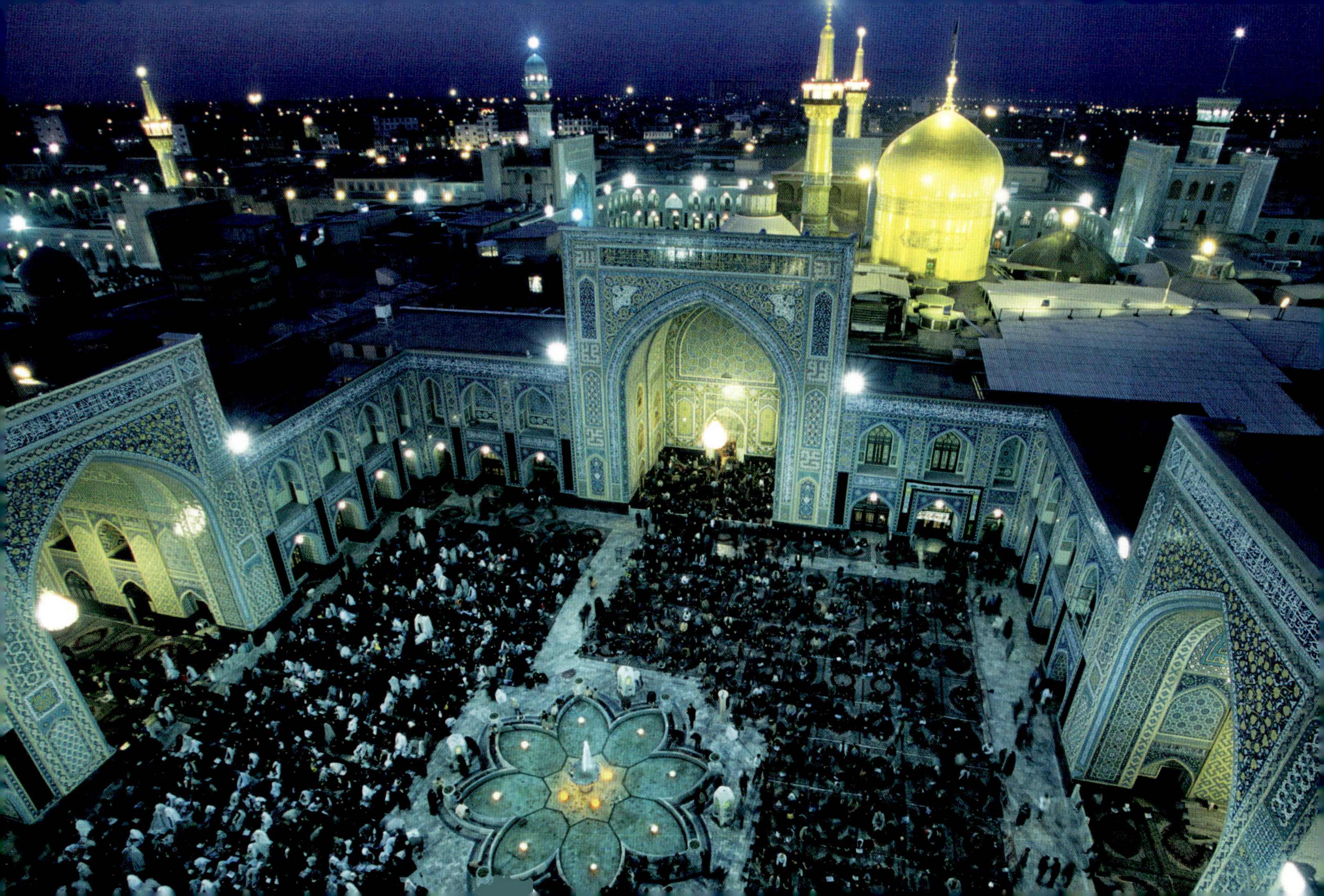

LUXOR
ÄGYPTEN

Die bedeutendsten altägyptischen Tempelanlagen | Den Grundstein zur zentralen Tempelanlage von Luxor, die sich mitten im Stadtgebiet erhebt, legte um das Jahr 1380 v. Chr. Amenophis III. Als Sinnbild für die Macht des Neuen Reiches wurde sie der thebanischen Dreieinigkeit Amun, Mut und Chons geweiht. Die Obelisken, Kolossalstatuen und Pylone sind noch sehr gut erhalten und werden teils im örtlichen Museum präsentiert.

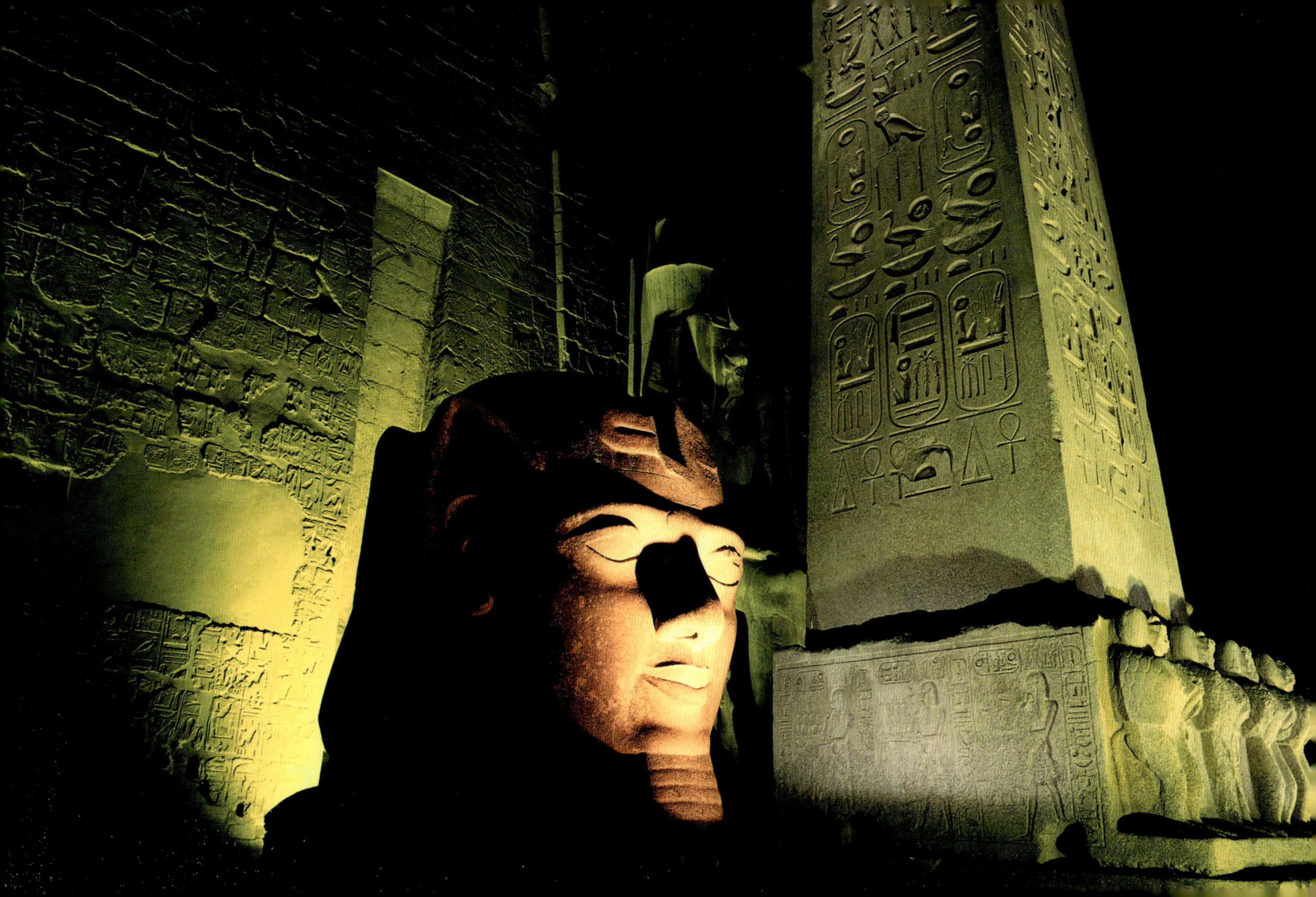

SHANGHAI WORLD FINANCIAL CENTER

SHANGHAI, CHINA

Die höchsten Skyscraper Asiens | Der Wolkenkratzer mit 492 Meter Höhe ist derzeit das höchste Gebäude der Volksrepublik und das vierthöchste weltweit. Das markanteste Bauelement des Wolkenkratzers ist ein etwa 50 Meter breites »Portal« im oberen Gebäudebereich. Dies ist ein statischer Kunstgriff, der die enorme Windlast auf die Gebäudespitze verringern soll.

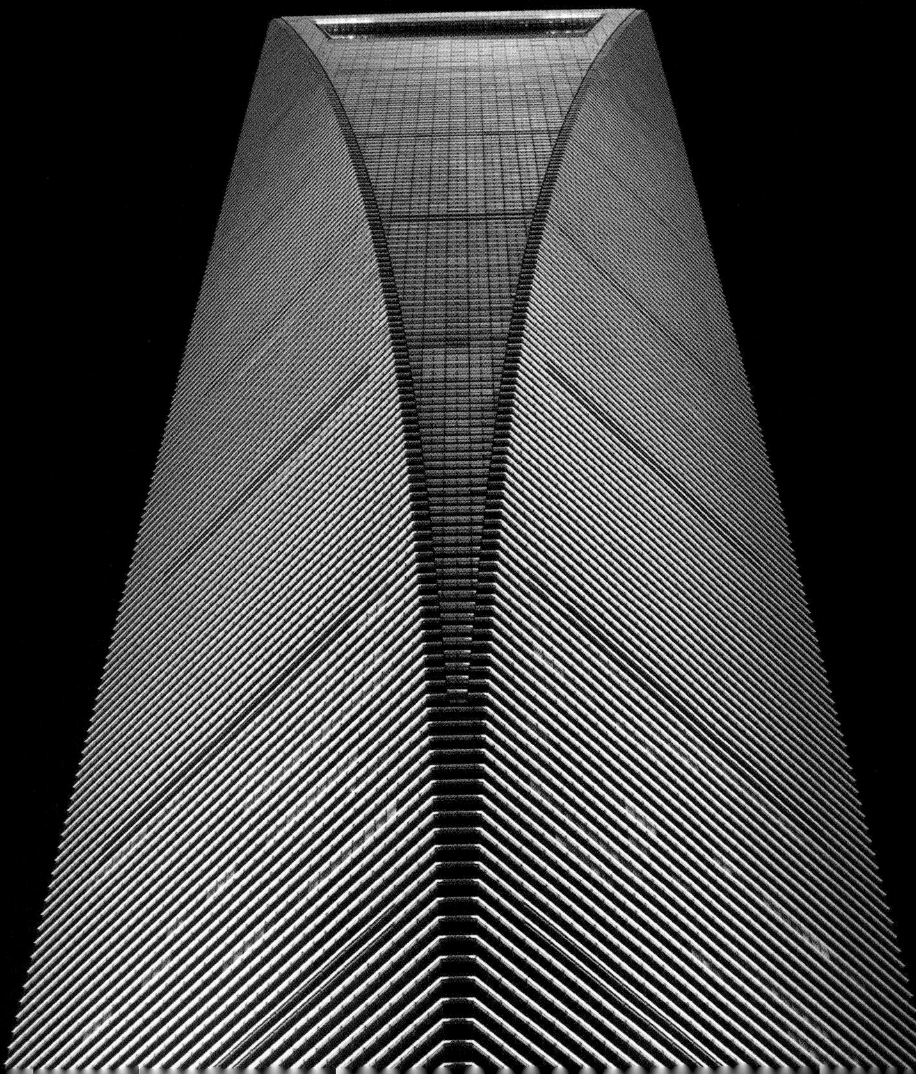

LOS ANGELES INTERNATIONAL AIRPORT
USA

Die größten Flughäfen der Welt | Das X-förmige Theme Building mit dem berühmten Encounter Restaurant ist die optische Hauptattraktion des Los Angeles International Airport, dem sechstgrößten Flughafen weltweit. Das markante Gebäude wurde 1961 im futuristischen Googie Style errichtet. Im Jahr 2011 wurden hier 61,8 Millionen Passagiere abgefertigt.

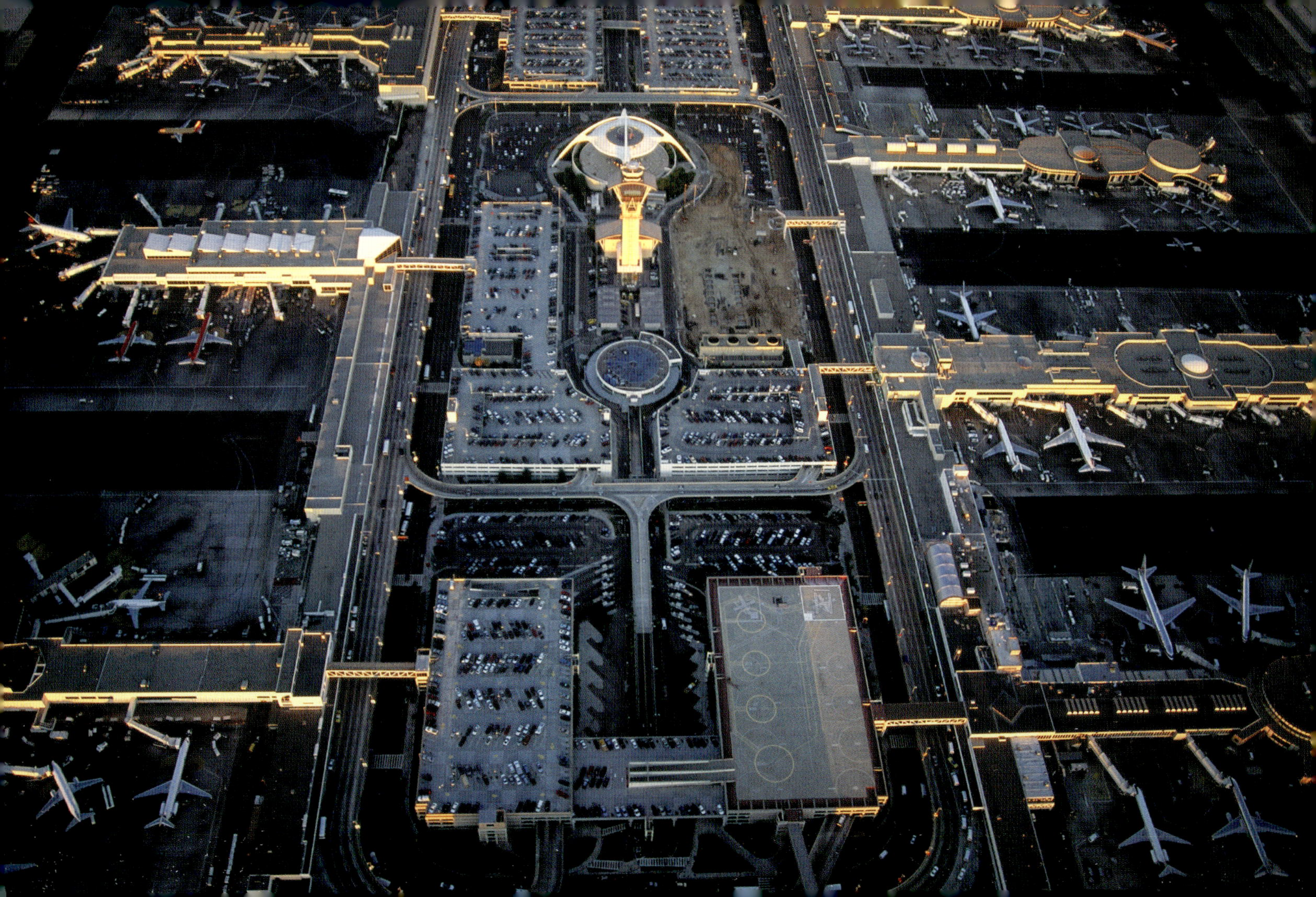

MAMALLAPURAM
TAMIL NADU, INDIEN

Die bedeutendsten Tempelanlagen des Hinduismus | Der Tempelbezirk von Mamallapuram, ein Beispiel der frühen südindischen Architektur, gehört zu den interessantesten archäologischen Stätten des Landes und ist seit 1984 UNESCO-Weltkulturerbe. Mit zwölf Meter Höhe und 33 Meter Breite ist das Flachrelief »Die Herabkunft der Ganga« in Mamallapuram eines der größten der Welt.

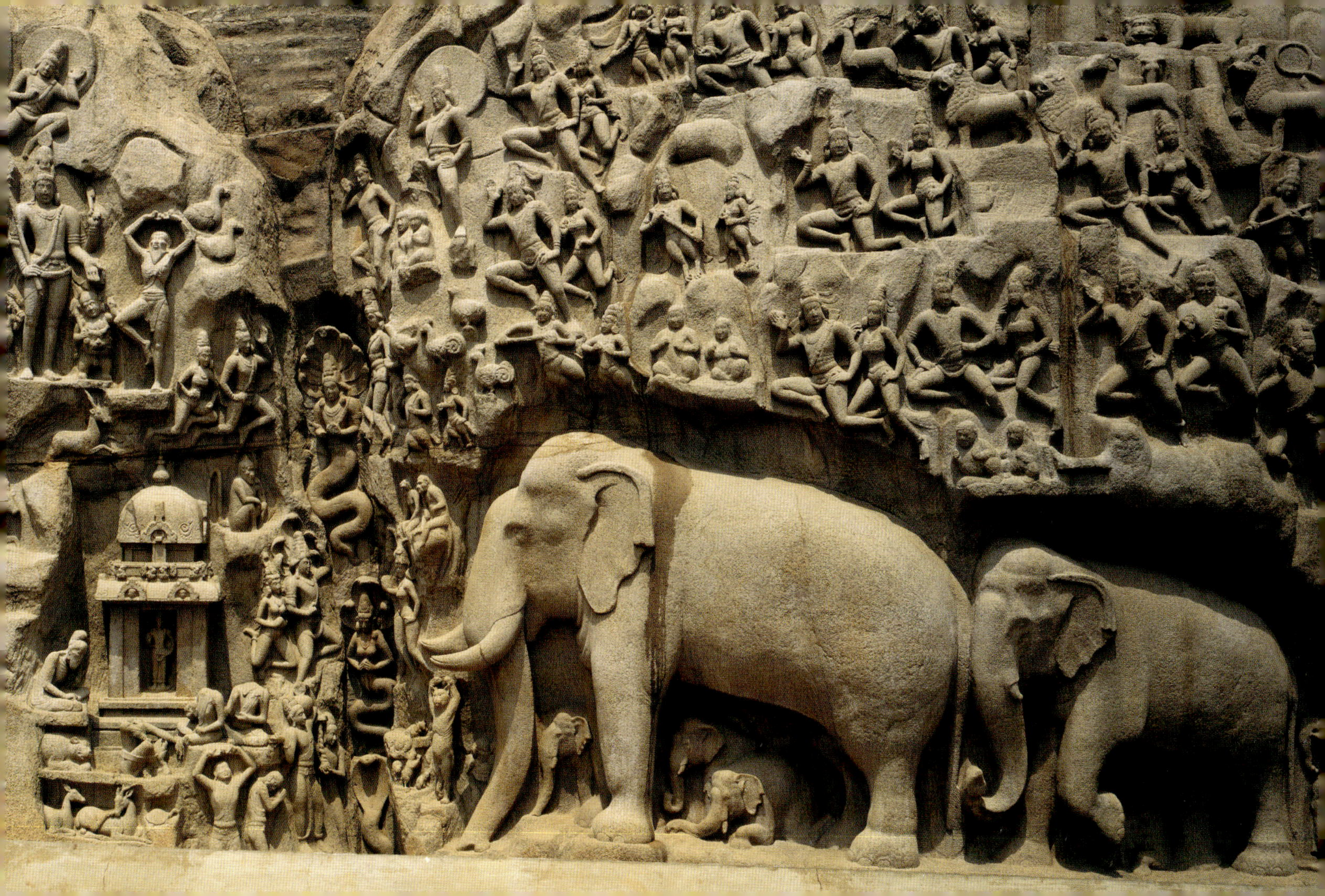

FORTH BRIDGE
EDINBURGH, SCHOTTLAND

Die längsten Fachwerkbrücken der Welt | Die 2,5 Kilometer lange Eisenbahnbrücke über den Firth of Forth war zur Zeit ihrer Fertigstellung 1889 die Brücke mit der weltweit größten Spannweite und Vorbild für viele weitere Ausleger-Fachwerkbrücken. Das Fachwerk zwischen den drei 100,6 Meter hohen Türmen hat jeweils eine Spannweite von 521 Metern. Insgesamt wurden 50 958 Tonnen Stahl verbaut.

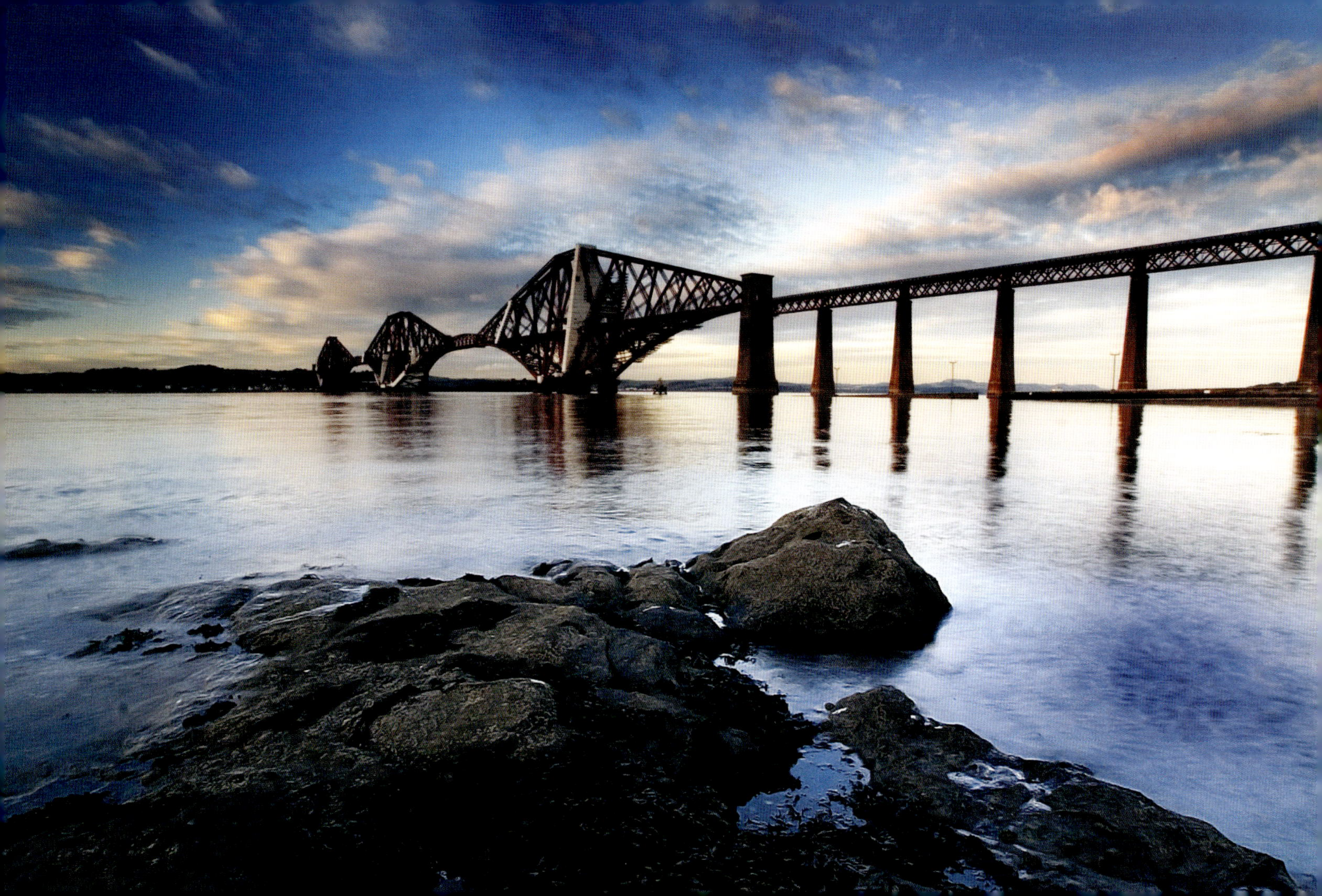

RUINEN VON BAALBEK
LIBANON

Die größten Tempelanlagen der Antike | Die kolossalen Säulen und Ruinen der Tempelstätte in der Bekaa-Hochebene zählen zu den großartigsten Zeugnissen der römischen Baukunst im Nahen Osten. Der fast vollständig erhaltene Bacchustempel stammt aus der ersten Hälfte des 2. Jahrhunderts. Dieser Tempel, und er ist nur der kleinste der Kultstätte, hat größere Ausmaße als die Akropolis in Athen.

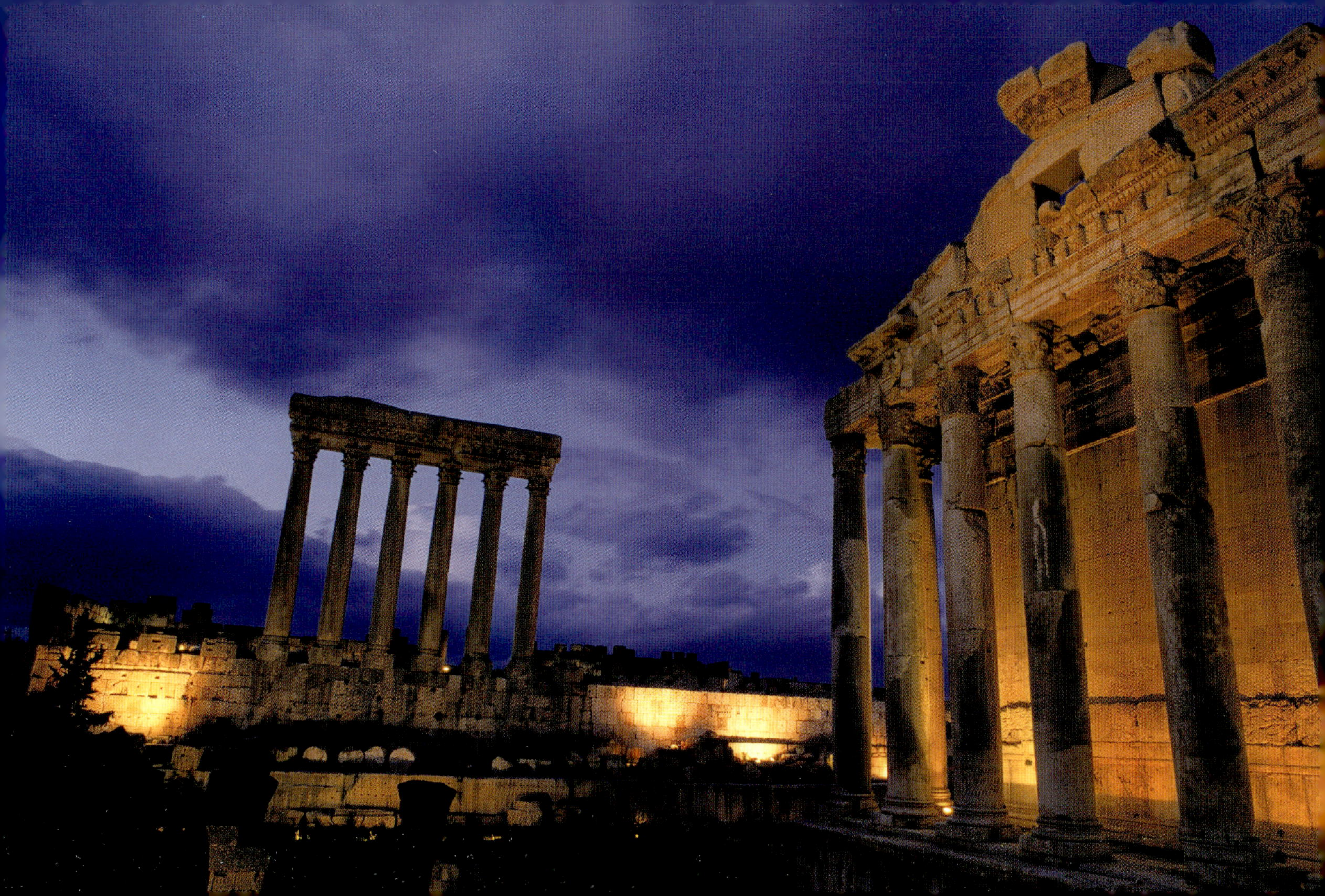

UFFIZIEN
FLORENZ, ITALIEN

Die bedeutendsten Kunstmuseen der Welt | In dem zwischen 1559 und 1581 erbauten Renaissancepalast ist eine der bekanntesten Kunstsammlungen der Welt untergebracht. Die Uffizien locken alljährlich Millionen interessierte Besucher an. Viele wertvolle Meisterwerke der italienischen und europäischen Malerei vom 13. bis zum 18. Jahrhundert sind hier ausgestellt.

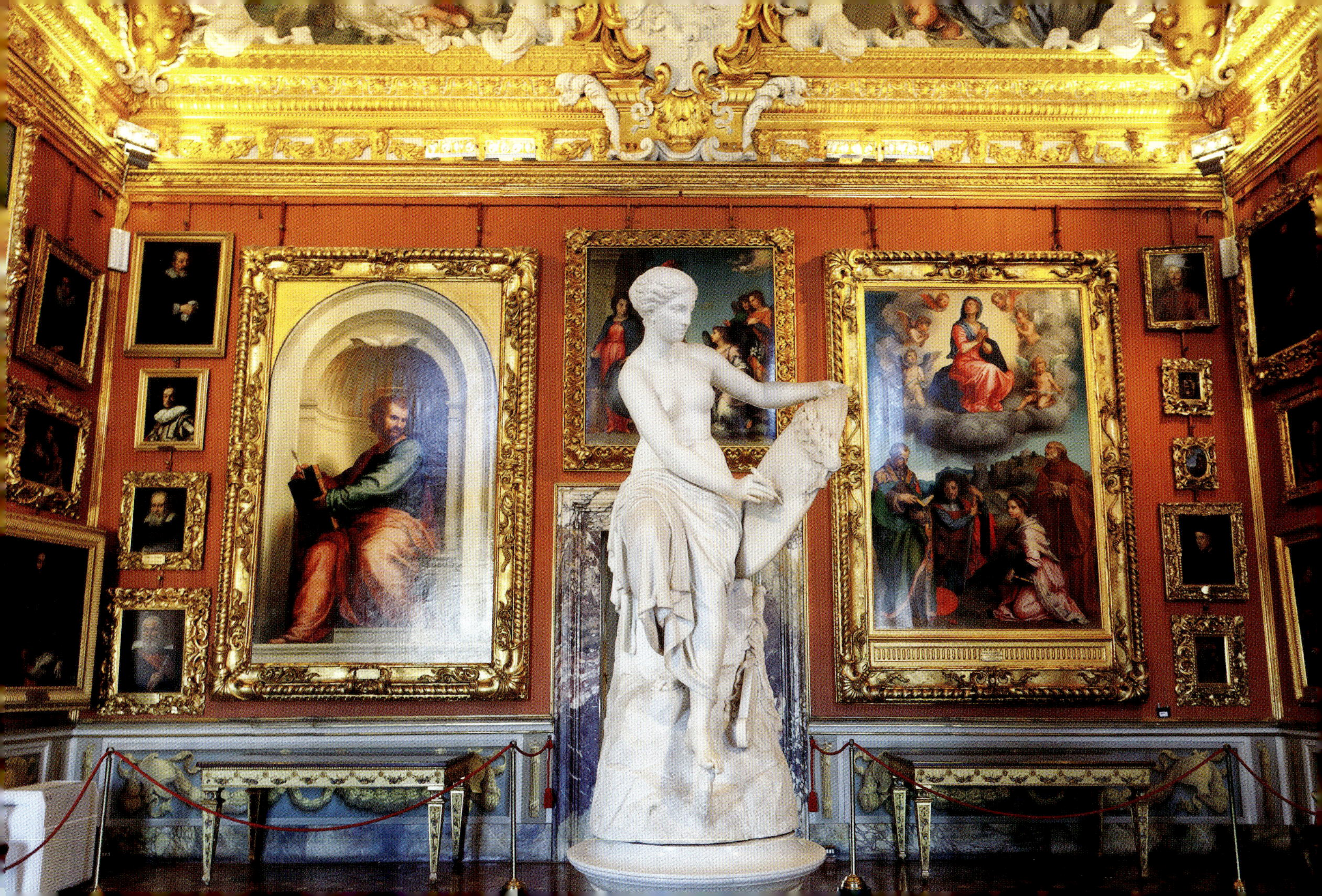

SHINJUKU STATION
TOKIO, JAPAN

Die größten Bahnhöfe der Welt | Der größte Bahnhof der Welt – nach Passagieren – ist die Shinjuku Station im Westen von Tokio. Hier drängen sich geschätzte drei Millionen Menschen pro Tag und mehr als 1,3 Milliarden Reisende im Jahr. Die oberirdischen Bahnhofsgebäude sind eher unscheinbar, doch im Untergrund erstreckt sich auf mehreren Stockwerken ein gigantisches Netz aus Tunneln und Shoppingmalls mit über 200 Ausgängen.

11 中央・総武線 千駄ヶ谷・千葉方面
各駅停車 Chuo･Sobu Line (Local) for Sendagaya, Chiba

渋谷・品川方面 山手線 12
for Shibuya, Shinagawa Yamanote Line

BAIKONUR
ROSKOSMOS, KASACHSTAN

Die bedeutendsten Weltraumbahnhöfe der Welt | Der heute auf dem Gebiet der Republik Kasachstan liegende Weltraumbahnhof wurde 1994 von Russland gepachtet und wird von der Raumfahrtbehörde des Landes genutzt. Im Kosmodrom werden Satelliten ins All geschossen, und alle bemannten russischen Raumflüge sind hier gestartet. 1961 brach der erste Mensch, Juri Gagari, zu einem 106-minütigen Ausflug in den Weltraum auf.

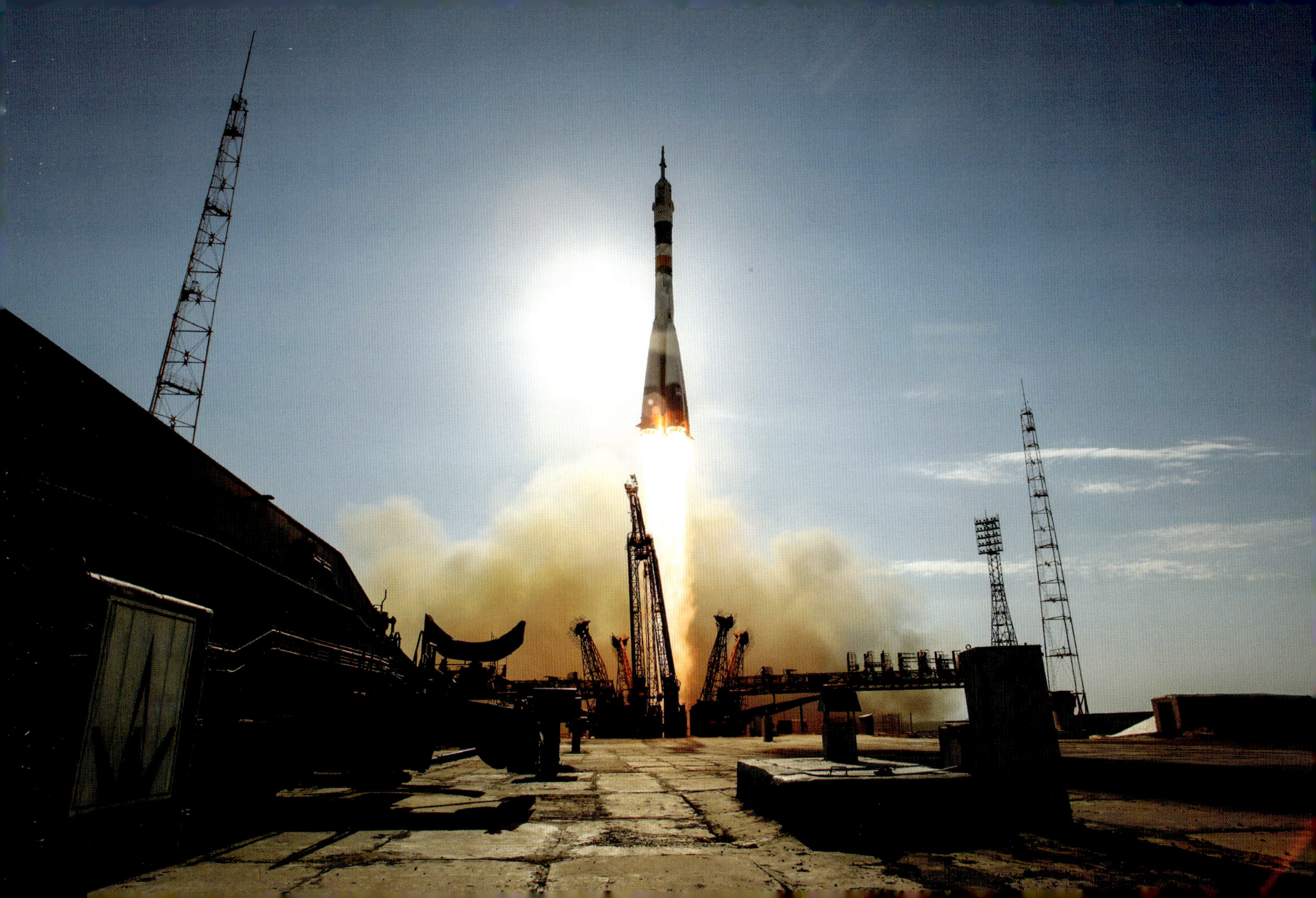

KYRILLISCH

Die verbreitetsten Schriften der Welt | Abgesehen von den baltischen Ländern wird die kyrillische Schrift in allen Staaten der ehemaligen Sowjetunion sowie in einigen Balkanländern als ausschließliches Schriftsystem verwendet. Sie ist die viertverbreitetste Schrift der Welt. Forscher vermuten, dass sie in der Mitte des 10. Jahrhunderts in Bulgarien entstanden ist und sich von hier aus über Osteuropa verbreitete.

Дети парий едут учиться в Штаты

ФБР поймало пасынка Саддама Хусейна

стр. 2

ПРАВДА

ежедневная газета

www.mospravda.ru   №123 (24415)

ДЕНЬ ГОРОДА

Путейцы отдадут зарплату

Вон из М

Жителям крупных городов предлагается

Созвон

Московские звонари досто

Погода завтра днём
+26...+28
Долгота дня – 17.18

Юрий ЛУЖКОВ
НИЧЕГО ЛИЧНОГО
Читайте на 2-й странице

ВОЙ
"ро
СОЛ
Читай

стр. 12

ВЕЧЕРНЯЯ МОСКВ

Издается с 6 декабря 1923 года.

взгляд   СУПЕРПРЕМЬЕРА В

2002

ЖИЗНЬ

VEHICLE ASSEMBLY BUILDING
FLORIDA, USA

Die höchste Montagehalle der Welt | Die Halle am Startkomplex 39 des Kennedy Space Center wurde für den Zusammenbau der 111 Meter hohen Saturn-V-Raketen errichtet und 1966 eingeweiht. Sie umfasst eine Fläche von 34 438 Quadratmetern und ist 160,3 Meter hoch. In dem Gebäude befinden sich vier Montagestätten. Jeder Bereich verfügt über ein 139 Meter hohes Tor, durch das die Raumfahrzeuge zu ihren Plätzen gelangen.

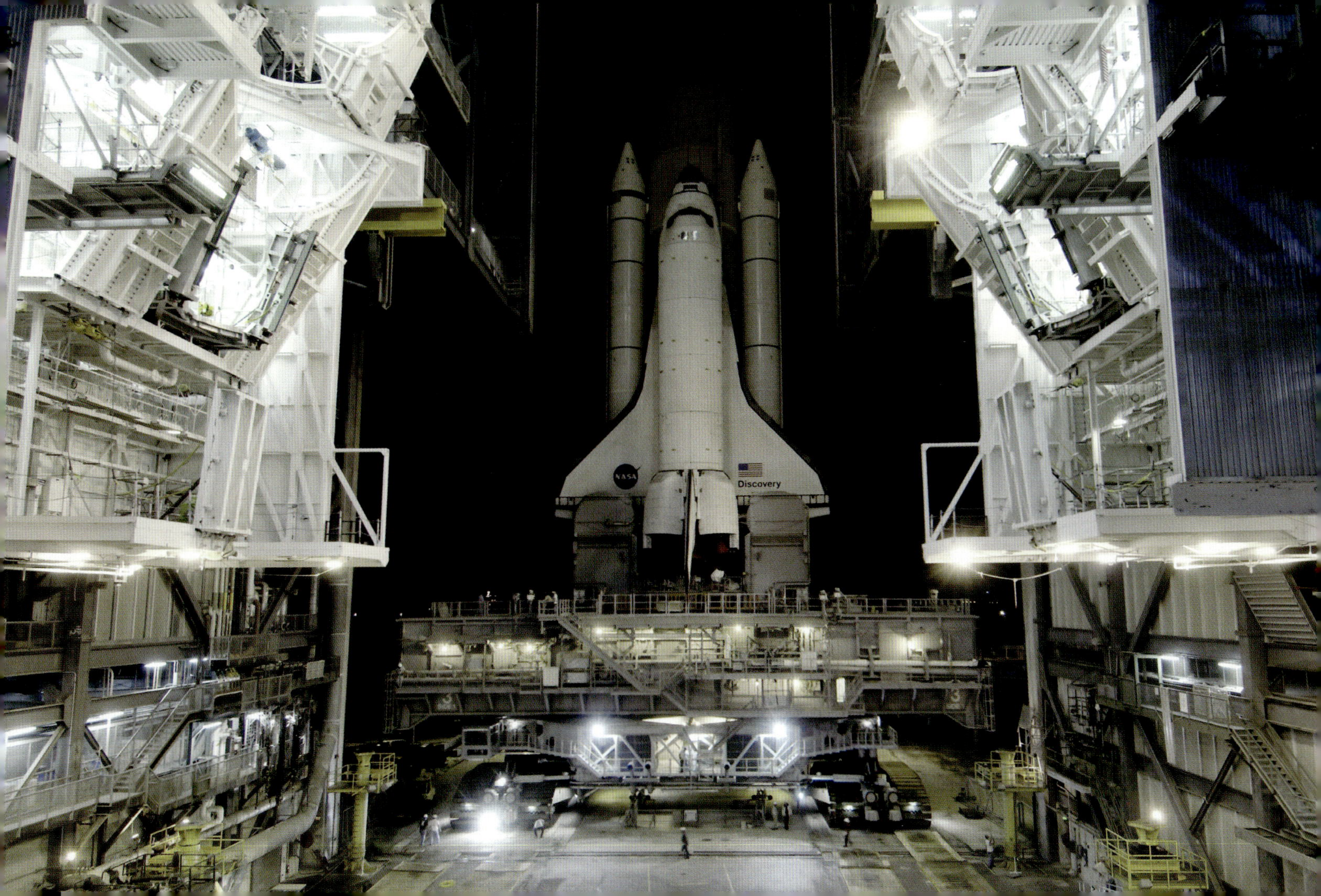
NASA
Discovery

SUEZKANAL
ÄGYPTEN

Der längste Meereskanal der Welt | Der Suezkanal verbindet auf einer Strecke von 193,3 Kilometern das Mittelmeer mit dem Roten Meer und verkürzt so den Seeweg vom Nordatlantik in den Indischen Ozean um fast 5000 Kilometer. Er wurde 1869 nach zehnjähriger Bauzeit eröffnet und kann seit der 1888 vereinbarten Konvention von Konstantinopel von Schiffen aller Nationen befahren werden.

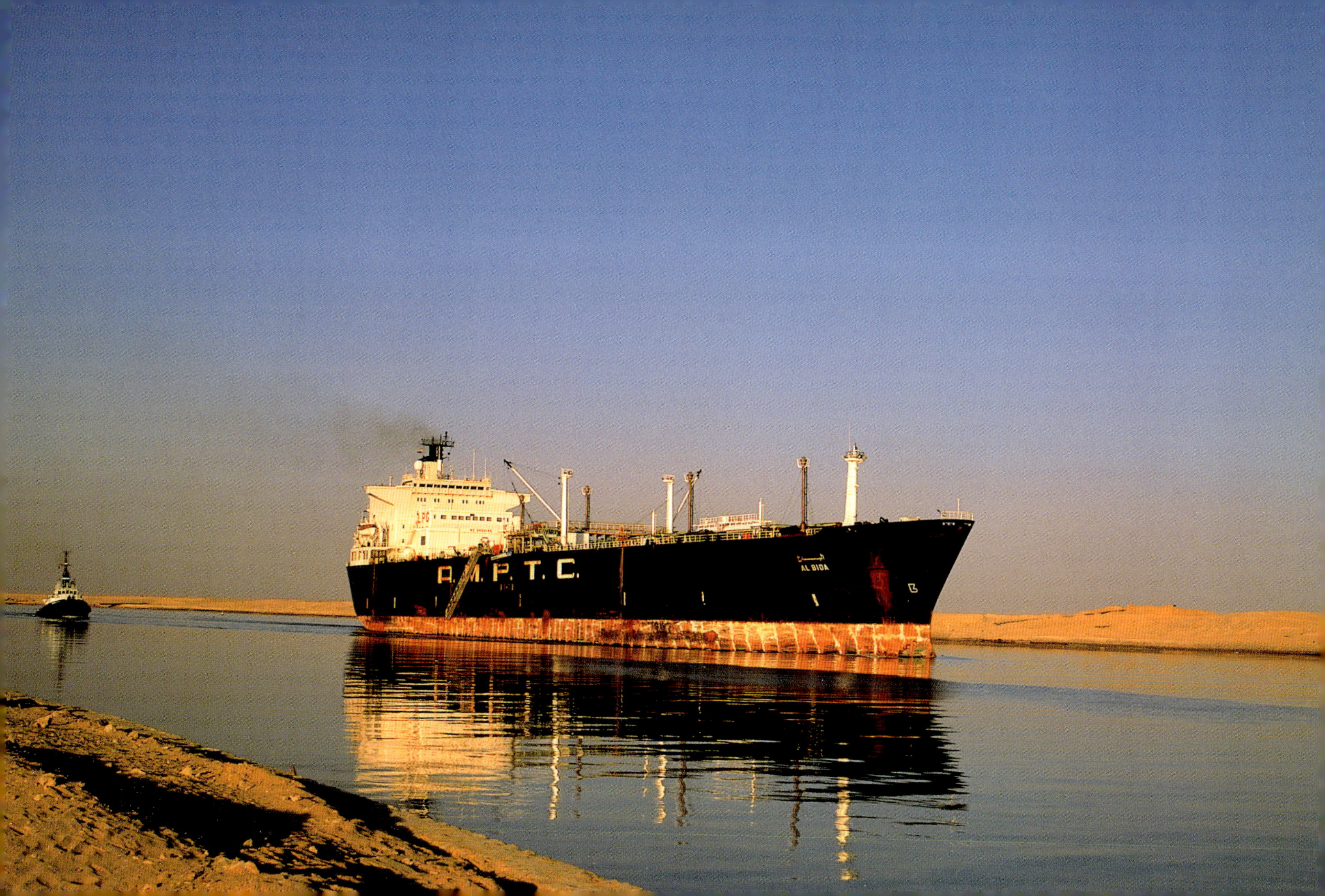
A.M.P.T.C.
AL BIDA

BURJ KHALIFA
DUBAI, VEREINIGTE ARABISCHE EMIRATE

Das höchste Gebäude der Welt | Der Burj Khalifa ist mit einer Gesamthöhe von 832 Metern und 189 Stockwerken das höchste Bauwerk der Welt. Die Etagen werden von insgesamt 57 Aufzügen und acht Fahrtreppen erschlossen. Eine Aussichtsplattform befindet sich in der 124. Etage auf 452 Meter Höhe, die welthöchste Aufzugshaltestelle auf 638 Metern. 2909 Stufen führen vom Erdgeschoss bis zur 160. Etage in einer Höhe von 600 Metern.

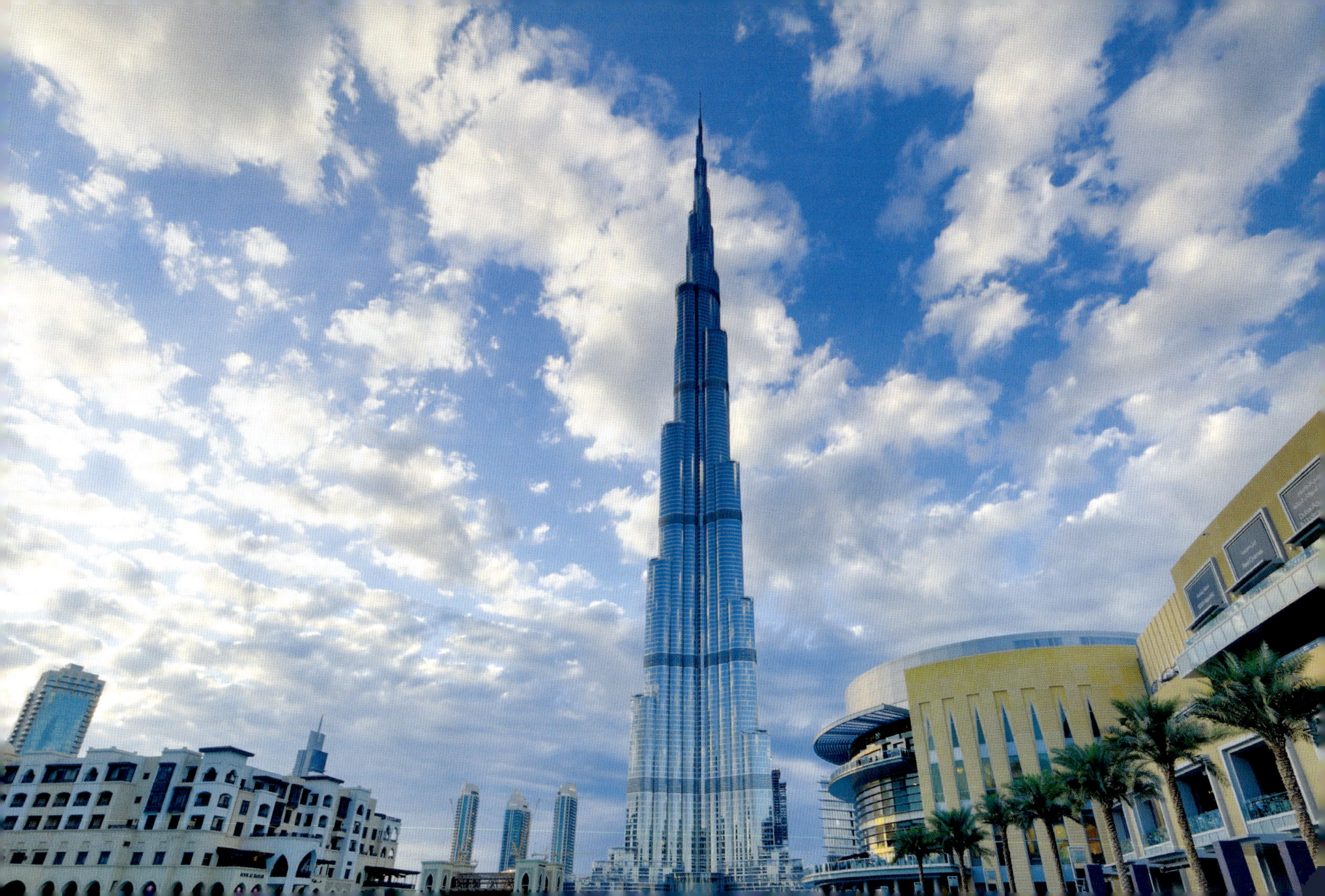

ÖRESUND-BRÜCKE

DÄNEMARK / SCHWEDEN

Die längsten Brücken Europas | Die Öresund-Brücke ist die längste Schrägseilbrücke mit Straßen- und Eisenbahnverkehr in der Welt. Ihre Gesamtlänge beträgt 7,845 Kilometer. Zwei Rampenbrücken führen zur mittleren Hochbrücke, diese ist 1092 Meter lang und hat eine Feldspannweite von 490 Metern. Die beiden Pylone in der Mitte der Brücke sind je 206 Meter hoch.

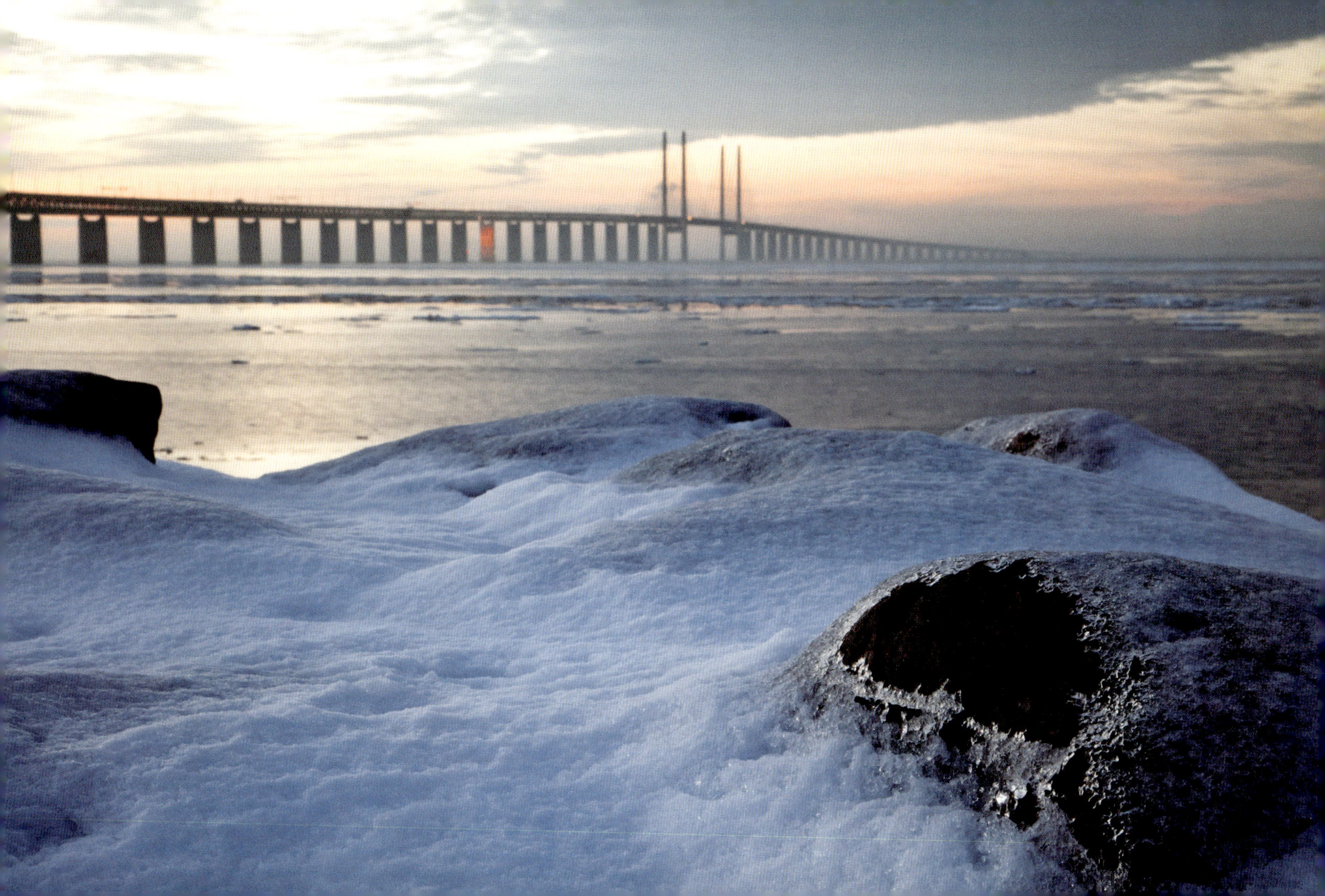

BELZ-SYNAGOGE
JERUSALEM, ISRAEL

Die größten Synagogen der Welt | Dieses riesige Gotteshaus wurde auf Initiative von Rabbi Yissachar Dov Rokeach, dem Spross einer chassidischen Rabbiner-Dynastie aus Belz in der Ukraine, errichtet und im Jahr 2000 eingeweiht. Es ist der von den Nationalsozialisten zerstörten Belzer Synagoge nachempfunden und wie diese ein Ort jüdischer Gelehrsamkeit. Allein im großen Hauptgebetsraum haben 6000 Gläubige Platz.

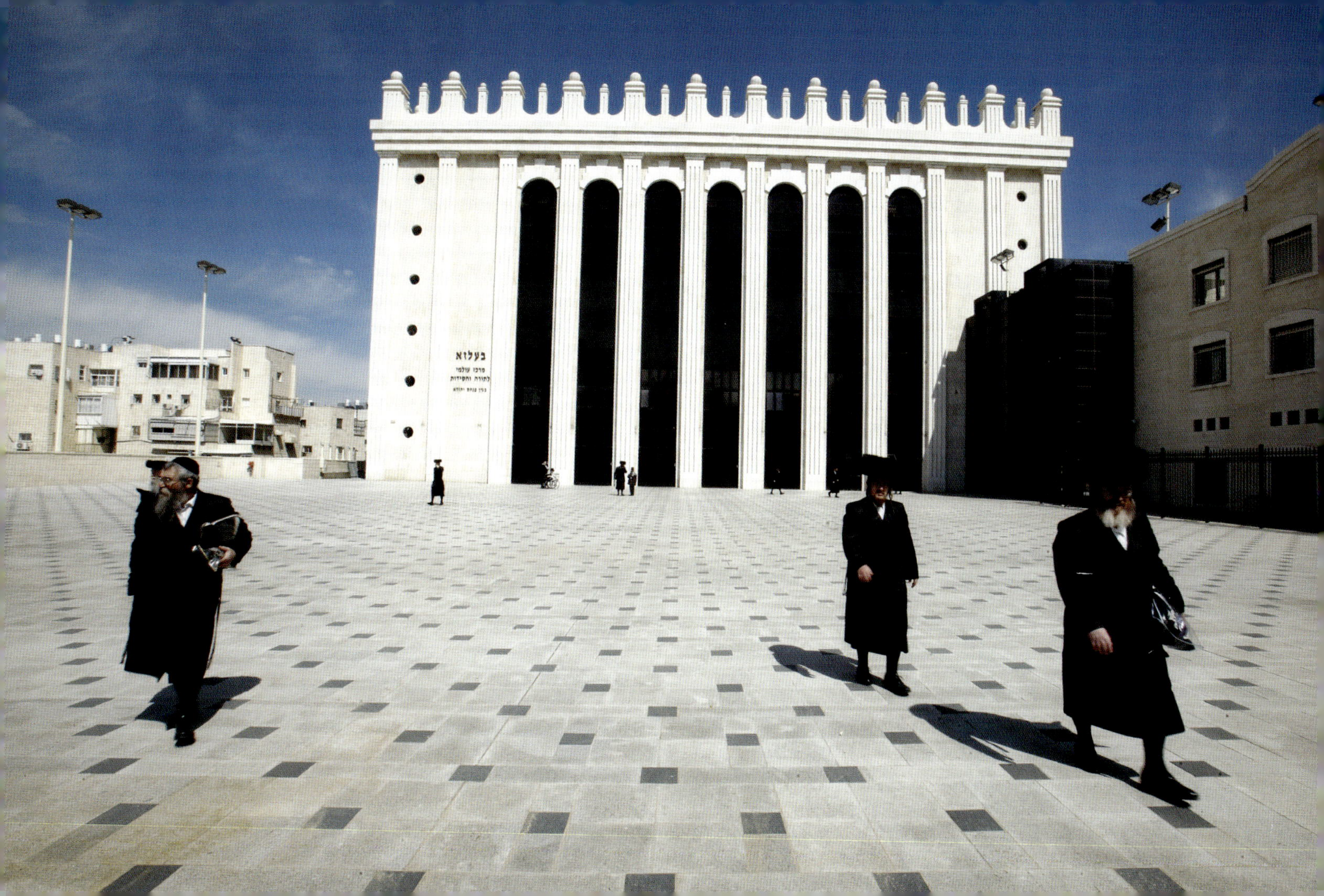
בעלזא
מרכז עולמי
לתורה וחסידות

STEPHANSDOM
WIEN, ÖSTERREICH

Die höchsten Kirchen der Welt | Gemessen am 136 Meter hohen Turm, gehört der Wiener Stephansdom zu den höchsten Kirchen der Welt. Er steht auf Platz 8 der höchsten Türme der Welt. Der Dom ist eines der bedeutendsten Bauwerke der Gotik in Österreich. Im Vordergrund sieht man die gewaltige Kuppel der Peterskirche.

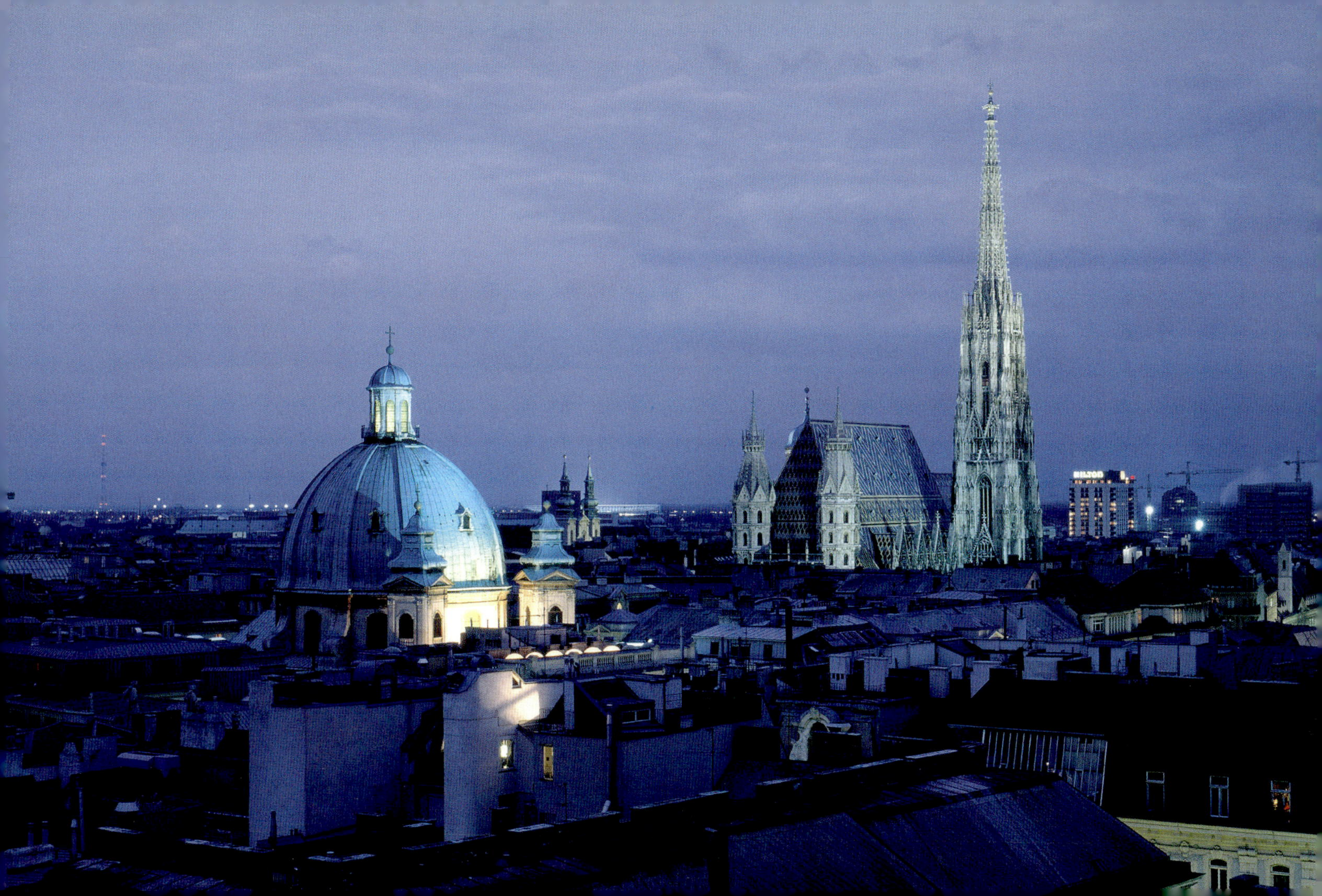

RUINENSTADT TSCHOGA ZANBIL
IRAN

Die bedeutendsten Sakralbauwerke der Welt | Die gewaltige Stufenpyramide aus dem 13. Jahrhundert in der südwestiranischen Provinz Chuzestan war einst das Zentrum eines heiligen Bezirks und gilt als eins der großartigsten Gebäude der elamischen Sakralarchitektur. Der fünfstufige Turm, auch Zikkurat genannt, besteht aus gebrannten Lehmziegeln und war ursprünglich 52 Meter hoch. Vor dem Eingang steht ein runder Altar.

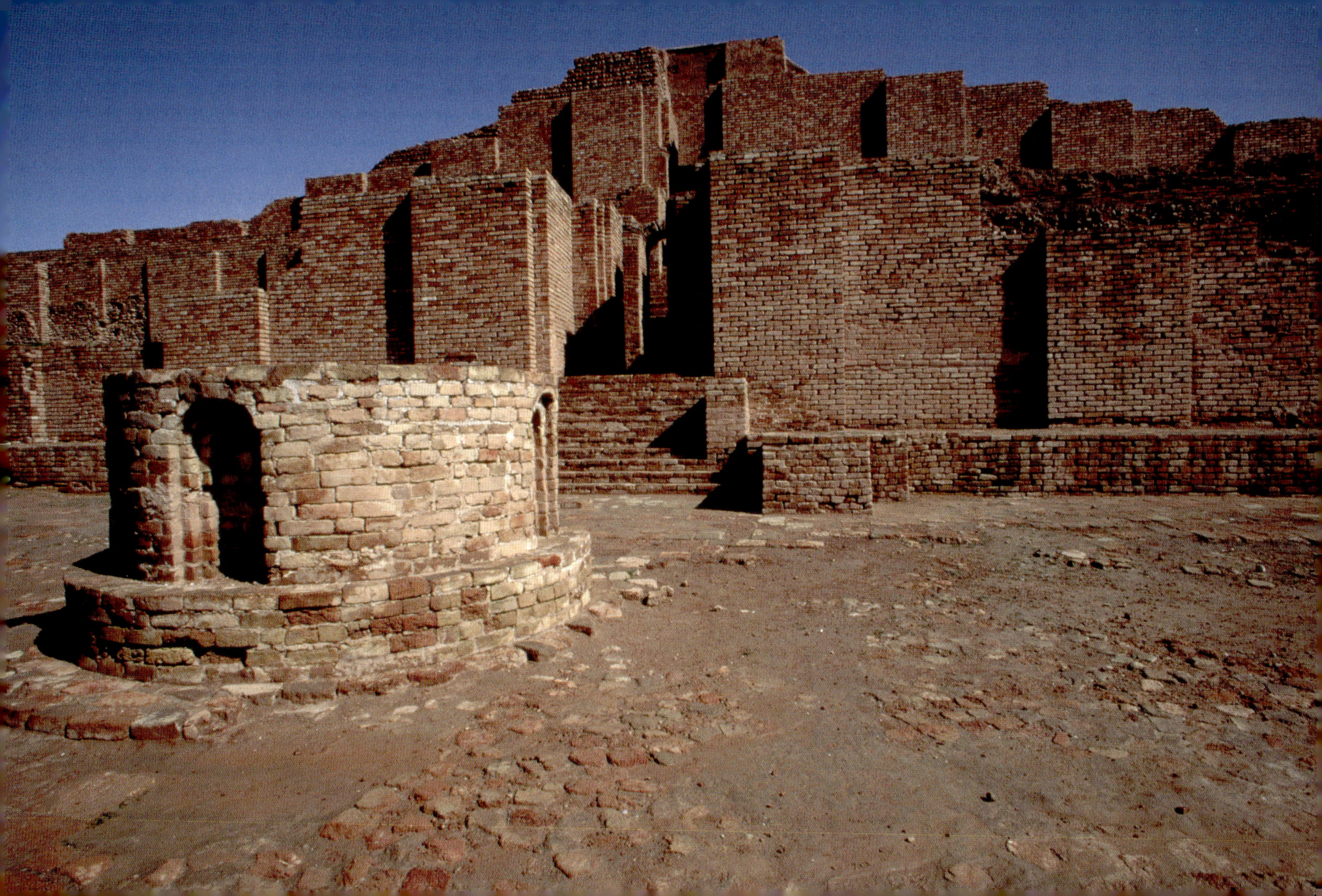

PENTAGON
USA

Das größte Bürogebäude der Welt | Mit einer Gesamtnutzfläche von über 600 000 und einer effektiven Bürofläche von 340 000 Quadratmetern gilt das Pentagon als größtes Bürogebäude der Welt. Es hat ein Volumen von etwa zwei Millionen Kubikmetern und zählt damit auch zu den zehn bis 15 größten Bauwerken der Welt überhaupt (je nach Berechnungsart). Seinen Namen leitet es von der griechischen Bezeichnung für Fünfeck ab.

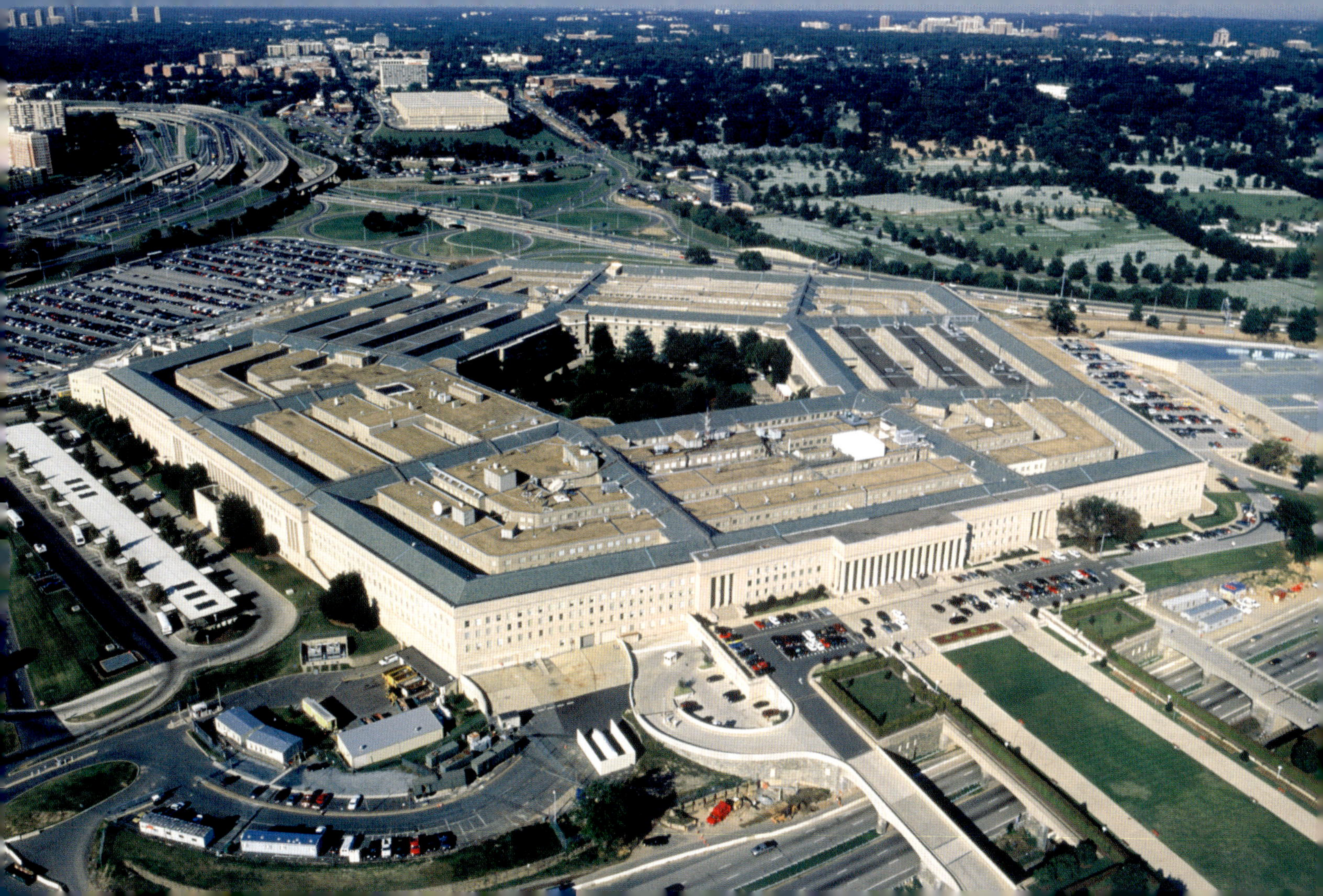

THRUST SSC

Das schnellste Landfahrzeug der Welt | Das Thrust Supersonic Car, mit der Spitzengeschwindigkeit von 1227,985 km/h, durchbrach am 15. Oktober 1997 als erstes Landfahrzeug die Schallmauer. Es ist 16,5 Meter lang, 3,7 Meter breit, 2,14 Meter hoch und wiegt 10,5 Tonnen. Damit hat es nicht nur die Proportionen eines Kampfjets auf Rädern, es wird auch von Turbofan Triebwerken mit Nachbrennern motorisiert, die in Kampfjets eingebaut wurden.

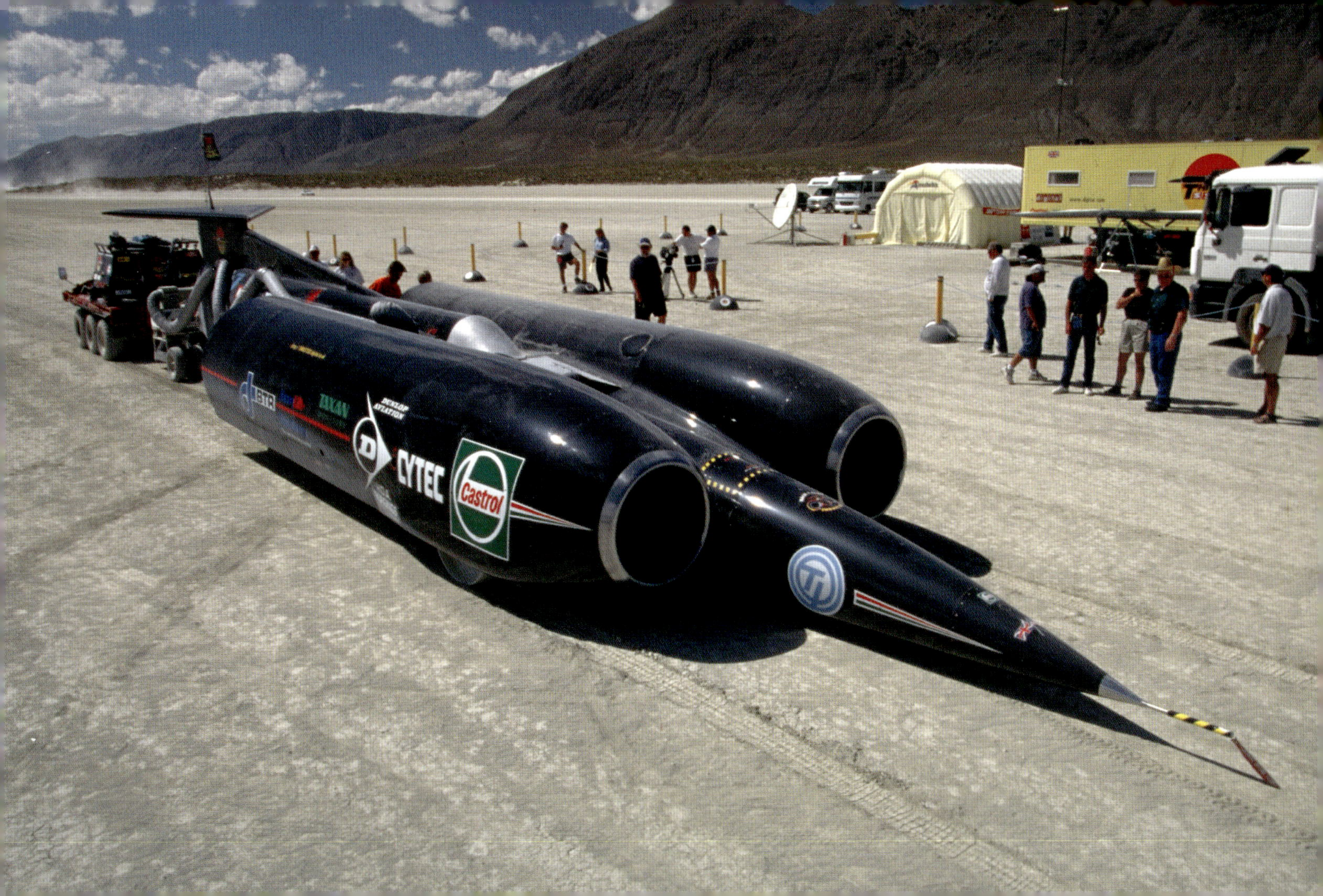
DUNLOP
AVIATION
CYTEC
Castrol

PRAMBANAN
INDONESIEN

Die größte hinduistische Tempelanlage außerhalb Indiens | Die Tempel von Prambanan nahe der Stadt Yogyakarta auf Java zeigen, dass der Einfluss hinduistischer Kultur im Mittelalter bis weit nach Südostasien reichte. Historiker vermuten, dass die Indisierung der Region friedlich verlief und durch Kaufleute befördert wurde. Mit den im 15. Jahrhundert beginnenden Eroberungszügen der Muslime wurde der Hinduismus zurückgedrängt.

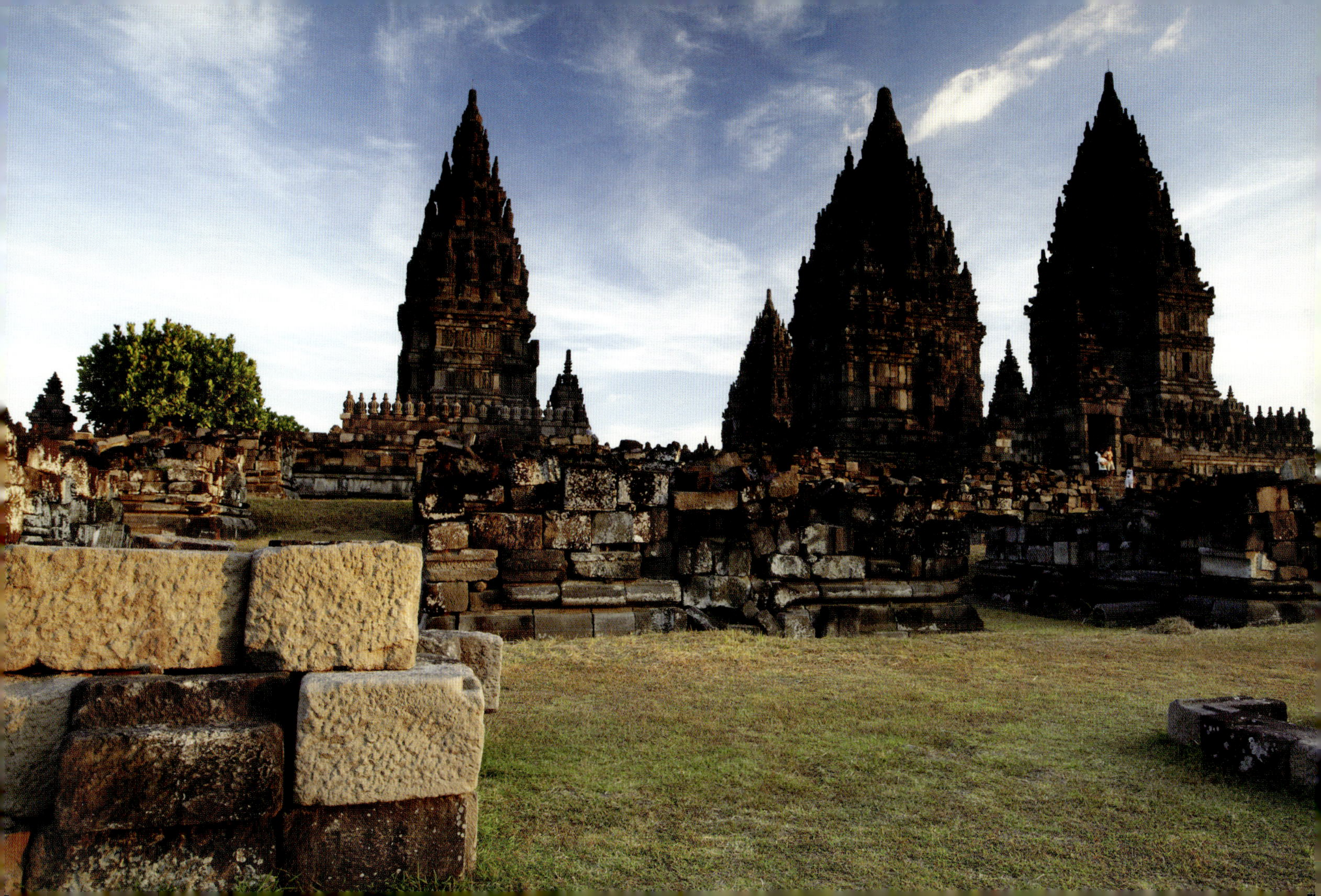

RIJKSMUSEUM
AMSTERDAM, NIEDERLANDE

Die bedeutendsten Kunstmuseen der Welt | Dieses Museum hat dank seiner einzigartigen Sammlung niederländischer Alter Meister Weltberühmtheit erlangt. Fast eine Million Besucher werden jedes Jahr gezählt. Hauptattraktion dürfte Rembrandts »Nachtwache« sein. Zu den Beständen des Rijksmuseums gehört eine umfangreiche Sammlung von Kunstgegenständen aus den ehemaligen niederländischen Kolonien.

DUTCH REPUBLIC · Never has the Netherlands been so wealthy and powerful as in the 17th century, the Golden Age. In the Eighty Years' War (1568-1648) the Dutch expelled their Spanish rulers and established an independent state. Unlike most of Europe, the new country was not a kingdom but a republic. Power was in the hands of the burghers. It was not long before the Republic of the Seven United Provinces became one of Europe's leading nations, constantly warring with its neighbours. The country grew rich on trade and shipping. Dutch vessels sailed the world's oceans. In the Dutch Republic, products and raw materials from across the world were stocked, processed and distributed. Merchants amassed fortunes and art and culture flourished.

FRANKFURT
DEUTSCHLAND

Die höchsten Skyscrapers Europas | Mit Antenne erreicht der Commerzbank Tower eine Gesamthöhe von 300 Metern. Damit war er von 1997 bis 2003 das höchste Gebäude in Europa. Für das 65 Stockwerke zählende Gebäude wurden knapp 19 000 Tonnen Stahl verbaut – etwa doppelt so viel wie beim Eiffelturm. Den Entwurf lieferte Stararchitekt Sir Norman Foster; rechts im Bild leuchtet der Messeturm mit 257 Metern Höhe.

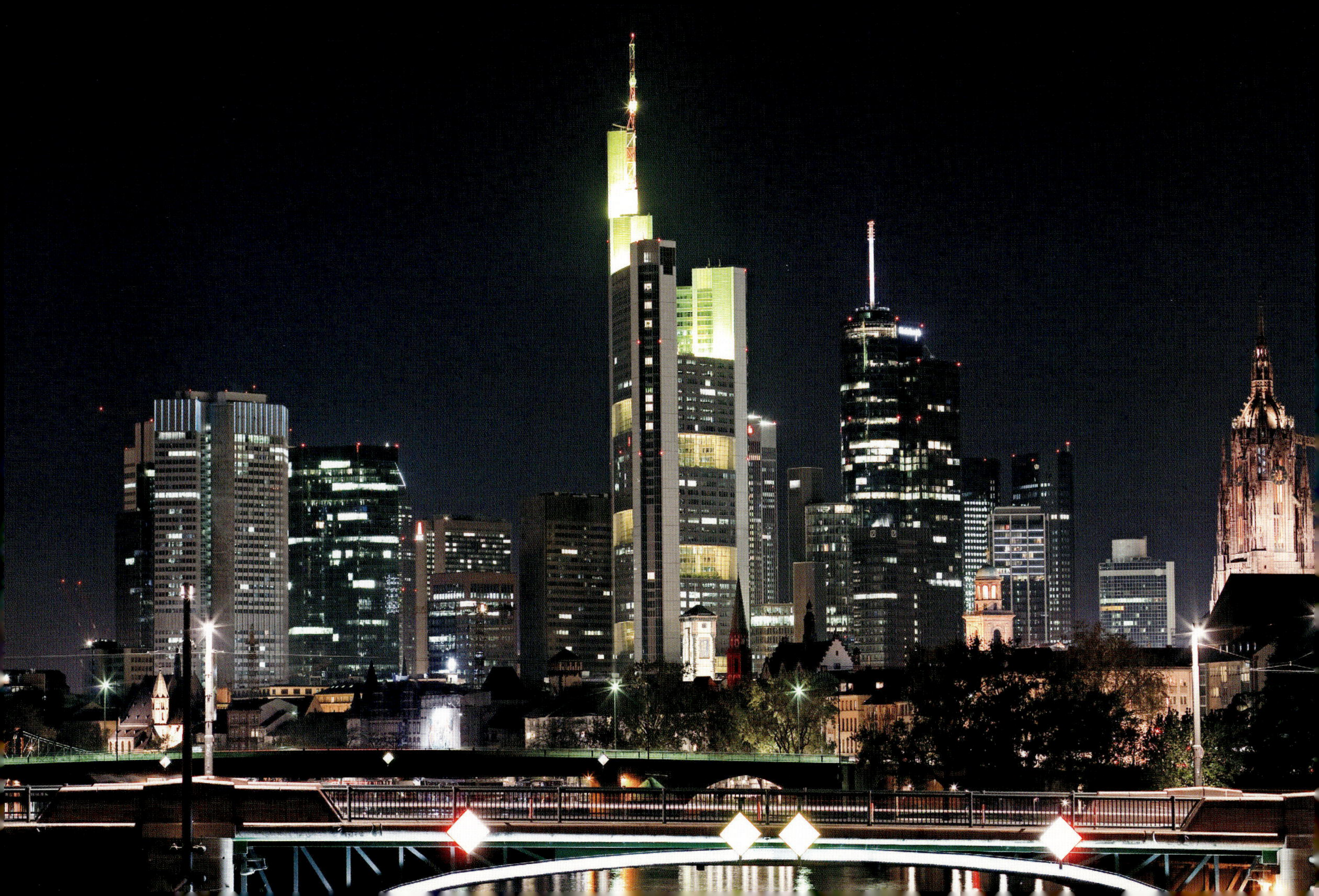

AIRBUS A380

Das größte Passagierflugzeug der Welt | Mit seinem Erstflug 2005 hat der Airbus A380 den damaligen Rekordhalter Boeing 747 als größtes Passagierflugzeug der Welt abgelöst. Aufgrund der Flügelspannweite von 80 Metern und der Höhe von 24 Metern kann der A380 nur auf wenigen dafür angepassten Flughäfen landen und abgefertigt werden. Je nach Ausstattungsvariante finden 525 bis 850 Passagiere Platz.

6000th Airbus aircraft
Emirates
الإمارات
www.emirates.com
AIRBUS A380-800

CHINESISCH

Die zweitverbreitetste Schrift der Welt | Die chinesische Schrift ist das nach dem Lateinischen meistbenutzte Schriftsystem der Erde und umfasst rund 87 000 verschiedene Zeichen. Allerdings werden etwa 80 Prozent davon nicht mehr benutzt. Anders als die Buchstabenschriften basiert sie nicht auf den Lauten der gesprochenen Sprache, sondern auf der Bedeutung von Silben und Wörtern.

正報

港肢解溶屍案男主角上訴得直後自白案情

一九九三年
四月三十日至五月六日
（第92期）

Publisher: S. F. Chinese News
Address: 1006 Kearny St.
San Francisco, CA 94133
Tel (415)788-8838
Fax (415)788-2810
每分售價：40¢ (港紙)

逢星期五出版

李莉莉
徒具脫星虛名

在脫風未行其道之際，有噴火女郎之稱的李莉莉，如仍能保持有限度性感，成為少有的一位具有脫星之頭銜卻沒

世界日報
World Journal
(Daily News)
NO 5686 ISSN 0747-8071

NEPAL LUMBINI

Die bedeutendsten klassischen Pilgerstätten des Buddhismus | Seit der Wiederentdeckung des antiken Lumbini durch Archäologen im Jahr 1895 ist der Geburtsort Siddartha Gautama Buddhas Ziel unzähliger Wallfahrten geworden. Mittlerweile haben alle großen buddhistischen Glaubenstraditionen hier Klöster gegründet. An der Stelle, an der Siddhartha geboren worden sein soll, wurde ein Tempel errichtet.

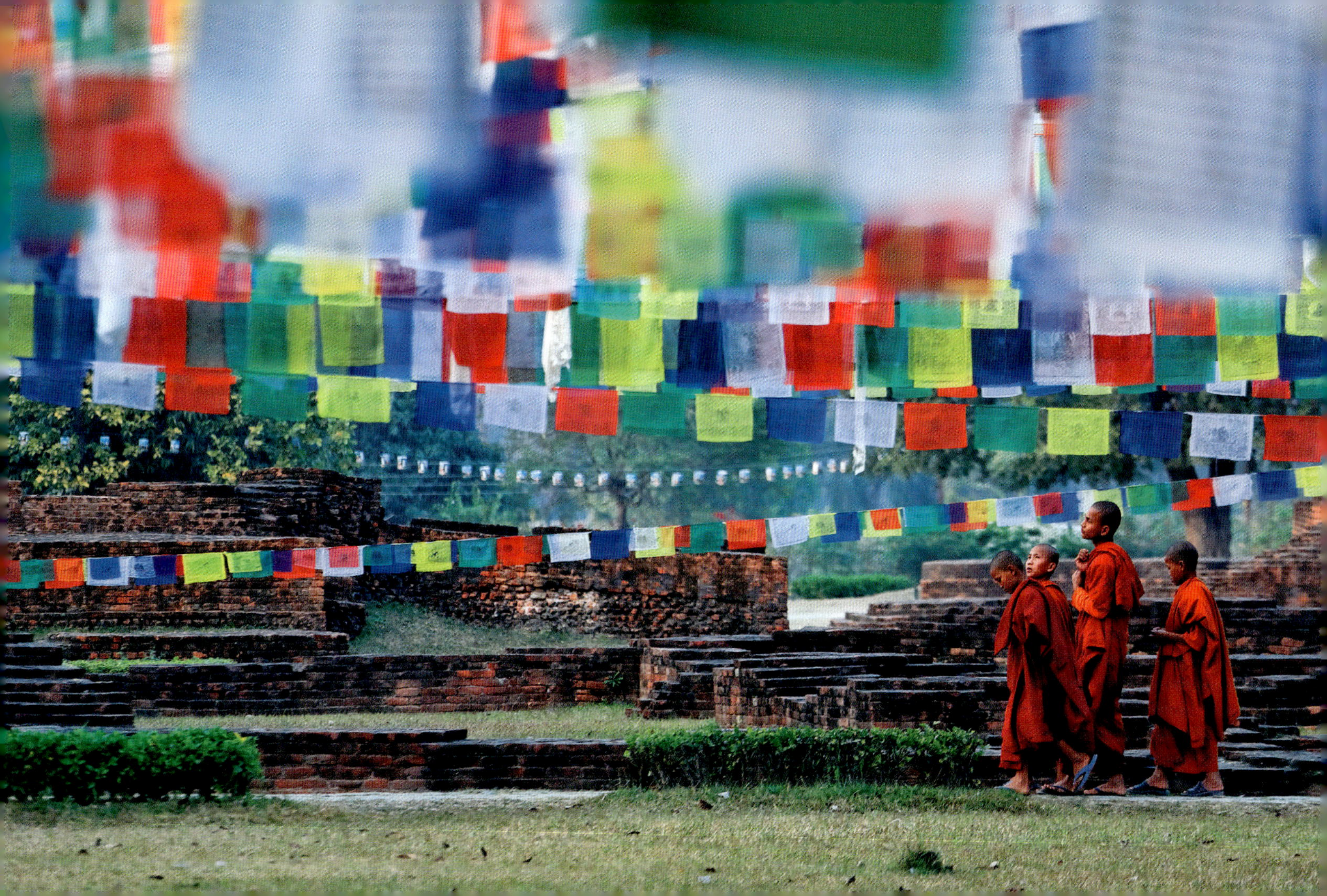

SHANGHAI GRAND THEATRE
SHANGHAI, CHINA

Die größten Opernhäuser und Theater Asiens | Der von dem französischen Architekten Jean-Marie Charpentier entworfene Theaterbau mit 2650 Plätzen im Zentrum Shanghais verbindet Formen fernöstlicher Architektur mit modernem westlichem Design. Das nach oben geschwungene Dach erinnert an traditionelle chinesische Bauweisen, der verglaste Unterbau ist zeitgenössischen Stilen verpflichtet.

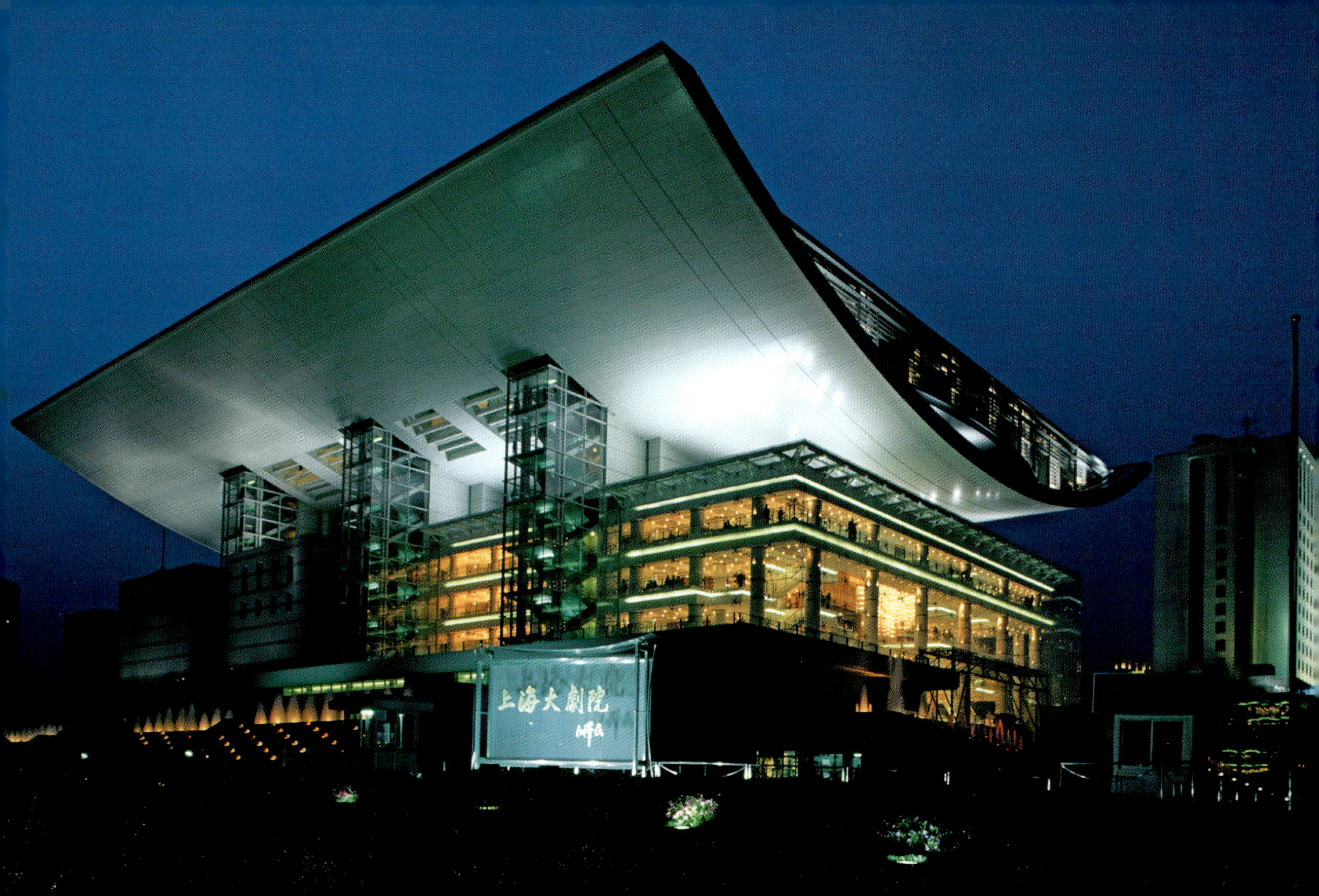
上海大劇院

METRO MANILA
PHILIPPINEN

Die größten Metropolregionen Asiens | Neben der philippinischen Hauptstadt gehören zu der Metropolregion noch 16 andere große und kleine Städte. Während Manila selbst mit einer Einwohnerzahl von zurzeit 1,6 Millionen nur wenig größer als München ist, zählt der ganze Ballungsraum, in dem nach Schätzungen von Experten mittlerweile über 20 Millionen Menschen leben, zu den bevölkerungsreichsten der Welt.

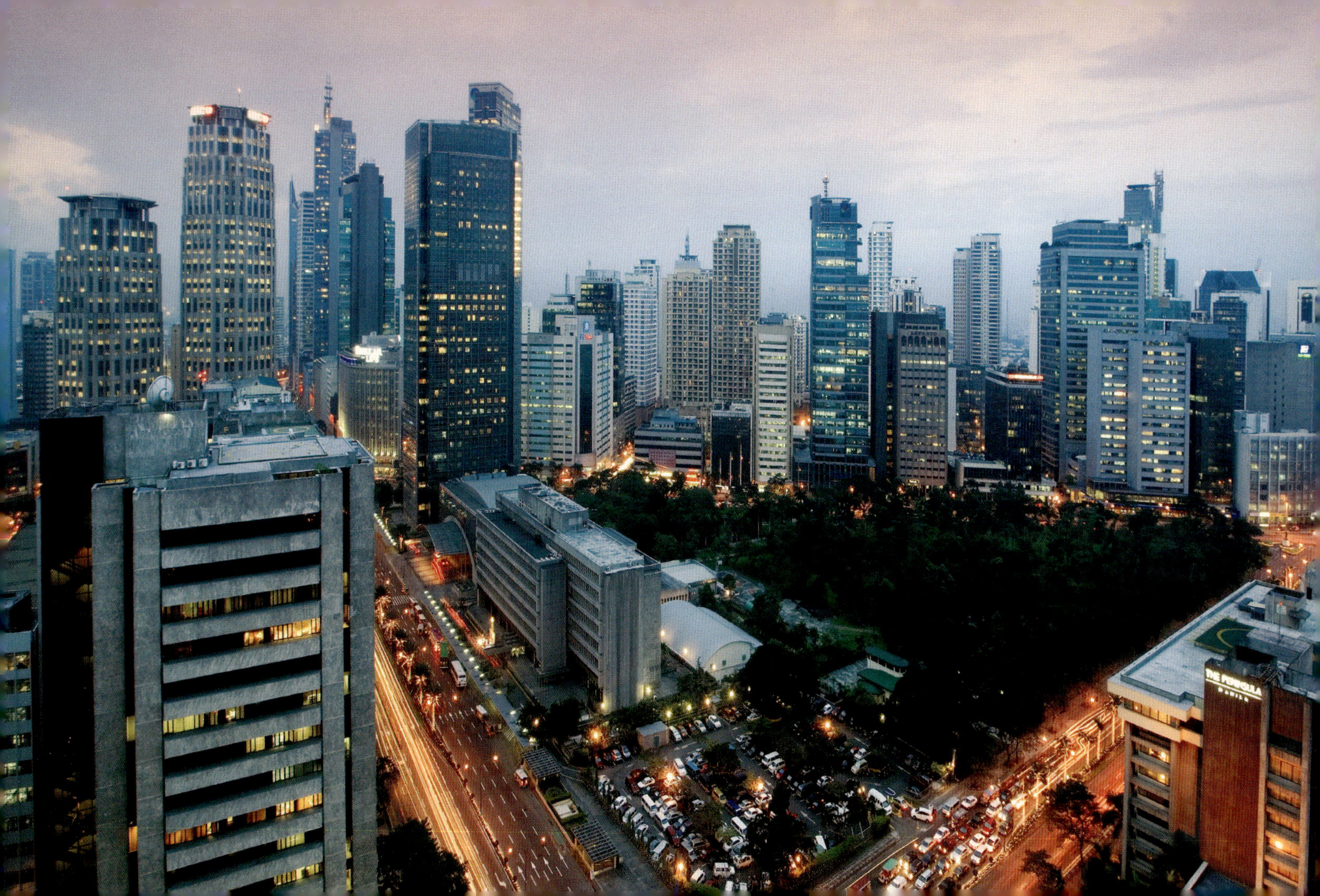
THE PENINSULA
MANILA

SPACESHUTTLE
USA

Die größten Raumfahrtzeuge der Welt | Die Spaceshuttles waren die ersten wiederverwendbaren Raumfahrzeuge. Nicht nur die Raumfähren, auch die beiden Feststoffraketen, die beim Start eines Shuttles rund 83 Prozent des Schubs lieferten, wurden immer wieder eingesetzt. Die Höhe des Shuttels liegt bei 48,9 Metern, das Startgewicht belief sich auf 2050 und die maximale Nutzlast auf 24,5 Tonnen; der Startschub betrug 30160 kN.

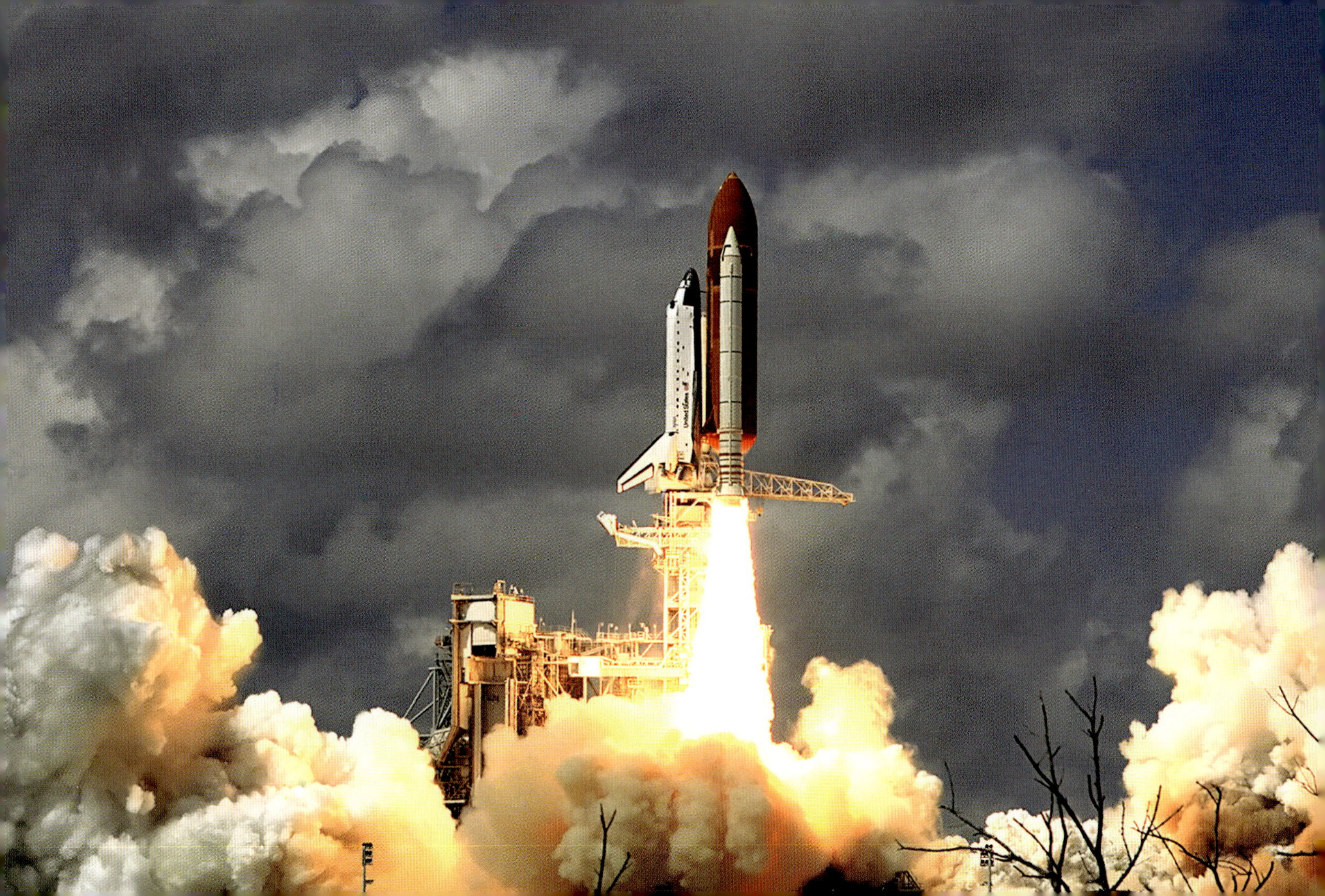

TEMPEL DER NEFERTARI

ABU SIMBEL, ÄGYPTEN

Die bedeutendsten nubischen Monumente | Einen atemberaubenden Anblick bietet die Front des Nefertari-Tempels von Abu Simbel. Der Eingang wird von je drei überlebensgroßen Kolossen bewacht, die Nefertari eingerahmt von ihrem Gatten Ramses II. zeigen. Damit die Kultbauten nicht im Nasser-Stausee versinken mussten, wurden sie vermessen und an einer neuen Stelle sicher wieder aufgebaut.

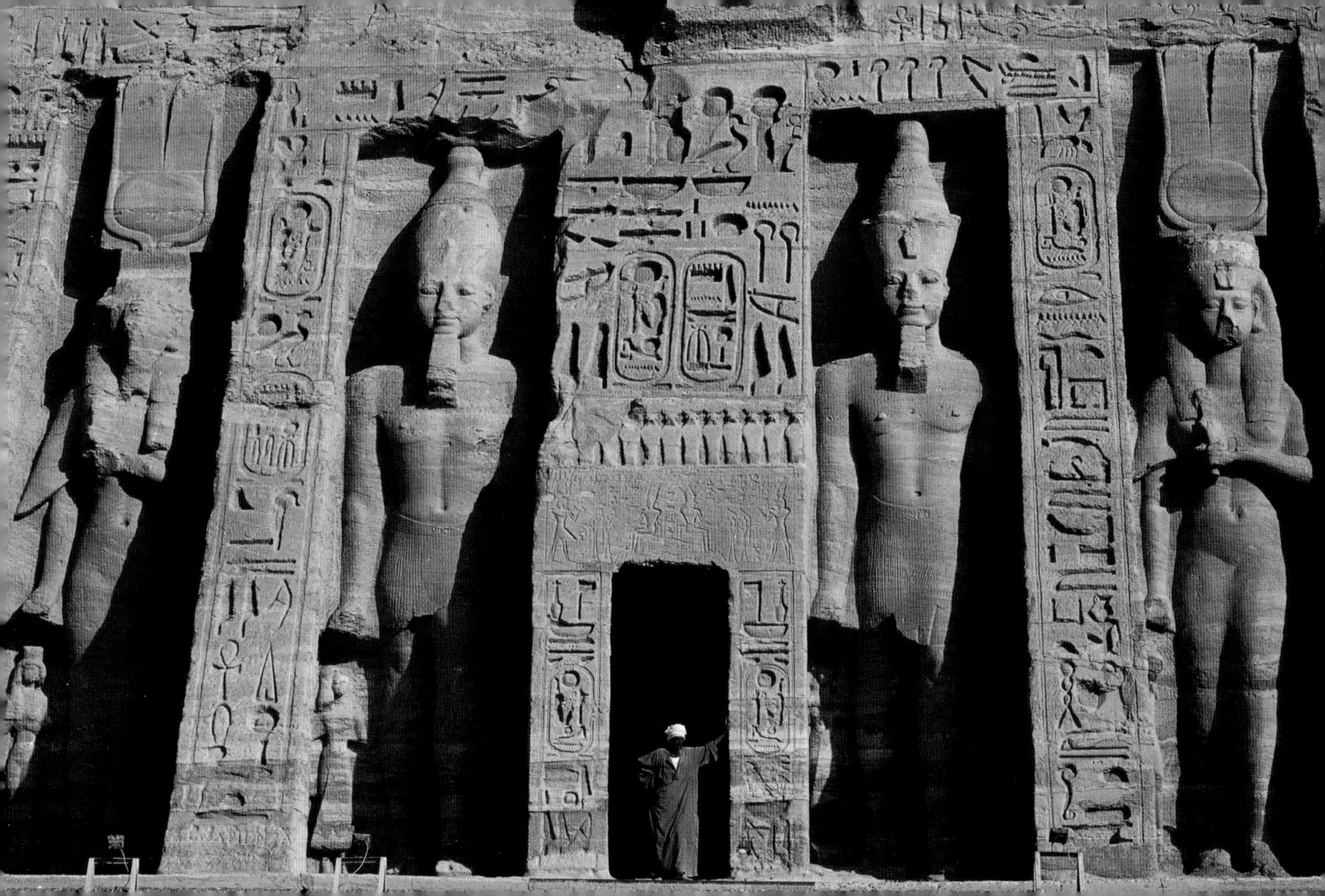

LUPU-BRÜCKE
SHANGHAI, CHINA

Die längsten Bogenbrücken der Welt | Die Stahlbögen der 3900 Meter langen Lupu-Brücke haben eine Spannweite von 550 Metern. Die 29 Meter breite Fahrbahn ist daran aufgehängt. Am Scheitelpunkt befindet sich eine Aussichtsplattform. Die im Jahr 2003 fertiggestellte Brücke wurde 2008 mit dem Outstanding Structure Award ausgezeichnet.

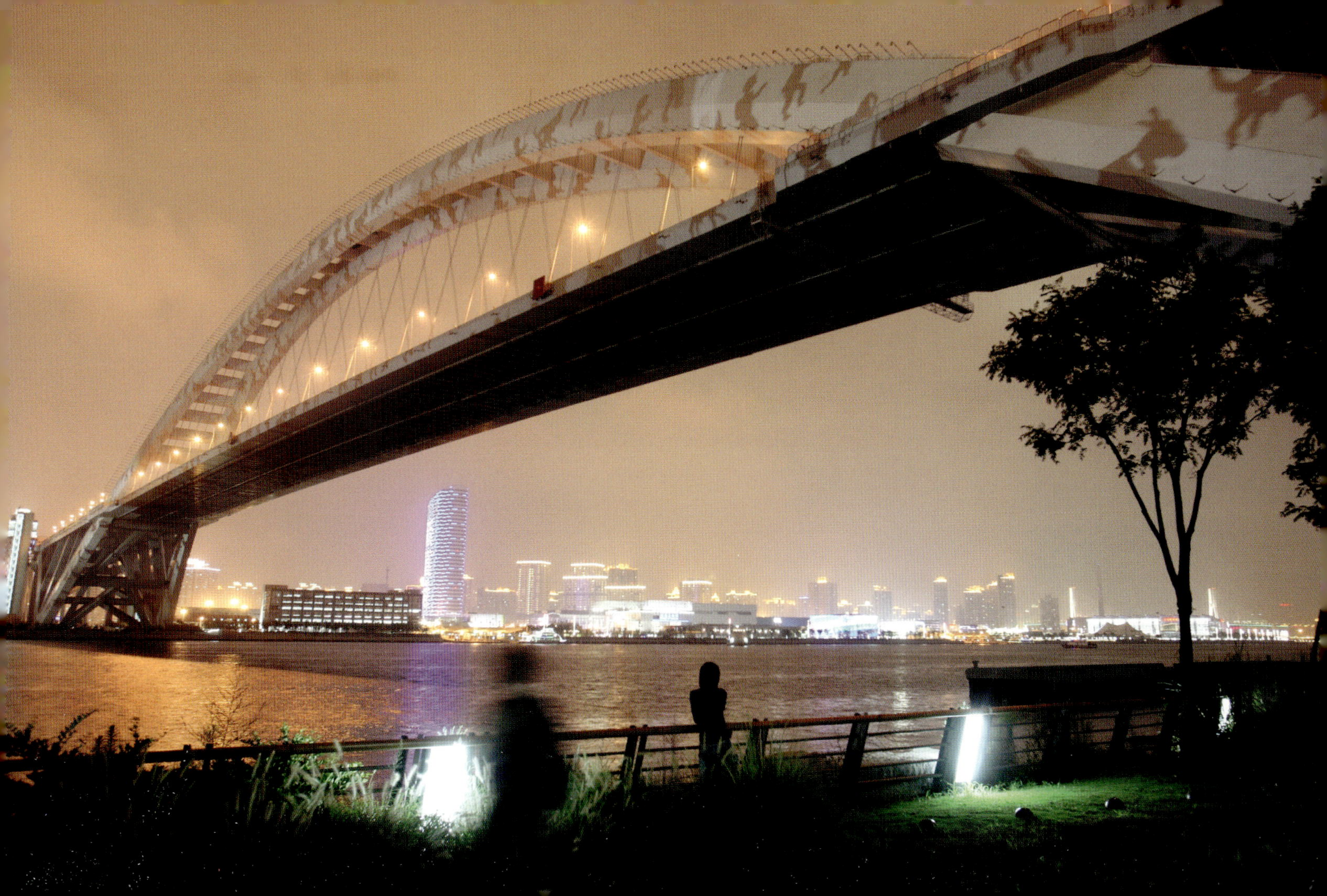

BODNATH-STUPA

KATHMANDU, NEPAL

Die bedeutendsten buddhistischen Tempelanlagen | Bodnath ist das bedeutendste buddhistische Heiligtum des Kathmandu-Tales und ein UNESCO-Weltkulturerbe sowie Zentrum des tibetischen Buddhismus in Nepal. Die Stupa ist mit 40 Metern Höhe der größte Sakralbau seiner Art in der gesamten Region. In die Mauern, die die Stupa umgeben, sind Tausende von Gebetsmühlen eingelassen.

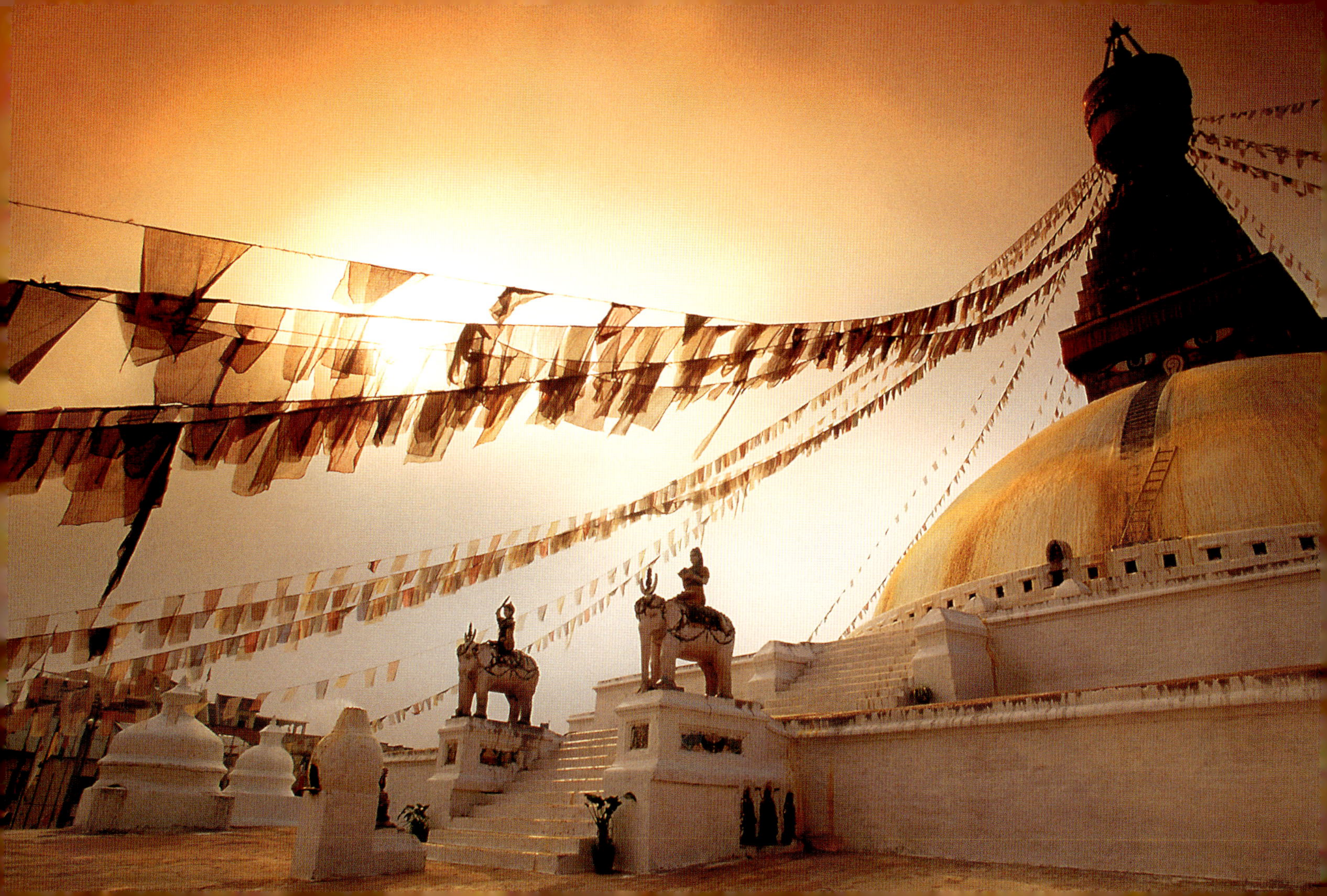

MOSKAU
RUSSLAND

Die größten Metropolregionen Europas | Die abgesehen von Istanbul bevölkerungsreichste Stadt Europas hat sich im letzten Jahrzehnt zu einer der teuersten Metropolen der Welt entwickelt. Sie umfasst mit dem Umland mehr als 15 Millionen Einwohner. Während die Bevölkerung Russlands insgesamt schrumpft, wächst die Moskaus. Die überdurchschnittlich hohen Löhne locken viele Menschen aus den armen Regionen des Landes an.

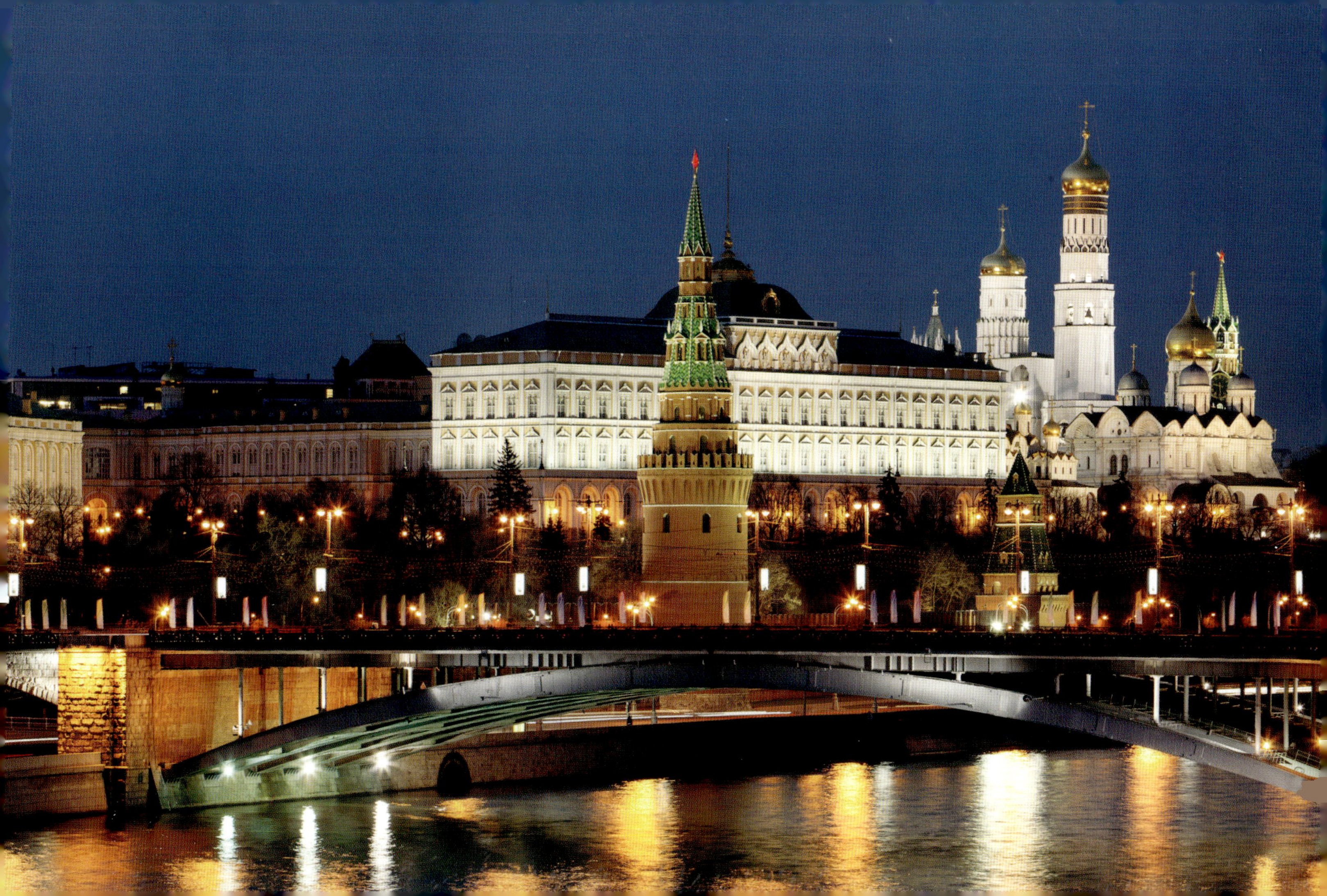

HAMBURG HAFEN
DEUTSCHLAND

Die größten Seehäfen Europas | Der größte deutsche und drittgrößte europäische Hafen liegt an der Unterelbe, rund 100 Kilometer von der Küste entfernt. Da der Fluss regelmäßig ausgebaggert wird, kann er von Hochseeschiffen mit Tiefgang von bis zu 15 Metern angelaufen werden. 10 000 Frachter legen jährlich an den vier Containerterminals und 13 Hafenkais an; jährlich werden 7,9 Millionen Standardcontainer umgeschlagen.

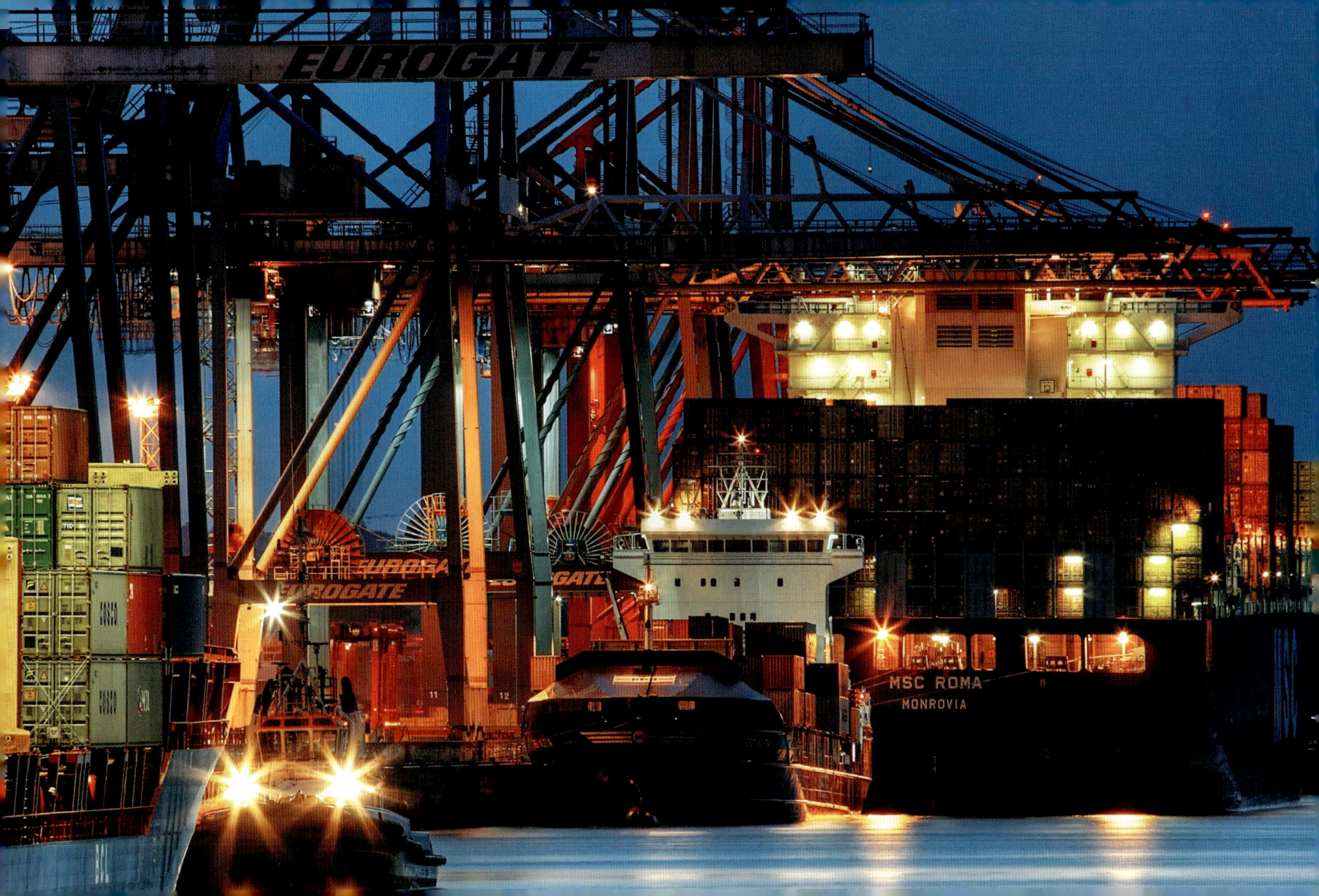
EUROGATE
EUROGATE
EUROGATE
MSC ROMA
MONROVIA

CENTRE POMPIDOU
PARIS, FRANKREICH

Die bedeutendsten Sammlungen moderner Kunst weltweit | Das seit 1977 im Centre Pompidou residierende Musée national d'art moderne ist eines der bedeutendsten Museen für moderne Kunst. Die Sammlung gewährt einen umfassenden Überblick über Tendenzen und Stile in der Kunst des 20. wie des 21. Jahrhunderts. Angefangen beim Fauvismus bis hin zur Videokunst wird jede Richtung durch namhafte Künstler präsentiert.

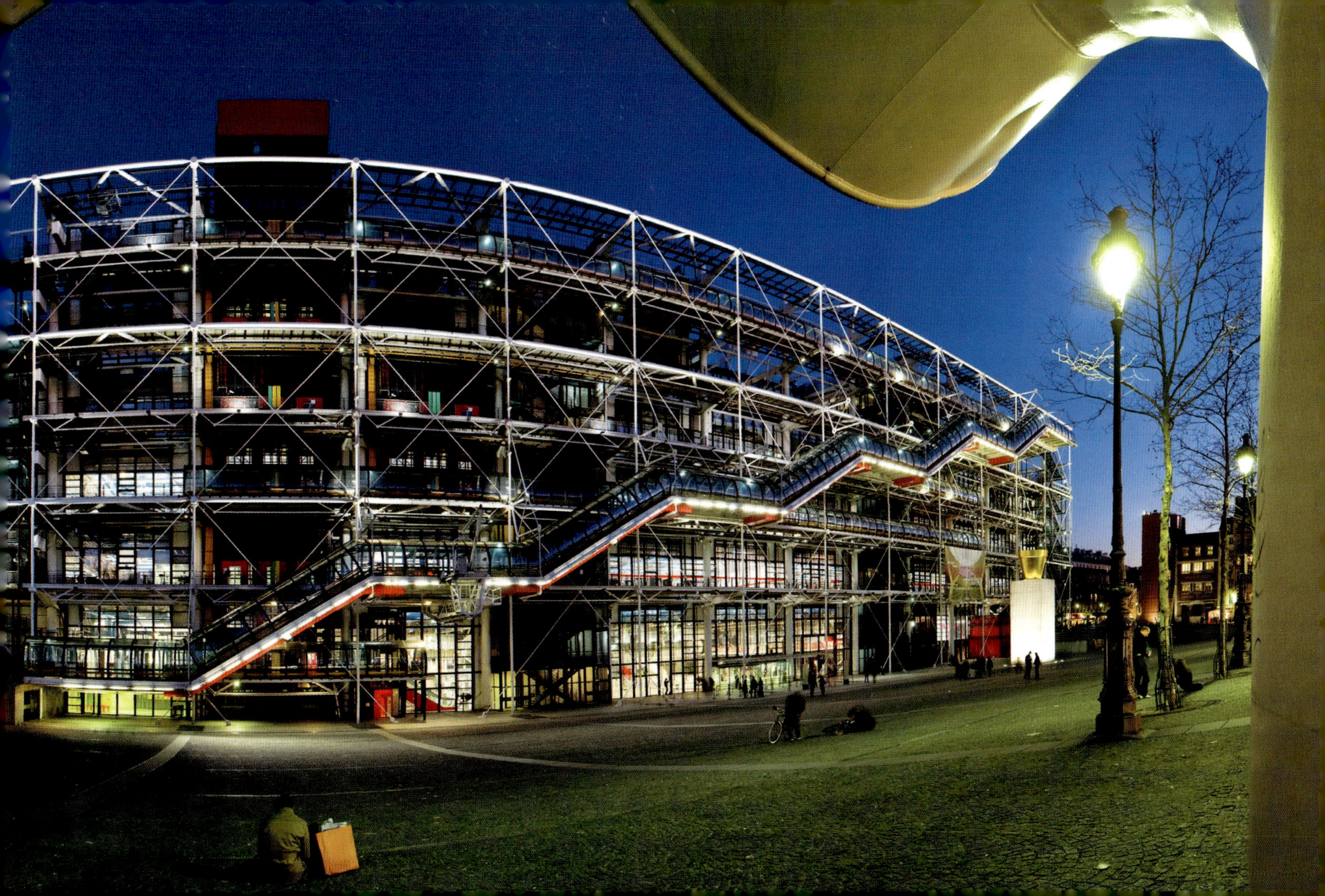

NEW YORK
USA

Die imposantesten Skylines der Welt | Blick auf den Hochhauswald der Skyscraper City No. 4: 68 Wolkenkratzer sind über 200 Meter hoch. Links zeichnet sich die Silhouette des Empire State Building ab, in der Bildmitte prunkt das Chrysler Building, einer der schönsten je gebauten Wolkenkratzer, mit seiner raffiniert beleuchteten Edelstahlkuppel im Art-déco-Stil.

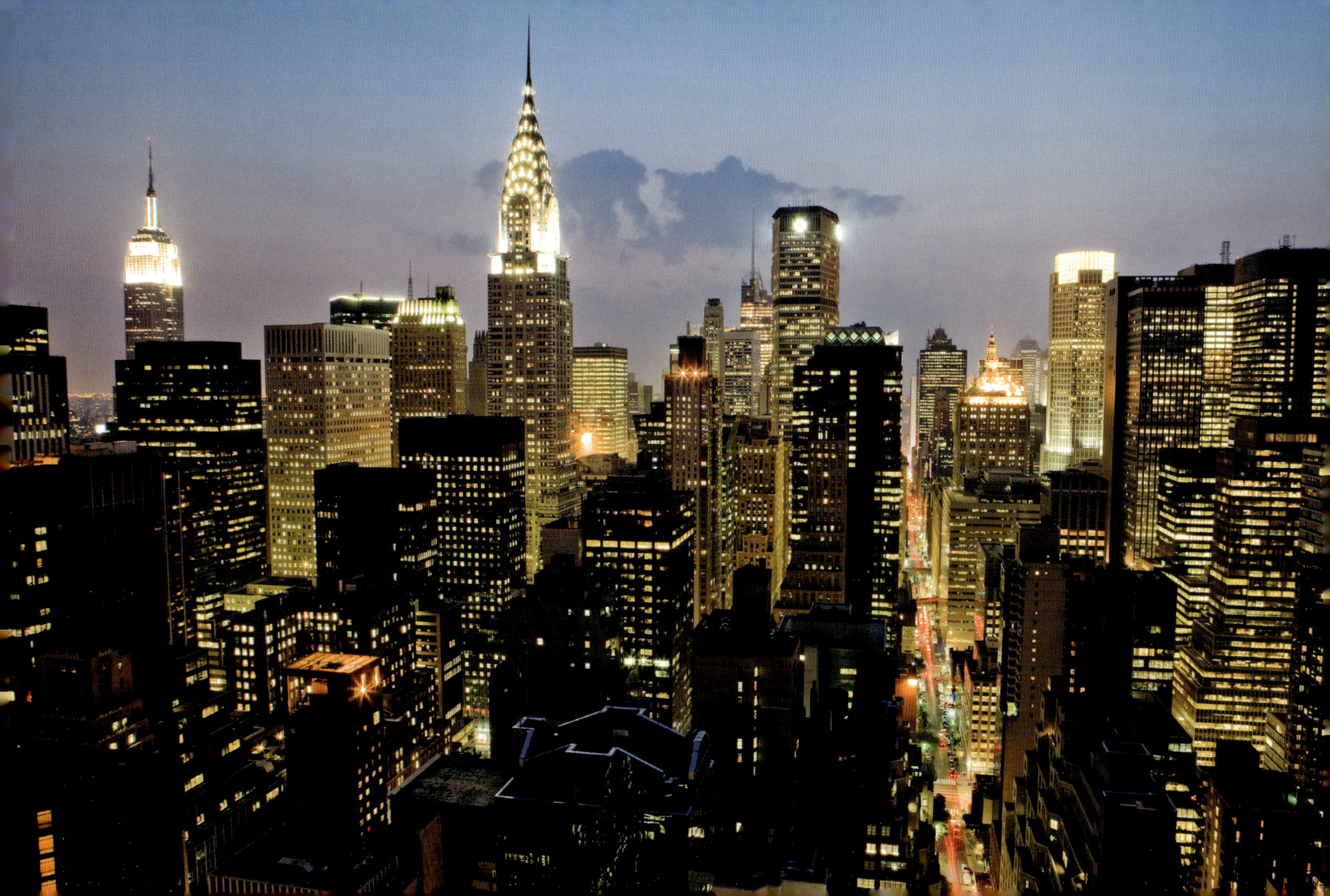

PETERSDOM
VATIKAN

Die größte Kirche der Welt | Die überbaute Grundfläche beträgt 15 160 Quadratmeter und danach ist sie die größte Kirche der Welt. Unter der Kuppel des Petersdoms erhebt sich der Papstaltar mit dem Bronzebaldachin von Gian Lorenzo Bernini. Mit seinen wuchtigen gedrechselten Säulen gilt der knapp 30 Meter hohe Baldachin als das größte Bronzekunstwerk der Welt. Unter dem Altar befindet sich das Grab des Apostels Simon Petrus.

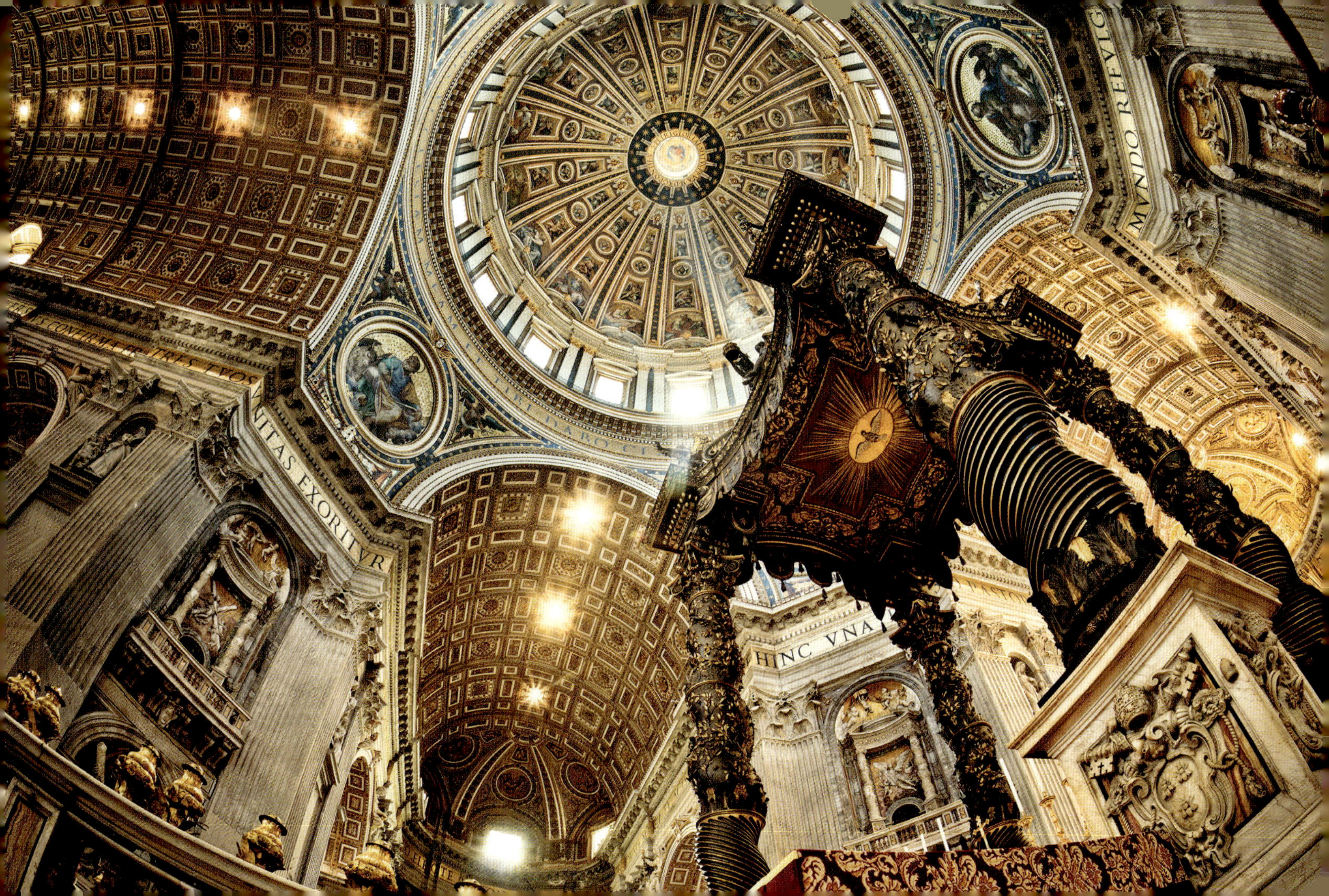
MVNDO REFVLG
EXORITVR
HINC VNA

ULMER MÜNSTER
DEUTSCHLAND

Der höchste Kirchturm der Welt | Das Ulmer Münster hat mit 161 Metern den höchsten Kirchturm der Welt. Die protestantische Pfarrkirche ist eine ungewöhnlich große fünfschiffige Basilika, die unter der Leitung verschiedener Baumeister in den vergangenen 200 Jahren im Stil der Prager und Straßburger Hochgotik erweitert wurde.

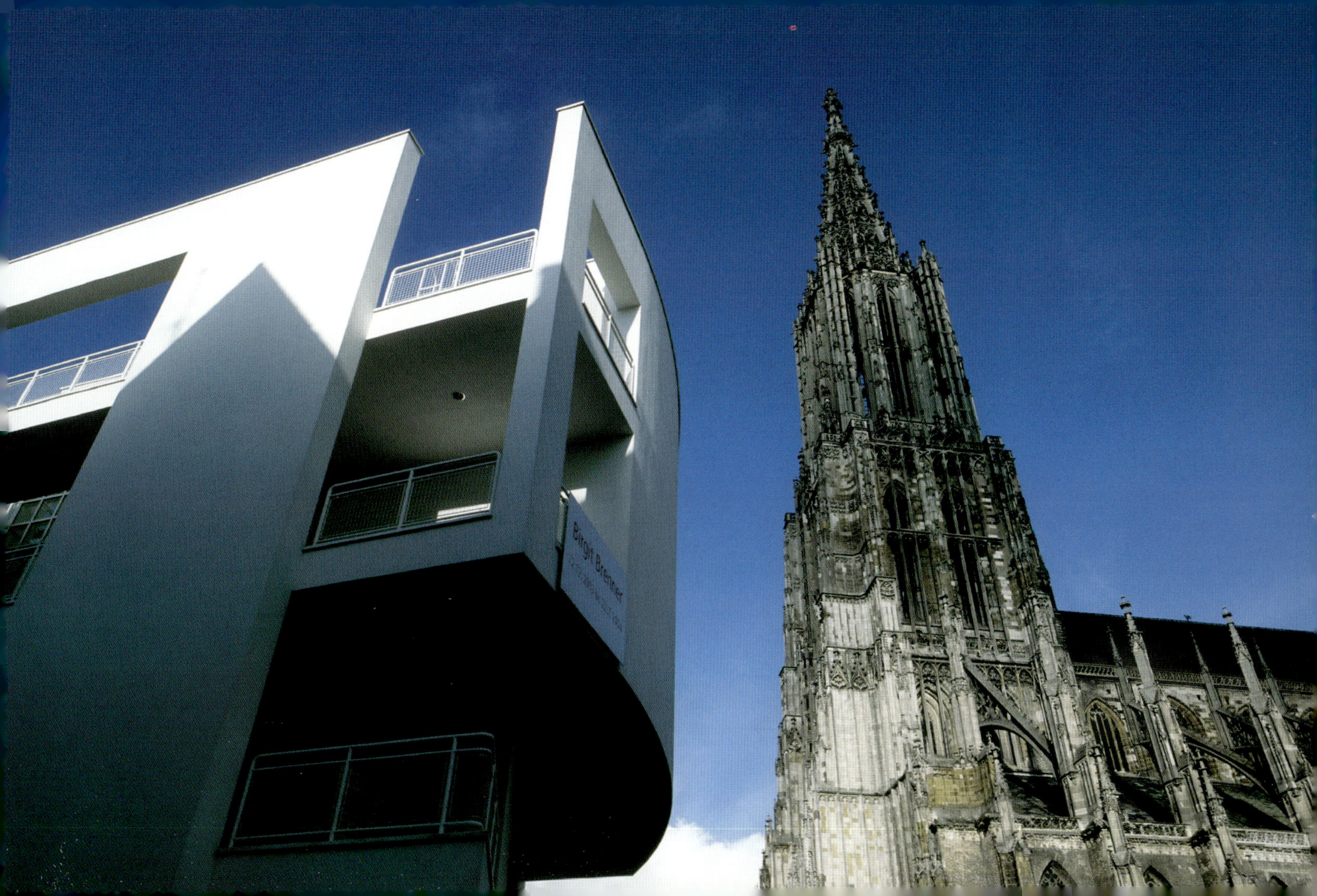
Birgit Brenner

VATIKANSTADT

Der kleinste Staat der Welt | Mit einer Fläche von 0,44 Quadratkilometern und 800 Einwohnern ist Vatikanstadt der kleinste Staat der Erde. Obwohl er nur eine Enklave in der italienischen Hauptstadt Rom ist, gestehen ihm die 1929 noch mit dem Königreich Italien geschlossenen Lateranverträge vollständige territoriale und politische Souveränität zu.

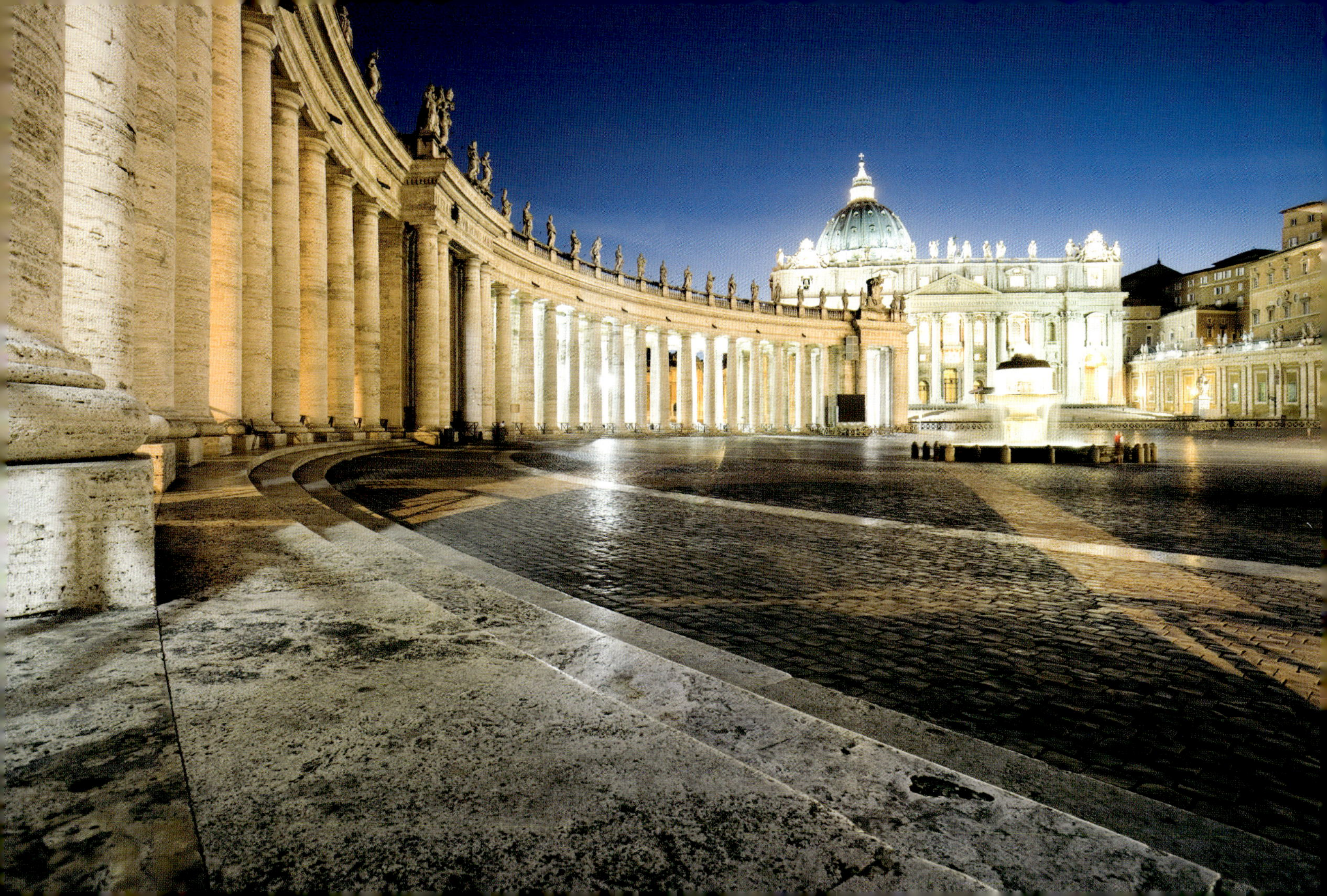

DREI SCHLUCHTEN-KRAFTWERK
CHINA

Das größte Wasserkraftwerk der Welt | Das Wasserkraftwerk am Jangtsekiang ist das größte Wasserkraftwerk der Welt mit einer Generatorenleistung von 18,2 Gigawatt. Die Talsperre, die die drei Schluchten auf einer Länge von mehr als 600 Kilometern aufstaut, ist eine der höchsten und längsten Talsperren der Welt. Die Länge des Absperrbauwerks beträgt 2335 Meter und die Höhe etwa 150 Meter.

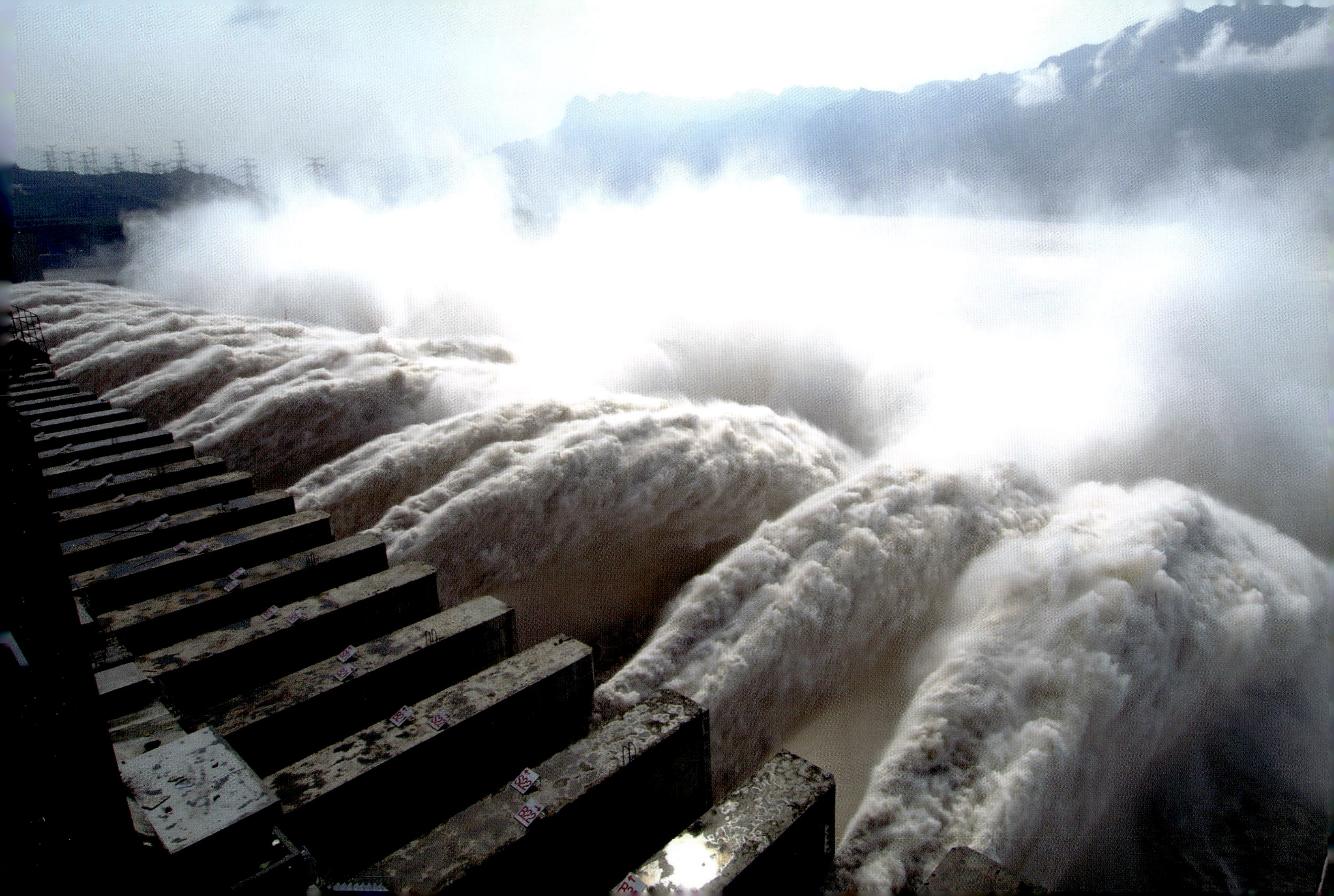

SONNENTEMPEL VON KONARAK
INDIEN

Die bedeutendsten brahmanischen Heiligtümer | Der dem Gott Surya geweihte Sonnentempel mit seinen reichhaltigen Steinmetzarbeiten ist eines der wichtigsten brahmanischen Heiligtümer des alten Indien. Die gewaltigen, detailreich verzierten Sonnenräder sind eines der Kennzeichen des Sonnentempels von Konarak, der im 13. Jahrhundert fertiggestellt wurde.

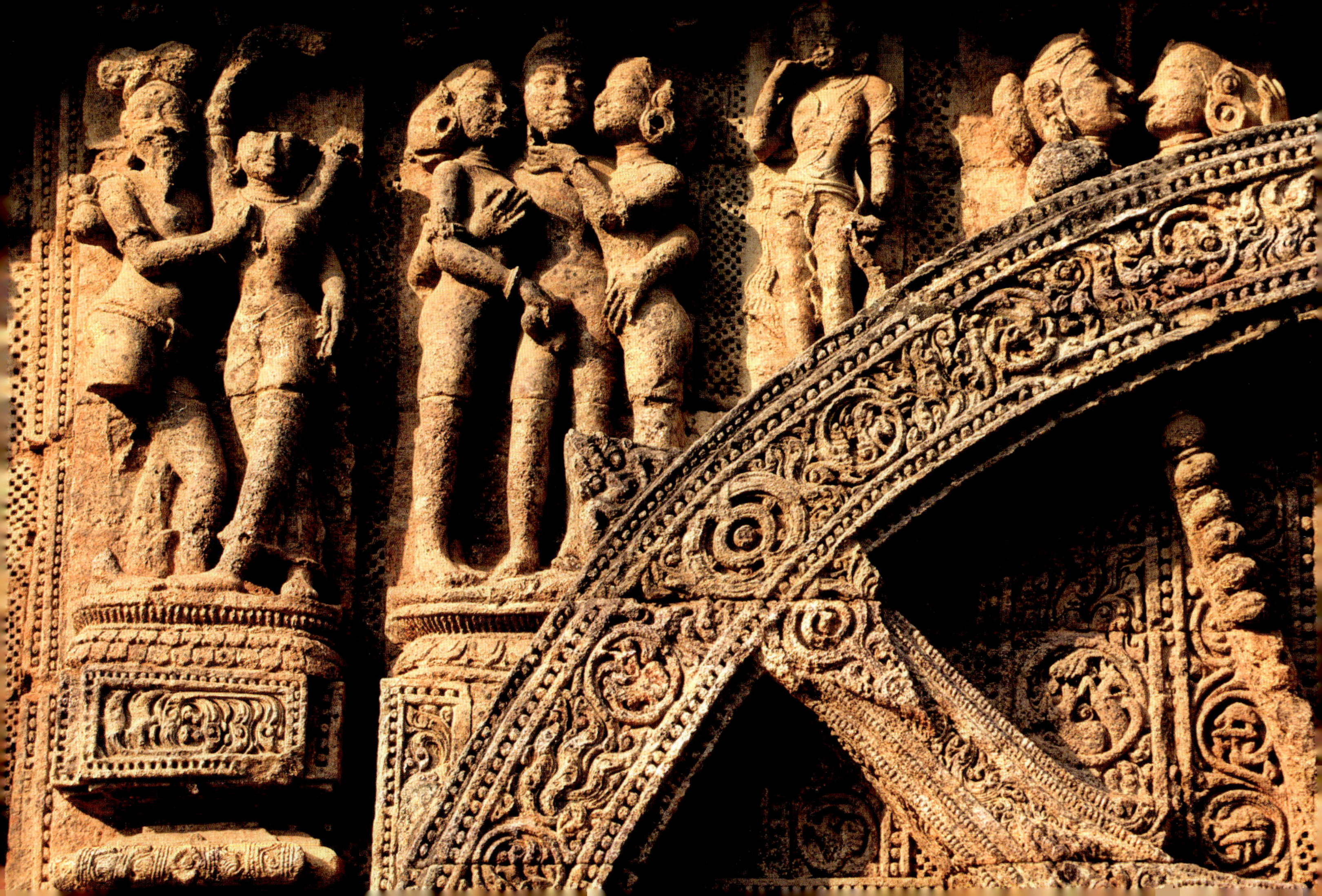

LEIPZIGER HAUPTBAHNHOF
DEUTSCHLAND

Das größte Bahnhofsgebäude Europas | Der flächenmäßig größte Kopfbahnhof ist der Leipziger Hauptbahnhof mit einer Fläche von 83 600 Quadratmetern. Er ist eine wichtige Drehscheibe für den mitteldeutschen Fernverkehr und wird täglich von 120 000 Reisenden genutzt. Umfangreiche Sanierungsmaßnahmen wurden in den 1990er-Jahren durchgeführt.

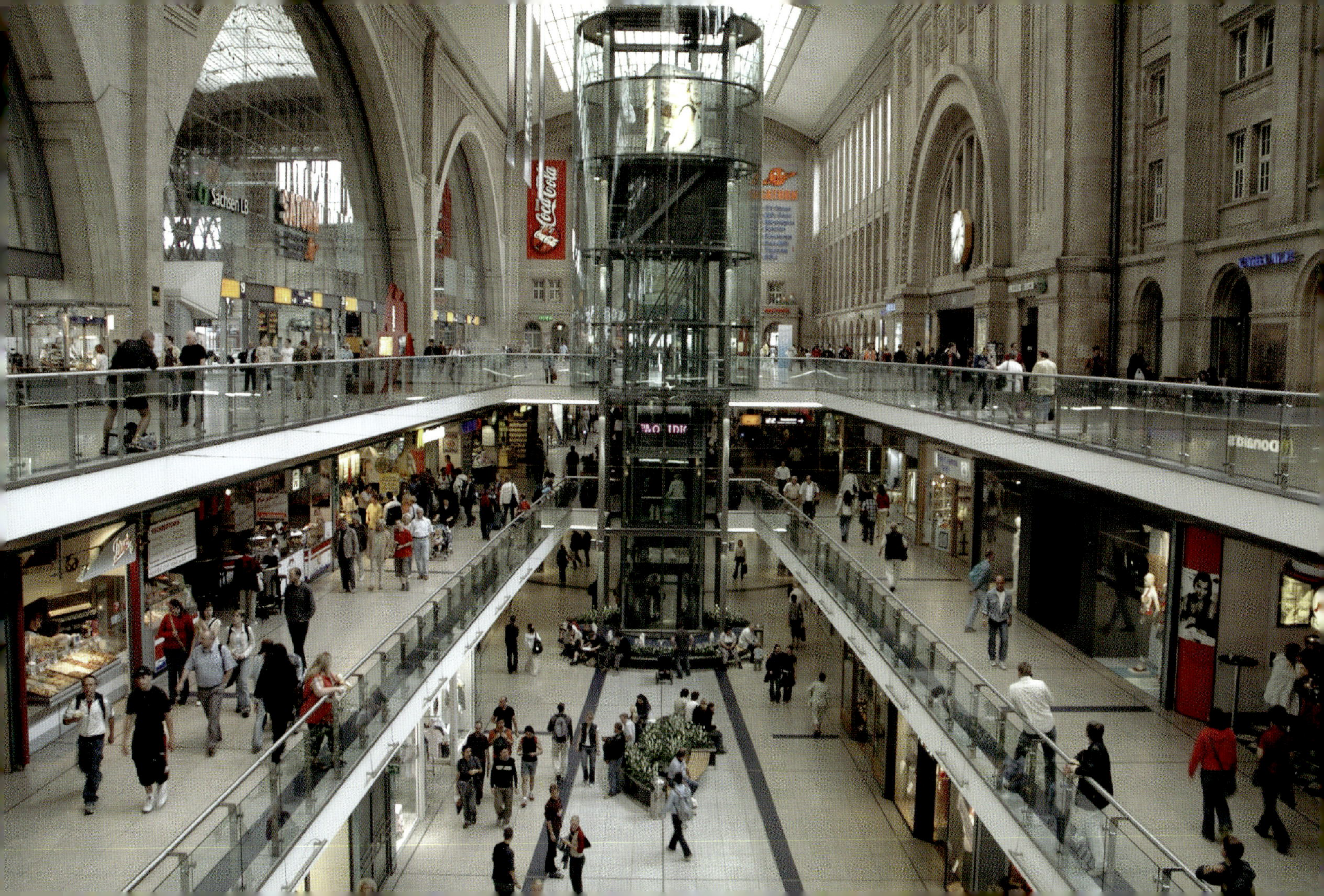
Sachsen LB
Coca-Cola

BASILIKA DER MUTTERGOTTES VON LICHEN

LICHEN STARY, POLEN

Die größten Kirchen der Welt | Die Basilika in Polens zweitwichtigstem Wallfahrtsort Lichen Stary ist gleich mehrfache nationale Rekordhalterin: größte Kirche, größte Glocke und größte Orgel des Landes. Der Monumentalbau in Form eines Kreuzes mit einer zentralen Kuppel wurde von 1994 bis 2004 in Anlehnung an den frühchristlichen Stil auf einer Grundfläche von 10 100 Quadratmetern erbaut.

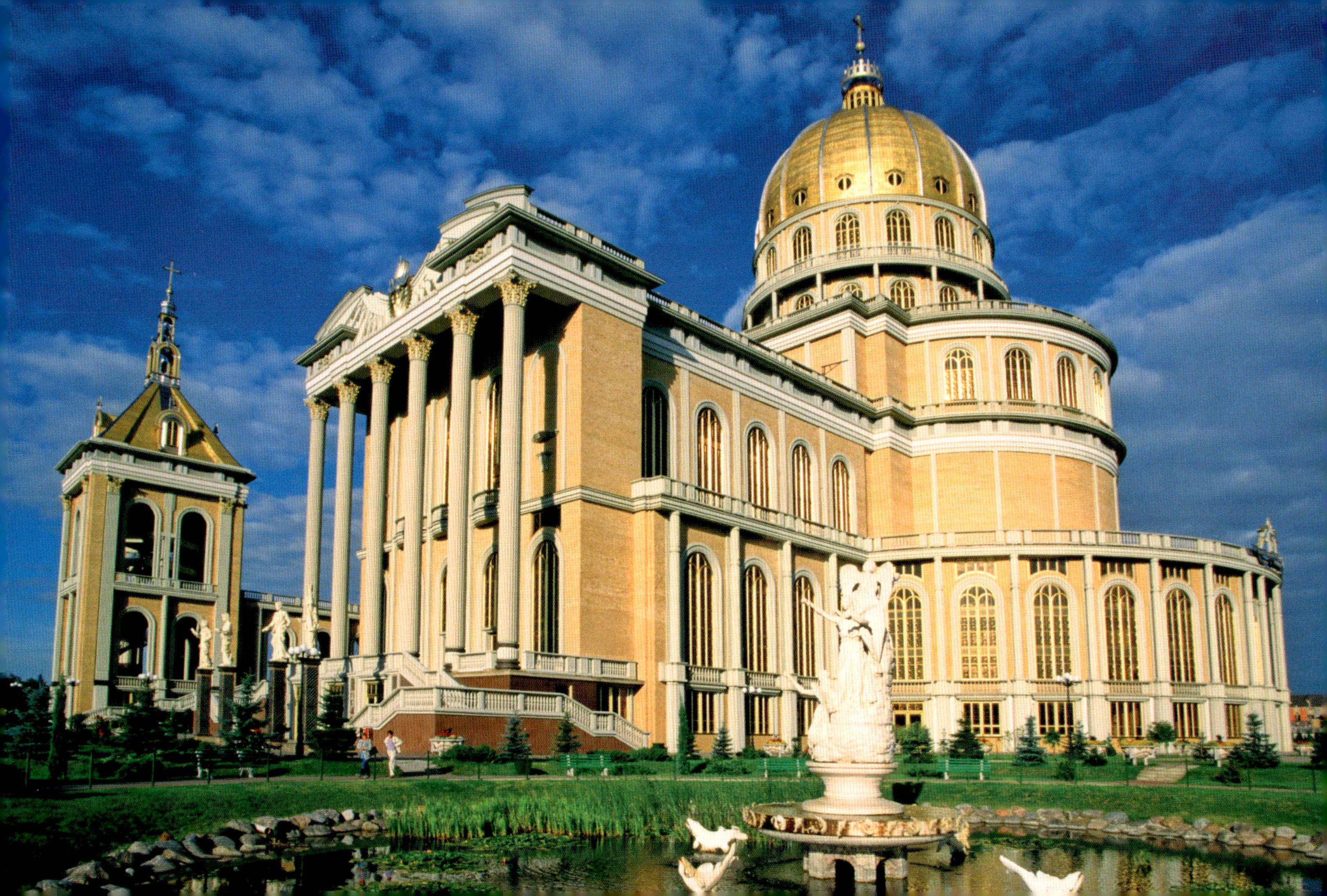

RAUMSONDE VOYAGER
USA

Die am weitesten von der Erde entfernte und vom Menschen gebaute Sonde | Ausgeklügelte Technik und der Forschergeist des Menschen haben den Weltraum erobert. Die am 5. September 1977 ins All geschossene Raumsonde »Voyager« gilt als einer der größten Erfolge der NASA und sendet noch heute Daten zur Erde. Sie flog die Planeten Jupiter und Saturn an und bewegt sich zu den äußeren Grenzen des Sonnensystems.

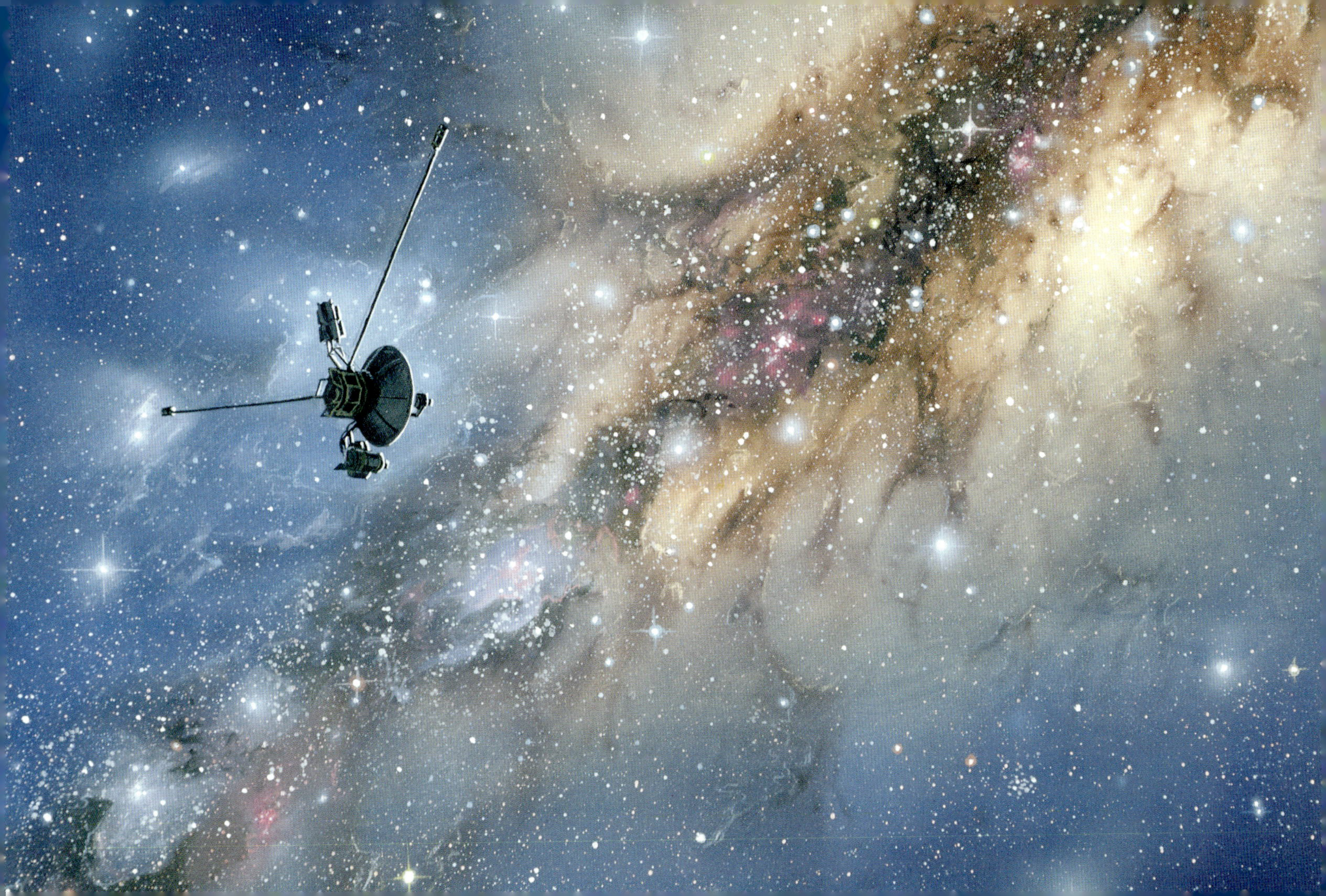

BILDNACHWEIS

Alamy = A; Corbis = C; Getty = G; Mauritius = M

Cover und S. 1: C/Johannes Mann; S. 2/3: C/Paul Hardy; S. 4/5: L/Heiko Meyer; S. 6/7: G/Panoramic Images; S. 8/9: G/EIGHTFISH; S. 10/11 + 205: C/Joseph Sohm; S. 13: C/Laurie Chamberlain; S. 15: G/Kokoroimages.com; S. 17: C/Peet Simard; S. 19: C/Massimo Listri; S. 21: C/Douglas Pearson; S. 23: G/Per Breiehagen; S. 25: C/Radu Sigheti; S. 27: G/Andy Sotiriou; S. 29: C/Scott Stuhlberg; S. 31: C/Tetra Images; S. 33: C/Astock; S. 35: G/Karin Slade; S. 37: G/Gavin Hellier; S. 39: C/Jupiterimages; S. 41: A/JOHN KELLERMAN; S. 43: C/Philip Wallick; S. 45: C/Paul Hardy; S. 47: A/Bildagentur Hamburg; S. 49: C/Bruno Barbier; S. 51: C/Photosindia; S. 53: C/Stefano Amantini; S. 55: G/Allan Baxter; S. 57: L/Max Galli; S. 59: C/Nikada; S. 61: C/Joe Cornish; S. 63: C/Vincent J Musi; S. 65: CAStock; S. 67: G/Nico Tondini; S. 69: C/Paul Souders; S. 71: C/RAY STUBBLEBINE; S. 73: C/ESA-CNES-Arianespace; S. 75: C/28; S. 77: C/Richard T. Nowitz; S. 79: C/Riccardo Spila; S. 81: C/Mike Kemp; S. 83: G/Macduff Everton; S. 85: C/Paulo Fridman; S. 87: C/Glen Allison; S. 89: C/Sandro Vannini; S. 91: C/Konstantin Kokoshkin; S. 93: C/Massimo Borchi; S. 95: C/Louie Psihoyos; S. 97: C/Ken Kaminesky; S. 99: H. & D. Zielske; S. 101: C/Vittorio Sciosia; S. 103: C/Yang Liu; S. 105: G/0049-1215-16-2610334597; S. 107: C/Christophe Boisvieux; S. 109: A/Massimo Dallaglio; S. 111: Freelens Pool/ Rainer Weisflog; S. 113: C/Lee Jae-Won; S. 115: C/Kazuyoshi Nomachi; S. 117: G/Poulides/Thatcher; S. 119: G/T L Chua Photography & Design; S. 121: C/Gianni Giansanti; S. 123: A/Christopher Hill Photoographic; S. 125: C/Top Photo Corporation; S. 127: C/Ben Cooper; S. 129: C/Jeremy Horner; S. 131: G/NASA - digital version copyright Science Faction; S. 133: C/Paul Hardy; S. 135: C/George Steinmetz; S. 137: C/Kazuyoshi Nomachi; S. 139: G/Gary Yeowell; S. 141: C/Tibor Bognar; S. 143: A/Galit Seligmann Images; S. 145: A/Suzy Bennett; S. 147: C/Bob Krist; S. 149: C/Georgina Bowater; S. 151: M/Alamy; S. 153: G/EschCollection; S. 155: G/Panoramic Images; S. 157: Karl Johaentges; S. 159: Huber/Mirau; S. 161: C/Massimo Borchi; S. 163: C/David Sutherland; S. 165: C/Redlink; S. 167: C/Nathalie Darbellay; S. 169: L/Jan-Peter Boening; S. 171: G/TAO Images Limited; S. 173: C/Pei Xin; S. 175: G/Slow Images; S. 177: C/Jon Hicks; S. 179: G/Jason Edwards; S. 181: C/Imaginechina; S. 183: C/Jon Hicks; S. 185: C/Tim Griffith; S. 187: C/Philippe Lissac; S. 189: G/Robert Mandel; S. 191: G/Dmitry Mordvintsev; S. 193: G/Sam Gellman Photography; S. 195: G/Steve Kelley aka „mudpig"; S. 197: C/Hanan Isachar; S. 199: C/Sylvain Sonnet; S. 201: G/Scott R Barbour; S. 203: G/Peter Gridley; S. 207: C/Keren Su; S. 209: G/Walter Bibikow; S. 211: C/AStock; S. 213: C/Simon Mills; S. 215: G/Steve Allen; S. 217: C/Sandro Vannini; S. 219: C/Xu Yu; S. 221: G/Comstock; S. 223: C/Jon Hicks; S. 225: Huber/Szyszka; S. 227: G/Radius Images; S. 229: C/Jon Hicks; S. 231: C/Paulo Fridman; S. 233: G/Lee Frost; S. 235: Look/age fotostock; S. 237: G/Arnt Haug; S. 239: C/Mu Xiang Bin; S. 241: G/Yann Layma; S. 243: G/Siegfried Layda; S. 245: A/imagebroker; S. 247: C/Jon Hicks; S. 249: C/Michel Setboun; S. 251: C/Guo Jian She; S. 253: G/Guy Vanderelst; S. 255: C/Felix Behnke; S. 257: A/imagebroker; S. 259: L/Hemis; S. 261: A/Geoff Williamson Cruise Ships /; S. 263: C/TOM FOX; S. 265: G/Getty Images; S. 267: C/Philip Gould; S. 269: A/Urbanmyth; S. 271: C/2; S. 273: G/David Henderson; S. 275: G/Jerry Driendl; S. 277: C/Pete Saloutos; S. 279: C/Jon Hicks; S. 281: C/Gavin Hellier; S. 283: A/Tips Images; S. 285: G/Adam Korzekwa; S. 287: C/Michele Falzone; S. 289: C/Frederic Soltan; S. 291: C/Redlink; S. 293: Huber/Johanna Huber; S. 295: A/Jeff Smith; S. 297: C/Yi Lu; S. 299: Look/H. & D. Zielske; S. 301: C/Louis Vest; S. 303: C/Scott Stulberg; S. 305: C/Jean-Pierre Lescourret; S. 307: A/Jon Arnold Images Ltd; S. 309: C/Alessandra Benedetti; S. 311: C/Raimund Koch; S. 313: C/John Gollings; S. 315: G/John Grant; S. 317: C/Steven Vidler; S. 319: G/Shem Compion; S. 321: G/David Min; S. 323: C/Bill Ross; S. 325: C/Kazuyoshi Nomachi; S. 327: C/Frédéric Soltan; S. 329: C/G. Bowater; S. 331: G/Kenneth Garrett; S. 333: G/Allan Baxter; S. 335: G/James P. Blair; S. 337: G/Hughes Hervâ; S. 339: C/Frédéric Soltan; S. 341: C/Jose Fuste Raga; S. 343: C/Atlantide Phototravel; S. 345: G/JS`s favorite things; S. 347: A/Sarun T.; S. 349: G/Check Six; S. 351: C/Raimund Koch; S. 353: G/David Sanger; S. 355: C/Louie Psihoyos; S. 357: C/Frederic Soltan; S. 359: C/Michele Falzone; S. 361: G/Juergen Ritterbach; S. 363: A/Yadid Levy; S. 365: C/Richard Cummins; S. 367: G/EIGHTFISH; S. 369: C/Brooks Kraft; S. 371: A/Prisma Bildagentur AG; S. 373: G/David Silverman; S. 375: C/Tomas Bravo; S. 377: G/Robert Frerck; S. 379: G/Angelo Cavalli; S. 381: C/Danny Lehman; S. 383: G/Sayuri Limited; S.

385: C/Danny Lehman; S. 387: C/David Churchill; S. 389: C/Mexico's Presidency; S. 391: C/Murat Taner; S. 393: C/Bruno Morandi; S. 395: G/Jim Brandenburg; S. 397: C/David Sutherland; S. 399: C/Christophe Boisvieux; S. 401: C/John Gollings; S. 403: C/Michele Sandberg; S. 405: L/Max Galli; S. 407: C/Gavriel Jecan; S. 409: A/H. Mark Weidman Photography; S. 411: G/Bepi Ghiotti; S. 413: C/Ethel Davies; S. 415: C/Peter Adams; S. 417: A/Marion Kaplan; S. 419: C/Alan Copson; S. 421: C/Frederic Soltan; S. 423: G/Robert Harding; S. 425: C/Kazuyoshi Nomachi; S. 427: C/Blaine Harrington III; S. 429: M/Thomas Frey; S. 431: G/Barry Williams; S. 433: A/Robert Harding World Imagery; S. 435: C/jupiterimages; S. 437: M/Alamy; S. 439: M/Jeff O'Brien; S. 441: C/Xiaoyang Liu; S. 443: L/Toma Babovic; S. 445: C/Philippe Lissac; S. 447: C/Michael Freeman; S. 449: G/Ed Freeman; S. 451: C/Baz Ratner; S. 453: C/Creasource; S. 455: G/Slow Images; S. 457: G/Chung Sung-Jun; S. 459: C/Gyro Photography; S. 461: C/Murat Taner; S. 463: A/Foxx; S. 465: G/Jill Gocher; S. 467: L/Bertrand Rieger, S. 469: C/Fritz Hoffmann; S. 471: C/Nir Elias; S. 473: C/Jason Hawkes; S. 475: C/Lionel Derimais; S. 477: A/Stefano Ravera; S. 479: A/Clynt Garnham Transportation ; S. 481: C/Theo Allofs; S. 483: M/Alamy; S. 485: C/Helios Loo; S. 487: Ernst Wrab; S. 489: C/Robert Wallis; S. 491: C/Kazuyoshi Nomachi; S. 493: A/NASA; S. 495: G/Johaentges; S. 497: C/James Leynse; S. 499: L/Bialobrzeski; S. 501: C/Yan Runbo; S. 503: G/ Michael Thornton; S. 505: C/Vittorio Sciosia; S. 507: M/Alamy; S. 509: A/Cubolmages srl; S. 511: C/Renier Stefano; S. 513: A/imagebroker; S. 515: A/Aurora Photos; S. 517: A/Evgeniy Pavlenko; S. 519: C/Jose Fuste Raga; S. 521: G/Karen Oliver; S. 523: C/Sandro Vannini; S. 525: C/Jochen Schlenker; S. 527: G/Atanas Bezov; S. 529: A/Vova Pomortzeff; S. 531: Look/Jürgen Richter; S. 533: G/Jeff Sherman; S. 535: C/2; S. 537: C/Christian Simonpietri; S. 539: C/Tibor Bognar; S. 541: C/Ken Kaminesky; S. 543: C/Sunxin; S. 545: C/Bob Krist; S. 547: C/Michele Falzone; S. 549: C/Jon Hicks; S. 551: C/Jose Fuste Raga; S. 553: C/Atlantide Phototravel; S. 555: G/Demetrio Carrasco; S. 557: Look/Karl Johaentges; S. 559: G/Dean Conger; S. 561: C/Middle East; S. 563: C/Xu haihan; S. 565: C/China Daily; S. 567: C/Richard Cummins; S. 569: Visum/Panos Pictures; S. 571: G/PNC; S. 573: G/Guy Vanderelst; S. 575: C/Michele Falzone; S. 577: A/James Jenkins; S. 579: G/James P. Blair; S. 581: M/Alamy; S. 583: C/Kazuyoshi Nomachi; S. 585: C/Stringer /Brazil; S. 587: H. & D. Zielske; S. 589: Look/Heinz Wohner; S. 591: C/Jason Edwards; S. 593: C/SIME/Demma; S. 595: C/Kazuyoshi Nomachi; S. 597: L/Thomas Ernsting; S. 599: C/Koichi Kamoshida; S. 601: A/Jim West; S. 603: G/Denis Corriveau; S. 605: C/John Gollings; S. 607: C/B.S.P.I.; S. 609: C/HUFTON + CROW; S. 611: G/Jumper; S. 613: A/David Robertson; S. 615. C/Gerald French; S. 617: C/Jon Hicks; S. 619: C/Gavin Hellier; S. 621: A/Denis Doyle; S. 623: A/Micah Hanson; S. 625: M/Alamy; S. 627: G/Randy Olson; S. 629: G/Siegfried Layda; S. 631: A/allOver photography; S. 633: C/Danny Lehman; S. 635: C/Dave Bartruff; S. 637: C/asiaimages; S. 639: Premium; S. 641: Look/Karl Johaentges; S. 643: C/Ian F. Gibb Photography; S. 645: G/Babak Tafreshi; S. 647: C/Kazuyoshi Nomachi; S. 649: C/David Paterson; S. 651: C/James Leynse; S. 653: C/George Steinmetz; S. 655: G/Panoramic Images; S. 657: G/Colin campbell; S. 659: M/Michael Obert; S. 661: C/Sylvain Sonnet; S. 663: A/Chad Ehlers; S. 665: A/NASA Photo; S. 667: G/Jonathan Smith; S. 669: C/Scott Andrews; S. 671: A/Dallas and John Heaton; S. 673: C/Alan Copson; S. 675: C/Torbjorn Lagerwall; S. 677: G/Philippe Lissac; S. 679: C/Fridmar Damm; S. 681: C/Diego Lezama Orezzoli; S. 683: G/Matthew Borkoski Photography; S. 685: C/Bill Nation; S. 687: C/Ian Trower; S. 689: A/Yadid Levy; S. 691: G/Robin MacDougall; S. 693: C/Christian Charisius; S. 695: IPN/Chuck Pefley; S. 697: A/Robert Preston Photography; S. 699: G/Bertrand Gardel; S. 701: G/Fuste Raga; S. 703: C/NASA; S. 705: G/Stephen Studd; S. 707: C/Jiang ren; S. 709: Premium; S. 711: C/145; S. 713: G/Gerhard Schulz; S. 715: C/Sylvain Sonnet; S. 717: G/Martin Child; S. 719: G/Nikada; S. 721: M/Hubertus Blume; S. 723: G/Jorg Greuel; S. 725: C/Du Huaju; S. 727: L/Guiziou Franck; S. 729: Look/age fotostock; S. 731: A/Pegaz/Alamy; S. 733: G/Chris Butler

Motive der Seiten 1-11:

S. 1: Dubai, Vereinigte Arabische Emirate; S. 2/3: Die Skyline von New York, USA; S. 4/5: Louvre, Frankreich; S. 6/7: Minakshi-Tempel, Indien; S. 8/9: Containerhafen, Singapur; S. 10/11: San Augustin, USA.

IMPRESSUM

© 2013 Kunth Verlag GmbH & Co. KG
Königinstraße 11 | 80539 München
Telefon +49.89.45 80 20-0
Fax +49.89.45 80 20-21
info@kunth-verlag.de
www.kunth-verlag.de

Printed in Italy

Texte: Dr. Maria Guntermann, Cornelia Heinrich, Georg Ledig, Dieter Löffler, Barbara Rusch, Eckard Schuster

Alle Rechte vorbehalten. Reproduktionen, Speicherung iin Datenverarbeitungsanlagen, Wiedergabe auf elektronischen, fotomechanischen oder ähnlichen Wegen nur mit der ausdrücklichen Genehmigung des Copyrightinhabers.
Alle Fakten wurden nach bestem Wissen und Gewissen mit der größtmöglichen Sorgfalt recherchiert. Redaktion und Verlag können jedoch für die absolute Richtigkeit und Vollständigkeit der Angaben keine Gewähr leisten. Der Verlag ist für alle Hinweise und Verbesserungsvorschläge dankbar.